2023

走向区域的城乡文化遗产保护

TOWARDS REGIONAL PRESERVATION OF URBAN AND RURAL CULTURAL HERITAGE

第十届"21世纪城市发展"国际会议论文集

PROCEEDINGS OF THE 10TH "21ST CENTURY URBAN DEVELOPMENT" INTERNATIONAL CONFERENCE

第十届"21世纪城市发展"国际会议论文集编委会
武汉华中科大建筑规划设计研究院有限公司 编

| 支持平台 |

联合国教科文组织工业遗产教席
湖北省城镇化工程技术研究中心
自然资源部城市仿真重点实验室
重点领域国土空间规划基础课程群虚拟教研室

| 国家自然科学基金面上项目 |

基于"社会－空间"理论的宁绍地区传统村落空间形态及保护研究（52078228）
历史文化空间区域关联测度及体系建构方法——以山西为例（52378058）

华中科技大学出版社
http://press.hust.edu.cn
中国·武汉

内 容 简 介

本书以"走向区域的城乡文化遗产保护"为主题，收录了41篇相关研究论文，内容涉及理论探索、整体保护、体系建构、文旅融合、实践经验等多个方面。

图书在版编目(CIP)数据

走向区域的城乡文化遗产保护：第十届"21世纪城市发展"国际会议论文集/第十届"21世纪城市发展"国际会议论文集编委会，武汉华中科大建筑规划设计研究院有限公司编.—武汉：华中科技大学出版社，2024.6
ISBN 978-7-5772-0662-2

Ⅰ.①走… Ⅱ.①第… ②武… Ⅲ.①文化遗产-保护-中国-文集 Ⅳ.①G122-53

中国国家版本馆CIP数据核字(2024)第070021号

走向区域的城乡文化遗产保护：
第十届"21世纪城市发展"国际会议论文集
Zouxiang Quyu de Chengxiang Wenhua Yichan Baohu:
Di-shi Jie "21Shiji Chengshi Fazhan" Guoji Huiyi Lunwenji

第十届"21世纪城市发展"国际会议论文集编委会
武汉华中科大建筑规划设计研究院有限公司 编

策划编辑：易彩萍	
责任编辑：陈 骏 郭娅辛	
封面设计：王 娜	
责任监印：朱 玢	
出版发行：华中科技大学出版社（中国·武汉）	电话：(027)81321913
武汉市东湖新技术开发区华工科技园	邮编：430223
录　　排：华中科技大学惠友文印中心	
印　　刷：武汉科源印刷设计有限公司	
开　　本：787mm×1092mm　1/16	
印　　张：30.5	
字　　数：781千字	
版　　次：2024年6月第1版第1次印刷	
定　　价：128.00元	

本书若有印装质量问题，请向出版社营销中心调换
全国免费服务热线：400-6679-118　竭诚为您服务
版权所有　侵权必究

前　言

城乡文化遗产是镌刻在中华大地上的显性文明成果。在华夏文明进程中，这些星罗棋布的城市与乡村作为人类生产生活的聚居地，是中华民族生生不息的精神根脉。"走向区域"是城乡文化遗产整体保护的趋势，也是在国土空间背景下城乡建设发展的要求。

2018年10月，中共中央办公厅、国务院办公厅印发《关于加强文物保护利用改革的若干意见》，提出构建中华文明标识体系、推动区域性文物资源整合和集中连片保护利用的要求；2021年3月，自然资源部、国家文物局印发《在国土空间规划编制和实施中加强历史文化遗产保护管理的指导意见》，提出在国土空间中明确区域整体保护和活化利用的空间管控要求；2021年9月，中共中央办公厅、国务院办公厅印发《关于在城乡建设中加强历史文化保护传承的意见》，进一步明确了城乡历史文化保护传承体系的顶层设计，标志着我国文化遗产的保护对象从点状文物资源转变为区域历史文化空间。

新形势下，城乡文化遗产保护理论与方法在实践中面临多方面的挑战。一方面，在中华文明五千年的历史中，保护对象在不断扩充，提出了更新的保护要求；另一方面，在不同层次的国土空间内，保护方法在不断创新，提出了更高的传承要求。本书以"走向区域的城乡文化遗产保护"为主题，收录了41篇相关研究论文，内容涉及理论探索、整体保护、体系建构、文旅融合、实践经验等多个方面。

一、主办单位

中国城市规划学会
华中科技大学

二、承办单位

华中科技大学建筑与城市规划学院

三、协办单位

武汉华中科大建筑规划设计研究院有限公司

四、支持平台

联合国教科文组织工业遗产教席
湖北省城镇化工程技术研究中心
自然资源部城市仿真重点实验室
重点领域国土空间规划基础课程群虚拟教研室

五、学术支持

《新建筑》
《国际城市规划》

六、学术委员会

1. 主席

王　凯　全国工程勘察设计大师,中国城市规划设计研究院院长

2. 委员

石　楠　中国城市规划学会常务副理事长兼秘书长
张　杰　全国工程勘察设计大师,清华大学建筑学院教授
董　卫　东南大学建筑学院教授,联合国教科文组织文化资源管理教席教授
何　依　华中科技大学建筑与城市规划学院教授,联合国教科文组织工业遗产教席教授
汪　芳　北京大学建筑与景观设计学院二级教授,教育部长江学者特聘教授
邵　甬　同济大学建筑与城市规划学院教授,联合国教科文组织亚太地区世界遗产研究与培训中心(上海)执行主任
Alan Marinos　法国建筑设计协会(ANABF)名誉主席,法国文化部名誉监察长
Steffen Nijhuis　代尔夫特理工大学建筑与建筑环境学院教授,景观建筑系主任
Giuseppe Bertrando Bonfantini　米兰理工大学建筑与城市规划系教授

七、组织委员会

1. 主席

石　楠　黄亚平

2. 执行主席

何　依　刘合林

3. 秘书长

单卓然　邓　巍

4. 委员

李小红　彭　翀　李晓峰　谭刚毅　蔡新元　王斯波　何立群　李梦晨　宋明磊
王　玥　黄　莹　申安付　华　翔　孔惟洁　鲁仕维　乔　杰　林　颖　卢有朋
谢来荣　陈喆妍

目 录

安徽省三线工业遗产空间分布特征与再利用价值 …………………… 张 浩 王 惠 伍 蕾(1)

城市触媒视角下工业遗产空间更新策略
——以沈阳市北大营片区为例 ………………………………………… 李怡静 唐永伟(13)

城市更新视角下山地历史古镇的保护与发展——以重庆龙兴古镇为例 ……… 李卓颖(22)

城市历史景观视角下的昆明翠湖片区历史地段
更新研究 …………………………………… 孙 弘 杨 飞 杜佳洁 张婷婷(32)

城乡要素互动视角下乡村产业遗存的适应性再利用设计研究
——以莱芜老君堂村汽修厂为例 ……………………………………… 张砚雯 周忠凯(46)

重返诗意的栖居——读戈麦兹《建筑在爱之上》 …………………………………… 李正东(55)

传统村落集群特征解析及保护发展规划路径 ………… 高云嵩 张 沛 李 稷 张中华(62)

鄂西武陵山区传统村落空间分布及影响机制研究 ……………………… 王 通 张文彦(72)

防台抗台历史文化遗产整体识别与集群保护研究
——以闽南地区为例 …………………………………………………………… 谭梦扬(86)

古城保护中城市设计原则及应用路径研究 ……………………………… 赵 谦 任绍斌(94)

古代武昌城山风景演进历程、组织特征与经验借鉴 …………………… 尹子佩 毛华松(104)

规划遗产视角下我国城乡规划学科发展现状分析 ………………………………… 彭雨晴(118)

国土空间规划体系下县域历史文化遗产保护体系构建研究
——以山西省翼城县为例 ……………………………………… 何 卓 王宝强 郭军强(132)

国土空间治理背景下遗址保护与乡村重构的共生机制与路径推演
——以甘肃省庆阳市南佐村为例 ……………………………………… 李沐妍 董 欣(149)

恢复力视角下乡村文化遗产保护与传承策略研究
——以苏州市传统村落为例 …………………………………………………… 吴若禹(157)

基于环境-社会协同的多尺度历史空间边界识别方法研究 …… 冯 艳 姚欣言 惠将城(171)

基于居民需求评价的庆城历史城区更新策略研究 ………………………………… 党 敏(185)

基于空间句法的故宫博物院空间特征研究 ………………………………………… 刘晓钰(198)

基于数字文化遗产视角的历史文化空间识别与模块构建
——以沙溪古镇为例 …………………………………………………… 杨雪媛 王 通(206)

基于微博数据的历史地段活力联系及其整体网络研究
——以南京老城39片历史地段为例 …………………………………………… 崔 澳(221)

基于文化线路的湘黔滇驿道(贵州段)历史城镇空间研究初探 …………………… 赵 悦(232)

集中连片视角下的传统村落群协同发展途径研究
——以湖北省通山县为例 ……………………………… 申诗雨 宋希法 刘思雨 王 玏(240)

价值导向下古遗址赋能乡村振兴的规划探索
——以广西顶蛳山贝丘遗址为例 …………………………………………………… 黄 瓒(252)

· 1 ·

建成环境与用户体验对历史城区滨水空间活力的影响
——以南京秦淮河为例 …………………………………………………… 丁 杰(264)
聚落双修视角下大遗址村落景观基因识别与活化研究
——以汉长安城六村堡为例 …………………………………… 刘羽凡 陈稳亮(287)
空间叙事视角下的历史城区更新研究
——以济南商埠区东北地段为例 …………………………………………… 马嘉彬(297)
历史层积过程中重庆江北古城的区域"关联性"研究 ………… 曹 露 刘 彤 王 正(309)
利用互联网数字技术梳理古迹群关联,使文旅带动区域发展：
以洛阳市偃师区为例 ……………………………………………………… 姬天仪(321)
民族地区乡村景观价值内涵及体系研究
——以云南环洱海地区为例 ………………………………… 姬 刚 洪亮平 乔 杰(333)
嵌入式空间演变模型在县级国土空间规划中的功能探讨 …… 易俊博 田 燕 李智勇(343)
情绪感知视角下传统商业步行街更新设计研究 ………………………… 梁玮男 王梓霖(351)
全龄人群感知——物理环境评价耦合下的社区公共空间
更新策略研究 ……………………………………………… 余 笑 李沂晓 林 颖(361)
韧性视角下历史村镇传统消防体系的挖掘与评价研究
——以大安古镇为例 ……………………………………………… 潘婉滢 田银生(374)
韧性视角下历史文化街区空间优化策略研究
——以正定县历史文化街区为例 ………………………………… 李文涛 陈青青(390)
同仁历史城区空间基因识别提取及传承导控研究 …………… 熊 尧 鱼晓惠 叶 娇(399)
文化生态学视角下青堆古镇文化保护研究 ……………………………… 于金鑫 哈 静(411)
西汉杜陵保护范围内村庄更新设计路径研究
——以三兆村片区为例 ……………………………………………………… 杨 骏(424)
线性文化遗产视角下滨水区多层次的规划管控策略
——以洞庭湖长江滨湖城市设计为例 ………… 唐艳丽 刘晓琼 蒋 超 彭刘军(441)
宇宙模式理论视角下的中国历史城市形态探察
——以唐长安城为例 ……………………………………………… 范智翔 唐晓岚(455)
中国本土宗教与山地空间的耦合度分析 …………………………………………… 吴佳丽(463)
中国传统村落与县域新型城镇化协同发展研究
——基于第六批中国传统村落的初探 …………………………… 崔彦权 郭莎莎(470)

安徽省三线工业遗产空间分布特征与再利用价值

张 浩[1] 王 惠[2] 伍 蕾[3]

摘要:三线建设是20世纪60—70年代我国以备战为目的的工业建设运动,三线工业遗产由三线建设而产生,其记载着独特的工业发展历史。三线工业遗产的空间分布及影响因子、遗产现状和遗产再利用价值的研究是对其保护利用的重要依据。安徽省的皖南和皖西山区遗留大量三线建设遗产,其形成与发展有自身的特殊性。本文以安徽省126处三线工业遗产为主要研究对象,运用GIS空间分析等方法分析工业遗产的空间分布特征及其影响因素,梳理其现状,剖析三线工业遗产再利用价值。结果表明:①从空间分布看,安徽省三线工业遗产在空间上形成以绩溪县、东至县、霍山县为核心的分布特征,总体上呈现"大分散,小集聚"的空间分布格局;②安徽省三线工业遗产的原功能多样化,涵盖生产、管理、教育、医疗和后勤五种功能类型,生产单位主要分布在乡村,管理、后勤单位主要分布在城市;③地形地貌、水域资源、公路及水路交通、企业功能关联性等因素对安徽省三线工业遗产空间布局有较大影响;④安徽省三线工业遗产现状情况呈现拆除、闲置荒废、临时利用、保留日常居住、继续工业生产、转型新功能业态六种状态;⑤安徽省三线工业遗产再利用具有经济利用、历史文化、文化传播及环境生态等价值。从区域城乡遗产来看,本文的研究成果对皖南和皖西区域的三线工业遗产保护利用研究具有一定的基础作用。

关键词:三线工业遗产;空间分布;功能关联性;再利用价值;影响因素;安徽省

Abstract: Third-front construction is an industrial construction movement aimed at preparing for war during 60s—70s of the 20th century in China. The third-front industrial heritage is produced by the third-front construction, which records the unique industrial development history. The research on the spatial distribution, influencing factors, present situation and reuse value of the third-front industrial heritage is an important basis for protection and utilization. There are a large number of third-front construction heritages left in southern Anhui and western Anhui, and their formation and development have their own particularity. Taking 126 third-front industrial heritages in Anhui Province as the main research object, this paper analyzes the spatial distribution characteristics and influencing factors of industrial heritages by using GIS spatial analysis and other methods, sorts out their present situation, and analyzes the reuse value of third-tier industries. The results show that: ①From the perspective of spatial distribution, the third-front industrial heritage in Anhui Province has formed a spatial distribution feature with Jixi County, Dongzhi County and

---

1 张浩,苏州大学金螳螂建筑学院,博士生,讲师,研究方向为工业遗产保护。地址:江苏省苏州市工业园区苏州大学独墅湖校区二期。Email:hgzhanghao1989@163.com。Tel:15212289716。
2 王惠,安徽工程大学,讲师,研究方向为历史文化遗产保护。
3 伍蕾,安徽工程大学,助教,研究方向为历史文化遗产保护。
基金资助:安徽省哲学社会科学规划项目之皖南"小三线"工业建筑遗存保护与更新设计研究(AHSKQ2021D128)。

Huoshan County as the core, and generally presents a spatial pattern of "large dispersion and small agglomeration". ②The original functions of the third-front industrial heritage in Anhui Province are diversified, covering five functional types: production, management, education, medical care and logistics. The production enterprises are mainly distributed in rural areas, and the management and logistics units are mainly distributed in cities. ③ The factors such as topography, water resources, highway and waterway traffic, and functional relevance of enterprises have great influence on the spatial layout of the third-front industrial heritage in Anhui Province. ④ The present situation of the third-front industrial heritage in Anhui Province presents six states: demolition, idleness and waste, temporary utilization, retaining daily residence, continuing industrial production and transforming new functional formats. ⑤The reuse of the third-front industrial heritage in Anhui Province has the value of economic utilization, historical witness, cultural dissemination and environmental ecology. From the regional perspective of Urban-Rural heritage, the research results have a certain basic role in the protection and utilization of third-front industrial heritage in southern Anhui and western Anhui.

Key words: third-front industrial heritage; spatial distribution; functional relevance; reuse value; influencing factors; Anhui Province

工业遗产是工业文明的见证,是工业文化的载体,是人类文化遗产的重要组成部分。2006年首届中国工业遗产保护论坛在无锡举办,自此我国的工业遗产研究成果逐步增加,对工业遗产的保护利用进入新阶段。近年来,三线工业遗产保护利用成为国内工业遗产研究的热点。三线建设是20世纪60年代中期,为了备战备荒,国家在西部、中部等地区的偏远山区乡村建设了2000多家军工企事业单位,1985年之后大部分三线军工厂逐渐搬离原址,因而在当地留下了旧厂房、设备、设施以及生活区建筑等,这些军工厂逐渐成为三线工业遗产[1]。从现有的研究来看,学者们主要关注三线建设遗产概念[2,3]、三线建设精神[4-6]、三线工业遗产本体认识[7-12]、三线工业遗产保护利用[13-16]、三线工业遗产价值[17-19]等方面,研究成果主要借鉴城市工业遗产领域研究的思路;从研究对象来看,现有的研究集中在我国西南地区、山东地区、湖北鄂西南地区等。总体来说,三线工业遗产研究逐步得到学者关注,相关成果的深度与广度在不断加深和扩展。

从区域遗产的角度看,目前针对安徽省三线工业遗产的研究成果不多。安徽省位于我国东部地区且地貌多山,在三线建设时期,省内建设了大量的军工企业,遗留了不少三线工业遗产。石川等主要对皖西霍山和舒城地区的三线工业遗产进行了分析[20-22],徐有威教授团队从历史学和社会学的角度[23-29],对安徽小三线和上海小三线的建设历程、发展演变、企业转型等问题进行了分析和研究。但目前尚未有学者从安徽省省域层面,整体分析安徽省内三线工业遗产的总体分布及影响因素、遗产现状、遗产再利用价值等内容。在研究方法上,已有的研究成果大多仅停留在定性分析,鲜有学者结合定性分析和定量分析对安徽省三线工业遗产的分布特征及影响因素进行详细分析和系统总结。

鉴于此,本文从区域城乡遗产的角度,结合建筑学、地理学、遗产保护学等学科,采用以点代面的思路,以定性分析和定量分析相结合的方法详细分析安徽省内三线工业遗产的空间分布格局,并对其影响因素进行解读,梳理三线工业遗产再利用的现状,结合现状提出三线工业遗产再利用的价值,以期为皖南、皖西区域的三线工业遗产的系统性、整体性保护提供参考和借鉴。

1 数据来源和研究方法

1.1 研究区域与基本对象

本文的研究区域为安徽省南部和西部地区,主要为六安市、安庆市、宣城市、池州市及黄山市等地。根据《下塔吉尔宪章》中对工业遗产的定义,本文所指三线工业遗产由车间、机器设备、仓库等物质空间组成,同时也包括工业技术、工业文化、集体记忆与工业精神等非物质要素,但本文的研究侧重点为三线建设形成的工业遗产物质空间。

1.2 数据来源与处理

三线建设属于军事工业建设,具体的军工企业名单还未正式公开,本文研究的数据来源于以下几方面:①上海大学中国三线建设研究中心徐有威教授团队的成果,其中包括专著、期刊等出版物[30-32],小三线建设单位名单以及上海小三线工业分布图等;②安徽省军事工业志、江苏省军事志[33,34]、市县级地方志[35]等材料;③省市级档案馆、地方志中心的档案资料,厂志资料;④研究团队现场调研资料,包括口述采访、现场测绘、无人机航拍图、环境照片、修复利用的施工图纸等资料。

梳理以上数据,剔除重复的部分,经最终统计,安徽省内三线工业遗产共计 126 处,由于三线企业布局分散且属于保密单位,因此这 126 处样本并非安徽省所有样本,是不完全统计结果,但包含了绝大部分企业,其中研究团队赴现场调研的有 93 处。这 126 处工业遗产点在建设时期隶属原第四机械工业部、安徽省、上海市和江苏省这四大主管单位,具体三线建设企业点数量和主要生产功能如表 1 所示。

表 1 安徽省内三线建设企业点数量和生产功能

隶属单位	原第四机械工业部	安徽省	上海市	江苏省	合计
分管企业数量(处)	9	29	83	5	126
主要生产功能	军用雷达	枪、炮、弹、炸药	57 高炮、雷达	枪、子弹	—

1.3 研究方法

结合所收集的数据信息,基于 ArcGIS 10.2 软件平台进行安徽省三线工业遗产历史 GIS 数据库的建设,运用最邻近指数、核密度估算法分析计算安徽省三线工业遗产空间分布特征,运用叠置分析、缓冲区分析探究影响工业遗产分布的因素,通过现场调研、文献研究,对三线工业遗产的现状进行梳理分析,剖析其再利用特征和价值。

2 安徽省三线工业遗产空间分布特征

2.1 总体空间分布特征——"大分散,小集聚"的空间分布格局

运用 ArcGIS 10.2 软件平台,通过核密度空间分析法对安徽省三线工业遗产整体空间分布特征进行分析。结果表明,安徽省三线工业遗产在空间上形成以绩溪县、东至县、霍山县为核心

的分布特征。皖南片区以绩溪县为极核,向旌德县、宁国市、黄山市屯溪区逐渐扩散,东至县独立成核,与池州市贵池区相呼应;皖西片区以霍山县为中心,舒城县与霍山县交界处工业遗产分布密集,并向南往安庆市岳西县方向扩散。总体空间分布呈分散格局,分布在皖南和皖西地区的7个地级市,空间密度分异明显,局部区域空间集聚态势明显。

2.2 市域、县(区)域的三线工业遗产空间分布不均衡

从市域层面看,安徽省126处三线工业遗产分布于7个地级市、21个县(区),其中宣城市拥有三线工业遗产54处,占总数的42.9%,居全省首位,其次为六安市(27处)、池州市(19处)、黄山市(15处)。皖南地区的工业遗产点数量多,市域分布差异明显。从县(区)域层面看,县区中,宣城市的绩溪县有19工业处遗产点,数量最多,其次为宣城市旌德县(15处)、宣城市宁国市(13处)、六安市舒城县(11处)、六安市霍山县(10处),区域分异明显,总体上还是以皖南地区的工业遗产点数量居多。

2.3 不同功能类型的三线工业遗产空间分布特征

三线工业遗产的原功能具有多样化特征,在建设中三线企业为了满足职工的生产生活需求,在工厂区周围合理布置了教育、医疗、后勤等功能单位,当时的三线企业拥有商店、学校、澡堂、医院、菜市场、车队、仓库、发电厂、卫生防疫站、质量检测、通信站等辅助单位,整个三线企业就是一个体系完整的"小社会"。对126处遗产点的原功能进行梳理,将原功能分为生产、管理、教育、医疗和后勤5种类型,不同功能类型的遗产空间的具体功能和数量如表2所示。宏观区域功能布局上采取5种功能类型空间相互配合,各小片区的功能布局采取"生产企业+教育单位+医疗单位"的功能组合模式。

表2 不同功能类型的三线工业遗产点数量

功能类型	功能说明	遗产点数量/处
生产企业	军用产品生产单位	79
管理单位	管理整个工业基地的办公机构以及检测产品质量的机构	8
教育单位	工业基地配套的中小学、技术学校等	7
医疗单位	工业基地配套的医院、防疫站、卫生组等机构	9
后勤单位	工业基地配套的仓库、运输车队、发电厂、配电所、农场、机修厂、通信站、码头等机构	23
合计	—	126

2.4 城市-乡村三线工业遗产空间分布特征

三线工业遗产的选址遵从"靠山隐蔽"原则,建设时期,在皖南的农村、县城和市区都建设了不同功能的生产、管理单位。本研究将位于县城、市区的工业遗产点归类为城市工业遗产,将位于村落或乡镇的工业遗产点归类为乡村工业遗产,城市与乡村的分类以作者撰稿时的行政区划为基准。研究结果显示:安徽省三线工业遗产点中,城市工业遗产点有30处,乡村工业遗产点有96处。其原因在于:位于城市市区的三线遗产点多为工业管理、运输车队、质检中心等从事

管理、后勤的单位,这些单位设置在交通便捷、通信方便的市区,有利于合理高效管理和服务位于乡村的生产企业;位于山区乡村的多为生产企业,这些企业严格按照"进山、进洞"的原则,散布在大山之间,其选址以备战隐蔽为基本原则。

3 安徽省三线工业遗产空间分布的影响因素

3.1 自然地理

3.1.1 地形地貌

安徽省有2个显著的地形单元——皖南山区和皖西大别山山区,为探究工业遗产与地形地貌的关系,将工业遗产分布图与安徽省市数字地图高程叠加,形成工业遗产高程分布图。提取各工业遗产点的高程信息,研究结果显示,在皖西地区,岳西县永达机械厂(4971厂)的海拔占据首位,最高海拔812 m;在皖南地区海拔最高的三线工业遗产点是宣城市旌德旌旗机械厂,海拔380 m左右。进一步以市区所在地平均海拔为基础,分析该市域内所有工业遗产点的平均海拔与市区所在地平均海拔的对比情况,结果显示:六安市市区平均海拔67 m,其市域内27处工业遗产点的平均海拔为125 m;安庆市市区平均海拔13 m,其市域内9处工业遗产点的平均海拔为504 m;宣城市市区平均海拔32 m,其市域内54处工业遗产点的平均海拔为171 m;池州市市区平均海拔12 m,其市域内19处工业遗产点的平均海拔为76 m;黄山市市区平均海拔130 m,其市域内15处工业遗产点的平均海拔为153 m。由此可见,三线军工企业遵循"靠山、分散、隐蔽"的要求,选址都在海拔较高的大山之中。但工业发展需要平坦地形和便捷交通,这些复杂的地形制约了安徽三线工业的建设与发展,使后来的产业转型面临巨大困难。

3.1.2 水域资源

水域为工业生产生活提供水源,是运输的重要路径。基于皖西和皖南地区7个地级市的水域数据,叠加工业遗产地理信息,以1000 m为缓冲半径进行河流缓冲区分析。结果显示,安徽省有76处三线工业遗产在1000 m以内的缓冲区内,占总数的60.3%。从工业遗产的产业布局来看,某些特定的产业与水域资源高度相关,如东至县的化工工业基地,该基地包括4个化工厂,主要生产炸药,水资源是重要的辅助原料,因此化工厂的周边都有水库、湖泊,其中东至卫星化工厂(5355厂)紧邻周山水库;现存4个发电厂的选址也靠近水库;铜陵枞阳向阳厂是制造军辅船的,由于产业需要,该厂建设在长江边。另外,因为生活需要水源,大部分厂区内部有山沟渠道贯穿而过。总体而言,三线工业遗产点的分布与水域资源密切相关。

3.2 交通可达性

交通是区域发展的基础。安徽省内三线工业发展由4个建设力量主导,其中有3个来自外部,即上海市、江苏省、原第四机械工业部。外部建设力量支援安徽省内建设的过程中,建设单位带来基础物质、人员设备、物料资金等,交通成为建设发展的主要影响因素。20世纪70年代,安徽省内三线工业建设物资来源的交通运输方式主要为公路交通和水运交通。

3.2.1 公路交通

皖南片区的三线企业主要是上海市和江苏省建设的,运输道路路线分为两部分:一是连接安徽与江苏地区的宁(南京)芜(芜湖)路皖段,自芜湖经当涂、马鞍山,这是安徽通往江苏省的第一条重要联络公路;二是省内的芜(芜湖)屯(屯溪区)陆路,自芜湖市湾沚区经宣城市双桥街道、水东镇、绩溪县至黄山市屯溪区,当时皖南地区三线工业建设的后方基地管理局设置在屯溪,因而省内外道路贯通形成了皖南三线企业物资来源的通道。另外,皖南地区各县市之间的公路连通,诸如蔡家桥—谭家桥、宣州—泾县—旌德—绩溪—宁国等道路串联起各生产企业、后勤单位等,形成皖南三线工业建设基地的陆路道路网体系。皖西地区三线企业主要是由第四机械工业部和安徽省共同建设,因此利用合肥—六安—霍山县—岳西县、合肥—舒城的公路交通进行物资运输。

3.2.2 水运交通

长江横穿安徽省马鞍山市、芜湖市、铜陵市、池州市、安庆市,因此,水运交通也是安徽省内三线企业建设物质来源的重要交通方式,20 世纪 70 年代芜湖、安庆、池州等地设置有港口,三线企业池州八五钢厂在贵池设置 507 专用码头,用于运输从上海地区购买的钢铁、设备等原材料;东至县香隅镇临近长江,1970 年上海市化工局决定在东至县设立火药化工基地,为配合上海至东至县的交通运输,在东至县建设 305 码头,充分利用水运解决物资运输问题。芜湖港口接收来自上海的物资,然后通过公路运输至黄山市屯溪区。

总的来看,工业遗产的空间分布与交通可达性格局具有一定的一致性,交通可达性高的地区工业遗产分布较多,其工业原料和产品的运输成本更低,有利于工业的发展,更能吸引工业的聚集;反之,交通可达性差的地区,工业遗产分布较少。

3.3 三线企业之间的功能关联性因素

三线工业遗产在安徽省的总体分布呈现"大分散,小集聚"的特征,这与三线企业之间的功能关联性以及管理机构模式特点有关。

首先,4 大片区的三线工业建设基地隶属不同的管理机构,第四机械工业部的工业基地为岳西县,安徽省的工业基地在霍山县、舒城县,上海市的工业基地分布广,主要在黄山市屯溪区、祁门县、休宁县、旌德县、宁国市、绩溪县、东至县、池州市贵池区等地,江苏省的工业基地在广德市。隶属同一管理机构的三线企业相对集中,根据不同的功能、交通、地形地貌条件又分散布局,总体上呈现大分散的特点。

其次,功能分工配合导致三线企业在一定范围内集聚。同一类军工产品生产是由多个企业配合完成的,因此各个生产企业为了提高生产效率,厂区在满足备战需求的同时,相关联厂区之间的距离不远,另外配套一定的教育、医疗和后勤单位,在一定范围内形成了小集聚的分布特征。第四机械工业部在岳西山区建设雷达生产基地,建设 1 个总厂(0871 厂)和 5 个分厂,总厂承担组装调试功能,分厂承担雷达零部件、设备的生产,还设置了一处职工医院,形成完整的生产-生活体系,这 6 个厂区之间的距离较近,交通相对便捷。上海市在池州市贵池区建设了 57 高炮生产基地,由八五钢厂、前进机械厂等 6 个厂共同完成生产,这 6 个厂分布在池州市贵池区梅街镇、棠溪镇等地,还设置了工人子弟学校、长江医院,形成了一定规模的集聚区。绩溪县瀛洲镇附近的 5 个厂区生产 57 高炮的炮弹,分别承担生产弹头、引信、药筒等任务,5 个厂区空间布局紧凑(图 1)。因此这种小集聚的特征是在各厂区功能配合的情况下形成的,生产企业与管理、后勤、教育、医疗等单位分布在一定区域,形成了后方工业基地的"小社会"。

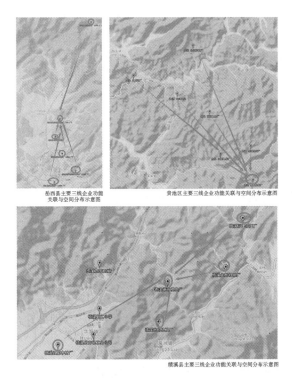

图 1 三线企业空间功能关联布局图

4 安徽省三线工业遗产再利用现状

安徽省有大量的三线工业遗产资源,这些资源的再利用是皖南和皖西地区发展过程中必然要面对的问题,三线工业遗产的现状分析是三线工业遗产再利用开发的基础,本文以现场调研和文献资料为基础,对126处三线工业遗产的现状进行分析,将其现状分为拆除、闲置荒废、临时利用、转型新功能业态等多种类型,现状情况如表3所示,安徽省三线工业遗产再利用实践如图2所示。

通过对126处遗产点样本的再利用情况统计,分析得出以下特点。

(1) 由于城市发展与更新的原因,位于城市的三线工业遗产被拆除的比例较大。

(2) 临时利用的功能存在环境污染的风险,由于遗产点所在位置偏远,环境监督与管理的力度不够,不少业主临时在遗产空间植入新功能,存在环境污染风险。

(3) 结合乡村振兴战略,位于乡村的三线工业遗产逐步开始转型,发展乡村旅游新业态。

(4) 皖西地区的三线工业遗产转型利用的比例比皖南地区高,主要原因在于皖南地区的旅游资源丰富,三线工业遗产资源在皖南地区不突出,且与之相关联的资源不多;相反皖西红色文化资源与三线军工红色文化相契合,在皖西红色旅游的总体发展趋势下,三线工业遗产资源融入了整体旅游资源圈,形成了自身特色,并且其物质空间保存情况较好,相比之下,皖西三线工业遗产资源呈现地区突出性。

(5) 人们对三线工业遗产仅仅是做到"用",而非适宜性"有效地用",三线工业遗产改造利用更多是针对民用居住建筑,忽略了更有价值但改造较困难、需要投入更多资金的厂房,导致三线工业生产区遗产持续荒废,反映出人们对三线工业遗产整体价值认知不清,并且改造利用过程多为个人或企业自下而上的民间自发小规模改造,仅追求暂时的经济性和施工的便捷性,三线工业遗产沦为三线工业聚落遗产,其真正价值和特殊性无法凸显。

表 3 安徽省三线工业遗产现状情况

现状分类	工业遗产点数量/处	现状说明	典型案例
拆除	24	三线企业基本被完全拆除,遗留的物质空间痕迹较少	贵池前进机械厂、广德新苏机械厂、绩溪光明机械厂
闲置荒废	20	工业遗产的生产、生活区保留一定数量的建筑空间,但总体上没有被利用,呈现闲置荒废的破败景象	旌德旌旗机械厂、旌德延安机械厂、舒城江淮机械厂、旌德满江红材料厂
临时利用	7	工业遗产的生产空间被临时利用,用途包括家禽养殖、货物存储、木材加工、活性炭厂等	宁国 565 供应站、休宁群星半导体材料厂
保留日常居住	8	工业遗产的生产空间基本被拆除,但是保留了生活住宿区,居住建筑继续被当地居民使用	祁门为民磁性材料厂、池州红星化工厂、池州金星化工厂
继续工业生产	35	工业遗产的部分生产空间被保留,军工厂房转民用,生产民用产品,包括机械、药品、教育、医疗、化工等产业	东至自强化工原料厂、绩溪海峰印刷厂、宁国胜利水泥厂
转型新功能业态	32	工业遗产的部分生产、生活空间被保留,转型植入新产业功能,继续利用。功能类型包括乡村产业示范园、爱国主义教育基地、艺术村落、养生度假村、文化创意园、文化展览馆、养老院等	霍山淮海机械厂、舒城县先锋机械厂、绩溪燎原模具厂、霍山皖西机械厂、霍山皖西化工厂
合计	126	—	—

5 安徽省三线工业遗产再利用价值分析

安徽省三线工业遗产中有 32 处工业遗产点逐步转型新功能业态,工业遗产点转型新功能的动力在于三线工业遗产空间的再利用价值。在城市更新和乡村振兴的背景下,将三线工业遗产的再利用价值转化为经济效益、社会效益与环境效益,实现了三线工业遗产的活化利用。三线工业遗产再利用价值包括以下几个方面。

绩溪光明机械厂——拆除

旌德满江红材料厂——闲置荒废

宁国565供应站——临时利用（活性炭生产）

池州金星化工厂——保留日常居住

绩溪海峰印刷厂——继续从事印刷产业

宁国胜利水泥厂——继续从事水泥生产

霍山皖西机械厂、霍山皖西化工厂——仙人冲画家村

霍山淮海机械厂——中国月亮湾作家村

绩溪燎原模具厂——燎原休闲休养生度假村

图 2 安徽省三线工业遗产现状及再利用实践

5.1 经济利用价值

从现有的再利用实践来看，三线工业遗产的经济利用价值体现在将建筑遗产空间更新改造，植入新功能业态，通过后期运营创造地块空间的经济价值。三线建设时期的建筑虽然造价低廉，但结构仍旧坚固，无论是高屋架、大空间的厂房，石砌干打垒的住宅，还是类型丰富的公共建筑，其结构和空间都可再次利用。霍山淮海机械厂利用三线工业遗产空间，打造霍山"中国月亮湾作家村"，工业遗产活化与村集体经济协同发展，以周边 7 个村资产收益性扶贫项目资金成立了三线印象旅游公司，负责运营作家村民宿、餐饮、农产品销售等旅游综合项目，实现开发商与村民利益共生。2021 年以来，月亮湾作家村累计接待文学创作、研学培训、观光旅游、休闲康养等运营板块的游客 10 万余人次，旅游总收入 180 万元，为社区新增集体经济收入 132 万元。广德市柏垫镇利用国营 904 厂的生产厂房、办公楼房、生活住房建筑，成功申请第三批中国传统村落、安徽省省级文物保护单位、省级美丽乡村建设示范点；当地政府将三线工业遗产保护开发工作与地方文化旅游事业发展规划相结合，打造了广德市的一处乡村旅游目的地，通过月克冲红色旅游线路为当地村民带来了经济收入。因此，三线工业遗产转型乡村旅游目的地、乡村民宿、特色主题研学基地等，能够为当地带来一定的经济效益。

5.2 历史文化价值

三线建设以备战为目的，其意义与一般的工业化发展有显著不同，三线建设的资金投入占当时国家财政比例高,国家领导人十分关注三线建设。安徽省三线工业遗产记录了三线建设时期工人们的生活方式、工厂的变迁,也记录了皖西和皖南地区工业化进程的艰难曲折,为后世了解皖西和皖南地区三线建设的历史、产业发展、经济状况、建设过程、建筑空间特征等提供了生动材料和可靠证据。安徽省在三线工业遗产的再利用过程中不断挖掘三线建设历史,梳理建设历程,例如霍山县仙人冲画家村将皖西化工厂的历史建筑改造为安徽三线军工博物馆,将这段隐蔽的军工建设历史展示在大众眼前,发挥了三线工业遗产的历史文化价值。

5.3 文化传播价值

三线建设时期,在"备战备荒为人民""好人好马上三线"的口号下,大量的士兵、技术人员、管理人员来到安徽山区投身军工厂建设,全体职工斗志昂扬、精神饱满,实行"先生产、后生活"的策略。三线建设时期三线企业内部形成了"艰苦创业,无私奉献,团结协作,勇于创新"的三线精神。在三线厂房退出历史舞台之后,三线工业遗产便成为历史记忆的象征,也成为老一辈三线建设者与"三线子弟"的精神寄托,是三线建设者认同感和归属感的根基。安徽三线工业遗产的再利用结合红色研学、爱国主义教育等项目,在塑造皖西、皖南地区艰苦奋斗的革命文化精神、使年轻一代继承"三线精神"等方面,发挥着重要的文化传播作用。

5.4 环境生态价值

三线企业按照进山、进洞的指令,选址大多分布于自然环境优美的山区,峰峦叠嶂、林海苍苍。三线工业遗产在荒废之后,固体废弃物、废渣等会对周边环境、生态景观造成一定的污染破坏。对三线工业遗产的保护活化过程中会治理污染,重塑人工景观,修复生态景观,促进周边生态系统健康发展。将自然环境保护、乡村人居环境建设、工业文化遗产保护利用三者有效结合起来,践行"绿水青山就是金山银山"的理念,对乡村环境优化、生态空间建设、国土空间生态规划具有一定促进作用。

6 结论与讨论

6.1 结论

本文以安徽省126处三线工业遗产为研究对象,运用 ArcGIS 10.2 软件平台,定性及定量分析三线工业遗产的空间分布特征并探讨其影响因素,梳理三线工业遗产再利用现状,分析其再利用的价值。主要结论如下。

(1) 从空间分布看,安徽省三线工业遗产在空间上形成以绩溪县、东至县、霍山县为核心的分布特征,总体上呈现"大分散,小集聚"的空间分布格局,市域、县(区)域的三线工业遗产空间分布不均衡。

(2) 从功能类型看,安徽省三线工业遗产的原功能多样化,涵盖生产、管理、教育、医疗和后勤五大功能类型。生产企业主要分布在乡村,管理、后勤单位主要分布在城市,工厂选址严格遵守备战隐蔽的要求。

(3) 安徽省三线工业遗产的空间分布受地形地貌、水域资源、公路及水路交通、企业功能关联性等因素的综合影响。

(4) 安徽省三线工业遗产的现状呈现拆除、闲置荒废、临时利用、保留日常居住、继续工业生产、转型新功能业态六种状态。结合当下乡村振兴的政策条件,乡村三线工业遗产逐步开始转型,发展乡村旅游新业态。三线工业遗产中民用建筑的利用比例较高,生产建筑的利用比例较低,这与人们对三线工业遗产的整体价值认知不足、更新改造资金投入偏低等因素有关。

(5) 安徽省三线工业遗产再利用现状揭示了三线工业遗产具有经济利用价值、历史文化价值、文化传播价值及环境生态价值。

6.2 讨论

从区域城乡遗产的角度看,本文厘清了安徽省三线工业遗产的分布现状、特征概况和再利用现状,为安徽省三线工业遗产的保护利用工作提供了基础资料和科学依据,也为其他地区三线工业遗产的研究提供了参考。本研究从宏观角度对安徽省三线工业遗产进行了剖析,但工业遗产需要从多层次、多角度开展研究,三线工业遗产的保护利用还需更多实践探索,在此为后续研究提出以下建议。

(1) 从中微观角度,进一步分析安徽三线工业遗产的厂区布局、建筑空间特征,剖析这些特征形成的影响因素。

(2) 在乡村振兴背景下,进一步探讨安徽省三线工业遗产再利用的影响因素与动力机制,为其他地区开展三线工业遗产保护利用研究提供借鉴。

参考文献

[1] 吕建昌.三线工业遗产的特点、价值及保护利用[J].城乡规划,2020(6):54-62.
[2] 陈东林.三线建设:离我们最近的工业遗产[J].党政论坛,2007(2):84.
[3] 徐嵩龄.三线建设工业遗产的意义:基于政治经济学意义上的制度价值认知[J].东南文化,2020(1):6-11.
[4] 赵清,于师伟,赵珊.三线精神的时代价值与实现路径探析[J].中共济南市委党校学报,2022(1):64-67.
[5] 张鸿春.三线建设遗产保护利用与三线精神传承弘扬路径探索[J].新生代,2020(1):26-30.
[6] 张晓飞,杨爱杰.三线建设工业遗产中工匠精神的时代价值与传承[J].理论观察,2019(12):57-59.
[7] 桂平飞.豫西地区三线工业建筑遗产保护与再利用研究[D].郑州:郑州大学,2021.
[8] 李顺.攀枝花地区三线建设建筑遗存的当代价值认知及保护发展研究[D].昆明:昆明理工大学,2020.
[9] 吴建.鄂西北三线建设工业建筑遗产特征及保护再利用研究[D].武汉:华中科技大学,2020.
[10] 陈博.鄂豫湘西部地区三线建设遗存的建造技艺研究[D].武汉:华中科技大学,2019.
[11] 张何奕.晋南"541工程"三线建设遗存及其比较研究[D].武汉:华中科技大学,2019.
[12] 饶小军,陈华伟,李鞠,等.追溯消逝的工业遗构 探寻三线的工业建筑[J].世界建筑导报,2008(5):4-9.
[13] 谭刚毅,曹筱袤,耿旭初.基于"先生产,后生活"视角的三线工业遗产的整体性及其研究[J].中外建筑,2022(6):20-25.
[14] 王欣怡,谭刚毅.蒲纺三线建设工业遗产现状解析与再利用探究——以蒲纺热电厂为例

[J].华中建筑,2022,40(2):172-176.

[15] 吕建昌.现状与研究对策:聚焦于三线建设工业遗产的保护与利用[J].东南文化,2019(3):6-12.

[16] 刘怡,雷耀丽.价值视域下陕西"三线工业"旧址保护与再生研究[J].建筑与文化,2020(12):136-137.

[17] 陈方凝.基于科技价值认识的工业遗产保护与再利用研究[D].成都:西南交通大学,2019.

[18] 付玉冰.四川地区三线工业遗产价值评估体系研究[D].绵阳:西南科技大学,2019.

[19] 刘瀚熙.三线建设工业遗产的价值评估与保护再利用可行性研究[D].武汉:华中科技大学,2012.

[20] 刘群,石川.基于CiteSpace的安徽小三线工业遗产研究可视化分析[J].齐齐哈尔大学学报(哲学社会科学版),2022(8):99-103.

[21] 石川,刘群,丁杰.皖西"小三线"工业遗产存续及更新[J].工业建筑,2020,50(11):11-17.

[22] 石川,孙丽,徐艺.安徽小三线建设研究述评[J].山东农业工程学院学报,2019,36(11):81-86.

[23] 张胜,徐有威.后小三线建设时代的安徽企业发展研究[J].江淮论坛,2022(1):17-24.

[24] 徐有威.开拓后小三线建设的国史研究新领域[J].浙江学刊,2022(2):204-211.

[25] 李云,徐有威.后小三线建设时代的企业与地方经济——以安徽池州为例[J].学术界,2022(1):174-184.

[26] 张勇,周晓虹,陈超,等.多学科视角下三线建设研究的理论与方法笔谈[J].宁夏社会科学,2021(2):151-171.

[27] 李云,张胜,徐有威.安徽小三线建设述论[J].安徽史学,2020(5):159-168.

[28] 徐有威,张胜.小三线工业遗产开发与乡村文化旅游产业融合发展——以安徽霍山为例[J].江西社会科学,2020,40(11):138-145.

[29] 李云,杨帅,徐有威.上海小三线与皖南地方关系研究[J].中共党史研究,2016(9):129.

[30] 徐有威,等.小三线建设研究论丛-第八辑-飞地:上海小三线社会研究[M].上海:上海大学出版社,2022.

[31] 徐有威,等.小三线建设研究论丛-第三辑-小三线建设与城乡关系[M].上海:上海大学出版社,2018.

[32] 徐有威,等.小三线建设研究论丛-第七辑-上海小三线建设者回忆录[M].上海:上海大学出版社,2021.

[33] 江苏省地方志编纂委员会.江苏省志-64-军事志[M].北京:军事科学出版社,2000.

[34] 安徽省地方志编纂委员会.安徽省志-34-军事工业志[M].合肥:安徽人民出版社,1996.

[35] 霍山县地方志编纂委员会.霍山县志[M].合肥:黄山书社,1993.

城市触媒视角下工业遗产空间更新策略
——以沈阳市北大营片区为例

李怡静[1]　唐永伟[2]

摘要：城市工业遗产是承载当代中国传统工业和城市发展变迁的重要记忆空间载体，其所集聚的空间也是当前城市更新的焦点地区，是塑造城市发展新动能、新形象的重要变量。研究引入城市触媒理论，首先对城市工业遗产空间的特征及其面临的核心问题进行梳理，进而识别城市工业遗产空间的城市触媒要素。然后从保留和重塑触媒要素、控制和引导触媒要素两个维度构建工业遗产空间更新策略。最后以沈阳市北大营片区的更新改造为例，对该地区物质触媒要素和非物质触媒要素两方面进行识别，并提出未来北大营片区引入文创产业、优化功能区块、更新城市空间的更新应对策略，对日益增加的城市工业遗产空间更新实践工作进行有益探索，以期为工业城市的可持续发展转型提供经验启示。

关键词：城市触媒；沈阳北大营片区；城市工业遗产；城市更新

Abstract: Urban industrial heritage is an important memory space carrier carrying the development and change of contemporary Chinese traditional industrial cities, and the space gathered by it is also the focus area of current urban renewal, and an important variable shaping the new momentum and new image of urban development. By introducing the theory of urban catalyst, this paper firstly sorts out the characteristics and core problems of urban industrial heritage space, then identifies the urban catalyst elements of urban industrial heritage space, and constructs the spatial renewal strategy of industrial heritage from the dimensions of retaining and reshaping catalyst elements, controlling and guiding catalyst elements. Finally, taking the renovation and transformation of Beidaying District of Shenyang as an example, the paper identifies the material catalyst elements and non-material catalyst elements, and puts forward the countermeasures for the renewal of Beidaying District in the future, including the introduction of cultural and creative industries, optimization of functional blocks, and renewal of urban space, so as to make a beneficial exploration for the increasing practice of urban industrial heritage space renewal, in order to provide experience and inspiration for the sustainable development transformation of industrial cities.

Key words: urban catalyst; Beidaying District of Shenyang; urban industrial heritage; urban renewal

---

1　李怡静，华中科技大学建筑与城市规划学院，城乡规划学系研究生。地址：湖北省武汉市洪山区珞喻路1037号华中科技大学南二楼305室。Email：3342362306@qq.com。Tel：18327192283。

2　唐永伟，注册城乡规划师，武汉华中科大建筑规划设计研究院有限公司规划师。地址：湖北省武汉市洪山区珞喻路1037号华中科技大学南二楼305室。Email：719216074@qq.com。Tel：18186126305。

1 引言

作为城市文化记忆的一部分,城市工业遗产是工业时代建筑遗产的代表,与其他遗产一样具有重要地位。沈阳作为中国北方的工业重镇,拥有丰富的城市工业遗产资源。然而,由于历史和现实问题的影响,许多城市的工业遗产正面临严峻的保护困境。一方面,许多城市的工业遗产的保护工作存在重视不足和资金缺乏问题;另一方面,传统的工业区无法满足当前城市的功能需求,城市工业遗产的合理利用存在不足之处。因此,如何激活和推动城市工业遗产的自身发展,以及如何利用其正向作用促进周边地区的发展,已成为城市工业遗产改造的核心问题。

城市触媒理论在城市工业遗产保护领域扮演着重要的角色。该理论鼓励城市利用其独特的历史和文化价值进行经济开发,从更长远的角度考虑项目的发展空间,并具有辐射带动周边片区和整个城市的作用。因此,利用城市触媒理论开发工业遗产可以吸引外界投资和旅游。

针对当前城市工业遗产普遍存在的问题,本文以沈阳市北大营片区为例进行研究,探索如何利用城市触媒理念,将城市工业遗产与文创产业相结合,为该区域注入新的活力。通过保护、改造和利用城市工业遗产,北大营片区可以成为吸引投资、促进就业和推动文旅产业发展的重要载体,以实现经济、社会和文化的多方面效益。此外,可以将北大营片区与周边地区的发展相结合,实现城市工业遗产的正向作用。通过与周边城市规划和产业布局的协调,可以促进区域协同发展,进一步提升北大营片区的影响力和可持续发展能力。

2 城市工业遗产空间特征与核心问题

2.1 城市工业遗产空间特征

城市工业遗产的空间特征是指在城市中存在的具有工业历史背景和特点的建筑和景观。

首先,工业生产过程需要大型设备和机械,因此工厂和车间的空间通常较为开阔,以容纳生产线、机器设备和储存材料等,城市工业遗产的建筑通常具有大空间和宽敞的室内布局。其次,工业遗产的建筑立面常常具有工业美学的特征,这包括工业材料(如钢铁、混凝土和玻璃等)的使用,以及简洁且具有功能性的建筑造型设计。最后,工业遗产的建筑往往以实用性和效率为导向,注重功能性而少有装饰。由于工业发展的历史演进,许多工业遗产区域由多个建筑物和设施组成,形成了复杂的空间格局,工业遗产空间往往呈现出多样性和层次感[1]。

除此之外,城市工业遗产的空间特征还涉及与周边环境的关系。许多工业遗产位于城市的边缘地带或老旧的工业区,与周围的自然环境和其他建筑形成鲜明的对比。这种对比可以创造出独特的城市景观,并给人们带来历史感和产业遗产的体验感。这些特征赋予工业遗产独特的魅力和价值,并成为城市发展中重要的文化和历史资源。

2.2 城市工业遗产的城市触媒特征

城市触媒理论最早来自美国城市建筑师韦恩·奥图和唐·洛干根的《美国都市建筑：城市设计的触媒》一书，他们提出了"大都市触媒"的定义，其核心内容是在不需要彻底改变城市已有元素的情况下，通过战略性地引入新元素及触媒效用的实现，推动城市化将是渐进的过程改革[2]。

近年来，工业遗产引起了社会广泛的关注，成为社会热议的焦点。工业遗产具有多方面的价值，包括历史、社会、文化和科学技术等多个领域。此外，改造和再利用工业遗产的成本较低，其室内空间开阔，建筑本身还具备工业美学等多重优势。因此，工业遗产能够灵活适应各种功能空间，并具备触媒改造的潜力，实现工业遗产与社会的共生融合。这种触媒改造的方式能够进一步提升工业遗产的价值，实现其可持续发展和多元化利用[3]。

在当前城市存量发展的背景下，保护和再利用工业遗产变得越发重要。为此，我们应该尽可能地保留原有建筑和景观特征，同时深入挖掘工业遗产的历史背景，有策略地进行活化利用，并最大程度地保留有价值且能够产生触媒反应的工业元素。通过工业遗产与城市发展的充分结合，实现工业遗产与历史文化的共生。同时，我们还需要引导触媒反应朝着预期方向发展，将其作为城市更新的引擎，持久高效地激发工业遗产的活力。这些做法将有助于实现工业遗产的可持续发展，为城市带来持久的繁荣与进步。

2.3 城市工业遗产空间更新核心问题

城市工业遗产空间更新是当代城市转型中的重要议题之一。这些工业遗产空间包括废弃的工厂、仓库等，它们曾经是城市经济的支柱，如今却面临着更新和再利用的挑战。

在整合工业遗产和其他旅游资源方面，首要问题是如何将它们有机整合。尽管城市拥有丰富的工业旅游资源，但各工业遗产点之间的距离较远，交通连接性不佳，导致许多旅游资源无法有效转化为旅游产品。更糟糕的是，一些具有价值的工业遗产点经常无人问津。为此，可以通过创建触媒产品来更好地整合城市不同区域的遗产资源，并高效利用游客资源，从而实现区域间的协同效应。通过创造触媒产品，可以有效提高工业遗产的吸引力和游客参观率，进而促进旅游产业的发展。这样的整合方式将为城市的工业遗产和旅游资源带来更好的利用和发展机会[4]。

此外，工业遗产的更新改造如何有力地推动区域发展和城市整体复兴也是一个重要的议题。随着城市产业的快速转型升级，城市中涌现出大量废弃工厂，这些废弃工厂对城市的发展活力和环境质量产生严重影响。工业遗产的更新改造，可以为城市复兴提供核心动力，打造全新的区域发展形象，这将引发建筑形象、空间结构和配套服务等多个方面的复兴效应，有序地提升地产价值，确保后续开发的顺利进行。工业遗产的更新改造不仅仅是建筑本身的改变，更重要的是为城市注入新的活力和活动空间，创造更具吸引力的城市环境。通过合理规划和设计，工业遗产可以成为城市整体复兴的重要推动力量，为区域发展带来新的机遇和活力。

3 城市触媒在城市工业遗产空间中的更新应用

城市触媒在城市工业遗产空间中的运作机制可以归纳为三个步骤："选择触媒要素""塑造

与完善触媒"以及"控制和引导触媒"(图1)。首先,我们将现有的工业遗产要素作为基础条件,进行潜力分析,选择那些具有活力和潜在发展空间的要素作为初始触媒要素。这一过程包括挖掘工业遗产的文化内涵和筛选出可利用的现有要素。工业遗产的触媒要素可以是物质形式,如具有历史建筑特色的工厂建筑;也可以是非物质形式,如工业遗产所蕴含的创新精神和工业文化。选择适当的触媒要素,有助于保护工业遗产的价值和特色,并为触媒的发展奠定坚实基础[5]。

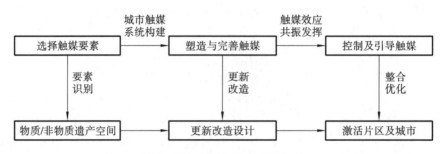

图1 城市触媒的更新应用机制

其次,塑造与完善触媒是城市触媒运作的关键环节。根据功能需求,需要对选定的触媒要素进行策略性的塑造和完善。在保持工业遗产原真性的基础上,我们进行改造和更新,以实现建筑的可持续性更新和功能的转换。在这个过程中,我们需要综合考虑建筑的历史价值、环境可持续性和功能要求,通过技术手段实现工业遗产的更新改造。这样的策略性塑造和完善使得工业遗产的活力和吸引力得到保留,同时也能满足现代社会的需要和可持续发展的要求。通过合理的更新和功能转换,工业遗产可以焕发新的生命力,成为城市发展的重要支撑和文化遗产的传承纽带,例如将废弃的工厂转变为文化创意产业园区、艺术展览馆或创新孵化中心。通过塑造与完善触媒要素,工业遗产得以焕发新的生命力[6]。

最后,控制和引导触媒是城市触媒运作的关键环节。通过对改造项目的后续引导,实现触媒要素自身功能的转变和提升,同时带动工业遗产所在片区的复兴。具体实施步骤包括制定有效的规划政策和管理措施、引导和控制触媒要素的发展方向、促进触媒要素与周边环境的协同发展。通过有效的控制和引导,城市触媒可以产生更为广泛的联动效应,推动城市的渐进发展和复兴,为充分利用工业遗产资源进行经济、文化和社会的发展提供有力的支持[7]。

4 沈阳市北大营工业片区空间更新实践

北大营片区位于辽宁省沈阳市大东区,地铁4号线经过,北至北二环观泉路,东至柳林街,西至望花巷,通过观泉路可直达北陵公园;其靠近九一八博物馆、沈阳大学和汽车工厂,距离商圈较远。该片区位于上园单元,基地内有占地41.3万平方米、建筑面积3.4万平方米的上海通用北盛汽车工厂,也有被列为全国重点文物保护单位的北大营遗址(图2)。通过现场实地调研和访谈,我们发现基地内的上海通用北盛汽车工厂经营不佳,北大营工业片区汽车工业老厂区荒废已久,片区内存在大面积废弃厂房和工业烟囱,造成空间、资源的浪费,产业亟须更新转型,激发活力。北大营工业片区工业遗产空间更新策略如图3所示。

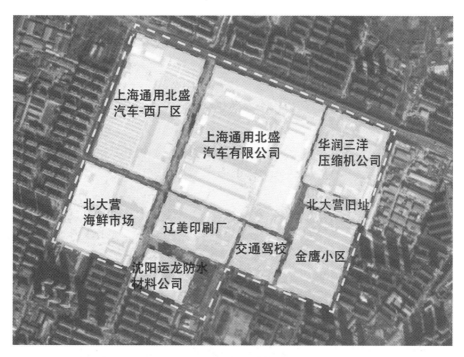

图 2 北大营片区地块现状示意

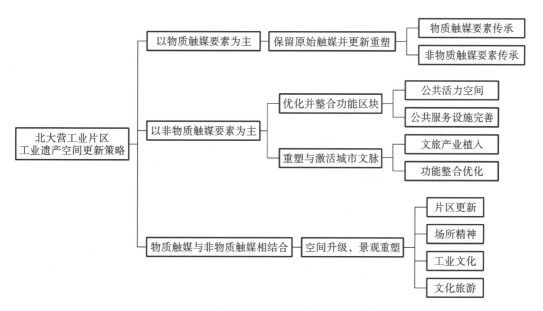

图 3 北大营工业片区工业遗产空间更新策略

4.1 识别原始触媒,保护并利用历史遗存

4.1.1 物质触媒要素识别

在北大营片区工业遗产改造过程中,对原始触媒要素进行保留、改造或重组。结合物质触

媒要素——生产厂房、排放烟囱、生产设备、给排水管道、汽车产品,留存了部分与汽车制造相关的工业遗产,使其焕发新的生命力,构建属于北大营工业片区自己的工业文化(图4)。在更新改造过程中,保留部分的生产厂房建筑,重现其历史风貌。

在更新改造施工过程中,因为这些构件承载着丰富的历史信息,应尽量保留原有的工业结构、构件。同时,要最大限度地减少对工业遗产建筑的干预,避免在维修过程中造成修缮性破坏。在确保文物建筑安全的前提下,应尽量保留原有的结构、构件等,对已失去使用功能的部分结构、构件进行更换或采取相应的修缮措施。

图4 北大营片区工业遗产现状图

4.1.2 非物质触媒要素识别

北盛汽车工厂在沈阳经济的发展中发挥了重要作用,同时也深深地留在当地居民的记忆中。通过实地走访和调研,我们了解到当地居民对该厂区旧址怀有强烈的场所认同感和归属感。随着汽车工厂的停产,居民们对厂区的认同感和归属感成为珍贵的记忆。我们可以将这种场所精神作为非物质触媒要素进行传承和实体化,以形成一种隐形的"磁场"效应,为触媒效应的发挥提供内在动力。

与此同时,汽车产业作为沈阳城市发展的龙头产业,汽车文化也是城市文化的重要组成部分,具有代表性。就城市文化建设而言,汽车文化的延续以及北盛汽车工厂所展示的场所精神具有同等重要的地位,这是城市文化建设的基本需求。因此,在北盛汽车工厂的更新再利用过程中,将汽车文化作为整合城市文化的非物质触媒要素具有重要意义。从功能转化和规划设计的角度,我们可以将汽车文化传承下来,作为整合城市文化的有效手段。这种做法有助于触媒反应在城市范围内发挥联动效应。

4.2 引入文创产业,重塑与激活城市文脉

将原有的汽车生产厂房改造成汽车主题文创园区,吸引具有文化创意的年轻人入驻,以"老工业展示"为主题,使其成为工业遗存体验地、民众休闲的目的地、艺术创作者的艺术基地。保留部分汽车生产厂房并加以改造使其成为健康运动的场所,市民可以在里面锻炼身体、参与各种健身运动与竞技活动,屋顶也成为一个大型的开敞活动场地,人群通过空中廊道在此聚集。根据北盛汽车工厂的规划定位,可以修建文创和健康运动街区作为新的物质触媒要素,通过引入这些新的要素,为触媒反应提供更多的功能空间。完成保护修缮工作后,工业遗产建筑将被赋予新的功能,并纳入整个片区的综合规划设计中。通过整合工业文化、汽车文化和创意文化,致力于打造一个具有系统文化脉络的片区,实现触媒要素的共振效应。

4.3 优化功能区块,完善公共服务功能

在改造过程中,应通过目标定位和不同触媒要素的特点分析优化和重组功能分区。片区内的工业文创区应采用工业元素与文创产业相结合的方式,与南部现状保留的储油塔形成对景,以形成连续的空间节点,并增强视觉渗透效果。同时,结合视线效果延伸工业文化和场所精神等非物质性触媒要素,进行场所营造,为发挥触媒效应提供可能性。

片区还应完善公共服务功能,提供便利店、洗手台、游客服务设施等满足人们基本需求的设施。通过设计空中廊道,满足组团内部的生活、休闲和消费需求。

主要功能的更新和置换赋予片区多种从属功能,给人们创造更丰富的室外活动机会,满足人们的行为需求,激发场地活力,有助于触媒效应的发挥,并实现局部与整体的和谐共生。

4.4 更新城市空间,塑造独特景观触媒

在城市空间更新改造过程中对各个触媒要素进行串联设计,完善片区的空间结构,形成触媒序列,整体的空间结构为"四核、四轴"(图5)。保留工厂和地块南侧的现状建筑,通过空中廊道联系各组团,增添空间的趣味性和丰富性。空中廊道吸引人流聚集,并通过环境监测保证人流通畅,结合绿化景观构建特色风貌节点。利用触媒要素聚集人气,最大限度激发空间的向心功能,从而形成舒适的环境,激发城市活力。由此可见,对具备工业艺术功能且建造标准较高的厂房建筑进行保留,再进行设施置换,最后改建为文创体验室,人们在使用环境中获得企业载体的场所体验,场地凝聚力由此产生。北大营片区的规划结构分析、功能分区分析和景观系统分析如图6、图7和图8所示。

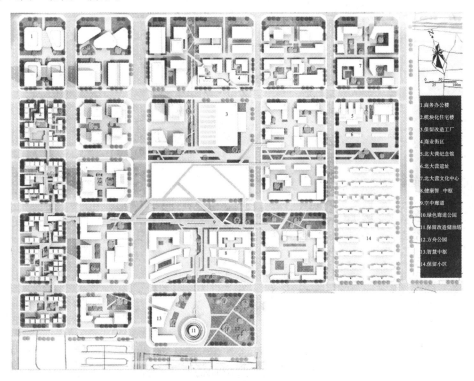

图5 规划后的总平面图

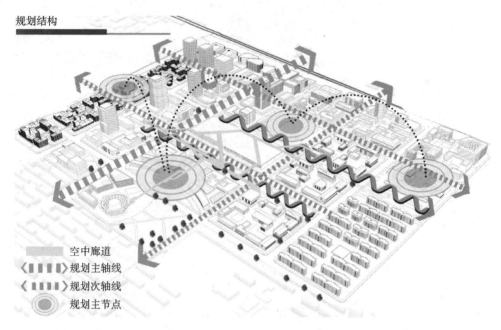

图6 北大营片区规划结构分析

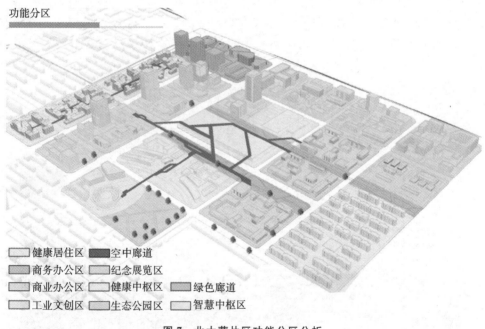

图7 北大营片区功能分区分析

5 结　　语

根据城市触媒理论，我们对北大营片区的工业遗产进行了更新改造，以实现该片区的创意升级、文化升级和体验升级。无论是承载着工业记忆的汽车产品展厅，还是吸引大量市民拍照的文创体验馆，通过重新塑造这些公共空间和引入新的触媒要素，将工业遗产与历史文脉相结

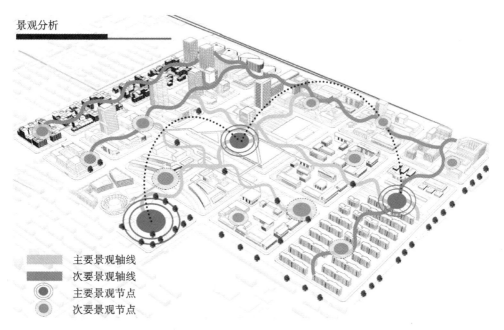

图 8 北大营片区景观系统分析

合,使得物质触媒要素与非物质触媒要素相结合,来解决城市存量规划背景下产生的城市文化建设问题。

作为一个触媒点,该项目在城市发展中扮演着重要的催化剂角色,可以持久地推动城市的发展。除了提高社会经济效益,项目规划还与城市功能有机融合,共同引导触媒效应向外辐射,为城市的可持续健康发展做出贡献。

参考文献

[1] 单雪竹,程文.城市更新背景下城市旧工业区遗存再利用研究——以哈尔滨市新一地区为例[C]//规划 60 年:成就与挑战——2016 中国城市规划年会论文集(08 城市文化).北京:中国建筑工业出版社,2016:703-711.

[2] Attoe W, Logan D. American urban architecture: catalysts in the design of cities[M]. California: University of California Press, 1989.

[3] 杨彩虹,李佳毓,武宇清.基于城市触媒理论的工业遗产传承与共生更新研究——以保定市恒天纤维片区为例[J].石家庄学院学报,2021,23(3):15-22.

[4] 王燕,王新宇.城市工业遗产"触媒式"更新策略研究——以常州戚机厂为例[J].装饰,2021(7):132-133.

[5] 孙淼,陈晨.工业遗产改造作为城市更新触媒的深层机制研究——基于上海市宜山路街区和场园街区的案例比较[J].城市建筑,2019,16(19):12-20+152.

[6] 李星汐,常江,高祥冠.城市触媒视角下的永城水泥厂工业遗产改造及再利用[J].工业建筑,2018,48(11):60-64+148.

[7] 张童,沈海泳.基于城市触媒理论的工业遗产更新与再利用研究——以抚顺为例[J].工业设计,2023(7):144-147.

城市更新视角下山地历史古镇的保护与发展
——以重庆龙兴古镇为例

李卓颖[1]

摘要：城市更新已成为当前城市建设和未来城市设计的热点方向，在城市更新中要避免"千城一面"现象，如何保护地域文化特色，实现历史城镇的有机更新是重要议题。龙兴古镇保留了大量明清时期的传统建筑，场镇沿地势展开，无论建筑形态还是规划布局均具有浓郁的山地特色。本文通过文献阅读、实地调查等方式，首先论述了保护历史古镇在城市更新中的必要性，其次梳理了龙兴古镇发展的各个历史时期，并分别从古镇文化与建筑内涵、街道空间布局与形态、建筑特点三个方面展现龙兴古镇丰富的价值，最后提出山地历史古镇更新发展的方向。

关键词：山地特色；城市更新；古镇保护；文化遗产；历史古镇

Abstract: Urban renewal has become a focal point in current urban development and future design. Within urban renewal projects, it is crucial to prevent the occurrence of a monotonous urban landscape. Safeguarding local cultural distinctiveness and achieving the organic revitalization of historic towns are pivotal topics. Longxing Ancient Town, by preserving numerous traditional buildings from the Ming and Qing dynasties, unfolds across the local topography. Both architectural forms and urban layouts exude a pronounced mountainous character. This paper employs methods such as literature review and on-site investigation. Firstly, it expounds the necessity of preserving historic towns in the context of urban renewal. Subsequently, it delineates the various historical periods of Longxing Ancient Town. It then proceeds to present the town's abundant value from three dimensions: its cultural heritage and architectural significance, the arrangement and form of its street spaces, and distinctive architectural features. Finally, potential directions for the development of urban renewal in historic mountainous towns are proposed.

Key words: mountainous characteristics; urban renewal; ancient town preservation; cultural heritage; historic ancient town

1 历史古镇保护的必要性

1.1 "更新"与"守旧"

城市是历史文化与社会经济的客观载体，城市建设过程中一方面要为经济发展和市民生活创造良好的环境，另一方面也要保护好各个时期留存下来的具有价值的城市风貌，"更新"与"守

---

[1] 李卓颖，重庆大学建筑城规学院，硕士研究生。地址：重庆市沙坪坝区沙正街174号重庆大学B区。Email：491446924@qq.com。Tel：17725024890。

旧"相辅相成,以促进城市的健康、可持续发展。

城市更新理论即对不适应现代社会发展的城市进行改造、更新,目的是对发展过程中出现的一些城市退化现象采取适当的干预措施,这种改造从全局出发,考虑环境、物质、精神文化多方面的问题[1]。以古镇、古村落为代表的历史街区保护可以看作城市更新的一个子命题。我国政府在进一步加强城市规划建设管理工作中专门提到了要有序实施城市修补和有机更新,解决历史文化遗产损毁等问题。而山地古镇作为历史文化、城市建设、传统建筑的"活化石",具有极高的研究价值。

1.2 国内山地古镇保护研究概览

国内学者从不同的角度对古镇保护进行了理论探讨和实证分析。曹福刚和冯维波[2]从地理条件出发使用风水学的方法分析古镇选址;肖竞[3]聚焦于文化景观视角,将西南山地历史城镇看作一种文化景观对象研究其保护方法;王林和莫超宇[4]从城市更新和风貌保护的角度,探讨城市设计在风貌保护层面的特点,提出城市更新和风貌保护的城市设计思路与方法;李和平和尹泺枫[5]从文化生态学的角度入手,分析山地古镇生长演变规律和内在发展联系,进而探寻文化生态学视角下山地历史古镇文脉保护的适应性方法;古佳玉[6]从文脉修补视角出发探究古镇更新与保护策略。

2 龙兴古镇的保护价值

2.1 龙兴古镇简介

龙兴古镇位于重庆市渝北区(图1),距离重庆市中心36 km,历史悠久,具有深厚的文化底蕴,2005年被列入第二批中国历史文化名镇。据《江北县志》记载,龙兴古镇始建于元末明初,于清初设置隆兴场,据说明建文帝曾在此地一小庙避难,后小庙经扩建而命名龙藏寺,民国时改称龙兴场[7]。

龙兴古镇是西南商贸型历史城镇文化景观的典型代表之一,亦是渝北区主要的旱码头。数百年来,古镇不仅保留了原有的城镇结构、几近完整的街巷和大量的传统建筑,还传承了丰富的文化内涵。至今,进入古镇,依然可以发现这里保存下来的大量传统建筑,感受浓郁的民俗风情。

数百年来龙兴古镇经历了场镇兴起、以寺庙为中心的街市拓展、以商业为中心的多元化社区、建国后衰落转型时期,逐渐走到了目前的保护更新时期(表1)。

表1 龙兴古镇历史沿革概况

时期	特点	描述
元末明初至明末	场镇兴起	由地形优势形成的初级商品交换场镇。元末明初,龙兴古镇有移民来往,陆续修建了许多店面,为游人提供食宿,形成初步场镇。建文帝来到龙藏宫避难使这里有了人气,逐渐形成了现在的龙兴古镇主要的老街
明末至清中期	以寺庙为中心的街市拓展	从明代围绕龙藏寺开始,到清乾隆年间修建禹王寺,是龙兴古镇的漫长发展历程。江北厅的龙兴场也因地段较好逐渐活跃起来。同时,老城区的街道也在不断发展,以禹王寺和龙兴寺为核心向外辐射发展

续表

时　期	特　点	描　述
清中期至20世纪60年代	以商业为中心的多元化社区	龙兴古镇作为当时重要的物资中转地,依附于重庆的商品经济发展,经济空前繁荣,形成了宗教场所、商贸场所、生活场所等不同类型场所相互融合的局面
建国以后	衰落转型	老城区的社会、经济和文化已经向新城区迁移,只有部分当地居民依然保持古朴的生活方式和生活氛围

图1　龙兴古镇区位示意

2.2　文化与建筑内涵

2.2.1　商贸文化

龙兴古镇是典型的商贸型历史城镇。据《江北县志》记载,明初时,龙兴古镇已经开始出现小集市,进入清初时期,由于商品经济发达,开置了隆兴场,成为当时江北县有名的第二大"旱码头"[8]。地形优势使龙兴古镇成为交通要地,形成了繁茂的商业气氛。在龙兴古镇的三大主要街道中,祠堂街主要承载日常生活,藏龙街、回龙街承载古镇商贸。而侧街主要是当地居民的生活场所。老街繁华的时候,路上有茶馆、客栈、会馆、当铺等,热闹非凡,富有生活气息,形成了具有代表性的街市文化。

2.2.2　宗教文化

宗教文化是其核心文化。古镇发展后期逐渐形成道教、佛教、基督教三教并存的宗教文化。龙藏宫是道教的典型代表,龙兴寺所代表的佛教由移民带入,民国时期基督教传入重庆,形成了目前三教共存的局面。

(1) 龙藏宫——道教。龙藏宫(图 2)是道教宫殿,其殿宇分为前后两殿,建筑结构谨严、布局有序、装饰精美,建筑空间变化丰富,据《江北县志》记载,明建文帝趁乱出逃,乔装僧侣,避难入川。燕王连年侦缉,以防后患。建文帝逃难途中夜宿江北隆兴场一小庙,追兵到隆兴搜索至此,见庙貌残破,洞结蛛网,便认为是人迹未到之地,建文帝因而得以脱险,据《江北厅志》《寺庙志》记载明建文帝避难于龙藏寺[9]。后世对建文帝脱险的小庙加以修缮重建,命名为龙藏宫。

(2) 龙兴寺(禹王庙)——佛教。龙兴寺(图 3)修建于清乾隆二十四年,建筑体制较大,坐北朝南,四合院布局。山门由砖石砌筑,中门走进去则是戏台。台中间有大禹像。台旁边为浮雕、看枋。正殿屋顶样式为歇山式三重檐,左右两廊为穿斗结构。两边厢房有上下两层。

如今的龙藏宫和龙兴寺均为县级文物保护单位,虽经上百年风雨侵蚀,但风采依旧,经政府修缮后香火不断,游客络绎不绝。

2.2.3 民俗文化

龙兴古镇富有巴渝特色的民俗文化,如腰鼓、川剧、纸扎工艺、茶馆文化、农产品文化等。龙兴的茶馆众多(图 4),大多还保持着清代时的文化底蕴。每逢赶集,周围居民都喜欢聚集在茶馆附近,气氛十分热烈。细细听,嘈杂的人声里有各色的行情。古镇茶馆嘈杂的声音依旧,只是现代气息无孔不入地渗入古镇。正是这种反差,才使古镇的魅力不灭。龙兴古镇现在也有爱好评书的人,他们聚集在一起,在茶馆唱上几段,不经意间增加了小镇的热闹气氛。

图 2　龙藏宫　　　　　图 3　龙兴寺　　　　　图 4　静园茶舍

2.3　街道空间布局与形态

2.3.1　空间布局

龙兴古镇的主街呈"S"形(图 5),全长 1700 多米,主要由青石板铺成。祠堂街、回龙街、藏龙街这三条街组成古镇的主街,祠堂街由龙兴寺向南引出,藏龙街由龙兴寺向北连接龙藏宫,回龙街则是龙藏宫向东的延伸。主街由这一寺一宫三街串联而成,沿街分布有大小祠堂、各式建筑。

结合地形剖面图来看(图 6),龙兴古镇东临长江支流御临河,背依石壁山,坐落在四周高中间低的盆地里,古时有 5 条陆路干道汇集于此,可以称之为风水学上的"五马归巢"。

整个街道高低起伏、蜿蜒盘旋,很好地结合了当地地形,这契合古代人民"天人合一"的思想境界。

图 5　龙兴古镇平面图

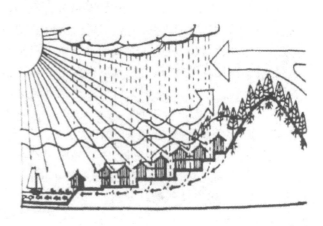

图 6　龙兴古镇地形剖面图

2.3.2　街道形态

古街是整个古镇的精华，沿街走一遭，可以发现文化韵味、建筑特色、风土人情均得到了鲜活的展现。祠堂街（图7）正如其名，沿街一侧分布有大量祠堂，另一侧则为居民区，整体来看私密性较强；藏龙街是古街商业活动集中的区域，分布有布庄、饭馆、杂货店、药材店等五花八门的店铺；回龙街坡度较大，是大多数手工加工制造业（如织布、雕刻、金银器具等）的聚集地，这个街道与周围的连通性较好（图8）。

图 7　祠堂街

除了丰富的沿街空间，龙兴古镇街道形态的特点还体现在它丰富的节点上。这些节点或是为了满足临时交易需要，或是为了满足居民休闲需求，或是文化活动集散地点，在千百年的古镇生长中自然演化形成，成为古街画龙点睛的一笔。图9中空间节点1是一个由院墙、建筑立面围合而成的三角形空间节点，空间中有石碑、古井、树木等景观小品，不仅成为街道的缓冲空间，也为路人、居民提供了休憩平台。另一个重要空间节点是古街中的凉亭（图10），其总长16 m，由于跨度较大，采用了抬梁式结构。巨大的屋顶让街道有了私密感和遮蔽感，凉亭屋顶下可以开展丰富的活动，如聊天、下棋、打牌、自家农产品售卖等。

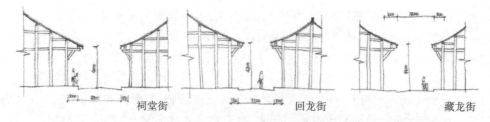

图 8　祠堂街、回龙街、藏龙街街道尺度图

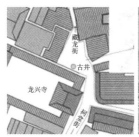

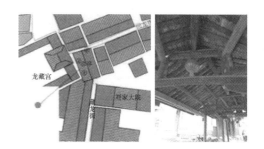

| 图 9 空间节点 1 | 图 10 空间节点 2 |

2.4 建筑特点

龙兴古镇的建筑大致可以分为公共建筑和民居建筑,其中公共建筑主要由宗祠建筑和宗教建筑构成。经过百余年的发展加上近年来的修复,龙兴古镇主要现存公共建筑有刘家祠堂、明氏宗祠、包氏宗祠、华夏宗祠、龙兴寺、龙藏宫等(表2)。

表 2 公共建筑概况表

名 称	地 点	修建时间	平面布局	描 述	平 面 图
刘家祠堂	下场口	始建于清咸丰四年,保留至今	三进两院,2200 m²	历史悠久,平面结构清晰完整,局部违法搭建	
明氏宗祠	祠堂街	始建于清末,2007 年新建	三进两院,1300 m²	三进制牌楼,除门厅外均为二层	
包氏宗祠	祠堂街	始建于清末,2004 年新建	三进两院,1600 m²	砖木结构	

续表

名　称	地点	修建时间	平面布局	描述	平面图
华夏宗祠	祠堂街	原为贺家祠堂，后被政府改建	三进两院，2000 m²	建筑内部空间高差较大，我国西南地区唯一一个以宗祠文化为主题的祠堂	
龙兴寺	藏龙街	清乾隆二十四年建成，2002年修缮重建	院落式布局，正殿屋顶样式为歇山式三重檐	前身是禹王宫，以会馆形式存在，由戏楼、正厅、正殿组成	
龙藏宫	藏龙街	始建于明初	合院式布局，3000 m²	建文帝在此避难后由小庙扩建改为龙藏寺，最后才改为现在的龙藏宫。中轴线有所转折，因地制宜	

　　民居建筑在规划结构上顺应重庆山景，整体错落和谐。在造型上，多为白、灰、粉墙的二层民居，体现了巴渝地区浓郁的历史文化和较高的艺术价值。前店后屋、上店下房的建筑结构，与老城的商业相匹配，沿街部分用于商店，其余部分则用于居住生活。

　　刘家大院原是旧时同时拥有地主、商人、实业家身份的大富豪刘登吉的府邸，建于清道光年间，占地面积约 2000 m²，建筑面积达 1800 m²，是重庆现存比较完整、规模较大的一处地主住宅[10]。

　　刘家大院面宽约 11 m，进深约 31.6 m，属于典型的三开五进式建筑（图 11）。大院采用前店后屋的布局。与传统的室内商铺不同，刘家大院的房子和商铺紧密相连，又相互独立。店铺由三栋夹在两侧山墙之间的建筑组成，而房屋由山墙围合而成。为了改善采光和通风，店铺和建筑之间被一个狭长的天井庭院隔开。从前到后可以分为商贸区、会客区、生活区三个部分。北面有三扇门，可通向杂物间、厨房、厕所、牲畜房等。明间的功能依次为店面—天井—会客—

祠堂(正)—贵宾休息室—天井—绣楼,逐渐从公共空间向私密空间过渡,通过隔墙和庭院加强不同空间特征的转化,使私密空间不受商铺噪声的影响。

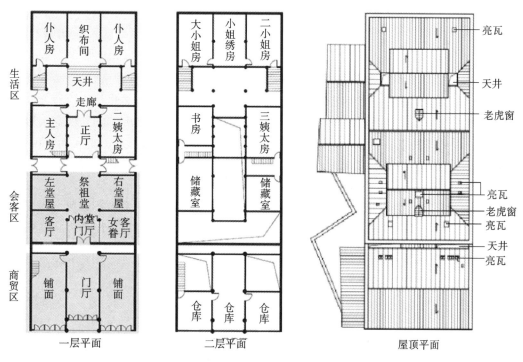

图11 刘家大院平面图

店宅式民居主要指城镇乡场临街的联排式沿街店居。这种形式将住宅功能与店面的商业功能相结合,同时满足生活、生产和经营的需要。高地价决定了店宅式民居小开间和大进深的特点。想要全面解决内部居住空间的私密性与外部商务活动的开放性、采光通风问题、有限空间条件下的使用面积等矛盾,店宅式民居布局必须要紧凑、建筑密度要高。空间的连接和划分多采用层叠式交通,过道短小,楼梯灵活紧凑。在采光和通风方面,也有一些非常有特色的空间形式,如天井、开厅、抱厅、猫耳、天窗等[11]。店面的外观往往与街道上的其他建筑融为一体,形成统一街景。

3 山地历史古镇的保护更新建议

3.1 龙兴古镇保护更新现状

目前龙兴古镇经济与基础设施建设较好,既有现代化的城镇建筑,也有古老的古镇老街,具有比较浓郁的民俗气息,彰显出了独具特色的人文景观。

3.1.1 文物保护现状

由于相关保护性规划的实施,龙兴古镇的历史街区得到较好的保留,但部分民居建筑没有得到妥善的修缮。2005年以来,龙兴寺、刘家大院、华夏宗祠等被评为了重庆市级文物保护单位,得到了较为完善的保护和修复。

3.1.2 更新规划与招商引资

2002年左右,龙兴镇人民政府就邀请设计院对重庆市渝北区龙兴古镇进行保护规划方案设计,圈定了龙兴古镇的核心保护区,并对其近期、中期、远期项目发展制定规划;2005年龙兴古镇被评为国家历史文化名镇;2008年企业投资修建了民俗文化街;近年政府与相关企业签订协议,力争将龙兴古镇建设成为5A级国家景区。

重庆市渝北区龙兴古镇保护规划将商贸文化作为古镇的主导文化脉络,结合藏龙街、回龙街以及老字号店铺、禹王宫会馆等建筑进行重点保护;移民文化、宗教文化作为次级文化脉络,通过对刘家祠堂、华夏宗祠、包氏宗祠、明氏宗祠、龙兴寺、龙藏宫等高历史价值文物建筑进行保护与修复,并设置博物馆协同保护。另外,保护龙兴古镇的历史人文环境,开辟了用于民俗活动与日常文化交流的空间,使人们能在其中相互交流,同时也具备举办观光文化活动的功能。在尊重龙兴古镇居民意愿的前提下改善他们的生活条件。

该规划方案具体操作措施包括区域完整性保护、街巷骨架保护、公共空间修复与保护、文化的保护与再生、农业保护等,围绕老城建设必要的扩展空间,对旧建筑进行改造,协调古镇与新城的文化、土地与空间的关系,实现新旧城镇共生发展的目标。

3.2 山地古镇保护建议

3.2.1 保护历史文化古镇的完整性

历史文化古镇是具有物质和文化元素的综合体,因此,既要立足于其传统的"活"性,又要考虑其自身的特点,用有效的保护和管理措施来保护古镇。保护原则如下。

(1) 保护历史的原真性。历史建筑的真实性概念强调了历史赋予建筑的文化内涵。建筑反映的不只是其建造年代的技术水平,更承载着后人留下的精神文化价值。虽然在岁月的流逝中建筑的原貌或遭损坏,但应在保护过程中遵循历史建筑的原真性。

(2) 保护建筑的完整性。受保护的历史建筑必须是一个完整的建筑,具有与历史原貌相符的完整的空间格局和形体特征。每一座不完整的历史建筑都只被视为一种场所和记忆。因此,我们在制定保护措施时,必须将建筑和周围环境作为一个整体来考虑。

3.2.2 建立历史文化古镇保护的监督机制

尽管龙兴古镇相关保护规划已经较为完备,但笔者实地考察后发现,这些文化古镇依旧有小部分场所被破坏,且看护人手远远不够。比如刘家大院仅有一名售票人员,缺少内部讲解、维护秩序人员,部分空间甚至存在安全隐患。

目前对于历史文化古镇保护的研究主要侧重于保护方法和技术的研究,一般关注如何保护,却忽视了实际的保护效果,造成了重程序、轻结果,重开发、轻保护的局面。因此,建立历史文化古镇保护实施的监督机制的意义重大。

4 结 语

城市更新与历史风貌保护是一种空间思维方式,本文通过对龙兴古镇的研究,发现无论是对古镇的规划还是建筑设计仅仅是对古镇形态系统的增强。从城市更新的角度来看,城市更新与历史风貌保护是对地域文化特色的最大保留,是对当下"千城一面"现象的有力反抗,是对历史文化的最大尊重。

参考文献

[1] 刘磊,杨雪伦.中西方城市更新对比研究——中国城市化道路的探索[J].河北建筑工程学院学报,2009,27(3):66-69+85.

[2] 曹福刚,冯维波.基于风水学与GIS技术的传统民居选址比较研究——以重庆龙兴古镇为例[J].重庆师范大学学报(自然科学版),2014,31(03):119-124+145.

[3] 肖竞.西南山地历史城镇文化景观演进过程及其动力机制研究[D].重庆:重庆大学,2015.

[4] 王林,莫超宇.城市更新和风貌保护的城市设计与城市治理实践[J].规划师,2017,33(10):135-141.

[5] 李和平,尹泺枫.文化生态学视角下山地历史古镇保护策略研究——以重庆龙兴古镇为例[C]//2017城市发展与规划论文集,2017:867-873.

[6] 古佳玉."文脉修补"视角下古镇保护与更新策略研究——以重庆龙兴古镇为例[C]//面向高质量发展的空间治理——2021中国城市规划年会论文集(09城市文化遗产保护),北京:中国建筑工业出版社,2021:843-857.

[7] 赵逵,詹洁.重庆市龙兴古镇[J].城市规划,2012(2):9-10.

[8] 邢西玲.城镇化背景下西南历史城镇文化景观演进与保护研究[D].重庆:重庆大学,2014.

[9] 重庆市龙兴镇人民政府.悠悠古风浸龙城——重庆龙兴古镇[J].小城镇建设,2006,(11):14-15.

[10] 贺柏栋,刘绍源,谌永万,等.龙兴古镇[M].重庆:重庆出版社,2009:19.

[11] 许潇予.重庆龙兴古镇刘家大院店宅空间特色分析[J].重庆建筑,2013,12(1):16-19.

城市历史景观视角下的昆明翠湖片区历史地段更新研究

孙 弘[1] 杨 飞 杜佳洁 张婷婷

摘要：城市历史地段汇聚了丰富的历史遗产和非物质文化遗产，代表着当地的历史文化精髓。在城市发展过程中，如何保留其历史文化特色，合理利用历史资源，并通过规划策略赋能城市历史空间，以适应当前社会发展趋势，传承历史文脉，成为至关重要的问题。本文以昆明翠湖片区历史地段为例，通过对翠湖片区历史人文环境的调查，发现该片区历史要素存在的问题，以及当下城市的快速发展对历史环境、历史景观和历史建筑等带来的挑战，创新性地以城市历史景观为视角，基于昆明翠湖片区历史地段的基本状况，从修复空间格局，活化显化历史要素；延续山水文脉，重塑城市景观视廊；尊重历史遗存，提升空间可阅读性三个方面针对性地提出了空间改造与活化策略，由点及面建立起翠湖片区范围内历史环境的保护和提升策略。

关键词：城市历史景观；翠湖；历史地段；更新研究

Abstract: Urban historical area gathers rich historical heritage and intangible cultural heritage, representing the essence of local history and culture. In the process of urban development, how to retain its historical and cultural characteristics, make reasonable use of the declining historical resources, and empower the historical space of the city through planning strategies to adapt to the current social development trend and inherit the historical context has become a crucial issue. Taking the historical section of Cuihu District in Kunming as an example, this paper finds the problems existing in the historical elements of the district and the challenges brought by the rapid development of the current city to the historical environment, historical landscape and historical relics through the investigation of the historical and humanistic environment of the district. It innovatively takes the urban historical landscape as a perspective and based on the basic conditions of the historical section of Cuihu District in Kunming. From three aspects: restoration of spatial pattern, activation of historical elements, continuation of landscape context, remodeling of urban landscape view corridor, respect for historical relics, and improvement of spatial readability, this paper proposes spatial transformation and activation strategies, and establishes the protection and improvement strategies of historical environment within the historical area of Cuihu Lake from the point and surface.

Key words: urban historical landscape; Cuihu Lake; historic area; renewal study

---

1 孙弘，昆明理工大学建筑与城市规划学院，讲师，硕士生导师，研究方向为城乡规划与设计。地址：昆明市呈贡区景明南路727号昆明理工大学呈贡校区建筑与城市规划学院415室。Email: yangfei@stu.kust.edu.cn。Tel: 18183847720。

1 城市历史景观概念及相关研究

1.1 城市历史景观概念

自 2005 年城市历史景观(historic urban landscape,HUL)这一概念被提出以来,其含义由单纯的从物质实体逐渐扩展到实践方法,并在全球多个国家与地区开展实践探索。2011 年联合国教科文组织《关于城市历史景观的建议书》发布,该建议书对"城市历史景观"进行了定义,要求历史城市的保护、规划与发展必须基于一个更广泛的框架,以可持续的方式处理城市历史保护与城市当代发展之间的平衡,并推广其保护理念和行动规划[1]。城市历史景观是指历史长河中城市的文化和自然属性及其价值不断积淀而形成的区域,它超越了简单的历史中心的概念,包括更广阔的城市背景和地理环境。这种定义强调了城市历史景观在时空上的层层积淀和连续性,并体现了其"整体性"和"层积性"[2]。同时,城市历史景观涵盖了地理环境、建筑环境、基础设施、开放空间、土地利用、视觉联系等多个方面的要素,也考虑了社会文化和经济进程对城市历史景观的影响[3]。

1.2 城市历史景观相关研究

1.2.1 相关理论研究

城市历史景观保护是针对历史城市更具整体性的保护和管理,一经提出便受到广泛关注。它既是一种认识历史文化遗产的新颖视角,也是一种协调历史文化遗产保护与可持续发展的创新思路。在相关理论研究上,郑阳强调城市景观文脉及其延续性,并强调历史景观的延续由景观的"历时性"和"共时性"共同构建[4];杨昌鸣等强调城市历史景观概念,为我们提供了新的参考,它将城市整体视作宝贵的城市遗产,并从改善人类生活环境的角度来思考城市的发展[5];李和平等提出了一种整体性保护方法,该方法源于识别多角度的价值层积,同时该方法还包括如何识别"动态层积"和"整体关联"[6]。

1.2.2 相关实践研究

城市历史景观理论的提出、深化和完善,对于我国的遗产保护和城市发展具有重要意义和价值。我国目前正处在城市迅速发展和转型的时期,相较于西方发达国家,我国的城市化过程更加复杂,对城市历史景观规划主要思想的梳理,有助于我国在遗产和城市规划工作中结合城市历史景观理论进行更有效的实践,帮助我国实现更全面的遗产保护和真正可持续的城市发展[7]。在实践探索上,李和平等通过解析城市历史景观的整体性内涵,探究西南山地历史城镇整体性保护框架[6];曹永茂在城市历史景观的视角下,挖掘巴渝历史城镇的核心内涵和理念,并利用适应性的方法探索巴渝地区历史城镇的保护方法[3];杨晨等在"巴拉瑞特2.0"数字化遗产档案的基础上,围绕城市历史景观保护的核心目标,探索数字化遗产信息服务的新思路和实践方法[8];田梦瑶等从"锚固-层积"的视角出发,以山水城市桂林为例,从城市的宏观视角和层积化空间的微观视角解译山水城市历史景观的层积过程与效应[9]。

1.2.3 翠湖片区研究进展

关于翠湖片区历史地段的相关研究,汪辉等(2015)将翠湖片区视为一个广义的城市公园,借鉴公园规划的手法进行城市设计,旨在给老百姓提供一个休闲、凸显文化并可持续发展的城市开放空间,同时兼顾商业和娱乐价值[10];张熙从社区更新的视角出发,通过对翠湖片区历史人文环境和社区居民生活环境的调查,发现该片区存在的困境,在保留历史原真性等原则的前提下,提出了针对性的空间改造和活化策略,为翠湖历史片区的空间改造规划提供新的尝试[11];冯高尚等以翠湖片区周边地区整治与提升规划项目为例,探讨以公共价值为导向的城市重点地区更新规划研究,主要从公共空间体系、公共功能和更新规划过程中的公众参与三个方面,探讨提升城市重点地区更新公共价值的规划策略[12];文彤等从体验视角出发,分析翠湖片区的生态空间中各物种之间互利共存的共生关系,并归纳出城市生态空间共生优化的要素[13]。

综上所述,在城市规划和历史文化保护领域,对以城市历史景观为基础的整体性保护实践研究,尤其是对昆明翠湖片区的研究较少,而且目前对于该片区城市历史景观的保护及相关研究非常有限。因此从城市历史景观视角对翠湖片区历史地段进行保护研究,对于像昆明这样的历史文化城市中的历史片区持续发展有一定的借鉴意义。

1.3 研究对象与方法

本次研究空间范围限定于翠湖片区,其位于云南省昆明市五华区,东至盘龙江,南至人民中路,西至建设路,北至昆石铁路,辖区东西最大距离 2.1 km,南北最大距离 2 km,占地总面积 2.96 km²(图 1)。昆明翠湖片区的整体景观格局对昆明历代城市建设和历史文化发展有着深远的影响。这个片区独特地展现了传统城、水、山的景观格局。同时,历代景观要素在昆明翠湖片区密集分布,为我们客观全面地呈现了昆明老城景观要素的发展脉络和演变规律。这些景观要素主要包括历史建筑、文化遗址、古老的街巷、传统的庭院和公共空间等。

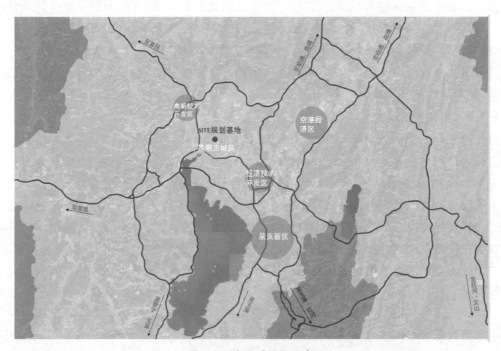

图 1 研究区域区位示意

本文研究方法主要包括历史文献分析解读和历史地理空间数据叠加分析等,以研究昆明翠湖片区城市历史景观的整体性、层积性和关联性为目标。研究技术路线如图2所示。首先,收集与昆明翠湖片区历史景观相关的历史资料、基础地形地貌、历史建筑布局、路网密度等相关数据,以上数据通过图书馆、档案馆、博物馆等渠道获得,同时,也可以借助开源网络数据和现代技术手段获取辅助信息。其次,利用ArcGIS 10.8地理信息平台,对收集到的数据进行整理和整合,创建一个基础信息库,其中包含历史地形地貌数据、历史建筑布局和道路网络数据等。同时,结合昆明地方志、古籍文献中关于昆明古城景观要素的记载以及其他相关信息,将这些信息作为数据来源,与基础信息库进行匹配和可视化分析。最后,从历史景观视角对昆明翠湖片区历史空间更新提出相应的策略方法,具体包括修复空间格局,活化显化历史要素;延续山水文脉,重塑城市景观视廊;保护场所记忆;尊重历史遗存,提升空间可阅读性四大主要策略。通过本次研究,挖掘昆明翠湖片区各历史景观要素之间的整体性、层积性和关联性问题,为未来昆明老城其他片区的历史更新实践提供理论指导。

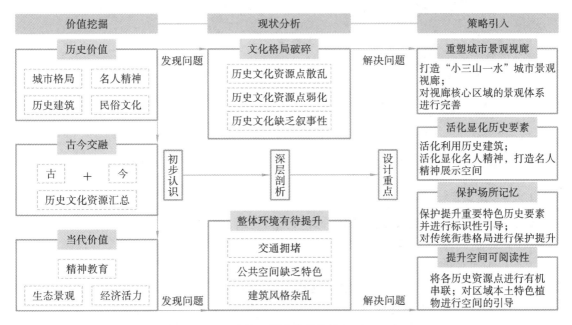

图2 研究技术路线

2 昆明翠湖片区历史空间特征研究

2.1 翠湖片区现状剖析

2.1.1 自然条件

翠湖片区三面环山,北侧为云大山,东侧为圆通山,南侧为五华山,总体呈北侧、东侧、南侧高,中间低的地形,同时,北侧及南侧地带坡度较大,西侧及环翠湖地带坡度较为平缓。从地形地貌的角度来看,翠湖及其周边片区呈现出以"小三山一水"为核心的自然风貌格局。具体而言,云大山、圆通山和五华山环绕在翠湖片区的北部和东部[11]。

2.1.2 交通条件

翠湖片区位于昆明老城中心区域,周边各类交通体系完善,对外交通条件十分优越。可通过机场、高铁、快速路等与外界联系。翠湖片区距离长水国际机场约 30 km,距离昆明火车站约 5 km,距离昆明南站约 33 km,对外交通便捷(图 3)。翠湖片区内的公交线路体系较为完善,但是由于其位于老城区,受道路宽度以及车流量较大等因素的影响,部分道路在高峰期存在拥堵情况,翠湖片区附近有昆明轨道交通 4 号线和 3 号线,北部 4 号线小菜园站距离翠湖片区直线距离约 1 km,南部 3 号线潘家湾站距离翠湖片区约 0.69 km,总体交通条件较为便利(图 4)。

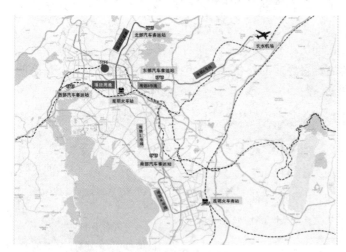

图 3　翠湖片区交通示意　　　　　　　　图 4　翠湖片区公交站点分布示意

2.1.3 建筑现状

通过对翠湖片区内现有建筑资料的分析,发现翠湖片区建筑功能高度复合,以住宅建筑、公共建筑(学校、医院、办公楼等)、商业建筑、历史文化保护建筑等为主。其中住宅建筑居多,同时历史文化保护建筑众多,建筑风格形式多样,但缺乏统一性,街巷风貌杂糅混乱,缺乏特色,文化感知性差。翠湖片区内以 4~7 层的多层建筑为主,建筑高度 H 大多为 10~24 m,局部建有 24 m 以上的高层建筑。总体建筑高度分布无明显规律,此外现状区域东侧的翠湖俊园小区对"圆通山—翠湖"这一视线通廊有部分遮挡。翠湖片区内大部分建筑为二类建筑,建于 1990—2000 年之间,建设年代久远,较为老旧,但结构稳固,提升改造后尚可满足使用需求,翠湖片区南侧及东侧大多为一类建筑,建筑质量较好。少量三类建筑零星分布于翠湖片区内部(图 5)。

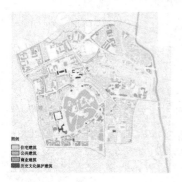  

图 5　翠湖片区现状建筑情况示意

2.2 翠湖片区城市历史景观的关联研究

2.2.1 城市历史沿革

昆明的历史沿革可以追溯到南诏时期。据史料记载,南诏时期在今昆明拓东路一带修建拓东城[14],在元代,中庆路被建设于此,称中庆城。中庆城北面紧靠五华山、祖遍山,南面包括东、西寺塔,形状如同龟头突出[15]。在明代洪武年间,人们开始修建砖城来加固防御。在保留原有格局的基础上,对城市进行了扩建,将五华山、圆通山以及它们的延伸部分纳入城内,与此同时,曾经的湖湾被填埋,变成了一片人工湖,城市发展改变了原本的地貌,为中庆城带来了新的面貌。在清朝时期,吴三桂攻陷云南并在昆明建立了自己的府邸,他选择了柳营作为平西王府,继续扩建城市并建了新的王府,将其称为洪化府。这个过程中,他还填埋了一半菜海子。这一时期昆明城市基本上沿用了明代形成的格局和建筑形制,并在此基础上进行了发展[16]。1913年,云南省府被废除,仅保留昆明县,并由省政府直接领导。昆明城区在建制上仍隶属于昆明县,但归省会警察厅管辖[11]。1919年,唐继尧进行了废督裁兵的改革,成立了昆明市,并在翠湖的湖心亭设立了云南市政公所。当时,昆明市是中国较早成立市政机关的省会之一。1949年以后,昆明的城市形态呈现出依托老城同心圆逐步向外扩展的特点,商贸等核心功能区域主要分布在火车站、盘龙江向东和向北拓展的地区。文教区则规划在西北部,工业区则主要集中在东部丘陵地带,居住区被合理地规划在西南部,临近滇池[17]。这些调整改变了昆明城市的整体布局和发展方向,使其更加符合城市规划和发展需要。昆明历史沿革图示如图6所示。

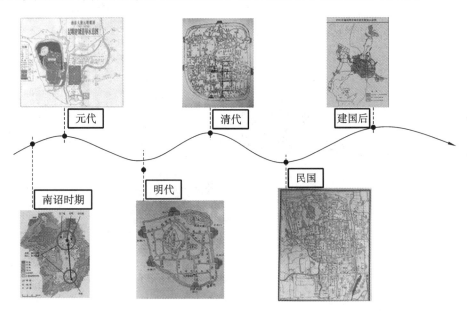

图6 昆明历史沿革图示

2.2.2 城市格局特色

《昆明市历史文化名城保护规划(2014—2020)》(后简称"该规划")旨在保护昆明城的历史文化遗产,该规划制定了一个以"三山绕一湖、城轴带相连"为核心的保护结构,详细挖掘了昆明城市历史文化的丰富内涵,并根据其价值和重要性制定了不同的保护层级和相应的保护内容[11]。该规划的实施,有助于保护和传承昆明城市独特的历史文化,确保其在城市发展中得以传承利用。根据规划内容,重点保护区域包括历史街区、古建筑群、文化遗址等,这些区域将得到严格的保护,以确保历史建筑和文化遗产的完整性。

此外,该规划还明确了不同保护层级的具体内容。例如,对于特殊保护区域,应侧重于修复和保护历史建筑、文物和古迹;对于一般保护区域,应加强环境整治和风貌保护,促进历史文化和现代城市的融合发展;对于展示保护区域,应鼓励开展文化旅游和相关活动,提升城市的文化魅力[18]。

2.2.3 翠湖片区城市历史景观的层积性研究

随着城市的发展,城市历史景观的价值特征和形成机制也在不断变化,因此,我们需要将各种具有价值的元素投射到历史性的层积空间中[1]。通过对昆明地方志、历史文献等资料的相关研究,笔者从纵向关联的视角,在时间维度上对翠湖片区的景观层积进行分析。分析结果表明翠湖片区主要以自然山水环境为主,并且这一山水格局延续至今(图7)。翠湖片区历史层积梳理如表1所示。

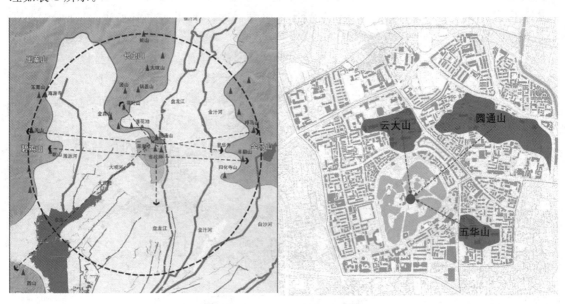

图7 "三山一水"格局示意

表1 翠湖片区历史层积梳理

时 间 层	城市格局与肌理	历史景观
南诏时期	修建了拓东城,是继拓东龟城之后发展起来的,南诏拓东城周长约3 km,是一个狭长的土城	拓东城西滇池水滨觉昭、慈光二寺,东西两塔
元代	昆明城正式改名为中庆城,并在此修建了中庆路。中庆城向北拓展了1.5 km,向南展出500 m左右,东城墙也内缩了大约1 km[15]	城市山水格局凸显,整体呈现龟蛇相交的形胜
明代	洪武年间,开始修建砖城,其在原有格局的基础上进行了扩建,五华山、圆通山及其延伸部分纳入城中	"三山一水"的城市格局及内涵丰富的昆明八景

续表

时 间 层	城市格局与肌理	历史景观
清代	清初,吴三桂统治云南期间,占尽地利,大兴土木,在中庆城的主要街道布局中,翠湖、五华山、祖遍山和圆通山占据了城北的核心空间,并对街道的对位关系和视线联系进行了充分考虑[19]	以翠湖为中心,跨城内外,形成庞大的山水园林宫苑体系,形成半城山水与半城街的山水格局
民国时期	1937年开始,由于昆明在战争战略格局中的重要作用和地位的变化,直接推进了昆明的城市化进程[20]	经过了抗战的洗礼、城市的发展,城市景观开始趋于多元化,人文景观与自然景观交融
建国后至今	城市不断扩张,老建筑、老街道逐渐消失,历史文脉被割裂,人文景观也随着城市化的推进遭到不同程度的破坏,但中心区内古城格局基本保留	城市呈现现代化风貌,随着城市的发展,出现一些独具特色的人文景观,如圆通花潮、翠湖观鸥等

2.2.4 翠湖片区历史要素及特色活动

(1) 传统街巷。

翠湖片区内昆明古城传统街巷平面格局基本得以保留。多条街巷极富人文气息,并逐渐形成了"十三坡","十三坡"沉淀着丰富的历史文化内涵,这样的传统街巷格局是昆明特有的"城市基因"。然而,目前能够保留原有自然地势坡度、走向和尺度的"十三坡"已经非常稀少。许多老街巷被现代化的城市道路所取代,消失在新建建筑之中[11]。尽管如此,翠湖片区仍有一些保留较好的传统街巷,它们是昆明历史的珍贵遗存。这些街巷让人们感受到了昆明城市发展的脉络和变迁,也展示了昆明独特的文化底蕴。

(2) 历史建筑。

翠湖片区内历史建筑众多,类型丰富,包括革命类、名人故居类、文化教育类、社会活动类及其他类型。但是各类历史建筑分布较为分散,缺乏叙事性,不利于历史文化资源的展示。经过统计,翠湖片区内共有28处文物保护单位。这些文物保护单位是昆明对重要历史文化遗产进行保护和传承的象征,它们代表着不同层次的历史价值和文化意义,为人们提供了研究、欣赏和体验昆明丰富历史文化的机会[21]。翠湖片区历史建筑分布情况如图8所示。

(3) 民俗活动。

对于一座历史文化名城来说,除了自然风貌和城市格局的塑造,在发展过程中形成的丰富多彩的非物质文化遗产(包括文化、艺术传统、民俗等)也是城市独有的特色,它们共同构成了城市的精神环境[22]。然而,随着时间的推移,一些非物质文化遗产在逐渐消失。因此,在规划过程中,应该重视对非物质文化遗产的发掘与保护。这意味着要关注当地人们的传统生活方式、价值观念、艺术表达和民俗习惯等。通过重视非物质文化遗产的保护和发展,可以让历史文化名城更加丰富多元,保留和传承当地独特的文化传统,为城市增添魅力和活力。这是对历史文化名城精神特征的延续,使其能够与建筑和历史环境一同蓬勃发展。相关民俗活动如表2所示。

图 8　翠湖片区历史建筑分布情况

表 2　相关民俗活动

民俗活动	简　介	图　片
翠湖观鸥	生长在西伯利亚的红嘴鸥自1985年以来连续28年飞抵昆明越冬，已经成为昆明冬春时节的独特景观。翠湖观鸥也成为昆明本地人及游客的必要活动	
圆通花潮	"圆通花潮"是昆明园林的著名景观，名扬中外，为"昆明新十六景"之一，被列入云南省非物质文化遗产保护名录	
宗教文化	圆通寺是昆明最古老的佛教寺院之一，已有1200多年的建寺历史。同时它也是昆明市内最大的寺院，始建于唐朝，布局严谨、对称，主体突出	

3 历史景观视角下的昆明翠湖片区历史地段更新研究

3.1 修复空间格局,活化显化历史要素

历史地段并非孤立存在于城市环境中,它们的存在依赖于特定的自然与社会环境,并处于一定的范围之内[11]。在这个范围内,翠湖片区展现出了特性和共性要素的有机结合,形成了一个以历史遗产和记忆为主题的独特环境。作为昆明市民心中的"城市会客厅",翠湖片区在城市发展中扮演着重要的角色,不仅展示了丰富的历史文化内涵,也呈现出多样化的自然景观。这里既有古老的建筑和文物,又有美丽的湖泊和花园,吸引着人们前来游玩和交友。翠湖片区以其独特的多重功能和魅力,成为城市中不可或缺的重要组成部分[23]。

本次更新研究通过对翠湖片区内的历史要素进行位置梳理,将场所内存在的历史遗址点通过步行路径串联,打造以提升历史文化为主题的游览路线,致力于修复现状衰败的历史空间格局,活化该区域现存丰富的历史要素。游览路线由一条主路线和两条分路线构成,三条路线联系了片区内大多数历史遗址点、规划的景观节点以及特色街巷,同时三条路线相互连接构成了历史文化景观圈层。其中游览路线的设计首先考虑的是人流集聚点,如大多数人流将通过现有道路进入翠湖核心历史文化片区,考虑到在历史遗址点以及规划的景观节点会有人流停留,要注意集散广场的设计以及交通拥堵的处理。其次,通过叠加现状道路分析,场地内的绝大多数历史遗址点都可以通过现状道路到达,而且现状道路为三个环路,其中翠湖环路附近就是翠湖片区核心历史文化区,也是构建历史文化体验带的有利条件。最后,叠加规划设计游览路线分析,三条游览路线与现状道路圈层、现状功能点圈层重合的部分形成了三个区域,即教育历史区、核心历史文化区和生态景观区,形成了点、线、面层层递进的城市历史景观区的构建。翠湖片区历史文化游览路线生成过程如图9所示。

3.2 延续山水文脉,重塑城市景观视廊

通过前期的现状资料分析发现,近年来随着城市建设的发展,翠湖片区新建的居住和商业建筑高度过高,导致从"三山"望向翠湖的视线受阻,也减弱了翠湖与三山之间的连续性。目前,翠湖只是作为城市公园向社会公众开放;云大山位于云南大学校园内的部分区域对市民开放;而圆通山又被昆明市动物园、圆通寺和居住区等占据[11]。从这个角度来看,翠湖及其周边片区与三山及其所属区域自然山水脉络的延续性并不强,各空间相互联系不够紧密。因此,需要对部分空间进行有效的重塑和调整,以增强整体空间格局的连贯性和协调性。这样的重塑工作将有助于加强翠湖及周边片区与三山地区之间的联系,形成更为完整和有机的城市发展格局。

《昆明市历史文化名城保护规划(2014—2020)》提出要恢复翠湖片区"小三山一水"的格局[18]。该规划在总体空间构思上结合实际,形成以翠湖为中心,建筑高度逐步向外递增的形态,分四个圈层控制建筑高度,并重点控制圆通山至翠湖这一区域的建筑高度,打造"圆通山—翠湖""云大山—翠湖""五华山—翠湖"三条城市景观通廊。在规划和建设过程中,坚持保护自然环境的原则。通过合理设计和布局,尽量避免对水系和山体的破坏,保持其自然状态。同时,加强绿化和植被保护工作,以恢复和增加植被覆盖,提升生态系统的健康度。在翠湖片区小的

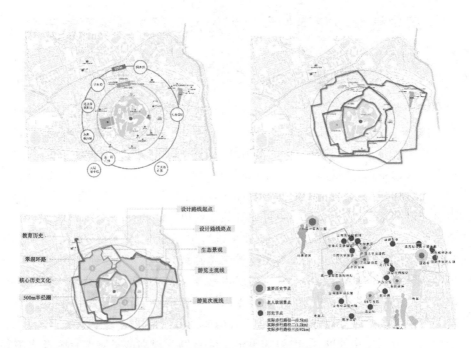

图9 翠湖片区历史文化游览路线生成过程

自然风貌格局上,进一步加强翠湖与云大山、圆通山、五华山所组成的"小三山一水"的格局之间的呼应,形成"一核一带三廊多节点多片区"的规划结构(图10)。

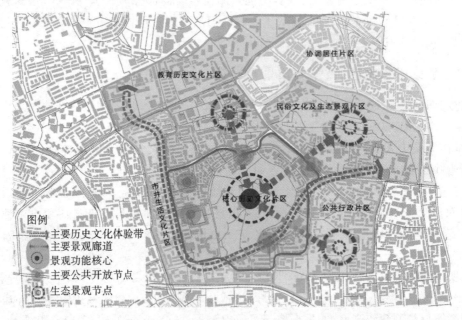

图10 改造后"小三山一水"的格局示意图

3.3 尊重历史遗存，提升空间可阅读性

通过前文对昆明翠湖片区历史地段的调查研究可以发现，翠湖片区广场、活动场地等空间相对于城市其他新建片区的空间较少。而公共活动空间的缺乏与形式单一使得整个翠湖片区环境质量不高。规划结合现状道路，秉承保留原有街巷格局的原则，对局部街巷空间进行提升改造，形成丰富界面的同时结合街巷及主要历史资源点，打造公共空间节点，提升整体空间品质。对翠湖片区内的广场和绿地重新进行空间规划和布局，增加其面积，丰富其功能。例如，增加公共广场的面积，创造出宽敞的活动空间，使人们可以参与各种文化、艺术和社交活动。又以"历史文化展示＋生态景观打造＋社区营造"为核心内容，依托翠湖片区丰富的历史文化资源、独特的城市山水要素和个性鲜明的城市民俗文化，形成以展示城市多元文化为主的城市文化核心区（图11）。

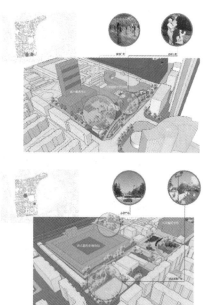

图 11 城市多元文化空间

4 结 语

当前，中国的城乡建设进入了存量更新的阶段，保留城市记忆成为当代历史文化保护研究的重要主题，在这一背景下，城市历史景观为中国城乡建设中的历史文化保护提供了全新的视角[1]。在对翠湖片区的保护实践中，不局限于对单一历史遗存的保护，而是从城市历史景观的整体性角度出发，以片区范围进行保护。这种保护方式强调全局保护，注重保护区内各个历史元素之间的相互关系、空间结构以及与周边环境的协调。通过保护翠湖片区的历史地段，我们可以更好地传承和展示城市的历史文化遗产，使其成为城市发展的有机组成部分。本研究通过对历史地段范围内部环境空间的组成以及核心区的景观单元进行分析和识别，找寻翠湖片区作为城市历史景观的整体性特征，利用 ArcGIS 10.8 平台对历史景观要素进行可视化分析，研究翠湖片区的历史景观点与历史空间的关系；从片区历史要素、山水文脉、历史空间三个层面的修

复提出有效策略,由点及面建立起翠湖历史片区范围内历史环境的保护和提升策略,重新焕发翠湖片区的活力。由于历史遗留资料所限以及目前学术界对城市历史景观的研究尚浅,城市历史景观理论在昆明历史片区的实践应用,仍待后续研究进一步完善,以提升研究结果的科学性和准确性。

参考文献

[1] 郭谦,肖磊,黄凯.城市历史景观(HUL)视角下的肇庆端州府衙遗址保护研究[J].中国园林,2023,39(3):99-105.

[2] Recommendation on the Historic Urban Landscape[S].Paris:United Nations Educational, Scientific and Cultural Organization,2011.

[3] 曹永茂,李和平.历史城镇保护中的历时性与共时性——"城市历史景观"的启示与思考[J].城市发展研究,2019,26(10):13-20.

[4] 郑阳.城市历史景观文脉的延续[J].文艺研究,2006(10):157-158.

[5] 郑颖,杨昌鸣.城市历史景观的启示——从"历史城区保护"到"城市发展框架下的城市遗产保护"[J].城市建筑,2012(8):4144.

[6] 李和平,杨宁.基于城市历史景观的西南山地历史城镇整体性保护框架探究[J].城市发展研究,2018,25(8):66-73.

[7] 张文卓,韩锋.城市历史景观理论与实践探究述要[J].风景园林,2017(6):22-28.

[8] 杨晨,韩晓蓉.巴拉瑞特2.0:城市历史景观数字化遗产信息服务系统研究[J].中国园林,2020,36(10):29-34.

[9] 田梦瑶,郑文俊,艾烨,等.桂林山水城市历史景观"锚固-层积"时空过程解译[J].中国园林,2022,38(3):26-31.

[10] 汪辉,张勇,张夏耘.城市历史文化片区主题公园化发展构想——以昆明市翠湖公园及周边片区为例[J].广东园林,2015,37(6):51-54.

[11] 张熙.社区更新视角下的城市历史地段改造设计研究[D].昆明:昆明理工大学,2018.

[12] 冯高尚,张尚武.公共价值导向的城市重点地区整体更新规划策略——以昆明翠湖周边地区整治与提升规划为例[J].城市规划学刊,2019(S1):150-157.

[13] 文彤,邱以澄.休闲体验视角下城市生态空间的共生优化——以昆明翠湖公园为例[J].中国名城,2019(11):50-55.

[14] 于希贤.昆明历史文化名城的文脉景观特征[J].云南社会科学,2000(4):82-88.

[15] 刘贞文."昆明八景"与城市景观变迁研究[D].昆明:云南大学,2019.

[16] 熊铃.翠湖的亘古岁月[J].滇池,2006(10):86-89.

[17] 赵冰.长江流域:昆明城市空间营造[J].华中建筑,2011,29(2):1-4.

[18] 李婷,张捷,霍晓卫.破解现实困境、推动名城保护——以昆明历史文化名城保护规划研究为例[J].住区,2014(5):129-133.

[19] 张捷,李婷.基于山水营城的古城格局整体保护研究——以昆明历史文化名城保护规划为例[C]//城市时代,协同规划——2013中国城市规划年会论文集(11文化遗产保护与城市更新).北京:中国建筑工业出版社,2013:1431-1443.

[20] 杨萍.民国时期昆明城市建设规划纲要[J].云南档案,2016(3):22-29.

[21] 吴丹萍.城市历史景观视角下成都古城历史层积的调查与保护研究[D].成都:西南交通大学,2018.

[22] 吴莎冰,张文静.HUL视角下的历史文化街区保护及活化研究——以荆州古城南门大街为例[C]//活力城乡美好人居——2019中国城市规划年会论文集(02城市更新).北京:中国建筑工业出版社,2019:459-470.

[23] 李亮.昆明历史文化名城的积极保护和整体创造[J].世界建筑,2022(12):96-99.

城乡要素互动视角下乡村产业遗存的适应性再利用设计研究——以莱芜老君堂村汽修厂为例

张砚雯[1]　周忠凯[2]

摘要：乡村振兴战略的深入实施有效推动了城乡要素互动融合，乡村产业遗存作为乡村人居空间重要组成要素，对其进行有效的更新再利用是实现乡村可持续发展的重要途径。本文在概述乡村产业遗存概念、内涵及其与乡村人居空间在产业、空间、社会互动特征基础上，解析乡村产业遗存更新实践案例及设计策略。以莱芜老君堂村汽修厂为例，结合现状调研，提出了基于城乡互动视角的业态重构及整体空间布局优化、生产性要素融入重点地块的适应性更新策略，以期对乡村产业遗存空间适应性再利用设计提供有益启示。

关键词：乡村产业遗存；乡村人居空间；城乡要素互动；适应性再利用

Abstract: The implementation of the rural revitalization strategy has effectively promoted the interactive integration of urban and rural elements. As an important component of rural human settlements, the renewal of rural industrial heritage is an important way to achieve sustainable rural development. On the basis of summarizing the concept of rural industrial heritage and its interaction with rural human settlements in industry, space and society, this paper analyzed the practical cases and design strategies of renewing rural industrial heritage. Taking Laiwu Laojuntang Village Auto Repair Factory as an example, combined with the current situation research, this paper presented the adaptive renewal strategies for function replacement, optimization of overall spatial layout, and integration of productive elements into the key plots based on the perspective of urban-rural interaction, in order to provide inspiration for the design of adaptive reuse of the rural industrial heritage space.

Key words: rural industrial heritage buildings; rural human settlements; interaction of urban-rural factors; adaptive reuse

1　引　言

2019年中央一号文件提出整治和利用乡村闲置产业空间，促进乡村产业转型，2022年党的二十大报告强调推动乡村振兴战略，要充分利用和对接城市资源，构建城乡互补、共同繁荣的新

1　张砚雯，东南大学建筑学院，硕士研究生，研究方向为城市设计及其理论。地址：江苏省南京市玄武区四牌楼2号东南大学。Email:220220178@seu.edu.cn。Tel:15295520712。

2　周忠凯，山东建筑大学建筑城规学院，副教授，硕士生导师，研究方向为建筑设计及其理论。地址：山东省济南市历城区凤鸣路1000号山东建筑大学。Email:zhongkai_zhou@sdjzu.edu.cn。Tel:15165101029。

基金项目：国家自然科学基金青年基金项目(52108057)；山东省自然科学基金面上项目(ZR2023ME229)；济南市哲学社会科学规划项目重点项目(JNSK22B51)。

型城乡关系。乡村产业遗存(包括涉农和非农产业遗存)作为乡村空间的重要组成部分,具有数量大、分布广的特点,占据乡村大量空间和生态资源[1]。伴随着资本、产业、人员等各类资源要素在城乡之间加速流动,从产业、空间、社会三个维度出发,立足乡村生态本底并利用乡村闲置空间资源,通过合理的空间更新策略和配置优化,引入生态农业、康养文旅等特色产业,可实现乡村资源高效利用和人居空间品质有效提升,实现乡村与城市的协同发展[2]。因此,从城乡互动融合视角出发,结合乡村资源及空间特征,探索乡村产业遗存空间的适应性再利用途径和更新操作设计方法,对推动乡村人居环境可持续发展有重要意义[3]。

2 乡村产业遗存概述

2.1 乡村产业遗存概念认知

产业遗存是在特定历史时期被建立并投入使用、为生产而存在的与生产活动相关的建筑物、构筑物、设备及其附属场地,具有一定的历史、技术及美学价值[4]。乡村产业遗存是指遗留在偏远乡村中用于工业生产、市政设施、交通仓储以及配套服务等功能类型的产业遗存建筑[5]。这些产业遗存因各种原因而闲置废弃,在乡村环境中占据一定生态位,却未能有效发挥其空间和社会价值[6]。从产业类型审视,乡村产业遗存可分为与乡村生活、生产、生态联系密切的涉农产业和外来引入的非农产业。本研究关注的乡村产业遗存主要是位于乡村环境中,曾经具有生产性职能的产业建筑及其附属环境。

2.2 乡村产业遗存与乡村人居空间的关系

乡村产业遗存根植于乡村环境,其建设发展与乡村空间和乡土文化密切关联,可从产业、社会、空间三个层面进行认知[7]。在产业层面,乡村产业遗存与乡村在功能和经济上有机互动,大部分产业建筑是为适应乡村经济社会发展而建立的,并兼顾城市发展需求[3]。在社会层面,乡村产业遗存位于乡村环境之中,其生产过程吸纳村民或城市劳动力参与,有效助力了乡村的建设发展。在空间层面,受产业类型和尺度规模等因素影响,乡村产业遗存与村民生活区呈现出分离、相邻及融合这三种空间关系特征。

乡村产业遗存与乡村人居空间、经济和社会因素相互影响、有机互动。涉农产业与村民生活生产相关(如农产品生产加工及禽畜养殖等),此类产业建筑规模较小,对村民生活干扰较少,但易受交通条件限制,因此往往融于或邻近乡村村居建成环境。生产规模较大的非农产业(如五金加工制造等),由于其生产空间规模较大,对交通运输条件要求较高,生产过程中易产生噪声和环境污染,因此与村民生活区一般呈现分离的空间关系[8](图1)。

2.3 基于城乡要素互动的乡村产业遗存适应性再利用

城乡要素互动一般是指城市和乡村之间各种资源要素的交互流动,需要在乡村空间中统筹协调和优化配置各类资源,从而实现城乡功能空间互补和社会价值联动[9]。乡村产业遗存适应性再利用,首先要依托乡村自身的环境和空间特征,通过对乡村产业遗存空间进行合理的设计改造,引入和培育在城市中实现成本过高的功能业态(如亲子活动、养老休闲等),实现城乡产业互补,进而吸引城市人群到乡村进行体验和消费,带动当地村民参与产业运营,促进人口回流和本地就业(图2)。

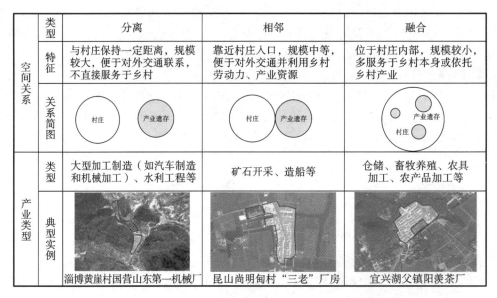

图 1 乡村产业遗存功能类型及其与村庄空间关系特征

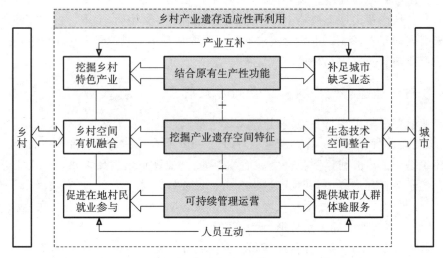

图 2 基于城乡要素互动的乡村产业遗存适应性再利用策略

3 乡村产业遗存更新案例解析及其适应性再利用设计策略

近年来,国内涌现出了较多优秀的乡村产业遗存更新设计案例,但在理论层面尚未总结出系统的基于城乡要素互动的适应性再利用设计的路径和方法。通过解析相关实践案例,可从功能业态提升、空间环境更新以及可持续运营三方面,总结适用于乡村产业遗存适应性更新再利用设计策略。

3.1 "根植乡村、城乡互补"的功能业态提升策略

乡村产业遗存首先要基于自身功能业态特征和乡村环境优势,在城乡经济、人文和空间多

方要素影响下,对其原有功能进行有机拓展提升,适应多样化人群需求,并体现乡村特色。崇明稻米文化中心二期项目依托当地悠久的稻米文化,在废弃仓储建筑中植入稻米加工、农业展示和体验等功能;锦溪祝家甸砖厂改造项目利用古砖窑厂内部空间,基于当地乡村传统烧窑特色产业,将原本砖材烧结的生产空间植入了文化展示、休闲餐饮等功能业态,实现了乡村传统产业的活化提升,有效对接了城市的文旅休闲资源[10]。乡村产业遗存功能业态更新一方面应基于产业遗存空间特征和当地的人文要素特征,精准对接城市外溢需求,引进乡村文旅、休闲体验等吸引城市人群参与的业态,另一方面也要立足产业遗存所在乡村的历史背景,结合乡村振兴战略,挖掘乡村独有的传统产业、生态农业以及乡村的自然条件和集体记忆,从而促成城乡产业要素相互补足、双向流动,带动城乡产业协同发展[11](图3)。

案例名称	湖北宜昌809厂	崇明稻米文化中心二期	锦溪祝家甸砖厂改造	安仁华侨城南岸美村老酒坊改造
改造策略	利用产业及自然条件,将兵工厂置换为综合度假小镇	依据当地水稻种植,将粮仓置换为稻米文化中心	依据烧窑历史记忆,将砖窑厂置换为砖窑博物馆	利用场地现存设备,将原酒坊置换为乡村客厅
案例照片				

图3 功能业态适应性更新典型案例

3.2 "以点带面、有机植入"的空间更新策略

乡村产业遗存的空间环境适应性更新宜采用"保留改造为主、谨慎拆除新建"的策略[12],根据产业遗存的规模可分为建筑组群有机组织和单体建筑微更新两类。

3.2.1 以村为底、有机重塑的整体布局

乡村产业遗存建筑组群尺度的更新设计,需要充分考虑产业遗存与其他空间要素的相互关系,基于自然环境和现状空间肌理特征,选择合理的改造方式,控制建筑密度及空间尺度。例如大别山乡村会客厅更新项目,设计师根据原有建筑内部功能和空间特征,通过局部架空、廊桥连通、立面调整等操作,实现建筑与场地及周边乡村风貌肌理的有机串联和协调统一[13]。

3.2.2 以点带面、"微介入"式单体更新

对于建筑单体及场地节点的更新,在实际项目中多采用"微介入"的操作方式,包括内部空间重构、基于现状加建以及新旧建筑并置三种策略(图4)。

内部空间重构,适用于整体质量较好及立面特色鲜明的产业遗存建筑,在保持其主体结构完整和外立面原有特征的前提下,重构和优化内部空间布局,填充新的功能业态。例如深圳大鹏所城粮仓改造设计,依照新功能需求对建筑内部空间进行了重新划分和布局,设计了新的内部流线并与外部场地路径串联,实现了内外空间的有机互动[14]。

基于现状加建,是根据现状建筑的结构荷载要求和空间特点,通过建筑形体扩展增加更多空间,以适应新功能的特定空间需求。

新旧建筑并置,是在旧建筑本体改造难度较大的情况下,临近旧建筑建立起新的功能空间,减小对旧建筑的影响,结合流线组织和环境设定,重构新旧建筑互动的空间关系[15]。如阿丽拉阳朔糖舍酒店项目,在保留原有办公和生产建筑的前提下,结合项目功能需求和原有建筑形体

特色,植入新功能,与旧建筑共同构建了新的空间秩序并强化了场所氛围。

更新措施	策略示意图	典型案例	更新设计策略	改造后效果
内部空间重构	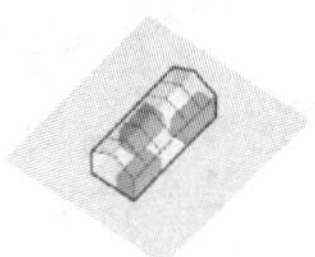	深圳大鹏所城粮仓改造设计	采用"微介入"策略,结合展览功能重构空间及场地	
		长拖1958·铸光仓更新设计	利用大跨空间及建构特征,叠加新的结构材质	
基于现状加建		瑞典邦根纳斯石灰石仓库整改修复工程	在原有构造基础上加建可替换的独立式附属物	
新旧建筑并置		阿丽拉阳朔糖舍酒店项目	控制新建筑高度及材质,沿用旧建筑形制	

图4 乡村工业遗存单体建筑空间更新策略及典型案例

3.3 "城乡一体、双向驱动"的可持续管理运营策略

在功能和空间适应性更新操作基础上,真正实现乡村产业遗存可持续发展,需要结合乡村居民的生产生活方式和知识技能水平,构建自下而上的运营管理机制。崇明稻米文化中心二期项目中,将产业遗存更新作为空间载体,融入当地特色的传统稻米生产要素,建立了农业生产、加工、研发和销售多种业态共生的特色基地,不仅充分调动了本地村民参与建设和后续管理运营的积极性,而且为周边城市居民提供了良好的农事体验平台,带动乡村居民本地就业,在经济和社会等层面实现了城乡互动,保障后续发展运行的可持续性。

4 乡村产业遗存适应性更新设计研究——以莱芜老君堂村汽修厂为例

在分析乡村产业遗存更新设计案例,总结其功能、空间和运行策略的基础上,本文以莱芜老君堂村汽修厂适应性更新设计为例,依据"城乡要素互补、保护兼顾改造、生态有机植入"的原则,结合整体场地环境、建筑空间及其附属要素的调研评估,从功能业态与空间场地互动提升策略、生态要素融合植入两方面,探索乡村产业遗存空间的更新设计路径。

4.1 莱芜老君堂村汽修厂概况

莱芜老君堂村汽修厂位于山东省济南市莱芜区近郊,南临老君堂村和快速路,于山水间呈东西条形布局(图5)。20世纪60年代,汽修厂在老君堂村北侧临路的建设用地完成建设,生产民用和农用车辆,其厂区建设发展过程与村庄在空间、设施和人员等方面紧密联系、相互影响。厂区由机械加工区、仓储区、装配区和生活区组成,包含生产车间、公寓、影院等多种建筑类型,20世纪90年代厂区迁移后,除机械加工区被改造为文体休闲空间外,大部分厂房和设施处于闲置废弃状态,且建筑外观和内部结构都有不同程度的损坏。

图 5 项目所在区位及厂村关系分析

4.2 基于城乡互动的空间适应性更新操作

基于汽修厂所在地邻近乡村、自然环境优质、与城市交通联系便捷的区位特点,及其产业遗存建筑丰富多样的空间特征,从城乡互动视角入手,通过业态引入、空间场地优化、生态要素植入等方式,有效适配多种人群需求,将乡村特色农业生产要素与产业遗存建筑及场地空间进行一体化整合,促进厂区与乡村资源要素融合互动,从而实现对产业遗存的适应性更新与再利用。

4.2.1 空间布局优化与功能业态提升

肌理重构,业态重组。基于建筑质量评估结果及场地特征,选择性采取拆除、改造及新建的方式,重构厂区总体空间结构,消解厂区与周边村庄及自然环境的硬质边界,在空间肌理和景观要素方面实现厂村空间融合渗透。同时,整合乡村农业生产性要素及历史文化要素,开发亲子休闲项目,引入文旅体验、有机农业等乡村特色功能业态,良好适配现状环境。

交通梳理,功能优化。依托汽修厂内现状道路,构建厂村间的慢行体验路径,强化厂区与老君堂村在空间上的联系。依据位置和资源特征将地块划分为四个主题功能片区。A区与村庄农田联系紧密,建筑体量及开放场地的空间尺度较大,可植入有机农业种植、农副产品加工销售等生产性功能。B区位于厂区与农田的交汇处,建筑体量多样且分布零散,对建筑布局调整后与农田种植相结合,设定为田园公社、乡村市集等配套服务功能区。C区主要为原厂区生活配套,改造后植入服务城市人群的乡村民宿、康养休闲等功能业态。D区紧靠一期亲子游乐地块,厂房体量大且布局集中,作为游客服务中心、乡村文化展示功能区(图6)。

4.2.2 融入资源循环理念的重点地块更新操作

选择具备较好生产生态要素且建成空间较为完整的D区作为重点设计地块,植入有机种植、农副产品加工等生态农业相关业态。在空间更新设计过程中,秉承资源循环代谢理念,实现

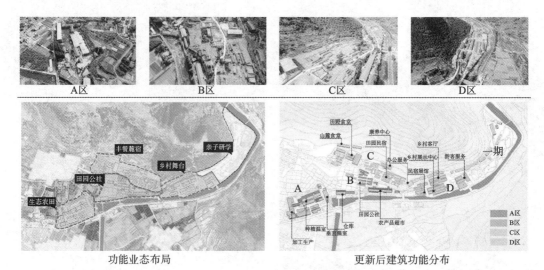

图6 汽修厂更新后功能业态布局

乡村资源要素的高效整合。

空间优化重构。依据乡村农田种植的生产过程，在设计中融入生产性景观要素，在场地中设计温室种植、鱼菜共生以及体验性农田等空间节点。将生态农业与产业空间相融合，结合建筑单体特征设置种植、生产、加工、研发、售卖体验等功能，形成完整的食物生产加工链条（图7）。在对地块内生产厂房进行更新设计时，将温室种植功能与原本大体量的厂房空间相适配，改造原厂房的屋顶材质以满足生态农业种植的光照、温湿度等要求。在立面处理上尊重原有秩序，结合建筑内部功能使用需求局部联通或以突出体块强调特定功能，并对山墙面着重处理以形成通透的界面。

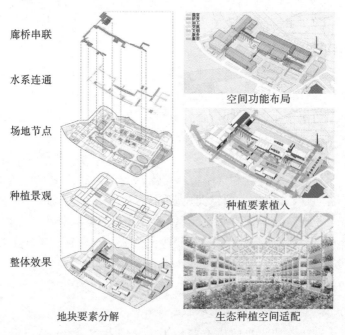

图7 厂区空间优化重构

生态农业种植。整合建筑及其附属场地空间,植入体验性室外种植园、有机温室和农创集市等功能。结合厂房建筑的大跨结构和生态种植技术,将垂直种植、生态塔等种植模块与多样的功能空间灵活整合,以多样化、模块化的生态农业种植空间提升生产性空间的利用效率及空间趣味性,吸引周边村庄的种植资源,完善生态农业产业功能配置。

资源循环代谢。结合建筑屋面设置太阳能光伏设施;利用场地内外水体和场地形态,植入自然降水循环收集系统、体验性有机农田和鱼菜共生池等功能,实现水体净化、生态能源利用、养分资源循环等目标,形成建成空间和生态要素有机互动的资源循环代谢系统,并进一步强化城乡要素互动理念下的空间特色和游客的体验感(图8)。

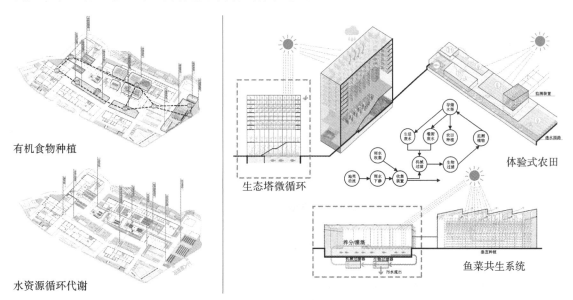

图8 生态有机种植及资源循环代谢理念

5 结 论

伴随着乡村振兴战略的深入实施,乡村产业遗存及其建成空间的价值认定和更新再利用,需要依托乡村传统生产生活方式和空间环境特色,从城乡互动融合的视角,整合社会、资本、空间、技术等多重因素,从业态、空间及社会三个层面,实施和推动乡村产业遗存空间的适应性更新设计。业态融合方面,结合乡村产业的发展需求,因地制宜挖掘产业遗存的文化内涵及其适配的乡村特色产业,以更好地对接城市文旅资源和人口需求,形成城乡产业互补和协同发展的新局面;空间操作方面,依托和延续乡村产业遗存空间环境特色,实施"微介入"式的以点带面的操作模式,对在地环境设施和空间要素进行有限干预,有效控制投入成本,保持乡村产业遗存空间的风貌特色;社会互动层面,结合乡村发展的内生需求,实现相关职能部门和设计机构自上而下的设计管理与村民自下而上参与的双向互动,充分调动村民的参与积极性,促进就业和激发乡村内生活力,保障后续运行的可持续性。乡村产业遗存根植于乡村环境,切忌简单模仿和照搬城市产业空间更新设计的一般模式,而是要融入城乡互动理念对其进行适应性再利用,遵循乡村环境特征和发展规律,有机整合城乡的产业、空间、社会等各类要素,从而实现产业空间的更新利用和人居环境的振兴再生。

参考文献

[1] 段娟,文余源,鲁奇.近十五年国内外城乡互动发展研究述评[J].地理科学进展,2006(4):118-128.

[2] 戈大专,龙花楼.论乡村空间治理与城乡融合发展[J].地理学报,2020,75(6):1272-1286.

[3] 蒲向军,刘秋鸣,谢波.城乡要素驱动下我国城乡关系的历史分期与特征[J].规划师,2018,34(11):81-87.

[4] 于一凡,李继军.城市产业遗存再利用过程中存在的若干问题[J].城市规划,2010,34(9):57-60.

[5] 张韵娜.乡村工业遗产保护再利用策略[D].绵阳:西南科技大学,2018.

[6] 姜亚妮.生态位视角下涉农企业和农业科研机构的共生关系研究[D].泰安:山东农业大学,2021.

[7] 付飞,费凯.以乡土视角谈乡村工业遗存的改造再利用策略——以崇义镇纸管厂改造为例[J].华中建筑,2020,38(11):110-113.

[8] 向刚.乡村产业建筑遗存的再利用策略研究[D].北京:中国建筑设计研究院,2019.

[9] 张如林.城镇密集地区农村居民点空间发展模式探讨——以嘉兴为例[J].规划师,2007(8):75-78.

[10] 郭海鞍,刘鑫宁,孟杰.微介入规划祝家甸村实践报告[J].建筑技艺,2020,26(12):8-15.

[11] 吴南,刘征.产业建筑遗存保护改造类型研究[J].城市规划,2011(6):35-38.

[12] 周忠凯,江海涛,郑恒祥.基于功能更新的济南重工车间"适应性改造"策略研究[J].工业建筑,2018,48(8):43-47.

[13] 王慧,韩福文.我国农村工业遗产的保护与旅游利用[J].经济问题探索,2011(7):85-89.

[14] 蔡瑞定,陈景文,邱红霞,等.大鹏所城粮仓改造设计[J].建筑实践,2020(12):68-73.

[15] 刘政和.苏南乡村旧产业建筑改造再利用研究[D].南京:东南大学,2020.

重返诗意的栖居——读戈麦兹《建筑在爱之上》

李正东[1]

摘要：在面临建筑技术垄断和科学理性带来的认知危机中，现代建筑抛弃了历史长河中传统建筑所独有的先验性，现代美学以条条框框的原则来缚着人的思想与欲望，天才的诞生缺乏土壤，如此唯物与技术至上的道路无法满足人性界定的复杂欲望。在《建筑在爱之上》一书中，戈麦兹开创性地探讨了人性的根本现象"爱"与建筑的关系，提出建筑曾经持续地建构在爱之上，他认为真正的建筑应当回应人类诗意栖居的愿望，在他眼中，爱欲似乎是一切创作的缘起。本文无意探讨此种理论的正确性，只期在简要阐述该书对于建筑与爱的互动理论的基础上，对部分建筑及美学作品进行评述，意图找到爱欲与建筑诗意"形象"[①]的关联性，并尝试对当代中国乡土文化遗产保护和传承实践进行一些思考。

关键词：阿尔伯托·佩雷兹-戈麦兹；爱欲；建筑与诗意；乡土文化遗产

Abstract: In the midst of the cognitive crisis brought about by the monopoly of architectural technology and scientific rationality, modern architecture has abandoned the a priori nature unique to traditional architecture in the long history of the past, and modern aesthetics has bound human thoughts and desires with the principles of rules and regulations. In *Built upon Love*, Pérez-Gómez explores the relationship between love, a fundamental phenomenon of human nature, and architecture, suggesting that architecture was and must continue to be built on the primacy of love. He argues that true architecture should respond to the human desire to live poetically. Based on the book's theory of the interaction between architecture and love, this paper reviews some of the architectural and aesthetic works with the intention of finding the correlation between the desire for love and the poetic "image" of architecture, and trying to make some reflections on contemporary Chinese architectural practice.

Key words: Alberto Pérez-Gómez; love desire; architecture and poetry; Local cultural heritage

1 概 述

1.1 作者简介

阿尔伯托·佩雷兹-戈麦兹（后简称"戈麦兹"），著名建筑史与理论学家，其著作《现代科学

---

[1] 李正东，重庆大学建筑城规学院，硕士研究生。地址：重庆市沙坪坝区重庆大学B区8舍。Email:lzd475112391@163.com。Tel:17765081296。

[①] 在戈麦兹的论述中，"形象"二字并未被准确定义，它并非感观的体验，而要靠情绪感知与想象来把握。

的建筑与危机》获建筑历史学家协会颁发的"ALICE DAVIS HITCHCOCK"大奖。戈麦兹另著有《波利菲洛，或重访幽暗森林》《建筑表象与透视的铰接》等著作。

1.2 书籍概述

18世纪末至今，建筑构建在技术之上，文化的差异逐渐被蔓延的均质城市景观抹杀，建筑与艺术、社会关系、社会伦理和诗意表达逐渐背离。《建筑在爱之上》一书将现象学融入建筑历史与理论，从哲学、建筑、历史等多学科角度，解读建筑设计的本质。戈麦兹批判建筑的技术世界观，追踪西方建筑中感性与爱的线索，探讨建筑中虚构、伦理与爱欲间的关系，在如今技术垄断的世界中寻找建筑的爱的传统，主张建筑的表象不是中性的几何构图，而是意义的体现，是诗意的形体化。

2 爱欲与创造

无论建筑的物质与技术手段多么精美合理，从历史的教训来看，它们始终不能满意地回应、界定人性的复杂欲望。作为人类，我们被给予的最大的礼物是爱，我们不约而同地被它呼唤着去做出回应。

与类型学、符号学等理论的探讨不同，戈麦兹并不希望通过对建筑原型与建筑的原始装饰性的探讨寻求其原本的方向，他将目光放在建筑被人所理解的深层语义，即人性的问题、诗意的精神，因为这才是建筑最持久的源泉。人类本质的人性是爱，人类因为爱而结合，两个人因为爱欲而创造了第三者。在人类创造历史的过程中，他们总是遭遇缺失，这种缺失也是自然赠予人类的礼物，而爱与欲望则与这种人类面对的缺失紧密联系。

在《建筑在爱之上》一书中，戈麦兹从希腊神话中爱神的起源谈起，意图发现爱与创作的关系。这些神话体现了人类初期认识世界的方式，是抛弃数千年来笼罩人类文明的衣衫，直指本质的思考。爱欲是这些思考的线索，如亚当与夏娃对爱的觉醒导致人类"背负原罪"（图1），普罗米修斯因盗窃神的种子而受罚（图2），巴比伦塔的狂妄招致上帝的惩戒（图3），这些神话充满对爱欲的摒弃，但却与人类发展的历史相契合。

图1 伊甸园

图2 普罗米修斯塑像

图3 巴比伦塔

3 建筑的诗意表达

戈麦兹在书中打了个比方：白蚁仅能在两英寸大小范围内交流，但却可以建构一个完美对称的巢(图4),它们所建构的结构总是一样的。事实上,人类适应自然的能力远远不如这些生物,我们的祖先历经千年才从原始的洞穴和树窝中走出,他们并不是凭借本能行事,而是在试错与对缺失的寻求中创作功能尚未可知的造物。这些造物简陋而粗鄙,而且总是因为知识技术的不成熟而被抛弃,但这些被欲望驱动的创造却充斥着天才般的想象与激情。这些建造活动被希腊人称为"诗意的建构","这是适合人类的技术制作,它们总是超越那些以维持生命为目的的手段"。

人们模仿自然界的生物造物以打造和谐、稳定的建筑结构,如鸟的巢穴(图5)、昆虫的翅膀、树木的肌理,它们拥有着自然赋予的完美结构。与它们原本的"创作者"不同,人类的建构是因自我缺失而向外求的结果,在中世纪传教士的眼中,这或许又是神爱世人的天降赐福。但在现代建筑的审美中,建筑结构应美观得体、精致简约,人们的头脑被现代数学公式和市场经济数据所占据,从不愿意探寻那些曾在历史上驱动现代建筑发展的问题,去解释人类的奥秘,去解决生物学带来的意识之谜,去应对人类的精神追求[①],反而被现代建筑动人的曲线、极致的结构所吸引,现代美学的基本规则让他们只能向外求,理性与感官的享受让他们抛弃了那些暗藏在人性中的神秘种子,"那是共享着神的思维的种子,它们能让我们跳过感知去完全理解宇宙"。

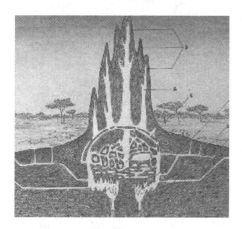

图4 白蚁巢穴

图5 鸟巢

爱欲不应该被曲解成享乐主义,它应当是想象的种子。在笔者看来,戈麦兹所追求的诗意的建筑,正是建立在这种想象上的种子,它是天才或是疯子的偶然狂想,抑或是历史与大众爱欲的集合被历史长河洗刷后的产物,他们运用强烈的情感与欲望创造事物,这些事物带着深沉的执念与狂妄,而这或许便是戈麦兹在清华大学的讲座中所提到的氛围:"我并没有将氛围仅仅理解为对效果的主观安排,而是强调了氛围作为人类惯常生活场景中情绪表达的重要性。"

3.1 耀眼的星辰

在《建筑在爱之上》一书中,建筑的诗意表达似乎脱胎于人类的意识与情绪,戈麦兹在这本书中追溯了这一意识最本质的存在——爱欲。建筑是场所与情绪的统一体,超现实主义者们追逐欲望与艺术美的和谐,他们利用形体与感官的愉悦集聚精力,进而向更高的目标努力。建筑

---

① 戈麦兹2019年6月5日于清华大学建筑学院举行的讲座,原题为 *Attunement:Architectural Meaning after the Crisis of Modern Science*。

的诗意表达存在于天才们的畅想中,他们将自身的体验与精神寄托在建筑氛围的营造中,而非停留于炫耀建筑作为一种创造品或工程的自主行为。

在李伯斯金的柏林犹太人屠杀纪念馆设计中,他用"希望"与"可能性"氛围的营造来回应屠杀的残暴与对种族主义的不满(图6)。建筑的语言不仅表现在空间、流线、材质与光影变化之中,还表现在穿越扭曲破碎的空间,从地道走出而面向一个希望空间——霍夫曼庭院,树木下的土壤来自耶路撒冷,象征着犹太人在艰苦卓绝的环境下在世界各地生根发芽。三条通道中,苦难与坚守、绝望与希望、死亡与新生交织,这并非只是对大屠杀的纪念,更是对现代社会破碎精神和信仰的纪念。建筑所要表达的情绪脱胎于人类爱欲向往的崩塌,在混乱与破碎中,李伯斯金于深沉的绝望意象中醒来,伸手去触及神性的光辉,那是"上帝的救赎",是希望之光,更是人类对自我缺失的满足。

图6 柏林犹太人屠杀纪念馆

这一仰头追逐光芒的姿态被再现于柯布西耶的朗香教堂中(图7),我们无须去探求那些粗犷地碰撞在一起的巨大石块究竟暗喻着什么,事实上连柯布西耶本人也说不清楚他的创作来源,"有一次,那是朗香教堂建成好几年以后的事,柯布西耶自己又去到那里,他很感叹地问自己:可是,我是从哪儿想出这一切的呢?"这座建筑抛开现代主义建筑的精神,从内而外从未有过雕琢的痕迹。它不遵守人类历史上任何审美的法则或条例,体块被随意地摆放,窗洞被胡乱地放置。我们无法看到传统宗教建筑与巴洛克教堂的手法,却可以在墙上看到神龛与凹间式样的洞口,建筑的氛围感营造来自粗犷的表皮与头顶不规则的彩色微光,这让我们回忆起千万年前置身石窟内的祖先,如同他们看到从土石的缝隙中透出的斑驳的阳光。这样的建筑,有人评价为"生命的建筑",是人类最早的"掩蔽体",是洞窟,是人类潜意识中温暖、柔软、阴暗的母体。这些最初的信仰总是充满着爱的秘密,人类对神的信仰发源于爱欲的滋养,上帝的光芒可以是"原初空间"①诞生时的第一缕光,也可以是婴儿落地发出的第一声啼哭,从这一点上看,朗香教堂似乎又暗示着母亲的怀抱。而《建筑在爱之上》中也阐述了这一点:"正如狄奥提玛后来在柏拉图《会饮篇》中所澄清,那些身体怀孕的人们将生子,而那些通过头脑孕育知识的人们将得到智慧与美德。"天才们创作的美的事物,就好似从母体诞生的婴儿,他们诞生于爱欲的狂热故事,充满了不确定性,但没人能否定它们所具有的诗意。

图 7 朗香教堂

3.2 无名的工匠

"但最要命的是,如今正是有史以来最发达、最方便的传播时代,当你翻开书、打开网页,翻看巨量传播的美术史,或是那份势利透顶的老名单,大家还记得那位斯波莱托的神秘女子吗?她在昏暗中等着我们,如一场冤案。"②

陈丹青在《局部》中以"无名的工匠"为名,记叙那些被掩盖于天才与巨匠光辉下的文艺复兴时期或中世纪时期的老教堂的无名壁画(图8)。于教堂而言,这些湿粉画是装饰,它们出自千

---

① 出自希腊神话最初的混沌卡俄斯(Khaos),表意某种湿润的"原处的空间和结构",柏拉图后来把它与"原初空间"联系起来,这里指代生灵孕育之初,其意识感知的第一个空间。

② 引自优酷视频陈丹青《局部》第三季。

万以此为生的工匠之手，这些壁画在历史中被层层覆盖，相似的还有敦煌莫高窟中那些掩藏于尘土与石壁下的久远记忆(图9)。这些壁画并未受到审美与风格的束缚，也并无准确的透视与比例，它们的线条简单概括。人物的姿态并不具体生动，在教堂昏暗的光线中你看不到他们的表情，他们似乎又在时刻盯着你。墙壁上的女子神秘内敛，让你看了又看，几乎要沉浸进去，进而沉浸在教堂的氛围中。建筑师用情绪创作建筑，如高迪心中天堂的图景——圣家族大教堂，工匠们用他们的生命作画，他们无法玩弄透视，也无法俯视教堂的整体空间，他们只有手中的器物，在教堂建筑的局部抒发情感，他们的爱欲于旁人看来无足轻重，但终究会渗透进建筑的灵魂中，它们没有随着历史而淡去，而是在厚厚的灰尘的掩映下寂寥无声，当后世的我们走近并惊喜地发现它们的美，便完成了这场穿越时间的对话，我们与建筑对话，与过去的无名氏对话，也与时间对话，这便是建筑的诗意。这种诗意并非被世界所传唱，它独属于每个人，属于每一个人独特的爱欲的共鸣。就像我们在重庆湖广会馆的黄墙灰瓦中行走时，思考那些过去文化融合的盛况，这座与周围格格不入的建筑便显现出一种和谐，这是文化的力量，它根植于其设计者的精神，它的基础是众多移民者的愿望，在这之上，镌刻着重庆历史的深厚力量，它们都带着乡土的符号，乡土的符号便是古代中国的诗意与道德的传统(图10)。

图8　圣乔治马焦雷教堂壁画

图9　敦煌壁画

4　结　语

理性、效率、实用性充斥在当今建筑设计的主流思想中，我们常说现代人类的精神与欲望被物欲社会所消解，人们难以面对自己最真实的欲望和爱意，那些纯粹为了精神而创造的纪念物和艺术品成了无用品。社交媒体中的照片成为大部分现代建筑师认识建筑的途径，传播内容的碎片化打破了文化与历史的连贯性。"理想的状况应该是充满诗意客体的世界，它体现了民族

图 10　重庆湖广会馆

的记忆与未来,并通过与其他民族形体想象力的交往而表现文化的特定性与可译性。"《建筑在爱之上》在人类的历史与文化、人性与哲学的基础上建构了更加广泛的历史性批判和讨论,这对于由技术和形式主导的当代中国建筑或许有一定的借鉴意义。那些根植于传统的中国宇宙观和乡土情的诗歌、绘画、建筑、哲学蕴藏着浓浓的爱与诗意,厚重文明沉淀的蒙尘带来的情感缺失理应得到呼唤,正如前文谈及湖广会馆时所提到,建筑中蕴含的那些诗意的形象通过场所的故事以及参与者的爱欲得到共鸣,进而那些潜藏于土地与文化中的深厚力量便能得到显现。

参考文献

[1] 阿尔伯托·佩雷兹-戈麦兹.建筑在爱之上[M].邹晖,译.北京:商务印书馆,2018.
[2] 邹青.诠释"在语言边界的建筑"——读阿尔伯托·佩雷斯-戈麦兹《建筑在爱之上》[J].建筑学报,2020(12):106-112.
[3] 姜梅.无家可归与还乡——柏林犹太人大屠杀纪念馆的现象学解读[J].华中建筑,2008(3):16-19.
[4] 吴焕加.论朗香教堂(上)[J].世界建筑,1994(3):59-65.
[5] 赵维学,胡议丹.上帝之光——从朗香教堂到光之教堂[J].新建筑,2004(6):62-63.
[6] 郭璇.移民社会的缩影——重庆"湖广会馆"文化内涵三题[J].华中建筑,2002(1):71-74.

传统村落集群特征解析及保护发展规划路径

高云嵩[1]　张沛[2]　李稷[3]　张中华[4]

摘要：当前我国传统村落保护发展呈现出孤岛式分散化特征，仅有部分资源优势显著、区位条件优越的传统村落得以再生，仍有大量资源区位条件不突出的传统村落未能得到及时保护而面临发展困局。本文基于生物集群与产业集群相关理论，明晰我国传统村落集群的地域化、动态性、关联性与网络化特征，其内在关联机制为"文化链"。在明确孤岛式保护效率低下、同质性开发无序竞争、区域性基础设施滞后、协作性治理难度较大等现实困境的基础上，本文提出"研究范围界定—现状问题诊断—要素结构识别—综合价值评估—总体思路明确—整体空间重构—适宜模式引导—体制机制保障"的传统村落集群式保护发展规划路径，并结合汉江流域陕南段传统村落集群提出具体策略。

关键词：传统村落集群；集群式保护发展；规划路径；汉江流域陕南段

Abstract: The protection and development of Traditional Villages in China presents an island type decentralized mode at present. Only some traditional villages with significant resource advantages and superior location conditions have been regenerated. There are still a large number of traditional villages with less prominent resource location conditions that have not been protected in time and are facing development difficulties. Based on the relevant theories of biological cluster and industrial cluster, this paper clarifies the regionalization, dynamic, relevance and networking characteristics of traditional village cluster in China, and the internal correlation mechanism is "Cultural Chain". On the basis of clarifying the practical difficulties such as low efficiency of isolated island protection, disorderly competition of homogeneous development, lag of regional infrastructure and difficulty of collaborative governance, this paper puts forward a traditional village model of "Research Scope Definition, Diagnosis of Current Problems. Identification of Element Structure. Comprehensive Value Evaluation. Clear Overall Thinking. Overall Space Reconstruction. Guidance of Appropriate Mode. Guarantee of System & Mechanism". Combined with the traditional village cluster in southern Shaanxi section of Hanjiang River Basin, the paper puts forward specific strategies.

Key words: traditional villages cluster; cluster protection development; planning path; southern Shanxi section of Hanjiang River Basin

---

1 高云嵩，西安建筑科技大学建筑学院，博士。地址：陕西省西安市碑林区雁塔路 13 号西安建筑科技大学。Email：874132300@qq.com。Tel：15236017327。
2 张沛，西安建筑科技大学建筑学院，教授，博士生导师。地址：陕西省西安市碑林区雁塔路 13 号西安建筑科技大学。
3 李稷，西安建筑科技大学建筑学院、陕西省新型城镇化和人居环境研究院，助理教授。地址：陕西省西安市碑林区雁塔路 13 号西安建筑科技大学。
4 张中华，西安建筑科技大学建筑学院，教授，博士生导师。地址：陕西省西安市碑林区雁塔路 13 号西安建筑科技大学。
基金项目：国家自然科学基金面上项目"陕西传统村落景观的地方性知识图谱研究"（51978552）。

1 引言

传统村落是活态化的历史文化遗产,承载着丰富的历史信息与文化景观,具有经济、社会、文化、生态、科学、艺术等多重价值,其保护发展已成为推进乡村振兴战略实施的重要内容,事关传统文化复兴与民族文化自信。我国传统村落保护发展工作开展至今已有近十年,国家级和省级传统村落名录保护制度基本形成,相关规划编制的基本要求得以明确,相关遗产保护理论基础也日趋完善,实践过程中取得了较为显著的成效[1]。但在全球化、现代化、城镇化背景下,城市要素不断涌入乡村,乡村人口大量流失,导致我国传统村落保护发展矛盾重重。依靠国家和地方政府力量的传统村落遗产保护思路无法契合村民的发展诉求,引入社会资本的旅游开发思路难以保障传统村落的原真性和完整性,而传统村落的"空心化"现象使其自发保护发展动力不足。以上问题基本是针对传统村落个体而言,充分反映出当前分散式保护发展工作已陷入瓶颈,村落逐渐失去活力成为"孤岛",进一步加剧了其"脱域"进程[2],传统村落紧密嵌入由文化、经济、社会、生态等多要素共同编织的地域之网中。近年来,随着文化生态保护区建设工作的推进、复杂适应性系统理论的引入以及集群理论的不断成熟,传统村落集群式保护发展引发学术界热议,但仍处于初步探索阶段[3-5]。因此,本文基于我国传统村落集群特征与关联机制,立足现实困境,明确集群式保护发展规划路径,并以汉江流域陕南段为实证案例提出规划策略,以期丰富传统村落集群式保护发展的理论体系,进一步推进传统村落的可持续发展。

2 传统村落集群特征解析

2.1 集群特征

"集群"(cluster)概念源于生态学对生物适应性特征的描述,核心是通过协作与竞争提高资源利用效率。"生物集群"(biological cluster)的基本特征是由一定的物种组成,有一定外貌与内部结构;可以形成较稳定的群落环境;不同物种间相互影响,时刻发生着动态变化;有一定的分布范围,且边界效应较为显著。迈克尔·波特(Michael E. Porter)在《国家竞争优势》中提出了"产业集群"(industrial cluster)的概念,用以解释在某一特定产业领域中,大量产业联系密切的企业以及相关支撑机构在空间上集聚,并形成强劲且持续的竞争优势的现象[6]。从本质上来看,产业集群反映了产业关联性、地理空间集中与内部互动关系,具有专业化、经济外部性、网络化等基本特征[7]。生物集群与产业集群所形成的"集群效应"背后都暗含着关联性与多样性,前者是各种生物之间因物质变换与能量转化形成的生物链,后者是基于一定技术经济关联并依据特定逻辑关系与时空布局关系形成的产业链。二者都是通过推动正向的空间集聚,实现整体效益最大化的同时提高个体效益,也逐渐渗透至城镇群、遗产群等相关研究领域。

"村落"一词本身就蕴含着"集合""群落"的意思,充分反映了人类生存发展文明中的群居观念,"传统"则强调其在历史维度中的稳定性,进一步说明集群特征的优势性。从我国传统村落的起源与发展来看,"安全"和"生计"是集群形成的两大主要动因,核心是共同面对自然和社会环境中的不确定性因素,以及通过协作提高资源的开发利用效率,并在适应过程中积累通用的地方性知识,形成具有共识基础的地域文化。从当前我国关于传统村落空间分布的研究成果来看,全国与区域层面的空间集聚现象均较为显著,主要受到地形、生态、人口、经济、交通、城市化等因素影响,集中分布在江河湖泊、平原沟谷、民族聚居地、省市边界等区域[8,9]。虽然以上研究大多是以国家和省级传统村落为对象,与认定标准、保护意识等主观因素有直接关系,且不同尺度、不同地区的传统村落与自然、人文因素的相关关系存在差异,但仍能在一定程度上反映传统村落的保护与发展呈现集群态势。由此可知,传统村落集群既有生物集群的关联性与动态性,也有产业集群的网络化特征,但由于自身与环境的差异而产生显著的地域性特征(表1)。

表1 生物集群、产业集群与传统村落集群特征对比

集 群	构 成 要 素	基 本 特 征	关 联 机 制
生物集群	微生物、动物、植物等生物有机体	结构性、稳定性、关联性、动态性、边界性	生物链
产业集群	企业、专业化供应商、服务供应商、金融机构、相关产业的厂商及其他相关机构等	专业化、经济外部性、网络化	产业链
传统村落集群	古建筑、古村、古镇等物质与非物质文化遗产	地域性、关联性、动态性、网络化	文化链

(资料来源:作者自制)

2.2 关联机制

传统村落集群的形成是一个耗时较长且极为复杂的动态适应过程,内在关联是文化扩散与空间相似性共同作用下形成的"文化链",即不同村落之间存在的文化共通关系,具体表现在文化景观、生活习俗、宗教信仰、方言等方面,但会随着发展阶段不同而呈现差异化特征。传统农耕文明时代村落集群的形成有主动与被动两种形式,前者是人们在亲水性、趋利避害等本能作用下,倾向于主动选择水资源丰富、地势平坦、土壤肥沃、交通便捷的地方定居[10];后者是人们在政权变动、天灾人祸等外部因素影响下,被动迁移至地广人稀、山势险要、土地荒芜的地区[11,12]。进入现代工业文明时代后,传统村落集群更多是因为地处偏远、经济落后,才能在城镇化浪潮中留有一席之地[13];又或是因为地方遗产保护意识较强、经济基础较好,大量传统村落免遭破坏得以完好保存[14]。因此,"文化链"会随着社会经济环境变迁而不断改变,以血缘、亲缘、地缘与共同信仰为基础的传统形式逐渐弱化,更多社会经济关系的融入使得现代"文化链"呈现多元化、复杂化、网络化的发展趋势。

3 传统村落集群式保护发展规划路径

3.1 主要困境

3.1.1 孤岛式保护效率低下

当前我国传统村落呈现出"大集聚、小分散"的态势,现有的保护工作基本围绕村落个体展开,例如传统村落名录制保护与专项保护发展规划编制等,且大多是依靠政府扶持与社会力量支持,形成"就村落论村落"的孤岛式保护态势。随着传统村落数量的不断增多,国家与地方政府的压力剧增,但村落保护情况参差不齐,内生发展动力普遍不足,甚至出现人去楼空的情况,孤岛式保护已陷入困局。同时,传统村落保护的重点内容多是民间的文化遗产,普遍存在等级不高、规模不大、数量较多、成片出现等特征,其价值在传统村落单体保护中难以得到充分体现,

且不符合文化遗产保护的整体性原则。

3.1.2 同质性开发无序竞争

传统村落的集群特征导致同一区域不同村落的资源禀赋和自然环境相似度较高，这在自给自足、生产力水平不高的传统农耕社会中并未产生不利影响，由此形成的规模效益反而促进了区域农业经济的发展，并在一定范围内产生品牌效应。随着现代化背景下乡村旅游的兴起，旅游开发成为大部分传统村落发展的首选方向，但旅游开发本质上是市场导向下的商业行为，难免在发展过程中为契合消费者需求而忽视当地居民的诉求。同时，模式化的旅游开发模式加上资源环境的相似性，使得同一区域的传统村落发展同质化严重，内部竞争关系逐渐激化，相互间细微的个性差异被磨灭，不利于传统村落的可持续发展。

3.1.3 区域性基础设施滞后

传统村落的基础设施使用效率不高，重复投资建设现象普遍，区域性基础设施（如水陆交通、污水处理设施、给水设施、环卫设施等）较为缺乏。尤其是我国部分集聚在山地沟谷地区的传统村落，由于基础设施建设难度较大，基础设施水平严重滞后，传统村落间相互关联性不足，村落可达性较低。同时，随着传统村落旅游开发的兴起，旅游服务设施规划建设成为重点，但传统村落的可利用土地资源与保护发展资金有限，旅游业存在季节性与周期性，旅游配套设施建设投入较大，未能与基本公共服务与基础设施较好兼容，导致设施建设顾此失彼，出现资源浪费现象。

3.1.4 协作性治理难度较大

传统村落集群保护发展不仅需要处理好整体与外部的关系，更要协调好集群内村落间的相互关系，这使得协作性治理存在较大难度。虽然集群内村落之间有较强的文化关联性，且在空间上的集聚也存在资源共享关系，但随着各个村落不断发展壮大，难免会存在利益冲突与资源争夺的情况，"公地悲剧"时有发生。同时，传统村落集群可能涉及多个乡镇、市县或省级行政管辖范围，由于涵盖内容的复杂性，也会面临管理权限的束缚，导致传统村落集群保护发展缺少平台支撑与制度保障，在实施阶段进展困难。

3.2 规划路径

传统村落集群式保护发展是以传统村落为基本单元，包括区域内乡村地区的物质与非物质文化遗产及其赖以生存的自然生态环境，故应以人文性、整体性、融合性、系统性、协同性为指导思想，力求实现区域资源合理保护、有机整合、高效配置，进一步提高传统村落的整体价值，有效促进保护发展工作的可持续性。传统村落集群保护发展面临的问题涉及较多领域，单一学科视角下的研究难免会有失偏颇，故应以文化人类学、人文地理学、景观生态学、文化遗产学、区域经济学等相关理论与方法为基础[15]，进行跨学科理论探索与实践应用。参照生态环境保护与文化遗产保护相关法规与技术规范，遵循"研究范围界定—现状问题诊断—要素结构识别—综合价值评估—总体思路明确—整体空间重构—适宜模式引导—体制机制保障"的核心思路，并通过政府主导、民众主体、多方参与的模式共同推进，确保传统村落集群保护发展规划路径的可操作性（图1）。

具体而言，首先以传统村落为基本单元，通过空间分布研究大致明确特定地域空间范围（如行政辖区、流域腹地或山地沟谷），再依据地理空间集聚、文化景观关联与社会网络联系，通过实地调研考察与历史资料研究进一步界定集群范围，包括被评上的国家级与省级传统村落，以及周边留存有历史文化遗迹或生态环境品质优越的一般村落，进而确定研究范围。其次针对传统

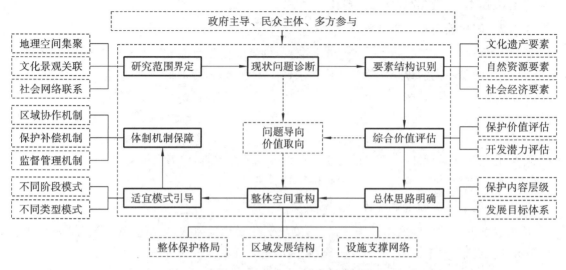

图 1 传统村落集群保护发展规划路径示意图

（资料来源：作者自制）

村落集群存在的现实问题进行诊断，重点对共性问题深入解析，并科学识别文化遗产、自然资源与社会经济等要素结构，包括要素构成与组织形式；结合当地居民与外来人员对区域文化与自然资源进行综合价值评估，包括保护价值与开发潜力两大板块，确保评估的公正合理；在问题导向与价值取向下进一步明确总体思路，确定文化遗产与生态环境保护层级，架构区域经济社会协调发展目标体系；然后重新构建整体空间结构，包括多层次整体保护格局、多元化区域发展结构，以及交通、旅游、市政等基础设施支撑网络；将集群区域范围内的传统村落与一般村落进行分类，提出适宜模式，并与周围乡镇、市县进行功能协调，明确提出保护发展诉求，有效平衡保护与发展的矛盾关系；最终从区域协作机制、保护补偿机制、监督管理机制等方面进行机制创新，探索跨区域、多主体对话协商平台的搭建，保障规划路径得以顺利实施。

4 汉江流域陕南段传统村落集群式保护发展规划策略

汉江发源于陕西省西南部秦岭与米仓山之间的宁强县嶓冢山，于安康市白河县流入湖北省，流至武汉市汇入长江，是长江最长的支流，在历史上占据重要地位，与长江、淮河、黄河并称为"江淮河汉"。汉江干流全长 1532 千米，其中陕西境内长 657 千米，主要分布在陕南地区，自西向东流经汉中、安康两市 3 区 11 县。汉江流域陕南段自古便是秦巴腹地对外交流的水运航道、商贸要道和人文通道，多元的历史人文交融和繁荣的社会商贸往来，使之拥有秦风楚韵特色鲜明、多元民族文化交融的独特文化基因。汉江流域陕南段是秦巴山区传统村落的重要集聚区[12]，截至目前分布有 98 个传统村落，其中有 17 个国家级传统村落与 81 个省级传统村落。因此，考虑地理空间集聚、文化景观关联与社会网络联系这三大要素，可将汉江流域陕南段传统村落作为集群式保护发展研究对象，进一步明确具体规划策略以指导相关实践工作。

4.1 挖掘地方性知识，整合文化生态资源

传统村落集群式保护发展首要任务便是对区域有整体性的认知与价值判断，核心是基于

GIS平台进行空间分析,明确区域空间集聚特征,建立基本的空间认知逻辑,通过深入挖掘地方性知识来探寻传统村落集群背后隐含的文化关联关系。然后,尝试结合历史发展视角对其建立起全面而系统的认知,结合现代发展需求对其价值进行研判,发掘更多潜在的可利用综合价值,而非局限于传统意义上的文化、生态、经济、科学等单一内容。以村落为基本单元对区域文化生态资源进行梳理与整合,明确资源要素(如文化线路、生态廊道、迁徙路线、水陆航道等)的构成与组织形式。

汉江流域陕南段传统村落在自然地理、历史人文的影响下,形成多元文化融合的区域总体特征,孕育出同根、同源、不同质的地方性知识。通过梳理、挖掘和解析,获得传统村落选址的生态人居智慧、民族融合的地域移民文化、依山附水的水陆交通特性与多元交织的区域职能构成的地方性知识集合,建立汉江流域陕南段传统村落的地方性知识谱系(表2)。立足汉江流域陕南段传统村落丰厚的资源要素基底,整合其文化生态资源,通过建设秦蜀文化旅游线路、秦巴生态景观廊道、汉江水陆商贸航道等来串接、融合和提升流域整体各类资源的保护效率和利用效益,形成流域性的历史文化脉络与生态景观资源展示窗口,从而实现以汉江为纽带,以流域为整体,以村落为单元的资源高效集聚和有效配置,促进传统村落集群资源定向化和高效化流动。

表2 汉江流域陕南段传统村落的地方性知识谱系

	类	型	特 征
区系特征	地理区系	汉江丘陵盆地区	河谷绵长、水网密布,沿江两侧高山绵延,呈现"两山夹一川"的地形地貌特征和流域分布、成段集聚的村落集聚特征
	文化区系	巴蜀文化区	儒释道兼有的地方文化,进取与兼容的地方气质,注重"天人合一"的风水理念;语言特征为巴蜀方言,民居建筑多采用悬山穿斗结构
		荆楚文化区	豪放与婉约兼有的地方性格,秀美与朴实兼备的地方特色,崇尚浪漫主义的个性追求;语言特征为西南官话,民居建筑多为硬山式屋顶,檐脚翘起,略显轻灵、飘逸
演化发展特征	历史起源	宗族聚居型	宗族血缘关系为组织原则,通过房系分裂形成社群,形成自给自足、相对封闭、稳定有序的聚居系统
		交通驿道型	依托古驿道、官道、水道、茶道等交通驿道集聚的商贸活动和人群,村落多呈线性布局,居民构成复杂,流动性强
		政策调控型	服务地方治理的基层行政单元,具备管理、治安、商贸等功能,以政策性的移民和家族式的迁居为主
	生产方式	传统农业型	自然生态基质稳定,以传统种植业、养殖业或畜牧业为主;村落土地利用形式较单一,村落流动性较小,村落社会结构较为稳定
		特色种植型	具备特色作物生产的自然生态环境条件,种植与栽培地方特色经济作物,村落生产用地较为多样
		文化旅游型	交通条件、生态条件较优越,地方资源较为丰富,村落保留有大量历史文化遗存,发展民俗文化旅游,村落外来人口较多,开放性较高
		交通商贸型	交通区位优越、商贸功能较强,村落由古驿道和商贸节点发展而来,村落人口、经济等要素流动性较强

(资料来源:作者自制)

4.2 明确重点保护内容,重构保护发展格局

传统村落集群保护需要明确重点保护内容,梳理集群范围内的村落等级、保护层级以及要素内容,划分出"重点保护区""适度监管区""合理引导区"三个层级,构建汉江流域陕南段传统村落保护圈层化与体系化的保护格局(图2)。首先,重点保护区涵盖所有国家级传统村落及邻近的省级传统村落,结合周边自然保护区与风景名胜区,重点保护区域内部文物保护单位、非物质文化遗产资源、文化生态景观富集的传统村落。其次,适度监管区是以省级传统村落为主体,结合邻近的具有特色和价值的村落,力求保护村落的重要生态文化资源,适度发展地方特色产业,实现可动态调控的保护圈层。最后,合理引导区是依托区域范围内的重点保护村落,合力建设合理引导区域,实现重点保护区服务供给与价值的外溢。通过三个保护层级的划分,明确汉江流域传统村落集群的重点保护内容,适度发展内容,强化对文化、生态、景观等区域性资源的整体性保护,形成保护与发展的互动共生,实现集群区域内传统村落的高度耦合,破解孤岛式保护难题。

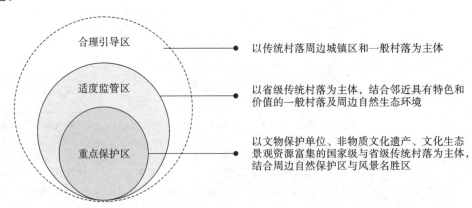

图2 汉江流域陕南段传统村落集群保护内容层级示意
(资料来源:作者自制)

传统村落集群保护发展需要建立整体性发展格局,通过挖掘区域优势资源、梳理村落内在联系、打通特色经济网络,合力形成流域传统村落保护与发展的一体化格局。首先,依托流域水道、文化线路、旅游风景道等联络渠道,形成"串珠式"的传统村落网状格局。其次,基于流域地理条件、村落布局、村落功能、特色产业等要素,识别并划分集群区域内的传统村落,建立"吸引核—增长极—共生点"三级村落发展等级,形成传统村落纵向格局。最后,通过文化联系、产业协作、旅游联动、特色互补等方式,推动各级村落融入区域生产分工,发挥集群效益、规模效益与互补优势,构建流域经济网络。汉江流域陕南段传统村落的一体化发展结构建立在干流串联、支流集聚的村落分布网络,"稻-茶"经济建构的乡土经济网络,以及移民文化代表的区域文化网络的基础上,形成了"一带两翼,双核多极,多区共生"的一体化空间保护发展格局。

4.3 探索适宜模式引导,完善区域基础设施

传统村落集群保护发展面临区域内部村落构成的差异性与阶段性特点,需要探索适宜性、针对性、动态化的模块化保护发展模式。一方面村落的保护要素、保护等级和发展特色存在较大的个体差异性;另一方面村落的发展条件和发展潜力存在不同发展阶段区域并存的现实特征。因此,面对传统村落集群范围内村落构成的差异性与阶段性特征,从保护等级、主体文化、

生产方式、人口规模与生态环境五项指标对汉江流域陕南段传统村落进行分类型、分阶段、动态化的集群适宜模式引导。首先,结合集群区域内传统村落的地方性知识挖掘结果与评价指标对村落进行类型划分与阶段研判;其次,按照"组合—调适—引导"的模块化方式对集群内传统村落进行模式探索与引导(图3);最后,根据不同阶段的村落发展引导,形成集群内部村落发展的递增效应,合理引导区域内的村落保护发展。

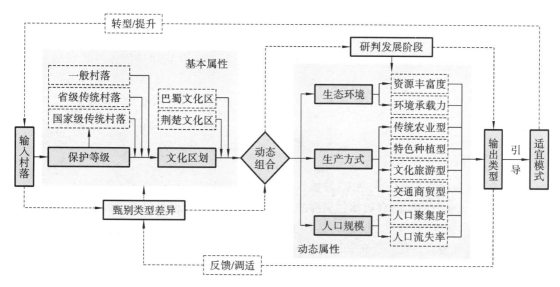

图3 汉江流域陕南段传统村落集群适宜模式引导示意

(资料来源:作者自制)

传统村落集群保护发展需要完善、高效的区域基础设施作为支撑,实现区域产业、文化、人口、旅游等功能的高效运转,发挥集群保护模式的优势。首先,完善区域交通设施,利用汉江黄金水道、陕南茶马古道、秦蜀古道等廊道空间打造区域性旅游廊道,强化集群内部的物质文化协同发展以及集群外部的有序联动。其次,完善区域服务设施,采用"旅游+""职能+""产业+"等模式,实现汉江流域陕南段传统村落集群区域服务设施的集约、高效运转,破除山区传统村落局部分散、设施建设困难的问题。最后,实施"常态化+节庆化"的服务设施管理、配置机制,保障集群范围内村落设施在满足居民日常生活需求的同时也能够承载季节性的旅游节庆需求,实现基础设施的集约与高效利用。

4.4 搭建区域合作平台,创新协同治理机制

创新区域管理协作机制,统筹各个村落单元,构建流域型传统村落发展联合体,推动传统村落的跨区域、集群保护管理是传统村落集群保护发展的重要保障。传统村落集群受到地域生态环境条件约束、自然资源禀赋滋养,村落与自然、村落与村落之间存在共生性和互补性关系,每个传统村落都是区域内村落群的重要组成部分,存在联动发展的内生机制。因此,结合生命共同体的发展理念,统筹汉江流域陕南段各个传统村落单元,以共同保护、合作发展为目标,实现区域经济社会管理一体化。通过打造以政府、村落、市场、专家、游客等为主体的区域传统村落发展联合体,推行总体发展领导小组统筹主持动态化联席会议工作制度。围绕创新合作机制、连通基础设施、转化开放产业、联合保护治理生态环境等方面重点突破,强化传统村落集群内部的互补共生关系,积极扩大传统村落集群发展空间,有效化解资源重合与同质竞争等问题,推动

区域一体化发展。

区域协同治理机制作为流域型传统村落实现一体化发展的内在动力支撑与制度保障,能够打破狭隘的行政区划界限,统筹村落单元,解决传统村落的跨区域、集群保护的管理问题。创新区域协同治理工作机制包括区域管理一体化及村落发展联合化两方面内容。其中,区域管理一体化是通过构建汉江流域陕南段协同化的村落管理机构和机制,从安康与汉中两市层面推动沿江区、县的分工协作,形成全域资源详查、统一规划建设、统一管理运营和统一检测服务的体制机制,具体包括区域协作机制、保护补偿机制和监督管理机制。村落发展联合化则是引导各个传统村落通过生态联合治理、产业联动发展、文化旅游协同和品牌联动建设等方式实现发展联合化,进一步落实完善区域管理一体化。此外,实施区域保护区划与村落单体规划的创新协同,能够有效保障各传统村落的生态、生产和生活资源共享,从而实现区域可持续发展的有效治理。

5 结 论

传统村落历经时代更迭发展至今,地域性空间特征与动态性内生机制是其适应性的重要表征,也被视作极为复杂的生命有机体。集群式保护发展策略的提出是以传统村落地域性、关联性、动态性与网络化的集群特征为基础,依循传统村落间的"文化链"关联机制,通过有效合作与适度竞争来提高传统村落保护发展的整体效率。我国传统村落集群保护发展面临孤岛式保护效率低下、同质性开发无序竞争、区域性基础设施滞后和协作性治理难度较大等问题,其发展关键在于通过政府主导、民众主体、多方参与的共同推进模式,按照"研究范围界定—现状问题诊断—要素结构识别—综合价值评估—总体思路明确—整体空间重构—适宜模式引导—体制机制保障"的规划路径,充分发挥传统村落集群的优势,实现可持续发展。同时,本文以汉江流域陕南段传统村落为实证案例,明确集群式保护发展的具体策略,其核心是挖掘特色、整合资源、价值评估、明晰结构、模式引导、设施支撑、搭建平台和创新治理,以此推动后续实践工作展开。当前我国传统村落集群保护尚处于探索阶段,集群区域选择的合理性与有效性有待商榷。随着我国乡土社会的流动性增强,集群保护发展势必会成为趋势,所以亟须进一步丰富传统村落集群式保护发展的理论基础,明确最适宜、最高效的传统村落集群规模,并在实践中验证反馈,从而以传统村落为文化增长极,助推乡村振兴,实现文化自信。

参考文献

[1] 屠李,赵鹏军,张超荣.试论传统村落保护的理论基础[J].城市发展研究,2016,23(10):118-124.

[2] 刘军民,庄袁俊琦.传统村落文化脱域与保护传承研究[J].城市发展研究,2017,24(11):6-9.

[3] 赵艳喜.文化生态保护区的公共性及其发展方向[J].文化遗产,2018(4):24-30.

[4] 何峰,周国华,郑瑾.论传统村落的复杂性[J].系统科学学报,2018,26(3):30-35+91.

[5] 常光宇,胡燕.探索传统村落集群式保护发展[J].城市发展研究,2020,27(12):7-11.

[6] 迈克尔·波特.国家竞争优势[M].北京:中信出版社,2007.

[7] 张聪群.论产业集群的本质、特征及其结构[J].学习与探索,2007(4):142-146.

[8] 康璟瑶,章锦河,胡欢,等.中国传统村落空间分布特征分析[J].地理科学进展,2016,35

(7):839-850.
[9] 李江苏,王晓蕊,李小建.中国传统村落空间分布特征与影响因素分析[J].经济地理,2020,40(2):143-153.
[10] 关中美,王同文,职晓晓.中原经济区传统村落分布的时空格局及其成因[J].经济地理,2017,37(9):225-232.
[11] 张慧,蔡佳祺,肖少英,等.太行山区传统村落时空分布及演变特征研究[J].城市规划,2020,44(8):90-97.
[12] 张沛,李稷,张中华.秦巴山区传统村落时空分布特征及影响因素[J].西部人居环境学刊,2020,35(3):116-124.
[13] 杨燕,胡静,刘大均,等.贵州省苗族传统村落空间结构识别及影响机制[J].经济地理,2021,41(2):232-240.
[14] 孙莹,王玉顺,肖大威,等.基于GIS的梅州客家传统村落空间分布演变研究[J].经济地理,2016,36(10):193-200.
[15] 周建明,所萌,岳凤珍.文化生态保护区的理论基础与规划特征[J].城市规划,2014,38(S2):49-54.

鄂西武陵山区传统村落空间分布及影响机制研究

王 通[1] 张文彦[2]

摘要：武陵山区传统村落拥有丰富的自然和人文资源,随着城镇化的发展和现代文明的冲击,鄂西传统村落的文化属性和景观风貌发生了较大的变化,如何保护和发展传统村落成为迫切需要解决的问题。本文以鄂西武陵山区86个传统村落为研究对象,通过最邻近指数分析、标准差椭圆分析、地理集中指数分析、不平衡指数分析和核密度分析等空间分析方法,探究鄂西武陵山区传统村落空间分布特征;搭建影响因子指标体系,对影响因子作用力进行测度,通过SPSS软件构建鄂西武陵山区传统村落空间分布模型,阐释其空间分布影响机制,为鄂西武陵山区传统村落的保护与发展提供理论基础和实际应用价值。

关键词：传统村落;空间分布;影响机制;鄂西武陵山区;保护与发展

Abstract: Traditional villages in Wuling mountainous area of western Hubei are rich in natural and cultural resources. With the development of urbanization and the impact of modern civilization, the cultural attributes and landscape features of traditional villages have undergone major changes. How to protect traditional villages has become an urgent need to solve the problem. Taking 86 traditional villages in Wuling mountainous area of western Hubei as the research object, the spatial distribution of traditional villages in Wuling mountainous area of western Hubei was explored through spatial analysis methods such as nearest neighbor index analysis, standard deviation ellipse analysis, geographic concentration index, imbalance index analysis, and kernel density analysis. Features: build an index system of influencing factors, measure the force of the influencing factors, build a spatial distribution model of traditional villages in Wuling mountainous area of western Hubei through SPSS software, explain the impact mechanism of their spatial distribution, and provide a theory for the protection and development of traditional villages in Wuling mountainous area of western Hubei basic and practical application value.

Key words: traditional villages; spatial distribution; influence mechanism; Wuling mountainous area of western Hubei; protection and development

1 引 言

2012年,住房和城乡建设部联合相关文化保护部门共同发布了《关于开展传统村落调查的

---

1 王通,华中科技大学建筑与城市规划学院,副教授,硕士生导师,研究方向为乡村文化景观和风景园林遗产。地址:湖北省武汉市洪山区珞喻路1037号华中科技大学南四楼510室。Email:wangtong@hust.edu.cn。Tel:18694058678。

2 张文彦,华中科技大学建筑与城市规划学院,硕士研究生,研究方向为乡村文化景观和风景园林遗产。地址:湖北省武汉市洪山区珞喻路1037号华中科技大学南四楼510室。Email:zwy_kp@163.com。Tel:13422660179。

通知》,明确了传统村落的定义:指形成时间较早,拥有较丰富的传统资源,具有一定历史、文化、科学、艺术、社会、经济价值,至今仍有村民进行生产生活的村落[1]。传统村落作为传统物质文明和精神文化的载体,比一般村落更脆弱和敏感,其空间形态与格局也在不断发生改变。鄂西武陵山区拥有丰富的历史、民俗和自然资源,这里的传统村落不仅代表了该地区过去的时光,更是连接人们与土地、历史与现实的纽带。然而,随着现代化进程的推进,这些传统村落正面临着诸多挑战,如人口流失、文化衰退、建筑失修等问题。

为了更好地保护传统村落,学者们对传统村落的空间类型与形态进行了大量的研究。王云才等运用图式语言对传统村落的公共开放空间进行研究,形成图式语汇[2]。随着计算机技术的发展,学者开始运用GIS等技术手段对全国各地传统村落空间分布进行各类定量的空间分析与统计研究。在分布特征方面,刘大均和康璟瑶通过空间分析法,利用GIS平台对全国范围内传统村落的空间分布特征进行定量表征,并探究其空间分布与我国地形地貌、经济人口、城市交通等多重因素的空间自相关性[3-5]。焦胜借助GIS平台分析了湖南省传统村落的农业生产、产业比例、建筑空间和城市交通边缘化特征的形成机理[6]。李咪以吴越文化区不同尺度的传统村落为例,借助地理学的空间分异规律,分析其空间分布特征[7]。魏绪英通过GIS空间分析工具,定量分析了江西传统村落与周围自然环境要素空间分布的关系[8]。在影响机制方面,冯亚芬和佟玉权等运用计量地理方法,以GIS和GeoDa为技术平台,分别从自然、人文、社会和历史层面分析了广东省126个和贵州省292个传统村落空间分布的影响因素与机制[9,10]。熊梅运用空间结构研究法,分析我国传统村落在省际、区际和族际三个维度下的空间分布[11]。大量学者运用空间分析、回归分析、空间句法等理论与技术,探索了各个地区传统村落空间分布特征及其影响机制[12-19]。在空间结构演化方面,学者们逐渐认识到传统村落空间分布是一个动态的过程,它随着时空的变化而不断改变。卢松和孙莹分别以徽州和梅州客家传统村落为研究对象,分析了其在唐、宋及明清时期的空间分布特征,并探讨了它们的时空演化规律[20,21]。因此,有关传统村落空间布局的研究开始突破静态研究的局限,学者们的目光开始转向传统村落空间分布的时空演变规律及影响机制研究。

目前针对传统村落空间分布特征的研究在研究方法和深度上趋近成熟,但是有关传统村落空间分布影响因素及其机制的研究深度尚浅,多数还只停留在定性分析上,缺少定量化的科学研究方法和完善的机制体系构建。因此,本文以地域性为依据,选择鄂西武陵山区前五批传统村落作为研究对象,运用定量化的空间分析方法,探讨传统村落空间分布特征及影响机制,为鄂西武陵山区传统村落保护与发展提供理论支持和可行性建议(图1)。

2 数据来源及研究方法

本研究采取网络数据爬取与实地数据调研相结合的方式获取鄂西武陵山区86个传统村落自然环境、经济社会和历史人文三个维度的影响因子的量化数据,以确保实验数据的真实性与可靠性。86个传统村落点和10个中心城市精准地理坐标数据来源于Google Earth;高程、坡度和坡向数据来源于地理空间数据云;道路和水系数据来源于国家地理信息公共服务平台天地图;年平均降水量、年平均温度、人口密度、每平方千米GDP总量和土地利用数据均来源于中国科学院资源环境科学与数据中心;传统建筑面积、历史环境要素和非物质文化遗产资源数据来源于湖北省住房和城乡建设厅组织构建的湖北省传统村落CIM平台和现场调研实测。

本研究主要采用地理信息空间分析方法,如最邻近指数分析、标准差椭圆分析、地理集中指数、不平衡指数分析、核密度分析、地理探测器和多元线性回归分析等方法,对鄂西武陵山区传统村落的空间分布进行可视化处理和特征机制研究。

图1 鄂西武陵山区传统村落批次图

3 鄂西武陵山区传统村落空间分布特征

借助 ArcGIS 软件和 Excel 软件对鄂西武陵山区传统村落点要素进行空间分析,通过数据的对比和可视化的表达,从空间分布类型、趋势、均衡性和密度等方面总结鄂西武陵山区传统村落空间分布特征。

3.1 空间分布呈现集聚型特征

对鄂西武陵山区 86 个传统村落点进行平均最邻近指数分析,所得最邻近指数 $R=0.85<1$,如图2所示,显示出鄂西武陵山区内 86 个传统村落在地理空间分布中的实际平均最邻近距离小于理论意义下随机分布中的平均距离,说明鄂西武陵山区内传统村落空间分布为集聚型。

3.2 空间分布具有明显方向性

运用标准差椭圆工具对鄂西武陵山区 86 个传统村落点进行分析,如图3所示,所得标准差椭圆中心以 92.48°E,33.18°N 为中心,长半轴长 71030 米,短半轴长 54186 米,旋转角度为 76°,说明鄂西武陵山区传统村落在空间分布上大致呈现东西向分布,由椭圆中心点位置可知传统村落在宣恩县、来凤县、利川市分布较为聚集。

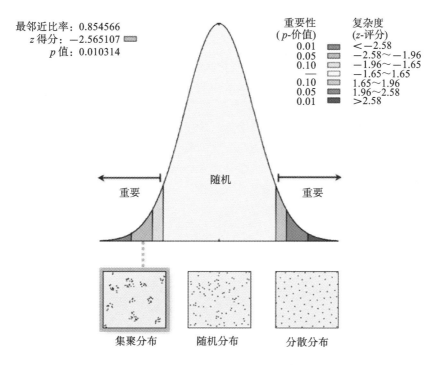

注：z 得分为 −2.56510663442，则随机产生此聚类模式的可能性小于 5%。

图 2　最近邻指数分析

图 3　标准差椭圆分析

3.3 在市域内分布集中

对鄂西武陵山区86个传统村落点要素与10个县市级行政区进行叠加分析,利用自然断点法对叠加结果进行可视化表达,得到鄂西武陵山区传统村落县市级空间分布示意图,如图4所示。运用Excel软件计算出鄂西武陵山区在县市级行政区划上的地理集中指数$G=38.78$,并计算出理论意义下86个传统村落均匀分布在鄂西武陵山区10个县市级行政区划的地理集中指数$G=31.62$。对比可得,实际地理集中指数大于平均分布理论地理集中指数,证明鄂西武陵山区传统村落在县市级行政区划范围内的空间分布具有集聚性。

运用Excel软件统计出鄂西武陵山区在县市级行政区划上的不平衡指数$S=0.44$,绘制出县市级行政区划范围内传统村落的洛伦兹曲线(图5)。洛伦兹曲线表明鄂西武陵山区传统村落在县市级行政区划范围内的空间分布不平衡。

图4 传统村落县市级空间分布示意

3.4 "西多东少,一主三次"的空间格局

运用核密度分析工具,通过自然断点法对分析结果进行可视化表达,可得到鄂西武陵山区传统村落空间分布核密度图(图6)。结果表明鄂西武陵山区传统村落空间分布整体上呈现"西多东少,一主三次"的格局。"一主"指位于西南区域的宣恩县和来凤县,其所占传统村落高密度区域面积最大,"三次"指利川市、来凤县和长阳土家族自治县周围区域,其所占传统村落分布高密度区域面积次之。

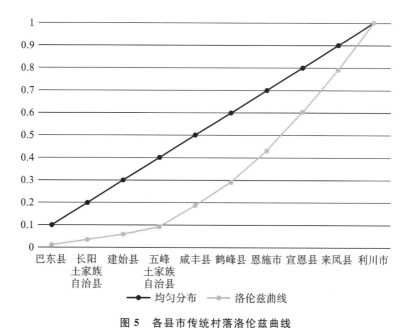

图 5 各县市传统村落洛伦兹曲线

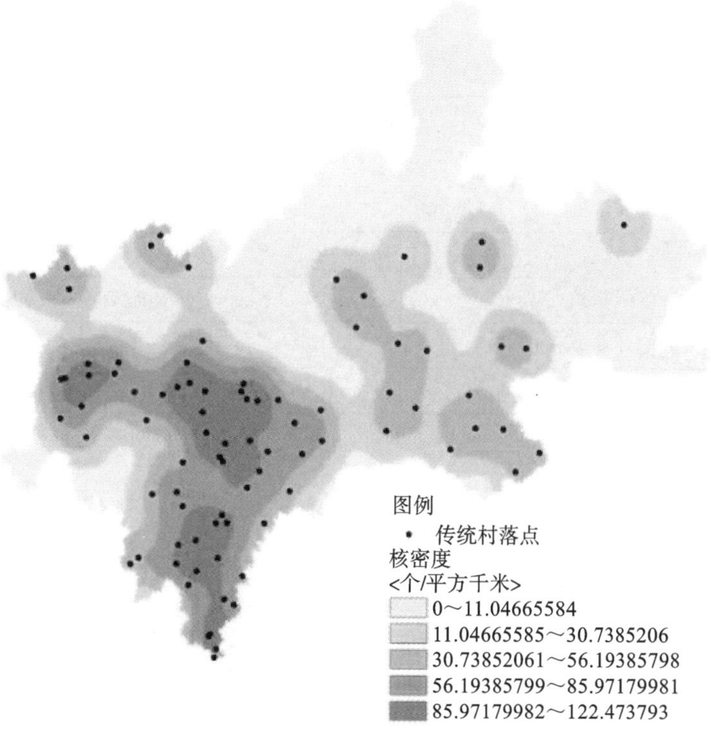

图 6 传统村落核密度分析

4 影响因子指标体系构建与量化分析

以综合性、地域性和可操作性的原则选取鄂西武陵山区传统村落空间分布影响因子,构建影响因子指标体系并规定其量化标准,形成影响因子量化数据集,为鄂西武陵山区传统村落空间分布影响机制研究提供可靠的数据支持。

4.1 影响因子构建与量化

综合《传统村落评价认定指标体系》、大量文献的梳理以及实地调研和专家访谈结果,以综合性、地域性和可操作性为原则,本研究从自然环境、经济社会、历史人文三个层面对鄂西武陵山区传统村落空间分布的影响因子进行梳理,并构建系统化的影响因子指标体系和量化标准,如表1所示。

表1 影响因子指标体系

因子类型	影响因子	量化标准
自然环境	海拔(X_1)	高程值/米
	坡度(X_2)	坡度值/度
	坡向(X_3)	坡向值/度
	水系(X_4)	距最近水系垂直距离/米
	降水(X_5)	年平均降水量/毫米
	温度(X_6)	年平均温度/摄氏度
经济社会	交通(X_7)	路网密度/(米/平方米)
	中心城市(X_8)	距中心城市最短路程/(千米)
	人口(X_9)	人口密度/(人/平方千米)
	经济(X_{10})	每平方千米GDP总量/(万元/平方千米)
	耕地(X_{11})	1000米内耕地面积/公顷
历史人文	传统建筑(X_{12})	传统建筑面积/平方米
	历史环境要素(X_{13})	有无历史环境要素/(1/0)
	非物质文化遗产(X_{14})	有无非物质文化遗产/(1/0)

4.1.1 自然环境因子

鄂西武陵山区自然环境资源丰富,地形地貌复杂多变,这为传统村落的生成与保存提供了绝佳的地理条件。据实地走访调查,鄂西武陵山区传统村落高密度地区均位于清江流域以南,尤其以西南区域的恩施市、利川市、宣恩县等地为重。该区域地理环境独立,对外交通封闭,是传统村落天然的保护屏障,保存了传统村落原居民长期以来与环境适应的生活与生产方式。自然环境层面包括海拔(X_1)、坡度(X_2)、坡向(X_3)、水系(X_4)、降水(X_5)、温度(X_6)6个影响因子,它们的量化标准分别为传统村落的高程值(米)、坡度值(度)、坡向值(度)、距最近水系垂直距离(米)、年平均降水量(毫米)、年平均温度(摄氏度)。如图7~图12所示,在ArcGIS中将相关数据叠加并提取,构建自然环境因子量化数据集。

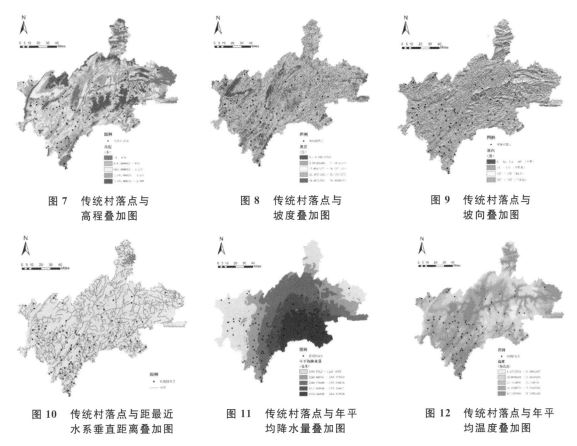

图 7 传统村落点与高程叠加图

图 8 传统村落点与坡度叠加图

图 9 传统村落点与坡向叠加图

图 10 传统村落点与距最近水系垂直距离叠加图

图 11 传统村落点与年平均降水量叠加图

图 12 传统村落点与年平均温度叠加图

4.1.2 经济社会因子

经济社会因子是传统村落空间分布的关键性影响因素。一方面,经济社会的发展会为传统村落的存活带来必要的物质资料和生产运输,而另一方面,过度的建设开发也使传统村落暴露在现代文明之中,加剧其消亡的过程。因此,交通、中心城市、人口等经济社会因子对鄂西武陵山区传统村落空间分布的影响具有两面性。经济社会层面包括交通(X_7)、中心城市(X_8)、人口(X_9)、经济(X_{10})、耕地(X_{11})5个影响因子,它们的量化标准分别为传统村落点路网密度(米/平方米)、距中心城市最短路程(千米)、人口密度(人/平方千米)、每平方千米 GDP 总量(万元/平方千米)、1000 米内耕地面积(公顷)。如图 13～图 17 所示,在 ArcGIS 中将相关数据叠加并提取,构建经济社会因子量化数据集。

图 13 传统村落点与路网密度叠加图

图 14 传统村落点与距中心城市最短路程叠加图

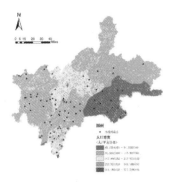

图 15 传统村落点与人口密度叠加图

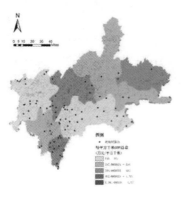
图16 传统村落点与每平方千米GDP总量叠加图

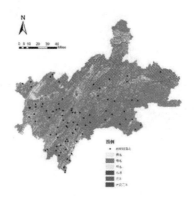
图17 传统村落点与土地利用叠加图

4.1.3 历史人文因子

历史人文的积累与沉淀是影响鄂西武陵山区传统村落空间分布的重要文化因素。以土家族为主的地域性民族文化是鄂西武陵山区传统村落长久留存的动力源泉,并对现代化外来文明有与生俱来的免疫基因。其中,传统建筑是传统村落文化承载的物质基础,历史环境要素是传统村落文化存留的环境基底,而非物质文化遗产是传统村落历史文化遗存的精神支柱。历史人文层面包括传统建筑(X_{12})、历史环境要素(X_{13})、非物质文化遗产(X_{14})3个影响因子,它们的量化标准分别为传统建筑面积(平方米)、有无历史环境要素(1/0)、有无非物质文化遗产(1/0)。如表2~表4所示,通过湖北省传统村落CIM平台和实地调研结果对86个传统村落内部传统建筑面积、历史环境要素数量和非物质文化遗产数量进行数据搜集,构建历史人文因子量化数据集。

表2 传统村落传统建筑面积统计表

传统建筑面积/平方米	传统村落数量/个	百分比
0~340	38	44%
340~1100	10	12%
1100~2500	11	13%
2500~4390	19	22%
4390~8000	8	9%

表3 传统村落历史环境要素统计表

有无历史环境要素/(1/0)	传统村落数量/个	百分比
1	32	37%
0	54	63%

表4 传统村落非物质文化遗产统计表

有无非物质文化遗产/(1/0)	传统村落数量/个	百分比
1	54	63%
0	32	37%

4.2 影响因子作用力测度

以 14 个影响因子的量化数据为自变量数据集,并以各传统村落点所在位置的核密度值为因变量数值数据集,运用地理探测器软件中的分异及因子探测器和交互因子探测器分别测度单因子和交互因子对鄂西武陵山区传统村落空间分布的作用力。

表 5 为分异及因子探测器对 14 个影响因子进行单因子作用力探测的结果。q 值的大小代表探测因子对自变量 Y 的影响作用力大小,各影响因子对鄂西武陵山区传统村落空间分布作用力的排序为:中心城市(X_8)>交通(X_7)>水系(X_4)>人口(X_9)>传统建筑(X_{12})>海拔(X_1)>温度(X_6)>历史环境要素(X_{13})>坡向(X_3)>坡度(X_2)>降水(X_5)>经济(X_{10})>耕地(X_{11})>非物质文化遗产(X_{14})。

表 5 单因子作用力探测结果

影响因子	量化标准	q 值
X_1	高程值/米	0.11
X_2	坡度值/度	0.05
X_3	坡向值/度	0.07
X_4	距最近水系垂直距离/米	0.33
X_5	年平均降水量/毫米	0.04
X_6	年平均温度/摄氏度	0.10
X_7	路网密度/(米/平方米)	0.38
X_8	距中心城市最短路程/千米	0.43
X_9	人口密度/(人/平方千米)	0.28
X_{10}	每平方千米 GDP 总量/(万元/平方千米)	0.02
X_{11}	1000 米内耕地面积/公顷	0.02
X_{12}	传统建筑面积/平方米	0.12
X_{13}	有无历史环境要素/(1/0)	0.09
X_{14}	有无非物质文化遗产/(1/0)	0.01

为进一步探究各因子之间是否存在交互性,以及交互因子对鄂西武陵山区传统村落空间分布的影响作用,运用地理探测器软件中的交互因子探测器,探测交互因子对鄂西武陵山区传统村落空间分布的影响作用力并判定交互因子对传统村落空间分布的交互作用。如表 6 所示,14 个影响因子两两交互所得 q 值均为双因子增强或非线性增强,说明交互因子的交互作用对鄂西武陵山区传统村落空间分布的影响力远大于单因子对其空间分布的影响力,证明鄂西武陵山区传统村落空间分布并非简单的单因子或两因子交互作用的结果,而是多因子复合作用下的结果。为进一步探究多因子复合作用下鄂西武陵山区传统村落空间分布的影响机制,后续研究将引入多元线性回归分析的方法,构建多因子复合作用下的鄂西武陵山区传统村落空间分布模型,为鄂西武陵山区传统村落的保护和发展提供科学的决策支持和指导。

表6 交互因子作用力测度

	X_1	X_2	X_3	X_4	X_5	X_6	X_7	X_8	X_9	X_{10}	X_{11}	X_{12}	X_{13}	X_{14}
X_1														
X_2	0.28													
X_3	0.32	0.26												
X_4	0.26	0.36	0.24											
X_5	0.60	0.55	0.56	0.53										
X_6	0.42	0.46	0.50	0.47	0.65									
X_7	0.38	0.21	0.33	0.18	0.55	0.48								
X_8	0.55	0.58	0.56	0.55	0.70	0.65	0.64							
X_9	0.43	0.45	0.55	0.37	0.56	0.58	0.38	0.63						
X_{10}	0.39	0.44	0.42	0.29	0.55	0.54	0.41	0.58	0.38					
X_{11}	0.35	0.33	0.38	0.22	0.53	0.54	0.25	0.57	0.38	0.37				
X_{12}	0.36	0.30	0.28	0.35	0.56	0.50	0.30	0.58	0.44	0.37	0.31			
X_{13}	0.17	0.11	0.14	0.08	0.45	0.40	0.20	0.45	0.30	0.24	0.12	0.25		
X_{14}	0.34	0.31	0.30	0.23	0.48	0.47	0.30	0.50	0.39	0.39	0.24	0.32	0.20	

注：■双因子增强　■非线性增强

4.3 多元线性回归模型构建

本研究利用 SPSS 软件对前文构建的影响因子量化数据集进行多元线性回归分析。首先剔除 Sig 值（显著性）大于等于 0.05 的 5 个不显著影响因子坡度（X_2）、降水（X_5）、经济（X_{10}）、耕地（X_{11}）、非物质文化遗产（X_{14}），并接受检验，即可得到对鄂西武陵山区传统村落空间分布具有显著性影响意义的因子，它们是海拔（X_1）、坡向（X_3）、水系（X_4）、温度（X_6）、交通（X_7）、中心城市（X_8）、人口（X_9）、传统建筑（X_{12}）、历史环境要素（X_{13}）。把对鄂西武陵山区传统村落空间分布存在显著的线性相关的 9 个影响因子重新导入 SPSS 软件中，再次进行多元线性回归分析，探讨这 9 个具有显著性的影响因子对鄂西武陵山区空间分布的影响，根据非标准化系数可得回归方程，如式（1）所示。

$$Y = -23.690 + 0.016X_1 + 0.022X_3 - 0.003X_4 + 4.666X_6 - 0.355X_7 + 0.543X_8 \\ + 0.149X_9 + 0.004X_{12} - 4.313X_{13} \tag{1}$$

如表7所示，依据标准化系数绝对值判断 9 个影响因子对鄂西武陵山区空间分布影响的作用力大小，即中心城市（X_8）＞交通（X_7）＞水系（X_4）＞人口（X_9）＞传统建筑（X_{12}）＞海拔（X_1）＞温度（X_6）＞历史环境要素（X_{13}）＞坡向（X_3），这与地理探测器所测结果一致，验证了实验的可靠性。依据标准化系数，其中海拔（X_1）、坡向（X_3）、温度（X_6）、中心城市（X_8）、人口（X_9）、传统建筑（X_{12}）与鄂西武陵山区传统村落空间分布呈显著性正相关，即随着这些因子标准化量化后的数据数值的增大，某一地理位置传统村落的预测核密度越大，出现传统村落的概率也越大；而水系（X_4）、交通（X_7）、历史环境要素（X_{13}）与鄂西武陵山区传统村落空间分布呈显著性负相关，即随着这些因子标准化量化后的数据数值的增大，某一地理位置传统村落的预测核密度越小,出现传统村落的概率也越小。

表 7　显著性因子回归分析结果统计表

模型	未标准化系数		标准化系数	t	Sig	共线性统计	
	B	标准错误	Beta			容差	VIF
(常量)	−23.690	22.136	—	−1.070	0.285	—	—
X_1	0.016	0.007	0.157	2.444	0.015	0.264	3.792
X_3	0.022	0.009	0.070	2.361	0.019	0.955	1.047
X_4	−0.003	0.001	−0.267	−3.026	0.003	0.861	1.161
X_6	4.666	1.135	0.108	4.111	0.000	0.259	3.860
X_7	−0.355	0.139	−0.374	−2.566	0.011	0.651	1.536
X_8	0.543	0.045	0.481	−12.030	0.000	0.681	1.468
X_9	0.149	0.025	0.257	6.008	0.000	0.596	1.678
X_{12}	0.004	0.000	0.256	7.176	0.000	0.856	1.168
X_{13}	−4.313	2.047	−0.101	−2.107	0.036	0.755	1.324

5　传统村落空间分布影响机制

5.1　空间分布是多因子复合作用的结果

地理探测器对单因子及交互因子作用力的测度结果表明,鄂西武陵山区传统村落空间分布并非简单的单因子或两因子交互作用的结果,而是多因子复合作用下呈现的形态特征。自然环境因子为传统村落提供生存条件,是鄂西武陵山区传统村落空间分布的内生基础;经济社会因子为传统村落输送必要的物质生产资料,是影响鄂西武陵山区传统村落空间分布的核心关键;历史人文因子为传统村落孕育了重要的精神内涵,是影响鄂西武陵山区传统村落空间分布的动力源泉,如图 18 所示。除此之外,无法量化表达的政策法规因素也对传统村落的空间分布产生了巨大的影响,它对传统村落的保护与活化的方法路径进行宏观调控,促进和保障了鄂西武陵山区传统村落空间分布特征的形成与延续。

不同影响因子对鄂西武陵山区传统村落空间分布的作用方式不同。在多元线性回归分析中,显著性影响因子对鄂西武陵山区传统村落空间分布起着直接性的影响作用,而非显著性影响因子虽然在统计学领域对鄂西武陵山区传统村落空间分布不存在显著性的线性相关,但仍对传统村落有间接性的影响作用。

5.2　影响因子之间存在反馈和调节机制

各影响因子间存在正向促进和反向抑制两种作用方向。海拔、坡向、温度、中心城市、人口和传统建筑对鄂西武陵山区传统村落空间分布特征的形成起着正向促进作用,水系、交通、历史环境要素对鄂西武陵山区传统村落空间分布特征的形成起着反向抑制作用,而政策法规依据实际情况和需要对传统村落空间分布起着可控制的正向或反向的调节作用。

不同影响因子间也存在着相互作用和反馈调节机制。不同维度的影响因子并非独立存在,它们之间相互影响,如传统村落所处地理位置的自然环境资源一定程度上决定了当地的产业类型和比例,进而影响传统村落的经济社会发展;经济社会的发展也会利用传统村落的自然环境资源;政策法规则能依据其他各影响因子的反馈作用,及时采取调节措施,维护各影响因子之间作用的动态平衡,进而共同促进鄂西武陵山区传统村落空间分布特征的形成。

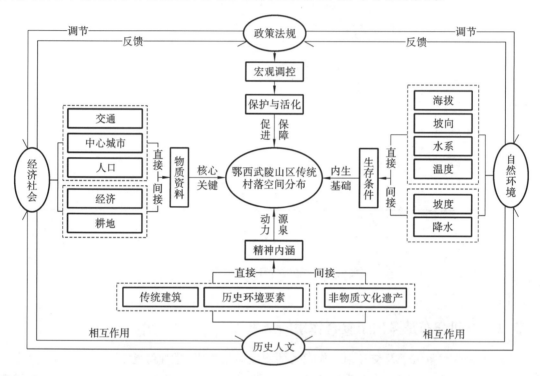

图 18　鄂西武陵山区传统村落空间分布影响机制

6　结论和展望

鄂西武陵山区传统村落呈集聚型分布,分布方向呈东西向发展,且在县市级行政区范围分布不均衡,呈现"西多东少,一主三次"的空间分布格局。鄂西武陵山区传统村落空间分布受自然环境、经济社会、历史人文 3 个层面复合因子的影响,不同影响因子对鄂西武陵山区传统村落空间分布的作用方式和作用方向均不同,显著性影响因子对传统村落空间分布起着直接性的影响作用,而非显著性影响因子对传统村落空间分布起着间接性的影响作用。

为有效保护鄂西武陵山区传统村落的物质与非物质文化遗产,本文提出如下建议:一是应建立集中连片的保护与利用示范区,探索传统村落的保护发展路径和长效机制;二是践行传统村落科学有效化保护,实现保护实施的高效化;三是积极推进传统村落数字化建档,推动传统村落保护事业数字化转型;四是加强传统村落保护事业与乡村产业耦合,共同促进鄂西武陵山区传统村落的乡村振兴。

参考文献

[1] 张琳,邱灿华.传统村落旅游发展与乡土文化传承的空间耦合模式研究——以皖南地区为例[J].中国城市林业,2015,13(5):35-39.

[2] 王云才,孟晓东,邹琴.传统村落公共开放空间图式语言及应用[J].中国园林,2016,32(11):44-49.

[3] 刘大均,胡静,陈君子,等.中国传统村落的空间分布格局研究[J].中国人口·资源与环境,2014,24(4):157-162.

[4] 康璟瑶,章锦河,胡欢,等.中国传统村落空间分布特征分析[J].地理科学进展,2016,35(7):839-850.

[5] 康璟瑶.中国传统村落空间分布特征及影响因素研究[D].南京:南京大学,2017.

[6] 焦胜,郑志明,徐峰,等.传统村落分布的"边缘化"特征——以湖南省为例[J].地理研究,2016,35(8):1525-1534.

[7] 李咪,芮旸,王成新,等.传统村落的空间分布及影响因素研究——以吴越文化区为例[J].长江流域资源与环境,2018,27(8):1693-1702.

[8] 魏绪英,蔡军火,刘纯青.江西省传统村落类型及其空间分布特征分析[J].现代城市研究,2017,(8):39-44.

[9] 冯亚芬,俞万源,雷汝林.广东省传统村落空间分布特征及影响因素研究[J].地理科学,2017,37(2):236-243.

[10] 佟玉权.基于GIS的中国传统村落空间分异研究[J].人文地理,2014,29(4):44-51.

[11] 熊梅.中国传统村落的空间分布及其影响因素[J].北京理工大学学报(社会科学版),2014,16(5):153-158.

[12] 侯灿,胡道华.湖北省传统村落分布及其影响因素探究[J].湖北大学学报(自然科学版),2020,42(4):404-410.

[13] 关中美,王同文,职晓晓.中原经济区传统村落分布的时空格局及其成因[J].经济地理,2017,37(9):225-232.

[14] 向远林,曹明明,闫芳,等.陕西传统村落的时空特征及其保护策略[J].城市发展研究,2019,26(12):27-32.

[15] 孙军涛,牛俊杰,张侃侃,等.山西省传统村落空间分布格局及影响因素研究[J].人文地理,2017,32(3):102-107.

[16] 张东.中原地区传统村落空间形态研究[D].广州:华南理工大学,2015.

[17] 李江苏,王晓蕊,李小建.中国传统村落空间分布特征与影响因素分析[J].经济地理,2020,40(2):143-153.

[18] 林莉.浙江传统村落空间分布及类型特征分析[D].杭州:浙江大学,2015.

[19] 徐会.基于空间句法分析的南京传统村落空间形态研究[D].南京:南京工业大学,2015.

[20] 卢松,张小军,张业臣.徽州传统村落的时空分布及其影响因素[J].地理科学,2018,38(10):1690-1698.

[21] 孙莹.梅州客家传统村落空间形态研究[D].广州:华南理工大学,2015.

防台抗台历史文化遗产整体识别与集群保护研究
——以闽南地区为例

谭梦扬[1]

摘要：防台抗台历史文化遗产是在预防与应对台风灾害历史过程中先民运用思维智慧和知识技能所创造的物质文化与非物质文化遗产的总和，对防台抗台历史文化遗产展开整体识别与集群保护不仅有利于继承与发扬优秀传统文化遗产，对当代防台抗台工作也具有借鉴意义。本文提出防台抗台历史文化遗产保护思路，并以闽南地区为例，结合系统思维"兼虚实、跨尺度、分阶段"对防台抗台历史文化遗产进行整体识别，其次借鉴共轭思维提出协同联系性保护与差异性保护，建立传承性保护与创新性保护互馈机制，以及兼顾底线性保护与自发性保护的防台抗台历史文化遗产集群保护策略。

关键词：防台抗台；历史文化遗产保护；闽南地区

Abstract: Typhoon prevention historical and cultural heritage is the sum of material and intangible cultures created by the ancestors through the use of thinking wisdom and knowledge skills in the historical process of preventing and responding to typhoon disasters. The overall identification and cluster protection of typhoon prevention historical and cultural heritage is not only conducive to the inheritance and promotion of excellent traditional cultural heritage, but also has reference significance for contemporary typhoon prevention work. This article proposes the idea of protecting historical and cultural heritage from typhoons, and takes the southern Fujian region as an example to identify the overall protection of historical and cultural heritage from typhoons through a systematic thinking approach of "combining virtual and real, cross scale, and phased". Secondly, it draws on conjugate thinking to propose collaborative and differential protection, establish a mutual feedback mechanism between inheritance protection and innovative protection, and a strategy for protecting historical and cultural heritage clusters against typhoons that takes into account both bottom line protection and spontaneous protection.

Key words: typhoon prevention; protection of historical and cultural heritage; southern Fujian region

台风古称"飓风"，南朝沈怀远所著《南越志》称"飓者，具四方之风也；一曰惧风，言怖惧也[1]"，形象地描述了台风作为一种热带气旋，风向不定且破坏力巨大、令人怖惧的特点。台风从古至今皆对经济社会造成巨大灾患，东南沿海地区灾情尤重。明万历三十一年"八月丁亥，福建泉州府等处大雨潦，海水暴涨，飓风骤作，淹死者万有余人，漂荡民居物畜无算。"除强风暴雨外，台风还会引发洪涝、泥石流、滑坡等一系列次生灾害，并影响粮食收成进而引发饥荒，造成巨

---

[1] 谭梦扬，东南大学建筑学院，硕士研究生，研究方向为历史文化遗产保护。地址：江苏省南京市玄武区新街口街道大石桥社区四牌楼2号东南大学四牌楼校区逸夫建筑馆1411室。Email:dengshizai2016@163.com。Tel:15834039127。

大人员伤亡且易催发流行疫情。如康熙三年上虞县"八月初一日,大风雨,海塘复坏,潮入,禾稼无收";咸丰四年黄岩县"灾后未几,遂发大疫……朝发夕亡,不可救药,甚有阖门递染,先后骈死"。防台抗台历史文化是在预防与应对台风灾害历史过程中,运用思维智慧和知识技能等所创造的物质文化与非物质文化的总和[2]。从古至今我国东南沿海地区积累了丰富的防台抗台经验,形成了独具地域特色的防台抗台历史文化遗产。

目前关于防台抗台历史文化遗产的研究已有一定基础,但尚未形成涵盖从识别到保护的相对完整的防台抗台历史文化遗产保护理论体系。赫治清主编的《中国古代灾害史研究》一书介绍了历代防台抗台相关思想理念、政策制度与空间应对措施[3]。王小朋对明清时期浙东台风的发生特点、引发危害以及地方社会的灾后应对措施进行了研究[4]。朱鸣从地方性知识视角切入,对古代台风认知与应对措施的发展脉络进行梳理[5]。龚俊文探析了明清时期福建城市台风灾害的特征、成因、影响、灾前防御与灾后应对举措[6]。施程解析了清代浙江登陆台风数据及其社会响应情况[7]。减灾文化是历史文化的特殊组成部分,具有区域性、系统性和传承性的特点[8]。对防台抗台历史文化遗产进行整体保护,有利于传承与发扬传统防台抗台思维智慧,为当今防台抗台工作带来启发和借鉴。同时,系统完整且科学合理的防台抗台历史文化遗产保护也应建立在对传统文化深入理解与价值认同的基础之上[9]。本文尝试对防台抗台历史文化遗产的整体识别与集群保护展开进一步探索。

1 防台抗台历史文化遗产保护思路框架

防台抗台历史文化遗产作为保护对象,首先需要在系统思维下明确各类防台抗台历史文化遗产之间的内在关联关系,从而进行系统性的整体识别,在此基础上再进行防台抗台历史文化遗产的集群保护,形成从识别到保护的防台抗台历史文化遗产保护思路框架(图1)。

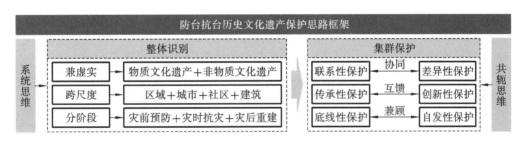

图1 防台抗台历史文化遗产保护思路框架

对防台抗台历史文化遗产的整体识别需要"兼虚实""跨尺度""分阶段"。"兼虚实"指兼顾对物质文化遗产与非物质文化遗产的识别。本文研究的物质文化遗产主要包括与防台抗台历史文化相关且具有突出历史价值的文物,以及至今仍延续防台抗台功能的由历史聚落空间构成的活态遗产[10]。非物质文化遗产指防台抗台相关思维智慧、知识技能、组织制度、民间活动等。"跨尺度"指从区域、城市、社区、建筑多尺度展开识别。"分阶段"指结合灾前预防、灾时抗灾、灾后重建三个防台抗台阶段进行识别。

本文借鉴共轭理论的哲学内涵,提出防台抗台历史文化遗产的集群保护策略。"共轭"是指在某系统中,具有特定相互作用关系的事物通过相互依赖与排斥、相互竞争与制衡不断发展变化,达到协调统一状态的现象[11]。在历史文化遗产保护领域,许丽君将共轭理论引入工业历史文化遗产的更新改造,构建保护与发展的四种共轭模式[12];肖竞、曹珂通过对共轭理论内涵的辨析,建构了以历史街区内生矛盾要素的共轭平衡促成街区有机演进的保护方法框架[13]。本文结合共轭思维,提出联系性保护与差异性保护协同、传承性保护与创新性保护互馈、底线性保护与自发性保护兼顾的防台抗台历史文化遗产集群保护策略。

2 防台抗台历史文化遗产的整体识别

对防台抗台历史文化遗产的具体内容进行整体识别是集群保护的基础。闽南地区位于福建省南部沿海,包括厦门、泉州和漳州三个地级市,历史上闽南地区台风灾害频繁、受灾面积广泛,但也因此形成了独具地域特色的防台抗台历史文化遗产。本文具体以闽南地区为例,采用"兼虚实、跨尺度、分阶段"的方法对防台抗台历史文化遗产展开整体识别(表1),以下具体从灾前预防、灾时抗灾和灾后重建三个方面展开论述。需要注意的是,论述中从区域、城市、社区到建筑的各个层级所对应的防台抗台历史文化遗产并非彼此孤立,而是存在紧密联系与逐级耦合叠加的关系。

表1 闽南地区防台抗台历史文化遗产内容识别

阶段	区域层级	城市层级	社区(铺境)层级	建筑(厝寮)层级
灾前预防	物质方面:水利建设,疏浚河湖;建设保养救灾通道 非物质方面:居高布局避灾据点	物质方面:城墙壕堤,抗风防涝;设置粮仓和救济设施 非物质方面:城市选址,环山为屏;祛灾仪式,攘除灾祸	非物质方面:铺境体系凝聚民众	物质方面:红砖起厝,出砖入石;蚵壳筑墙,防风耐潮;窄院小窗,缓坡屋顶
灾时抗灾	非物质方面:组织农业作物抢收,截留漕粮,赈济赈贷	非物质方面:开仓赈济稳定粮价,救济机构救治灾民	物质方面:铺境庙作为救灾中心 非物质方面:铺境物资互助救险	物质方面:坚固房屋,加装板材
灾后重建	非物质方面:蠲免赋税,缓征钱粮;公帑下发,补贴重建;以工代赈,恢复生产	物质方面:公建辟为临时住所,重新修缮城墙壕堤	非物质方面:铺境之内互助重建	非物质方面:残存砖瓦,再砌新居

2.1 灾前预防阶段

灾前预防是对台风灾害进行预先防备的阶段。"无恃其不来,恃有以待也",灾前预防往往被视为防台抗台最为关键的阶段,诞生了丰富的防台抗台历史文化遗产。

区域层级下,涵盖水利建设疏浚河湖、建设保养救灾通道,以及居高布局避灾据点。水利建设方面,洪涝是台风带来的最常见的次生灾害,区域内河道湖泊"宣畅则安,阻滞则疾",水利建设也会影响农业生产进而影响灾前粮食仓储,整修水利历来为闽南地区所重视。明嘉靖四十二年,泉州通过构筑"启闭之设"使得"渡水时溢,然蓄泄有节,可不为灾[14]";清道光十年,厦门"疏其沟道,俾水得畅流,宣泄湮郁[15]"。避灾据点方面,闽南地区常依托地势高处筑造堡垒,台风来时可成为避灾之所并防范匪患。同时闽南地区注重对区域救灾通道的建设保养,如联系各个府县的驰道和驿道[16]。

城市层级下,包括抗风防涝的城墙壕堤、粮仓与各类救济设施等物质文化遗产,以及城市选址与祛灾仪式等非物质文化遗产。城墙壕堤建设方面,如泉州古城建立了衙城、子城以及罗城三重城墙,最外围的两重城墙各有一重城壕,起到抗风防涝之效。道光版《晋江县志》记载"子城有内沟外壕,罗城又有内沟外壕,重重环绕……深沟高垒,巩固吾围"。粮仓与各类救济设施建设方面,闽南古城通常设有常平仓、义仓和预备仓,以为灾时蠲赈;并设立养济院、育婴堂和普济堂等救济设施。城市选址方面,闽南城市选址遵循"高毋近旱而水用足,下毋近水而沟防省"的原则,同时注重山水格局处理。泉州古城、漳州古城均为历史悠久的海港古城,在选址上均注意与海岸保持一定距离,且与海岸间有山体遮挡围护以规避风浪。乾隆版《泉州府志》描述泉州古城"郡治负三台而揖罗裳灵源之胜……诸山绕带"。漳州古城亦"枕三台、襟两河",且城内西北有芝山可供登高避险。祛灾仪式方面,闽南形成了独具地域特色的民间信仰文化,如信仰妈祖、清水祖师与广泽尊王等,定期举办祈福祛灾仪式以祈求风调雨顺。

社区层级下,体现为利于凝聚社会民众的铺境体系。"铺"原是邮驿体系中的一个层级,逐渐演化成为官方承认的"行政社区";"境"则是通过共同的民间信仰凝聚而成的"自然社区",每境拥有专属的"境主神"保境安民。铺境在发展的过程中逐渐融合,一铺含多境,铺有铺庙并拥有"铺主神",铺境定期会举办祭祀与绕境活动。这种以共同信仰形成的铺境体系显著加强了民间凝聚力,各类防台抗台经验在铺境内得以流通共享,灾害来临时也容易形成互助团体。

建筑层级下,厝寮是闽南典型的两种传统建筑形式(图2)。厝以"官式大厝"为主,形态方正;寮以"手巾寮"为主,形态细长,且常采用前店后坊模式。厝寮的墙体砌筑往往"出砖入石",红色砖块与白色石块的穿插组合使得墙体结构更加牢固抗风。另有泉州滨海的"浔埔村",使用牡蛎壳作为建筑材料建造"蚵壳厝",闽南称"千年砖,万年蚵",蚵壳墙体既耐海风腐蚀,又具备良好的防水性能。另外,闽南民居常采用窄院小窗以及缓坡屋顶,利于应对强风暴雨天气。

图2 泉州古城官式大厝(左)与手巾寮(右)群体鸟瞰

2.2 灾时抗灾阶段

灾时抗灾是在台风灾害发生时进行抗灾救灾的阶段。台风到来之际往往"排户破牖,殒瓦擗屋。礧击巨石,揉拔乔木"。

区域层级下,采取组织抢收农业作物,以及截留漕粮、赈济赈贷等抗灾措施。其中,截留漕粮指截下本应通过漕运输送至北方的粮食以供灾时应急发放。清乾隆十三年,泉州与漳州曾"奉旨截江浙漕运十五万石运闽储备,民于是不饥"。另外还有"煮赈"(施粥于灾民)以及"急赈"(一次性接济贫民一月口粮)等措施。

城市层级下,采取开仓赈济稳定粮价,通过养济院、育婴堂和普济堂等救济机构救治灾民等应对措施。

社区层级下,会以铺境为单位进行互帮互助救援,铺境庙也往往临时成为铺境中进行救灾帮扶的中心。

建筑层级下,应紧急对房屋进行加固并将生活物资转移至高处。闽南传统民居通常会在门窗上安装木板或铁皮,以防止台风引发的洪水进入室内。

2.3 灾后重建阶段

灾后重建是在台风灾害结束后进行人员安置与恢复重建的阶段。灾后重建是修复家园、重新回归稳定社会秩序的关键阶段。

区域层级下,相关措施主要包括"蠲免赋税,缓征钱粮""公帑下发,补贴重建""以工代赈,恢复生产"等。

城市层级下,则会在区域层级的基础上进一步将城内的大型公共建筑(如各类佛庙寺观等),临时开辟出一些场地作为房屋受损灾民的临时安家之所。同时,在城市层级会开展以工代赈活动,其对象往往为城墙壕堤等在台风灾害中直接遭受破坏的构筑物。

社区层级下,同一铺与同一境内有着共同信仰的民众也会自发组织起来,进行资源共享并互相帮扶进行灾后重建。

建筑层级下,对受损房屋残损的砖瓦与石块等进行就地收集与重新砌筑,通过"出砖入石"的方式再造新居。

3 防台抗台历史文化遗产的集群保护

3.1 联系性与差异性保护协同

在对防台抗台历史文化遗产进行集群保护的过程中,需要综合考虑联系性保护与差异性保护。联系性保护,一方面需要厘清防台抗台历史文化遗产间的关系,在保护的过程中重视对关联脉络的保留,如各类防台抗台历史文化遗产在应对灾害次序上的相关性与承接性[17];另一方面不能将防台抗台历史文化遗产与其他类型历史文化遗产的保护相脱离,需要注重交流互动、协同保护,如起到抗风防涝作用的城墙壕堤,不仅是防台抗台历史文化遗产的空间寄托,也是军事防御历史文化遗产。差异性保护,则需要根据各类型防台抗台历史文化遗产的特征在具体保护方式上体现差异性,另外也需要挖掘其中具有地域特色的文化资源进行特色保护[18],如闽南地区特有的铺境社区文化、厝寮建筑文化等。联系性与差异性保护实则并不矛盾,在推进防台抗台历史文化遗产的集群保护过程中可发挥相辅相成的协同互惠关系。

3.2 传承性与创新性保护互馈

防台抗台历史文化遗产的集群保护过程中,宜建立传承性保护与创新性保护的互馈机制。传承性保护需要尽可能保留防台抗台历史文化遗产的原真性,将遗产内容完整地保护与传播[19]。如对铺境社区文化进行保护,不仅要对其中具有代表性的铺境庙进行保护,更重要的是保护原有的社区居民结构以及铺境内原有的信仰习俗、节庆活动以及灾后积极自发共享互助的社区精神。创新性保护可以结合新科技拓展文化遗产内容的传播方式,例如通过三维扫描与虚拟现实技术对防台抗台历史文化遗产中的物质文化遗产集群进行数字化记录以辅助传承保护;在开展防台抗台主题文化教育普及活动时,也可以结合虚拟建模投影与智能语音解说技术展现文化遗产内容,并表达其与其他遗产之间的联系性与差异性。传承性保护是根基,而创新性保护则有利于增强防台抗台历史文化遗产的吸引力与交互性,两者可以互为依托,形成互馈机制。

3.3 底线性与自发性保护兼顾

对防台抗台历史文化遗产进行集群保护时,需要注意兼顾底线性保护与自发性保护。底线性保护具有一定强制性,指对具有重要历史价值的防台抗台历史文化遗产建立相应的文化遗产保护制度和法规。如对存留至今的重要厝寮建筑,通过官方渠道发布名录、清单、细则、规章,以保护厝寮建筑形式与功能的原真性。自发性保护指通过教育宣传与激励措施,使民众切身体会到防台抗台历史文化遗产的价值意义,理解、掌握各类遗产之间的联系性,并自发地参与维护保养物质文化遗产、继承与传播非物质文化遗产。单纯的底线性保护容易造成各类防台抗台历史文化遗产间联系性的断裂[20],而单纯的自发性保护会使得保护工作缺失重点对象或走向绅士化[21],因此,底线性保护与自发性保护需要统筹兼顾。

4 结语与启示

4.1 防台抗台历史文化遗产研究总结

防台抗台历史文化遗产是一类具有特殊价值意义的文化遗产,对其的整体识别与集群保护不仅利于继承与发扬优秀传统文化遗产,对当代防台抗台工作也具有借鉴意义。本文建构了防台抗台历史文化遗产保护思路,首先以闽南地区为例,结合"兼虚实、跨尺度、分阶段"的系统思维方式对防台抗台历史文化遗产展开整体识别,其次借鉴共轭思维提出联系性保护与差异性保护协同、传承性保护与创新性保护互馈、底线性保护与自发性保护兼顾的防台抗台历史文化遗产集群保护策略。由于尚属初步探索,本文对防台抗台历史文化遗产的梳理与识别可能仍有遗漏之处,需要在下一步研究工作中继续夯实与拓展。防台抗台历史文化遗产的集群保护策略也有待结合历史遗产保护实践来进一步检验与完善。此外,对历史上的防台抗台经验也需要客观辩证看待,结合当代城市发展情景予以选择性吸收。

4.2 对当代防台抗台工作的启发

通过对闽南地区防台抗台历史文化遗产内容的整体识别,可以总结得出其对当代防台抗台工作的几点启发。首先,需要重视防台抗台灾前预防工作以达到"胜兵先胜而后求战"的效果,灾前预防需要做好台风预警、完善基础设施建设、制定完善相关应急预案、加强台风防治相关宣传教育与预警演练,同时宜多组织举办文化社群活动以增强城市或社区凝聚力。其次,需要"因利制权"地进行灾时抗灾工作,分清主次关系,非常之时考虑非常之策,优先保证区域居民的生命、健康、财产安全。最后,组织协调好灾后重建工作,"上下同欲,与众相得",从区域、城市到社区多尺度协同互助,和谐推动受灾地区修复重建。

参考文献

[1] 同文书局原版影印本.康熙字典[M].北京:中华书局,1958.
[2] 祝明,徐璨.减灾文化探析[J].中国减灾,2013(3):41-43.
[3] 赫治清.中国古代灾害史研究[M].北京:中国社会科学出版社,2007.
[4] 王小朋.沿海地区对台风灾害的认识及其应对——以明清浙东地区为例[J].农业考古,2012(4):219-222.
[5] 朱鸣.地方性知识视角下的中国古代台风学说[D].杭州:浙江大学,2020.
[6] 龚俊文.明清时期福建城市灾害初步研究[D].西安:陕西师范大学,2018.
[7] 施程.清代浙江省登陆台风及其社会响应[D].金华:浙江师范大学,2015.
[8] 周琼.换个角度看文化:中国西南少数民族防灾减灾文化刍论[J].云南社会科学,2021(1):118-129,188.
[9] 肖竞.文化景观视角下我国城乡历史聚落"景观-文化"构成关系解析——以西南地区历史聚落为例[J].建筑学报,2014(S2):89-97.
[10] 杨涛.国土空间规划视角下的国家文化遗产空间体系构建思考[J].城市规划学刊,2020(3):81-87.
[11] 唐旭清.物元共轭性的哲学意义探讨[J].自然辩证法研究,1996(10):48-50+58.
[12] 许丽君.基于"共轭理论"的工业遗存更新改造模式研究——以郑煤机地块更新改造为例[J].西部人居环境学刊,2022,37(1):70-77.
[13] 肖竞,曹珂.矛盾共轭:历史街区内生平衡的保护思路与方法[J].城市发展研究,2017(3):38-46.
[14] 泉州市鲤城区地方志编纂委员会.道光晋江县志[M].上海:上海书店出版社,2000.
[15] 厦门市地方志编纂委员会办公室.厦门志[M].厦门:鹭江出版社,1996.
[16] 贾艳飞,李励,何依.区域历史文化聚落的保护研究——以宁波石浦区域历史文化聚落为例[J].华中建筑,2019,37(10):141-144.
[17] 张兵.城乡历史文化聚落——文化遗产区域整体保护的新类型[J].城市规划学刊,2015(6):5-11.
[18] 郑志明,焦胜,熊颖.区域历史文化资源特征及集群保护研究[J].建筑学报,2020(S1):98-102.
[19] 张杰.旧城遗产保护制度中"原真性"的谬误与真理[J].城市规划,2007(11):79-85.

[20] 邵甬,胡力骏,赵洁.区域视角下历史文化资源整体保护与利用研究——以皖南地区为例[J].城市规划学刊,2016(3):98-105.

[21] 张瑛,汲忠娟,曾仁辉,等."旅游绅士化"与农耕文化遗产地可持续发展——以联合国教科文组织(UNESCO)世界遗产地元阳梯田为例[J].中央民族大学学报(哲学社会科学版),2016,43(6):75-81.

古城保护中城市设计原则及应用路径研究

赵 谦[1]　任绍斌[2]

摘要：高质量发展背景下，古城规划保护强调物质空间实体保护、城市文化标识重塑、推动社会经济发展，重点关注建筑保护与修缮、规划与用地管理、文化保护与传承、环境保护与改善以及社区参与管理等方面。从高质量发展要求出发，调查研究古城保护面对的问题和需求，结合城市设计的思路和方法，提出涵盖特色价值研究、古城格局保护、专项控制引导、特色空间构建、分类整治措施的古城保护规划应用路径，旨在为提升古城空间品质，延续古城特色文脉，有效管控古城发展提供新的思路。

关键词：古城保护；城市设计；设计原则；应用路径

Abstract: Under the background of high-quality development, the planning and preservation of historical cities emphasize the protection of physical spatial entities, reshaping urban cultural identity, and promoting socio-economic development. The key areas of focus include architectural preservation and restoration, urban planning and land management, cultural preservation and heritage, environmental protection and improvement, as well as community participation and management. Starting from the requirements of high-quality development, this study investigates the problems and needs faced by historical city preservation. By combining the principles and methods of urban design, it proposes incorporating comprehensive urban design and functional planning, including research on distinctive values, protection of historical city patterns, targeted control and guidance, and implementation recommendations. It also suggests incorporating implementing classification and improvement measures into the current application path of historical city preservation planning. The aim is to provide new perspectives for enhancing the spatial quality, sustaining the unique cultural context, and effectively managing the development of historical cities.

Key words: preservation of historical cities; urban design; design principles; application path

---

1 赵谦，华中科技大学建筑与城市规划学院，湖北省城镇化工程技术研究中心，硕士研究生，研究方向为历史文化遗产保护、城市更新。地址：湖北省武汉市洪山区珞喻路1037号华中科技大学南四楼。Email：274650449@qq.com。Tel：13278882598。

2 任绍斌，华中科技大学建筑与城市规划学院，湖北省城镇化工程技术研究中心，副教授，硕士生导师，研究方向为城市设计、城乡空间形态和乡村规划。地址：湖北省武汉市洪山区珞喻路1037号华中科技大学南四楼。Email：renhust@hust.edu.cn。Tel：027-87547134。

基金项目：教育部人文社会科学研究项目"南美拉祜族传统人居文化价值研究"（项目批准号：19YJAZH075）；中央高校基本科研业务费专项资金资助（YCJJ20230578）。

1 引　言

党的十八届三中全会提出,全面深化改革的总目标是完善和发展中国特色社会主义制度,推进国家治理体系和治理能力现代化。党的二十大报告中提出,高质量发展是全面建设社会主义现代化国家的首要任务。在高质量发展的背景下,城市发展从增量扩张转为存量优化,从数量上的增长转变为注重质量发展与品质提升,发展伦理有了本质性的转变。

进入高质量发展阶段后,政府越发重视文化在城市发展中的重要意义,承载历史文化的空间实体、环境、非物质遗产受到了相应的保护,近些年的古城保护领域也有一定的研究成果,这些研究主要集中在古城的现状分析和策略研究等方面。其中现状分析主要是基于资料梳理和实地调查,研究古城的空间格局、功能布局、文化特色和建筑形制;在策略研究方面,最热门的研究方向是基于实例的策略研究,如基于共生理论的定安古城规划设计、城镇化背景下的惠民县古城区规划保护策略研究、丽江古城环境整治设计、潮州古城古街巷保护活化策略研究等,主要针对古城区位及现状条件,提出契合的规划策略,并试图归纳出针对古城保护的通用策略;其次则是基于问题和需求的专项规划研究,包括消防综合整治对策研究、新技术在抗震防灾保护规划中的应用研究、非物质文化保护研究、河道景观综合整治研究等,此类研究主要从问题着手,针对性地解决古城中某方面的问题。古城规划保护研究主题分布如图1所示。

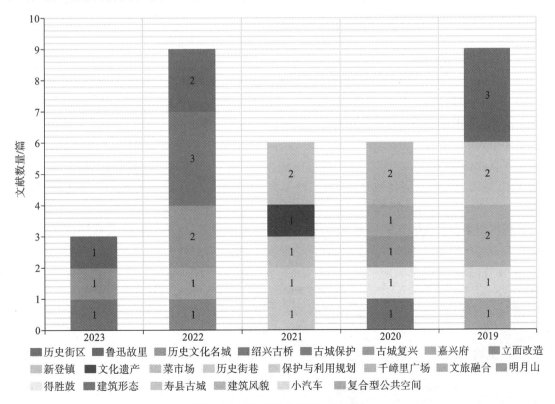

图 1　古城规划保护研究主题分布

现阶段的古城保护仍然存在建筑保护单体化、历史街区商业化与同质化以及环境保护缺乏等问题,城市设计作为强调整体设计、文脉延续的重要手段,致力于提高城市品质和生活宜居性,给古城的保护建设带来了新的策略和方法。但这种应用不应简单地将城市设计的方案搬过来,而应该立足于问题和需求,依据古城原有的文化特色,注重人、文化和物质空间的互动共生,从空间形态出发,平衡居民、政府、建设者等利益相关方的利益需求,即利用城市设计的思路和形式,探索一条切实可行的提升空间品质、延续特色文脉、有效管控发展的保护道路。

2 古城保护及规划中存在的问题

当前,古城保护及规划所面临的问题,大多来自保护规划的宏观性、统一性,保护规划所用的思想主要为微改造和渐进式保护、保护性开发和多元主体项目管理等,其整体框架与城市片区的规划大同小异,只是增删了相关章节,对于城市建设的重要管控工具——城市设计的应用仍处于起步阶段。

2.1 物质空间类问题

古城面临的首要问题就是在过去快速城市化过程中因非理性规划造成的物质空间的建设性破坏,主要包括传统空间结构破坏、古城整体风貌丧失、交通体系混乱、公共空间匮乏、非保护类建筑破损等问题,表现在以下几个方面。

古城保护重视轴线和节点的保护,但是保护方式缺乏整体性和层次感。一般只重视物质实体文化的保存,对具有文化价值的空间结构和历史风貌的整体协调性重视不足;对古建筑的结构和功能进行现代化改造的同时,势必会对古建筑的风貌造成破坏,但老式的木质建筑透风、易燃、易潮、易蛀等问题又亟待解决。

一方面,古城普遍存在街道狭窄曲折、步行通行空间局促、机非交通组织混乱、街边空间被临时停车占用等问题。另一方面,古建筑前区普遍空间狭小,影响居民生活与游客游览,较有名的历史文化景点附近的停留人员和通过式交通易对街区交通空间产生不良影响,造成交通拥挤。现行的古城保护规划主要着眼于疏解通过式交通,改善到达式交通,但忽略了内部空间的街区控制。

在现有的古城保护中,对于有文化价值的建筑和环境较为重视,但有时会忽略基本的公共空间需求,导致现有公共空间数量不足、位置不合理,无法满足居民和游客的基本生活与出行需求。

古城规划集中对纳入保护体系的各类建筑进行保护修缮,但文化价值较低的建筑常被忽略。古城中的建筑以砖木结构为主,在自然的侵蚀下,饱经风霜的古建筑经常出现结构性破坏、透风、漏雨等问题,更严重的甚至坍塌废弃,给古城造成了不可逆转的伤害(图2)。

图2 古城中坍塌的非保护类建筑

2.2 文化精神类问题

在物质空间类问题的背后,是文化精神的丧失。在过去的改造中,仿古通则式改造、文化环境缺失成为古城文化精神类问题的代表,这些问题使得古城失去了其本质特色,成为城市中一个又一个的仿古单元,空有仿古的表皮,却没有文化的韵味,其问题表现在以下两方面。

(1)对古城的保护在很长一段时间内陷入利用一套整修更新方式来保护所有古城的困境,其中旅游建设改造强调仿古化、商业化,主张对传统空间及建筑立面进行优化改造,拆除部分旧建筑而增添新型仿古建筑,虽保留了青瓦白墙、飞檐窗棂的景象,却丧失了古朴的韵味(图3)。

图3 仿古通则式立面

(2)在快速开发、商业建设的大背景下,势必会出现历史文化发掘不足和认识不全面的问题,现存的商业活动和低层次的利用方式与古城的历史氛围不协调,干扰了历史文化的感知,进一步导致古城文化环境的退化。

2.3 管控发展类问题

在城市建设中,规划和设计是蓝图,策略和方法是实施步骤,管理控制是抓手,而在古城的保护和开发中,除了物质空间类问题和文化精神类问题,还有很大一部分问题来自管控的缺失或错位,如多元群体协调困难、社会功能缺位、初始资金缺乏等问题,表现在以下几方面。

(1)近年来的古城保护机制主要还是多元协调更新需求下的单向规划机制,在项目推进、街区管理、利益共享等方面,历史街区的相关人群(尤其是街区居民和利益相关方)的参与度不足。

(2)在古城保护更新过程中,会打破古城原有的社会网络和社会功能,并增加一系列新的安防、娱乐、社交等社会需求,导致居民社区认同感降低;而商业旅游化的古城会导致游客集散地和居民生活区堆积大量的小摊贩,外来人口骤增也会增加更多的社会功能需求,并由此带来社会功能缺位问题。

(3)古城规划保护往往需要一大笔资金,大多数古城会选择更新改造其中部分街区,并以此形成内生动力,引进更多开发商共同进行开发,这就使古城保护面临资金来源单一、改造依赖性强等问题。而在更新改造后,古城又将面临可持续发展困境,一旦无法有足够的内生动力来支持后续的自主更新,在政府和开发商资金撤出后很容易形成发展停滞的局面。

城市设计视角对古城保护的作用如图4所示。

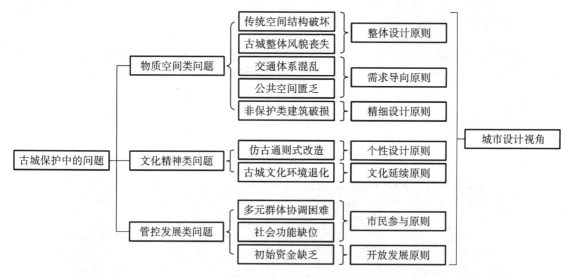

图 4 城市设计视角对古城保护的作用

3 古城保护中的城市设计原则

吴良镛先生曾指出城市设计的要义在于研究蕴藏于城市与形态结构中原有秩序之理,并根据其"理"予以新的创造,即城市设计应在延续原有肌理的基础上进行建设,这正符合古城保护开发的要求——在保留古城原真性和整体性的基础上,进一步满足当代生活的需要。

3.1 整体设计原则

城市设计应遵循整体性原则。根据城市上位规划中的发展定位和总体功能,从总体空间结构入手,合理选取古城的空间结构,延续其形态规律,在设计过程中,不仅要关注轴线和节点,也要从核心、轴线、片区、节点等层面来进行设计,塑造空间的整体性和特色性,在保护传统空间结构的同时,延续古城风貌,提升环境品质。

3.2 需求导向原则

城市设计强调满足居民的使用与功能需求,即根据人们对交通、舒适度、放松度、环境参与、活动体验、生活服务等方面的需求设计相关功能,进行一系列建设、控制和引导,包括合理的流线打造、宜人的公共空间建设、建筑功能混合使用、基本生活设施供给等。

3.3 精细设计原则

城市设计包括总体城市设计和地块城市设计。而地块城市设计需制定详细的方案,明确建筑形体、园林景观等控制要求,即对地块内所有建筑和环境进行评估和精细化设计,将地块分为修缮类、更新类、整治类、重建类、拆除类等建筑类别,并制定不同的实施方案,以保证古城保护不只是针对保护体系内的建筑,也覆盖非保护类建筑。

3.4 个性设计原则

城市设计要强调个性化,无论是中惠性原则、唯一性原则还是个性化原则,都是在认可城市是多元化文化综合体的前提下,去寻求差异化和个性化。古城具有不同的文化特质、自然风貌,浓缩着地方风俗、现代文明等多种文化符号,城市设计可以在把握其文化多元和唯一的基础上,抽象出个性化的特质,使得每个古城都具有其独特的鲜明特征。

3.5 文化延续原则

城市设计强调的传统核心要素是城市最具生命力的部分,城市设计应重视延续性,立足于传统文化而又不固守旧传统,通过修复历史遗存、完善基础设施和综合整治街区环境,结合街区的居住条件和现代生活方式,保护当地特有的民风民俗,激活传统文化意识,以构建独具古韵的历史街区。

3.6 市民参与原则

城市设计重视形成包含使用者共同的价值取向、共同的财富和存在意义的城市理念,城市设计也希望形成一个安全稳定的社会氛围,使居民和游客感到安全和适宜,使不同的人群各得其所。

而城市设计中的市民参与原则,要求规划过程有市民的参与,利用科学化和规范化的参与手段,使得城市设计者充分了解市民的需求和愿望,通过充分互动实现市民需求,并引导市民生活品质的提升。

3.7 开放发展原则

城市设计的开放性原则指城市本身就是一个开放体,建设的过程也就是进一步开放的过程,这种开放体现在观念和理念的开放、视觉系统和城市行为的发展、多元主体的参与等方面,力求构建社区网络结构,增强邻里交往活动,促进市井生活的繁荣,并利用一系列的实施策略,使古城再次成为人们心中理想的家园,提升街区发展的内生动力。

4 古城保护中城市设计应用路径

现有古城保护的规划设计路径主要包括保护规划、专项规划、重点地段详细规划、建筑设计等内容。城市设计是完善城镇风貌、引导建筑保护、组织公共活动、提出管控策略的重要手段,其主要内容包括明确设计前提、延续发展脉络、完善空间结构、组织公共空间、控制建筑形体、塑造城市景观、提倡永续发展、建议实施途径等,其中总体城市设计和重点地段城市设计这两个阶段的侧重点有所不同。因此古城保护的规划设计路径可以完善为保护规划、总体城市设计、专项规划、重点地段城市设计、建筑设计等阶段(图5)。

总体城市设计是针对古城整体进行的城市设计,通过明确个性化城市文化特色的风貌定位、保护重建符合自然特征与发展要求的空间结构、延续满足体验与观赏需求的风貌体系和文化特质、组织适应市民活动与城市形态的公共空间,提出针对城市设计重点控制区的分区引导和实施策略。

重要地段城市设计是针对古城局部地段编制的城市设计,可以明确古城局部地段的具体空间形态、环境品质、内外交通等控制和引导要求,制定详细的设计方案和实施策略,作为古城物质空间管控的抓手和工具。

古城保护的规划设计路径			
保护规划	对全域全要素进行整体保护，建立"多层次多要素"的古城保护体系		
总体城市设计	特色研究与现状分析	梳理古城的基本条件和文化特色价值，综合研判相关问题，评估现状规划实施情况	个性设计原则
	规划目标与策略	提出保护整治与复兴的规划目标和设计策略，为规划设计实施指定方向	整体设计原则
	古城格局保护	对原有的城市格局、轴线、分区、节点进行保护，延续原有的古城格局	整体设计原则
			文化延续原则
	专项控制引导	针对古城中存在的不同问题和需求，通过专项及分区控制引导进行解决	需求导向原则
	实施建议	实施时序建议、实施组织管理模式建议、保护整治模式建议	市民参与原则
			开放发展原则
专项规划	特定领域为体现特定功能，对空间开发、保护、利用做出的专门安排		
重点地段城市设计	功能策划及特色空间构建	在交通、商业、展示、生活功能策划的基础上，深化保护措施，打造古城特色空间	整体设计原则
			文化延续原则
	分类整治措施	梳理评估物质空间实体现状，制定清晰的分类保护条例和更新步骤	精细设计原则
建筑设计	对保护建筑和历史建筑进行保护性建筑设计		

图 5 古城保护的规划设计路径

4.1 总体城市设计阶段

4.1.1 特色研究与现状分析

古城文化特质和风貌延续的基础是其传承下来的文化特色，而古城规划设计开展的基础也是古城的现状条件，因此总体城市设计的第一个阶段应梳理古城的基本条件和文化特色价值，综合研判相关问题，评估现状规划建设实施情况，基于历史地理研究、区位条件分析、特色价值评价、同类古城对比，提出相应的基础研究结论，为后续的个性化规划和建设奠定基础，避免"千城一面"问题的出现。

4.1.2 规划目标与策略

在全面分析古城的文化价值、现状情况、所处区域发展情况后，提出保护、整治与复兴的规划目标。充分发挥历史文化资源优势，强化提升建筑空间布局、建筑形体以及生活特色，并确定其在文旅、居住等方面的功能定位。根据规划目标与功能定位，提出系统保护、特色展示、重点刻画、体系支撑等设计策略，为规划设计实施指明方向，保证古城整体保护在统一风格、同一结构下，避免发生古城形态过散、风貌丧失等问题。

4.1.3 古城格局保护

一方面，总体城市设计基于现状研判和规划目标，对原有的城市格局、轴线、分区、节点进行保护，延续原有的古城格局；对被破坏和无法延续的空间肌理，利用"图底关系"分析方法，为古城的肌理填补和物质要素整合提供指导。另一方面，总体城市设计通过新建建筑的设计、原有建筑的改造以及新旧建筑的关系，对街巷的空间序列、界面控制、节点设计及尺度，对院落的物质及功能更新提出控制和指引原则，以达到延续古城风貌、彰显古城文化特色的目标。

4.1.4 专项控制引导

针对古城中存在的不同问题和需求，总体城市设计通过专项及分区控制引导进行解决，其内容包括穿越性交通疏解、可达性交通组织、交通设施布局、停车空间提质、打造步行游线、旅游线路组织等道路交通控制引导方式，现状公共空间提质、现状空地转换、不适宜空间改造等公共空间控制引导，在避免大拆大建和不分类改造的情况下，重现街区特色，创造宜人空间。

4.1.5 实施建议

总体城市设计的实施建议主要包括对重点工程实施时序的建议、针对多元主体参与的实施组织管理模式建议、针对长期可持续发展的保护整治模式建议。

实施组织管理模式主要包括三方面：相关政府职能部门确定保护的主要方向和策略，审查具体方案，协调和监督建设项目，统筹各项工作；多学科专家提供技术支持，对相关规划和建设项目进行审议咨询；利用切实有效的规划公示、实施监督、意见反馈等公众参与机制，吸引广大居民和游客参与到古城的保护和建设中。

保护整治模式建议主要包括三种类型：对于较为重要的保护建筑和区域，采取政府主导下的集中整治提升；对于保护控制区外的生活区域，采取传统社区的自主更新；对于重点的门户展示和商业区域，采取公私合营模式，政府将部分建设责任以特许经营方式转移给社会主体，允许社会主体在一定时期内筹集资金建设、管理和经营古城内的公共设施及其相应的服务，通过多种路径复兴古城。

此外，也可以采取多种保护策略，如利用新技术建立公共数据云平台；建立古城保护、管理、建设专项资金，利用社会力量捐助等多种形式筹集保护建设资金；加大对外宣传力度，打造广泛的文旅活动，组织传统活动、城市节庆等，带动古城活力复兴。

4.2 重要地段城市设计阶段

重要地段城市设计需要对区域的特色及现状进行调查评估，明确规划目标，确定规划结构，但其更聚焦于细部设计，包括功能策划、特色空间构建及分类整治措施等。

4.2.1 功能策划及特色空间构建

古城重要地段的功能需求主要有交通功能、商业功能、文化展示功能、生活功能等。在功能策划的基础上，重要地段城市设计应进一步深化保护措施，打造古城特色空间。

对于交通功能需求，可采取人群活动分析和游线设计等方式，对地块内的机动车、非机动车、人流交通进行梳理。如明确非机动车流线、机动车流线、步行流线等的分区设计，并设置不同的管控条件；在人群聚集处规划广场和公园，以景观空间塑造的手法恢复古城重要地标，并将其作为重要的空间节点等。

对于商业功能需求，应以展示传统特色为主，发展传统商业、文化创意等特色产业，带动古城整体的功能置换，重现古城繁华的商业景象。如系统修复古代、近代特色商业街，打造传统集市、庙会商业集聚地；将非物质文化遗产引入商业文化中；整治片区内沿街摊贩，统一划定流动摊位商业区域等。

对于文化展示功能需求，应确定并延续重要地段的传统轴线和街巷格局，串联重要节点，引入特色文化相关功能，塑造古城特色文化片区。如将传统民居、宅院、宗庙、书院作为重要的文化承载空间，在开展考古工作的基础上，如有老照片、图纸、口述记录等充分的历史依据，可考虑复建原有建/构筑物；积极推进文化广场的建设，结合当地特色建筑建设民俗文化展示馆、展览馆，将非物质文化遗产进行统一展示；修缮保存较好的传统院落作为片区的小型展示节点，形成互相串联的传统文化节点体系等。

对于生活功能需求，应在满足基本功能需求的同时，提升旅游服务和文化休闲品质，加强旅游与居住服务的交互利用。如整治传统居住单元，改造空置用地，搬迁不相关的政府及公用设施；整治滨水空间，依据老地图恢复水系空间，拆除水系两岸部分质量较差或与传统风貌不协调的临水建筑，逐步打开临水界面；围绕水体、山体、历史景观打造公园广场，加强景观环境建设；引入特色民宿、文化休闲、公共服务等服务性建筑，提升片区活力。

4.2.2 分类整治措施

承载上述功能和特色空间的是古城的物质空间实体，主要包括院落和建筑，对重要地段进行城市设计时应梳理评估物质空间实体现状，制定清晰的分类保护条例和更新步骤，采用小规模、渐进式的方式进行逐步更新，避免大拆大建或不分类改造。

重要地段城市设计以院落为基本控制单元，可适当对原有院落进行切分和合并，并采取适当方式使其适应现代生活及使用功能的需求，同时鼓励居民对其居住院落进行自主整治修缮，择机发展商业服务功能，推动内生动力发展。

结合现状建筑评估将地段内的建筑分为保护类建筑（文物保护单位、具有重大文化价值的历史建筑）、修缮类建筑（传统风貌建筑）、保留类建筑（与古城风貌协调且建筑质量较好的建筑）、改造类建筑（与生活需求或古城风貌不协调的建筑）、更新类建筑（质量较差的老旧危建筑），并针对不同的建筑类别和要求，制定不同的保护措施。

5 结 语

古城是满足居民高质量生活需求的重要载体，古城的保护和建设在新时代更是有了新的要求和内涵。本文根据当前古城保护及规划中出现的问题，一方面，结合城市设计的思路和方法，提出了整体设计原则、需求导向原则、精细设计原则等设计原则；另一方面，将涵盖特色价值研究、古城格局保护、专项控制引导、实施建议的总体城市设计和涵盖功能策划、特色空间构建、分类整治措施的重要地段城市设计方法添加到现行古城保护规划建设路径中，为未来我国的古城保护提供了理论基础和研究方向。

参考文献

[1] 汪卉,郭竹林,马军山.基于共生理论的古城规划设计——以海南省定安古城为例[J].城市地理,2017(4):57-59.

[2] 孙明,左逢源.城镇化发展下中小型古城保护规划策略研究——以惠民县古城区规划保护为例[J].遗产与保护研究,2019,4(1):93-97.

[3] 刘志国,王齐申.丽江古城环境整治设计探讨——以丽江古城北门文化广场规划设计为例[J].住宅与房地产,2021,612(15):23-24.

[4] 薛泰琳.潮州古城古街巷保护活化和微更新——以太平街道改造整治项目为例[J].城市建筑,2021,18(30):83-85.
[5] 李湘念,欧阳知,徐再元.南头古城城市更新单元消防综合整治对策研究[J].消防界(电子版),2022,8(6):21-24.
[6] 杨子明.GIS管理系统在古城抗震防灾保护规划中的应用[D].北京:北京工业大学,2004.
[7] 彭茜.芜湖古城保护与改造中的非物质文化研究[D].合肥:合肥工业大学,2009.
[8] 胡堃.古城河道景观综合整治研究[D].南京:南京农业大学,2017.
[9] 吴良镛.北京旧城居住区的整治途径——城市细胞的有机更新与"新四合院"的探索[J].建筑学报,1989(7):11-18.

古代武昌城山风景演进历程、组织特征与经验借鉴

尹子佩[1]　毛华松[2]

摘要：古代武昌是城市形态与多山地形结合的典型案例，连绵的长丘岗岭作为城市内部空间结构组织的关键因子，衍生出了独特的"城-山"人文风景格局。结合武昌古城营建历史，本文通过地方志文字与历史地图的对照，分析了武昌城市空间形态、核心建筑选址与山体的发展关系，发现武昌"城-山"风景格局的形成经历了踞山为城、因山附丽到城山相融三个阶段。进一步对山体关联的官方建筑与景观建筑进行空间分析与风景意象挖掘，发现武昌通过嵌套山系形态与城市空间结构，融合高岗楼台与城市人文轴线，联动楼山景点与区域城镇意象。而后从文脉挖掘、风貌保护、特色节点三个方面对武昌城山历史风景的可持续发展提出建议。

关键词：武汉历史；"城-山"风景；城市形态；空间组织；景观变迁

Abstract: Ancient Wuchang is a typical example of the combination of urban form and mountainous terrain, with the continuous long hills and hills as the key factor in the organisation of the city's internal spatial structure, giving rise to a unique "city-mountain" landscape pattern. Combining the history of Wuchang's ancient city construction, we analyse the relationship between the city's spatial form, the location of core buildings and the mountains through the comparison of Fangzhi texts and historical maps, and find that the formation of Wuchang's "city-mountain" landscape has gone through the three stages of the city's being built on a mountain, being attached to the mountain, and the city and the mountain being in harmony with each other. Further spatial analysis and landscape imagery excavation of the official buildings and landscape architecture associated with the mountains reveals that Wuchang has integrated the high buildings and humanistic axes of the city by nesting the morphology of the mountain system and the spatial structure of the city, linking the building and mountain attractions with the imagery of the regional towns and cities, and then puts forward suggestions for the sustainable development of the Wuchang castle and mountain historic landscape in terms of the excavation of the cultural lineage, the preservation of landscape, and the featured nodes.

Key words: Wuhan history; "city-mountain" landscape; urban morphology; spatial organisation; landscape evolution

---

1　尹子佩，重庆大学建筑城规学院，博士生，研究方向为城市历史风景与规划理论。
2　毛华松（通讯作者），重庆大学建筑城规学院，教授，博导，研究方向为城市历史风景、风景遗产保护。地址：重庆市沙坪坝区沙正街174号。Email:yinzipei@stu.cqu.edu.cn。Tel:17725166758。
基金项目：国家自然科学基金面上项目（52378044）资助。

1 引言

景观是时间与空间尺度上"人-地"总体关系的结合[1]。中国"天人合一"的人居环境哲学文化观统领城市空间构架，融合文化、社会与自然形成和谐统一的空间秩序，对城市与山水形胜进行诗情画意的整体创造。而山体既是古人在城池选址中辨位堪舆的关键依据，也是古人组织城市空间结构，进行风景营建的主导要素。因而，城山风景的人文内涵与空间影响力，是传统城市规划人居环境营建智慧的重要组成部分。在中国古代，不少城市依靠山体而建，并对城墙内外的众多山岭进行统一布局[2]。古代武昌城不仅将横行的蛇山山系完全包裹在城市中心，还形成了与多座山体相呼应的嵌套结构，是城市与山体发生丰富空间关联的典型案例，其中蕴含的空间营造手法与风景组织经验，可为当今城市规划城山空间结构、塑造人文风景提供范式参考。

对城市规划史的研究中，不少学者在对传统营城规划方法的归纳中提及山体对古代城市空间的影响力，比如武廷海提出的古代都邑"环中"和"山川定位"规划方法[3]。王树声总结了踞山的城山格局构建手法，以及望山、借景等景观营造方式[4]。近年来，在山水城市理念的指导下，学界就城市山水特征及风景营建机制进行了大量案例研究，其中不乏南京、杭州、绍兴等城山关系突出的城市案例[5,6]，但已有研究或侧重于对某一时期的城山风景意象进行归纳，或局限于对城山地理空间形态的演进进行分析，而忽略了城山风景中文化与空间的关联性与动态性，使得城山风景文化与城市空间的形成机制还有很大的探讨空间。因此，本文结合城市地理学的研究视角，基于大量的地方志与地图叠加对比，对武昌在三国建城到清代这一宏观时间跨度下"城-山"风景格局的关键空间断面进行对比，解析山体在城市风景空间中的组织特征，再基于武昌"城-山"风景这一文化空间范式提出现代城山文化景观的规划传承方法。

2 史料所载的武昌地理形势

武昌古城在今湖北武汉市武昌区内，地处江汉平原与鄂东南丘陵、山地的交接地带，属于典型的残丘性河湖冲积平原，地形地貌复杂，山多水多，岗岭起伏（图1）。又因其襟江带湖，降水频繁，不仅洪涝频发，还易受水攻，故而古人往往择高阜或自筑高台而居。

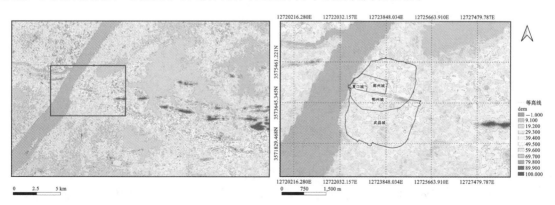

图1 古武昌地形基底与城池建设示意

从传统堪舆学的角度来看,武昌在区域上呈现龙脉逆行的风水形势,城内长丘横贯,穿城而过,形成了不利于空间聚合的分割结构,但从城域角度来看,武昌又据于江峭山险、山川环护的形胜之处,具有天然的防御与交通优势,与传统城市设计中"地利"的思想相谋合。

2.1 区域:龙脉逆行,长丘横贯

同治八年《江夏县志》所载武昌风水形势中,龙脉从咸宁自南向北逆势而来,入江夏县界,形成过峡。堪舆学中,"过峡"是穴居形成的重要评价依据[7],说明江夏县即为龙脉结穴之处。再往北,个字山作为少祖山,其形如"个",分出三支(图2)。其中,中脉由南湖与梁子湖之间的吕冠山、东阳山、迥龙山等一众低山丘陵组成,萦绕南湖水系,蜿蜒至城池东侧的洪山双峰山,入汇高冠山、石城山至黄鹄山止于江。这条平行丘陵还在北面绵延了凤凰山、胭脂山、花园山等余脉,皆为长条状,与风水相地中山脉回转形成可聚之地的空间模式迥然不同。

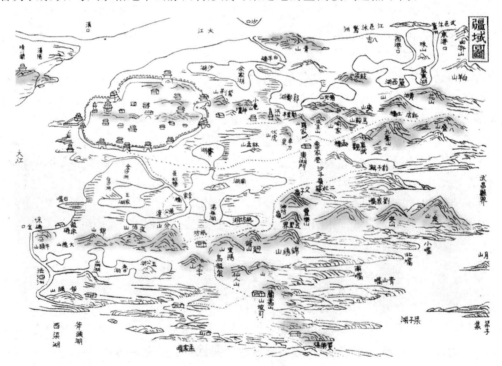

图 2 1869 年《江夏县志》疆域图

2.2 城域:江峭山险,山川环护

《荀子·强国》中记载:"其固塞险,形埶便,山林川谷美,天材之利多,是形胜也。"利用地形制胜的军事防御考量是城邑在此选址的原因。公元 589 年,孙权为了与刘备争夺荆州,在旁临长江的江夏山(蛇山)山顶建立夏口城。清顾祖禹《读史方舆纪要》中记载:"孙权破黄祖于沙羡,而霸基始之。孙权知东南形胜必在上流也,于是城夏口,都武昌。[8]"夏口城虽周回不过二三里(1~2 km),但西临大江,地处高阜,依附山水险要之形胜,易守难攻,承担着军事防御城堡的职能。郦道元称此城:"依山傍江,开势明远,凭墉藉阻。"除局部形胜外,武昌在区域环境上也具有优越的防御性。《古今图书集成方舆汇编·职方典·武昌府》中记载:"江夏县附郭西有长江之险,东有九峰之隘。山川环护,风气攸钟[9]。"

3 武昌城山关系的演进

武昌城经历了从三国两晋时期夏口城、南朝刘宋时期郢州城、隋唐江夏城、唐宋鄂州城到元明清武昌城的城名更迭过程[10],由建城之初的军事城堡,逐步发展为郡、州、县三级治所所在地,地区军政中心,直至江南五省的大地区行政中心,城池扩建一直稳定以蛇山为横轴、以长江为纵轴向北、东、南三面扩张,逐渐将蛇山以外的一众低矮山体纳入城中。武昌城可考证的主要扩建事件有三次,时间分别为公元454年(南朝)、825年(唐)和1376年(明)(图3),而其中以南宋、明初、晚清时期的城市空间结构与风景点发展变化尤为突出,因此以其为转折点将城山关系的演进归纳为踞山为城、因山附丽、城山相融三个阶段。

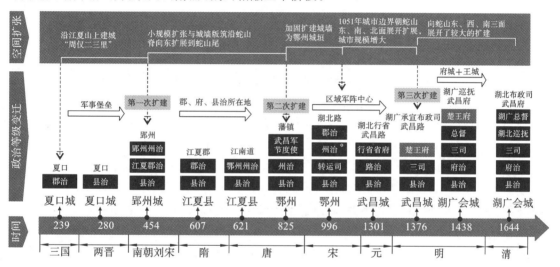

图 3 武昌政治等级变迁与空间扩张历程

3.1 踞山为城

踞山为城是从作为军事城堡的夏口城的建设伊始,逐渐影响黄鹄山发展成为郢州城以及鄂州城的权力中心空间。

夏口城原为三国孙权建设于黄鹄山顶的军事防御城堡,后也作为唐宋代鄂州城的子城。夏口城周长仅1.15~1.73 km,最初建于蛇山上面临大江的黄鹄矶上,依附山水险要,既便于防御又可眺望对岸敌情,以易守难攻闻名。王象之《舆地纪胜》记载:"鄂城子城,与润州子城、金城、覆舟山城、武昌吴王城,制作皆一体。皆依山附险,周回不过三二里。乃知古人筑城,欲牢不欲广也[11]。"夏口城固若金汤,多次被攻城而不破,其踞山为城,借助地势增筑军事设施是得胜的重要原因。如"子城东南角楼焦度楼,宋①沈攸之自荆州称兵至此,时焦度领兵在此,城守东南角,攸之攻之不克,遂退走",再如"梁末陈初周将史宁为土山长梯攻之不能破"。这种依附地险的天然防卫优势使其即使在唐代时,城池扩张修建有外郭,但是子城依然是城中最坚固安全的所在地:"黄巢之乱止陷外郭,盖其城依山负险。"

郢州城是武昌城从军事堡垒向行政治所城市发展的转折点。这意味着城市空间规划中仪

---
① 指南朝刘宋。

典礼法控制的加强。但由于时局动荡,原有踞山为城的军事功能思想仍渗入城市的仪礼体系中,使得作为治所的郢州内城乃至而后的宋代鄂州子城都将衙署建筑密集集中于黄鹄山上,黄鹄山因此成为城市政治权力的中心。南朝刘宋实施"分荆置郢"后,夏口城由荆州江夏郡郡治所在地升为郢州城州治所在地,城市地位较前得到空前跃升[12],因州治的设立,郢州城以黄鹄山为中心建立起内外城结构,这种城市选址于山北面的结果与风水学说中"山南水北,玉带环绕"的人居环境相悖,这正是"踞山为城"的防御需求对城市空间影响的反映。

3.2 因山附丽

在城市从军事城垒到行政中心职能演变的过程中,同步出现了一些标志性的人文胜迹,其绝大多数都因山而建,以蛇山最为显胜。

宋代鄂州城依托长江便利的交通环境,迅速成为长江中游区域性政治经济中心,夏口旧城不再作为军事城垒,而是作为众多衙署的集中地,依托襟江踞山的天然优势,初步形成了公宇亭楼集聚黄鹄山山麓的园林景观。陆游在《入蜀记》中盛赞鄂州之繁华:"食时至鄂州,泊税务亭,贾船客舫,不可胜计……市邑雄富,列肆繁错,城外南市亦数里,虽钱塘、建康不能过,隐然一大都也[13]。"城市空间进一步发展,并有了一定的区域划分,比如政治功能集中在西部子城内,经济功能集中在城外西南方沿长江的长堤与南市,军营、教场等军事功能临近长江、沙湖、晒湖,分布在城墙外东面、西北面。鄂州城也在北宋皇祐三年扩建后城周长增至 12 km。蛇山以北的胭脂山、花园山及凤凰山、螃蟹岬三列平行山丘也纳入城内,大大提升了城墙内山水空间的丰富性。子城虽偏于一隅,但呈现山环水抱之势,北望司湖、沙湖、凤凰山、螃蟹岬,西临长江、龟山,东面东湖、胭脂山、崇府山,南朝南湖、萧山。子城又作为地势最高处,故而远可眺望四方景物,近可收揽城市繁荣风貌,随之出现了一系列因山而建、可供游赏的园林景点。《舆地纪胜》所记子城内有亭堂楼台 52 处,依附于黄鹄山的各级衙署,占全城数量的 85%[11]。张师颜《南迁录》有云:"鄂倅公宇因古城为亭榭,俯瞰江汉[14]。"

由宋至明清,这种因山造景的方式被沿袭下来,使得武昌城亭台楼阁、祠庙和私园等人文胜迹均依托城内山体而建,极大丰富了武昌的城市风景意象,并促进了城中各山体的园林化建设。其中,蛇山景物最胜,清代文人彭崧毓认为"城以内足供游览者,其山则有凤凰,有崇府,有胭脂,非弗幽秀矣,而率乏伟观。独黄鹄蜿蜒磅礴,拔地倚天,耸翠如屏,浮青满郭,实一城诸山之主。自黄鹄俯瞰众峰,犹儿孙耳。"官商行旅、文人墨客在蛇山登高揽胜、宴游题咏活动频发,极大推动了蛇山的文化发展。如范成大所述的南楼游宴"壬午晚,遂集南楼。楼在州治前黄鹤山上,轮奂高寒,甲于湖外,下临南市,邑屋鳞差…南市在城外,沿江数万家,廛门甚盛,列肆如栉,酒护楼栏尤壮丽,外郡未见其比[14]。"除展现城市的公共性城市风景点外,还有居于山麓或者山脚的幽赏景点,如位于蛇山山麓的关帝庙、玉皇阁、杨公祠、胡公祠、头陀寺、长春观以及城外蛇山余脉洪山的宝通寺等寺观园林景观(图 4);黄鹄山、崇府山、胭脂山、梅亭山的东山小隐、霭园、乃园、止园、梅亭书屋、熊园等山水别院以及文华书院、勺庭书院、江汉书院、高观书院等书院园林[15]。

3.3 城山相融

自元代后,武昌成为府一级行政单位,明代楚王府的设立带动了城市规模的扩张和空间布局调整,衙署、府学、王府等官方建筑分布在蛇山各段以及凤凰山、胭脂山山脚,成为武昌城市空间形态的重要组成单元,推动了明清时期城市空间与多山地貌在形态结构上的融合。

成明太子塔　古头陀寺　黄鹤楼　官胡二公祠　武当宫　臬署　城隍庙　府学宫　藩署南桥　黄龙寺

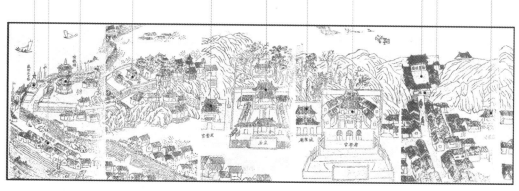

罗李三公祠　曾文正公祠　湖南会馆　演武厅阅马场　宝阳门　长春观　洪山宝通寺

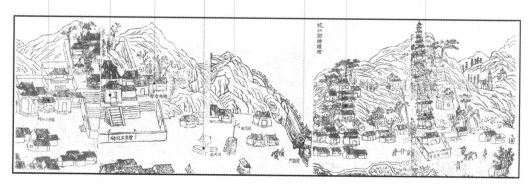

图 4　清代黄鹄山图中的风景营造

在明初武昌城的大规模建设中,山体成为影响城池形态、城市核心区域和城市道路布局的关键因子。为建设藩王王府,城池向南大规模拓展,城墙连接凤凰山、螃蟹岬、蛇山、梅亭山、萧山等五座山,并在东、南、北三面浚壕沟,衔接筷子湖、应山湖、沙湖,构筑起山—城墙—水系的多层防御体系,这一体系延续至民国城墙拆除前。武昌设宾阳(原大东)、忠孝(原小东)、中和(原新南)、平湖、汉阳、望山、保安、文昌(原竹簰)、武胜(原草埠)九座城门[14],其中平湖门、宾阳门、中和门都位于山上;保安门连接大朝街,朝向楚王府及高观山顶;望山门由长街与鼓楼衔接,北望凤凰山;忠孝门与汉阳门相连,与蛇山平行,沟通城市东西,形成了两纵一横的交通骨架,各重要行政建筑沿其分布,又与城内各平行山体结合,形成了诸多相互交织的"T"形道路。以蛇山上的南楼为分界点,西边的黄鹄山南北两侧平行分布三司、府署、县署、都署等行政建筑,南楼(谯楼)①以东分布楚王府及各郡王府府邸。李东阳在《楚观楼记》②中描绘的"凭阑而眺,南则武昌诸山,左右环列,藩府雄峙,廛阓分布。右则大江西来,沃野长袤,殿庭馆宇,隐约于遥空远汉间",正是山丘与城市空间形态融合的展现。

明代楚王府湮灭后,城市空间因王权仪典所受的桎梏被解除,推动清代武昌城市空间结构

---

① 由宋至明南楼历经多次维修和重建,其位置也由原来黄鹄山最高处迁建到长街处。
② 楚观楼,即为南楼。

从仪典模式逐渐向经济功能模式转换,行政功能组团集中到以蛇山为中心的"一纵一横"的骨架中,与山水环境进一步融合。清代武昌作为湖广总督、湖北巡抚等各级衙门驻所,是湖广地区的政治、军事和文化中心[16]。但武昌并未按照等级布局衙署建筑,将最高权力的巡抚、总督衙署置于十字街轴线交叉处,取缔布政使司衙署的中心位置①,而是将其分布在轴线东段和南段,改变了历代以来衙署集聚在蛇山西段的规划传统,推动了城市东面和南面的建设。督署、抚署、藩署、臬署散点分布,以其为中心配备相关职能的附属行政机构②,聚集成组团,既大大提高了行政效率,也促进了城山风景的人文化发展(图5)。

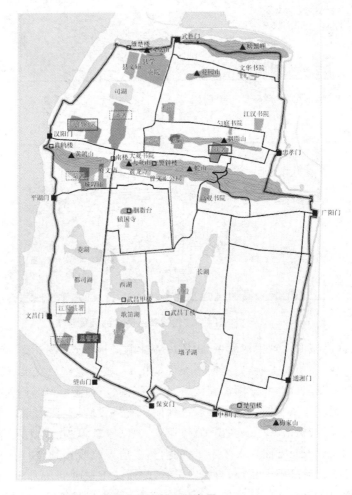

图5 清代武昌府城平面布局
(底图改绘自清宣统年间武昌省城最新街道图)

---

① 明初布政使司为地方的最高行政机构,明中叶以后,各地遍设总督、巡抚,布政使司需受其节制,地位下降。

② 其中,总督多偏重于军务,掌管军政钱粮,巡抚多偏重于民事政务,掌管军民粮财,总督官职虽高于巡署,但因二者都可上报朝廷,故起一定的相互监督作用。藩台(布政使)是地方的最高行政长官,为巡抚属官,执掌民政财务,臬台又称提刑按察使,地位略次于布政使,主管一省的司法长官,是总督和巡抚的僚属。

4 多山地貌下的武昌城山风景组织特征

上文梳理了武昌城山风景形成的三个主要阶段,即城市从依附山险抵御外敌,到依借形胜建筑衙署、楼阁和园林,建立核心区域,再到将城市功能单元与城中各山形态有机结合,形成多个组团单元。山体作为武昌城市人文空间中的关键环境因子,经由政治、经济、文化的社会环境变化,与城市空间耦合生长,从而塑造了独特的城市人文风景。以依山而建的衙署和风景建筑群为线索,进一步分析其选址变迁、空间视线组织以及人文内涵,发现武昌城市历史景观中存在山系形态与城市空间结构嵌套、高岗楼台与城市人文轴线融合、楼山景点与区域城镇意象联动的城山风景组织特征。

4.1 嵌套:以山为骨的城山空间结构

"龟蛇锁大江"的山水骨架是武昌空间形态发展演变的基础。然而因水文环境的限制,无法将蛇山作为城市的边界,依照城镇几何中心排列权力等级的传统营城范式,只能将蛇山包纳在中心。蛇山各段以及其周边的大小山丘成为城市空间发展坐标系中关键的坐标轴和坐标点,引导明清武昌城内形成了衙署组团分散、相互嵌套的特殊空间布局。

由夏口城到武昌,城市持续沿山水十字轴扩张调整,彰显了城山形态的同构关系。古代城市营建中,通常将多元价值取向映射在城山空间营建中,完成城市与自然的和谐对话。穿城而行的龟蛇山系秀丽多姿,自古以来被视作武汉的龙脉。汉阳龟山,武昌蛇山,一南一北,扼守武汉长江门户,锁住滚滚江流,与长江形成"山水十字轴"的布局关系,因此,城池布局并未采用正南北方向布列的格局,而是以龟山和蛇山这一"龙脉"为坐标系,从三国时东吴的夏口城,到宋代的鄂州城以及明清时期扩建的江夏附郭,武昌城市形态的演变始终围绕黄鹄山展开,黄鹄山成为武昌传统城市演变的一条贯穿城市东西走向的营城基准,无论是原夏口城,还是鄂州州治、鄂州郡治、武昌布政司、楚王府,无不依蛇山山系而设。

多山的地貌和城市内部的文化政治功能相融合,形成了多个单元相互嵌套发展的人文空间结构。宋代后子城制度的消解打破了官方建筑聚集于子城的局面,加之明代后,官方建筑数量的激增以及城市规模的扩张,使得城市在山水十字轴的宏观结构下,各等级官方建筑与各山脉进行空间重组。在以蛇山为城市东西向轴线和以南北贯穿蛇山的武胜门、望山门间街道为南北向轴线的这一基本空间结构下,各类官署衙门与不同山体进行有序排列。如黄鹄山与凤凰山之间,主要分布都府、县署、府署、布政司等行政功能衙署;黄鹄山南麓分布城隍庙、按察司、府学、提学道等文教功能建筑;黄鹄山以南至文昌门,是掌管司法刑事的按察司衙门;都司湖至望山门,是掌管军事的总督府、武昌卫、都司衙署所在地;高观山以北至螃蟹岬,是各级王府所在地;高观山以南至莲花湖,是楚王王宫及其游赏地。除楚王府在城市的中心并有明确的仪典空间秩序外,其他功能组团都呈现相对分散的布局状态,胭脂山、凤凰山、崇府山等小山嵌入各组团中作为风景游赏点的同时,参构到街区内部建筑、街道朝向、形态的组织中,推动了城市空间形态与山水的有机结合。至清代,虽然楚王宫和各级王府已经消失,但在胭脂山下加设了巡抚,形成了督、抚、藩、臬,各位组团相互分立制约的权力秩序[16],螃蟹岬和崇府山一带分别成为佛寺宫观和书院宅园的所在地,多单元嵌套发展的模式继续演进发展(图6)。

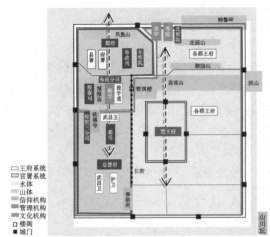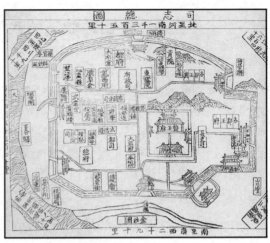

图6 明代武昌《司治总图》中的城市布局

4.2 融合：依势立标的城市人文轴线

武昌城内山阜虽低矮，但通过在城内各山山顶以及城门上构筑亭台楼阁等建筑物，建立人文风景轴线，从而推动城镇中各个分散景观单元的视线关联，形成山、水和人文胜迹融合的景观体系。

早在南宋前，城池内的楼阁就已是子城中定位建筑方向、布局的重要坐标。鄂州子城以黄鹄山上的北榭、东楼、南楼、黄鹤楼四座楼阁为定向依据，以位于制高点的南楼与郡治厅朝为轴线，引导子城内部衙署建筑的空间布局。《湖北旧闻录》记载："鄂州储楼、榭，皆在黄鹄山，而以方向别之。其在头陀寺者，或曰东楼，见唐李华《诗》序；在南者曰南楼，范石湖所云'下随南市'、陆放翁所云'下瞰南湖'是也；在西者曰黄鹤楼，李太白诗'黄鹤西楼月'是也；在北者曰北榭，与南楼并称[17]。"根据《舆地纪胜》记载："南楼，在郡治正南黄鹄山顶……北榭，在设厅后，因山为之，与南楼对。"北榭、郡治与南楼存在轴线对应关系，转运司、都统制司、总领所，以及江夏县治、州治等各级衙署及其附属的园林亭台，都环绕轴线，沿蛇山高低错落地分布，形成以黄鹄山山顶为中心的城市人文轴线。

随着明代官府衙署等建筑分散为多个小组团，楼阁的空间影响力也从建筑群内部进一步拓展到城市中，深刻影响了武昌城人文秩序的塑造。明代武昌楼阁有三种类型：一类位于城市边界，筑于城墙、城门或邻近的山体上，其对外具备一定军事防御功能，对内引导了城市内部的方位感知，诸如楚望台、烟波楼、雄楚楼、黄鹤楼等，其分别位于北、西、南三面，环峙包围谯楼，成为提振城市格局的人文胜景。一类具有延伸景观视线，组织轴线的功能。明代武昌的官署轴线，与王府正南北的仪典轴线并列形成了独特的双"T"形街道结构，这一结构原型是明代城市规划中常见的"十"字街，但由于武昌被蛇山分割，轴线北段只能为景观视廊形式的虚轴，无法形成"十"字贯通的街道结构，故而，位于凤凰山的雄楚楼与位于高观山顶的高远堂、黄龙寺成为双"T"形结构中纵轴的收束点，成为城市人文轴线上的重要坐标。还有一类是为衬托仪典秩序特设的楼阁，如王府南面的甲楼与丁楼，对称位于楚王府正南门外大朝街的两侧（图7），湖旁的歌笛湖、墩子湖也根据轴线进行了一定的形态调整，湖楼相映，对称性布局强化了楚王府空间的威仪性。

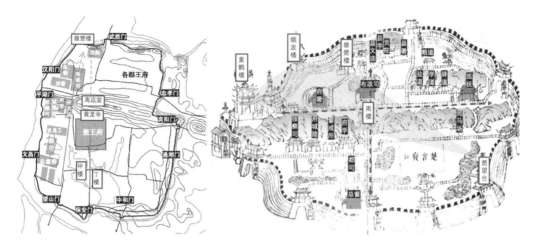

图7 明清武昌府城人文轴线

4.3 联动:因山借景的区域风景意象

二山相连、江汉交流的地理位置使得黄鹤楼成为临江眺望的最佳观景点,在唐宋时,黄鹤楼与周边楼台因山借景,游人在此可眺望远近风光,盛景远扬。明代汉水改道后形成了汉口与武昌、汉阳三镇分立的地理格局,沿江岸陆续建立起了汉阳晴川阁和汉口龙王庙,与黄鹤楼形成三足鼎立的局面,推动了三镇人文风景的整体性。这一互为借景意象、带动城镇整体联动的格局随着清末西式建筑的大规模建设而逐渐式微。

唐宋时期,长江、黄鹤楼、南楼(白云阁)、头陀寺诸楼寺与鹦鹉洲共同组成了雄伟壮丽之景,成为黄鹤楼的重要借景意象,客旅诗人无不陶醉于此。如崔颢的"晴川历历汉阳树,芳草萋萋鹦鹉洲",白居易的"白花浪溅头陀寺,红叶林笼鹦鹉洲",宋代岳珂的"鹦鹉洲畔葭苇乡,水云苍苍江茫茫"。北宋文人张舜民南行途中路经夏口,在《画墁集》中描绘了众楼寺与江景组成的奇景:"丙子群会,登石城。最西临江,即黄鹤、白云,最东即头陀寺。寺与楼下枕大江,对瞰汉阳,江中即鹦鹉洲,黄祖沉祢衡之所,上接湖湘,下临沔汉,乃古今绝景也。"还有在黄鹄山山顶"登望尤胜,独得江山之要会"的南楼,两楼虽临近,但其所借景物相异。黄鹤楼以壮阔江河之景为胜"耸构巍峨,高标巃嵸,上倚河汉,下临江流",而南楼因其位于山顶,下眺南湖,主要向西面观景,且具备远近层次,既有近处的湖景:"四顾山光接水光,凭栏十里芰荷香";又可收揽四望之景:"高明广深势抱合,表里江山来画阁。雪延披襟夏簟寒,胸吞云梦何足言。"

明清时期,在黄鹄山对岸高地先后构筑的标志建筑物,使此区域楼阁并举,交相辉映。以标志建筑为纽带,也推动了流域内三镇沿岸景观的整体性。武昌与汉阳两城距离近,因此即便不登临楼顶,在黄鹤楼周边区域,也能清晰观望到对岸景物,如黄鹤楼西侧的石镜亭(石照亭)就"其西与汉阳相对,止隔一水,人物草木可数"。明朝成化年间,由于汉水改道循龟山北麓入江,长江、汉水两江的交汇使得城镇格局从汉阳、武昌双城对望变为三镇鼎立。汉口河道狭窄,滩险流急,水灾频发。于是在明洪武年间,政府于汉江与长江交汇处的堤岸土坡上修建龙王庙以供祭祀。嘉靖年间,晴川阁修筑于龟山东端禹功矶,阁名取自崔颢《黄鹤楼》诗中名句"晴川历历汉阳树",晴川阁成为汉阳的城镇标志。龙王庙建筑高度仅有三米,加之汉口本就地势低洼,因此尚无法与晴川阁相媲美,景观标志性较弱。黄鹤楼从体量和高度上都远胜于晴川阁和龙王庙,是三镇沿江景观的制高点(图8)。

图 8 《武汉城镇合图》中的三镇风景

晚清至民国时期,在城市近代化转型的背景下,原黄鹤楼被西式的警钟楼取代,因山借景的建造方式被削弱,原来如山水画般舒缓起伏、具有古典意蕴的蛇山立面轮廓也被几何形态分明、更为醒目的西式空间侵蚀。清末黄鹤楼因火灾被毁坏,随后政府于遗址处修建起西式的警钟楼,作为瞭望台。后来张之洞的门生们在警钟楼后的黄鹄山顶,修建了仿照唐宋楼阁形制的奥略楼,民国初年湖北学界为纪念梁鼎芬又在奥略楼后建立起抱膝亭。从1920年日本摄影师金丸健二拍摄的照片中可以看到,黄鹄山上建筑密布,从低到高为山脚周边低矮的民居、拥有局部楼阁的寺庙、书院、道馆、官署建筑群;警钟楼、奥略楼、抱膝亭凸出于山体。相较于1874年黄鹤楼一楼独峙的传统江岸景观,民国初年的江岸立面层次更为复杂。黄鹄山头,传统式的与山体自然交融的坡向界面被几何边界明显的广场、平台、楼梯取代,在识别性提高的同时,山体形态也逐渐被公共空间所切割、隐没。1924年江汉关大楼落成,填补了汉口江岸无标志物的弱势,以借助形胜、依法自然为核心的传统城市风景营建逐渐被西方的工业都市建设模式所取代(图9)。

1874年俄国摄影师 阿道夫·伊拉莫维奇·鲍耶尔斯基拍摄
右上角放大图为1880年Pow Kee照相馆拍摄

1920年日本摄影师金丸健二拍摄

图 9 近代武昌"城-山"天际线的破坏

5 武昌城山风景的规划展望

正如米切尔在《风景与权力》中所言：风景作为文化中介，具有双重的作用，它把文化和社会建构自然化。武昌特殊的地理区位和地形结构为其"城-山"的空间互动提供了先决条件。城市历经一次次扩张，将山纳入城中，山从物理形态边界逐渐转变为影响城市内部结构的重要因素，成为嵌入城市空间中具有丰富人文底蕴的自然景观。然而，过去的城市建设一味追求速度与成本，对地形进行简单粗暴的挖方填平，忽视了对山体历史脉络与人文价值的挖掘，使得城山发展关系失衡。如何从城山风景营建的传统经验出发，使其原有的人文特质得以保留和发展，成为当代规划实践的关键问题。本文以城山风景的传承与创新为主旨，从文脉挖掘、风貌保护、特色节点三个方面提出对策。

5.1 文脉挖掘

以文脉挖掘为途径，对城山历史进行空间考证和价值辨析是深入开展城山风景保护的前提。城山风景是城市中人和自然长期互动作用下的复杂文化空间，但是古今环境差异大、遗迹实体保留不完整等客观因素导致其往往作为环境遗产，难以直接展示，需要结合史料对遗址进行空间复原。中国城市中的山体往往具有悠久的历史，历代信息庞杂累积，如果只窥其一面，往往会混淆事实。一些知名的历史景点（如南楼）因为在古代屡次更名移址，现代又在新址重建，一些研究错误截取了片段化的历史位置信息（包括宋代鄂州城、南朝郢州城址的城墙边界），目前关于武昌城市形态演变的各类研究存在出入，一直未有权威考证。文脉空间考证的缺漏不仅阻碍了学界对武汉历史空间的深入研究，还影响了历史阐释体系的建构，间接造成了历史景区的导游科普缺乏细节支撑、核心价值不明，甚至出现价值误判的突出问题，严重影响了居民与游客对城市历史环境和文化内涵的感知。因而，规划实践应结合史料、地图对武昌城山风景的历史空间信息进行全面的挖掘，辨析具有突出景观价值的历史空间，再开展保护工作。

5.2 风貌保护

在深入理解武昌城山风景内核的基础上，对武昌城山空间整体结构进行识别，古今对照，适宜性地建构城山风景规划方针。吴良镛先生强调"人居环境贵在融汇"，对历史城市的保护并非一成不变地冻结式保存，也不是回到历史辉煌时代的景观"再现"，而是不断推进传统文化的传承与创新。以往对城市中山体往往运用现代城市规划学的理论以及西方的保护体系进行保护，如对山体划定保护范围和建设控制地带，给出禁建和控制建设的要求，采用层圈递增的建筑形态和视觉分析方法，这或许只是一种变相的改造，而非对古人立意的保护。比如明代武昌衙署、楚王府与蛇山形成的两条"T"形人文轴线、龟蛇相望形成的"江—山—楼"交相辉映的景观带、清代蛇山南麓因山而建的书院与祠堂，都是武昌城山空间的重要组成部分。规划实践应在对城山空间整体结构进行识别的基础上，建构核心风貌区并建立管控标准，力求将古代历史意蕴融入现代城市生活中，保持其文化属性的连续，形成新旧融合的空间结构体系。

5.3 特色节点

借鉴古代城山风景意象，对关键山麓景观建筑、历史园林进行特色营造，利用视线设计丰富各单元间的互动,形成层次丰富的历史人文景观节点。特色节点是一个区域的特色中心和象征,也是联结人地关系的空间纽带。历史上武昌城的特色节点丰富,有黄鹤楼这一对外联动的城镇标志物,雄楚楼、南楼等位于城市轴线上的观景楼阁,以及胭脂山、凤凰山、府崇山(花园山)等单元组团中的自然标志物,这些节点已具备一定的景观基础和人文胜迹遗存。规划实践可通过对历史遗迹进行统筹,串联各特色节点;对历史视觉通廊进行控制,形成自然环境与人文环境相互映衬的城市风景观赏节点。

6 结　　论

武昌作为多山散布的、形态不规则的城市,在中国传统山水营城的理念下,依据山形规划城市空间结构,借助山势塑造城市人文轴线,因山借景联动区域景观意象。城市空间对山体的利用从踞山为城的物理空间应用,到结合仪典秩序的人文风景构建,再到城山相融的空间结构规划,从而发展成为适应于多山地貌特征的多单元人居环境模式。规划经验表明,城内山体及其景观结构是古代城市进行内部空间组织的重要坐标,蕴藏了丰富的人文价值。城内山体及其景观结构也是重要的城市特质和风景资源,追溯与修复传统城山历史风景对当代人地关系协调发展具有重要意义。

本文通过对武昌城山风景的形成过程进行溯源,通过提取地方志和历史地图的空间信息对城山历史空间进行还原,希望能为古代传统城山风景的案例研究提供新的视角与方法。但是,中国国土广袤,不同地域的多山型城市中,城山空间是怎样有效组织的?蕴含人文历史的山体在现代城市规划与建设过程中,如何融合古今,延续生命力?这些问题有待在今后的研究中加大时间跨度、扩大地域范围,交叉历史学、社会学、环境学等多学科理论,构建更深层次的研究与实践应用框架。

参考文献

[1]　段义孚.空间与地方　经验的视角[M].北京:中国人民大学出版社,2017.
[2]　汪德华.中国山水文化与城市规划[M].南京:东南大学出版社,2002.
[3]　武廷海.画圆以正方——中国古代都邑规画图式与规画术研究[J].城市规划,2021,45(1):80-93.
[4]　严少飞,王树声,李小龙,等.踞山:一种依凭山地形胜构建城市格局的方式[J].城市规划,2018,42(4):75-76.
[5]　陈薇.开门见山——金陵四十景[J].建筑师,2018,194(4):118-125.
[6]　王欣,李烨,冯展.山水城市视野下的杭绍古城山城关系研究[J].中国园林,2020,36(4):22-27.
[7]　张杰.中国古代空间文化溯源[M].北京:清华大学出版社,2016.
[8]　顾祖禹.中国古代地理总志丛刊:读史方舆纪要[M].北京:中华书局,2005.
[9]　陈梦雷.古今图书集成·方舆汇编[M].北京:中华书局,1986.
[10]　武昌区政协文史编辑委员会.武昌老地名[M].武汉:武汉出版社,2008.
[11]　王象之.舆地纪胜[M].杭州:浙江古籍出版社,2012.
[12]　吴成国.刘宋"分荆置郢"与夏口地位的跃升[J].湖北大学学报(哲学社会科学版),2004

(6):671-675.
[13] 蒋方.入蜀记校注[M].武汉:湖北人民出版社,2004.12.
[14] 张师颜.南迁录[M].北京:中华书局,1985.
[15] 达婷.传统城镇风景空间环境协同研究[D].北京:北京林业大学,2014.
[16] 王仁.清末武昌古城空间形态研究[D].武汉:华中科技大学,2020.
[17] 陈诗.湖北旧闻录[M].武汉:武汉出版社,1989.

规划遗产视角下我国城乡规划学科发展现状分析

彭雨晴[1]

摘要:近年来我国城乡规划行业呈现整体萎缩的困境,本文试图从规划遗产理论的视角来总结我国城乡规划在蓬勃发展时期(1994—2020年)所取得的重要成就,对把握学科知识价值、支撑未来发展具有重要意义。本文提出现代城乡规划遗产的价值体系主要包括四点:反映社会意识形态的规划理念、有章可循的规划编制管理体系、规划落地的代表性实践案例、基于环境行为的社会反馈机制。在规划理念上,从西学东渐到根据自身发展特征总结出一系列规划理念,其国际影响力正逐步提升;在编制管理体系上,从人才培养、规划院建设、编制流程等形成了具有中国特色的规划行业体系;在实践案例上,编制了大量规划成果,有序指导了城市化建设,形成大量具有时代特色的总体规划和详细规划案例;在社会反馈机制上,探究建成环境对人生产生活活动影响的研究为城市化后期的旧城更新、资源配置等积累了大量科学研究储备。

关键词:规划遗产;城乡规划学科;规划理念;实践案例;反馈机制

Abstract: In recent years, China's urban planning industry has shown an overall shrinking predicament, this paper attempts to summarize the important achievements of urban and rural planning in the booming period (1994-2020) from the perspective of planning heritage theory, which is of great significance in grasping the value of the knowledge of the discipline and supporting the future development. It is proposed that the value system of modern urban planning heritage mainly consists of four points: planning concepts reflecting social ideology, rule-based planning preparation management system, representative practice cases of planning implementation, and social feedback mechanism based on environmental behavior. In terms of planning concepts, a series of planning concepts have been summarized according to the characteristics of its own development, but the international influence is gradually increasing; in terms of the preparation management system, a planning industry system with Chinese characteristics has been formed from the cultivation of talents, the construction of planning institutes, and the preparation process; in terms of the practice cases, a large number of planning achievements have been prepared, which have guided the construction of urbanization in an orderly manner, and a large number of master plans and detailed planning cases with the characteristics of the times have been formed; in terms of social feedback mechanisms, the research on the impact of the built environment on people's production and living activities has accumulated a large number of scientific research reserves for the renewal of old towns and resource allocation in the later stages of urbanization.

---

1 彭雨晴,华中科技大学建筑与城市规划学院,博士生,研究方向为通勤出行与城市空间结构。地址:湖北省武汉市洪山区珞喻路1037号华中科技大学南四楼。Email:893512692@qq.com。Tel:13593877895。

Key words: planning heritage; urban planning disciplines; planning concepts; practical cases; feedback mechanisms

1 引言

美国著名城市学者芒福德在《城市发展史》中指出"真正影响城市规划的是深刻的政治和经济的转变。"1994年分税制改革直接推进了土地财政的兴起,进而加速了城镇化和工业化进程,促使我国的城市规划事业也获得了空前的大发展[1]。吴良镛先生在《建筑遗产》学刊创刊号上的《寄语》中谈到"在未来的一定时期内,城乡建设将仍然保持高速度和大规模发展的态势。"在2018年改革开放40周年之际,大量学者、规划从业者对城乡规划专业的发展进行了回顾与总结,研究中虽然提出了城乡规划发展面临的一些问题,但整体上对规划行业的前景充满信心[2-5]。然而2022年以来城乡规划行业从业人员的收入、相关专业的报考分数和热度直观体现了这个行业已经失去了往日的荣光。究其原因在于,城乡规划行业的甲方是地方政府,房地产又是地方政府土地财政的基础。一旦房地产"熄火",土地财政势必遭受巨大冲击。当地方政府财政拮据,自然没有办法再"喂养"庞大的城乡规划产业。房地产经济下行的重要原因之一是我国自然增长率已经出现负增长(2022年自然增长率为-0.6‰),城市房地产将面对无人接盘的现实问题。我国的城市化一直以土地为中心,"土地城市化"先于"人口城市化",重投资、轻消费,较为忽视人的需求,以至于出现了房价高、城市公共服务设施资源不均、留守儿童(老人)问题、农民工权益保障问题、贫富差距扩大等社会矛盾。根据吴志强院士在2018年对改革开放40年来中国城乡规划知识网络演进图谱的分析[5],在2000年以前,"经济""产业"和"交通"是相关文献研究的关键词;在2000年以后研究内容逐步扩大到"生态""文化""乡村""历史""公平""防灾"等。以经济发展为核心的城市建设早期不被重视的内容,在城市发展的后半程却成为制约城市高质量发展的主要矛盾。

有学者提出,规划教育的重点是"规划",而不是"城市研究"与"城市分析",应以服务于国家经济社会及城镇化发展为主要任务[6]。城乡规划行业从业者所接受的专业培训以"增量规划"为主,现在面临的行业困境正是转向"存量发展"时专业知识与工作内容的不匹配造成的。我国在快速城市化过程中直接套用西方既有的规划技术产生了许多问题,因此在发展过程中对规划技术流程进行了充分的完善,经过60年的发展,已经形成了基本的知识体系框架和学科建制,并且在中国城市化快速发展和国家社会经济建设中发挥了重要作用[7,8]。在城市高质量发展阶段,需要我们对知识框架和工作模式进行调整和完善,但这不应该是重新开始建构,而是在现有的基础上进行改进。过去积累的"技能"是否依然适用于城市发展的需要,是值得反思的问题。照搬西方发展经验解决不了我们现阶段城市建设面临的很多问题,但我们自己走过的路和过去的成功经验也不一定适用于未来。如何衡量甄选可适用于未来的"成功经验",需要从认知城市规划的本质以及对社会的价值入手,辨析城市规划在城市发展中能发挥作用的范围、程度及作用机制等问题。

城乡规划遗产成为近年来学术研究的一大热点,尽管其内涵界定、评判标准等尚处于讨论阶段,但普遍认为规划遗产具有突出而典型的科学、美学和历史文化价值,对地球环境演变和人类文明发展具有重要的记录、保存、启示和传承作用,对城乡规划的发展具有参考借鉴意义[9-12]。因此,"规划遗产"也成为探索规划学科的本质核心、文化价值、社会意义等的有利视角。本文通过梳理规划遗产的研究进展,构建规划遗产的价值体系,并在此体系下对我国1994—2020年来的城乡规划发展成果进行汇总,探讨当下城乡规划可能的发展趋势。

2 规划遗产的价值及其体系构建

2.1 相关概念

(1) 非物质文化遗产、建成遗产及规划遗产的关系。

我国在20世纪50年代开始对非物质文化遗产进行保护和发展,创立了一系列政策和法规,1997年正式将非物质文化遗产列入国家文化遗产保护目录,包括民间文学,传统音乐,传统舞蹈,传统戏剧,曲艺,传统体育、游艺与杂技,传统美术,传统技艺,传统医药,民俗十大门类。而"建成遗产"概念近些年才开始展开讨论,标志性事件为2017年在同济大学主办的以"建成遗产:一种城乡演进的文化驱动力"为主题的国际学术研讨会,会议上常青院士指出建成遗产泛指以建造方式形成的文化遗产,由建筑遗产、城市遗产和景观遗产三大部分组成,还包括那些虽建成遗产早已凋零,但影响依然深厚的地方[13]。可见建成遗产以"物质"形式为主,但也包括部分"非物质"内容。因此从内容界定上看,建成遗产并不能完全归为"非物质文化遗产"门类。国内在建筑遗产评选、登录和保护管理等方面已经积累了一定的实践经验,确立了建筑遗产的评选、登录和保护管理标准,其模式更接近于文物保护,以建筑单体或群体为主。

"规划遗产"概念在我国的兴起紧随"建成遗产"之后。规划遗产研究源于1975年英国的文化旅游名录,兴于2006年澳洲的国家遗产项目,在2011年后进行了国际上的案例解读,并于2019年引入我国进行了内化探索[14]。在我国,部分学者对规划遗产的本质和内涵进行了辨析,其内涵界定尚未统一,主要分为"非物质"和"物质"两种观点。如邹涵认为"城乡规划遗产"是一种非物质文化遗产,它对人类城乡发展或规划学科发展产生过重大影响或具有普遍价值,包括体现人居环境空间布局和建设成就的空间规划知识体系和技能[13];张松认为规划遗产应当是在不同历史时期由各种规划行为所创造而且留存下来的建成遗产[12];张扬认为规划遗产本质上是一种意识形态影响下的建造理论、设计方法在城乡空间中所形成的建成遗产[15]。可以看出,规划遗产是对建成遗产的内容扩展,不仅重视建筑物本身的艺术文化价值,更重视建筑物产生的时代背景以及与更大空间尺度的互动关系[16]。

(2) 规划遗产的价值。

欧美地区一直以来都是现代城乡规划理论发展的中心,如霍华德的花园城市、佩里的邻里单元等。从经济发展上看,主要原因在于其作为第一、第二次工业革命的发源地,较早完成了城市化,因此也较早面临城市快速扩展导致的环境问题和历史文化保护问题。如英国在1851年就完成了城市化,有大量经典的城市规划案例,但在1975年英国学者泰勒(Ray Taylor)出版了《英国的规划遗产》(*Britain's Planning Heritage*)一书,首次提出规划遗产的概念。

我国早期城市规划营造思想可追溯至春秋战国时期,在后世2000多年的发展中形成了以中国哲学思想和文化理念为特色的东方城乡规划理论体系。我国的规划营城模式虽然历史悠久。但由于城市发展缓慢,城市往往经过历朝历代的变迁而逐步发展壮大。中国古代知识体系都是以"学在官府""学术专守"的方式建立的,而现代城乡规划所涉及的工作内容在古代则遍布于国家执行统治和管理职能的各个方面(部门)[7]。在对规划遗产进行梳理的文献中,物质遗产大多以古城遗迹为主,如我国的元大都、明清北京、平遥古城等,以及国外的阿德莱德公园(Adelaide Park)、昌迪加尔等;而非物质遗产在我国主要是古籍(如《周礼》《管子》等)中提到的与城市建筑相关的零散内容[17]。

因此,我国现阶段规划遗产研究主要分为两块内容:①对中国古代城乡规划的知识进行挖掘,发现并保护现存的遗迹,补充典籍中所未能完全涵盖的规划理论;②从历史脉络的角度对现代城市空间形态的形成进行解释说明,梳理城乡规划在城市发展中的作用,以期保留能体现城市历史的关键构筑物或空间组合模式。

2.2 规划遗产价值体系

"体系"泛指一定范围内或同类事物按照一定的秩序和内部联系组合而成的整体。体系的特点是具有一定的稳定性和自组织性。通过上文对规划遗产研究现状的梳理可以总结出规划的价值体系主要包括四点:反映社会意识形态的规划理念、有章可循的规划编制管理体系、规划落地的代表性实践案例、基于环境行为的社会反馈机制。

(1) 反映社会意识形态的规划理念。

大量文献已经证明,不同国家之间以及同一个国家的不同时期,城市建设的模式都各有特色,其特色之处正是社会意识形态的转变在物质生活上的具体体现。首先社会意识形态的转变对社会阶层的反映体现在城市的中心、功能分区等方面。中央集权下的中国古代都城都是以皇宫为中心,遵循"王者居中""为数崇九"等王权思想和严谨对称的规划原则;而中世纪欧洲社会存在教会、贵族与议会三大支撑,因此几乎所有的中世纪城市中,集市广场、市政厅与教堂三者共同位于城市中心。在功能分区上,中国古代城市在《考工记》中就有"左祖右社,面朝后市"的功能布局,宋代以前市场一般集中布置在独立的地段,王公贵族和平民百姓的居住区明显被划分开。

西方发达国家的城市规划起源于18世纪,由于工业革命引起的城市化,城市社会问题和矛盾远远超出用传统建筑学思维和空间形态方式可以解释和解决的范围,现代城市规划思想由此产生和发展[18]。经过100多年的发展和完善,现代城市规划理论与实践在缓解区域与城乡矛盾、引导城乡经济建设与发展优化和提升城市形态功能、维护城市生态与环境可持续发展等方面积累了大量理论和实践经验,与此同时我国的城市化进程才刚刚起步,学习、借鉴西方规划模式成为必然选择[3]。我国的城乡规划专业参与了快速城市化的发展奇迹,我国独具特色的城市化模式与西方国家存在明显不同,虽然在国际期刊上发表的学术论文数量逐年上升[19],但却没有在大量的实践过程中总结出具有国际影响力的学术理论成果。因此,体现我国快速城市化进程中社会意识形态的规划理念,具有重要的规划遗产价值。

(2) 有章可循的规划编制管理体系。

在古代,我国的营城思想除了空间形制上的量化界定,还有等级森严的建筑物规范制度来显示阶层差异,各级城市、衙署、寺庙、宅第建筑和建筑群组层次分明,并通过建筑规模进行控制。而在欧洲,等级制度并未通过对建筑形制的严格要求来体现,宫殿或者民用住宅的规模形制往往取决于其经济基础。工业革命以后,城市功能趋于复杂,西方国家的城市规划建设在解决城市发展问题的过程中积累了一定经验,发展出指导城市建设的规章制度,并传入中国,深刻影响着我国城市的建设模式。

因此,我国在快速城市化过程中建立起的规划编制及管理体系具有重要的规划遗产价值,可以为亚洲、非洲、拉丁美洲等发展中国家的城市发展建设提供经验参考。

(3) 规划落地的代表性实践案例。

规划理念与编制规范唯有落地实践才能真正发挥规划价值。既有规划遗产研究的相关案例以国内外较为完整的建成遗址为主,如北京故宫、平遥古城以及澳大利亚的阿德莱德公园(Adelaide Park);或者按照规划图纸新建或改造过的城市,如阿伯克隆比规划后的伦敦、1853年奥斯曼推行改造后的巴黎、勒·柯布西耶追求以"人体"为象征进行城市布局建造的昌迪加尔等。尽管这些规划实践项目在建成后的使用中存在较多的缺陷,但其本身的存在就具有一定的历史价值,其存在的问题也只有建成使用后才能被发现,并为后续的规划编制理念提供有价值的经验。

因此,梳理快速城市化过程中有代表性的规划实践项目,总结其能落地的原因以及未能实现的效果,具有较强的规划遗产价值。

(4) 基于环境行为的社会反馈机制。

无论是封建社会还是现代社会,城市的建设都以满足当时人民的生产生活需要为目标。既有规划遗产的研究往往聚焦于规划技术本身,较为忽略规划与其服务对象之间的互动反馈机制。尽管社会体制不同,现代社会的中西方规划学界都非常重视建成环境对人民生活幸福感的影响,关于建成环境对人的影响研究已经取得较为丰硕的成果,理应成为城乡规划遗产的重要组成部分。

3 规划遗产下的城市规划成果

3.1 反映社会意识形态的规划理念

有学者指出,城乡规划的本质是对意识形态的空间表现,被称为"科学"的内容,只是在实践中使空间有序化的一种"工艺"[15,20]。然而,城乡规划本身并不能塑造社会意识形态的形成和改变。城乡规划作为学科或者专业技能的发展恰恰是在顺应意识形态改变时不断积累的"工艺"经验。对城乡规划学科而言,研究重点恰恰在于如何顺应意识形态的变迁[21]。

(1) 具有国际影响力的理论成果正逐步增多。

理论的提出是基于对事实的研究而非空泛的原则,理论研究的前提应当是明确特定历史范畴具有实际效果的客观事实。我国一百多座历史文化名城体现出的优秀的营城思路是群体在发展过程中与自然互动的空间表现形式,对工业化时期的城市建设而言并不是一种具体可操作的规划模式,因此我国的城乡规划作为一个学科或者专业来看,其具体的规划技术、方法以至于理念是直接借鉴西方发达国家的早期建设管理经验。

长期借鉴模仿所导致的基础理论"空心化"也成为中国城乡规划发展的沉疴积弊,在我国30多年蓬勃的城乡规划建设实践中也很少进行规划理论的创新性总结。自城乡科建立以来,规划教育的重点是"规划",而不是"城市研究"及"城市分析",以服务于国家经济社会及城镇化发展为主要任务。关于城乡规划学科的理论和方法基础,一直以来都强调其综合性;在规划教育中则注重工程性;而在规划学术研究上更注重社会性和科学性,但目前学术研究成果对规划实践的指导作用较小,因此往往被质疑是否具有实践价值,导致具有中国特色的城乡规划理论更难以形成。

随着我国城市化进程放缓,大量规划实践的建设经验积累,外加一系列城市问题的出现,2013年以后我国城乡规划学者和从业人员在国内外期刊上发表论文数量开始逐步增多,在2018年发表的相关论文数量达到257篇[19]。随着中国综合国力与国际地位的提升,作为城乡规划研究的重要输出地与主要实践地,中国城乡规划领域的研究成果正逐步得到国际认可。

(2)相关规划理念总结。

规划理念基本上会以文献的形式进行总结和传播,因此可以在文献库中进行归纳总结。在中国知网中以"城市规划"为主题词进行检索,共检索出文献106371篇。1984—1994年年均发文量200篇左右,从1994年开始发文量倍增,这与本文选择的研究时间段(1994—2020年)基本吻合。根据主题词汇共现矩阵分析(图1),可提取出城乡规划相关的理念焦点,整理后得到表1,并结合具体内容得各类城乡规划理念的关系,如图2所示。

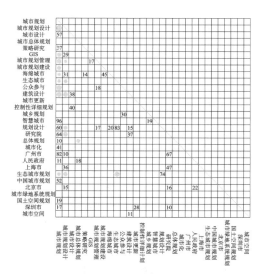

图1 城乡规划相关主题词汇共现分析

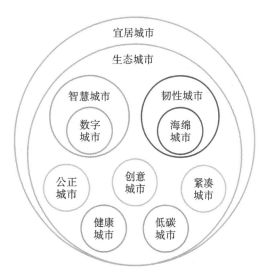

图2 各类城乡规划理念的关系

发展和安全是现代城乡规划理念的两大核心要素,不同城乡规划理念的侧重点各有不同。侧重发展的城市规划理念包括智慧城市、数字城市、低碳城市、公正城市、创意城市、紧凑城市;侧重安全的城市规划理念包括韧性城市、海绵城市、宜居城市、健康城市、生态城市。

城乡规划的目标、重要理念往往来源于如何解决城市发展遇到的实际问题,比如面对自然环境恶化问题,我们提出全面探索自然资源的保护与利用方式,积极开展生态文明理念研究与建设实践;面对住房紧张、老旧小区问题,我们提出推进住房供应体系建设与居住环境改善,满足人的基本需求;面对大城市常住人口远高于户籍人口造成公共资源紧张的问题,我们提出强化公共服务和公共空间建设,适应人民生活方式的转变。此外还有对国家政策的响应,比如乡村振兴背景下我们提升农村地区生活质量,缩小城乡差别;文化强国背景下注重城乡历史文化遗产保护,不断探索城市特色塑造方式等。

表1 城市规划相关理念总结

城市规划理念	定义
智慧城市	以数字化、网络化和智能化的信息通信技术设施为基础,以社会、环境、管理为核心要素的当代城市发展理念与实践
数字城市	综合运用地理信息系统、多媒体、虚拟现实等数字技术,以传感方式自动采集城市数据,以数字化方式展现城市多元信息,并进行动态监测管理,最终为城市管理、生产、生活等提供服务的虚拟城市形态
低碳城市	通过消费理念和生活方式的转变,在保证居民生活质量不断提高的前提下,尽可能减少碳排放的城市建设模式和社会发展方式
公正城市	以实现城市的多样性、民主化和平等为主要特征的规划理念和目标
紧凑城市	针对城市无序蔓延提出来的城市可持续发展理念模式,强调通过土地资源的混合使用、密集开发等策略,提高城市土地的利用效率和城市发展的品质
韧性城市	关注城市应对自然灾害的恢复能力,以及城市应对自然和人为灾害具有可承受性、适应性和可恢复性的能力
海绵城市	利用自然条件与工程措施调剂雨水的蓄存与释放,来应对雨水自然灾害的城市建设理念
宜居城市	以实现城市良好的居住环境、清洁高效的生产环境、丰富的人文社会与生态自然环境,并且能够为居民提供发展机遇和促进自由交流、民主协商的空间和机会均等为特征的规划理念和目标
健康城市	具有良好的公共卫生体系,能够较好地解决城市卫生、污染、生态、环境保护问题,保障与促进城市的公共健康
生态城市	社会、经济、自然协调发展,物质、能量、信息高效利用,技术、文化与景观充分融合,人与自然的潜力得到充分发挥,居民身心健康,生态良性循环的集约型人类聚居地

3.2 有章可循的规划编制管理体系

(1) 我国规划专业人才的培养。

1952年我国设立城市规划专业以来,其是作为工学门类下"建筑学"一级学科之中的二级学科而存在,至今已经历了70余年的发展历程。我国早期高等教育城市规划专业将西方建筑学和城市规划思想作为学科教材。2011年被归为一级类工学学科后,更名为城乡规划专业。我国城乡规划的教学体系和管理体系的建设,已形成了较为完善的专业知识体系、人才培养体系、教育评估体系和职业标准体系,形成了一级学科办学的理论与实践基础。

西方城市随着物质规划逐步完成,规划学科教育和研究从工程型转向社会型,与社会学、经济学、生态学等学科交叉研究来解决存量发展时期的城市问题。20世纪60年代后西方规划理论社科化,规划的作用和影响力式微[6]。与此同时,我国的城市建设大规模开展,工程型的城市规划实践爆发,学科教育以物质空间规划技能训练为核心,强调人居环境规划设计操作性专业技能训练。学科教育的专业知识以西方既有规范为基础,结合中国实践,在这个过程中逐步建立自己的学科体系和技术方法。在此期间出版了大量的学科教育丛书、规范技术指南和法律规章,为我国以及世界的城乡规划学科发展做出了突出贡献。

(2) 规划编制单位的发展。

规划院作为我国城乡规划制度体系的重要组成部分,是20世纪50年代参照苏联模式逐步建立起来的。规划院的设立遵循的是"行政"与"技术"相互分离的思路,以尽量避免规划编制受到太多行政和政治因素的影响。改革开放以后,各地规划院纷纷恢复或新设,并于20世纪80年代中期开始,逐步推行事业单位企业化管理。以1985年国家计划委员会颁布的《城市规划设计收费标准(试行)》为标志,规划编制工作进入收费咨询阶段,规划局与规划院过去平行的工作关系,转变为甲、乙方的合同委托关系。

长期以来,服务于建设系统一直是城乡规划的核心任务。"地方政府企业化"是推动城乡规划行业发展的外部需求。改革开放四十多年来,我国经济持续高速增长的主要动力来自地方政府的竞争。地方政府将经营城市、招商引资作为第一要务,表现出强烈的"政府企业化"特征。城市规划因其贴近地方需求的先天特质和擅长空间营造的专业优势,成为这一时期地方政府实现经济增长目标的实用工具。中国加入世界贸易组织(WTO)后,规划设计市场全面开放。在国家推动事业单位改革的进程中,一些规划院改制为国有企业或股份制企业。与此同时,民营规划院迅速增长,国外规划设计咨询机构也纷纷进入中国市场。据统计,截至2018年4月,全国甲级规划机构已从1987年的不足40家增长到417家,并由过去的以事业单位规划院为主体,转变为多种经营体制并存的多元化局面。

近年来城乡规划设计项目中非法定规划占比越来越大,非传统的规划类型和品种也越来越多。以2017年度全国优秀城乡规划设计评选结果为例,在获得一等奖和二等奖的116个项目中,总规、控规、城镇体系、历史名城保护规划等法定规划仅有18项,占总数的16%,加上城市设计、综合交通等传统类项目,也仅有35项,占总数的30%。大量规划设计任务的需求,特别是众多新型非法定规划项目的产生,看似维持了规划设计市场的持续繁荣,实则这一基础随着土地财政占比的缩减而逐步崩塌。

(3) 规划编制技术和管理模式。

20世纪80年代我国掀起了两轮城市规划编制的高潮,城市规划编制体系经历了初创和基本定型两个阶段。1986年和1987年举行过关于城市规划编制程序与方法的讨论,主要围绕规划编制的阶段与内容展开,以总体规划与详细规划两个阶段为主。以1989年通过的《城市规划法》为标志,我国城市规划工作的法制基础初步建立。城市规划的编制开始以法律为依据展开,城市规划文本由原来的决策参考资料变为政府依法管理城市建设的文件,推动了20世纪90年代初《城市规划编制办法》及其实施细则的产生[22]。2014年出台的《国家新型城镇化规划(2014—2020年)》标志着我国城乡建设发展迎来新的历史时期。

2021年7月2日《中华人民共和国土地管理法实施条例》(以下简称《条例》)正式实施后,我国建立了国土空间规划体系。国土空间规划体系将合并过去分设在不同部门的主体功能区规划、土地利用规划和城乡规划,对未来的国土空间使用进行组织和安排。目前,我国已逐步建立起了"五级三类四体系"的国土空间规划,基本完成市县以上各级国土空间总体规划编制,初步形成全国国土空间开发保护"一张图"。当前,《全国国土空间规划纲要(2021—2035)》已印发,"三区三线"已划定,城乡统筹的国土空间格局已基本形成,省市县各级国土空间总体规划编制审批正在全力推进,作为实施性安排的详细规划正成为持续深化"多规合一"改革的关注焦点。

规划院主要承担城市规划编制的技术工作,不负责各项规划方针政策、法规规章的制定,不直接参与规划的行政管理和实施过程。但是规划编制和实施是一个不可分割的整体过程,人为地将其分割成若干项目进行操作,割裂了规划编制、管理和实施的关系,弱化了规划的延续性和系统性[23]。

3.3 规划落地的代表性实践案例

改革开放四十多年来,城乡规划行业的直接贡献就是完成了大量规划编制任务,保证城乡建设都是在规划指导下展开的,维护了城市快速增长过程中的基本空间秩序[24]。我国城乡规划的法定项目包括城镇体系规划、城市规划、镇规划、乡规划和村庄规划。城乡规划和镇规划又分为总体规划和详细规划。详细规划分为控制性详细规划和修建性详细规划。

(1) 城市总体规划。

大尺度的城市总体规划、城镇体系规划指导着城市的发展方向、空间形态结构和土地资源配置,其落地短则5~10年,长则10~30年,但在土地城市化快速扩张的发展阶段,城市扩张规模超过原先设定的发展空间,因此城市总体规划也会顺应发展的需要进行更新。以武汉市为例,新中国成立以来公布的所有城市总体规划成果如表2所示。1953年,在国家城市建设总局(现并入住房和城乡建设部)顾问巴拉金的指导下,武汉市以国家"一五"计划为指导,编制了《武汉市城市规划草图》。在此基础上,为落实国家"156项工程"中落户武汉的重大工业项目,1954年底,武汉市城乡建设委员会(现更名为"武汉市城乡建设局")对规划草图进行修订,编制完成《武汉市城市总体规划》。1959年的《武汉市城市总体规划》提出武汉城市性质是"将要建成钢铁、机械、化学等工业的基地,又是科学技术、文化教育的基地和交通枢纽,对于湖北省和华中协作区工农业的发展,担负着技术支援和经济协作的重大任务"。2000—2010年,国家实施"中部崛起"战略,批准武汉城市圈为全国"两型社会"建设综合配套改革试验区,批复东湖新技术开发区为国家自主创新示范区,一大批国家型和区域型的基础设施落户武汉,现代服务业、先进制造业快速发展,区级经济发展成为主体。这一时期,城乡规划的关注重点已逐步跳出了武汉市域,在更大范围的"1+8"城市圈层面进行统筹谋划,强化了区域空间协调。城市空间的发展也更加注重区域协调发展,以武汉都市发展区为核心,拉开城市空间发展的骨架。《武汉市城市总体规划(2010—2020年)》明确提出至2020年,武汉要建设成为"我国中部地区的中心城市",空间格局上,《武汉市城市总体规划(2010—2020年)》将武汉市域划分为都市发展区和农业生态区两大空间层次,对其发展政策进行分类指导,引导城市空间有序扩展。

(2) 修建性详细规划。

修建性详细规划是数量最多、设计范围最广、市场需求最大的一类规划,主要以居住区规划、工业园区规划为主,由开发商主导,落地性最强(图3)。由于大量规划等于在"白纸"上创造新城,其在规划理念、空间组织模式上缺乏创造性,而仅以满足经济效益为目标,无论是规划布局还是建筑本身都存在模板复刻的情况,易形成"千城一面""千村一面"的城镇景观。

表 2 武汉市历年城市总体规划

1954 年版《武汉市城市总体规划》

1959 年版《武汉市城市总体规划》

1982 年版《武汉市城市总体规划》

1988 年版《武汉市城市总体规划》

1996 年版《武汉市城市总体规划》

2010 年版《武汉市城市总体规划》

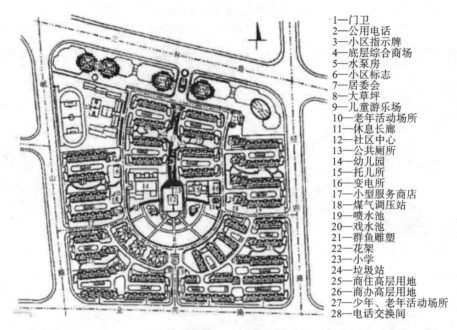

图 3　典型的现代居住区规划平面图

（3）非法定规划。

大量规划编制成果（如城市设计等）由于缺乏合法地位等原因，往往只是作为地方政府进一步扩展城市发展框架的展示文件，落地难以保障。比如城市设计具有的勾画未来城市图景的想象力和创造力、对空间形态的塑造力，以及为精美图面营造视觉冲击的表现力等优势，成为重点地区"空间营销"的有效工具。而且城市设计大多以设计竞赛的形式开展，会吸引众多国内、国际知名的规划机构和设计大师参与，本身也可以成为该地区空间营销的一种重要手段。

3.4　基于环境行为的社会反馈机制

城乡规划的主要工作任务是落实国家和区域发展战略部署；工作内容是合理布局资源要素；工作成果价值在于提升城乡发展质量，改善人居环境。由于长期以来城乡规划的目的都是服务于经济发展，对人的需求考虑较少，导致大量社会矛盾的产生。党的二十大报告提出，"坚持人民城市人民建、人民城市为人民，提高城市规划、建设、治理水平，加快转变超大特大城市发展方式，实施城市更新行动，加强城市基础设施建设，打造宜居、韧性、智慧城市"。在存量发展背景下，基于环境行为学的建成环境与居民活动行为之间的反馈机制研究成为学术研究的重点内容并积累了大量经验[25,26]（图4）。

建成环境通常包含土地利用模式、城市设计和交通系统三个组成部分。我国的建成环境与居民活动特征研究理论和基础也是在西方既有研究之上发展起来的，如 Robert Cervero 总结出的建成环境"3D"要素（密度、多样性、设计），为相关研究做出了奠基性贡献[27]。其中，"密度"包括居住人口、就业人口、就业岗位、建筑面积密度等；"多样性"包括不同土地用途的数量；"设计"包括平均街区大小、十字路口比例、交叉口密度、人行道覆盖面积、平均建筑后退量、平均街道宽度，或人行横道、行道树、将面向行人的环境与面向汽车的环境区分开来的其他物理变量的数量。

Handy 将土地利用模式定义为各种社会活动在空间上的分布，通常将空间区域划分为工业区、商业区和住宅区等[28]。城市设计应关注城市内各种要素的空间安排和面貌,以及街道和公共空间的功能和吸引力。交通系统指的是各种交通基础设施(比如人行横道、公共交通、自行车道等)及其能提供的服务质量。我国学者在进行本土化研究时对要素类型进行了一定的补充完善,除应用模拟仿真(simulation)、集计分析(aggregate analysis)和非集计分析(disaggregate analysis)方法探索出环境要素与人活动行为的相关性之外,还通过机器学习模型探究环境要素对居民活动的影响阈值[29,30]。

存量发展背景下,旧城更新改造成为城乡规划行业主要面临的项目实践以及学术研究热点。探究建成环境如何影响居民的出行活动、幸福感满意度等,将更加科学地指导旧城更新改造。但现阶段相关研究的结论距离形成清晰明确可操作的规范标准还相差甚远,需进一步深入研究。

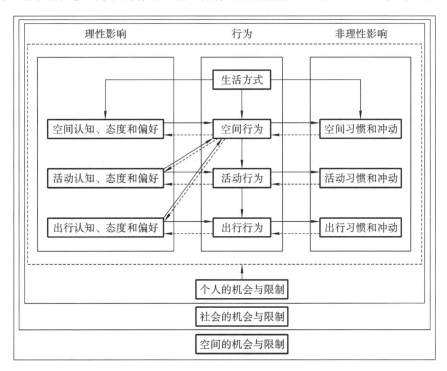

图 4 行为理论框架

4 总　　结

作为社会实践的城乡规划具有非常悠久的历史,起始于人类有意识建设和管理家园的初期阶段,但作为学科专业,则是非常晚近的事。1994年以后我国城市化率每年提升1.3%~1.5%,促进了城乡规划学科的蓬勃发展,但2021年城市化率达到65%以后,2022年城市化率仅增加了0.5%,我国城市化进程放缓,规划实践项目减少,城市规划行业遭受冲击。从目前的地方财政和房地产行业发展趋势来看,城乡规划行业已经到了迫切需要转型的时候。但是转向哪里,如何转是一个重大的学科和行业问题。通过梳理城乡规划遗产相关研究内容,本文构建起现代城乡规划学科具有遗产价值的分类体系,主要有四方面的内容:反映社会意识形态的规划理念、有章可循的规划编制管理体系、规划落地的代表性实践案例、基于环境行为的社会反馈机制。

在反映社会意识形态的规划理念上,我国城乡规划学科欠缺创新性的、具有国际影响力的理论模式或规划范式,原因在于规划教育主要以工程实践技能培训为主要目标,以满足国家旺盛的建设需求为主,在"城市研究"方面较少重视。我国的城乡规划在解决实际问题的过程中提出生态、韧性、智慧、乡村振兴等发展理念,并影响着城乡规划编制和城市建设实践工作。

在有章可循的规划编制管理体系上,形成了较为完善的专业知识体系、人才培养体系、教育评估体系和职业标准体系,培养了大量城乡规划人才,发展出全国甲级规划机构400多家;城市规划编制体系经历了由初创到基本定型,法制基础初步建立,规划编制和审批程序趋于完善。

在规划落地的代表性实践案例上,城乡规划行业完成了大量规划编制任务,保证城市建设都是在规划指导下展开的,维护了城市快速增长过程中的基本空间秩序。其中城市总体规划确定了各大城市的基本骨架和空间关系,修建性详细规划指导了各类功能区的具体建设,形成了多种鲜明的现代化城市片区的空间结构特征。

在基于环境行为的社会反馈机制上,在"以人为本"的发展理念下,城乡规划研究探讨建成环境特征对居民生产生活的影响机制,形成了大量研究案例,为存量发展时代的旧城更新改造等任务积累了科学的理论知识储备。

参考文献

[1] 赵民.改革开放40年之城市规划学科发展回溯与展望[J].上海城市规划,2018(6):8-9.

[2] 刘晓畅.改革开放40年来中国城乡规划研究领域演进[J].城市发展研究,2021,28(1):6-12.

[3] 庞春雨,刘晓书.改革开放40年城乡规划和城市文化发展的回顾与展望[J].规划师,2018,34(10):32-37.

[4] 吴志强."人居三"对城市规划学科的未来发展指向[J].城市规划学刊,2016(6):7-12.

[5] 吴志强,刘晓畅.改革开放40年来中国城乡规划知识网络演进[J].城市规划学刊,2018(5):11-18.

[6] 黄亚平,林小如.改革开放40年中国城乡规划教育发展[J].规划师,2018,34(10):19-25.

[7] 孙施文.中国城乡规划学科发展的历史与展望[J].城市规划,2016,40(12):106-112.

[8] 孙施文.规划的本质意义及其困境[J].城市规划汇刊,1999(2):6-9.

[9] 常青.过去的未来:关于建成遗产问题的批判性认知与实践[J].建筑学报,2018(4):8-12.

[10] 王祝根,李百浩.规划遗产:拉巴特世界文化遗产价值阐释与认知思考[J].城市规划,2023,47(8):47-56.

[11] 叶亚乐,李百浩,武廷海.国际上规划遗产的不同概念和相应实践[J].国际城市规划,2022,37(2):82-87.

[12] 张松.城市建成遗产概念的生成及其启示[J].建筑遗产,2017(3):1-14.

[13] 邹涵."城乡规划遗产"概念辨析及相关问题初探[J].自然与文化遗产研究,2019,4(11):120-124.

[14] 张杨,何依.形式之上:规划遗产的价值形态刍议——基于"有形-无形"的辩证视角[J].城市规划,2023,47(8):38-46+65.

[15] 张杨,何依.规划遗产的本质辨析、内涵解读与特征识别[J].城市规划学刊,2022(4):35-42.

[16] 张杨.计划经济时期的"规划遗产":概念界定、体系建构及案例研究[D].武汉:华中科技大学,2021.

[17] 刘沛林.论中国古代的村落规划思想[J].自然科学史研究,1998(1):82-90.

[18] 赵万民.城乡规划学科的建设与发展过程[J].室内设计,2013,28(2):1-4.

[19] 秦诗文,李鹏鹏,杨俊宴,等.中国城乡规划学科国际化发展态势研究——基于中国学者SCI/SSCI收录期刊文献分析[J].规划师,2020,36(10):5-11.

[20] 马武定.城市规划本质的回归[J].城市规划学刊,2005(1):16-20.

[21] 朱祖希.对北京四十年来城市规划工作的回顾与反思[C]//北京历史与现实研究学术研讨会论文集.北京:北京燕山出版社,1989:15.

[22] 苏则民.关于我国城市规划体系问题的思考[J].城市规划,1995(6):31-36.

[23] 张兵.改革开放以来我国城乡规划发展的回顾与反思[J].小城镇建设,2015(10):25-27.

[24] 王凯,徐泽.重大规划项目视角的新中国城市规划史演进[J].城市规划学刊,2019(2):12-23.

[25] 刘宇,郝雨露.基于疗愈环境理论的城市滨水景观设计策略研究[J].艺术与设计(理论),2023,2(3):48-51.

[26] 李浩.基于扎根理论的武汉湖泊公园游客感知满意度评价研究[D].武汉:华中农业大学,2021.

[27] Reid Ewing R C. Travel and the Built Environment: A Meta-Analysis[J]. Journal of the American Planning Association,2020,76(3):265-294.

[28] Handy S L B M G E. How the Built Environment Affects Physical Activity: Views from Urban Planning[J]. American Journal of Preventive Medicine,2002,23(2):64-73.

[29] 雷玉桃,朱鹤政,彭文祥.多中心空间结构对城市碳减排的影响研究——基于中国超特大城市的实证分析[J].城市问题,2023(2):4-12.

[30] 孙斌栋,潘鑫.城市空间结构对交通出行影响研究的进展——单中心与多中心的论争[J].城市问题,2008(1):19-22.

国土空间规划体系下县域历史文化遗产保护体系构建研究——以山西省翼城县为例

何 卓[1] 王宝强[2] 郭军强[3]

摘要：在国土空间规划体系下合理构建县域历史文化遗产保护体系，是优化历史文化遗产保护与国土空间治理有效衔接的重要手段，是统筹协调全域历史文化遗产与区域空间、自然空间、城镇空间、农业空间融合的重要方法，亦是落实上位规划中历史文化遗产保护的单元组织过程。本文在探讨国土空间规划"五级三类"体系下不同层级历史文化遗产保护与利用的主要内容的基础上，以山西省翼城县为例，提出历史文化遗产底数底图构建、空间价值识别、区域体系落实、空间结构布局、空间边界协调、要素保护利用等方法，为完善县域历史文化遗产保护体系、传导国土空间刚性和弹性指标提供基本依据。

关键词：历史文化遗产；体系构建；国土空间规划；县域尺度；翼城

Abstract: Reasonable construction of county historical and cultural heritage protection system under the territorial spatial planning system is an important means to optimize the effective connection between historical and cultural heritage protection and territorial space management, an important method to coordinate the integration of the whole historical and cultural heritage with regional space, natural space, urban space and agricultural space, and also a unit organization process to implement the superior planning of historical and cultural heritage protection. On the basis of discussing the main contents of the protection and utilization of historical and cultural heritage at different levels under the "five levels and three levels" system of territorial spatial planning, taking Yicheng County of Shanxi Province as an example, the methods of constructing the base number and map of historical and cultural heritage, identifying spatial value, implementing regional system, layout of spatial structure, coordination of spatial boundaries, protection and utilization of elements were proposed. It provides the basic basis for improving the county historical and cultural heritage protection system and transmitting the rigidity and elasticity indicators of territorial space.

Key words: historical and cultural heritage; construction of system; territorial spatial planning; the county scale; Yicheng County

历史文化遗产保护对于新时期城乡可持续、高质量发展具有重要意义。在城乡快速建设发

---

[1] 何卓，苏州科技大学建筑与城市规划学院，硕士研究生，研究方向为历史文化遗产保护。地址：江苏省苏州市滨河路1701号苏州科技大学江枫校区。Email:1158897287@qq.com。Tel:18339182885。

[2] 王宝强，通信作者，苏州科技大学建筑与城市规划学院，副教授，硕士生导师，研究方向为国土空间规划理论与方法。地址：江苏省苏州市滨河路1701号苏州科技大学江枫校区。Email:wbq318@163.com。Tel:13026175892。

[3] 郭军强，苏州科技大学建筑与城市规划学院，硕士研究生，研究方向为历史文化遗产保护。地址：江苏省苏州市滨河路1701号苏州科技大学江枫校区。Email:2377783469@qq.com。Tel:15225691921。

展的过程中,许多历史遗产正在经历不同程度的破坏,为了使历史记忆得到延续、文化空间得以塑造,历史文化遗产保护应该被放在更重要的地位。我国历史悠久,历史文化遗产种类众多,具有历史价值、艺术价值与科学价值的文物和具有突出普遍价值的活态遗产统称为物质文化遗产,以非物质形态存在的、与群众生活密切关联且世代传承的传统文化表现形式统称为非物质文化遗产[1]。历史文化遗产的保护并不只是对遗产本身进行保护,对其周围环境的保护也至关重要,因此出现了"城乡历史文化聚落"的概念,即一些具有历史文化价值的城乡聚落。此概念的提出不仅使"环境"对文化遗产的重要意义更加突显[2],而且促进了我国对历史文化遗产的保护实现从"点"向"面"保护的转变。目前我国历史文化资源保护体系依然存在局限性,未来要进一步重视对一般或潜在文化遗产的挖掘,进一步重视全域、全要素统筹保护,构建多层次、活态化展示利用体系[3]。

文化遗产是区域发展的信息载体和见证,是其所在区域不可分离的组成部分,文化遗产保护是国土空间规划的重要内容[4]。在国土空间规划分级分类的背景下,不同层级的历史文化遗产保护体系的构建出现了新的要求。如何在整体梳理历史文化价值体系的基础上,分层次、有传导地构建文化遗产空间体系是目前国土空间规划体系下构建历史文化遗产保护体系所面临的新挑战。国家层面侧重战略性、省域层面侧重协调性、市县层面侧重实施性[5]是合乎国土空间规划体系下历史文化遗产体系合理构建的基本要求。但是在具体实践层面,不同层级规划如何落实,规划内容与生态、农业、城镇空间如何协调,与历史文化相关数据如何融合仍然值得探索。

山西省古村镇历史悠久、数量庞大、类型丰富,具有特殊历史意义和整体保护价值。翼城县位于晋南地区,县域范围内存在数量可观并能反映晋南古村镇厚重文化积淀的遗址景观[6]。本文在探讨国土空间规划"五级三类"体系下不同层级历史文化遗产保护与利用主要内容的基础上,以山西省翼城县为例,提出县域历史文化遗产保护的构建思路与方法,以期为完善县域历史文化遗产保护体系、传导国土空间刚性和弹性指标提供基本依据。

1 国土空间规划体系下历史文化遗产保护体系构建

1.1 国土空间规划体系下历史文化遗产保护的政策要求

自国土空间规划实施以来,国土空间规划体系中关于加强对历史文化遗产的保护利用更加重视,并反映在一系列政策文件中。2019年,《中共中央 国务院关于建立国土空间规划体系并监督实施的若干意见》提出要提高规划编制的科学性,延续历史文脉,加强风貌管控,突出地域特色。2020年1月,《省级国土空间规划编制指南》指出,要"落实国家文化发展战略,深入挖掘历史文化资源,系统建立包括国家文化公园、世界遗产、各级文物保护单位、历史文化名城名镇名村、传统村落、历史建筑、非物质文化遗产、未核定公布为文物保护单位的不可移动文物、地下文物埋藏区、水下文物保护区等在内的历史文化保护体系,编撰名录"。《市级国土空间总体规划编制指南(试行)》提出,"挖掘本地历史文化资源,梳理市域历史文化遗产保护名录,明确和整合各级文物保护单位、历史文化名城名镇名村、历史城区、历史文化街区、传统村落、历史建筑等历史文化遗存的保护范围,统筹划定包括城市紫线在内的各类历史文化保护线",还要"保护历史性城市景观和文化景观,针对历史文化和自然景观资源富集、空间分布集中的地域和廊道,明确整体保护和促进活化利用的空间要求"。2021年3月,《关于在国土空间规划编制和实施中加强历史文化遗产保护管理的指导意见》提出,要将历史文化遗产空间信息纳入国土空间基础信息平台,对历史文化遗产及其整体环境实施严格保护和管控,加强历史文化保护类规划的编制和审批管理,严格历史文化保护相关区域的用途管制和规划许可,健全"先考古,后出让"的政策机制,促进历史文化遗产活化利用,加强监督管理。2021年9月,中共中央办公厅、国务院办公厅印发《关于在城乡建设中加强历史文化保护传承的意见》,该意见提出加强制度顶层设计,建立分类科学、保护有力、管理有效的城乡历史文化保护传承体系;完善制度机制政策、统筹保护利用传承,做到空间全覆盖、要素全囊括,既要保护单体建筑,也要保护街巷街区、城镇格局,还要保护好历史地段、自然景观、人文环境和非物质文化遗产,着力解决城乡建设中历史文化遗产屡遭破坏、拆除等突出问题,确保各时期重要城乡历史文化遗产得到系统性保护,为建设社会主义文化强国提供有力保障。

上述政策文件不仅为协调历史文化遗产保护与发展的关系提供了指引,而且为在国土空间规划体系下构建历史文化遗产保护体系提出了基本要求,对提高规划的强制性与可实施性也奠定了政策基础。

1.2 总体规划层面历史文化遗产保护体系构建

1.2.1 构建国家文化遗产总体格局

在历史长河中,中国所遗留下来的文化遗产数不胜数。在国家层面构建历史文化遗产保护体系应侧重战略性。首先,应从区域视野中开展城市文化遗产研究[7],识别能够代表国家、在国际上能够展现我国底蕴的文化遗产空间,此类遗产空间一般都跨越了多个行政区,呈"带"状或"面"状分布;其次,在梳理跨区域文化带与文化区的基础上,划定重要遗产区的类型与空间范畴,为文化带与文化区所跨的省或市制定文化遗产空间保护体系提供指引。

1.2.2 确立省域文化遗产空间保护体系

在国家文化遗产总体格局的指引下,确立省域文化遗产空间保护体系。首先,要明确处于国家层面历史文化遗产空间范围边界内的文化遗产空间并予以落实;其次,要挖掘除前者外的省域范围内能够代表本土文化的文化遗产空间,将其作为省域文化遗产空间体系的一部分;最后,盘点梳理省域内各类物质文化遗产(如各级名城名镇名村、历史文化街区与文物保护单位等)以及非物质文化遗产(如传统舞蹈、戏剧、曲艺、杂耍等),并且建立历史文化遗产保护名录。

1.2.3 构建市级文化遗产空间保护体系

首先,研究市域范围内历史文化遗产保护名录,厘清遗产底数;其次,梳理市域内历史文化遗产脉络关系,分析各类、各级物质文化遗产保护空间与非物质文化遗产保护空间的联系;再次,确定市域历史文化遗产保护结构,文化遗产保护一般以"点—线—面"的结构来进行梳理,要求做到"全域全要素全覆盖";最后,划定历史文化遗产空间保护范围,落实其功能和用途管控。

1.2.4 构建县级文化遗产空间保护体系

首先,根据上位规划确定的历史文化遗产保护名录厘清县域范围内历史文化遗产底数;其次,从文化、生态、旅游经济等方面辨析县域范围内历史文化遗产保护价值,进行市级文化遗产保护体系的研究,在县级层面进行落实;再次,制定县级历史文化遗产保护结构,进一步挖掘县域本土特色遗产空间;最后,明确历史文化遗产空间保护边界,并且协调保护边界与三区三线的关系,识别保护要素,制定相应的保护措施。本文的后续研究将着重从如何构建县级文化遗产保护体系展开。

1.2.5 明确乡镇历史文化遗产保护结构

乡镇层面构建历史文化遗产保护结构,与上述各层级的规划相比更侧重实施性。首先,要摸清乡镇范围内历史文化遗产底数;其次,历史文化名城名镇名村应按照《历史文化名城名镇名村保护规划编制要求》与《历史文化名城名镇名村保护条例》中的规定明确保护要求;再次,对于有相当数量历史遗存,但未达到历史文化名镇标准的乡镇,应研究识别历史文化遗产聚落空间,辨析其保护价值与发展潜力;最后,划定保护地段、遗产聚落空间的等级与范围,明确管控要求,并将保护与利用对策进一步细化。

1.3 详细规划层面历史文化遗产保护体系构建

1.3.1 城镇开发边界内

在城镇开发边界内构建历史文化遗产保护体系,首先需要摸清规划范围内历史文化遗产底数,划定保护空间范围,然后根据历史文化遗产保护空间等级与类型划分历史保护规划编制单元,保护并延续文化遗产空间历史格局与历史风貌。除了注重保护外,保护区域的发展与经济活力也要得到足够重视,因此需要进行功能业态植入,活化历史文化遗产空间。

1.3.2 城镇开发边界外

以实用性村庄规划为例,来研究城镇开发边界外详细规划中历史文化遗产保护体系的构建。首先,要厘清各村镇文化遗产脉络关系,"跳出"单个村庄,从区域的角度来看待村庄内部的遗产空间;其次,考虑到村民的历史文化遗产保护意识薄弱,要强化文化遗产空间识别,避免遗漏;再次,在村域范围内,某些历史文化遗产空间与农业空间、生态空间多有重叠,要从多方面评估其保护潜力,协调好文化遗产空间与农业空间、生态空间的关系;最后,还要提出历史风貌引导要求,打造与村内遗产空间特质相符且富有特色的村容村品。

1.4 专项规划层面历史文化遗产保护体系构建

专项规划作为国土空间规划体系的一部分,应起到辅助历史文化遗产保护体系构建的功能,从不同的角度为历史文化遗产保护提供科学指引。如某些区域性文化遗产空间很难在单个行政区范围内得到周全保护,因此需要编制区域文化遗产保护规划;针对特定历史文化名城、名镇、名村,编制历史文化名城、名镇、名村规划;为了使历史文化遗产空间满足保护与发展并重的要求,需要针对地方编制全域旅游规划;同时也要考虑针对非物质文化遗产保护的相关规划。

通过对国土空间各层级历史文化遗产保护体系构建所关注的重点内容进行分析,为了满足各层级规划(总体规划、详细规划、专项规划)之间层层传导的机理,构建了全域、全要素、全方位、全系统的历史文化遗产保护体系(图1)。

2 山西省翼城县历史文化遗产保护体系构建思路与方法

2.1 底数底图构建

2.1.1 构建物质文化遗产底数底图数据库

翼城县历史悠久、人文荟萃、文物古迹繁多。县域范围内有两座历史文化名镇,分别为西阎

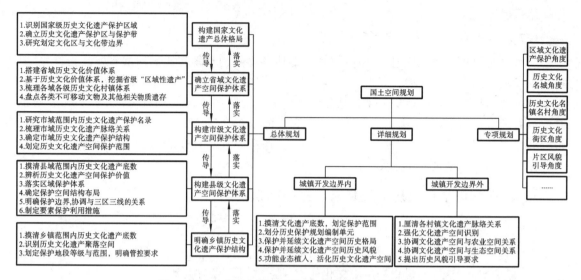

图 1 国土空间规划体系下历史文化遗产保护框架图
（图片来源：作者自绘）

镇和隆化镇。西阎镇为第七批中国历史文化名镇，隆化镇为第五批省级历史文化名镇。六处历史文化名村也位于翼城县域范围内，其中西阎镇古桃园村、西阎镇曹公村和隆化镇史伯村为中国历史文化名村，隆化镇南撖村、隆化镇尧都村和桥上镇撖庄村为省级历史文化名村。除名镇、名村外，翼城县城区内还有一个省级历史文化街区——南十字街历史文化街区。翼城县域内文物古迹众多，共有不可移动文物1029处，其中全国重点文物保护单位9处（四圣宫，乔泽庙对台，南撖东岳庙，木、石四牌坊，樊店关帝庙，曲村天马遗址，大河口遗址，南梁古城遗址，苇沟-北寿城遗址），省级文物保护单位12处，市县级文物保护单位300多处，未公布不可移动文物789处。翼城县国土空间总体规划中针对这些遗址构建了数据库，其中除了空间边界与规模等空间属性，也包括名录、等级、使用状况、相关影像等属性数据。

2.1.2 链接非物质文化遗产属性

翼城县文化底蕴深厚、民俗活动丰富多彩，高品质的非物质文化遗产项目较多，其中国家级2项（翼城花鼓、翼城琴书），省级13项（西阎民歌、孝义旱船、浑身板、堡子河蚌舞、老虎上山、火叉、李娘娘的传说、目连戏、转身鼓、砂锅烧造、滦池古会、翼城秧歌、凤头鞋制作技艺），市级10项（人熊舞、凤架坡传说、佛爷山古庙会、花灯舞、桐叶封弟的传说、踩地灯、和宗史伯神的传说、舜王的传说、耍大蟒闹五毒、老官庄特色黏窝面）。通过挖掘整理，将这些非物质文化遗产及其展示空间一并纳入数据库的构建中。

2.1.3 建立"一图一表"完善历史文化遗产数据库

经系统整理，笔者发现翼城县历史文化遗产种类多样、体系复杂且处于多部门分头管理的局面，为统筹全域全要素，提出建立"一图一表"历史文化遗产数据库。"一图"是梳理县域范围内历史文化遗产资源，将自然资源、人文资源、特色民俗、特色村落等类型历史文化遗产进行空间落位（图2），推动县域历史文化遗产空间矢量化，进一步完善"一张图"管理。"一表"是将翼城县域范围内历史文化遗产划分为2大类16小类（表1），系统记录各类遗产点的基本信息，包括遗产类型、保护等级、数量和名录，进一步推进历史文化遗产资源数字化管理。

表 1 翼城县历史文化遗产底数表

遗产类型		保护等级	数量或名录
物质文化遗产	历史文化名镇	中国历史文化名镇	西阎镇
		省级历史文化名镇	隆化镇
	历史文化名村	中国历史文化名村	西阎镇古桃园村、西阎镇曹公村、隆化镇史伯村
		省级历史文化名村	隆化镇南撖村、隆化镇尧都村、桥上镇撖庄村
	历史文化街区	省级历史文化街区	南十字街历史文化街区
	文物保护单位	全国文物保护单位	四圣宫,乔泽庙戏台,南撖东岳庙,木、石四牌坊,樊店关帝庙,曲村-天马遗址,大河口遗址,南梁古城遗址,苇沟-北寿城遗址
		省级文物保护单位	裕公和尚道行碑、中贺水泰岱庙、冶南冶炼遗址、故城遗址、河云遗址、河云东岭墓群、凤架坡墓群、南橄遗址、北撖遗址、枣园遗址、南卫遗址、南石遗址
		市级文物保护单位	城内关帝庙、感军遗址、马册永定桥
		县级文物保护单位	300 余处
	传统村落	—	城内村、撖庄村、青城村、兴石村、十河村、古十银村、堡子村、大河村、西阎村、下石门村、南撖村、史伯村、尧都村
非物质文化遗产	传统舞蹈	国家级	翼城花鼓
		省级	孝义旱船、浑身板、堡子河蚌舞、转身鼓
		市级	人熊舞、花灯舞
	曲艺	国家级	翼城琴书
	传统音乐	省级	西阎民歌
	传统杂技	省级	老虎上山、火叉
	民间文学	省级	李娘娘的传说
		市级	桐叶封弟的传说、凤架坡传说、和宗史伯神的传说
	传统戏曲	省级	目连戏
	传统手工技艺	省级	砂锅烧造
		省级	凤头鞋制作技艺
	传统信仰	省级	滦池古会
	传统喜剧	省级	翼城秧歌
	游艺与竞技	市级	踩地灯
	民俗	市级	佛爷山古庙会

(表格来源:作者自绘)

图 2 翼城县历史文化遗产分布示意
(图片来源:作者自绘)

2.2 空间价值识别

2.2.1 生态价值

我国大量的自然遗产和文化遗产呈现交织共生的分布特点,自然资源作为生态空间的重要组成部分,承担着生态功能与景观功能。历史文化遗产周边一般都规划有开放公共空间,其周围低开发、高绿化的特点不仅有利于形成城市景观,而且可以起到调节县域生态的作用。从县域角度来看,翼城县地处太岳山、中条山与临汾盆地的交接部,县域山体巍峨、植被繁茂、河流迤逦,形成了以"五山一水"为代表的特色自然遗产。"五山"即历山、佛爷山、翔山、绵山、河上公德山;"一水"即介湖小河口水库。翼城县域内出色的文化遗产多分布在自然遗产所形成的生态斑块、廊道上。如图3所示,穿小河口水库而过的浍河生态保护带以及其北部的滏河生态廊道上分布有木、石四牌坊,霸国遗址等多处遗产资源点与翼城花鼓、翼城琴书等非物质文化遗产保护展示空间。在城区内,不可移动文物、文物保护单位与广场、公园等公共活动空间相结合,共同构成了中心城区内部绿化休闲生态景观网络。

2.2.2 文化价值

对历史文化遗产的保护就是对文化空间的保护。翼城县历史悠久、人文气息浓厚,是中华民族古文明发祥地之一。晋南一带曾为尧都、夏墟。据《平阳府志》记载:"翼城县,古尧始封国。

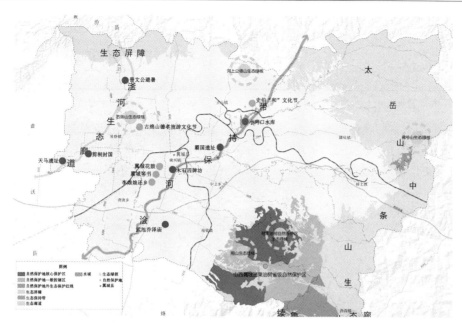

图3　翼城县生态廊道上的文化遗产分布示意

（图片来源：作者自绘）

虞封子于于此。夏商因之。周唐乱，周公灭之，成王封弟叔虞于此，是为唐叔。"翼城县为晋国故地、三晋之源，翼城县与侯马市、曲沃县是晋国文化密集区，《晋都大遗址保护和晋文化核心区开发利用规划》中的核心遗址多位于翼城县内，对研究西周历史文化具有非常重要的价值。

针对文化价值的保护，翼城县历史文化遗产保护体系构建坚持全面保护与重点突出原则，强调统筹全要素并重点开展对唐晋文化区的保护；坚持保护历史文化遗产的真实性及完整性原则；坚持可持续发展、永续利用的原则；坚持突出特色原则，突出翼城历史文化名城的地域、文化、景观等特征；坚持物质形态与非物质形态文化遗产保护并重的原则，深入挖掘有形历史文化遗产与无形优秀传统文化所孕育的文化价值。

2.2.3　旅游经济价值

翼城重点旅游资源单体数量较大，种类较多，根据中华人民共和国国家标准《旅游资源分类、调查与评价》（GB/T 18972—2017），对翼城旅游资源进行统计和分类，翼城县旅游资源单体数量达389处，拥有8大主类，25个亚类共74个基本类型（表2）。

表2　翼城县旅游资源数量构成统计表

属性		基本类型			资源单体	
		全国	翼城县	百分比	单体数	百分比
自然类	地文景观类	37	3	8.11%	17	4.37%
	水域风光类	15	4	26.67%	23	5.91%
	生物景观类	12	9	75.00%	33	8.48%
	天象与气候景观类	8	3	37.50%	7	1.80%
人文类	遗址遗迹类	12	9	75.00%	29	7.46%
	建筑与设施类	49	26	53.06%	152	39.07%
	旅游商品类	7	6	85.71%	31	7.97%
	人文活动类	16	14	87.50%	97	24.94%

续表

属性	基本类型			资源单体	
	全国	翼城县	百分比	单体数	百分比
合计	156	74	47.44%	389	100.00%

（表格来源：作者自绘）

翼城县坐拥丰富的晋南文化资源，结合片区的核心价值品牌营造以及翼城县发展战略，构建全域旅游格局，打造重点项目，形成"两核引爆，三带串联，三区覆盖"的空间格局（图4）。"两核"是指唐晋文化创新体验核与西阎历山生态度假核，"三带"包括生态文化度假带、田园休闲体验带与乡村民俗风情带，"三区"指东部山地生态文化养生片区、中部丘陵农旅产业体验片区与西部唐晋田园休闲旅游片区。

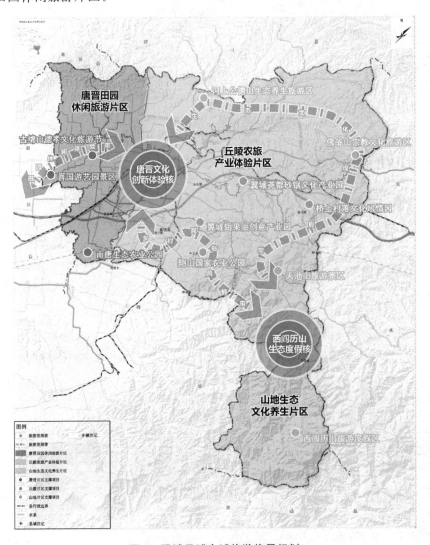

图4 翼城县域全域旅游格局规划

（图片来源：《翼城县国土空间总体规划（2021—2035年）》）

2.3 区域体系落实

临汾市明确了市域范围内历史文化遗产保护规划的结构要求,其中汾河历史文化带、浍河历史文化带贯穿临汾市域,并且浍河历史文化带从翼城县横穿而过,临汾市域历史文化保护规划所划定的历史文化资源集聚区沿浍河历史文化带横卧于翼城县域(图5)。翼城县域层面构建的历史文化遗产保护结构,以浍河历史文化保护带为主要轴线进行引导,实现空间结构契合,根据晋国遗址历史文化资源聚集区分布情况,与周边曲沃、侯马进行资源整合,协同建立保护体系,落实上位规划中确定的历史文化遗产保护体系。

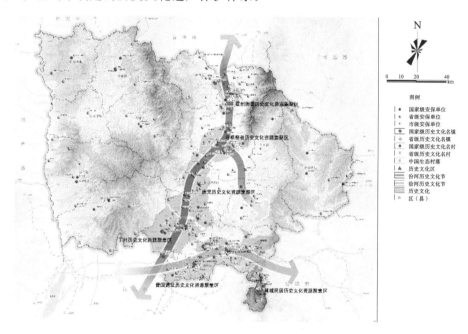

图5 临汾市域历史文化保护规划

(图片来源:《临汾市国土空间总体规划(2021—2035年)》)

2.4 空间结构布局

翼城县物质文化遗产的保护对象主体主要是承载了翼城县多样性文化元素的一些"看得见、摸得着"的建筑实体和社区,包括文物名胜古迹、历史遗址、古代村落民居、近代优秀建筑等,在翼城县的地域空间内,它们或散乱成点,或连点成线,又或叠线为面,因而对其的保护应有所侧重,形成点、线、面"三位一体"的三级保护体系(图6)。

2.4.1 "点",即集中的单体保护——集中保护,实施严格管理

这里的"点"主要是指各级重点文物保护单位、传统村落、近代优秀建筑等,它们是文化保护的基本单元,也是保护力度最大的对象主体。对这类"文化点"的保护,要注意最大限度地保持其原貌,实施严格管理,不得随意拆除、改建或添加建筑物,不得擅自更改文物保护单位保护范围和建设控制地带的界限,不合理占用文物保护单位和近代优秀建筑的单位,应限期退出。

2.4.2 "线",即代表区段的保护——线性串联,恢复历史记忆

这里的"线"是主要指文物分布密集、等级较高、保存较为完整且特色突出的地段。"三条保

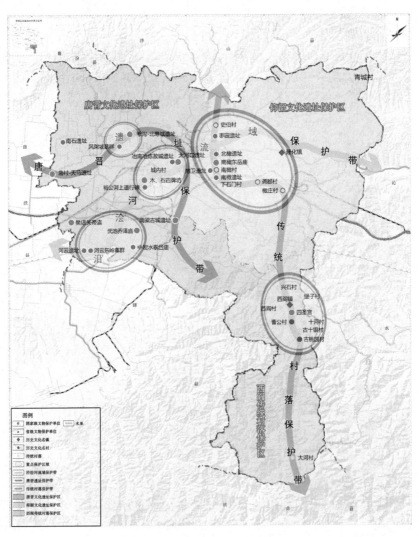

图 6　翼城县历史文化保护规划图
（图片来源：作者自绘）

护带"是指位于翼城县西北部的唐晋遗址保护带、横跨翼城县北部东西向的沿浍河流域保护带以及纵跨翼城县南北的传统村落保护带。通过景观节点打造将保护带上的历史文化遗产进行串联，恢复县域历史文化记忆，促进历史发展脉络的情景再现。

2.4.3 "面"，即重点区域的保护——文化植入，体现地域特色

对"面"的保护，首先将整个翼城县域划分为三个保护区，分别为唐晋文化遗址保护区、仰韶文化遗址保护区以及西阎传统村落保护区。再分析县域内保护"点"的相关度与密集度，在县域范围内划分五处重点保护地域，分别为城区古城保护区、四圣宫保护区、关帝庙及乔泽庙保护区、南撖东岳庙保护区、苇沟-北寿城遗址保护区，对这些重点保护区域要注重景观风貌的保护，通过文化植入的方式体现地域特色。

2.5　空间边界协调

历史文化遗产保护空间与三类空间多有叠合。比如作为自然遗产的自然保护区、风景名胜

区、森林地质公园一般属于生态空间；一些历史文化名村、文物保护单位、非物质文化遗产保护空间属于农业空间；城镇空间范围内的历史文化遗产保护空间主要包括历史文化街区、文物保护单位与非物质文化遗产保护空间（图7）。

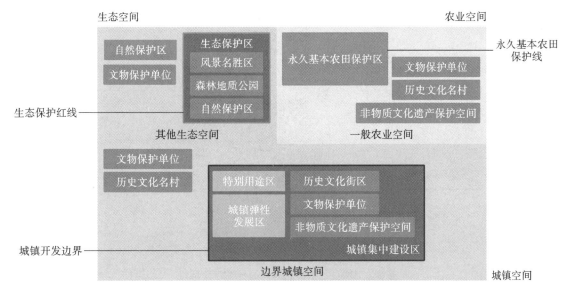

图7　历史文化遗产空间与"三区三线"关系示意图
（图片来源：作者自绘）

2.5.1　与生态空间的协调

翼城县"五山一水"的自然格局不仅是其独特的生态优势，也是其经过历史沉淀的自然遗产。作为翼城县文化遗产体系的一部分，其与生态空间的保护并无明显冲突。翼城县在促进自然遗产利用（即利用自然优势发展旅游经济）的过程中，应注意控制开发规模，最大程度减少对生态空间功能的负面影响。

翼城县域范围内部分传统村落空间与生态空间存在重合的情况。位于西阎镇的兴石村和大河村两处传统村落占据了优越的自然生态优势，与翼城县自然保护地核心保护区相重叠（图8）。以兴石村与大河村两处传统村落为例，针对两村历史文化遗产空间与生态空间的重叠关系提出管控要求，以期实现历史文化遗产空间与生态空间的协调。首先，要保护传统村落整体格局和风貌，严禁私自拆除、改建、破坏传统建筑物，保证村落空间与周围生态空间的和谐关系；其次，限制传统村落周边土地利用，防止大规模工业、商业开发进入传统村落区域，破坏片区生态环境和景观质量；再次，还要注重对村落内部与周围环境的保护，加强生态修复，合理处理污水、垃圾等问题，确保清洁的村落环境；最后，要加强传统村落的文化传承和保护工作，增强居民对传统村落与生态空间保护的认同感与参与感。

2.5.2　与农业空间的协调

翼城县域范围内历史文化遗产空间与农业空间叠合部分较多，主要表现为一些古遗址如苇沟-北寿城遗址、霸国遗址、南梁古城遗址位于农业空间的范围内（图9）。以苇沟-北寿城遗址为例，综合评估其保存现状与发展潜力制定管控要求。苇沟-北寿城遗址作为第八批全国重点文物保护单位，位于翼城县唐兴镇苇沟和北寿城村，遗址范围包括南寿城、北寿城、东寿城、苇沟、老君沟、后苇沟、营里、曹家坡、凤架坡等范围的古遗址，其中尤以苇沟-北寿城晋文化遗址为代

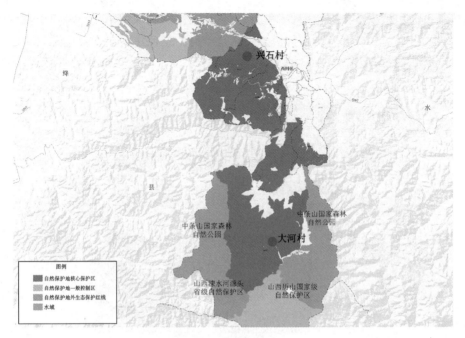

图 8　翼城县域生态空间内的传统村落示意
（图片来源：作者自绘）

表，该遗址保存较完整且具有一定发展潜力。根据考察情况划定保护范围，并以该范围向外辐射300米作为建设控制地带，以国家级遗址观光公园为目标，重点建设遗址公园、唐晋文化博物馆，依托临近县城和古绵山的优势，结合田园山水，对遗址进行充分展示、保护与利用，但其空间利用方式要以满足永久基本农田保护要求为前提。

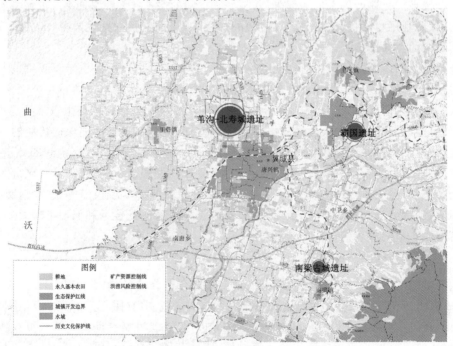

图 9　翼城县域古遗址空间与农业空间关系示意
（图片来源：作者自绘）

2.5.3 与城镇空间的协调

翼城县域多数文物保护单位、非物质文化遗产展示与保护空间均位于翼城县域各乡镇城镇开发边界内。最为典型的是位于翼城县中心城区内的唐兴镇（图10），镇里的南十字街是2009年山西省人民政府公布的历史文化街区。古城区历史文化遗产空间主要保护内容是针对古城格局与形态对历史文化街区以及关帝庙，木、石四牌坊等重要文物古迹点的保护，与城镇发展无明显冲突。以翼城县中心城区城镇开发边界为例，在总体规划编制中明确历史文化遗产保护体系构建的要求，首先根据县域范围历史文化遗产"一张图"梳理中心城区范围内遗产底数，并深入挖掘潜在遗产，然后按照《历史文化名城名镇名村保护规划编制要求》内容明确保护内容。于详细规划层面协调遗产空间与城镇空间，需要研究核心保护区、建设控制地带、环境协调区和重点保护地带与城镇开发边界的关系。

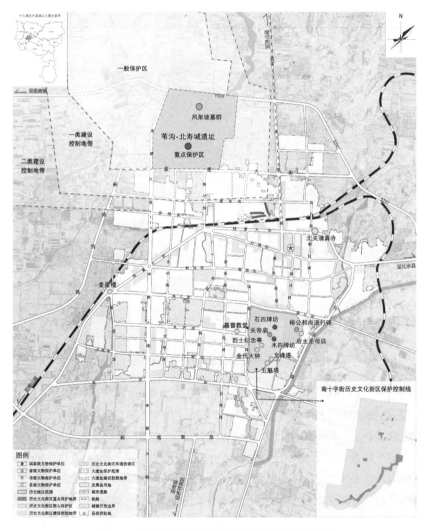

图10 翼城县中心城区历史文化遗产保护规划
（图片来源：作者自绘）

2.6 要素保护利用

以翼城县古城区为例,确定城区范围内重点保护内容,坚持保护古城格局与形态,保护古城自然风貌与整体空间环境特色,对有重大历史意义、确有依据、确有需要复建的文物古迹就地原址复建。

2.6.1 山水格局的保护利用

翼城老城区选址于浍水河西北侧的台塬上,以沟壑为界,城内地形平坦,东北部群山环抱,东南面向翔山,是典型的"枕山、环水、面屏"的城市选址布局模式(图11),其风水形制可概括为"浍水河畔,塬上卧牛",南十字街是"卧牛的铮铮脊梁"。现状古城山水格局保护较好,规划应延续其格局,将其独特的山水格局打造为独属翼城县的旅游名片。

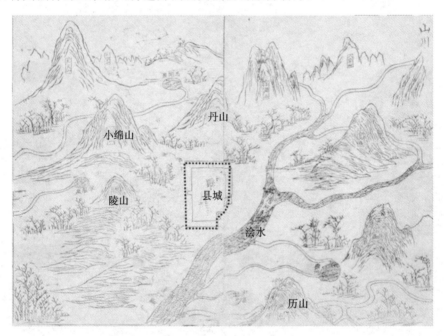

图 11　翼城县城地理格局
(图片来源:《翼城县古城保护与特色城镇风貌研究》)

2.6.2 空间格局的保护利用

翼城老城区边界清晰可辨,格局基本完整。县城以牌坊路和木枋街为十字轴,联系四座城门,其他街巷从牌坊路、木枋街衍生出来,纵横交错、界面连续、格局完整。针对古城区传统空间格局的保护,强调严格禁止任何违法拆除、改建或破坏历史建筑、街区等行为;遵循原地保护原则,尽量保持历史街区内建筑物的原址和原貌,不得私自迁移或改变其位置;对城区内重要街巷两侧不协调的建(构)筑物及建筑外装饰进行逐步拆除处理;严格控制开发强度,根据不同类型保护区进行建筑高度控制(图12),保护传统空间尺度;延续古城区空间特色风貌,任何新建、改建、扩建的建筑都应遵循传统三合院或四合院形式,单体建筑宜采用坡屋顶的形制;优化古城区空间景观格局,沿城区内南北轴线布置三处广场,使得空间更为多样,达到步移景异的效果(图13)。充分利用街区南侧浍河、翔山的自然景观,体现城市的自然风光,留出自然风的穿越空间,引导自然景观进入街区。

图 12　翼城古城保护区建筑高度控制
（图片来源：作者自绘）

图 13　翼城古城空间景观格局意向
（图片来源：作者自绘）

2.6.3　历史街区的保护利用

南十字街区是古城保护区范围内的核心保护区，其内部的道路骨架、城墙、传统民居、文物古迹以及街区形成的自然与人文环境的传统格局证明其存在一定规模的历史遗存，历史遗存所体现出的时空上的连续性以及视觉上的协调性展现了古城完整的历史风貌。规划首先梳理街区内部文物保护单位数量与位置，根据等级划定紫线，对于重点文物保护单位要参照文物保护要求和措施，实施文物保护；保护街区内历史风貌，针对建筑的体量、色彩、门窗、装饰等开展研究，根据需要采用当地传统建造技术与建筑材料进行修缮，对现有风貌不完整的传统建筑和现代建筑进行整治，强化传统院落保护格局与历史风貌；延续街区社会结构，挖掘南十字街内部的社会组织结构和社会网络结构，研究传统的生活居住方式，保障街区内原住居民保有率，促进文化生成与文化延续的有机生长过程；延续街区功能结构，将街区功能定位为古城商业中心与学府胜地，将现代生活必要的功能空间选择性地填补到原有空间布局中，确保街区功能的稳定性；灵活引入业态，活化历史街区，在保护街区的风貌格局的基础上，以非物质文化遗产体验旅游为特色，将主体商业与古城旅游、休闲娱乐和文化创意融为一体，整合零售、餐饮、娱乐、酒店、城墙遗址公园等多元业态，形成"商业＋娱乐＋文化＋旅游＋生态"的全新发展模式，建设发展古城主题式生活区。

3　结　语

历史文化遗产保护是新时期社会高质量发展的新要求，合理构建历史文化遗产保护体系是国土空间规划体系对落实历史文化遗产保护的要求。在国土空间规划体系下合理构建县域历史文化遗产保护体系，是促进历史文化遗产保护与国土空间治理有效衔接的重要手段，是统筹协调全域历史文化遗产与区域空间、自然空间、城镇空间、农业空间融合的重要方法,亦是落实上位规划对历史文化遗产保护的单元组织过程。本文以"五级三类"国土空间规划体系为基础,从规划编制审批的角度,研究各层级、各类型国土空间规划下的历史文化遗产保护体系如何系统构建与层级传导。以山西省翼城县为例,探索在县域角度如何构建历史文化遗产保护体系,提出了底数底图构建、空间价值识别、区域体系落实、空间结构布局、空间边界协调、要素保护利用等方法。目前,在国土空间分级分类、全域全要素管控的要求下对历史文化遗产保护体系的构建工作依然处于探索阶段,如何在规划实施监督体系、法规政策体系与技术标准体系中落实历史文化遗产保护的相关要求需要进一步研究。

参考文献

[1] 黄亚平,汪进.论小城镇特色的塑造[J].城市问题,2006(3):6-9.

[2] 杨涛.国土空间规划视角下的国家文化遗产空间体系构建思考[J].城市规划学刊,2020(3):81-87.

[3] 张兵.城乡历史文化聚落——文化遗产区域整体保护的新类型[J].城市规划学刊,2015(6):5-11.

[4] 田家兴,郝静,单彦名.国土空间规划背景下市域历史文化资源空间保护体系构建探索——以山东省聊城市为例[J].城市发展研究,2022,29(1):60-65+81.

[5] 刘军民,张清源,巩岳,等.国土空间规划中线性文化遗产的保护利用研究——以咸阳市为例[J].城市发展研究,2021,28(3):7-13.

[6] 何依,邓巍,李锦生,等.山西古村镇区域类型与集群式保护策略[J].城市规划,2016,40(2):85-93.

[7] 武廷海.区域:城市文化研究的新视野[J].城市规划,1999(11):12-14+64.

[8] 白晶,许闻博,孙昊,等.国土空间规划中的自然与文化遗产保护利用规划探索[J].城市规划学刊,2022(S1):219-224.

国土空间治理背景下遗址保护与乡村重构的共生机制与路径推演——以甘肃省庆阳市南佐村为例

李沐妍[1]　董欣[2]

摘要：我国乡村地区丰富的文化遗产，在乡村振兴过程中发挥巨大的作用。由于工业化与城镇化的影响，乡村地区文化遗产的保护开发与乡村建设发展之间长期存在冲突关系。本文从国土空间治理的角度出发，通过剖析文化遗产与乡村产业重构之间的交互关系，阐释两者的共生发展逻辑，提出文化遗产资源驱动下乡村重构的动力机制。以甘肃省庆阳市南佐村为例，从空间融通与共生、业态融合与创新、主体回归与合作三个方面，推演面向国土空间治理的遗产型乡村重构路径，发挥文化遗产保护利用对乡村地域系统重构的作用，推动乡村地区国土空间的高效治理。

关键词：国土空间治理；遗址型村庄；乡村重构；共生关系

Abstract: The rich cultural heritage of China's rural areas has a great effects to play in rural revitalisation. Due to the influence of industrialisation and urbanisation, there is a long-term conflict between the protection and development of cultural heritage in rural areas and the development of rural construction. From the perspective of territorial spatial governance, this paper analyses the interactive relationship between cultural heritage and rural reconstruction, explains the symbiotic development logic of the two, and proposes a dynamic mechanism for rural reconstruction driven by cultural heritage resources. Taking Nanzuo Village in Qingyang City, Gansu Province as an example, the paper deduces the path of heritage-based rural reconstruction for territorial spatial governance from the three aspects of spatial integration and symbiosis, business integration and innovation, and return of the main body and co-operation, so as to give full play to the effects of cultural heritage protection and utilisation in rural revitalisation.

Key words: territorial spatial governance; site-based villages; rural reconfiguration; synergistic relationships

1 引言

工业化、城镇化进程的快速推进，对产业结构长期为单一农业生产的中国乡村地区造成了一定冲击。青年人口大量外流造成的乡村空心化、迁村并点以及新农村建设导致的村庄传统风貌破坏、全球环境变化累积的乡村人地矛盾等问题，导致我国乡村地区的文化遗产正面临着诸

1　李沐妍，西北大学城市与环境学院，硕士，研究方向为城乡社会空间。地址：陕西省西安市长安区学府大道1号西北大学城市与环境学院830室。Email: 876140476@qq.com。Tel: 17791903693。
2　董欣，副教授，硕士生导师，研究方向为城乡社会空间、乡村振兴规划。

多威胁。历史文化遗产在乡村产业拓展方面发挥巨大的潜在作用。目前的研究集中在遗址整体格局安全、遗址保护区及周边空间权属问题、乡土文化遗产内涵价值挖掘、乡村民俗建筑单体开发利用等方面，对于遗址保护与乡村建设协同发展方面的研究较少。因此有必要围绕新时代自然资源管理的需求，以国土空间治理演化视角审视乡村发展与遗产保护之间的矛盾关系，在国土空间资源高效利用的基础上，保护和传承历史文化。

2 遗址保护与乡村重构的共生逻辑

2.1 乡村重构的内涵与方式

乡村是在一定的区域内，由人口、土地等物质要素和文化、宗族等非物质要素相互作用而构成的一种具有乡土性的复合系统，是村民进行生产生活活动的空间载体。通过对乡村区域生态本底的锚定，发挥其生态景观价值，是乡村生态空间的核心意象；乡土地域文化、治理体系和社会生活行为等都是乡村社会空间的载体，它们覆盖了乡村体系中的组织管理制度、公共资源共享等社会发展的各个方面。各要素之间的互动、交融、渗透，是乡村多维空间向前发展的动力。

伴随着城镇化和工业化进程的加快，城乡社会的生产要素正处于一个持续流动、生长与重组的过程中，与此同时，乡村自身的发展需求也推动着乡村体系进行适应性调整。乡村重构就是通过乡村空间资源要素的统筹配置和管控，对乡村社会经济形态进行重塑，从而达到乡村空间产业兴旺、生态宜居、社会进步、文化繁荣和功能提升等综合性的目的。城市更新的具体表现为产业更新、生态更新和社会更新。在乡村振兴的新时代背景下，有必要将乡村振兴的核心要义与乡村空间重构的内涵有机地结合起来。将不同的空间重构类型作为重要切入点，将乡村发展的现实困境和村民的客观需求作为关键切入点，以问题为导向，构建出乡村空间重构的理论体系，并在此基础上，对空间资源进行科学配置，重构乡村内部的空间格局，以此来推动乡村地区社会经济和自然生态系统的物质交换与功能优化。

2.2 遗址型村庄的发展诉求

在传统农业社会发展进程中，乡村地区积淀了由历代劳动人民创造的丰厚的文化资源与文化遗产，我国历史遗址半数以上分布于城郊或郊野地区。但遗址保护与乡村发展之间长期存在对立关系。遗址保护强调对文化遗产整体的保护，并对所有与其相抵触的行为采取限制措施；乡村发展则强调乡村建设，限制一切不利于乡村发展的行为或活动。一系列保护规划、保护措施、保护条例等对遗址型村庄的空间准入进行了控制，极大地限制了遗址所在地村庄的发展，特别是在城镇化进程较快的地区，遗址保护与乡村建设发展的矛盾尤为突出。近年来，随着文化遗产保护实践的深入和村庄规划建设的推进，由于遗址与乡村之间天然、紧密的关联关系，实现遗址完整性保护和乡村发展双赢互利、文化遗产与乡村重构的良性共生，是新形势下乡村地区国土空间治理的重要任务。

2.3 遗址保护与乡村重构的共生逻辑

在全面推进国土空间资源高效利用的同时，迫切需要以系统思维审视遗址保护与乡村重构的互动关系，解决遗址保护实践与乡村振兴的平衡点问题，实现遗址与村落的融合与共生。遗址保护与乡村系统重构相互影响、互为约束,两者之间的辩证关系存在对应的内生逻辑。文化遗产保护与乡村重构的共生逻辑如图1所示。

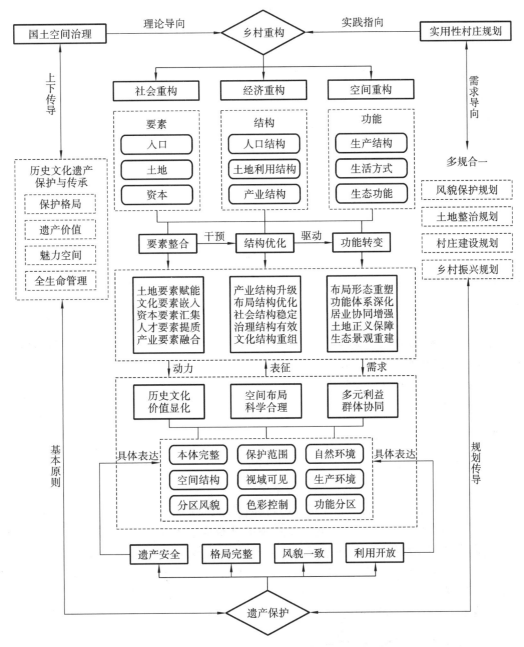

图1 文化遗产保护与乡村重构的共生逻辑

乡村地域系统在工业化、城镇化、区域政策与制度等外源影响因素的驱动下,显性物质空间及其承载地社会经济系统等隐形空间中的各要素会发生重组与变化。国土空间治理是推动历史文化遗产保护与乡村重构的必然逻辑,应通过统筹治理,破解乡村资源要素配置困境,推进遗址保护与开发,促进乡村地区的生产价值转换。

系统视角下,乡村重构是对乡村系统内部的要素、结构和功能进行干预和调控,实现乡村良性发展的政策手段和战略手段。从动态过程来看,乡村重构的根本动力来源于通过要素积累实现的功能价值形态的转变。由于文物保护制度的约束,村庄发展重心从增量空间转为存量空间,农宅与商业功能混合,引导村庄单一功能向多元价值模式转变,或基于原有功能挖掘内部潜在价值,提升空间资源的利用强度。遗址保护与开发利用使乡村地域系统不可避免地产生了生产关系的变革。文化资源对农产品的溢出效应与遗址保护共同促使种植结构改变。由于历史文化价值的显化介入,村庄聚落由以农业为基础的生活性空间演化为利于旅游产品生产、流通与消费的多元空间。由于显性物质空间的调整,引发居民生产、生活方式的转变。村民通过利益补偿、协调、共赢等方式参与文化遗产空间保护的投资与管理,转变原本的生计方式,促进利益相关者的良性竞争关系,推动乡村重构与振兴。

3 乡村重构与遗产保护的共生机制

3.1 空间规划引导的乡村重构

国土空间规划体系下的实用性村庄规划是实现乡村重构的直接手段,也是确保历史文化遗产保护与传承在乡村实践的有效依据。将多种社会经济属性在空间上叠加分析有利于解析遗址型乡村空间资源的联系与分异,从国土空间治理视角揭示遗址型乡村重构的动力机制,并构建多位一体的科学重构路径。以国土空间规划为引领,通过对本土空间资源的整合配置、管理,与外部资源形成互补,引导乡村地域系统重构。综合考虑地域的文化特征,对生态空间、农业空间进行统一管控,基于历史文化遗产要素进行空间布局和空间治理,分化优势,分区治理,强化底线思维和空间传导机制。针对各类空间,以"指标+分区"的原则细化各类空间资源,建立整体性的历史文化资源保护利用和约束框架,作为衔接遗产保护与乡村建设之间的过渡链,提出乡村重构的适应性策略。

3.2 产业结构趋向多元化转型

产业发展带来的实际利益成为推动乡村重构的核心动力,进而推动乡村经济、社会、生态系统中的空间资源要素出现不同程度的转变与重组。构建"文化+"新型产业链实现乡村产业体系向多元化转型,以达到增强村庄造血机能的目标。历史文化资源带来的多元化消费需求促进了乡村空间内部功能的重组与完善。传统小农经济下的单一性聚落空间形式和功能结构面临解体,具有后生产主义性质的乡村发展范式逐渐重构,形成多层次、宽领域的产业产品类型。同时,乡村产业的转型升级要求通过规模化生产和企业化运营延长价值链,整合历史文化资源,优化空间布局,创新文化旅游产业,提升产业价值,培育乡村重构的内生动力。通过文化产业的提质升级,强化村民对乡土文化的认同,为历史文化传承注入动力。

3.3 利益主体平衡的公众参与

村民与乡村精英是乡村地区历史文化遗产活化利用的重要主体。提高公众参与积极性、保障村民知情权和监督权能够有效提升乡村文化遗产保护力度,实现主体身份的转换。政府、企业及其他集体经济组织也是乡村社会空间利益主体的重要组成部分,始终贯穿乡村重构全过程。构建起政府引导下全民参与遗址保护的良性互动格局是改进遗址保护治理体系的主要手段,用以实现遗址保护由一元走向多元、由单轨推向多轨的动态发展模式转变,具体包括建立更多的高效平台,积极地引导社会大众,让他们能够有序、主动、自觉地参与到遗址保护工作之中,从而构建出"政府＋社会""专家＋草根"的遗址保护生态圈。

3.4 文化价值导向的结构优化

现代化转型时期,社会资本逐渐成为主导乡村重构的关键因素。社会资本主导下的乡村重构可能会引发乡村地区空间的结构性异化,对乡村整体风貌及生态环境产生破坏,人口结构的改变也会导致乡村产生内生性收缩与集体记忆淡薄的问题。以文化价值引领的乡村重构一定程度上改变了空间资源利用的显性结构,对区域社会经济发展起到了明显的促进作用。各类历史文化资源在广阔的乡村地区呈点状分布,其空间结构主要取决于文化价值,符合文化需求的乡村地域系统的积极转型将增强历史文化价值在社会关系、城乡关系和人地关系方面的正向效应,发挥文化价值在乡村地区"农户—集体—国家"治理层级的衔接、城乡之间资源要素流动与统筹协调发展方面的重要作用。

4 面向国土空间治理的遗址型乡村重构路径推演

4.1 研究区概况

南佐遗址是中国仰韶文化晚期的一处大型聚落遗址,位于甘肃省庆阳市西峰区后官寨镇南佐村王咀组。南佐村常住人口为3081人,村域总面积1324.76公顷,其中建设用地121.71公顷。

南佐遗址保护区总面积约为83.26万平方米。建设控制地带面积约为248.35万平方米。因为受周边村镇建设用地扩张、平田整地、石油开采、不当耕作、暴雨山洪冲刷、水土流失等因素的影响,南佐遗址部分区域地形关系发生改变,部分地貌受到建设破坏,与历史环境相比发生了较大的变化。南佐村南佐遗址文物古迹分布如图2所示。

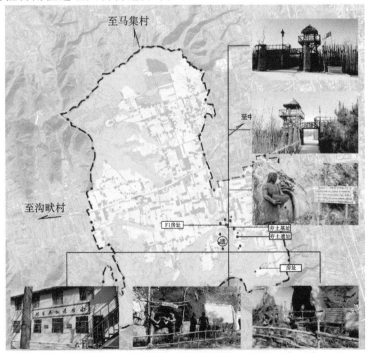

图2 南佐村南佐遗址文物古迹分布

4.2 空间融通与共生

以国土空间治理为引导,整合土地资源,构建规划分区与控制线体系,实现生态空间与生产空间重构。落实南佐遗址的保护要求,保护遗址内房址、墓葬、窑址和出土文物,连续、完整的文化遗产及整体自然地理格局和空间环境。在村域范围内划定生态控制区、农田保护区、乡村发展区三个一级分区,划定村庄建设边界,保护南佐遗址地下文化遗产和周边历史环境的真实性、完整性和连续性,促进南佐遗址历史文化内涵的发掘、研究和有效保护。优化空间结构,完善用地布局。依托南佐遗产进行村庄文化展示,梳理组织村庄用地空间,保障地形地貌和植被类型等遗产保护的完整性。南佐遗址内部功能分区如图3所示。

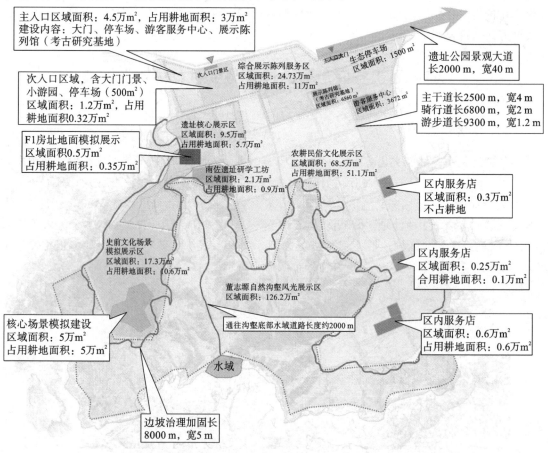

图3 南佐遗址内部功能分区

4.3 业态融合与创新

盘活乡村遗产资源,在文化与旅游交融的边界寻找彼此协同发展的契机。优化第一产业,夯实传统农业基础,培养"造血"机能。利用南佐村现有的种植特点和农田资源,发展规模种植。调整经济产业结构,提高农业综合生产力水平。强化第二产业,挖掘特色产业经济,发展农产品、农产品加工和农村特色手工业,实现农产品初加工和循环利用;通过产销研产业链的延伸,实现农产品多层次、多环节转化增值。深化第三产业,推进产业融合发展,兼顾旅游业和农业的功能拓展,积极培育南佐遗址旅游产业,打造融合仰韶文化、研学体验、遗址展览于一体的研学旅游基地。南佐村业态融合与创新路径如图4所示。

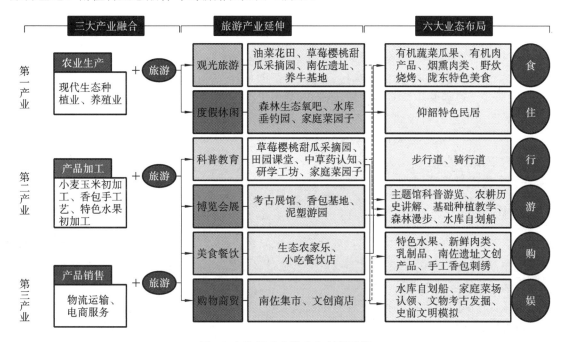

图 4 南佐村业态融合与创新路径

4.4 主体回归与合作

历史文化要素的活化利用,为乡村精英返乡创业提供了契机,通过注入资本与技术,鼓励村民成为参与者,修复乡村社会关系,重塑乡村社会秩序。与此同时,以当地政府、高等院校等构成的外界主体作为监督与推动力量,促使乡村精英与村民之间形成良性的互动,实现乡村可持续发展。在遗址保护中推进乡村振兴,坚持在政府主导的发展框架下培养壮大有益于遗址保护的社会组织,构建有益于全民参与遗址保护的平台,是扩大社会参与、推进共建共享的重要途径。南佐村文化主体合作路径如图5所示。

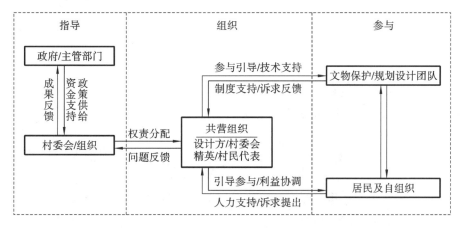

图 5 南佐村文化主体合作路径

5　总　　结

　　国土空间统筹治理下,乡村产业重构与乡村文化遗产保护开发交互影响、共生发展。乡村产业重构和乡村文化遗产的保护与发展相互补充、相互影响,乡村文化遗产的活化与利用既是乡村产业重构的重要驱动力,又是乡村地区国土空间治理的现实需要,是乡村产业重构成果的重要表现形式。二者共生演变的实质,就是通过国土空间治理,实现对农村地域空间结构的调控,进而对区域内空间资源的利用形态和空间配置进行干预。从新时代自然资源管理的需要出发,从国土空间治理的角度来审视乡村发展和遗产保护之间的冲突,不但是解决乡村文化遗产自身保护和发展问题的有效途径,同时也为乡村区域治理层级衔接、城乡间资源要素流动和统筹协调发展提供可持续的动力。

参考文献

[1] 黄亚平,汪进.论小城镇特色的塑造[J].城市问题,2006(3):6-9.
[2] 吴冲,朱海霞,彭邦文.资本循环视角下大遗址地区乡村社会空间生产机制研究:以秦始皇陵为例[J].地理科学进展,2020,39(5):751-765.
[3] 巢洋,范凯业,王悦.乡村振兴战略重构新农业:重构"产融五阶"体系[M].北京:中国建筑出版社,2019.
[4] 马晨曦,韩沛卓.基于乡村旅游开发视角的云篆山村更新发展探析[J].建筑与文化,2019(6):128-130.
[5] 由更新.新型城镇化背景下的大遗址保护对策[J].文物鉴定与鉴赏,2020(3):96-97.
[6] 权东计,倪俣婷,焦陇慧,等.遗址保护与乡村规划协同决策支持模型的构建与应用——以秦东陵遗址区军王村为例[J].中国软科学,2020(S1):107-114.
[7] 吴唯佳,吴良镛,石楠,等.空间规划体系变革与学科发展[J].城市规划,2019,43(1):17-24.
[8] 姜岩,孙婷,董钰,等.国土空间规划体系下历史文化遗产保护传承专项研究及西安实践[J].规划师,2022(3):110-116.
[9] 孟鹏,王庆日,郎海鸥,等.空间治理现代化下中国国土空间规划面临的挑战与改革导向:基于国土空间治理重点问题系列研讨的思考[J].中国土地科学,2019,33(11):8-14.
[10] 陶慧,张梦真,刘家明.共生与融合:乡村遗产地"人—地—业"协同发展研究:以听松文化社区为例[J].地理科学进展,2022,41(4):582-594.
[11] 刘彦随.中国新时代城乡融合与乡村振兴[J].地理学报,2018,73(4):637-650.
[12] 赵之枫,韩刘伟,米文悦.从传统村落到乡村遗产:内涵、特征与价值[J].城市发展研究,2023(1):47-56.
[13] 何依,柴晓怡.石浦港域海防聚落的演化与集群保护[J].城市规划学刊,2018(6):111-118.
[14] 杨涛.国土空间规划视角下的国家文化遗产空间体系构建思考[J].城市规划学刊,2020(3):81-87.
[15] 董卫.基于文化自信的文化遗产保护再思考[J].城市规划,2018,42(3):103-104.

恢复力视角下乡村文化遗产保护与传承策略研究——以苏州市传统村落为例

吴若禹[1]

摘要：乡村文化遗产的保护与传承是促进乡村文化振兴的重要层面，乡村文化遗产随着我国城镇化、工业化的进程遭受了一定的破坏，而随着新时代国家针对遗产保护相关政策、条例的颁布，乡村文化遗产保护的重要性逐渐凸显，因此我们需要对其重新审视并促进其可持续发展。本文以苏州传统村落为乡村文化遗产保护的研究对象，以恢复力视角探讨其发展与保护策略，解析苏州传统村落文化遗产从遗弃破坏到重新更新保护的历程，进而从空间、社会、产业、文化等恢复力视角提出乡村文化遗产保护与传承的策略。

关键词：恢复力；乡村文化遗产；保护；传统村落

Abstract: The protection and inheritance of rural cultural heritage is an important aspect to promote the revitalization of rural culture. With the process of urbanization and industrialization in China, rural cultural heritage has suffered certain damage. With the promulgation of relevant national policies and regulations on heritage protection in the new era, the importance of rural cultural heritage protection has gradually become prominent, so we need to re-examine it and promote its sustainable development. This paper takes traditional villages in Suzhou as the research object of rural cultural heritage protection, discusses their development and protection strategies from the perspective of resilience, analyzes the process of their cultural heritage from abandonment and destruction to renewal and protection, and then proposes strategies for reviving rural cultural heritage protection and inheritance from the perspectives of spatial, social, industrial and cultural resilience.

Key words: desilience; rural cultural heritage; protection; traditional villages

1 引 言

党的十九大报告指出"深入挖掘中华优秀传统文化蕴含的思想观念、人文精神、道德规范，结合时代要求继承创新，让中华文化展现出永久魅力和时代风采。乡村文化遗产作为承载乡村文化的重要载体，其保护与传承是彰显乡村文化软实力，促进乡村文化繁荣的关键途径。传统村落作为乡村文化遗产的集聚点，对传统村落的保护就是对乡村文化遗产的保护，当今国家高度重视对传统村落的保护发展，如2022年住房和城乡建设部、财政部联合印发了《关于做好2022年传统村落集中连片保护利用示范工作的通知》，进一步强调了对传统村落进行保护的重要性。

---

[1] 吴若禹，苏州科技大学建筑与城市规划学院，硕士研究生，研究方向为城乡规划与设计。地址：江苏省苏州市虎丘区狮山街道苏州科技大学江枫校区。Email：786477005@qq.com。Tel：15851496569。

结合国内外的相关文献,学者对乡村文化遗产的相关研究多从保护主体、保护对象、保护策略等角度进行研究。从保护主体来看,乡村文化遗产的保护主体逐渐从单一主体走向多元主体,目前学术界的相关研究多集中于政府、村民、多元三类主体;从保护对象来看,保护对象既包括直观的物质空间,也包含隐形的文化、社会等内在要素,保护对象不仅是人文自然环境、历史建筑等物质文化遗产,也包括社会习惯等非物质文化遗产;从保护策略来看,针对乡村文化遗产保护的现实问题,学者从建筑管控、自然风貌、传统技艺、空间格局等方面提出了保护策略。综观国内外研究成果,关于传统村落的研究成果颇为丰富,但多是从物质空间角度出发,综合考虑各系统、各要素的研究不多,整体性不足。本文从恢复力视角出发,融合了社会学、生物学等学科,选取了典型的苏州传统村落作为乡村文化遗产的物质载体,旨在于当今快速城镇化背景下建构传统村落的保护框架,为传统村落的长远可持续发展提供借鉴参考。

2 恢复力理论下的乡村文化遗产保护

2.1 恢复力理论缘起

恢复力理论缘起于对生态系统的相关研究,指生态系统对外部干扰的抵御能力和在面对侵袭时保持稳定的能力。恢复力的概念随着城镇化与工业化的进程而有所发展,国内外学者不仅仅关注生态系统这一个层面,而且将恢复力这一概念放到整个社会科学领域,即强调社会系统、产业系统以及空间系统等多个层面。众多专家学者尝试用生态恢复力解释当今城市发展中的一些问题,因此,当前"恢复力"更多是指城乡空间面对扰乱与侵袭时保持原有功能性质的能力。

霍林运用适应性循环理论对社会生态系统的动态机制进行描述和分析,提出社会生态系统将依次经过释放、重组、保护和生长4个阶段,构成一个适应性循环[10]。在释放阶段,系统会受到较多的外部干扰以致内部变得混乱无序,外部干扰也是其进行更新重组的动力来源;系统若承受了超过阈值的侵袭干扰,则会进入更新重组阶段,需要借助外力来对其进行重新组织与调整,迈向下一个保护和生长阶段。

2.2 恢复力与乡村文化遗产保护与传承的分析框架构建

恢复力是乡村文化遗产内部自我调节能力的体现,根据其所遭受的侵袭可表现出不同的弹性特征,在外在表征中呈现制度、社会、经济、生态等不同维度的特征,从恢复力视角可以研究乡村文化遗产的演变脉络。在快速城镇化阶段,随着资本在城乡空间的流动扩张,城市文化与资源借机流入到以传统村落为代表的乡村文化遗产空间中,并对乡村文化遗产造成一定的破坏,集中表现为青年劳动力的流失、内部物质遗产的破损、非物质遗产的流失等,这一阶段即是文化遗产的释放阶段。而随着国家先后出台有关文化遗产保护的条例、制度、政策,政府开始对传统村落投入保护修缮资金,在各方力量的推动下乡村文化遗产进入重组阶段,并实现了自身的保护、生长,迎来新的发展阶段。因此乡村文化遗产在时空历程上表现为从受到破坏到更新重组,再到逐渐走向城乡统筹、主动融入城乡发展的过程。

因此可基于恢复力视角来分析乡村文化遗产在快速城镇化进程中所遭受的冲击、扰动,并根据乡村文化遗产各个子系统要素的变化来全方位解析其变化特征与影响机制,再以恢复力为导向提出远期的改善优化策略,为乡村文化遗产的相关研究提供新的视角与方法。

3 苏州传统村落概况解读

3.1 研究区域与资料来源

本文以苏州的传统村落为研究对象展开,笔者作为2021年度与2022年度"苏州市古村落保护利用情况年度评估"的项目组成员,多次对苏州的传统村落进行踏勘走访,获得了众多一手资料(如实景照片、问卷数据、相关规划文本等),为本文提供了较为扎实的研究基础。

3.2 苏州传统村落概况

苏州市共有17个传统村落,以历史文化名村作为分级标准,有5个中国历史文化名村、9个苏州市控制保护古村落、3个苏州市历史文化名村;以传统村落作为分级标准,有13个中国传统村落、2个江苏省传统村落。苏州市17个控制保护古村落区位示意如图1所示,具体信息如表1所示。

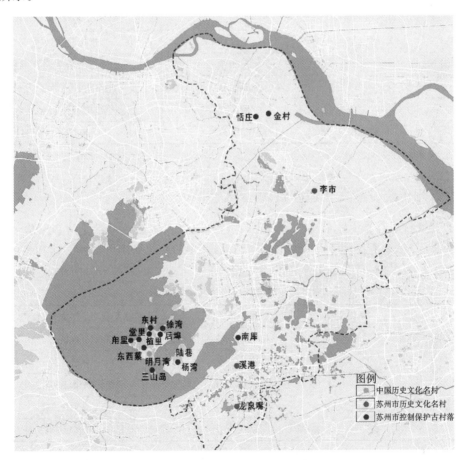

图1 苏州市17个控制保护古村落区位示意

(资料来源:笔者自绘)

表 1　苏州市 17 个控制保护古村落具体信息

村　名	所属市（区）	所　属　镇	历史文化名村分级
陆巷	吴中区	东山镇	中国历史文化名村
杨湾		东山镇	中国历史文化名村
三山岛		东山镇	中国历史文化名村
明月湾		金庭镇	中国历史文化名村
东村		金庭镇	中国历史文化名村
堂里		金庭镇	苏州市控制保护古村落
甪里		金庭镇	苏州市控制保护古村落
东西蔡		金庭镇	苏州市控制保护古村落
植里		金庭镇	苏州市控制保护古村落
后埠		金庭镇	苏州市控制保护古村落
徐湾		太湖国家旅游度假区	苏州市控制保护古村落
南库	吴江区	松陵镇	苏州市控制保护古村落
龙泉嘴		盛泽镇	苏州市历史文化名村
溪港		平望镇	苏州市历史文化名村
恬庄	张家港市	凤凰镇	苏州市控制保护古村落
金村		塘桥镇	苏州市控制保护古村落
李市	常熟市	古里镇	苏州市历史文化名村

（资料来源：笔者整理）

3.3　苏州传统村落文化遗产资源

苏州的传统村落有着十分丰富的文化遗产资源，这些文化遗产记录了历史的痕迹，沉淀了过往人民的经历，彰显了我国历代人民的智慧结晶，其中的文化要素可概括为饮食文化、居住文化、生产文化、行为文化、制度文化等。苏州传统村落文化遗产汇总如表 2 所示。

表 2　苏州传统村落文化遗产汇总

	居住文化	聚落文化	建筑文化、庭院文化、街巷文化
物质文化	生产文化	桥文化	古桥
		农耕文化	渔猎文化
精神文化	乡土文化	信仰文化	民间信仰、宗教文化
		语言文化	吴语
		宗族文化	族谱、宗祠

（资料来源：笔者整理）

3.3.1　居住文化

（1）典型的苏式建筑。

苏州传统村落的建筑继承了苏式建筑综合运用雕刻、彩绘等设计手段，通过巧妙的艺术加工呈现出精美的雕饰图案,这些雕饰图案一般分布在历史建筑的门窗、门楼、屋顶等处,雕法精美、工艺精湛、形式多样、寓意深长。每一个雕饰图案都具有极深的寓意,营造出具有地方特色的空间意象。传统村落历史建筑如图2所示。

图2 传统村落历史建筑
(资料来源:笔者自摄)

(2)街巷空间。

每一个传统村落几乎都有其主巷道与次巷道,形成了棋盘式的街巷空间格局。街巷一般都是石板街,石板街两侧建筑多为明清时期的古建筑,石板下是起排水和泄洪作用的排水沟。在村落的出入口或街巷交叉点设有拱门,起到了一定的空间界定和分隔作用。传统村落街巷空间如图3所示。

图3 传统村落街巷空间
(资料来源:笔者自摄)

3.3.2 乡土文化

在宗族社会的时代,村落的布局、水系和街巷结构、邻里关系都属于宗族社会的管理范畴,宗族社会中各类社会群体自下而上建构出基于血缘与地缘联系的乡土社会,形成了具有强凝聚力和向心力的传统村落社会结构,展现着传统村落中独有的人际关系,许多传统村落仍然保持着沿袭士族姓氏进行命名的传统。

3.3.3 农耕文化

传统村落的选址强调"山环水抱、形局完整、景观秀美",苏州传统村落所处的区域地理环境优越,多位于山旁湖滨,村落内有河流穿过,为传统村落的发展提供了良好的生态景观。苏州气候湿润,为传统村落中花果茶树(如枇杷、橘子等)的生长提供了良好的条件。位于太湖边上的传统村落农耕文化还体现在太湖当地的渔猎文化上,太湖有着丰富的渔产资源,其中"太湖三白"(银鱼、白鱼、白虾)是太湖的特产,目前当地一些村民仍以捕猎鱼虾为主,经济收益较好。

4 苏州传统村落文化遗产演变阶段

4.1 传统村落文化遗产释放阶段

4.1.1 物质遗产的破坏遗弃

随着越来越多的传统村落村民追求更高质量的生活,大量村民自20世纪开始选择离开传统村落在外安家置业,而自家村内的房屋则任其发展,多数倒塌的建筑都是由于无人居住受自然、人为因素干扰导致的,据《苏州市古村落保护利用成效评估(2022)》的统计,直到2022年,苏州16个传统村落197处古建筑中仍有89处处于空置状态,90处存在轻微破损,6处已灭失(表3)。并且众多建筑产权较为复杂,许多传统建筑由于历史原因,存在"一宅多户"或"一户多宅"的现象。前者由于众多产权权属人意见不一、难以达成统一的历史建筑保护协议;后者受"一户一宅政策"的影响,户主被迫拆旧建新或者离宅前往城镇居住,导致原有传统建筑因年久失修而损坏。

表3 苏州传统村落历史建筑状态统计

村落名称	建筑数量	使用状态	空置状态	倒塌灭失	2022年利用率
东西蔡	4	2	2	0	50.00%
李市	14	3	8	3	21.43%
明月湾	20	15	4	1	75.00%
甪里	14	7	7	0	50.00%
堂里	9	6	3	0	66.67%
陆巷	30	17	13	0	56.67%
后埠	4	2	2	0	50.00%
南库	1	0	1	0	0.00%
植里	9	1	7	0	11.10%
溪港	8	4	4	0	50.00%
杨湾	28	16	11	1	57.14%
东村	17	9	8	0	52.94%
龙泉嘴	13	8	5	0	61.50%
金村	5	3	2	0	60.00%
三山岛	16	6	10	0	37.50%
恬庄	5	3	2	0	60.00%

(资料来源:笔者根据调研整理)

同时,各村的新建、违建现象层出不穷,原因在于村民想要扩建自家的经营店面以赚取更多的收入。许多村民觉得原有建筑质量、采光差,因此宁可新建建筑也不愿再花大价钱修缮古建,各类风貌迥异、高度失控的新建建筑出现在传统村落中,一定程度上破坏了原有的空间肌理和村落的风貌景观,成为遗产保护的一大痛点(图4)。

图4 传统村落中的新建建筑
(资料来源:笔者自摄)

4.1.2 城市业态的侵袭植入

随着传统村落越来越受城市游客的欢迎,众多传统村落为迎合游客而进行旅游开发,大量到访的游客催生了消费空间,大量村民从农民转变成旅游经营者,以陆巷村、明月湾村最为典型,陆巷村在进行旅游开发后增加了大量服务游客的商店以及餐饮店(表4)。虽然旅游业的发展改善了村民的物质生活水平,但过度的旅游开发也会对传统村落造成了不可避免的破坏,如许多经营商户私自改造传统风貌建筑,乱堆、乱扔垃圾,对传统村落的空间肌理与景观格局造成了消极的影响,文化遗产的原真性遭到了严峻的挑战,甚至部分商户的经营存在一定的安全隐患。众多传统村落相似的旅游功能导致了旅游业态的同质化,多以走马观花的观赏性产品为主,游客不能通过自身参与和体验感知村庄背后的故事和历史。

表4 旅游开发前后陆巷村商业功能数量对比

商业类型	旅游开发前		旅游开发前后	
	数量	占比	数量	占比
日常生活用品店	14	56%	8	22%
当地特色商品店	2	8%	13	35%
服务行业店	9	36%	16	43%

(资料来源:笔者整理)

4.1.3 社会文化的遗失淡漠

传统村落村民对于传统文化习俗的保护传承不够重视,多数村落很少有大规模组织的文化习俗活动,仅靠村民零星的组织宣传,难以对传统的文化习俗进行有效传播,外部公共活动空间的缺失更是加剧了这种现象。同时传统村落中大量青年人口外出工作,破坏了传统村落内原有的以宗族血缘关系为纽带的社会关系,使得传统村落内的社会关系由同质化走向异质化。游客的到来也使得村落内村民间的关系逐渐淡漠,和谐的邻里关系被利益竞争的冲突格局所取代,村内的社会空间日益破碎化,导致失去了依附载体的乡村文化遗产最终逐步走向衰败。

4.2 传统村落文化遗产重组阶段

4.2.1 建筑风貌的传承更新

随着苏州市政府对传统村落保护的重视,传统建筑在近五年修缮率逐渐提升,空置率也随之下降,至2022年,78幢传统建筑已经得到了修缮整治,106幢传统建筑被赋予了不同功能重新投入使用。并且传统建筑的利用方式也呈现出多样化的特点,众多传统村落内的历史建筑为顺应现代社会经济的发展,满足新时代村民、游客的需要,积极探索出了多种利用方式,使得传统建筑可以承载新时代的文化诉求,古今文化得到融合共生。如东村的徐家祠堂被改造为石刻碑刻文化展示馆,用于展示碑刻文化;金村的园茂里被改造为党性教育基地。苏州市传统村落中传统建筑修缮情况如图5所示。

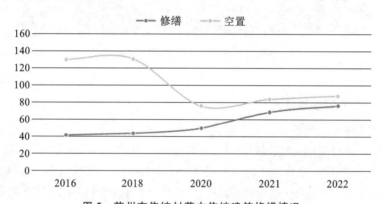

图5 苏州市传统村落中传统建筑修缮情况

(资料来源:《苏州市古村落保护利用成效评估(2022)》)

4.2.2 古村保护的协同参与

除了历史建筑的保护利用,其他推进传统村落保护的措施也在逐步实施。苏州市政府已针对多数传统村落编制了相关保护规划,并组建专门的监管队伍对古建、古井、古树等进行监管保护,避免其遭受破坏,部分传统村落还安排有专职文保员、驻村规划师等对村落进行实时保护。

同时,苏州市政府也鼓励社会资本参与传统村落的保护与利用,探索多元开发模式(如社会个人开发模式、村集体自营自住模式、混合经营模式),引入社会资本共同进行传统村落的保护与开发利用,使得传统村落有更多的保护途径与资金来源(表5)。

表5 苏州传统村落的多元主体参与

模式类型		社会个人开发模式	村集体自主开发模式	混合开发模式
代表案例		堂里(雕花楼)	三山	明月湾
企业	名称	—	苏州三山岛集团有限公司	金庭镇旅游公司、北京现代
	角色	—	参与经营	开发运营主体

续表

模式类型		社会个人开发模式	村集体自主开发模式	混合开发模式
镇政府	名称	西山镇政府	东山镇政府	西山镇政府
	角色	监督引导	监督引导	监督引导
村委会	角色	监督引导	开发运营主体	参与经营
	分红	×	√	×
村民	参与旅游经营	×	√	√
	参与方式	就业	餐饮住宿	餐饮住宿
(在采集表内且进行开发经营活动的)传统建筑	经营主体	个人	苏州三山岛集团有限公司	金庭镇旅游公司、北京现代＋村民
	经营方式	旅游景点	旅游景点	旅游景点、民宿

(资料来源：《苏州市古村落保护利用成效评估(2022)》)

4.2.3 村民意识的增强攀升

随着村民对家园归属意识的逐渐觉醒，村民对传统村落保护的积极性也日渐高涨，有超过80%的村民表示支持传统村落的保护建设，并且也愿意支持配合相关文化遗产的保护活动，多数村民表示有必要保护传统村落中的文化遗产。相比较而言，2019年村民对传统村落的保护支持度不足70%。同时大多数村民也表示对自身村落的物质环境条件感到很满意，对自身所处的村落属于传统村落而感到十分骄傲与自豪，说明传统村落村民对传统村落中文化遗产的保护意识有所增强。2022年传统村落村民对古村建设的满意度与支持度如图6所示。

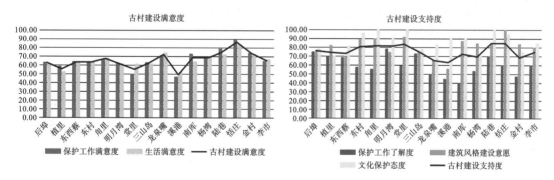

图6 2022年传统村落村民对古村建设的满意度与支持度
(资料来源：笔者根据调研问卷整理)

5 强化乡村文化遗产恢复力的策略

随着苏州传统村落的保护发展进入重组阶段，在新时代也需要新的外力对其发展进行指导干预，使传统村落走向良性的更新生长。基于恢复力视角的研究想要从空间系统往社会经济、政策制度等领域进行拓展，应综合考虑各要素对传统村落发展带来的影响，并为传统村落的发展建构较为完整的发展策略和途径。乡村文化遗产恢复力强化框架如图7所示。

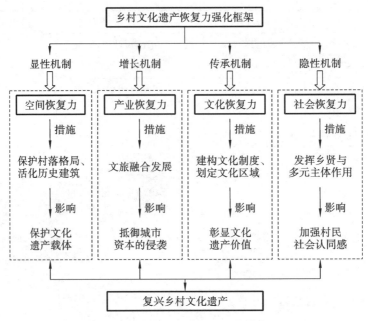

图 7　乡村文化遗产恢复力强化框架
（资料来源：笔者自绘）

5.1　空间恢复力——重塑空间环境

空间既包含传统村落所在地区的自然环境，也包含建筑、街巷等城市环境，因此保护传统村落不仅仅要保护村落物质空间，也要保护承载传统村落物质空间的生态环境。

5.1.1　保护村落格局

生态景观是承载乡村文化遗产的重要基质，村落格局的保护与控制是提高生态恢复力的重要举措。在保护过程中要严控传统村落的边界空间，根据传统村落的保护要求构建核心保护区与风貌协调区，保护传统村落的自然风貌与山水格局，严格遵守生态保护红线，通过山体整治、水系疏通、退耕还林等措施修复传统村落的人居环境，控制新建建筑的风貌与高度，保护生态景观廊道，保障生态系统的完整性与原真性。提升村民与外来开发者的保护意识，将个人利益与生态环境保护进行综合考虑，树立保护生态环境的底线约束，从整体上保护村落生态系统。苏州部分传统村落的边界空间如图 8 所示。

5.1.2　保护与活化利用历史建筑

强化各个传统村落的空间配置，对丰富的历史遗存进行完整的保留，以完整与真实地传承和保护历史建筑。对于建筑质量较好的建筑要还原原有的生活与生产方式，对于个别需要修缮的构件要做到"修旧如旧"。对于产权复杂的建筑，政府要及时确定房屋的产权所属，尤其是质量较差的建筑，可采取三方介入的形式，引入资金对其进行保护修缮，并任命相关保护负责人，确保历史建筑未来不会再受到影响破坏。在进一步完善传统村落中历史建筑产权制度、充分与原住民协调之后，可以采取补偿措施将建筑产权归政府所有，并且要积极鼓励原住民继续使用，对于原住民不愿再继续使用的建筑可以出让使用权给市场主体，从而保持建筑的永续利用。同

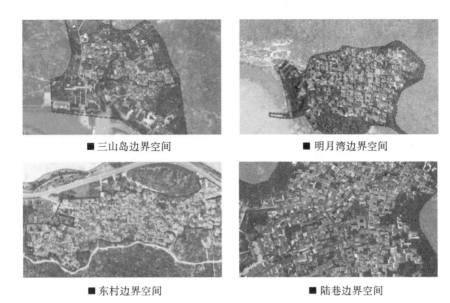

图 8　苏州部分传统村落的边界空间

（资料来源：根据参考文献 17 改绘）

时也要进一步挖掘其余历史建筑的利用价值，在新时代赋予其新的功能与使用价值，如可将历史建筑改造为展现民俗文化的博物馆或展现名人事迹的历史故居等，从而使历史建筑能够更好地适应当代社会经济的发展，促进其长远利用与传承。

5.2　产业恢复力——村落文旅融合发展

当前传统的乡村文化遗产保护发展多采取文化"资本化"的方法，尽管这种方法在一定程度上促进了乡村经济产业的发展，但过于依赖这种"资本化"的方法难以促进乡村文化遗产的可持续发展，因此在乡村文化遗产发展过程中需要多种类型的产业共同支撑，增强文化遗产对外部的抵抗力。

5.2.1　发展文化遗产相关产业

当前苏南乡村整体经济呈现出外向型发展的趋势，因此乡村的社会生态系统需要与市场经济合作，并在市场经济快速发展的过程中加强自身的经济恢复力，增强社会系统整体的抵御能力。苏州传统村落具有丰富的文化遗产，因此在其未来更新生长阶段可充分利用传统文化吸引游客消费，遗产的保护与传承可充分利用市场要素交换的流动性和快速性等特点推动当地文化产业发展，扩大苏州传统村落文化在当地的影响力。苏州传统村落有十分丰厚的文化沉淀，可充分利用大数据手段对文化遗产进行分类，差异化建立不同文化遗产的产业模式；同时可对当前文化资源进行最大程度的利用，如吸引游客来民宿住宿，展示传统建筑、传统工艺品，利用互联网等手段售卖当地的文创产品（如明信片、手工艺品等）促进乡村创意产业的发展。通过市场经济的介入增强传统村落的经济恢复力，避免其被城市资本一味侵占。

5.2.2　建立多元化产业结构

同时，乡村文化遗产的保护与传承也需要其他产业共同支撑，多元化的产业结构可以促进乡村整体系统的稳定发展，因此可以挖掘当地的农耕产业，如组织茶叶品尝、蔬果采摘、捕鱼捕虾等活动辅助当地文化产业的发展,延伸产业链。在提高当地经济效益的同时,也应展现传统村落的文化遗产特色,满足城市居民对食品质量、景观生态以及乡村文化体验的需求,构建较为完善的产业结构网络,增强传统村落的经济产业恢复力。多元化的产业结构构建模式如图9所示。

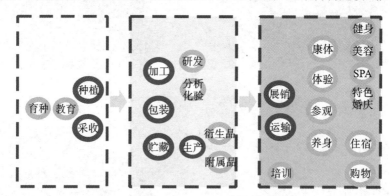

图9　多元化的产业结构构建模式

（资料来源：作者自绘）

5.3　文化恢复力——建构文化保护支撑

当前苏州传统村落文化的传承与发展仍旧不足,原有的非物质文化遗产面临难以传承维系的困境,游客没有切身参与文化体验活动的机会,因此未来可重新考量对文化遗产的利用方式,重新挖掘其内在价值。

5.3.1　制定传统村落文化利用制度

制定古村落文化保护和利用的法律、法规时需增强针对性和可操作性,尤其是物质文化遗产以及非物质文化遗产,如对古建筑营建的技艺、民俗手工艺等的传承保护,全面挖掘传统村落的地方特色文化价值,复苏村落中旧有的乡土文脉,再现经典的生活场景。准确界定不同层级政府对传统村落的管理职责,加强相关志愿者队伍对历史遗产的监管,赋予村民保护利用文化遗产的角色以及相应的利益分享权利,颁布实施较为严格的文物保护条例。

5.3.2　构筑文化区域

可在传统村落内增设文化公共空间,重新梳理村落内的各类有形、无形的文化遗产,定期举办文化活动,加强村落内原住民的相互交流。针对外地游客,可以结合传统村落内的宗祠、街巷、民俗等构筑旅游文化圈与文化线路。以明月湾古村为例,其设立了乡村风情体验区、生态休憩区、古建鉴赏区、耕读文化体验区以及信仰文化体验区等(图10),建立了以传统乡村生产生活为主的文化游览线路,并划定相关的功能分区,营造相应的历史故事和文化场景,加强了游客的文化体验感,使游客深入体会传统村落的文化精髓。

5.4　社会恢复力——社区增权,强调乡村多元主体性

当前大量农村劳动力流入城市,乡村"空心化""公地悲剧"等问题加剧了乡村的发展压力,同时乡村生产要素高速向非农化转化,乡村传统的"差序格局""礼制社会"面临瓦解,使得乡村的内生动力有所弱化,因此需要加强乡村村民参与各类事务的积极性,从而凸显村民的主体性,提升其社会认同感。

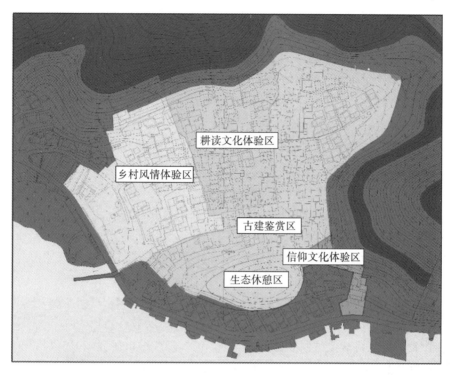

图 10　明月湾文化区域划分

（资料来源：笔者自绘）

5.4.1　发挥乡贤带动作用

重铸乡村的社会关系以及村民间的认同感、重构乡村的人脉关系网络应充分发挥古村内乡贤的带头作用，并以此为核心建立健全村民议事会、道德议事会等乡村社区自治组织，完善乡村社区内的村规、民约，集中智慧开展在地化社区营造和乡村建设工作。如重新打造村落内的传统民俗技艺，号召村民定期参与交流活动以维系感情，与当地工匠共同进行历史建筑的保护修复等，从而加强村民在公共决策中的参与感，提高村民的当家作主意识和文化认同感，推动传统村落的复兴。

5.4.2　发挥多元主体联动效应

未来可进一步突出多元主体的联动效益，如搭建街镇、集体经济组织、乡村责任规划师、社会组织、村民等多元主体共同参与的协同机制，充分体现多方主体参与的联动效应。如政府出台政策进行扶持，引入外部企业进行投资建设并植入创新业态，联合村民参与协商沟通，会同村民代表进行议事交流，加强集体经济组织与社会组织的合作等。以村民为核心，政府为支撑，市场为协同，充分融合不同主体的优势共同增强乡村文化遗产的社会恢复力。

6　结　　语

本文以具有丰富文化遗产的苏州传统村落为研究对象，从恢复力的视角对当前苏州传统村落的保护发展进行分析并提出更新保护策略，旨在促进其未来顺利更新成长，为乡村文化遗产的复兴开拓新的研究方向。研究表明，乡村文化遗产的传承与传统村落的保护要从保护自然格局与保护物质文化遗产两方面开展,经济上要发展多元化产业结构,社会上要提升村民的归属意识,文化上要保护非物质文化遗产并提升游客的旅游参与度。乡村文化遗产的保护既要保护其显性物质空间,更要从社会、经济、文化等角度把握乡村社会系统的发展规律,深挖其内在发展机制,从而保障乡村文化遗产的可持续发展。

参考文献

[1] 孙喜红,贾乐耀,陆卫明.乡村振兴的文化发展困境及路径选择[J].山东大学学报(哲学社会科学版),2019(5):135-144.

[2] 徐苑琳.乡村振兴 文化先行[J].人民论坛,2018(16):250-251.

[3] 陈兴贵,王美.反思与展望:中国传统村落保护利用研究30年[J].湖北民族大学学报(哲学社会科学版),2020,38(2):114-125.

[4] 赵勇,唐渭荣,龙丽民,等.我国历史文化名城名镇名村保护的回顾和展望[J].建筑学报,2012,(6):12-17.

[5] 潘鲁生.传统村落需要保护文化生态[N].中国建设报.2014-12-17.

[6] 贾云飞.乡村文化遗产保护的三大困境[J].人民论坛,2017(8):136-137.

[7] 郐艳丽.我国传统村落保护制度的反思与创新[J].现代城市研究,2016(1):2-9.

[8] 张洪昌,舒伯阳.制度嵌入:民族传统村落旅游发展模式的演进逻辑[J].云南民族大学学报(哲学社会科学版),2019,36(3):88-94.

[9] 罗长海,彭震伟.中国传统古村落保护与发展的机制探析[J].上海城市规划,2010(1):37-41.

[10] 余中元,李波,张新时.社会生态系统及脆弱性驱动机制分析[J].生态学报,2014,34(7):1870-1879.

[11] 莫悠,范建红.恢复力视角下乡村文化遗产演变机制与保护策略研究——以广州莲溪村为例[J].中国文化遗产,2018(6):74-80.

[12] 刘沛林.风水——中国人的环境观[M].上海:三联书店,1995.

[13] 曾鹰,曾丹东,曾天雄.后乡土语境下的新乡村共同体重构[J].湖南科技大学学报(社会科学版),2017,20(1):160-165.

[14] 刘宇舒,王振宇.微治理视角下乡村社区营建方法及行动策略研究[J].苏州科技大学学报(工程技术版),2021,34(2):53-57.

[15] 苏州市自然资源和规划局,苏州科大城市规划设计研究院有限公司.苏州市古村落保护利用情况年度评估(2021)[R].2021.

[16] 苏州市自然资源和规划局,苏州科技大学.苏州市古村落保护利用情况年度评估(2022)[R].2022.

[17] 秦天."制度—生活"视角下传统村落保护实践研究——以苏州为例[D].苏州:苏州科技大学,2023.

基于环境-社会协同的多尺度历史空间边界识别方法研究

冯艳[1] 姚欣言[2] 惠将城[3]

摘要：历史空间边界识别是当前在国土空间层面开展历史文化保护利用的首要问题。本研究通过构建地理环境界面和与之垂直的社会感知界面形成三维空间，探讨历史空间环境-社会协同机制，形成历史空间边界识别指标体系。针对历史空间社会界面要素通过社会感知作用于环境界面的特征，对识别指标进行量化，划定价值核心圈层、环境协调圈层和文化过渡圈层三级圈层的历史空间保护边界。本文选取安徽省固镇县中心区以及垓下村两处不同尺度的历史空间进行实证，以期为历史保护范围纳入国土空间规划"一张图"工作提供一定的研究思路。

关键词：环境-社会协同；多尺度；历史空间边界；识别

1 前　言

近年来国家对历史空间保护提出系统化、整体性要求。2021年《自然资源部　国家文物局关于在国土空间规划编制和实施中加强历史文化遗产保护管理的指导意见》提出了历史空间保护要在国土空间层面进行[1]。2021年中共中央办公厅、国务院办公厅印发的《关于在城乡建设中加强历史文化保护传承的意见》提出了历史空间整体性保护应扩展至更大的城乡空间尺度[2]。当前各地已经陆续开展将历史保护范围纳入国土空间规划"一张图"的工作。

2022年联合国教科文组织及世界遗产委员会咨询机构发布的新版《世界遗产环境中的影响评估指南和工具包》中提出文化遗产影响评估应转向更大尺度的"场所环境"的研究视角展开，应该关注包括外部环境在内的不同空间层次，而不应仅仅聚焦在遗产区和缓冲区，反映出国际文化遗产保护学界对遗产保护由单体保护转向群体保护的趋势[3]。将遗产置于整体环境中进行研究，其价值才能得到充分展现[4-5]。

在城乡空间尺度对历史空间进行分级管控，是国家对历史空间保护工作提出的要求，建立历史空间保护体系，明确历史空间的边界范围，是历史空间实现更有效保护与利用的重要抓手[6]。本文的"历史空间"讨论的是受文物保护单位与非文物保护单位历史资源点文化辐射影响的全部区域，是区域内历史文脉、周边环境及其与人类的社会生活生产相关的一切行为活动的总和。本文基于环境-社会协同视角，基于不同背景环境尺度对历史空间价值进行研判，提出

1　冯艳，女，博士，华东理工大学，副教授，上海市徐汇区梅陇路130号（200237）。Tel：18049777763。Email：fengyan@ecust.edu.cn。
2　姚欣言，女，硕士，杭州市规划设计研究院，助理工程师，浙江省杭州市文三路428号（310012）。Tel：15026732737。Email：dtyxd6912@126.com。
3　惠将城，男，硕士。
基金项目：教育部人文社会科学研究规划基金项目《隐性历史文化空间保护方法研究——以皖北地区县域为例》（21YJAZH019）；国家社科基金重大项目《涉台传统村落资源调查整理及保护利用研究》（21&ZD215）。

历史空间范围识别模型,并对不同尺度历史空间的应用进行了初步的探索。

2 历史空间范围识别模型构建

2.1 历史空间价值内涵

当前历史空间保护的价值载体已由纯物质实体转变为社会感知[7],对历史空间的价值认知也从传统上固有的历史价值转向了被人类赋予的文化价值和社会价值,对历史空间的保护也从传统的对遗产本体价值的保护转向为将其置于具体的时空条件和社会语境之中进行保护。

在城乡空间的长期形成与演化过程中,在遗产价值的影响下,环境与社会既互为依托与承载,又相互作用。遗产对环境与社会产生放射性影响的同时,环境-社会协同反作用于遗产。历史空间内部子系统之间互相作用的对等力决定了对历史空间的保护,应关注遗产本体、环境与社会间的互相作用与协同动力机制,形成"遗产本体价值—环境基质筑底—社会感知渗透"的价值研究框架。

2.2 历史空间识别指标

基于上文的价值研究框架,探讨历史空间环境-社会协同机制。地理环境界面和与之垂直的社会感知界面共同构成了历史空间环境-社会协同机制的三维空间(图1)。遗产本体是历史空间的核心,对其外部环境具有价值辐射作用;遗产周边的自然环境与社会环境共同构成筑底作用。依据环境-社会界面垂直交叉所产生的联系的疏密层级,以及遗产本体价值辐射影响、社会公众感知渗透影响的由强至弱,在环境基底上即形成三级圈层边界——价值核心圈层、环境协调圈层和文化过渡圈层。

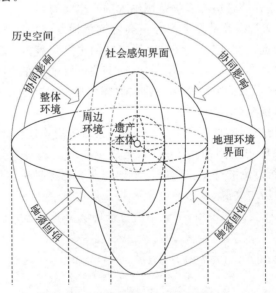

图 1 历史空间环境-社会协同机制
(资料来源:作者自绘)

依据环境-社会协同机制构建历史空间边界识别指标体系(表1),目标层 A 为历史空间边界识别,准则层 B 为遗产本体(B1)、环境界面(B2)、社会界面(B3),标准层 C 为环境-社会协同构成历史空间的八类具体影响（C1～C8），基本指标层 D 为具体的 37 项判断依据（D1～D37）。

表1 历史空间边界识别指标体系

目标层A	准则层B	标准层C	基本指标层D	指标含义
A 历史空间边界识别	B1 遗产本体	C1 历史价值	D1 价值重要度	遗产本体的等级
			D2 历史久远度	遗产本体的最早修建年代
			D3 遗产物质完整性	遗产保持完整程度
		C2 空间结构价值	D4 遗产规模	建筑群规模或街巷长度
			D5 历史真实性	遗产用地面积占核心区用地面积的比例
			D6 空间结构原真性	现存的土地功能的划分和街巷结构的保持程度
		C3 其他（实用、艺术、科学）价值	D7 遗产功能延续性	遗产传统功能延续程度
			D8 文化典型性	地域建筑特色、传统工艺水平的典型特征程度
			D9 艺术表现力	具备的艺术价值（艺术表现力、感染力、吸引力程度）
			D10 科研价值度	具备的科学价值（完整度与典型性）
	B2 环境界面	C4 自然环境	D11 地貌显著度	地貌显著程度
			D12 滨水临近度	距离水体的距离远近
			D13 植被覆盖度	植被在环境界面的覆盖程度
			D14 自然环境综合影响力	自然环境的综合影响程度
		C5 建成环境	D15 城市建设强度	建筑高度
			D16 公共空间开阔度	公共空间的开阔程度
			D17 功能密度	按功能核密度图从高到低
			D18 区位临近度	距遗产本体的距离
	B3 社会界面	C6 视觉感知	D19 遗产视觉完整度	遗产露出部分占遗产全貌的比例
			D20 遗产视觉显著度	遗产在视图中的比例
			D21 历史信息可意度	视图内是否出现带有历史信息的视觉要素及文化符号
			D22 环境风貌协调性	构景要素种类及与遗产的相关程度
			D23 环境色彩和谐度	构景色彩的种类及与遗产色彩的和谐程度
			D24 绿视率	视图内能看到植物的比率
			D25 建筑高度协调度	遗产与周边建筑高度的协调程度
			D26 天空开阔度	天空的开阔程度
		C7 记忆感知	D27 记忆广泛度	公众有历史记忆的比率
			D28 记忆久远度	公众记忆的平均最早年代
			D29 记忆完整度	公众对于历史的记忆完整程度
			D30 记忆真实度	公众对于历史的记忆真实程度
			D31 文化认同感	公众对于历史文化的认同度
		C8 行为活动	D32 社会结构原真性	常住人口原住居民比例
			D33 生活生产延续度	是否延续原有的生活习惯与生产活动
			D34 风俗活动延续度	是否延续原有的风俗活动
			D35 环境-行为联系度	人类行为活动与环境界面的联系紧密程度
			D36 区位活力度	根据百度地图热力图数据高低
			D37 区位可达性	区位交通便利程度

（资料来源：作者自绘）

2.3 边界识别划定流程

历史空间边界识别流程如图2所示,主要为以下4个方面。

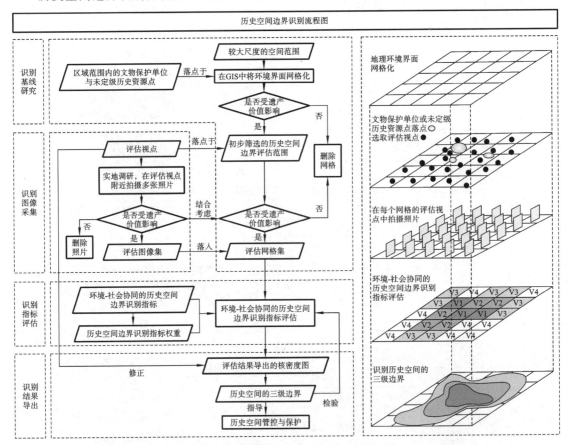

图2 历史空间边界识别流程
(资料来源:作者自绘)

(1)划定评估基线,网格化环境界面。

在城镇空间尺度上明确整体研究对象范围,筛选范围内的文物保护单位与未定级历史资源点①。初步确定需进行调研与图片数据采集的评估视点位置。评估视点的设置位置应选取城镇主要交通道路、广场、绿地等公共活动空间,并全面覆盖各类可达空间,对于交通站点、重要景观节点、商业设施、标志性建筑物等重要区域节点应着重设置,而内部无可达道路,仅有荒地、水体和农田的网格内可不设置。

(2)选取评估视点,采集图像数据集。

以初步筛定的范围与评估视点为基础进行实地调研,在有效视点拍摄照片、采集图像信

---

① 将评价区域看作一个整体,基于人眼能看清物体轮廓的最远距离250 m,将研究区域内部划分为250 m×250 m的网格,再从每个网格中选取合适的观测点,以此代表该网格区域对历史文化空间视觉质量感知情况。这种提取观测点的方法可避免冗杂工作,可操作性高。

息①。选取出最能代表网格内历史空间特性的一张图像,二次剔除完全未受遗产价值影响的空间网格,并将最终选取出的图像集与ArcGIS中已划定网格坐标系中的网格集形成对应关系。

(3) 量化识别指标,多因子综合评估。

根据已构建的历史空间环境-社会协同的识别指标体系,使用图像分析、问卷调查等方法在每个网格坐标系中对每个指标进行赋值,分级量化识别指标。所有指标赋值完成后,对指标集进行加权计算,确定每个网格的最终分数。

(4) 识别三级边界,检验与修正方法。

将最终分数导入GIS平台,依据评分拐点,运用反距离权重法绘制出基于环境-社会的历史空间边界识别等高线分析图,并通过评估视点的实际位置等因素对等高线分析图进行修正,得到最终的历史空间边界识别结果,最后对结果进行评判与检验。

下文以安徽省蚌埠市固镇县为例,具体阐述关键技术的应用。固镇县古称谷阳镇,俗称固镇桥,是安徽省蚌埠市下辖县,位于安徽省东北部,淮河中游,浍河北岸。固镇县被称为"胜利之城,汉兴之地"。西汉初年,汉高祖刘邦于今县城南1千米处设谷阳县,目前遗迹尚存。此后多次设国、郡、州、县、镇,1965年建立为现今的固镇县。本文选取固镇县中心区以及垓下村两处不同尺度的历史空间进行实证研究。

3 固镇中心区历史空间边界划定

本文选取《固镇县城总体规划(2014—2030)》中固镇县中心区范围为研究对象。固镇县中心区内文物保护单位与非文本保护单位历史资源点如表2所示。除文物保护单位外,固镇县还有众多非文物保护单位历史资源点,这些历史资源点是重要的记忆性空间,这些记忆性空间根植于固镇县公众的记忆之中,当地民众对于保留并加强塑造这些空间的原貌有强烈的意愿。

表2 固镇县中心区文物保护单位与非文物保护单位历史资源点

文物保护单位				
序号	名称	级别	类型	时代
1	谷阳城遗址	省级	古遗址	汉
2	津浦铁路固镇火车站	市级	近现代重要史迹及代表性建筑	1911年
3	侵华日军水牢	市级	近现代重要史迹及代表性建筑	1938年
4	固镇县委县政府办公大院	县级	近现代重要史迹及代表性建筑	1965年
5	小王庄霸王城遗址	县级	古遗址	新石器、汉
6	固镇县革命烈士公墓	县级	近现代重要史迹及代表性建筑	1984年
7	饮马井	县级	古建筑	清
8	八宝琉璃井	县级	古建筑	清
非文物保护单位历史资源点				
1	浍河	高	河流、绿地、线性遗产	—
2	铁路桥	高	工业遗产	1911年
3	楚汉步行街	高	公共空间	2018年
4	固镇老街	高	记忆性空间	约1938年

---

① 照片拍摄条件:图像拍摄高度150~160 cm,拍摄镜头焦距26 mm,照片分辨率为4032×3024像素,水平与垂直分辨率为72dpi,RGB模式为显色。

续表

		非文物保护单位历史资源点		
序号	名称	级别	类型	时代
5	老烟库旧址	较高	工业遗产	约1938年
6	三八河	较高	河流、绿地、线性遗产、记忆性空间	1976年
7	许慎文化公园	较高	公共绿地	2014年
8	谷阳酒店（钟楼）	较高	地标建筑	2001年
9	固镇县博物馆	中	地标建筑	2021年
10	京沪铁路线	中	线性遗产、工业遗产	1911年

（资料来源：作者自绘）

3.1 中心区历史空间基线研究

固镇县中心区北至奋斗路，南至刘集路，西至湖沟路，东至京沪高铁线，占地面积约35 km²。以固镇县中心区范围的西南角为原点，建立X-Y坐标系，X轴由西向东、Y轴由南向北数值增加，以250 m×250 m划定网格，每格在坐标系中单位为1，使网格覆盖固镇县中心区的全部范围，以便将后续识别指标落入每个网格中生成边界。经划定，固镇县中心区范围内共有网格550个，X轴坐标系覆盖X1～X23，Y轴坐标系覆盖Y1～Y29①。将上文确定的历史资源进行落点定位，得到图3所示结果。

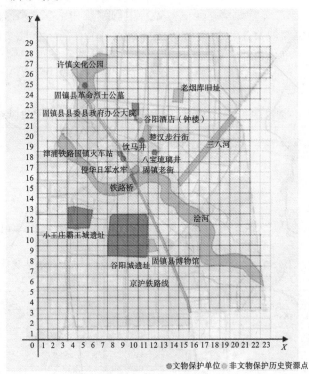

图3 固镇县历史空间遗产点位落点图
（资料来源：作者自绘）

---

① 经过初步筛选，剔除无效网格188个，初步筛选结果X轴坐标系覆盖X2～X20，Y轴坐标系覆盖Y4～Y27，区域范围内共有网格374个。初步判定有效识别网格304个，有效识别视点304个。

3.2 中心区历史空间图像采集

通过2021年1月—2023年5月期间多次实地调研,笔者共拍摄照片5780张,最终选取1130张照片作为基础资料。借助照片对遗产点位影响的范围进行初步判定。针对每个网格筛选出用于评估研究的最终图像,而后剔除完全未受遗产价值影响的空间网格。最终确定有效识别网格245个,有效识别视点245个,并将评估图像集一一对应落入评估网格集中进行整理。

3.3 中心区历史空间指标量化

(1) 遗产本体识别指标量化评估。

对遗产本体价值的3个标准层和10个基本指标层进行量化。基于表1计算得出历史空间边界识别指标体系的识别指标权重,对遗产本体的识别指标量化评估结果进行加权叠加分析,具体计算方法如下。

$$V = V_1 \times 0.1563 + V_2 \times 0.0195 + V_3 \times 0.0781 + V_4 \times 0.0091 + V_5 \times 0.0363 + V_6 \times 0.0181 \\ + V_7 \times 0.0238 + V_8 \times 0.0714 + V_9 \times 0.0238 + V_{10} \times 0.0079$$

其中$V_1 \sim V_{10}$为历史空间边界识别基本指标层D的指标D1~D10。固镇县历史空间遗产本体识别指标量化评估结果如图4所示。

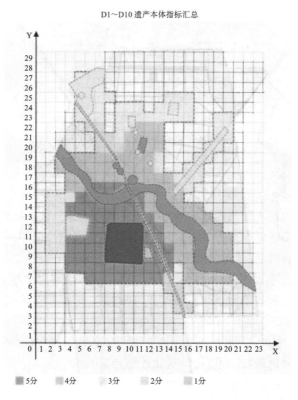

图4 固镇县历史空间遗产本体识别指标量化评估结果

(资料来源:作者自绘)

（2）环境界面识别指标量化评估。

固镇县主城区自然环境识别指标包括地貌显著度、滨水临近度、植被覆盖度与自然环境综合影响力，通过实践分析进行赋值，得到量化评估结果。固镇县主城区建成环境识别指标包括城市建设强度、公共空间开阔度、功能密度和区位临近度。通过实践分析进行赋值，得到量化评估结果。固镇县环境界面识别指标量化评估结果如图5所示。

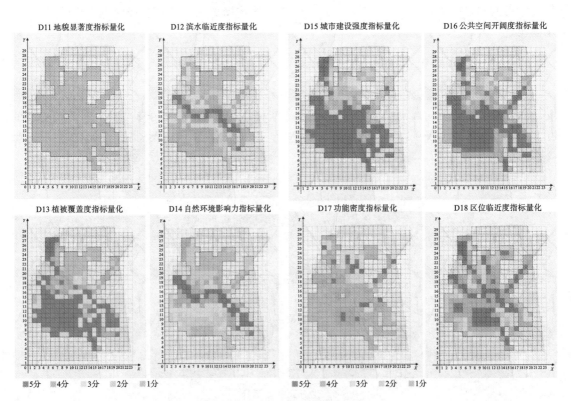

图5　固镇县环境界面识别指标量化评估结果

（资料来源：作者自绘）

（3）社会界面识别指标量化评估。

按照前文方法指导，对不同遗产选定观察视点拍摄照片，选取具有代表性的图像作为评估图像集，对应落入评估网格集中进行整理，采用PSPNet提取图像中不同要素进行色彩分割，生成相关数据用于视觉感知识别指标的判定。

固镇县主城区视觉感知识别指标包括遗产视觉完整度、遗产视觉显著度、历史信息可意度、环境风貌协调性、环境色彩和谐度、绿视率、建筑高度协调度和天空开阔度，通过实践分析进行赋值，得到量化评估结果。

固镇县主城区记忆感知识别指标包括记忆广泛度、记忆久远度、记忆完整度、记忆真实度与文化认同感，通过实践分析进行赋值，得到量化评估结果。

固镇县主城区行为活动识别指标包括社会结构原真性、生活生产延续度、风俗活动延续度、环境-行为联系度、区位活力度与区位可达性，通过实践分析进行赋值，得到量化评估结果。

固镇县社会界面识别指标量化评估结果如图6所示。

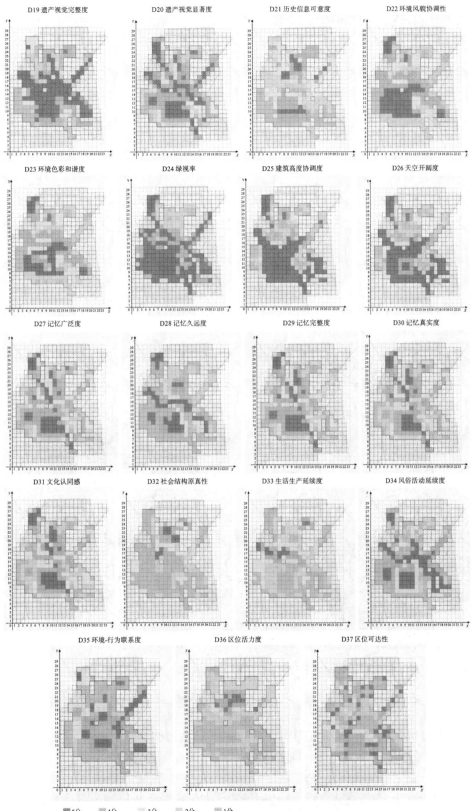

图 6 固镇县社会界面识别指标量化评估结果
（资料来源：作者自绘）

3.4 中心区历史空间边界识别

在完成基本指标层 D1~D37 所有识别指标量化后,在 GIS 渔网中添加字段,使用编辑器录入所有网格赋值数据,并在 GIS 中基于表 1 计算得出的历史空间边界识别指标体系的识别指标权重,对所有基本指标层结果进行加权叠加。赋值结果加权计算完成后,运用反距离权重法生成热力图,为防止反距离权重法在数据周围产生"牛眼"效应,将最低值范围适度加大。为保证结果准确,依据评估视点选取时的实际位置对 GIS 生成的热力图进行修正,得到最终的固镇县历史空间边界识别指标量化评估结果热力图(图 7)。

根据评估结果热力图对固镇县历史空间的整体布局进行分析发现:固镇县历史空间环境-社会协同的最大价值区域总体呈一南一北两个片区分布,南城区主要为谷阳城遗址,北城区由津浦铁路固镇火车站、侵华日军水牢、楚汉步行街、饮马井、固镇县县委县政府办公大院多个文物保护单位与非文物保护单位历史资源点所复合构成。南北两个核心区沿浍河相望,中部隐隐有连成廊道的趋势。在热力图的基础上,将评估量化的分数结果分为三个等级,依次判定为价值核心区、环境协调区、文化过渡区三级历史空间边界,形成固镇县历史空间边界分级的最终结果(图 8)。

图 7 固镇县历史空间边界识别指标量化评估结果热力图

(资料来源:作者自绘)

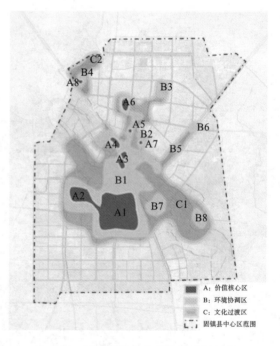

图 8 固镇县历史空间边界分级示意

(资料来源:作者自绘)

通过识别历史空间的三级边界,整理出历史空间的结构秩序;通过进一步的历史空间格局优化,对价值核心区进行刚性管控,对环境协调区进行建设引导,对文化过渡区进行规划传导,对历史空间的社会历史价值传播进行发展指引;通过有机有序、分级分类、刚性与弹性相结合的具体规划与管控要求,系统性、整体性地利用好城乡空间中的历史资源空间,发散其历史价值,延续其历史文脉。

4 固镇县垓下遗址空间边界划定

垓下村是安徽省蚌埠市固镇县濠城镇政府所在地,位于固镇县东部,南濒北泥河和蚌埠市郊;北抵沱河,与灵璧相望;东与五河县接壤;西南与怀远县毗连;西北与宿州市搭界。垓下村地理位置优越,交通便利,集贸市场繁荣,经济活跃。作为垓下村主要历史缘起与文化载体的垓下遗址坐落于垓下村北部,在沱河(古称洨水)南岸,为全国重点文物保护单位,遗址总面积20余万平方米。

垓下遗址具备历史资源价值高、与自然资源依存度高的特点,具备平原地区古代城址的典型特征。垓下遗址本应形成生产、生活、生态与历史资源和谐共生的空间格局,但随着农业种植养殖、现代坟墓与村庄建设等活动的影响,垓下遗址保护形势愈趋严峻。因此整体识别垓下遗址作为历史空间的范围边界尤为重要。

4.1 垓下村历史空间基线研究

本文将垓下遗址紫线保护范围和建设范围统一纳入本次研究范围。其中,垓下遗址紫线保护范围是历史氛围最为浓厚的核心保护区,必须完整地纳入评价研究范围,此外,垓下遗址紫线建设范围内存在大量乡镇建筑,为确保垓下遗址历史资源风貌与特色的完整性,这一部分区域也需纳入研究范围(图9)。

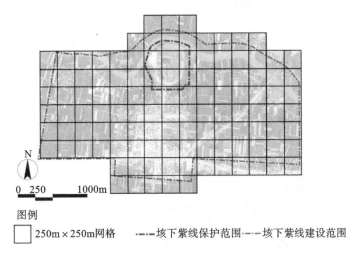

图9 垓下遗址 250 m×250 m 评价网格

(资料来源:作者自绘)

4.2 垓下村历史空间数据采集

垓下村历史空间整体范围内共有网格117个。由于垓下遗址所在的濠城镇较为繁华,且为连接固镇县与灵璧县的重要枢纽,研究范围内路网较为密集,所有网格中均存在可达道路,最终确定有效观测点117个。根据实地调研,共拍摄照片498张。

4.3 垓下村历史空间指标量化

根据表1中历史空间边界识别指标体系，按垓下村空间尺度大小，对指标进行适当选取，形成垓下村历史空间边界识别指标体系。同时根据每项指标的具体情况确定出相应的评价分级标准，每项指标评分均分为五级。

4.4 垓下村历史空间边界识别

根据实地调研，针对每个网格筛选出用于评估的最终图像，对应上文中已建立的历史空间评估体系对每项指标进行分项赋值。垓下遗址为全国重点文物保护单位，故评价范围内所有网格在历史价值（C1）方面均计为5分。空间结构价值（C2）等级仅与历史文化空间的地理位置有关，根据垓下遗址紫线保护范围与建设范围确定其等级分为一至五级。依据对垓下遗址及其周边的居民进行的实地走访调查结果，行为活动（C8）等级同样分为一至五级，结果显示垓下遗址周边的居民基本均对遗址有一定了解。根据指标等级，具体分级量化结果如图10所示。

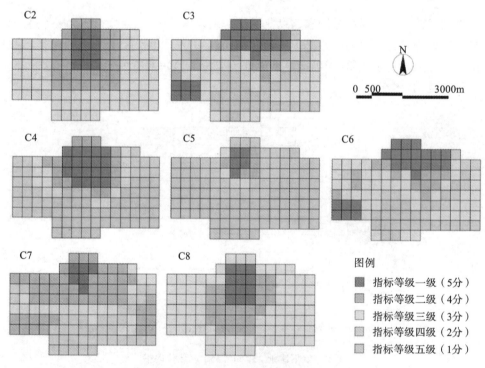

图10 垓下遗址 C2~C8 指标评估量化结果

（资料来源：作者自绘）

将分数导入GIS平台，绘制出垓下遗址历史空间指标量化评估结果热力图，根据实地情况进行修正，得到垓下遗址历史空间边界分级示意图（图11）。根据图11所示，可将垓下遗址历史文化空间范围划分为5个等级，A区域属于价值核心圈层（其中A1区域为最核心部分），B区域与C区域属于环境协调圈层，D区域和E区域属于文化过渡圈层。

A区域内包含垓下遗址的主体部分，区域范围与垓下遗址紫线保护范围大部分重叠，但在区域北部沱河以北沿线，A区域范围大于垓下遗址紫线保护范围，表示此范围内历史文化空间

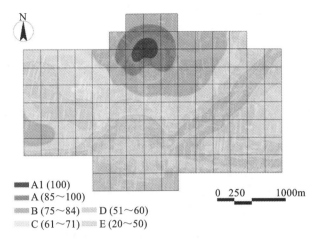

图 11 垓下遗址历史空间边界分级示意
（资料来源：作者自绘）

视觉质量极佳、历史文化空间的历史氛围浓厚、视觉美感度高，可在未来的保护与规划中对此区域加以重视；此外，A 区域在南侧中部位置有凹陷缺口，范围小于垓下遗址紫线保护范围，这与此范围内搭建了大量外观质量较差的低层民房有关，需在未来的规划建设中加以整改。

B 区域与 C 区域大部集中于遗址主体周边，区域内历史文化空间视觉质量较好。

D 区域内存在民居、支路、电线杆等少量干扰源。E 区域内主要包含濠城镇核心区域与省道等区域内核心道路，区域内虽有部分建筑引入仿古元素进行立面设计，但总体建设较为混乱，存在大量影响历史文化空间视觉的干扰源。这两个区域虽在垓下遗址紫线建设范围之内，但区域内构景元素与色彩混杂，历史资源可见度极低；空间构图无序，历史氛围感受度差；虽距历史资源较远，但历史资源对这两个区域仍存在一定影响，其仍具有一定历史文化价值。这两个区域应作为历史文化空间缓冲区，应结合区域规划的具体要求和建设状况，制定区域内的建设与管控要点。

5 结　　语

本文改变以往平行层叠的空间分析手段，通过地理环境界面和与之垂直的社会感知界面构成的三维空间对历史空间进行认知，探讨环境-社会协同机制，通过对环境、社会要素的交互的空间特征进行解析，构建历史空间评估指标框架，划定历史空间保护边界。针对历史空间社会界面要素通过社会感知作用于环境界面的特征，以 GIS、多源数据采集、AHP 法为支撑，从三维视角创建历史空间边界识别方法，划定三级圈层范围。

在历史空间边界识别的整个过程中，价值评判是核心，直接影响评估指标的选取。其次，不同尺度的历史空间在整个流程中的具体操作不同。空间尺度越大，指标越复杂。在具体的实证过程中，应结合价值研判，综合筛选指标。本文构建的评估指标可应用于不同尺度的空间，可针对不同空间进行指标的拆分与合并。

本文以价值活态延续为导向，把历史空间纳入整个城乡空间的研究视野中，将环境与社会两方面的价值认知、保护与发展的思想导入历史空间评估与边界划定，以价值为核心，以地理环境与社会感知两个界面为空间载体，提出了历史空间边界识别方法，希望该方法能为历史保护范围纳入国土空间规划"一张图"工作提供一定的研究思路。

参考文献

[1] 在国土空间规划编制和实施中加强历史文化遗产保护管理[J].资源与人居环境,2021,267(3):10-11.

[2] 中共中央办公厅,国务院办公厅.关于在城乡建设中加强历史文化保护传承的意见[J].中华人民共和国国务院公报,2021,1745(26):17-21.

[3] 冯艳,叶建伟.国内外遗产影响评估(HIAs)发展述评[J].城市发展研究,2017,24(1):130-134.

[4] 韩洁.守住历史文化之根赓续民族复兴之脉[N].中国文化报,2023-03-13(004).

[5] 董卫.国家历史空间体系建构初探[J].城市规划,2022,46(2):71-78.

[6] 胡思聪,罗小龙,顾宗倪,等.国土空间规划体系下的汕头详细规划编制探索[J].规划师,2021,(5):38-44.

[7] Ashworth G J. Preservation, Conservation and Heritage: Approaches to the past in the Present through the Built Environment[J]. Asian Anthropology,2011,10(1):1-18.

基于居民需求评价的庆城历史城区更新策略研究

党 敏[1]

摘要:随着我国社会发展进入由快速增长向品质提升转型的关键时期,我国的城市化进程也由增量扩张向高质量发展的存量提升转变,更加注重以人民的需求为核心。而历史城区作为城市的重要组成部分,建筑年代久远,基础设施落后,居民改善环境意愿强烈。本文以庆城历史城区为例,以居民需求为切入点,在分析现状要素的基础上,通过对居民需求评价指标的筛选、指标量化途径的构建,对评价指标进行层次归类以建立居民需求评价体系,并根据评价结果,结合历史城区建设与居民需求之间的供需矛盾确定历史城区更新的重点内容,从生理需求、安全需求、社交需求、尊重需求、自我实现需求五个方面提出庆城历史城区更新策略,以期在城市更新过程中体现以人为本的城市温度。

关键词:居民需求;评价指标体系;历史城区;更新策略;庆城县

Abstract: As China's social development enters a critical period of transition from rapid growth to quality improvement, China's urban renewal is shifting from incremental expansion to stock enhancement for high-quality development, and focus more on people's needs as the core. As an important part of the city, the historical urban area has a long history of architecture, backward infrastructure construction, and a strong willingness of residents to improve the environment. This paper takes Qingcheng county historic urban area as an example, takes residents' demand as the entry point, on the basis of analyzing the elements of the current situation, through the screening of evaluation indexes of residents' demand, the construction of quantitative pathways of indexes, the hierarchical categorization of evaluation indexes in order to establish the evaluation system of residents' demand, and based on the results of the evaluation, combined with the contradiction of supply and demand between the construction of the historic urban area and the demand of the residents to determine the focus of the renewal of the historic urban area from the physiological demand, Safety needs, social needs, respect needs, and self-realization needs, in order to reflect the people-oriented urban temperature in urban renewal.

Key words: residents' demand; evaluation index system; historic district; renewal strategy; Qingcheng county

1 引 言

随着我国综合国力的提高,我国居民生活水平也随之提升,居民的需求也由"物质需要"向

---

[1] 党敏,长安大学建筑学院,硕士研究生,研究方向为城乡规划理论与方法。地址:陕西省西安市雁塔区长安大学小寨校区建筑学院。Email:2804612760@qq.com。Tel:13948816052。

"美好生活需要"转变,但是快速城镇化导致城市人口剧增,使得居民居住条件变差,难以满足居民对美好生活的需要,因此新时期的城市建设更加强调从人的需求出发,希望通过一种较为缓慢的方式,全方位地进行更细化的"城市更新",从而实现城市空间品质优化,创造优良的人居环境。目前对于城市更新的研究多集中在上海、深圳等一线城市,且研究对象以非历史城区居多,而历史城区独有的空间特征和居民日常生活方式导致其更新模式往往与一线城市存在差异。

历史城区作为城市的一部分在经历了大拆大建式的更新以后,大量历史建筑、传统风貌建筑消失,居民居住环境较差,邻里关系消失,居民改善自身居住环境的意愿强烈,现有历史城区在居住环境和基础设施改善时忽略了对历史文化的保护,而历史城区环境的改善应该与文化保护相互促进,只有充分满足居民需求才能提升居民归属感,从而实现文化的传承。因此针对历史城区的更新,应充分考虑居民生活的多方面使用需求,以居民需求来指导城市更新,实现历史城区空间更新和人们精神层面需求的相互制约与促进[1]。

本文以庆城历史城区为例,以居民需求评价为切入点,结合庆城历史城区建设情况与居民需求之间的供需矛盾确定历史城区更新重点,并提出满足居民美好生活需要的历史城区更新策略。一方面,完善了国内关于历史城区居民需求评价机制的研究;另一方面,为研究历史城区的物质空间更新提供了新的视角,为解决现阶段历史城区更新存在的问题提供了新的思路。

2 研 究 区 域

2.1 概况

庆城县作为我国最古老的城池之一,是甘肃省省级历史文化名城。庆城县位于甘肃省东部,陕甘宁三省交界处。庆城镇位于县城东部,庆城历史城区位于庆城镇中心城区范围内,庆城历史城区由凤城和皇城构成,以西壕为界,北至北城墙外侧,西至环江东岸新规划的西滨河路,东至东环路(S202),南至景观大道北口(西滨河路与东环路交叉口),占地面积约 1.61 km²(图 1)。

图 1 庆城历史城区区位图
(来源:作者自绘)

2.2 庆城历史城区存在问题

2.2.1 历史城区空间品质较差,居住环境亟须改善

根据对庆城历史城区现状建筑的建筑结构、建设年代等情况的调研,本文将居住建筑的质量分为一类建筑、二类建筑、三类建筑三种类型。从总体上来看,历史城区以二类建筑为主,一类建筑主要分布在皇城,而三类建筑主要分布在西壕以及凤城的古城墙遗址附近。

庆城历史城区内公共空间较少,仅有普照寺广场、博物馆前广场与民生广场三处,其次就是紧邻历史城区范围外边界的三角公园与嘉会门广场,也为城区内居民的休憩、交流提供了场所。

庆城历史城区绿地主要有集中在古城墙遗址与西壕的防护绿地;以宅旁绿地为主的附属绿地,分布于城区内各单位与居住区内部;还有位于普照寺广场的广场用地中的绿地。景观绿化、公共空间、配套设施严重缺失,居住条件有待改善。

2.2.2 历史城区设施供给不足,综合承载力有待提高

庆城历史城区基础设施基本达到城区内全覆盖,配备较为完善,但是仍存在部分线路架空铺设、裸露杂乱,设施老化严重,管网建设落后,运行年代久,污水随意排放等问题(图2)。

公共服务设施方面,庆城历史城区内公共厕所数量较少,不能满足居民的日常生活需求;商业配套设施方面,市场分布于城区各处,且沿主干道开设较多小超市,能较好地服务居民的生活需求;医疗服务设施方面,凤城园社区与北街社区的医院及卫生服务中心配备较为完善;文化设施共有四处,分别为运输处青少年宫、凤城大剧院、庆城图书馆以及庆城博物院;体育设施数量较少,多为各居住区的附属运动场地[2]。随着居民数量的增加,公共服务设施的承载力出现不足的情况。

2.2.3 道路形态不满足现代交通方式

庆城历史城区道路系统形态基本上延续了明清时期正格鱼骨状道路网[3]。因与周边对外道路的高差较大和城墙遗址的限制,南端只有南大街一条道路与城区外交通道路相连接;东西向也各自只有一条情况较好的道路与城区外道路相连;北端以育才路和长庆路为主,与北部新城相联系。

历史城区内由于私家车数量增多,道路交通基础设施不完善,人车混行现象与占道停车现象普遍,时常出现拥堵现象。城区内停车较为紊乱且停车设施数量不足,存在大量路边停车现象,这些乱停现象影响居民出行、阻碍行人视线、存在安全隐患的同时还对街巷的商业活力与历史风貌造成了一定影响(图3)。

城区内街巷空间不连续,街巷中的道路质量欠佳,部分路面存在断裂情况,尽端路较多,部分为土路,存在坑洼与积水问题(图4)。

2.2.4 公众参与度不高,参与机制亟须被完善

目前在社区管理中物业与居委会分工不明确,社区层面的决策缺乏公众参与,同时居民缺乏参与途径,未建立健全的居民参与保障体系,容易引发矛盾,专业设计人员不能了解当地居民的实际需求。

2.2.5 传统风貌逐渐消失,历史文化遗产亟须被保护

庆城历史城区内由于其历史悠久,留有许多历史文化遗迹(如周旧邦木坊、慈云寺铁钟及钟

图 2　基础设施工程管线现状
（来源：作者自摄）

图 3　停车设施现状
（来源：作者自摄）

图 4　道路现状
（来源：作者自摄）

楼、普照寺大殿、陇东中学礼堂等）。由于之前的保护与发展处理不当，大量历史建筑被破坏，未充分发挥其历史文化价值，传统风貌逐渐消失。

3　居民需求评价因素提取

从20世纪60年代起，西方国家城市更新理论逐渐向以人为本转变，我国城市更新工作起步较晚，近十年来，开始强调以内涵式发展和品质提升为目标的综合更新，满足居民需求成为高质量发展时期的城市更新研究的重点内容之一，居民的需求逐渐受到重视。

目前对于人的需求的相关研究都没有直面居民的内在需求，只关注于增强居民在城市更新过程中的地位和参与度，尚未发现系统性梳理居民需求的相关研究。居民的需求一直难以通过常规调查手段得到，原因有二：第一，规划师将居民调查情况直接作为规划依据；第二，在之前的调研中，规划师关注点集中在大分类而忽视了居民的根本性需求，使得规划成果浮于表面。

马克思主义认为人的需求是人的本性，1943年，亚伯拉罕·马斯洛（Abraham H. Maslow）在《人类激励理论》中提出以人为中心的需求层次理论，其核心是人普遍具有五个层次的需求——生理需求、安全需求、社交需求、尊重需求和自我实现需求（1970年后修订为七个层次），这五个需求从低到高依次排列，反映人类心理及行为规律，当低级需求得到满足后，人们会进而寻求更高层级的需求满足[4]（图5）。其中生理需求和安全需求为初级需求，社交需求和尊重需求为中级需求，自我实现需求为高级需求。初级需求和高级需求可能同时发生，高级需求并不是在初级需求满足后才会存在。

图 5　马斯洛需求层次理论
（来源：作者自绘）

为保证获取的居民内在需求的全面性与真实性,本文采取五阶马斯洛需求层次模型作为母版进行研究。

第一,生理需求。生理需求是人类需求层级里最基本的层次,也是维持人生存、生活的基本条件,包括衣、食、住、行等需求。

第二,安全需求。安全需求包括人身安全和社区安全等,同样也是人类需求的重要环节。在城市中也会由于社区治理不到位等问题,导致交通事故多、卫生环境差等影响居民生活质量的安全隐患,在城市更新过程中应着重关注居民健康和场地健康两个方面的需求[5]。

第三,社交需求。社交作为城市中人与人之间沟通交流、建立联系的方式,是体现城市活力的重要指标。在安全需求满足的基础上,鼓励人与人之间相互交流,建设开放式街区,满足正常的、健康的社交需求,使人更好地融入城市,可以让城市更加有魅力[6]。

第四,尊重需求。尊重需求不仅是人从内心产生的自尊和自信,更是渴望得到别人认可和社会承认,并受到他人、集体和社会尊重的需求。能在城市中体现自己的价值,城市中细节的处理和管理的精细化,都会让人的尊重需求得到满足。

第五,自我实现需求。反映在历史城区里,自我实现需求不仅指代居民个人的需求,更是历史文化被代代传承的集体需求。

建设以人为本的城市应当能够满足居民从低到高的五个需求层级。本文以马斯洛需求层次理论为基础,将生理需求、安全需求、社交需求、尊重需求、自我实现需求作为居民需求评价一级指标,通过阅读相关文献后建立马斯洛需求层次理论与城市更新关系,筛选出与历史城区相关性较强的指标因素,结合对当地居民调查走访,对筛选提取出的子因素关键词进行整理后,分类归纳进需求分类中(图6)。

结合层次分析法,对以上筛选后的影响因素进行层级归类,从中选取对居民需求影响较大的指标并形成最终的庆城历史城区居民需求评价体系。

4 庆城历史城区居民需求评价体系构建

指标权重的合理与否直接影响评价结果,现有的权重计算相关方法有主观与客观两类。为使计算更加科学,本次评价指标体系采取层次分析法(AHP法),层次分析法是20世纪70年代初由美国运筹学家Santy首次提出,Santy将定性和定量分析结合,把复杂问题中的影响因素提取出来进行相互联系的层次划分,建立合理的层次结构图,两两对比指标赋值结果,构建判断矩阵,综合出总权重并进行排序,最后按照权重结论进行方案对比[7]。

4.1 模型构建

在yaahp软件中进行相关操作,生成判断矩阵、计算加权算术平均值、检验一致性以及计算权重,主要步骤如下。

(1)建立居民需求评价层次结构图。

基于文献研究结果,对居民需求因素进行提炼整合,由于居民需求因素过于庞杂,对AHP法递阶层次模型进行拓展,构建包含5个评价准则、9个评价指标及21个评价边界因素的评价体系(图7),并根据AHP法和以上评价因素构建递阶层次模型。

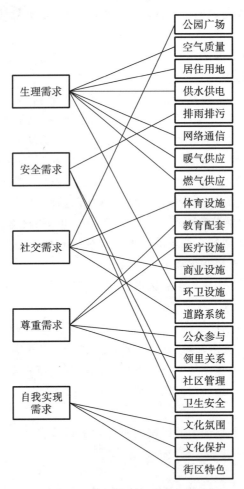

图 6　马斯洛需求层次理论与城市更新关联
（来源：作者自绘）

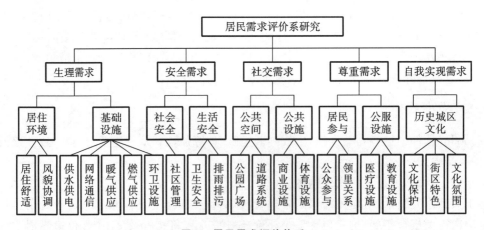

图 7　居民需求评价体系
（来源：作者自绘）

(2)构建判断矩阵。

指标赋值采用 Santy 的 1~9 标度方法进行两两对比赋值,第 i 个因素相对于第 j 个因素的比较结果用元素 a_{ij} 表示[8]。按照马斯洛需求层次理论,准则层为逐步递进模式,按照权重从大到小依次排列并进行指标赋值,构造判断矩阵。

(3)一致性检验。

为防止偏离严重导致的误差造成实验数据作废,或分析结果出错导致的研究失败,需在计算权重之前进行一致性检验。

4.2 打分机制与结果量化

为了解居民对庆城历史城区环境的总体及各分项的需求程度,便于规划师进行居民满意度调查及对居民需求进行量化处理,基于李克特五点量表设置"非常满意""满意""一般""不满意""很不满意"这五级选项来量化居民的满意度,并对其作出评分,评分标准 5 分为非常满意、4 分为满意、3 分为一般、2 分为不满意、1 分为很不满意。

在此次参与问卷调查的 500 位当地居民中,按照性别划分,男性居民占 62%,女性居民占 38%;按照年龄结构划分,40 岁以下居民占 15%,40~50 岁居民占 40%,50~60 岁居民占 30%,60 岁以上居民占 15%。

若是简单地将居民需求调查数据作为规划更新依据,易导致部分居民的根本性需求被忽略或有关历史城区未来发展的关键性因素被遗漏(图 8)。所以在统计居民打分后,再将其与专家给出的指标权重进行加权分析,根据权重计算结果进行排序,作为制定历史城区更新策略的依据。准则层权重值示意如表 1 所示,居民需求指标权重值如表 2 所示。

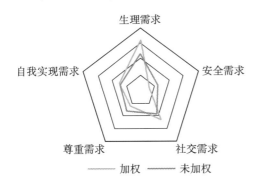

图 8 居民需求数据对比
(来源:作者自绘)

表 1 准则层权重值示意

居民需求评价体系研究	一致性比例 0.0542			满足一致性检验		
	生理需求	安全需求	社交需求	尊重需求	自我实现需求	标准值
生理需求	1.0000	6.0000	3.0000	3.0000	4.0000	0.4424
安全需求	0.1667	1.0000	0.2000	0.2000	0.2000	0.0431
社交需求	0.3333	5.0000	1.0000	2.0000	2.0000	0.2191
尊重需求	0.3333	5.0000	0.3333	1.0000	2.0000	0.1700
自我实现需求	0.2500	5.0000	0.5000	0.5000	1.0000	0.1253

(来源:作者自制)

表 2　居民需求指标权重值

目标层	维度层	权重值	要素层	权重值	具体指标层	权重值
庆城历史城区居民需求评价体系	生理需求	0.4424	居住环境	0.3540	居住舒适	0.3179
					风貌协调	0.0361
			基础设施	0.0885	供水供电	0.0089
					网络通信	0.0068
					暖气供应	0.0109
					燃气供应	0.0116
					环卫设施	0.0503
	安全需求	0.0431	生活安全	0.0323	卫生安全	0.0098
					排雨排污	0.0225
			社会安全	0.0108	社区管理	0.0108
	社交需求	0.2191	公共空间	0.1643	公园广场	0.1252
					道路系统	0.0391
			公共设施	0.0548	商业设施	0.0212
					体育设施	0.0336
	尊重需求	0.1700	居民参与	0.0340	公众参与	0.0228
					邻里关系	0.0112
			公服设施	0.1360	医疗设施	0.0419
					教育设施	0.0941
	自我实现需求	0.1253	历史城区文化	0.1253	文化保护	0.0214
					街区特色	0.0336
					文化氛围	0.0703

(来源：作者自制)

4.3　评价结果

将居民需求调查加权结果按需求程度由低到高排列(图 9)，可以发现庆城历史城区居民需求满足程度不符合马斯洛需求层次理论模型。低等级需求没有得到充分的满足与保障，如最基础的生理需求亟须进行改善，环卫设施严重缺失，不满足居民现在需求；相反，高等级需求反而得到了较为充分的满足，如自我实现需求，相关部门与当地居民意识到了保护历史文脉的重要性，加大了对文物保护单位的保护力度，相关修复重建工作也在展开，历史文化得到很好的保护与延续。

依据居民需求模型可将居民需求按照低、中、高三个等级进行分类。在低级需求方面，存在历史城区内居住建筑质量较差，居民居住条件较差，居住不舒适，且部分居民居住在历史建筑中的现象。

中级需求方面，存在庆城历史城区内公园绿地数量较少，绿化以防护绿地为主，供居民交流活动的公共空间不足等问题。庆城历史城区路网不完整、尽端路较多、可供停车的场地较少，交

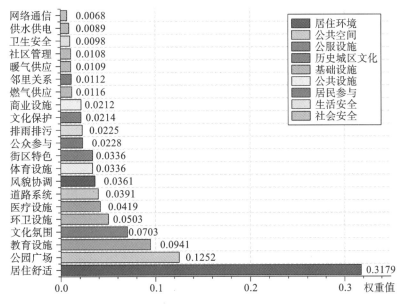

图 9 庆城历史城区居民需求汇总
（来源：作者自绘）

通拥堵现象严重，居民出行不方便。城区内教育配套设施、体育设施等公共服务设施配套不足，不能满足居民的日常生活需求。在安全方面，排雨排污系统老旧，时有路面积水情况发生，易发生事故。庆城历史城区内由于缺乏可以供居民交流活动的公共空间，导致居民社交活动减少、邻里关系冷淡。同时，历史城区内居民参与城区更新工作的意识薄弱，且缺乏参与途径，参与制度保障不足，不利于在城区更新过程中更好地践行以人为本的原则。

高级需求方面，存在历史城区内部分文物保护单位和历史建筑年久失修、逐渐丧失历史风貌特征、没有展现出其蕴含的历史文化、文化未被有效利用等问题。

因此庆城历史城区在低级需求方面亟须改善的是基础设施缺失、设备维护不佳、居住条件不够舒适等问题；在中级需求方面亟须改善的是公服设施不完善、公共空间缺乏、路网不完整和居民规划参与度不高的问题；在高级需求方面亟须改善的是缺乏街区特色和文化活动不多的问题。根据居民需求模型分析得出的问题结论与调研的结果不谋而合，表示研究模型具有一定科学性及合理性。

5 基于居民需求评价的庆城历史城区更新策略

基于庆城历史城区建设现状与居民需求的供需矛盾，明确生理需求、安全需求、社交需求、尊重需求、自我实现需求五个方面的主要更新目标，并结合更新目标提出相应的更新策略。在具体更新策略制定的过程中，坚持以人为本原则，通过小尺度、渐进式的更新方式完善提高各要素的建设质量和服务水平，以实现建设宜居、高品质庆城历史城区的总体目标。

5.1 改善居住环境，提升人居环境品质

对于庆城历史街区目前存在的居住不舒适、风貌不协调等问题，采取微更新的方式，对一类建筑进行保留；二类建筑主要为风貌不协调问题，以改造为主，调整建筑立面；三类建筑风貌严

重不协调且建筑质量较差,建议拆除重建。在未被有效利用的存量空间上植入环卫设施和景观绿化,重点结合居民的日常交往活动习惯,优先完善居民时常聚集区域的景观营造。通过"见缝插绿"的方式,以微小空间的功能改善和环境提升促进庆城历史城区人居环境品质提升[9]。

5.2 增补服务设施,优化路网结构

以居民需求为导向,精准提升庆城历史城区设施服务水平。结合居民需求调查结果,当前庆城历史城区服务设施建设的重点是完善文化、体育及教育设施建设,因此应结合实际情况和居民需求确定新增设施的类型和规模,协调历史城区中高密度、小尺度的空间布局,使得各类设施的步行可达距离更远。如将庆城历史城区中凤城园社区、北街社区、南街社区按照5分钟生活圈进行配套设施配置,保留现有可以正常使用的公共服务设施,增加公共厕所、体育设施、小超市、幼儿园等配套设施(图10)。

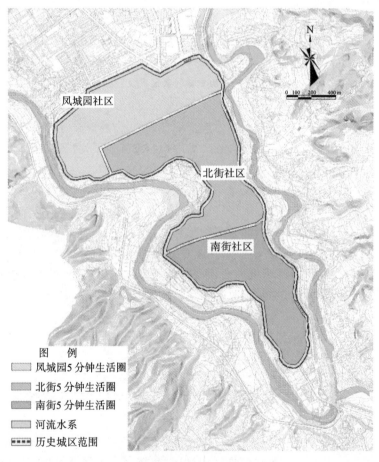

图10 庆城历史城区5分钟生活圈
(来源:作者自绘)

为了完善庆城历史城区道路交通系统、增加交通可达性,可调整历史城区内路网结构,整合历史城区内部尽端路,重点加强历史城区内部道路与外部道路的联系,实现历史城区内与城区边缘交通环线的畅通,加强路网的互联互通(图11)。

同时历史城区应持续优化出行方式结构,提倡公共交通和步行相结合的出行方式,可设置

图 11　庆城历史城区道路交通规划图

(来源:作者自绘)

自行车和行人专用道,提高对历史城区内部居民出行的服务水平,充分提高居民日常出行便捷度和舒适度。由于历史城区停车空间缺口较大,但城区内可利用空间有限,因此宜采用分散、小规模、多样化的停车方式,鼓励现有单位和小区开放停车场,采取错峰停车等方式合理组织路面停车,避免对慢行交通造成影响。最后,鼓励充分挖掘存量空间,合理规划和开辟零散用地以增设停车位,解决历史城区内停车空间不足的问题。

5.3　完善公共空间体系,增加绿地空间

在历史城区公共空间体系完善过程中,应该充分利用街角、巷口、宅旁闲置地等小尺度空间,小尺度的公共空间具有布局灵活、可达性高的特点,可结合居民需求对小尺度公共空间进行灵活布置,有效加强公共空间与居民日常生活的关联[10],为历史城区居民营造驻足、放松、交流的空间,促进邻里交往。

同时城区内还应增补绿化,提高整体绿化率。可保留现有公园绿地,改造与增补新的绿地,重点选取城区内居民自发形成的活动交往场地作为绿地植入的关键节点,确保居民步行 5 分钟即可到达一块公共绿地。其次,优先选择各类零星闲置的空间进行更新,比如环城墙、道路沿线、居住小区中大量的宅间空地等,与历史城区中原有的公园广场共同构成功能互补的公共空间网络。

5.4 完善参与机制,提高居民参与度

居民作为历史城区更新的参与主体,社区居委会等部门应调动居民参与城区更新的积极性。规划师应该充分了解居民需求,改变规划路径,通过更为合理有效的路径对居民参与进行引导,了解当地居民的实际需求;通过线上、线下平台实现设计透明化,接受当地居民监督以及时调整。社区管理应融合更新中的"自下而上"和"自上而下"的原则,通过"自上而下"确定更新内容,完善管理制度;通过"自下而上"保证居民的意见充分表达,提高设计水平与决策合理性[11],探索新的更新路径。

5.5 提升街区特色,加强文化氛围营造

东大街与普照寺历史地段规划为文化展示区,小南门巷历史文化街区作为商业展示区,鹅池洞巷历史文化街区作为民俗展示区,钟楼巷历史文化街区维持其亦文亦居的功能,在此基础上更新道路与绿化,作为民俗生活展示区。历史城区文化特色彰显和文化氛围的营造,不能仅通过单个历史文化资源自身价值和特色的表现,更重要的是能够将散点的历史文化遗产串联起来,形成形式多样的文化游线,通过景观营造和历史城区风貌管控促进城区环境与历史文物古迹相会呼应,最大化发挥其历史文化价值,凸显城区的历史文化特色,加强整个历史城区特色风貌营造(图12)。

图12 历史地段与历史文化街区功能更新
(来源:作者自绘)

参考文献

[1] 杨秋辰. 成都旧居住街区环境宜居性评价及更新策略研究[D]. 成都：西南交通大学，2018.

[2] 侯俊新. 基于宜居性评价的庆城历史城区更新策略研究[D]. 西安：长安大学，2021

[3] 俞凡，侯俊新. 基于空间句法的庆城历史城区空间形态研究[J]. 城市建筑，2020，(5)：103-105.

[4] 晋铭铭，罗迅. 马斯洛需求层次理论浅析[J]. 管理观察，2019(16)：77-79.

[5] 王沛永，张新鑫. 美国 High Point 住宅区低影响土地开发（LID）技术应用的案例研究[C]//中国风景园林学会 2011 年会论文集（下册）. 北京：中国建筑工业出版社，2011.

[6] 崔积仁，朱曼. 马斯洛需求层次理论与城市精细化发展[C]//2019 城市发展与规划论文集 北京：中国城市出版社，2019.

[7] 陈义华. 数学建模的层次分析法[J]. 甘肃工业大学学报，1997(3)：93-98.

[8] 邓雪，李家铭，曾浩健，等. 层次分析法权重计算方法分析及其应用研究[J]. 数学的实践与认识，2012，42(07)：93-10.

[9] 耿乐其，基于居民需求的关中地区县城更新研究——以澄城县城为例[D]. 西安：西北大学，2022.

[10] 杨贵庆，房佳琳，关中美. 大城市建成区小尺度公共空间场所营造与社会资本再生产[J]. 上海城市规划，2017(2)：1-7.

[11] 杨秋辰. 成都旧居住街区环境宜居性评价及更新策略研究[D]. 成都：西南交通大学，2018.

基于空间句法的故宫博物院空间特征研究

刘晓钰[1]

摘要:基于空间句法的历史建筑群空间形态量化分析是一种通过建立数字模型进行空间分析的方法,这种方法可以客观描述各类型空间的存在意义,发现空间之间的内部社会联系,结合相关历史文献资料与数据可以进一步佐证相关研究并为历史建筑群的保护与发展提供理论借鉴。本文运用空间句法理论中的轴线法构建故宫博物院线段网络模型,借助Depth-map软件平台对故宫博物院各类空间的空间整合度、空间可理解度和空间可选择度进行量化分析。结果表明故宫博物院空间形态具有以下特征:故宫博物院布局体现了中轴对称、皇权至上的营建思想,空间可达性以内廷中路、外朝中路为轴线左右对称;内廷与外朝之间相互独立,内廷空间具有较高的私密性,而外朝空间则更具开放性,同时各宫室之间联系紧密,游客能够比较容易地通过局部空间感知周围环境;可选择度整体呈现"东高西低"的特征,反映了空间布局"以右为尊"的传统思想。

关键词:空间句法;空间特征;故宫博物院;整合度

Abstract: The quantitative analysis of spatial forms in historic architectural complexes based on spatial syntax is a method that involves conducting spatial analysis through the establishment of digital models. This approach objectively delineates the significance of various types of spaces and reveals internal social connections among them. When combined with relevant historical literature and data, it can further corroborate related research and offer theoretical insights for the conservation and development of historic architectural complexes. In this study, the axial method from spatial syntax theory is applied to construct a segment network model of the Forbidden City. Utilizing the Depth-map software platform, quantitative analyses of spatial integration, spatial intelligibility, and spatial choice within various spaces of the Forbidden City are conducted. The findings demonstrate several distinctive features of the spatial configuration in the Forbidden City: The layout of the Forbidden City embodies axial symmetry and the concept of supreme imperial authority, with spatial accessibility primarily aligned along the central axes of both the Inner Court and Outer Court in a symmetrical manner. The Inner Court and Outer Court remain independent yet interconnected. The Inner Court spaces exhibit higher levels of privacy, while Outer Court spaces exude openness. Interconnections between palace buildings facilitate visitors' perception of the surrounding environment through local spatial cues. The overall pattern of spatial choice presents an "east higher, west lower" distribution, reflecting the traditional notion of architectural layout favoring the right side.

---

1 刘晓钰,华中科技大学建筑与城市规划学院硕士研究生。地址:湖北省武汉市洪山区珞喻路1037号华中科技大学南四楼。Email:1551577042@qq.com。Tel:18140365459。

Key words:space syntax;spatial characteristics;Forbidden city;degree of integration

1 引言

作为世界上现存规模最大、保存最完整的木结构古建筑群之一,北京故宫博物院是人类文明的瑰宝,其建筑规模之大,时代之久远,令人叹为观止。故宫博物院的空间布局、建筑体量、色彩装饰、景观小品等空间要素反映了中国传统社会数千年的主流儒家思想和建筑艺术,具有较高的历史文化价值和旅游经济价值[1]。通过对故宫博物院空间认知展开研究,本文发现其空间布局内在规律,更好地组织游览路线,对于其有效保护和平稳发展具有重要意义。

故宫博物院的空间形态认知研究是促进其空间发展的重要前提和基础,纵观现有研究成果,国际学界在空间句法领域的研究主要集中于城市形态塑造、空间认知以及虚拟模拟等方面。当前的研究焦点主要聚焦于虚拟空间、独立建筑单元以及城市区域等方面。国内运用空间句法的研究大多数集中在空间结构研究、空间可达性研究、交通网络研究、聚落空间研究等方面[2-5]。尽管在城市规划领域,空间句法的应用已十分广泛,然而将其运用于历史建筑群的空间认知研究却相对少见。鉴于此,为了扩展对故宫博物院研究的视角与思路,本文运用空间句法工具对故宫博物院的空间形态进行定量研究。这一方法能够更深刻地揭示空间内在规律,把握空间故事与空间场景的延续性,从而为故宫博物院的空间保护与发展提供一定的理论指导。

2 基础数据与研究方法

2.1 故宫博物院概况

故宫博物院位于北京市中轴线上,占地面积 72 万平方米,周围被城墙环抱,城墙高度达 10米,四面各设一座城门,外部环绕着宽约 52 米的护城河。故宫博物院的总体布局呈现出左右对称的特点,围绕着中轴线展开。根据朝政活动和日常生活的需要,它被划分为南部和北部两个主要区域,分别构建了宫殿建筑外朝和内廷的布局。

外朝的核心区域由太和殿、中和殿与保和殿构成,统称为三大殿,这些地方是举行重大典礼的场所。三大殿的左右两翼分别为文华殿和武英殿等建筑,错落有致。内廷的中心区域包括乾清宫、交泰殿和坤宁宫,合称为后三宫,这是皇帝和皇后居住的场所。紧随其后的是御花园,而后是东六宫和西六宫,为后妃们居住和休息的地方。东六宫的东侧包括天穹宝殿等佛堂建筑,而西六宫的西侧则有中正殿等佛堂建筑。外朝、内廷之外还有外东路、外西路两部分建筑群。故宫博物院空间布局如图 1 所示。

2.2 空间句法理论及其量化指标

空间句法理论最初由伦敦大学的比尔·希利尔教授提出,其核心思想在于通过定量分析建筑元素的组合、聚落形态、景观环境等空间结构,来研究空间与社会之间的相互作用关系[6]。运用空间句法,对我们常见的空间进行分割和划分,城市空间和建筑将以一种新的语言模式重新被描述,使原本复杂的空间关系得到简化,并且以定量的方式表达空间的内在特征[7]。

当前常用的空间分析方法包括凸空间法、轴线分析法以及线段分析法等。通过文献查阅和

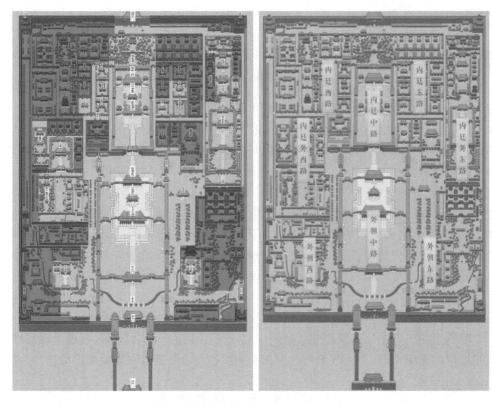

图 1　故宫博物院空间布局

对比分析，发现轴线分析法在历史建筑群空间定量研究中占据主导地位。因此，本研究选择以下三个常用的句法变量作为主要分析对象。

（1）全局整合度：整合度（integration）通常指特定区域的聚集或分散程度，是空间句法研究中重要且常用的变量[8]。整合度高表示某一区域内交通便捷、可达性强，在其对应的轴线附近更易聚集人流；整合度低通常表明一定范围内的基础设施配套和交通联系性较薄弱，人群流动和空间活力不足，例如城市边缘地带和一些僻静的城市支路。整合度的计算公式见式（1）。

$$I_{nt} = \frac{2(D_a - 1)}{a - 2} \tag{1}$$

式中，I_{nt} 表示空间整合度，a 是轴线总数或节点数，D_a 是平均深度值。

（2）空间协同度：协同度（synergy）在空间句法研究中表示局部整合度与全局整合度之间的相关程度。通常情况下，协同度较高意味着人们能够通过局部的空间印象感知城市整体的空间形态。协同度的计算公式见式（2）。

$$C_2 = \frac{\left[\sum (g_{(f)} - g'_{(f)})(g_{(a)} - g'_{(a)})\right]}{\sum (g_{(f)} - g'_{(f)})^2 \sum (g_{(a)} - g'_{(a)})^2} \tag{2}$$

式中，C_2 表示空间可理解度，$g_{(f)}$ 和 $g'_{(f)}$ 分别表示拓扑距离等于 f 的局部整合度和全局整合度，$g_{(a)}$ 和 $g'_{(a)}$ 是全局整合度值和全局整合度平均值。

（3）空间选择度：选择度（choice）表示某一特定区域在城市中作为两个节点之间最短拓扑路径的通行频率。研究这一频率，可以评估空间单元作为出行的最短路径所具备的优势，从而反映这个空间被人们通行的可能性。通常选择度越高的地方聚集的人流更多，被人流或车流穿过的可能性也越大,通过对城市空间选择度的研究可以发现空间背后所蕴含的经济价值,选择度的计算公式见式(3)。

$$X = \frac{\log_2\left[\frac{1}{(a-1)(a-2)}\sum_{i=1}^{a}\sum_{j=1}^{a}\sigma(i,x,y)+1\right]}{\log_2\left[\sum_{i=1}^{a}d(x,j)+3\right]}, \tag{3}$$

式中,X表示空间可选择度,$i \neq x \neq j$,$d(x,j)$是轴线图中x到j的最短距离,$\sigma(i,x,y)$是轴线空间x到j的最短拓扑路径。

根据故宫博物院的卫星影像和功能分布特征,对其内部道路空间进行抽象化处理。抽象处理过程中,将每一段道路都看作是一个凸空间,确保每个空间多边形的内角均小于180°。在此基础上构建轴线模型。在轴线模型的构建过程中遵循"最长且最少"的原则,也就是利用最长且数量最少的轴线来表示凸空间之间的拓扑关系。故宫博物院轴线模型见图2。

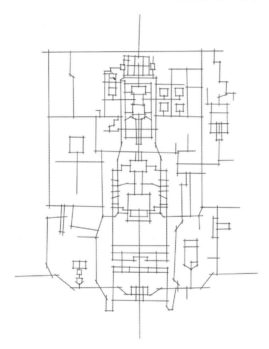

图2 故宫博物院轴线模型

3 故宫博物院空间特征分析

3.1 空间整合度分析

全局整合度表示的是一条轴线与其他轴线之间的联系程度,反映了空间的可达性。全局整合度越高,表示区域空间可达性越高。通过Depth-map软件生成故宫博物院全局整合度轴线图(图3),轴线颜色越红表示空间整合度越高,红色、橙色、黄色均为全局整合度核心区域。我们可以看出:①整体布局层面,空间可达性以内廷中路、外朝中路为轴线,左右对称,反映了故宫博物院中轴对称、皇权至上的营建思想;②可达性最高的空间并不是通常所理解的中轴线,而是位于三大殿之后的乾清门附近,即内廷与外朝的交界地带,印证了明清时期这一衔接区域生活与交通双重职能;③空间整合度较高、可达性较高的空间位于内廷西路与内廷外西路、内廷东路与内廷外东路之间的交通要道;④空间整合度较低、可达性较低的空间位于各处宫寝生活区与府库衙署区。宫寝生活区主要包括紫禁城的后寝部分(即皇帝和他的后妃们日常居住的地方),还有一些内廷便殿(如养心殿区、斋宫区),反映了设计者对宫寝生活区空间私密性的考究。府库衙署区是指皇家府库与办事衙署,它们大多分布于大宫殿区之后或两边,以及紫禁城内边缘区域。

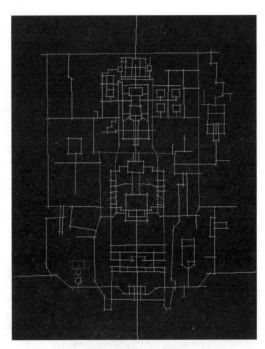

图3 全局整合度分析

3.2 空间协同度分析

空间协同度反映了整体空间与局部空间是否具有一致性。空间协同度越高说明该区域的局部空间结构有利于建立对整体空间的认知。分别将全局整合度[HH]和局部整合度R进行相关性分析,检验两者间是否存在相关关系,并通过相关系数R^2判断全局整合度与局部整合度间的相关程度高低,最终得出协同度分析结果[9]。

通过图4局部整合度分析发现:$R=2$时,整合度较高的空间位于三大殿附近,在外朝空间范围之内,这表明内廷空间具有较高的私密性,而外朝空间则更具开放性,与其空间职能相对应;同时说明内廷各宫室之间出行范围较小的情况下局部空间整合度较低,这印证了各宫室之间的独立性。随着半径的增加,整合度较高处发生位移,分为内廷与外朝两处,即随着出行距离的增加,内廷与外朝两个系统相互独立、互不干涉,体现了"前朝后市"的布局思想。

通过表1分析发现,不同半径下的局部整合度与全局整合度的相关程度存在明显差异,且随着局部整合度半径R的增大,相关系数R^2增大,与全局整合度的相关程度越高。整体来看,故宫博物院的空间协同度较高,不同空间的联系比较紧密。因此,游客能够比较容易地通过局部空间感知周围环境。

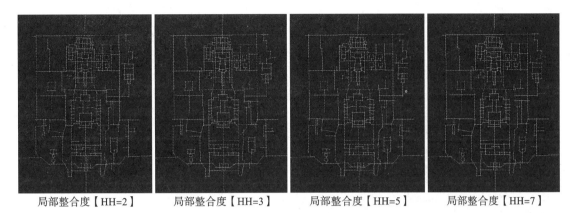

| 局部整合度【HH=2】 | 局部整合度【HH=3】 | 局部整合度【HH=5】 | 局部整合度【HH=7】 |

图 4 局部整合度分析

表 1 空间协同度分析表

项　　目	半径 $R=2$	半径 $R=3$	半径 $R=5$	半径 $R=7$
相关系数 R^2	0.35	0.52	0.72	0.87
相关表达式	$Y=2.27X-0.11$	$Y=1.73X+0.01$	$Y=1.38X+0.03$	$Y=1.14X+0.09$

3.3 空间选择度分析

空间选择度研究的是系统内任意两个空间之间最短路径被经过的次数，是反映一定范围内空间穿行性的指标，表达某条街道被人流或车流穿越的可能性[10]，空间选择度越高表明该空间节点吸引力越强。通过 Depth-map 软件生成空间选择度轴线图（图5），通过分析发现：空间选择度整体呈现"东高西低"的特征，东侧空间大部分为太上皇宫殿区与皇子生活区，西侧为太后、太妃养老区，反映了中国古代文化中"男主外，女主内""男尊女卑"的性别观念与"以右为尊"的传统思想。

由图 4、图 5 可知，空间选择度较高的区域与空间整合度较高的区域高度重合，表明这部分空间既具有作为穿越路径的潜力，也具备作为出行目的地的潜力。通过与故宫博物院的半日游览线路对比（图6），分析结果与游览线路相匹配，印证了分析结果的准确性。

4 结果与结论

本文基于空间句法理论对故宫博物院空间整合度、空间协同度和空间选择度进行了量化分析，总结归纳了故宫博物院不同片区的空间形态特征，得出以下主要结论。

（1）故宫博物院布局体现了中轴对称、皇权至上的营建思想，以内廷中路、外朝中路为轴线，左右对称，处在外朝与内廷中轴线上的宫殿四周空间整合度高，通达性较好，集成核相对突出，有明显的附属空间。空间可达性最高的区域位于内廷与外朝的交界地带，印证了明清时期这一衔接区域兼具生活与交通的双重职能；空间可达性较低的空间位于各处宫殿生活区与府库衙署区，反映了营建中对于宫寝生活区空间私密性的考究。

（2）内廷空间具有较高的私密性，而外朝空间则更具开放性。内廷与外朝相互独立，互不干涉，体现了"前朝后市"的布局思想；内廷各宫室之间出行范围较小的情况下局部空间整合度

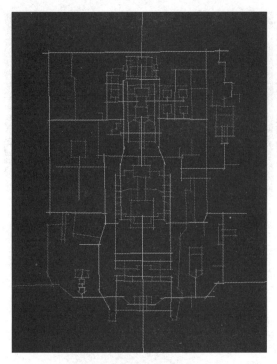 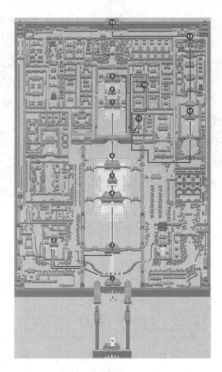

图 5　空间选择度轴线图　　　　　图 6　半日游览路线

较低,这印证了各宫室之间的独立性。同时,故宫博物院的空间协同度较高,不同功能空间的联系比较紧密,游客能够比较容易地通过局部空间感知周围环境。

(3) 空间选择度整体呈现"东高西低"的特征,与故宫博物院"以右为尊"的空间布局特征相呼应,反映了中国古代文化中"男主外,女主内""男尊女卑"的性别观念。同时空间选择度较高的区域与空间整合度较高的区域高度重合,表明这部分空间既具有作为穿越路径的潜力,也具备作为出行目的地的潜力,是游览路线设计的科学支撑。

因此,对于故宫博物院等一系列历史建筑群的保护发展而言,基于空间句法的空间形态量化分析可以客观描述各类空间的存在意义,发现空间之间的社会联系;通过比较研究梳理空间脉络,可以更加生动形象地展示各类场所的功能。一方面可以为历史研究者提供理论科学依据,另一方面又可以借助模型分析发现空间的连接点与阻点,指导历史场所游览路线的设计,使文化遗产在传承与延续中发挥更大的价值。

参考文献

[1] 胡海霞.历史文化名城旅游产业转型路径研究——以绍兴古城为例[J].城市发展研究,2011,18(6):84-88.

[2] 戴菲,章俊华.规划设计学中的调查方法5——认知地图法[J].中国园林,2009,25(3):98-102.

[3] 李小雅,王晓芳,卓蓉蓉,等.基于空间句法和网络分析的武汉市城郊休闲农业点空间可达性研究[J].华中师范大学学报(自然科学版),2020,54(5):882-891.

[4] 肖扬,Chiaradia Alain,宋小冬.空间句法在城市规划中应用的局限性及改善和扩展途径[J].城市规划学刊,2014,(5):32-38.

[5] 周彬,宋宋,黄维琴.基于层次熵分析法的文化遗产旅游发展评价——以山西平遥古城为例[J].干旱区资源与环境,2012,26(9):190-194.
[6] 高艳,刘金花.张家口市产业结构与经济增长的关系研究[J].统计与管理,2021,36(4):33-38.
[7] 唐天鹏,崔英伟,李静.基于空间句法的城市空间形态研究——以张家口市为例[J].内蒙古师范大学学报(自然科学汉文版),2023,52(1):34-41.
[8] 高艳,刘金花.张家口市产业结构与经济增长的关系研究[J].统计与管理,2021,36(4):33-38.
[9] 吴信宏,徐晓燕.基于空间句法的历史文化街区空间形态特征研究——以安庆倒扒狮历史文化街区为例[J].城市建筑,2020,17(20):21-22+30.
[10] 胡东杰,徐苏宁,刘晓旭,等.基于空间句法分析的大庆市城市空间形态优化策略研究[J].低温建筑技术,2020,42(12):1-5.

基于数字文化遗产视角的历史文化空间识别与模块构建——以沙溪古镇为例

杨雪媛[1] 王通[2]

摘要:运用模式化与数字化的技术分析与再现历史文化遗产,让历史文化遗产活起来,对于文物和文化遗产的保护与传承具有重要意义。在沙溪古镇的保护过程中,各个院落空间的更新与设计都有其独特的设计风格,故而对其进行模式化研究,并将最主要的欧阳大院进行遗产数字化建模,有助于对沙溪古镇的历史文化景观及景点进行更细致及深入地保护、开发与传承,进而可搭建智慧管理、智能服务、智慧运营的数字孪生可视化景区,为游客提供更加便捷、精准、智能的景区服务。本文从文化遗产保护、遗产模式化、数字遗产等方面切入研究,结合沙溪古镇南古宗巷、北古宗巷的实际调研工作,以沙溪古镇特色建筑院落空间、欧阳大院院落空间作为研究对象,为设计师、文化遗产保护从业者及遗产研究学者提供启示与借鉴。

关键词:数字文化遗产;沙溪古镇;空间识别;空间模块化

Abstract: For keeping and passing down of cultural items and the ages, it is crucial to employ modeling and digital technology to analyze and relive historical and cultural heritage. It allows us to bring the past and future to life. Each courtyard space in the process of being up to date and designed for conservation in Shaxi ancient town has a distinct design aesthetic, so pattern research and digital modeling of the heritage of the key areas Ouyang Compound will help to encourage more comprehensive and in-depth preservation, development, and inheritance of the historical and cultural landscape and attractions in Shaxi ancient town as well as creating of a digital twin of intelligent management, intelligent aids, and sophisticated transportation. a voice of the scenic area, providing visitors a more accurate.

Key words: digital cultural heritage; Shaxi ancient town; spatial identification; spatial modularization

  时代的发展、游客的到来,影响着沙溪古镇院落空间结构及空间功能组成。党的二十大报告提出"加大文物和文化遗产保护力度,加强城乡建设中历史文化保护传承",云南省发展和改革委员会、云南省特色小镇发展领导小组办公室于2019年对沙溪古镇给予了黄牌警告,此后,解决古镇范围内的院落建筑外立面风貌不协调,宣传标识过于洋化等问题成为政府工作重点。沙溪古镇面临院落空间特色毁坏、商业化同质化的危机。外来的民宿经营者在沙溪古镇中引入了更加新颖、迎合消费者的民宿经营理念,极大地压缩了本地民宿经营者的生存空间,游客们的到来改变了沙溪寺登街原本的商业买卖功能,使其由买卖集市变为集散空间。这对沙溪古镇这

---

1 杨雪媛,华中科技大学建筑与城市规划学院,研究生,研究方向为风景园林遗产。地址:湖北省武汉市洪山区珞喻路1037号华中科技大学南四楼510。Email:1341l.hust.edu.cn。Tel:17396154102。
2 王通,华中科技大学建筑与城市规划学院,副教授,研究方向为风景园林遗产与乡村文化景观。地址:湖北省武汉市洪山区珞喻路1037号华中科技大学南四楼510。Tel:18694058678。

座蕴含丰富文化遗产的小城来说是一个巨大的、有争议性的变革,这也呼吁着国内外研究学者、政府机构、外来游客、当地居民要重视对古城历史空间的保护。若不进行有效的保护,随着时间的流逝,沙溪古镇的过度开发,将导致古镇特色逐渐流失,并且会生成更多同质化的古镇空间单元,最终使古镇变得毫无地域识别性。本文以沙溪古镇中最典型的院落空间作为研究对象,以科技赋能遗产保护,将古镇院落空间与数字化空间建模结合,大大提高沙溪古镇院落在遗产实际维护工作中的维护效率,从而延续原住民的生活状态,增强游客观光游览的体验感受,为设计师们提供更多设计启示与借鉴。

1 数字文化遗产及空间模块化的发展与应用

1.1 遗产保护领域的数字技术

数字文化遗产作为遗产的一种保护形式,其在本质上减少了地域、时间、地理、文化、语言对遗产保护的限制,能够更有效地记录、保留、保护文化遗产,使濒危的文化遗产能与全球受众对话。联合国教科文组织(UNESCO)将转化为数字形式的文物实体定义为遗产数字化。2003年UNESCO发布了《保存数字遗产宪章》,鼓励文物保护人员将图书、艺术作品、历史和科学文物等文化遗存,用文本、数据库、静态和动态图像、音频、图形、软件和网页等形式进行保存。在UNESCO"世界记忆计划"中,将档案作为遗产保护的重要内容,保护濒危文化特性,建立可持续的保护合作伙伴关系,防止文献遗产因年代久远而流失,并促进世界各国积极出台有利于记忆机构有效运作的法律。国内数字文化遗产的相关研究主要集中在物质文化遗产和非物质文化遗产两方面,在中国知网中检索"数字文化遗产"的相关研究,以研究关键词进行聚类,得出数字文化遗产研究词云(图1),词云中统计得出物质文化遗产包括各类民间技艺、瓦器、漆器、石刻壁画、扎染、家具、雕塑等,非物质文化遗产主要有民歌、绘本、刺绣等。在建筑科学与工程领域,学者们比较关注颐和园、岳麓书院、贡院、文庙、寺庙,以及各个地区的传统村落、城墙、城楼、酒店、古典园林空间等。学者们主要对福州和贵州的少数民族地区建筑空间进行建筑立面以及建筑构造的数字化建模,较少有学者关注到云南少数民族的院落空间,故本文以云南省大理市沙溪古镇中的院落空间作为研究对象,以期为遗产数字化研究提供启示。

图1 数字文化遗产研究词云

1.2 遗产保护领域的空间模块化构建

模块化是对客观事物的归纳,是结构主义的用词。1997年,哈佛大学商学院鲍德温教授及克拉克院长指出了模块化对产业组织及产业结构所具有的变革性意义,并在2000年《设计规则:模块化的力量》一书中提出了模块化与产业设计、企业运营、国家战略部署关系密切的论断。同时,模块化和建筑与工程学科息息相关,模块化的设计思维和建造装配方式广泛运用于建筑设计、建造施工及零件装配领域。我国幅员辽阔,人们为了应对复杂的气候环境,根据日照、水文、风向、风水建成了不同形制的建筑,并且根据不同的文化习俗、生活习惯设计了不同的建筑立面,山、水、林、田随着四季更替不停改变形态与色彩,周围环境的变化影响着建筑设计,人们在不同建筑空间中的使用感受与居住感受也随之改变。

2022年10月16日,习近平总书记在党的二十大报告中强调要重视历史文物、文化遗产的保护与利用,加大保护力度,加强城乡建设过程中对历史文化的保护与传承,注重历史文化街区建设,以最高标准建设国家文化公园。因此,加大历史文物的保护力度及文化遗产文化内容挖潜利用成为当前设计师们创作的重点。历史文化街区的空间类型与空间活力具有强相关性,空间模块化可以辅助历史文化空间的识别。云南省大理市沙溪古镇中遗留着众多的白族院落,在快速区域城市化、古镇商业化的背景下,外来设计师和商业运营者压缩着古镇原住民的生活空间,改变了白族院落原有的功能。本文对典型的白族院落欧阳大院进行模块化功能分析,以期为沙溪古镇中各个院落空间功能的更新与改造提供指导。

2 数字文化遗产视角下的沙溪古镇院落空间模块化建构

2.1 初见-半醉不胜情

沙溪古镇坐落于云南省大理白族自治州剑川县,整个古镇北接大理风景名胜区石宝山,东临黑惠江,镇中以白族居民为主,少部分居民为汉族、彝族和傈僳族。沙溪古镇是唐朝南诏国和吐蕃交易往来过程中歇脚的马店驿站,是西南丝绸之路上盐巴、茶叶、大米等物资交易的重要节点,是滇藏线上保存完好的茶马古道。受地理环境的影响,沙溪古镇具有"一山分四季,隔里不同天"的气候特征。明代以来,由于沙溪茶马古道商贸的繁荣兴盛,镇中的寺登街、魁阁带古戏台、兴教寺依然较完好地保留了当地的白族特色。古镇与北部的石宝山合称石宝山·沙溪古镇景区。

笔者初次调研时,沙溪古镇街巷两旁的院落空间形式丰富多样,各种要素星罗棋布,便对这些院落进行了比较粗浅的拍摄,以图片的形式将沙溪古镇中20个沿街院落的形态进行记录,建立了沙溪古镇院落空间的第一印象(表1)。经过院主人许可,二次探查院落时进行了更加深入细致的调研,共记录了7个院落空间中的铺装材料、墙面材料、门、植物、雕塑,并归纳整理形成了图片表格(表2)。还未进行深入分析,初见已是半醉不胜情。

表 1　沙溪古镇院落初印象

表 2　沙溪古镇院落要素

院落名称	铺装材料	墙面材料	门	窗	植物	雕塑
九七之约客栈						
云渡客栈						
沙溪印象客栈						
今生有你客栈						
欧阳大院一进院落						

续表

院落名称	铺装材料	墙面材料	门	窗	植物	雕塑
欧阳大院二进院落						
欧阳大院马厩院落					无	无

2.2 觅迹-墙宇周回院落深

图 2 中灰色部分为沙溪古镇商业用地范围内的建筑,北古宗巷和南古宗巷是沙溪古镇中最具有历史文化氛围、最能吸引游客停留的空间,该街道沿街的院落空间也最容易受区域城市化、古镇商业化的影响,故而对这些院落空间展开调研。2023 年 7 月 26 日—7 月 28 日,笔者对北古宗巷和南古宗巷两旁的 24 个院落进行了详细深入的调研,选取了 12 个最具研究价值和设计特点的庭院进行空间模块化研究,利用卫星地图和数字建模软件对 12 个庭院的平面组成、空间组织和功能划分进行了归纳总结,以沙溪古镇院落空间中现存照壁的数量(即院落空间中无照壁、院落空间中有一面照壁和院落空间中有多面照壁)作为模块归纳的依据,一共得到三组不同的院落空间模式,并且将沙溪古镇中最具代表性的院落空间——欧阳大院作为研究的对照组,归纳总结该院落空间的模块(表3)。

对比研究发现使用人群的改变直接促使了建筑空间功能改变。沙溪古镇的院落空间由马帮时期的大家族共用院落,变为了独立精致的私人院落空间,院落空间中的四个天井空间原本承载家族的生活起居活动和饮食炊事活动功能,目前被植物装饰、楼梯间、草料间、会客室替代,

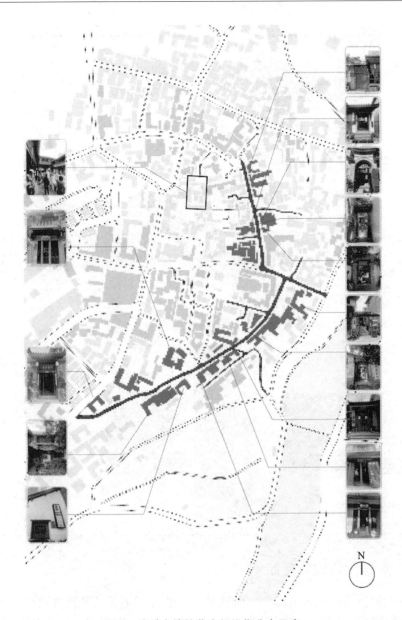

图 2 沙溪古镇院落空间沿街分布示意

观赏、空间转换、工作劳动和来访交流功能成为了目前沙溪古镇院落天井的新功能。最明显和直观的改变是照壁的变化,进入 12 个不同的院落,半数以上的院落照壁破损甚至消失。这是由于 LED 电灯的出现,使沙溪古镇传统白族民居中白族人民敬畏自然、利用自然的建筑构造——照壁,在建筑空间中反射日光的作用弱化,有的院落中的照壁被格窗和矮墙替代,部分院落空间拆除了照壁新建房屋。白族民居中的特色植物能够很好地营造民族特色和空间氛围,但是目前调研的 12 个院落,包括欧阳大院中的植物都被外来装饰性的植物取代。白族人民比较喜欢在院落空间中种植玉兰、山茶、兰花、腊梅、蝴蝶兰、山杜鹃,但目前的院落空间中户主人通常种植芦荟、雀舌黄杨、雏菊、玫瑰、侧柏等植物,弱化了民族特色氛围。院落空间的材质由原本的纯木门窗、木雕结构、夯土墙体,变为混凝土、空心砖、红砖结构,木雕更加简洁,与原本精雕细刻的、具有民族特色故事的门窗形成了对比。

表 3 沙溪古镇院落空间模式

照壁数量	院落名称	卫星图	平面模式	立面模式	院落空间功能
	等风青径揽山别院				
院落空间中无照壁	一树客栈				
	古道客栈				
	叶子的店				

续表

照壁数量	院落名称	卫星图	平面模式	立面模式	院落空间功能
院落空间中存在一个照壁	花筑客栈				
	梵尘私宅				
	九七之约客栈				
	沙溪茶马驿站				

续表

照壁数量	院落名称	卫星图	平面模式	立面模式	院落空间功能
院落空间中存在一个以上照壁	古道客栈				
	朴墅				
	太太的客厅				
	云渡沙溪别院				
	欧阳大院				

2.3 细窥-花月闲庭铜铃摇

欧阳大院坐落在沙溪寺邓街的西端,是一座古老的白族民居,始建于清朝末年,有着100多年的历史,具有典型的白族建筑风格。欧阳大院在雕刻、绘画、装饰、布局等多个方面充分体现了古代白族建筑的高超技艺,是茶马古道在古镇留下的珍贵文化遗产。笔者在调查过程中,采用了无人机倾斜摄影技术,合理编制无人机网络路线,360度环绕式拍摄了欧阳大院院落图像(图3)。从这些图像中,可以清楚地看到整个庭院空间的构成、屋檐的结构以及幕墙的设计形式,并且每个组图像均存储了无人机悬停的地理信息。然后,利用Agisoft Photoscan三维可视化建模技术,将照片导入其中,建立欧阳大院院落空间复合模型(图4)以及表面高程图像,然后将模型导入Rhino进行处理,并导出地表高程模型(图5)、实体模型等三维模型(图6),将遗产空间进行数字化处理,再现当时欧阳大院院落空间中"花月闲庭铜铃摇"的景象。

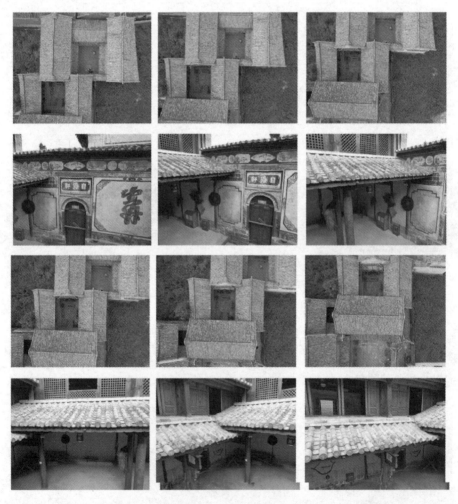

图3 利用无人机倾斜摄影技术拍摄的欧阳大院院落构成情况

图 4　欧阳大院院落空间复合模型

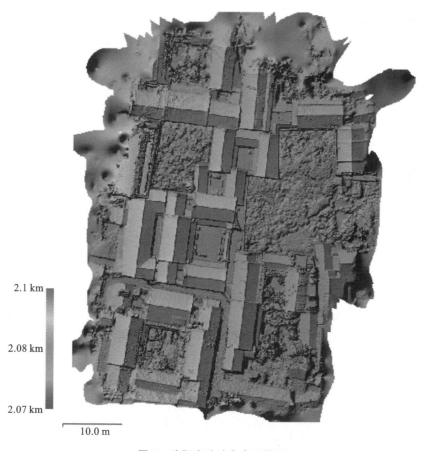

图 5　欧阳大院地表高程模型

图 6 欧阳大院院落空间三维模型（Rhino 白模）

3 问题总结

3.1 最是人间留不住，时过境迁谁记当年豪

目前沙溪古镇院落空间的功能已经发生了改变，若不加以保护，随着时间推移沙溪古镇将会面临过度开发和过度商业化的风险，古镇特色将会消失，并且会生成更多同质化的古镇空间单元，最终使沙溪古镇变得毫无地域识别性。目前来说，古镇内的院落建筑外立面风貌不协调，宣传标识过于洋化等问题亟须整改，同时也存在进驻商业户主及设计师的设计风格同质化的问题。应出台修建性详细规划加以干预。

3.2 斗转星移，疑洗净铅华

本次研究以沙溪古镇中最典型的院落空间作为研究对象，以科技赋能遗产保护，将古镇院落空间与数字化空间建模结合，大大提高对沙溪古镇院落的维护效率，从而延续原住民的生活状态，增强游客观光游览的体验和感受，为设计师们提供更多设计参考，以下是关于古镇复兴的建议。

（1）遗产空间活化与人本主义平衡。在沙溪古镇人居环境建设过程中应遵循"以人为本"的原则，合理把握当地白族特色文化景观建设，将沙溪古镇院落空间作为展现沙溪古镇遗产特色的重要代表，确保空间模块化设计的特殊性与在地性，以小见大，推进区域内白族特色村落规划建设与空间设计创新。

（2）挖掘古人城市营造智慧，传承民族建造智慧。将院落空间修复、保护与院落功能结构修复、设计、施工相结合，严格执行《中华人民共和国文物保护法》中关于不可移动文物修缮、保养、迁移的相关规定；保留原状和修复破损，在不影响工程整体建设及运营的情况下，保留院落空间与自然融合的部分,展现其漫长岁月变迁过程中的时光烙印;同时,将院落空间维护修缮与建筑建造材料的保存结合,进行修缮的同时建设建筑材料库。

(3) 打造多元历史活化场景,推动遗产空间多元价值提升。在不影响历史遗产空间原有形态的基础上,顺应现代个性化、体验化、品质化的消费审美趋势,打造新业态、培育新场景、创造新消费,推动其生态、经济、美学、人文、生活、社会等多元价值持续提升。充分挖掘马帮盐运、白族特色非物质文化遗产,振兴地方文化产业,强化古镇区域识别性。

(4) 将遗产景区管理、游客服务进行数字化升级,将有助于形成更完善的石宝山·沙溪古镇景区管理体系。建设景区一站式导览系统,借助直播"云游"嫁接更多先进的数字景区技术,实现古镇高效运营、精准营销和智慧服务,将美食、娱乐、交通等服务内容进行信息便捷化展示,让游客一键规划理想行程,从而提升遗产地景区的吸引力。

4 结　　语

利用模式化及无人机倾斜摄影技术模型的构建,能够有效记录沙溪古镇院落空间的构成。并且模式化、数字化的遗产空间构建可以激活沙溪古镇遗产,促进遗产空间的开发、利用、储存、表达以及传播。

参考文献

[1] 于卉.云南瓦件艺术虚拟展示研究[D].昆明:云南师范大学,2020.
[2] 刁朦.基于增强现实技术的南朝石刻数字展示平台设计与研究[D].南京:南京邮电大学,2023.
[3] 赵梦谍.文化遗产交互展项设计研究[D].重庆:四川美术学院,2022.
[4] 章雨晗.唐帝陵石像生艺术的数字化传播研究[D].西安:西安理工大学,2019.
[5] 梁雨婷.白沙壁画的数字化保护研究[D].昆明:昆明理工大学,2020.
[6] 于佳彤.白族扎染的数字化展示艺术初探[D].西安:西北大学,2019.
[7] 王晓煜.明式家具交互展示系统设计研究[D].苏州:苏州科技大学,2022.
[8] 李珂为.数字媒介在文化遗产保护中的应用研究[D].西安:西安理工大学,2018.
[9] 李江.数字化非物质文化遗产的著作权保护[D].扬州:扬州大学,2021.
[10] 周雅昭.非物质文化遗产类老字号数字绘本设计研究[D].北京:北京印刷学院,2023.
[11] 杨娜娜.历史文化景观数字化保护与传承研究[D].石家庄:石家庄铁道大学,2019.
[12] 李倩.历史文化景观数字化保护与传承研究[D].石家庄:石家庄铁道大学,2021.
[13] 徐智.栖霞寺佛教文化产物数字化保护研究[D].南京:南京艺术学院,2022.
[14] 张培培.南京明城墙数字化再现设计研究[D].南京:南京信息工程大学,2021.
[15] 蔡家斌,武淑娟,贺莹,等.基于反求工程的贵州少数民族建筑文化遗产保护[J].四川建筑科学研究,2008(4):252-254.
[16] 李铁,马本和.数字技术在达斡尔族建筑文化保护中的作用[J].黑龙江民族丛刊,2013(3):87-90.
[17] 黄馨仪,舒展,李征.装配式模块化建筑与模块节点研究进展[J].建筑钢结构进展,2022,24(2):40-49.

[18] 刘天晓.汉口原租界区文化空间类型识别与更新策略研究[D].武汉:华中科技大学,2020.

[19] 吴秋香,李铌.历史文化街区商业集聚与空间活力相关性分析[J].城市建筑,2022,19(6):92-95.

基于微博数据的历史地段活力联系及其整体网络研究——以南京老城39片历史地段为例

崔澳[1]

摘要：历史地段涵盖了那些未纳入历史文化街区类型但具备历史传统文化风貌和地域特色的地区，是城市风貌、格局、历史文脉等的集中体现。在历史资源活化利用和城乡文化遗产整体保护的趋势下，城区范围内历史地段间的整体活力联系和网络协同优化研究与实践得到不断重视和加强。本文建构了基于微博数据的历史地段活力测度和网络结构分析方法，选取南京老城范围内39片历史地段为研究对象，利用微博数据的签到功能和文本信息转译，从聚集活力值和情绪活力值两个方向进行活力测度，探讨历史地段间的活力联系及其网络结构特征。研究发现：南京老城历史地段活力联系呈现"高活三角-双心辐射-周边拓展"骨架结构；夫子庙历史文化街区、总统府历史文化街区等历史地段具备较高的影响力和控制力，在整体网络中具有核心地位；活力联系网络存在着8个子群并表现出局部的集聚性特征。研究结果表明社交媒体数据可以作为历史地段活力塑造的重要抓手，对全域历史地段的整体协调和网络优化具有启发意义。

关键词：历史地段；活力评价；复杂网络分析；微博数据；南京老城

Abstract: The historical area covers that are not included in the historical and cultural blocks but have historical traditional cultural characteristics and regional features. It is a concentrated reflection of the urban landscape pattern and historical context. With the trend of revitalizing and utilizing historical resources and the overall protection of urban and rural cultural heritage, the overall vitality connection and network optimization of historical areas have been increasingly valued and strengthened. This study constructs a method for measuring the vitality and analyzing the network structure of historical areas based on Weibo data. It selects 39 historical areas in the old city of Nanjing as the research objects and uses the check-in behavior locations and text information of Weibo data to measure vitality from two directions: clustering vitality value and emotional vitality value. It explores the vitality connection and network structure characteristics of historical areas in the old city of Nanjing. The study found that the vitality connection of historical areas in the old city of Nanjing presents a "high activity triangle-double core radiation-peripheral expansion" skeleton structure. Historical areas such as the Confucius Temple and the Residential palace historical and cultural district have high influence and control, and have a core position in the overall network. The vitality connection network has 8 cohesive subgroups and exhibits local clustering characteristics. The study shows that social media can be an important tool for

---

[1] 崔澳，东南大学建筑学院，硕士，研究方向为城市与区域空间理论与分析方法、大数据与人工智能辅助规划设计。地址：江苏省南京市玄武区梅园新村街道四牌楼2号东南大学前工院。Email：seuarch_ca@163.com。Tel：13018055691。

shaping the vitality of historical areas and has enlightening significance for the overall coordination and network optimization of historical areas.

Key words：historical location；vitality evaluation；complex network analysis；Weibo data；old city of Nanjing

1 前　言

历史地段是指能够真实地反映一定历史时期传统风貌和民族、地方特色的地区，其定义在国际上可以追溯到《威尼斯宪章(1964)》《内罗毕建议(1976)》和《华盛顿宪章(1987)》等[1]。近些年来，学者们在研究和实践中逐步认识到历史文化环境整体保护的重要性，开始从对点状、实体、表征的文物建筑保护走向对面状、开放、内在的城乡聚落的城乡聚类及其环境的整体保护中来[2]，历史地段的定义和作用被得到不断加强。2021年9月，《关于在城乡建设中加强历史文化保护传承的意见》(后简称《意见》)发布，这是我国首次以中央名义印发的关于构建历史文化保护传承体系，推进城乡文化遗产系统性、整体性保护利用的纲领性文件，并明确提出了"历史地段"这一概念及其具体保护要求。作为新提出的遗产类型，历史地段概念改变了以往城乡文化遗产在片区层面主要关注历史文化街区，而忽略那些仍然能够真实反映历史传统文化风貌和地域特色却游离于保护体系之外的风貌地段的情况[3]。《意见》中强调要推进"以用促保"，加强系统保护。这涉及历史地段保护利用的两大重点：一是要活化利用，城乡文化遗产的价值再现和活化赋能是地段复兴的动力[4]，也是彰显城市品质魅力和服务城市居民的重要手段，在有效活化利用中使历史地段成为城市标识和居民共同的时代记忆；二是要加强历史地段间的整体性保护，在城市整体视域中审视历史地段的关联关系，探索历史地段与城市区域、历史地段与历史地段间的多尺度耦合路径[5]，指导新形势下我国城乡文化遗产保护理论与实践。

移动信息和大数据技术的飞速发展为测度和表征城市活力提供了新的手段和方式[6]。从以人为本的视角出发，人的聚集活动是历史地段产生空间活力的核心动力，城市居民对空间环境的整体感知和情绪变化是活力的重要表征[7]。以微博、抖音等为代表的社交媒体数据中包含了海量微观个体丰富的时间位置信息和活动情况，拓展了城市活力研究的维度、尺度和颗粒度[8]。同时，可以对社交媒体数据中的文本内容进行深入挖掘，以刻画和揭示不同热点区域下居民对于空间环境的综合感知差异，进一步印证和反映居民对于城市活力的普遍认知和感受。如单卓然等借助微博数据和NLP情感分析模块剖析武汉主城区居民情绪的时空分布特征并探究建成环境对其的影响[9]；叶光辉等使用知乎平台采用卷积神经网络模型对城市社交媒体数据进行画像标注[10]。在应用对象方面，涉及历史地段的保护传承和活化利用的研究往往多聚焦在单个地段的测度分析中，忽略了从活力角度层面对历史地段之间的联系与网络协同的研究，而这对于衔接城区全域整体保护[11]、防止历史地段出现孤岛化和边缘化有着重要价值。

基于此，本文以微博数据签到行为地点及其发博文本信息作为数据源，选取南京老城范围内39片历史地段为研究对象，在测度聚集活力值和情绪活力值的基础上，基于引力模型表征历史地段间的活力联系，并刻画活力网络结构的中心性、结构洞和凝聚子群等复杂网络分析指标，以期探讨南京老城范围内各历史地段间的联系网络结构特征及其结构的子群构成。本文为基于新数据的城乡文化遗产活力联系测度与评价拓展了途径，并为全域历史地段的整体协调和网络优化提供了依据。

2 研究对象、数据与方法

2.1 研究对象与范围界定

依据《南京市国土空间总体规划（2021—2035年）》和《南京历史文化名城保护规划2010—2020》，南京市历史地段包含历史文化街区、历史风貌区和一般历史地段三个层级，这些历史地段是南京独特环境风貌、城市格局、文物古迹、建筑风格和历史文化的集中体现，是历史文化名城的重要组成部分。

本文所研究的南京老城范围，按照南京市政府下发的《关于进一步加强老城风貌管控严格控制老城建筑高度规划管理的规定》划定的范围，以护城河（湖）对岸为界，总面积约50平方千米（图1）。研究范围内涉及颐和路历史文化街区、梅园新村历史文化街区等9片历史文化街区，钓鱼台历史风貌区、内秦淮河两岸历史风貌区等16片历史风貌区，陶谷新村、大辉复巷等14片一般历史地段，共计39片历史地段。

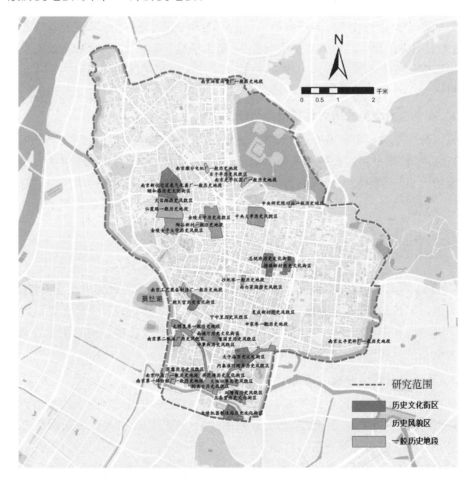

图1 南京老城范围内39片历史地段分布示意

2.2 数据来源

本研究采集了2023年7月1日—7月31日时间段南京老城范围内的具有地理位置标记的微博数据,经人工剔除界外数据和不合格数据后,记录总量共计8980条,日均统计量约300条。结构化属性标签包含:用户昵称、主页等基本信息,发布时间及签到地点坐标,文本内容及转发评论点赞等条目信息。

2.3 研究方法

2.3.1 基于微博数据的历史地段活力测度

研究基于微博数据,聚焦城市活力的外在表征[12],以居民在不同场所中的签到行为活动聚集强度和情绪表达情况作为评价历史地段活力的核心依据。首先,采用Kernel核密度法对区域内微博签到时空数据进行分析,形成反映城市活力的栅格地图,并以各历史地段内栅格活力均值作为不同历史地段的聚集活力值。

同时,考虑到积极的居民情绪是促进城市综合活力的重要条件,本研究借助ROSTCM情感分析工具对各签到点的微博文本反映的情绪进行量化转译。经过处理得到有效情绪活力数值,数值越大表明为正面情绪的概率越大,反之为负面情绪的概率越大;而后借助克里金空间插值法形成南京老城范围内的情绪活力数值,以各历史地段内情绪活力均值作为不同历史地段的情绪活力值。

2.3.2 基于引力模型的历史地段间活力联系表征

引力模型源于牛顿提出的万有引力定律,被广泛应用于城市或区域空间相互作用的定量表征。在本研究中,该模型用以表征不同历史地段间的相互影响和活力联系程度的大小,其中,活力联系强度的大小与不同历史地段的活力值呈正相关,与距离大小的平方呈负相关,即受距离的限制,发生人群活动行为关联的相互作用也会相应改变。历史地段的活力联系强度计算如式(1)所示。

$$R_{ij} = \frac{k_{ij}\sqrt{P_i E_i}\sqrt{P_j E_j}}{D_{ij}^2} \tag{1}$$

式中,R_{ij}表示历史地段i和历史地段j间的活力联系强度;P_i、P_j表示历史地段i和历史地段j的聚集活力值,E_i、E_j表示历史地段i和历史地段j的情绪活力值;D_{ij}表示历史地段中心之间的空间距离;同时,鉴于不同历史地段的可达性禀赋不同,本研究借助空间句法中的全局集成度指标对引力模型进行修正,k_{ij}表示修正系数。

2.3.3 基于复杂网络分析的历史地段间活力网络结构解析

受历史禀赋、产业基础、区位条件等要素的影响,老城范围内不同历史地段的活力联系差异较大,网络结构是不同历史地段间复杂活力联系的一种空间表现,相关的复杂网络分析方法可以用来测量和解析空间结构的特征。借助UCINET分析软件,以不同历史地段为节点,采用点度中心度和中介中心度等节点中心性分析、结构洞分析、凝聚子群分析等指标描绘网络结构特征。

其中,点度中心度用于测量参与网络结构的节点历史地段数量,该数量与网络中连接的活跃度呈正相关。其计算公式如式(2)所示。

$$C(n_i) = \sum_{j=1} X_{ij}/(m-1) \tag{2}$$

式中，X_{ij} 表示历史地段 i 和 j 之间的属性关系；m 表示历史地段节点数量。

中介中心度用以测量节点历史地段控制网络其他节点的交往能力，该大小与节点历史地段的控制力和影响力呈正相关。其计算公式如式（3）所示。

$$C_B(n_i) = \frac{\sum_{j \leqslant k} m_{jk}(n_i)/m_{jk}}{(m-1)(m-2)} \tag{3}$$

式中，m_{jk} 表示历史地段 j 到历史地段 k 的最短路径数量；$m_{jk}(n_i)$ 表示历史地段 j 到历史地段 k 经过历史地段 i 的最短路径数量。

此外，结构洞分析用于识别复杂网络中对于整个网络系统具有较强影响的关键节点，这些节点保证了网络的完整性和稳定性，通常包含有效规模、效率和限制度三个核心指标；凝聚子群分析用以表达各历史地段之间活力联系的协作模式、探究历史地段复杂网络中子群个数及其所包含的集群情况，为进一步讨论历史地段整体保护利用与网络协同优化奠定基础。

3 结果与分析

3.1 南京老城历史地段活力评价

3.1.1 聚集活力和情绪活力空间分布

基于微博签到地点的聚集活力值测度结果（图2左）显示，在南京老城范围内形成了新街口中心区和夫子庙传统商业区两处活力核心，并在大行宫、玄武门、鸡鸣寺、中华门和武定门周边形成了高值集群，整体呈现出"核心-边缘"的空间分布特征。叠加历史地段后可以发现，夫子庙历史文化街区、总统府历史文化街区、三条营历史文化街区等表现出较高的空间活力，这也与它们主要分布在风貌品质较高、自然环境较好，邻近商业化程度较高的商业区、科教文体场馆有较大关系[13]。

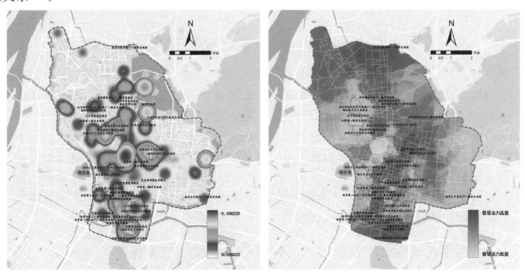

图2 聚集活力值（左图）和情绪活力值（右图）测度结果

将南京老城范围内的微博数据文本信息转译为情绪活力值,探求居民情绪在空间的异质性特征。如图2(右图)所示,情绪活力值高的区域在南京老城范围内呈现出明显的"弯弓"形特征,即自老城南地区向东北至总统府地区、向西北至中央门地区形成了情绪高活走廊,并在高活走廊周边形成了几大团簇,金陵大学历史风貌区、陶谷新村一般历史地段、抄纸巷一般历史地段等成为明显的情绪活力高值地段。

3.1.2 历史地段间的活力联系强度特征

在使用引力模型测算历史地段间的活力联系前,首先对模型公式中的修正系数 k_{ij} 值做出判定。借助空间句法中的线段模型分析方法得到南京老城范围内现状道路的全局集成度指数,使用克里金空间插值法形成南京老城范围内的全域交通可达性分布图(图3)。由图3可知,可达性高值在中央路、中山路、中山东路两侧集聚,呈现出珠江路—新街口—大行宫地区、夫子庙—秦淮河地区的高值空间特征;而在老城西北侧和外围可达性数值较低,可见明显的"十"字形格局并向外辐射递减,南京老城范围内39片历史地段主要分布在可达性高值与低值的交接地带,基本处于中上等水平。

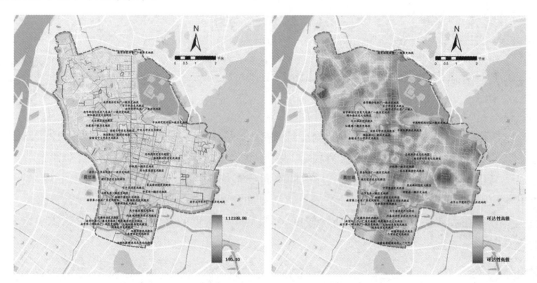

图3 全局集成度(左图)及其空间插值(右图)测度结果

将各历史地段内栅格可达性指数均值作为修正系数,代入引力模型测得39片历史地段间两两活力联系值(图4)。通过设置层级渐变的颜色和线段不透明度以便更为直观和丰富地展示,如图4所示,由夫子庙地区向西南、西北两侧有5条明显的活力走廊分别指向老门东片区、荷花塘片区、朝天宫片区、南京大学周边及总统府周边。以20条活力联系间隔逐步展示历史地段间的活力联系骨架,可见当只展示前20条高活力联系时表现为在夫子庙历史文化街区—钓鱼台历史风貌区—三条营历史文化街区的"高活三角"稳定结构;增加至40条时表现出老城南与总统府周边地区历史地段的"双心辐射"结构,并向周边放射展开;继续增加高活力联系时逐渐向东侧和南北两侧进行活力联系的拓展。

3.2 南京老城历史地段间的活力网络结构表征与整体优化

研究通过建立的活力联系网络数据矩阵,从活力联系节点与活力联系网络两个维度出发,

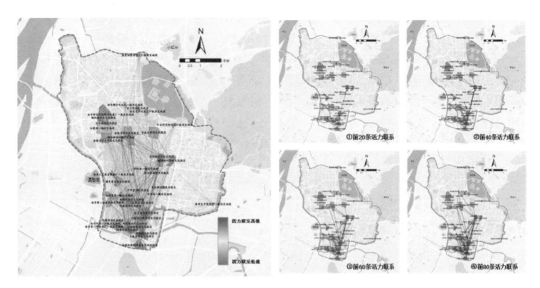

图 4　历史地段间活力联系网络表征

借助复杂网络分析软件 UCINET 进行中心性分析、结构洞分析、凝聚子群分析等,以期深入探讨南京老城范围内历史地段间的联系网络结构特征以及其结构的子群构成。由图 5 可知,节点中心度和中介中心度均较大的历史地段共有 6 片,包含夫子庙历史文化街区、总统府历史文化街区、三条营历史文化街区、双塘园历史风貌区、金陵大学历史风貌区、陶谷新村一般历史地段,说明这些历史地段在整体网络中的影响性较大,其地段活力的显著提升也会对周边地段活力的提升带来积极影响;从整体看,中介中心度的分布差异较大,西白菜园历史风貌区、中央大学历史风貌区、南京微分电机厂一般历史地段、金陵女子大学历史风貌区在节点中心度与其他地段相近的同时,表现出较高的中介中心度,说明其在整个活力网络的流通和传递中具有明显的传递和中介作用,也据此增加了一定的影响力和控制能力。

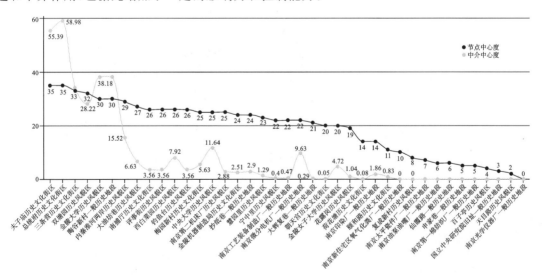

图 5　活力联系网络节点中心度和中介中心度测算结果

活力联系网络结构洞指标测算结果(表 1)与上述结论相一致,总统府历史文化街区和夫子庙历史文化街区在整个历史地段网络中表现出较大的有效规模和较小的限制度,因而具有较高的自由度,说明其在整个网络中居于核心位置。为了进一步研究南京老城范围内39片历史地段的紧密程度,运用UCINET-CONCOR数据聚类探讨了各地段之间活力联系的协作模式和子群划分。由图6可知,在3-plex层次表现为8个子群,大多数子群包含2~4片历史地段;在2-plex层次表现为4个子群并最终合并为一个整体网络。整体来看,凝聚子群的划分一方面受到地段地理位置与交通可达性的影响,另一方面还与自身活力强度带来的影响力有关,如南京光学仪器厂一般历史地段因自身活力表现较弱,与周边活力网络关联性不强,被划分到一个单独的3-plex层次子群。

表1 活力联系网络结构洞指标测算结果

序号	历史地段名称	有效规模	效率	限制度	序号	历史地段名称	有效规模	效率	限制度
1	总统府历史文化街区	16.200	0.463	0.114	22	花露岗历史风貌区	2.158	0.114	0.147
2	夫子庙历史文化街区	16.143	0.461	0.114	23	颐和路历史文化街区	1.909	0.174	0.189
3	三条营历史文化街区	13.424	0.407	0.119	24	南京工艺装备制造厂一般历史地段	1.727	0.079	0.144
4	双塘园历史风貌区	12.125	0.379	0.121					
5	陶谷新村一般历史地段	10.867	0.362	0.123	25	宁中里历史风貌区	1.636	0.074	0.145
6	金陵大学历史风貌区	10.867	0.362	0.123	26	大辉复巷一般历史地段	1.476	0.070	0.146
7	内秦淮河两岸历史风貌区	8.517	0.294	0.128	27	荷花塘历史文化街区	1.143	0.082	0.162
					28	朝天宫历史文化街区	1.100	0.055	0.147
8	南京微分电机厂一般历史地段	6.000	0.273	0.134	29	南京新住宅区氧气化粪厂一般历史地段	1.000	0.100	0.188
9	大油坊巷历史风貌区	5.815	0.215	0.133	30	复成新村历史风貌区	1.000	0.125	0.192
10	中央大学历史风貌区	5.800	0.232	0.132	31	南京太平瓷件厂一般历史地段	1.000	0.143	0.205
11	西白菜园历史风貌区	5.462	0.210	0.135					
12	梅园新村历史文化街区	4.760	0.190	0.137	32	南京油泵油嘴厂一般历史地段	1.000	0.167	0.227
13	评事街历史风貌区	4.462	0.172	0.136					
14	钓鱼台历史风貌区	4.462	0.172	0.136	33	仙霞路一般历史地段	1.000	0.167	0.248
15	南捕厅历史文化街区	4.462	0.172	0.136	34	申家巷一般历史地段	1.000	0.200	0.253
16	金陵女子大学历史风貌区	4.300	0.215	0.140	35	南京第一棉纺织厂一般历史地段	1.000	0.200	0.268
17	南京第二机床厂历史风貌区	3.880	0.155	0.138	36	百子亭历史风貌区	1.000	0.250	0.306
					37	国立中央研究院旧址一般历史地段	1.000	0.333	0.378
18	金陵机器制造局历史文化街区	3.583	0.149	0.138	38	天目路历史风貌区	1.000	0.500	0.534
19	抄纸巷一般历史地段	3.417	0.142	0.139	39	南京光学仪器厂一般历史地段	0.000	0.000	0.000
20	慧园里历史风貌区	2.478	0.108	0.143					
21	南京印染厂一般历史地段	2.286	0.163	0.163					

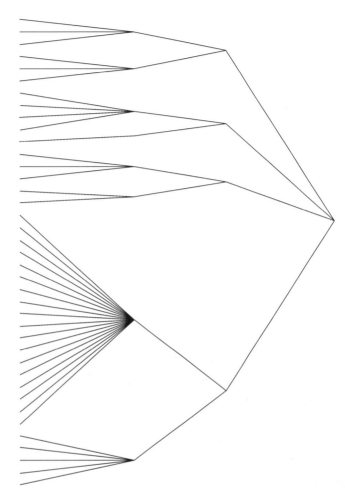

图 6 活力联系网络凝聚子群测度结果

结合子群密度矩阵测算结果（表 2）看，子群 6 和子群 8 内的密度值最大，说明其中的历史地段间联系最为紧密，交流频繁；子群 7 内包含的历史地段数量最多，也表现出较大的密度值。同时，子群 3 和子群 8、子群 5 和子群 8、子群 6 和子群 8、子群 7 和子群 8 都进行了明显的双向交流，说明子群 8 在整个活力联系网络中占据核心地位。子群 8 中的内秦淮河两岸历史风貌区等 5 片历史地段与其他子群活力联系的积极交互，促进了子群地段间各类要素的流动，其活力的提升对地段整体网络的提升有明显推动作用[14]。

表 2 子群密度矩阵测算结果

	子群 1	子群 2	子群 3	子群 4	子群 5	子群 6	子群 7	子群 8
子群 1	0.000	0.000	0.167	0.000	0.000	0.000	0.111	0.267
子群 2	0.000	0.667	0.417	0.000	0.000	0.000	0.148	0.667
子群 3	0.167	0.417	0.167	0.000	0.000	0.000	0.347	0.800
子群 4	0.000	0.000	0.000	0.000	0.000	0.000	0.000	0.000
子群 5	0.000	0.000	0.000	0.000	0.000	0.167	0.093	0.933

续表

	子群1	子群2	子群3	子群4	子群5	子群6	子群7	子群8
子群6	0.000	0.000	0.000	0.000	0.167	1.000	0.417	1.000
子群7	0.111	0.148	0.347	0.000	0.093	0.417	0.954	1.000
子群8	0.267	0.667	0.800	0.000	0.933	1.000	1.000	1.000

4 结论与讨论

研究基于引力模型和复杂网络分析方法，对历史地段间的活力联系进行网络结构的深度刻画与解析，发现了南京老城范围内历史地段节点呈现出明显的层级特征，夫子庙历史文化街区、总统府历史文化街区等在南京老城范围内的活力强度最高，对周边地段活力的辐射力和影响力最强。活力联系的骨架结构依次体现为夫子庙历史文化街区—钓鱼台历史风貌区—三条营历史文化街区构成的"高活三角"稳定结构；进而增加至老城南与总统府周边地区历史地段的"双心辐射"结构，并向周边继续放射展开；最终逐渐向东侧和南北两侧进行活力联系的拓展。历史地段间的活力联系网络在3-plex层次表现为8个子群，呈现局部集聚性特征，区域之间联系差别较大。

基于上述发现，本文进一步提出以下优化建议：①发挥历史地段中活力核心的延伸和引领作用，进一步优化其文化商业、社会服务、创新创意等功能，让地段中的城乡文化遗产和现代生活融为一体，带动周边历史地段参与更高层次的城市平台；②加强处于活力中值历史地段的发展动力，适当引进高端业态，植入创意要素，提供多样的消费场所，加强对相关新型场景功能的谋划和引导，发挥交通区位优势、加快与周边历史地段创新空间集聚[15]，合理引导各级活力历史地段共同发展从而形成一定规模的网络化格局，促进地段内城乡文化遗产的整体活化；③强化延伸效应，通过"自下而上、自上而下"的双向推动，优化运营模式，促进周边地段协同发展，针对南京老城范围内39片历史地段不同的资源禀赋和产业优势，进一步结合现状发展阶段与存在的问题，达成统一共识，建立历史地段之间的耦合机制，进行具体城建计划的合理引导和规划调整。

研究表明社交媒体可以作为历史地段活力重塑的重要辅助，充分利用社交媒体如微博等的普及性、即时性、市民性的特点和其对数据深度挖掘和分析的支持，可使其成为揭示历史地段间的活力强度和关联关系的有力工具。需要指出的是，本研究仍存在着一些不足，受限于微博用户难以涵盖部分老年群体等全年龄段人群，以及无法获取不同种类城乡文化遗产资源的针对性评论等问题，造成了本研究中量化测度与表征存在一定误差。未来可以进一步拓展社交媒体数据渠道，采用线上线下相结合的形式补充真实调研中居民对于历史地段活力的针对性感受，实现更为精细的测度表征，与城市活力总体格局相契合，以期为城乡文化遗产活化与协同利用提供参考和借鉴。

参考文献

[1] 陈卉,王骏,徐杰.历史地段整体性保护与更新策略——以嘉兴子城遗址公园为例[J].南方建筑,2017(6):88-93.

[2] 张杨,何依.规划遗产的本质辨析、内涵解读与特征识别[J].城市规划学刊,2022(4):35-42.

[3] 王凯,王军.重视历史地段的认定与保护[J].瞭望,2022(23):31-33.

[4] 单瑞琦,张松.历史建成环境更新活力评价及再生策略探讨——以上海田子坊、新天地和豫园旅游商城为例[J].城市规划学刊,2021(2):79-86.

[5] 庞志宇,韩冬青,宋亚程,等.支持居住型历史地段规划建设专项工作衔接的多尺度层次框架[J].城市规划学刊,2023(2):103-109.

[6] 杨俊宴,曹俊.动·静·显·隐:大数据在城市设计中的四种应用模式[J].城市规划学刊,2017(4):39-46.

[7] 龙瀛,李莉,李双金,等.中国城市活力中心的街道步行环境指数测度[J].南方建筑,2021(1):114-120.

[8] 谢永俊,彭霞,黄舟,等.基于微博数据的北京市热点区域意象感知[J].地理科学进展,2017,36(9):1099-1110.

[9] 单卓然,安月辉,袁满,等.基于微博大数据的城市居民情绪时空分布特征及影响因素研究——以武汉市主城区为例[J].城市发展研究,2022,29(8):69-76+2.

[10] 叶光辉,李松烨,宋孝英.基于多标签标注学习的城市画像文本分类方法研究[J].数据分析与知识发现,2023,7(5):60-70.

[11] 杜嵘,陈洁萍.基于社会网络分析方法的南京主城边缘带绿色空间景观系统评估[J].中国园林,2022,38(4):68-73.

[12] 梁立锋,曾文霞,宋悦祥,等.顾及人群集聚和情绪强度的城市综合活力评价及影响因素[J].地球信息科学学报,2022,24(10):1854-1866.

[13] 熊国平,李胜男.基于时空行为特征的商业空间优化研究——以南京市雨花台区为例[J].现代城市研究,2020(4):60-67.

[14] 解丹,张伟亚,赵亚伟.基于社会网络分析的长城聚落区域性保护与发展研究——以张家口赤城县为例[J].现代城市研究,2023(1):48-55.

[15] 鲁仕维,黄亚平,赵中飞.成都市主城区空间形态与街区活力的关联性分析[J].地域研究与开发,2021,40(1):73-77.

基于文化线路的湘黔滇驿道(贵州段)历史城镇空间研究初探

赵 悦[1]

摘要：湘黔滇驿道是明清政府与西南地区连通交流的重要官道，对西南地区交通、经济、文化产生了重要影响。贵州建省筑城因驿道而起，因驿道而兴。当前驿道沿线存在城镇发展滞缓、地方性缺失等问题。本文以古驿道的修建和卫所设立为历史时空坐标，对历史城镇进行时空定位，以文化线路的视角整合贵州历史城镇文化资源，探索重大历史事件下地方人地关系演变及空间应对机制，以期为历史城镇保护与发展提供空间策略。

关键词：湘黔滇驿道；卫所制度；历史城镇；文化线路

Abstract: The Hunan-Guizhou-Yunnan post road was an important official road connecting the central and southwestern regions of the Ming and Qing dynasties, which had a significant impact on transportation, economy, and culture in the southwestern region. The construction of Guizhou Province and the construction of cities arose from post roads and flourished due to post roads. At present, the development of towns along the post roads is slow and there is a lack of locality. This article proposes to use the construction of ancient post roads and the establishment of guard posts as historical spatiotemporal coordinates to position historical towns in time and space. From the perspective of linear cultural heritage corridors, it integrates the cultural resources of historical towns in Guizhou, explores the evolution of local human land relations and spatial corresponding mechanisms under major historical events, and provides spatial strategies for the protection and development of historical towns.

Key words: the Hunan-Guizhou-Yunnan post road; the guard post system; historic towns; cultural route

1 驿道与历史城镇研究的相关性

1.1 湘黔滇驿道的历史背景

明朝为稳固西南，推行"改土归流"政策，永乐十一年（1413年），明废思州、思南两宣慰司，建八府，设立布政使司，贵州正式建省。实际上，当时贵州建省并不满足经济和社会条件，而是明朝出于方便对西南边疆统治的考虑，贵州作为入滇要道，同时比邻湖广、四川、云南和广西，其军事要冲的空间战略意义极为重要，因此，明政府在贵州开驿路、设卫所，以维持西南地区的稳

---

[1] 赵悦，南京大学建筑与城市规划学院，博士研究生，研究方向为传统建成环境遗产保护。地址：江苏省南京市鼓楼区汉口路22号南京大学建良楼。Email：dg20360004@smail.nju.edu.cn。Tel：13013334161。
项目支持：江苏省研究生科研与实践创新计划（KYCX23_0171）。

定。明一统路程如图 1 所示。

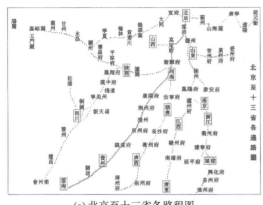
(a) 北京至十三省各路程图

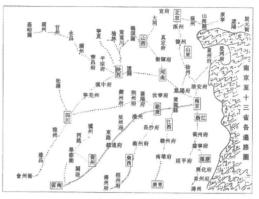
(b) 南京至十三省各路程图

图 1　明一统路程

湘黔滇驿道由湘黔、滇黔两条古驿道组成，从湖南常德出发，由东向西穿越贵州中部，进入云南富源，途经曲靖到达昆明。公元 1272 年元世祖定都后，大规模发展驿站制度，以大都（今北京）为中心修筑了四通八达的驿道，在全国交通线上设置了"站赤"。于是，在贵州以今贵阳为枢纽，修通了五条驿道。其中，湖广往云南的大道，起于"七省通衢"的江陵，途经公安（属湖北省）、常德、桃源、辰州、沅州、晃州（属湖南省）入贵州境。首站平溪（今玉屏），经清浪（今青溪）、镇远、偏桥（今施秉）、麻峡（今麻江）、黄平、新添（今贵定）、顺元（今贵阳）、罗殿（今安顺）、普安（今盘州市）入云南，达于中庆路（今昆明）。首次开通了设有"站赤"的湘黔滇驿道，明代称"通滇一线道"，为元明清三代驿道的发展奠定了基础①。由内地入滇须穿过贵州，主要有两条线路，分为"东线"和"西线"，往西走水路为"西线"，往东改陆路为"东线"。"西线"水路水流湍急，作为军需物资供应的线路；"东线"陆路较安全，成为军户、商户的移民通道，"东线"便是湘黔滇驿道。

湘黔滇驿道是以地理位置进行命名的，贵州古驿道开辟是元明清三代边疆政策的驱使，其不仅是交通要道，也是文化要道。古驿道的形成发展直接影响了贵州社会形态和城镇空间格局的形成。针对此驿道，贵州大学人类学学者杨志强②（2012）首次提出了"古苗疆走廊"的概念，梳理了古驿道开辟的历史背景，分析了"古苗疆走廊"对贵州文化整合和发展的意义，同时对比分析了国内几条成熟的文化线路，并对开展"古苗疆走廊"相关的研究提出了一定的建议。贵州大学曹端波③（2012）从古代国家政治、社会经济、民族分布的宏观角度分析了"苗疆走廊"的形成及社会意义，指出过去的民族走廊注重少数民族研究，而"古苗疆走廊"是汉族核心区进入少数民族地区的走廊，与汉族文化有较高的交流互动。梁洁（2012）④针对安顺"屯堡文化现象"的历史价值、文化价值、艺术价值和旅游开发价值，提出了安顺屯堡文化遗产廊道空间建构的必要性，指出文化遗产廊道作为安顺屯堡文化整合发展机制的途径、价值及其可行性。

---

① 黄才贵."一线道"与"边墙"：历史上的"苗疆"[J].广西民族大学学报（哲学社会科学版），2014，36(03)：10-13.
② 杨志强.文化建构、认同与"古苗疆走廊"[J].教育文化论坛，2013，5(2)：139.
③ 曹端波.国家、族群与民族走廊——"古苗疆走廊"的形成及其影响[J].贵州大学学报：社会科学版，2012，30(5)：10.
④ 梁洁.安顺屯堡文化遗产廊道空间构建研究[D].武汉：华中科技大学，2012.

1.2 湘黔滇驿道作为文化线路的必要性

20世纪80年代欧洲委员会明确提出"文化线路"的概念及其实施目标。1993年,欧洲第一条文化线路圣地亚哥.德.孔波斯特拉(Santiago de Compostela)被列入《世界遗产名录》。1998年,国际古迹遗址理事会成立了文化线路国际科学委员会,并开始开展专项研究,随后召开了多次会议讨论制定文化线路的评价体系、保护方法和申遗标准。2003年联合国教科文组织世界遗产委员会委派国际古迹遗址理事会对《保护世界文化与自然遗产公约》的实施文件做出新一轮修订计划:一是加入有关文化线路的内容,二是将又一条文化线路的重要组成部分——阿根廷科布拉达.德.胡迈海卡(Quebrada de Humahuaca)山谷列入世界遗产名录。2005年版《实施〈保护世界文化和自然遗产公约〉的操作指南》中,明确了"遗产线路"的概念,并将遗产运河、遗产线路定义为世界遗产的特殊类型。文化线路成为世界遗产保护的重要版块之一。2008年,联合国教科文组织在国际古迹遗址理事会上通过了《文化线路宪章》,其是国际文化线路遗产保护的基础性文件。

国内的文化遗产研究起步较晚,尚未对线性文化遗产提出明确统一的标准。第三次全国文物普查中,首次将文化线路列入普查范围。在2017年国家文物局印发的《大遗址保护"十三五"专项规划》中明确认定的线性遗产仅包括长城、大运河以及与哈萨克斯坦、吉尔吉斯斯坦联合申遗的丝绸之路[①]。2021年《大遗址保护利用"十四五"专项规划》中增加的国家遗产线路包括万里茶道、南粤古驿道、湘桂古道、河西走廊。现有线性文化遗产名录如表1所示。

表1 现有线性文化遗产名录

类型	内容
道路、古驿道、交通、公路	丝绸之路(海上、路上)、西南丝绸之路、茶马古道、蜀道、唐蕃古道、秦直道、秦驰道、草原之路、客家迁徙路线、滇缅公路、万里茶道、南粤古驿道、湘桂古道、河西走廊
军事工程	长城、苗疆边墙、金界壕
自然河流、水利工程	长江及其沿线文化带、黄河及其沿线文化带、京杭大运河
历史性事件主体	红军长征线路、徐霞客游线

基于文化线路体系的历史城镇研究主要集中在京杭大运河、茶马古道和丝绸之路等。

人流、商品流、资金流和信息流是现代社会经济活动的主形式、主渠道、主脉搏和主动力。而在明清时期,借助于各地陆路交通、自然河流和人工运河的发达,促进了各种贸易物资的运输以及不同人群的往来,对封建王朝的政治统治、国防军事、经济命脉、社会稳定等起到了十分重要的作用。"驿通四方""邮传万里",偌大的中国,仿佛在普遍的"流动"中维系着社会经济的稳定前行[②]。贵州湘黔滇驿道作为贵州重要的文化线路,对贵州地域社会变迁、民族融合与文化交流、城镇空间演变具有深远影响。当前针对贵州的城镇聚落研究多以点状研究为主,缺乏区域体系的视角,缺少区域比较及区域地方社会文化生态的背景研究,对贵州历史城镇研究所依托的地域社会及历史脉络研究较浅。另外,现有研究多从民族地域社会视角展开,忽视了贵州汉族移民城镇的形成,对贵州历史城镇的研究有待追根溯源地进行系统性研究,这便离不开对

---

① 俞孔坚,奚雪松,李迪华,等.中国国家线性文化遗产网络构建[J].人文地理,2009,24(3):11-16.
② 黄汴纂.一统路程图记[M].南京:南京出版社,2019.

古驿道的研究,湘黔滇驿道已逐渐演变为文化线路,是贵州城镇、地域社会的重要背景。

2 驿道对历史城镇空间体系建构的支持性

清初湘黔滇驿道沿线卫所裁撤时间序列如表2所示。

表2 清初湘黔滇驿道沿线卫所裁撤时间序列

卫、所		裁撤时间	裁并、改设及其归属	备注
龙里卫		康熙十年十二月	改设龙里县	—
清平卫		康熙十年十二月	改设清平县	—
平越卫		康熙十年十二月	改设平越县	—
普定卫		康熙十年十二月	改设普定县	—
安庄卫		康熙十年十二月	归并镇宁州	—
黄平所		康熙十年十二月	归并黄平州	—
镇远卫		康熙二十二年四月	—	由湖广都司调整到贵州
偏桥卫		康熙二十二年四月改归黔省,康熙二十六年六月裁改	施秉县	由湖广都司调整到贵州
安南卫	新城所	康熙十年十二月	归并普安县	—
	新兴所	康熙二十二年五月	普安县县治移驻新兴	—
	仁让二里	康熙二十二年五月	附入普安县	—
兴隆卫		康熙二十六年六月	裁并黄平州	—
新添卫		康熙二十六年六月	裁并贵定县	—
贵州卫		康熙二十六年六月	改设贵筑县	—
贵州前卫		康熙二十六年六月	改设贵筑县	—
威清卫		康熙二十六年六月	改设清镇县	—
平坝卫		康熙二十六年六月	改设安平县	—
镇西卫柔远所		康熙二十六年六月	改设安平县	—
安南卫		康熙二十六年六月	改设安南县	—
定南所		康熙二十六年六月	裁并普定县	—
普安卫		康熙二十六年六月	裁并普安州	—
永宁卫		康熙二十六年六月	改设永宁县	—
普市所		康熙二十六年六月	改设永宁县	—
平溪卫		雍正四年四月;雍正五年二月属思州府管辖;雍正五年闰三月	改设玉屏县	由湖广都司改归黔省
清浪卫		雍正四年四月;雍正五年四月属思州府管辖;雍正五年闰三月	改设清溪县	由湖广都司改归黔省

(资料来源:根据夏自金《明代贵州军政建置演变与地方治理研究》整理)

2.1 早期城镇的基础

卫所制度是明朝创设的特殊制度,是明朝军事组织的基础。卫所城镇是伴随驿道产生的军事防御系统的一部分,以驿、站、铺、堡协同运作。明朝以前的贵州散落分布着不同聚落,未形成

"都"和"市",当时贵州的人口、经济都不满足"都""市"形成的基础条件。在明朝的边疆战略下,地广人稀的贵州于明初第一次建省。为守卫湘黔滇驿路,保持其畅通,朱元璋派驻30万大军屯于云南、贵州一带,沿湘黔滇驿道设立了密集的卫所,这也是贵州第一批城镇。驿道沿线设立的卫所有平溪卫、清浪卫、镇远卫、偏桥卫、兴隆卫、清平卫、新添卫、龙里卫、贵州前卫、威清卫、平坝卫、安庄卫、安南卫共13卫。随着卫所的设立,大量军事移民成了地方重要的人口构成,在地方稳定和军需供应的背景下,大量商业移民沿驿道迁入贵州。清初,卫所体系与府州县行政体系逐渐合并,贵州的卫所大多直接改制为州县,或与州县合并,或改为集镇。"其开设初只有卫所,后虽渐渐改流,置立郡邑,皆建于卫所之中,卫所为主,郡邑为客,缙绅拜表祝圣皆在卫所。卫所治军,郡邑治民,军即尺籍来役戍者也,故卫所治皆中国人,民即苗也。土无他民,止苗夷"。[①] 明以前,贵州仅元代在贵阳建有土城;明以后,卫所城镇和大规模的移民人口成为了贵州城镇发展的基础。卫所作为军事制度的一部分,有实土、准实土、虚土之分,贵州都司有边远的少数民族集聚区,与内地联系不便,府州较少,中央控制较弱,卫所以实土、准实土居多[②]。贵州早期因山地崎岖,各地方聚落仅管控部分领土,尚有大片空白疆土缺乏管控。因此贵州卫所多为实土卫所,既作为军事地理单元,也作为行政管辖部分。贵州布政司总图如图2所示。

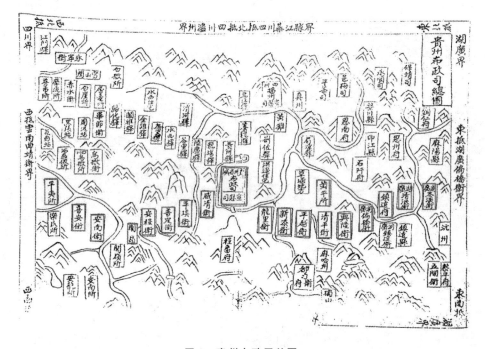

图2 贵州布政司总图
(来源:《嘉靖贵州通志》)

贵州当代的主要交通干线也依托湘黔滇驿道规划,现今贵州境内历史悠久、文化兴盛的历史城镇多源于明清时期湘黔滇驿道沿线的卫所城镇。镇远古镇是贵州最早一批进入历史文化名城名镇名录的古镇,其也是明清湘黔滇驿道进入贵州的重要站点,是南京通云贵东线路和西线路分叉点及水路转陆路的节点,舞阳河将其分割两岸,北岸是府城,南岸是卫城,是贵州特殊

---

① 王士性.王士性地理书三种[M].上海:上海古籍出版社,1993.
② 郭红,于翠艳.明代都司卫所制度与军管型政区[J].军事历史研究.2004,(04):78-87.

军政二元建置下典型的城镇,也是贵州当前保存最好的、多元文化融合的历史城镇。贵州城池图如图3所示。

(a) 贵阳内城总图（引自清咸丰二年
（1852年）《贵阳府志》）

(b) 贵阳外城总图（引自清咸丰二年
（1852年）《贵阳府志》）

(c) 镇远府分图（引自清乾隆六年
（1741年）《镇远府志》）

(d) 镇远县卫城图（引自清乾隆六年
（1741年）《镇远府志》）

图 3　贵州城池图
（来源《中国人居环境图典　贵州卷》）

2.2　整体空间格局体系及各要素整合的机制

卫所为军事防御系统,早期属军事地理单元,以防御功能为主。由卫所发展而来的城镇与因商业而兴的城镇在布局、形态、要素、功能及风貌方面皆有不同,卫所城镇建有城墙、城楼、城门、壕沟等一系列防御设施,为规整的几何形布局,城内商业设施较少,以军户为主。另一方面,贵州早期主要为"五溪蛮"和"百越人"集聚的地方,地域文化与中原文化截然不同。驿道开辟后,伴随移民的迁入,驿道沿线呈现多民族文化融合发展的特点。明清迁入贵州的主要为湖广和江西移民,迁入的汉族移民将各自原乡的文化带入贵州,驿道沿线的文化呈现出稳定但又多元化的发展趋势,具有"不变"的内核,也有"变"的地方文化特色。

卫所是与驿道线路配合的防御系统,是从线性角度进行的空间布局规划,从文化线路的整体观视角才能准确把握廊域内各物质空间文化要素的价值。古驿道提供了贵州城镇空间体系建构的历史条件和地理定位,驿道沿线的卫所因汉族移民的涌入,形成了多民族文化融合的独特景观,单一点状的城镇文化价值、社会价值都是薄弱的,但连成线状的城镇群则具有较强的文化、社会、经济价值。另外,文化线路也为众多空间要素提供了价值背景,在漫长的历史进程中,城镇内各空间要素庞杂,大部分要素在独立的城镇内不具有突出的研究价值,但从城镇群的视角来看,连线成面,方能突出这类要素的历史文化价值。

3 驿道对历史城镇保护与发展的价值判断

3.1 城乡遗产保护的核心要素

依托文化线路的整体观视野,古驿道沿线历史城镇各空间要素的价值得以识别。贵州汉文化圈是这个以少数民族文化而知名的省份独特的文化资源,这类城镇的历史背景、发展脉络、空间形态、文化要素有其共同之处,其对历史城镇文化遗产的保护工作应从整体的角度制度框架,再根据个体差异进行保护工作的调整,这样更利于延续城镇的文化特色,而不是在发展中迷失,逐渐失去原本的特色。依托文化线路的主轴,可以将沿线具有历史文化价值的空间要素进行整合与分类,形成点状、线状、面状的体系,为进一步的城镇遗产保护工作提供基础,更为遗产管理工作提供操作平台。同时,这类城镇也是重要的旅游资源,而且集聚于交通线上,具有较好的旅游开发价值。

3.2 城镇存量更新的重要依托

贵州山地众多,存量更新是未来贵州城镇发展的必然选择,贵州历史城镇主要沿古驿道分布,内有大量城市遗产留存,并保留了一定的历史格局。贵州历史城镇空间的发展需要一套具有理论价值和应用指导的技术体系。在古驿道的背景下,探讨不同时空背景下地理环境与人类活动如何影响建成环境,并带来哪些相应的响应规律和反馈特征,总结出其社会发展与城市营造演变之间的内在规律和必然性。通过对城镇空间形态形成与发展的研究,探究明清移民活动对湘黔滇驿道沿线城镇在人地关系与社会变迁、人居环境与城镇形成、历史演化及文化遗产保护三个方面的情况,界定城市未来发展所依托的结构性要素,从而既可实现城市的历史连续性,又可保持地方特性。

4 总结

本文以文化线路的视角对贵州历史城镇进行研究,贵州历史城镇兴起于同样的历史背景,由同类型文化的人以同样的方式在同时期修建,具有共时性特点,具备作为整体进行系统研究的条件。贵州驿道沿线历史城镇应置入一个具有特定时空背景的坐标体系的框架中进行研究。本文以湘黔滇驿道为轴,关联沿线历史城镇体系,以区域中心历史城镇作为主要研究对象,初步探讨了湘黔滇驿道开辟背景下的卫所制度在贵州的运行情况及对贵州早期城镇的影响,并进一步探讨了贵州历史遗产保护的研究内容与价值,以期逐步完善卫所制度影响贵州早期城镇与未来历史城镇空间发展的研究。

参考文献

[1] 巴蜀书社.中国地方志集成:贵州府县志辑.成都:巴蜀书社,2006.

[2] 王士性.王士性地理书三种[M].上海:上海古籍出版社,1993.
[3] 黄才贵."一线道"与"边墙":历史上的"苗疆"[J].广西民族大学学报(哲学社会科学版),2014,36(3):10-13.
[4] 杨志强.文化建构、认同与"古苗疆走廊"[J].教育文化论坛,2013,5(2):139.
[5] 曹端波.国家、族群与民族走廊——"古苗疆走廊"的形成及其影响[J].贵州大学学报(社会科学版),2012,30(5):10.
[6] 唐莉.明代贵州省建置研究[D].北京:中央民族大学,2016.
[7] 吴才茂.明代卫所制度与贵州地域社会形成研究[D].重庆:西南大学,2017.
[8] 夏自金.明代贵州省军政建制演变与地方治理研究[D].昆明:云南大学,2020.
[9] 郭红.明代贵州都司建置研究[J].贵州文史丛刊,2002(1):28-34.
[10] 汤芸,张原,张建.从明代贵州的卫所城镇看贵州城市体系的形成机理[J].西南民族大学学报(人文社科版),2009,30(10):7-12.
[11] 周超,王可欣,黄楚梨,等.明代贵州军事聚落的布局与选址研究[J].中国园林,2022,38(12):109-114.
[12] 俞孔坚,奚雪松,李迪华,等.中国国家线性文化遗产网络构建[J].人文地理,2009(3):11—16,116.
[13] 梁洁.安顺屯堡文化遗产廊道空间构建研究[D].武汉:华中科技大学,2012.
[14] 史继忠.贵州置省的历史意义[J].贵州民族研究,1997(3):61-65.
[15] 王树声.人居环境历史图典贵州卷[M].北京:科学出版社,2015.

集中连片视角下的传统村落群协同发展途径研究
——以湖北省通山县为例

申诗雨[1] 宋希法[2] 刘思雨[3] 王玏[4]

摘要:在新型城镇化与乡村振兴的双轴驱动下,我国传统村落保护已从单体静态保护目标转向为保护与利用并重的活态发展导向,以实现"串点成线"和"连线成片"的保护目标。本文引入协同理论,分析传统村落群的功能协同、空间协同和文化协同关系。在县域尺度,以通山县传统村落群为研究对象,通过对传统村落的风景特质和文化特质进行识别,对传统村落群协同关系进行综合评估,划分出四大集中连片保护发展区;在片区尺度,选取村落文化价值、空间价值和功能价值构建传统村落活力评价指标体系,计算村落的活力值,提取各个片区的活力发展村和潜力发展村,以活力单元带动潜力单元,促进片区协同发展。在双重协同关系体系的构建下,以解决单个村落规模有限、功能缺失、结构单一等问题为目标,实现传统村落群在片区范围内的整体保护和协同发展。

关键词:遗产保护;传统村落群;集中连片;协同发展

Abstract: Under the dual-axis drive of new-type urbanization and rural revitalization, the protection of traditional villages in China has shifted from the goal of static protection of individual bodies to the active development orientation of paying equal attention to protection and utilization, so as to realize "connecting points into lines" and "connecting into pieces". This paper introduces synergy theory to analyze the functional synergy, spatial synergy and cultural synergy of traditional village groups. At the county level, taking the traditional village group in Tongshan County as the research object, by identifying the landscape and cultural characteristics of the traditional village, and comprehensively evaluating the synergy relationship of the traditional village group, four concentrated contiguous protection and development areas were divided. At the district scale, the cultural value, spatial value and functional value of villages are selected to construct a traditional village vitality evaluation index system, the vitality value of villages is calculated, the vitality development villages and potential development villages of each area are extracted, and the dynamic units are driven by the potential units for the coordinated development of the area. Under the construction of the

---

1 申诗雨,华中农业大学风景园林系,硕士,研究方向为风景园林遗产保护。地址:湖北省武汉市洪山区狮子山街一号华中农业大学景园楼303室。Email: holassy@163.com。Tel: 18790828179。

2 宋希法,华中农业大学风景园林系,硕士,研究方向为风景园林遗产保护。地址:湖北省武汉市洪山区狮子山街一号华中农业大学景园楼303室。Email: 904719666@qq.com。Tel: 17806256562。

3 刘思雨,华中农业大学风景园林系,博士,研究方向为风景园林遗产保护。地址:湖北省武汉市洪山区狮子山街一号华中农业大学景园楼303室。Email: verax@webmail.hzau.edu.cn。Tel: 18627175171。

4 王玏,通讯作者,华中农业大学风景园林系,副教授,博士生导师,研究方向为风景园林遗产保护。地址:湖北省武汉市洪山区狮子山街一号华中农业大学景园楼303室。Email: wangle@mail.hzau.edu.cn。

dual synergy relationship system, the goal is to solve the problems of limited scale, lack of function and single structure of a single village, and realize the overall protection and coordinated development of traditional village groups within the area.

Key words: heritage preservation; traditional village group; concentration areas; synergetic development

1 引　　言

2012年,我国建立中国传统村落保护名录制度,实施传统村落保护工程,从此我国传统村落保护工作进入全面推进阶段。2017年,党的十九大报告提出"乡村振兴战略",开启了基于以人为本的、保护与发展高度融合的传统村落保护新局面。2020年发布的《关于组织申报2020年传统村落集中连片保护利用示范市的通知》提出要以"推动实现区域传统村落面貌全面改善,同时探索建立传统村落保护改造长效机制,增强传统村落生命力,实现持续健康发展,示范带动其他地区传统村落保护利用工作,传承中华优秀传统文化"为目标。

当前,传统村落发展面临多重困境,传统村落多分布于发展欠佳和交通不便利的地区,经济落后造成其空心化严重;模式化建设导致传统村落风貌趋于同质化,现代商业建设活动加剧了"千村一面"的现象。为解决传统村落空间分散、缺少统筹与协作的问题,2020—2023年住房和城乡建设部相继公布了多个传统村落集中连片保护利用示范区,为传统村落之间构建了资源互补的桥梁,对区域性、特色化传统村落进行集中展示和总体呈现,有助于片区内传统村落的整体集聚提升。

2 协同理论相关研究

2.1 相关概念

协同理论是指在不平衡状态的复杂系统中,各子系统之间存在差异、属性不同、变化无序。但是在特定条件下,各子系统可以遵循共同的规律,实现相互协作,形成有序的动态平衡。1976年联邦德国斯图加特大学教授H. Hake正式提出"协同理论",在此基础上,协同理论已经发展成为研究远离平衡态的开放系统在与外界有物质或能量交换的情况下,如何通过自己内部的协同作用自发地出现时间、空间和功能上的有序结构的基础理论。如今,有大量研究将协同理论运用于多尺度的规划,由此出现"协同规划"这一相关概念,协同规划是以协同理论为理论基础,通过建立规划协同平台,使得规划过程不断实现协调、优化与整合,并以反馈机制为依托形成良性的循环过程;另外,也有相关研究将协同理论运用于遗产廊道的构建、自然保护区与周边区域的协同发展,例如,分析遗产廊道中自然、文化等因子的相互协同关系,进而构建指标体系,通过各个指标因子之间的协同关系构建遗产廊道的发展机制;通过分析生物与文化多样性的时空分布特征,识别自然保护地与周边社区的整体关系,探索自然保护地与区域协同发展新路径。由此可以看出,协同理论已运用到各类研究中,衍生出"协同规划""协同发展"等相关概念。

2.2 研究综述

在国家乡村振兴战略的驱动下,学者对传统村落群的研究不断丰富与完善。相关研究不断引入协同理论思想:一方面,从各种规划的协调研究入手,探索多规协调体系的构建;另一方面,将协同理论运用于不同尺度的规划路径探索中。例如,利用乡村资源的整体性和群域内村落的关联性,从村落的个体、群体及区域层面提出相应的规划策略,形成村落区域整体发展系统。在田园综合体研究方面,构建基于协同理论的田园综合体规划路径,包括对象选择、价值取向、编制内容和实施过程4个方面的协同;针对市域空间协同发展的特殊性,提出市县两级空间协同发展规划的工作框架,确定了战略协同、系统协同、和实施协同三大工作重点。在技术研究方面,运用 ArcGIS 平台的核密度分析进行自然及人文资源的集聚分析并叠加空间分析,进而划分出集中连片区;在数据处理上运用层次分析法设置权重以评价单体村落发展情况;在评价指标体系的构建中,利用熵权-TOPSIS 模型对乡村发展水平进行测度,运用障碍度模型对障碍因子进行诊断,找出制约乡村振兴全面发展的关键因素。从现有研究来看,已有大量学者将协同理论运用于单一村落、村落群体以及城乡区域等不同尺度的规划研究中,研究内容包括协同规划理论体系的构建、协同规划方法路径的探究以及区域空间协同发展趋势与重点的探讨等。

所谓"协同"指的是从系统的整体性、协调性和同一性等基本原则出发,协调好各要素和各层次之间的关系,使之在和谐、配合的前提下获得整体发展与统一。协同不仅仅是协调,更在于通过子系统之间的协同,可以形成"1+1>2"的协同效应。村落的集中连片保护规划正适用于协同理论,村落群由多个地理位置相近、资源优势互补的单体村落组成,单体村落相互之间具有空间、文化和功能方面的关联,将协同理论运用于村落群的集中保护规划,有利于探索村落群发展的新途径。

3 传统村落群协同关系

本文将协同理论运用到传统村落的保护中,从整体出发,将零散分布的传统村落个体划分集群片区,构建县域层面的第一层协同发展关系;在片区内部,将传统村落个体与传统村落群视作子系统与巨系统,构建片区层面的第二层协同发展关系,以探索连片发展区在空间、功能、文化方面的协同关系。通过挖掘连片发展区内部各村落间的关联性与互补性,总结出传统村落群内生产子系统、自然子系统以及文化子系统间的协同关系。

本文选取通山县13个传统村落以及17个具有保护价值的村落共30个村落进行研究。首先,依据海拔、地形、地表覆盖度三个风景特质要素,对村落进行风景特质的识别,奠定自然基底,形成自然子系统;其次,分析各村的文化特性,进行文化特征识别,保护乡村资源的连续性、完整性,形成文化子系统;最后,分析各村生产、服务价值属性,以保护村落群间的功能协调互补机制,形成生产子系统。通过以上步骤,形成由自然子系统、文化子系统、生产子系统构成的传统村落群系统,并探讨子系统间的协同关系。选取活力指标因子,评估各集中连片发展区内的村落,识别活力单元带动片区发展,构建村落间的协同发展关系(图1)。

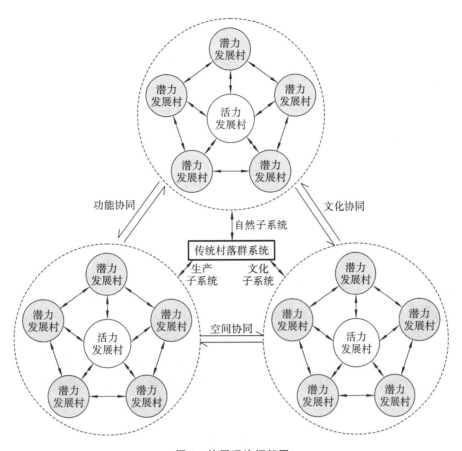

图 1 协同理论框架图

4 通山县传统村落群实证案例研究

4.1 政策背景

2022年中央一号文件提出,要立足村庄现有基础开展乡村建设,保护特色民族村寨,实施"拯救老屋行动"。为了保护好传统村落,通山县出台了传统村落保护政策,成立了由县委书记、县长担任双组长的"通山县传统村落保护发展工作领导小组",出台了《通山县传统村落保护项目实施工作的意见》《通山县传统村落保护建设规范》《通山县传统村落专项资金管理办法(暂行)》《通山县传统村落连片发展工作实施方案》等一系列文件。

4.2 通山县传统村落概况

通山县共有传统村落13个(含国家级历史文化名村1个,省级历史文化名村3个),分别为:九宫山风景区中港村、大畈镇西泉村、大路乡吴田村、闯王镇高湖村、通羊镇郑家坪村、南邻桥镇石门村、黄山铺镇西庄村、黄沙埔镇上垅村、厦铺镇厦铺村、大畈镇白泥村、洪港镇江源村、洪港镇车田村、闯王镇宝石村。

通山县共有全国重点文物保护单位2处,省级重点文物保护单位9处,县级保护单位73

处。通山县传统村落内的建筑以明清民居为主体,存量多、品类齐全,宗祠、寺庙、家居、牌坊等均有遗存,现存具有研究、观赏、保护开发价值的明清民居建筑群 30 余处。这些民居建筑在风格上融合南北、连贯东西,而又自成一体;建筑技艺独特精湛,三雕(木雕、砖雕、石雕)艺术题材运用广泛、构图新颖,堪称明清民居建瑰宝。

4.3 通山县传统村落群集中连片保护发展区划分依据

乡村自然风景特征是其自然资源本底条件的彰显,而由此衍生的各类文化则反映出人类对自然资源的多种利用途径,人类在不断利用自然的过程中构建了自然与文化综合作用系统,为本研究以风景(自然)特质及文化特质为基础识别集中连片发展区提供依据。

4.3.1 传统村落风景特质识别

风景特质识别是综合自然要素对村庄基底环境进行系统分类,有助于因地制宜、分类推进乡村规划布局。参照英国风景特质识别体系初步选取要素,结合现场调研及资料收集结果,从自然维度提取驱动风景特质形成的关键要素(海拔、地形、地表覆盖类型等),用 ArcGIS 10.6 搭建空间数据库,识别通山县乡村风景特质类型。将研究区分成 36237 个 300 m×300 m 大小的网格,对各风景特质要素数据赋值编码,利用 ArcGIS 10.8 搭建基础数据空间数据库,并赋予网格对应的要素编码(表 1)。运用 SPSS 26 二阶聚类工具,对场地风景要素进行聚类分析,输出最优聚类结果。根据风景特质分类叠加结果,绘制风景特质图谱,区域命名规则为"海拔+地形+地表覆盖类型",获得"中海拔山地区林地""低海拔丘陵区林地""低海拔丘陵区草地""低海拔台地区林地""低海拔台地区聚落与农田""低海拔山地区林地""低海拔平原区聚落与水域" 7 类风景特质类型与 144 个风景特质区(图 2),作为自然基底环境特征,为集中连片发展区域识别提供依据。

表 1 自然风景特质要素分类表

要素	要素因子	代码
海拔(A)	低海拔(0~1000 m)	A1
	高海拔(1000~2000 m)	A2
地形(B)	平原(0~30 m)	B1
	台地(30~70 m)	B2
	丘陵(70~200 m)	B3
	高山(200~500 m)	B4
地表覆盖度(C)	耕地	C1
	林地	C2
	草地	C3
	水体	C4
	聚落	C5

4.3.2 传统村落文化特质识别

结合文物保护单位名录以及对传统村落的调研情况,将各村落的文化特征进行识别判断。从文物保护单位类型来看,可将通山县文化资源分为红色文化、古建筑古墓文化和石刻文化 3

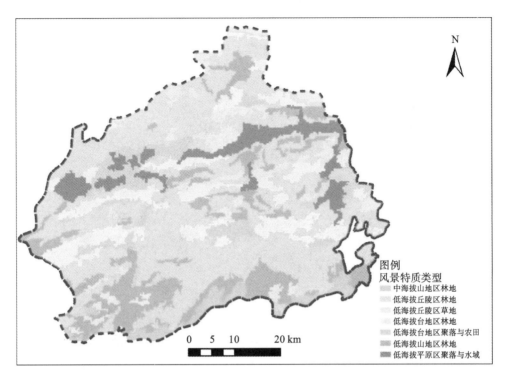

图 2　风景特质类型分布示意

类。从对传统村落进行实地调研的结果来看,古建筑文化中牌坊屋特征突出,牌坊屋是鄂东南地区的一种特殊建筑形式,兼具居住和纪念性功能,大多数牌坊屋年久失修,有的甚至坍塌损毁,但即使原有本体完全消失,已经形成的达成广泛共识的选址依据、深入人心的历史故事、寄托愿景的神话传说也都留存了下来,丰富着当地的精神文化层次,其中,牌坊文字的精神内涵便源远流长。现存典型的牌坊屋中,其牌坊文字内容反映了该家族的家风、价值观及革命故事等,根据地理位置的远近,其文化内涵有明显的相似性与差异性,可以分为爱国清廉、忠孝传家、敬业奉献三种家风家训文化类型。另外,有的村落本身为茶道驿站,保留有鲜明的地方经济模式,可以将其归为贸易集市文化。因此,以爱国清廉、忠孝传家、红色文化、贸易集市四种类别作为文化关联性特征,为集中连片发展区域识别提供进一步依据(图3)。

4.3.3　连片发展区划定

以风景特质识别区域图为基底,叠加文化特质图以及规划村落边界图,将高度重合部分进一步划分出来,最终划定出以下四个连片发展区(图4)。

(1) 九宫山风景片区。

该片区依托九宫山风景区的山地旅游资源以及传统村落的特色古民居,发展自然与文化旅游。片区规划村落包括九宫山风景区中港村、闯王镇宝石村、闯王镇高湖村、闯王镇坳坪村、闯王镇仙崖村、厦铺镇西隅村。

(2) 富水湖-红色文化片区。

该片区依托境东富水湖沿岸分布村落以及红色文化资源,将生态保护与文化发展结合。片区规划村落包括洪港镇江源村、洪港镇车田村、洪港镇三贤村、燕厦乡燕厦村、燕厦乡畅周村、燕厦乡湖山村、燕厦乡湖畔村。

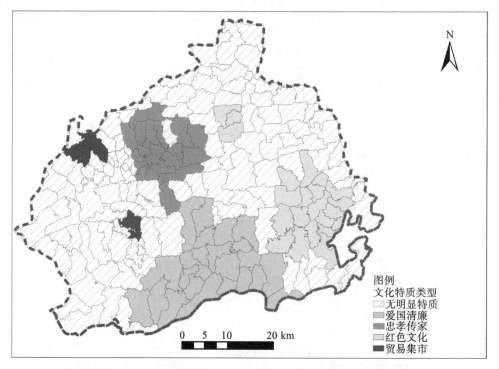

图 3 文化特质图

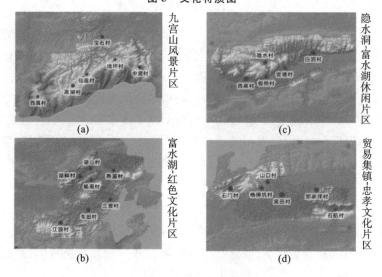

图 4 连片发展区

（3）隐水洞-富水湖休闲片区。

该片区拥有优越的山水资源，如隐水洞自然风景区和境北富水湖湿地，旨在通过改造和利用沿水岸分布的村落，打造休闲文旅片区。片区规划村落包括大畈镇西泉村、大畈镇白泥村、大畈镇隐水村、大畈镇板桥村和大畈镇宫塘村。

（4）贸易集镇-忠孝文化片区。

该片区是以王明璠府第、节山大夫第（孝子坊）与长夏畈集镇贸易为特色的文化片区，片区内村落大多位于城郊，包括大路乡吴田村、通羊镇郑家坪村、南林桥镇石门村、大路乡山口村、大路乡杨狮坑村、通羊镇石航村。

4.4 连片发展区协同发展单元提取

对各片区内村落活力进行评价,提取活力发展村与潜力发展村,带动片区发展,形成协同发展单元。进一步梳理连片发展区内村落间文化、空间、功能层面的联系,构建协同发展单元关系网络。

4.4.1 村落活力评价指标体系构建

对村落进行活力评价的目的在于比较各个村落的发展现状并预估其发展前景,从多方面选取指标因子,按照系统性、代表性、真实性、可获取性、可比较性和层次性原则,以文化、空间、功能3个准则选取9个指标进行村落活力的评价依据。具体内容如下。

(1) 文化。

村落的文化价值蕴含着其精神价值,并在一定程度上影响其经济价值。在文化维度选取村落级别、文物保护单位数量、文物保护单位级别3个指标。村落级别是村落文化活力的直接体现,村落内文保单位数量与级别反映了村落的文化内涵。

(2) 空间。

空间是村落发展的载体,空间的边界完整性与生态结构的稳定是促进村落发展的正向因素,交通可达性是村落间紧密联系的基础。在空间维度选取生态结构、边界完整性以及交通可达性3个指标。生态结构反映村落的生态价值;边界完整性体现村落形状的规则度,在一定程度影响其空间的利用;交通可达性是村落发展的前提条件。

(3) 功能。

村落的服务能力、经济水平等反映了村落的功能价值,是村落发展的重要依据。在功能维度选取公共服务设施、生境质量、第三产业收入占比3个指标。公共服务设施水平体现了村落提供给人的生活保障能力;生境质量体现了村落在生态方面的服务质量;第三产业收入占比反映了村落的经济发展能力。

层次分析法(analytic hierarchy process,AHP),是在对复杂决策问题的本质、影响因素及其内在关系等进行深入分析的基础上,利用较少的定量信息使决策的思维过程数字化,从而为多目标、多准则和无结构特性的复杂决策问题提供简便的决策方法。本文利用层次分析法使用yaahp层次分析软件对村落活力评价指标进行权重计算,最终得到村落活力评价指标及权重(表2)。

表2 村落活力评价指标及权重

目标层	准则层	权重	因素层	指标层	权重
村落活力	文化	0.5936	村落价值	村落级别	0.4208
			文物保护单位	文物保护单位数量	0.0668
				文物保护单位级别	0.106
	空间	0.1517	空间结构	生态结构	0.0354
				边界完整性	0.0158
			交通连接	交通可达性	0.1058
	功能	0.2493	生活功能	公共服务设施	0.0485
			生态功能	生境质量	0.022
			生产功能	第三产业收入占比	0.1788

在选取村落活力评价指标并计算权重后,分别对9个指标进行分级赋值,得到村落活力评价指标打分表(表3)。

表3 村落活力评价指标打分表

目标层	准则层	因素层	指标层	指标说明及赋值
村落活力	文化	村落价值	村落级别	中国传统村落赋9、未入选传统村落赋3
		文物保护单位	文物保护单位数量	文物保护单位数量越多,赋值越高
			文物保护单位级别	国家级赋9、同时含省级与县级的赋7、省级赋5、县级赋3、无文物保护单位赋1
	空间	空间结构	生态结构	村落内各类生态用地类型(林地、田地、草地、水)的占比越高,赋值越高
			边界完整性	村落边界衔接的其他村落的数量越低,赋值越高
		交通连接	交通可达性	村落内道路的连接度(NQPD指数)越高,赋值越高
	功能	生活功能	公共服务设施	村落距最近的医疗卫生及科研机构的平均距离越短,赋值越高
		生态功能	生境质量	村落的植被覆盖度越高,赋值越高
		生产功能	第三产业收入占比	第三产业占村落总收入的比例越高,赋值越高

在Arcmap软件中,对9个指标层的栅格数据进行加权总和的叠加分析,得到各片区内的村落活力值,并利用自然断点法对其进行1~9级的分级处理,在各片区内将活力值在6~9的村落由高到低进行排序,将各片区内级别最高的前两个村落进行定性分析与比较,选定1~2个活力村,其余定为潜力村(表4、图5)。

表4 村落活力值分级统计表

集群片区	村落	活力值
九宫山风景片区	高湖村	8
	中港村	8
	宝石村	7
	西隅村	3
	坳坪村	3
	仙崖村	2

续表

集群片区	村落	活力值
富水湖-红色文化片	江源村	8
	车田村	6
	燕厦村	3
	三贤村	2
	湖山村	1
	湖畔村	1
	畅周村	1
隐水洞-富水湖休闲片	西泉村	8
	白泥村	8
	隐水村	5
	板桥村	3
	宫塘村	2
贸易集镇-忠孝文化片	吴田村	9
	郑家坪村	8
	石门村	8
	石航村	5
	山口村	5
	杨狮坑村	3

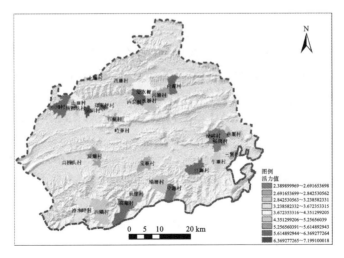

图 5　村落活力值

4.4.2　协同发展单元

根据以上活力评价指标的选取与计算,得到 4 个集群片区内共 6 个活力村和 4 个潜力村。

活力村分别为高湖村、中港村、江源村、西泉村、吴田村、郑家坪村,潜力村分别为宝石村、车田村、白泥村、石门村。以活力村和潜力村的辐射能力来带动片区内其他村落的发展。在各片区内对各个村落进行文化、空间、功能关系的梳理,得到不同村落间的协同发展单元关系网络(图6)。

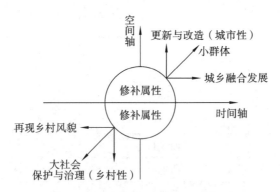

图6 协同发展单元关系网络

5 结论与讨论

本文从集中连片视角切入,并引入协同理论,在通山县县域层面,对分布零散又有内在联系的传统村落进行集中连片规划,整合村落关系,构建"通山县-集中连片发展区"的一层协同关系;在集中连片区内部,构建"村落群-村落个体"的二层协同关系。通过构建层次递进的双重协同关系,实现通山县优势资源统筹、基础设施综合利用、分散群落的共同发展。根据通山县传统村落群的集中连片保护发展研究,传统村落之间在空间、文化、功能上存在相互联系与互补的关系。例如,在空间上,村落间由国道、省道、县道等道路连接,空间形态复杂的村落以空间形态简单的村路为依托进行发展;在文化上,由江西、安徽迁移而来的家族分布在邻近的村落,在宗族文化与血缘关系上具有紧密的联系;在功能上,邻近的村落存在自然资源等方面的差异,同时也在产业结构上互补,如隐水洞-富水湖休闲片区内西泉村作为隐水洞景区的入口集散村,板桥村作为隐水洞景区的旅游服务村,而隐水村则是隐水洞景区的旅游观赏村。本文受基础数据的影响,无法涵盖多元数据类型,产业、人口数据只能到乡镇级别,村落尺度的数据相对缺失,后期在协同关系内在机制和村落活力评价指标体系的构建方面仍有较大的研究空间。

参考文献

[1] 丁志勇,唐源泽. 协同视角下传统村落群保护与发展规划策略研究[J]. 城市建筑,2022,19(1):17-19.

[2] 祝春敏,张衔春,单卓然,等. 新时期我国协同规划的理论体系构建[J]. 规划师,2013,29(12):5-11.

[3] 石伟. 基于协同理论的荆襄古道遗产廊道构建研究[D]. 武汉:华中农业大学,2022.

[4] 刘思雨,刘楠,侯靖宜,等. 基于生物文化多样性评价的自然保护地与区域协同发展研究——以西宁市群加藏族乡为例[J]. 中国园林,2022,38(1):94-99.

[5] 黄嘉颖,王念念. 传统村落集中连片区保护体系构建方法——以青海省黄南藏族自治州传

统村落集中连片保护利用示范区为例[J].规划师,2023,39(7):123-130.
[6] 齐奕,杜雁,李启军,等."三规合一"背景下的城乡总体规划协同发展趋势[J].规划师,2015,31(2):5-11.
[7] 刘凌云,陶德凯,杨晨.田园综合体规划协同路径研究[J].规划师,2018,34(8):12-17.
[8] 卓健,郝丹,尉闻,等.市县两级空间协同发展的规划探索——以洛阳为例[J].城市规划学刊,2018(3):96-104.
[9] 马艳丽,张艳荣.甘肃省乡村振兴评价指标体系及制约因素研究[J].中国物价,2023(9):67-69.
[10] TUDOR C. An approach to landscape character assessment[J]. Natural England, 2014, 10(2): 1-56.
[11] 熊闻晋,徐钊.基于地域文化的鄂东南传统民居建筑形式及其策略[J].山西建筑,2018,44(8):2-5.
[12] 张志远,王玏.基于不同人群话语分析的城市历史景观层积机制研究——以襄阳为例[J].中国园林,2022,38(7):121-126.
[13] 张文君,张润萌,张大玉.集群视角下的传统村落保护发展模式研究——以河北井陉为例[J].华中建筑,2023,41(1):142-147.
[14] 史东霞,王金平.精明收缩视角下传统村落集中连片规划方法探索——以山西省阳泉市平定县为例[J].小城镇建设,2022,40(12):70-76.
[15] 白淑军,韩霖超,杨一帆.片区式规划视角下冀中南传统村落保护与治理研究——以邢台崔路片区为例[J].小城镇建设,2022,40(12):77-83.
[16] 张继力,赵烨,高翙.山西省太原市晋源区乡村风景特质识别[J].风景园林,2023,30(2):123-130.
[17] 乡村活力评价指标详解[N].中国自然资源报,2020-03-17(003).
[18] 王扬,翟腾腾,尹登玉.乡村振兴背景下空心村土地整治潜力评价——以山东省五莲县为例[J].水土保持通报,2019,39(2):288-292+300.
[19] 刘旻青,李春慧,林星辛,等.基于AHP-模糊综合评价法的水资源评价研究[J].水利规划与设计,2017(2):56-61.

价值导向下古遗址赋能乡村振兴的规划探索
——以广西顶蛳山贝丘遗址为例

黄瓒[1]

摘要：位于广大乡村地区的古遗址是宝贵的文化遗产资源，对于其所在区域具有不可忽略的发展赋能意义。在价值导向的保护下，价值传播是遗产价值保护与功能延续的必要途径，也是实现遗产赋能乡村振兴的重要路径。本文基于现代信息论主要原理，构建面向公众的遗产价值传播模型；耦合价值传播与乡村振兴战略，提出古遗址赋能发展具有发展路径创新赋能、国土空间质量赋能、乡村和美文化赋能三个方面内涵。衔接国土空间规划全域全要素管控要求，构建由目标导向、赋能振兴、空间要素、规划支持、参与主体等组成的赋能路径。以广西顶蛳山贝丘遗址为例，探索古遗址赋能地区乡村振兴的规划方法与策略。

关键词：遗产保护；遗产价值传播；国土空间规划；乡村振兴

Abstract: The Sites in vast rural areas are valuable cultural heritage and empower the development of the region and rural areas. In terms of value-oriented conservation, value communicating is the essential components of cultural heritage conservation and function continuation. It's also the path of the Sites empowering rural revitalization strategy. Base on the principles of information theory, this paper construct the model of heritage value communicating for public. Coupled with the heritage value communicating and the rural revitalization strategy, it is proposed that Sites empowering rural revitalization strategy has three intensions: empowering the path of development, the spatial planning and the rural harmonious culture. Meeting the request of the spatial planning, this paper construct the path of empowering composed the element of goal-oriented, empowering rural revitalization strategy, space, spatial planning and action subject. Taking Dingsishan Site as an example, the paper explores the planning methods and strategies for sites empowering the rural revitalization strategy.

Key words: heritage conservation; heritage value communicating; spatial planning; the rural revitalization strategy

1 引言

古遗址是重要的文化遗产资源，不仅见证了人类历史活动，更为当下与未来的艺术、科学等发展领域提供了宝贵的遗产实物与文化资源，并能赋能新型城镇化与乡村振兴战略的发展进程。"赋能（empower）"源于管理学用语，本义指通过授权、放权的方式提升组织和成员的能动

---

[1] 黄瓒，广西国土资源规划设计集团有限公司，工程师，注册城乡规划师。地址：广西南宁市青秀区越秀路7号金盛时代708。Email: 283606723@qq.com. Tel: 13917791715。

性,在其他领域则引申为"引入发展资源、赋予发展机遇"的含义。文化遗产的"赋能发展"主要体现为向所在区域提供空间与文化资源,支持和促进社会经济发展。以大遗址为代表,既有研究已从古遗址保护与价值发掘[1-6]、遗产展示与活化利用[7-12]、文化传承与区域协同发展[13-19]等方面进行了丰富的研究和讨论。在实践方面,近年来各地不断创新探索古遗址保护利用方式,将古遗址的科研、教育、科普等服务功能与文化旅游、风景园林空间相结合,扩展了文化遗产保护利用的深度和广度。

《关于在城乡建设中加强历史文化保护传承的意见》中明确提出,推进活化利用,坚持以用促保理念,促进生态农业、乡村旅游发展,推动乡村振兴。但相较于城镇地区,位于乡村地区的古遗址常囿于保护发展理念、城乡二元体制、社会经济与工程技术条件等因素,面临区域协调、土地冲突、资金与技术人员匮乏等多方面的挑战[20-22]。部分保护工作孤立于周边乡村,发展互动性较弱,赋能发展不足。同时,还存在为弥补历史发展欠账、盲目追求流量与效益等问题,导致古遗址面临过度商业化、娱乐化的风险。

应持续重视古遗址等各类文化遗产对于所在区域,特别是广大乡村地区的赋能发展作用,以保护工作为基础,探索文化遗产赋能乡村振兴的路径和措施,不断提升文化遗产活化利用水平和综合效益,实现文化遗产与乡村地区的良性互动与可持续发展。

2 价值导向的遗产保护与赋能释义

2.1 价值导向的文化遗产保护

回顾《威尼斯宪章》《保护世界文化和自然遗产公约》等20世纪以来国际遗产保护文献的主旨脉络,以价值为导向的遗产保护已成为广泛共识。以建筑遗产领域为代表,遗产保护工作已成为一种文化活动和社会进程,遗产的保护范式正在从保护"真实"走向保护"意义"[23]。西班牙保护理论学者萨尔瓦多·穆尼奥斯·比尼亚斯认为,当代语境的功能性保护(functional conservation)和价值主导的保护(value-led conservation)以"有用性"和"价值"替代了传统语境中的"真实","意义""价值""功能"在理论和实践层面密切关联[24]。价值导向的保护即意味着研究、延续与调适保护对象的功能或价值。

在实践层面,遗产保护通常伴随着遗产价值的阐释、展示等价值传播工作。正如《文化遗产阐释与展示宪章》所指出,阐释(interpretation)与展示(presentation)是遗产保护与管理过程的必要流程,旨在提高公众意识、增进公众对文化遗产的理解的活动都可以称为遗产的阐释活动,传播则是遗产价值阐释、展示并为更广泛公众所理解和认同的过程。

在价值导向的遗产保护中,价值保护、功能延续与价值传播具有内在的统一性。价值保护是延续文化遗产科研、教育、艺术审美等功能的必要前提;功能延续则进一步维护和加强遗产价值;价值传播活动通过各类媒介普遍性地展示、宣传、阐释价值信息,具有普及遗产认知、凝聚保护共识的重要意义,应贯穿遗产保护活动始终。

2.2 面向公众的价值传播逻辑模型

面向不同的领域和人群,遗产价值传播主要包括学术传播、展示传播、大众传播三种类型[25]。其中,展示传播和大众传播均属于面向非特定公众展示、阐释、交流遗产价值的活动。

基于现代信息论的基本原理,可将面向公众的遗产价值传播活动抽象为以一定符号形式传递遗产价值信息的逻辑模型,包括价值认知、价值编码、信息传递、信息译码与交流等环节(图1)。

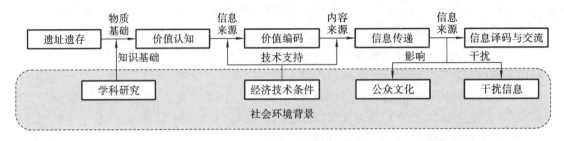

图1 遗产价值传播活动的逻辑模型

相较于一般的消息传播,遗产价值传播对于当前社会文化背景和经济技术条件的依赖性特征更为突出。价值认知是价值传播的基础,文化遗产的价值认知基于考古、历史、艺术、建筑等不同学科领域的知识基础,并且随着学科发展不断被丰富。价值编码、信息传递、信息译码与交流等活动依托既有经济技术条件的支持,公众在接收与理解价值信息时又不可避免受到外部文化的影响。随着虚拟现实(VR)、增强现实(AR)等技术发展成熟,遗产信息传递的线下、线上形式也在不断创新;除了传统的图文阅读、展览展示、科普教育等以单向信息输出为主的活动,"公众考古模式""遗产保护志愿者工作营"等互动性活动也正在逐渐普及。

2.3 价值导向下古遗址赋能乡村振兴的内涵

位于乡村地区的古遗址与周边的山、水、林、田、湖、草、村等空间环境要素存在着天然联系,其价值传播活动必然与周边乡村社区产生密切的互动,或将带来发展资源与条件的改变,赋能乡村发展。基于价值传播与乡村振兴战略的耦合关系,古遗址赋能乡村发展主要包括发展路径创新赋能、国土空间质量赋能、乡村和美文化赋能三个方面的内涵。

2.3.1 发展路径创新赋能

作为区域内宝贵的不可再生文化资源,古遗址的价值内涵有利于坚实所在地区的社会、文化地位与发展方向。教育、科普、文化交流等线上、线下价值传播活动,可引介政策、资金、技术和人员流量,提高地区的知名度与发展活力,提升地方产业与品牌发展机会,赋能理念创新、技术创新、业态创新。价值传播有利于发挥历史文化资源活化利用的引领和标杆作用,创新乡村文化发展与文旅消费,赋能乡村农文旅融合发展。

2.3.2 国土空间质量赋能

价值传播涉及展览展示空间以及周边环境的规划建设管控,对乡村空间发展具有直接或间接的影响。博物馆、展览馆、考古遗址公园等空间场所既是价值传播主要的线下场所,也为乡村社区提供了高品质、具有丰富文化内涵的公共空间。基于原真性与完整性原则,遗产保护与价值传播还涉及周边自然环境保护、土地综合整治、居民点空间治理等内容,有助于优化提升乡村空间的格局与效率,赋能生态振兴与国土空间高质量发展。

2.3.3 乡村和美文化赋能

乡村振兴既要"见物"也要"见人"。通过价值传播,古遗址的价值内涵与意义得到广泛认知与认同,并与其他文化遗产共同构成地区历史文化保护传承体系的主体内容,成为乡村社区独一无二的文化符号,从而不断提升当地居民的价值认同感和文化归属感,为乡村引才引智、基层组织文化建设、乡村风貌与乡风文明提升等提供重要支持,赋能和美乡村建设。

3 古遗址赋能乡村振兴规划路径

在国土空间规划全域全要素管控的背景下,应以修建性详细规划统筹古遗址,赋能乡村振兴与乡村生产、生活、生态空间。应梳理赋能过程的各类空间要素,构建由目标导向、赋能振兴、空间要素、规划支持、参与主体所构成的规划路径(图2)。

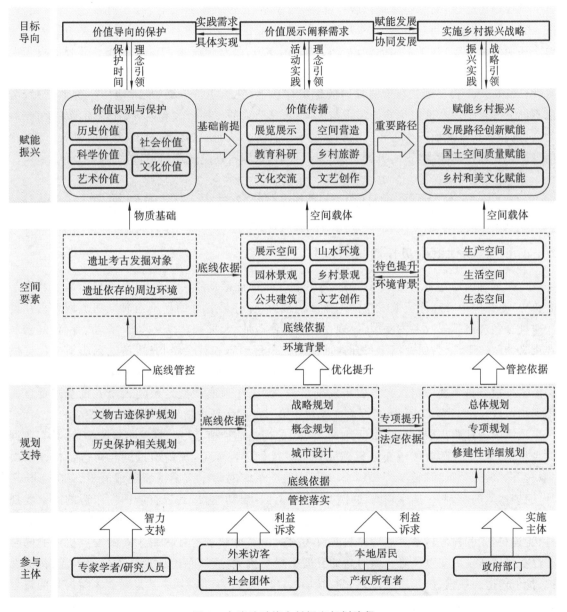

图2 古遗址赋能乡村振兴规划路径

价值导向的保护理念引导古遗址保护与活化利用主动融入乡村发展、赋能乡村振兴,其主要空间支持包括文物古迹空间、建筑与园林景观空间、自然与乡村生产生活背景空间等要素。

文物保护相关规划明确了文物古迹保护空间的范围和保护要求，为其他规划工作提供底线依据，是赋能乡村振兴的工作前提。建筑与景观园林规划设计工作，以空间符号语言的形式表达遗产的价值内涵，既为来访者提供可知、可感的文化符号，同时又为乡村商贸会展、文化旅游、培训研学等活动提供公共空间支持。各层级法定规划作为乡村建设管理的基本依据，为各类规划设计方案以及工程建设提供必要的实施保障，是赋能乡村振兴的重要保障。战略规划、概念规划等从不同专业、行业视角多方探讨赋能乡村振兴的途径与布局，可融入法定规划相应内容，提升赋能乡村振兴的效能。

以规划为途径，统筹协商包括政府部门、专家学者、投资资本方、产权所有者、当地居民、外来访客、社会团体等利益诉求方的认识与行动，形成保护文化遗产、赋能乡村振兴的最大公约数。还应当注意到，基于不同的知识背景与文化环境，公众了解遗产价值的能力部分取决于遗产价值阐释、展示的内容和方式，即价值传播能够部分地"构建"遗产价值，这关乎遗产保护的原真性(authenticity)议题。在价值导向的保护理念下，必须坚持全面、准确地传达价值信息，考虑不同人群对于遗产价值认知的需求与能力，选择适当的传播形式和内容，杜绝局部夸大、穿凿附会、以假掺真等片面追求曝光度和流量的不当行为。从而增强公众对于"戏说""解构"等干扰信息的甄别和过滤能力，正面巩固、强化遗产价值，保障古遗址健康、可持续的发展。

4 广西顶蛳山贝丘遗址赋能乡村振兴的规划探索

4.1 广西顶蛳山贝丘遗址概况与特征

广西顶蛳山贝丘遗址位于广西省南宁市邕宁区蒲庙镇新新村顶狮山，距今已有超过六千年的历史，是我国南方珠江流域发现的迄今面积最大、保存最完好的新石器时期河流域淡水性贝丘遗址。经过对其三次考古发掘，发现古人类居住遗址、大批墓葬以及陶器、石器、骨器、蚌器等各类文物超过千件，为研究河岸贝丘遗址先民的聚落形态和社会结构、了解地区史前文化提供了重要资料，为南方古人类渔猎文化、稻作文化传承发展脉络增添了鲜明的注记。1997年，顶蛳山遗址被评为年度中国十大考古新发现之一，2001年顶蛳山遗址被列入第五批全国重点文物保护单位。2022年8月，顶蛳山遗址被列入第一批广西考古遗址公园名单。

顶蛳山遗址距离南宁市主城区约15千米，原为当地种植、养殖、打谷晒谷的场地，具有典型的乡村空间特征。随着区域交通设施完善与城镇化进程加速，顶蛳山遗址与周边乡村逐渐由"乡村"向"城郊""近郊"转变。2018年12月，遗址东侧的南宁市园博园建成开放。2022年12月，遗址南侧的"广西·南宁顶蛳山现代农业示范区"启动建设，其以打造面向东盟的国家级现代特色农业科创中心和乡村振兴示范区为总体目标，规划总面积约4.5万亩，涉及新新村、新生村、孟连村、光和村等村落。周边项目建设为顶蛳山遗址和乡村社区带来新的发展机遇的同时亦存在过度开发的安全风险。面对新的发展机遇与挑战，应以顶蛳山遗址的价值内涵、价值保护、价值传播为线索，统筹概念规划、专题研究、村庄规划等工作，探索遗址赋能乡村振兴的规划方法与策略。

4.2 价值赋能现代农业创新发展

在区域发展层面，顶蛳山遗址与园博园、现代农业示范区以及周边乡村社区共同构成乡村振兴发展综合体,并通过"投融资+数字"服务通道、融合创新通道、加工转换通道等手段与五象新区自贸区产业集群、龙岗商圈、新兴产业园、南部科创新城形成发展互补关系(图3)。作为区域历史文化发展脉络的重要代表,顶蛳山遗址的价值内涵提升了其作为发展综合体的文化地位,进一步支撑其近郊都市农业产业基地的发展战略。

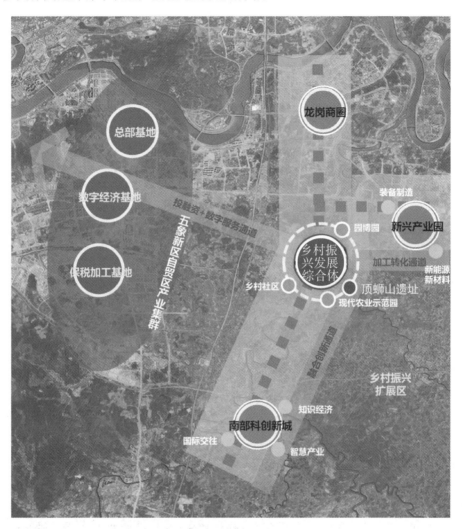

图 3　区域发展格局分析示意图

基于顶蛳山遗址的价值保护、价值传播与乡村产业发展的协同关系,在概念规划与战略研究层面,构建发展综合体"3+1+1"的总体产业体系——以杂交稻繁育、净菜标准化生产、健康水产养殖等现代绿色循环农业为主导产业,以乡村文旅融合为拓展产业板块,并配套建设相应的生产服务业(图4)。结合各类空间的发展建设条件,规划形成"一带、一轴、五区、多节点的产业结构布局(图5)。其中,顶蛳山遗址作为乡村文旅融合板块的核心空间之一,其中的科研科普、展览展示、教育研学等功能将与商贸会展、电子商务、技能培训等主导产业产生密切的联动关系,赋能产业创新发展。顶蛳山遗址作为区域深度体验式文旅目的地,将成为周边乡村文化资源活化利用的引领与示范区,赋能乡村产业创新发展。

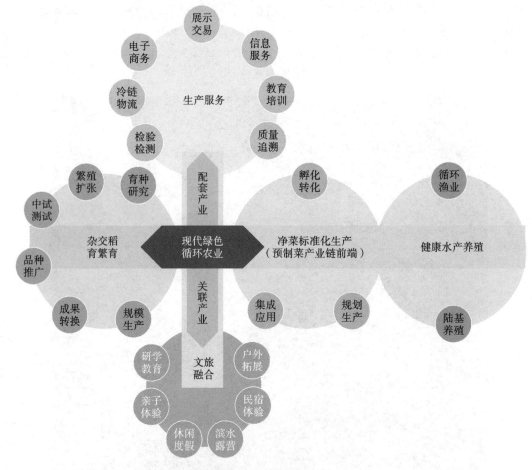

图4 乡村振兴发展综合体总体产业体系

4.3 空间赋能国土空间品质提升

4.3.1 构建高品质公共文化空间

考古发掘对象以及周边环境是遗产价值内涵的物质基础。将文物保护规划确定的顶蛳山遗址17.92公顷保护范围和150.39公顷建设控制地带作为承载遗产价值的核心空间，纳入地区文化安全底线进行管控，坚持最小干预与可逆性原则，开展必要的规划设计与保护工程。通过遗址博物馆、遗址考古公园、现代农业示范区总部基地等公共建筑规划设计，形成区域传承与弘扬顶蛳山遗址"贝丘"文化主题的公共服务核心空间与文化交流中心，持续提升遗址所在地区的文化氛围(图6)。

4.3.2 促进生态环境改善提升

保护与延续顶蛳山遗址所承载的生态与文化内涵，延续岭南石灰岩丘陵山地水系景观特征。以八尺江滨水生态景观带建设为主体，推进全域水系与生态环境治理，赋能生态发展。将八尺江水体以及河湖管理范围纳入地区生态环境底线空间，禁止在其范围内种植农作物或新增建设，有序清理妨碍行洪的建构筑物，形成自然、柔化、旷野的生态湿地景观。优化农业生产生活用水设施布局，区域统筹协调水资源，在保证八尺江水体容量、流量的同时，满足沿岸乡村灌溉需求。推进农村生产生活污水治理，将生态种养殖技术与治污设施建设、污染水体治理相结

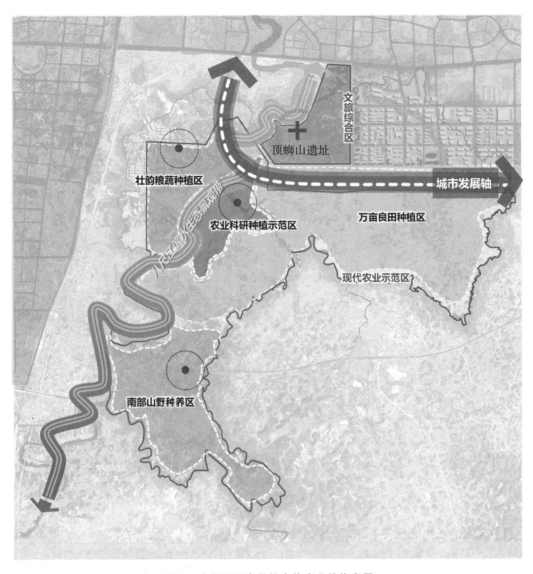

图 5 乡村振兴发展综合体产业结构布局

合,防控大规模农业产业开发所带来的面源污染。

4.3.3 提升农业空间综合效益

将顶蛳山遗址蕴含的渔猎文化、稻作文化融入农业用地综合整治工作,推进全域万亩农田整治,赋能农业空间发展。落实上位规划永久基本农田与耕地保护目标,优化耕地布局,提升耕地集中连片程度。在保障耕地粮食生产功能的基础上,支持推进稻鱼、稻虾、稻蟹、稻螺等生态立体种养项目,培育与发展具有顶蛳山文化内涵的特色农产品体系,促进农业生产效益绿色循环发展水平不断提升。

4.3.4 优化居民点布局方案

为防范过度开发带来的大拆大建、管控无序、破坏历史文化风貌等风险,应统筹协调乡村社区生产生活建设需求的关系,引导乡村居民点有序建设,延续顶蛳山遗址和乡村社区的"山、水、林、田、湖、草、村"自然分布、有机融合的格局与风貌。

以村庄规划为主要途径,结合建筑高度、建筑质量、建筑权属、发展需求、用地效率等因素,划分出鼓励新建(图7)、限制新建(图8)、禁止新建三种类型的乡村居民点管控类型。新增分户建设、搬迁安置建设、产业配套建设等项目类型鼓励新建居民点集中分布,提高农房集中度与用地效率。涉及永久基本农田、八尺江生态景观湿地空间的居民点原则上不新增建设用地规模,并按"存量优先、充分盘活"的原则灵活解决居民点内部各类建设用地需求。对于亟须搬迁撤并的居民点,严禁各类新增建设,有序安排建设用地退出存量空间。

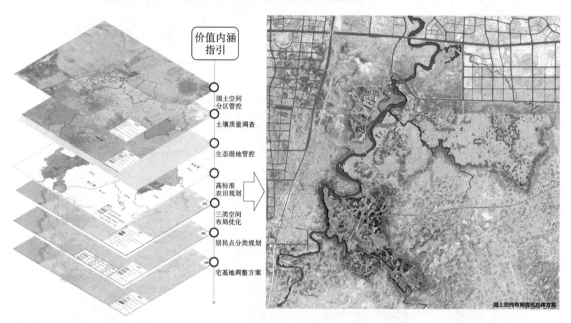

图6 古遗址价值内涵赋能国土空间品质示意

4.4 文化赋能地方社区特色发展

作为区域内历史文化发展脉络的重要锚点,顶蛳山遗址传承延续的"绿水、清泉、良田、郁林、采贝、捞螺"文化意向已形成一定共识,并与北帝庙、古戏台等物质文化遗产以及壮族三月三、舞春牛、赛巧节、点米成画等非物质文化遗产共同构成乡村社区历史文化保护传承体系的主要内容。以乡村文化传承发展为线索,可以扩展演绎顶蛳山文化所蕴含的古人类生态与农业文化,指引乡村公共空间、农房风貌、绿化景观等的整治提升,形成古遗址文化与乡村社区文化的良性互动,赋能乡村文化振兴。

结合乡村社区空间肌理与公共空间体系典型案例的研究,规划指引乡村居民点预留12%~18%的建设用地空间,建设公共空间与相关服务设施。引导居民点内部闲置用地、闲置水体的盘活利用,串联公共空间并呼应周边林地、农田空间,形成具有渔猎与农耕文化风貌特征的景观空间。分析研究地方建筑风貌、建筑材料、建造技艺的基本特点,融入顶蛳山陶器、蚌器等文物古迹的艺术内涵,提取地方干栏式建筑文化要素,提出乡村振兴新农房示范案例,提升地方民居的风貌品质与文化内涵。以遗址考古中的植物研究成果为基础,提出乡土植物种植配置建议,营造具有亚热带植被景观特色的绿化空间。

图 7 居民点建设引导方案（鼓励新建）

图 8 居民点建设引导方案（限制新建）

5 结　语

文化遗产保护工作并非一项孤立的工作，而是与区域社会经济发展具有高度互动可能性的社会进程。本文以价值导向为语境，以文化遗产价值传播为线索，基于遗产保护与乡村振兴的耦合关系，尝试提出文化遗产价值内涵转化为区域社会经济文化发展动力的有效途径；以广西顶蛳山贝丘遗址为例，探索古遗址在赋能现代农业创新发展、国土空间品质提升、地方社区特色发展等方面的规划方法与策略，以期为广泛传播文化遗产价值、提升文化遗产保护成效、促进地方社会经济发展、完善地区城乡历史文化传承体系等议题提供参考建议。随着社会经济的发展与学科的不断进步，未来人们将不断丰富对文化遗产价值内涵的认知，必有更多的路径与方法保护、传承与发扬文化遗产。

参考文献

[1] 严建强,孙红芳.考古遗址博物馆与遗址公园在遗产核心价值阐释中的作用——以良渚博物院与良渚遗址公园为例[J].东南文化,2023(1):6-12+190-191.

[2] 王新文,刘飒.考古遗址公园视域下大遗址价值评估方法研究——兼论统万城遗址价值评估[J].东南文化,2023(1):13-23.

[3] 王新文,高建洁,付晓萌.城市型大遗址社会价值研究[J].城市发展研究,2020,27(9):30-34.

[4] 王刃馀.国家考古遗址公园形态与核心价值利用刍议[J].南方文物,2019(3):260-263.

[5] 王婷婷,黄文华.大遗址的价值分析及保护方法初探[J].华中建筑,2016,34(10):107-109.

[6] 戴俭,侯晓明,冯晓芳.大遗址价值评估体系研究[J].中国文物科学研究,2012(3):25-27.

[7] 唐真,冯乔玉,吕圣东.文化空间视角下考古遗址公园保护利用探析——以广富林文化遗址公园为例[J].建筑与文化,2022(10):195-198.

[8] 陈同滨,王琳峰,刘翔宇,等.高速城镇化进程下的大遗址整体保护规划策略研究——以良渚古城遗址为例[J].西部人居环境学刊,2019,34(4):7-13.

[9] 沈科妤,刘小玥,王昱璐,等.我国新石器时代大遗址保护研究——以浙江省仙居县下汤遗址为例[J].遗产与保护研究,2019,4(3):138-142.

[10] 王婷婷,黄文华.大遗址的价值分析及保护方法初探[J].华中建筑,2016,34(10):107-109.

[11] 戴俭,侯晓明,冯晓芳.大遗址价值评估体系研究[J].中国文物科学研究,2012(3):25-27.

[12] 单霁翔.大型考古遗址公园的探索与实践[J].中国文物科学研究,2010(1):2-12.

[13] 季丽慧,都铭.考古遗址公园与旅游资源的共生发展研究——以杭州良渚古城遗址公园为例[J].华中建筑,2022,40(9):80-84.

[14] 腾和.元上都遗址保护利用与区域协同发展研究[D].天津:天津师范大学,2019.

[15] 张冬宁.国家考古遗址公园与区域文旅品牌建设研究——以中原地区为例[J].自然与文化遗产研究,2019,4(12):10-14.

[16] 赵楠.大遗址保护区域产业布局研究[D].西安:西北大学,2018.
[17] 方坚.文化视角下丰镐遗址周边区域的空间意境营造[D].西安:西安建筑科技大学,2017.
[18] 谭啸,王浩然,杨晓青.城郊型考古遗址公园周边区域协调发展研究——以南昌汉代海昏侯国遗址为例[C]//持续发展 理性规划——2017中国城市规划年会论文集(09城市文化遗产保护).北京:中国建筑工业出版社,2017:303-315.
[19] 邵宏强.城市居民休闲行为与休闲产业空间研究[D].西安:西安外国语大学,2013.
[20] 田海松.国土空间规划中大遗址保护策略研究——以安徽凤阳明中都遗址为例[J].中国名城,2022,36(10):32-39.
[21] 柳淳.大遗址保护现状问题及对策探究[J].遗产与保护研究,2019,4(4):133-135.
[22] 范承泰.农村地区遗址保护利用问题的思考——以山东地区为例[J].中国文化遗产,2017(2):76-80.
[22] 赵倩,董卫.基于区位差异的国家考古遗址公园发展问题研究及规划策略思考——以隋唐洛阳城国家考古遗址公园为例[C]//持续发展理性规划——2017中国城市规划年会论文集(09城市文化遗产保护).北京:中国建筑工业出版社,2017:109-119.
[23] 陈曦.建筑遗产保护思想的演变[M].上海:同济大学出版社.2016.
[24] 比尼亚斯.当代保护理论[M].上海:同济大学出版社.2012.
[25] 丛桂芹.价值建构与阐释[D].北京:清华大学,2013.
[26] 尤基莱托.建筑保护史[M].上海:中华书局.2011.
[27] 张松.城市文化遗产保护国际宪章与国内法规选编[M].上海:同济大学出版社.2007.
[28] 王星.南宁地区新石器时代文化初探[D].桂林:广西师范大学,2015.
[29] 傅宪国,李新伟,李珍,等.广西邕宁县顶蛳山遗址的发掘[J].考古,1998(11):11-33.
[30] 李珍.邕宁顶蛳山贝丘遗址[J].中国文化遗产,2008(5):119-122+5+7.

建成环境与用户体验对历史城区滨水空间活力的影响——以南京秦淮河为例

丁 杰[1]

摘要：城市滨水空间是反映城市形象与城市特色的重要门户，评估其活力与影响因素对于指导城市滨水空间的规划与再开发具有重要意义。本文采用百度热力图提供的小时人流量数据探索南京秦淮河滨水空间在工作日与休息日的活力分布特征，利用全局回归模型与局部回归模型揭示了物理环境特征（客观因素）与空间体验评价（主观因素）对研究区域内城市活力分布的影响。结果发现：①秦淮河滨水空间活力在工作日和周末的分布表现出相似的集聚特征，活力核心区分布在沿岸密集的景点、商业或居住区；②餐饮体验评价与活力指标的正相关最强，滨水距离与活力指标的负相关最强；③各因子对研究区活力的影响存在显著的空间差异，表现出由河道东段向西段衰减的趋势。研究揭示了秦淮河滨水空间活力的分布特征，探究了物理环境因素与体验评价因素对活力分布的影响，可为以培育活力为导向的城市滨水空间规划与再开发提供科学依据与参考。

关键词：滨水空间；历史地段；城市活力；物理环境；体验评价；大数据

Abstract: Urban waterfronts are important gateways that reflect a city's image and characteristics. Evaluating waterfront vitality and its influencing factors is critical for guiding urban waterfront planning and redevelopment. Hourly human movement data, provided by the Baidu Heatmap, were used to explore the weekday and weekend urban vitality spatial distribution characteristics of the waterfronts of the Qinhuai River in Nanjing. Global(ordinary least squares) and local(multiscale geographically weighted regression) models revealed the influence of physical-environmental characteristics(objective)and spatial experience evaluation factors (subjective) on urban vitality. ① The Qinhuai River waterfront urban vitality agglomeration characteristics were similar between weekdays and weekends, and the core vitality areas were distributed in the dense tourism, commercial, and residential areas along the river. ② The evaluation of catering experience had the strongest positive correlation with vitality, whereas the waterfront distance had the strongest negative correlation. ③ The influence of each factor on waterfront vitality in the study area exhibited considerable spatial differences, with attenuation trends observed from the east-to-west river sections. This study shows the urban vitality distribution characteristics of the Qinhuai River waterfront spaces. Exploring the influence of physical-environmental and spatial evaluation factors on the vitality distribution can provide a scientific basis and reference for urban waterfront planning and redevelopment focusing on cultivating vitality.

---

1 丁杰，南京林业大学艺术设计学院，博士，副教授，硕士生导师，研究方向为城乡空间规划与设计。地址：江苏省南京市玄武区龙蟠路 159 号南京林业大学青教公寓 1 栋 108 室。Email：dingjie@njfu.edu.cn。Tel：18751956240。

Key words: waterfront space; historical area; urban vitality; physical environment; emotional experience; big data

1 引言

城市滨水空间指靠近河流、湖泊、海洋或港口的城市岸线空间[1],其对城市的经济、社会、生态等方面存在积极影响[2],是反映城市形象,吸引居民和游客的重要门户[3-4]。由于其独特的经济与社会价值[5],滨水空间的更新设计与可持续发展已经成为广泛趋势[6-8]。近年来,越来越多的研究表明开发滨水空间有助于提高城市活力,进而增强城市的竞争力与吸引力[9]。滨水区的再开发不仅需要考虑经济、环境等因素,还需要与文化旅游相结合[10]。在中国,河网密布的长江三角洲地区为城市滨水空间的开发提供了自然条件,南京作为中国历史文化名城,秦淮河滨水区自古便是城市中的繁华地段,因此评估其活力分布特征及其影响因素,对于城市滨水空间的更新设计具有现实意义。

"活力"概念由 Jacobs 提出,他认为充满活力的街道对城市发展具有积极作用[11]。后来 Lynch 又用物理环境如何满足人类的活动需求来评估城市活力[12]。随着城市活力研究的不断深入,越来越多的学者认为空间活力受城市物理环境的影响,因此通过创造适宜的物理环境可以有效促进人类活动[13-15]。尽管对活力的理解存在差异,但通过评估活力来反映城市环境和人类活动的关系仍是活力研究的焦点。在大数据时代,可以通过获取海量众包数据来实现对城市活力的科学评估[16]。同时,还能够利用众包数据容易获取的特点来高效分析城市活力与物理环境之间的关系,比如建筑、交通、环境等物理因素对城市活力的影响[17]。然而很少有研究以空间体验与评价数据来探索城市滨水区的活力特征,这对于滨水空间的规划设计更具意义,因此,如何利用大数据中有关体验评价、环境感受等主观指标来分析滨水空间活力还有待挖掘。

本文采用百度热力图数据(BHMD)评估南京秦淮河滨水空间活力的分布特征。在影响因素方面,除物理环境特征外,本文还将反映主观体验的大众点评数据(旅游、餐饮、购物、娱乐、住宿 5 类场所点评数据)与反映环境感受的视域分析数据纳入考量,探索客观与主观两类因素对城市滨水空间活力的影响。同时,利用全局回归模型(普通最小二乘法回归,OLS)和局部回归模型(多尺度地理加权回归,MGWR)来量化秦淮河滨水空间活力与主客观因素之间的关系。研究旨在:①通过对 BHMD 的分析,揭示秦淮河滨水空间活力的分布特征;②考察物理环境特征、空间体验评价与秦淮河滨水空间活力的关联;③为培育以活力为导向的城市滨水空间更新设计提供科学依据与参考。

2 文献综述

2.1 城市开放空间的活力评估

以往研究表明,通过问卷访谈和实地观测是度量城市开放空间活力的常用方法。如 Filion 等通过实地调查和测量分析了 4 个街区在不同时期的土地利用格局[18]。杨春侠等利用行为地图来记录黄浦江滨水区的人类户外活动[19]。然而,传统的数据获取方法成本较高且效率较低。近年来,众包数据的兴起为大规模取样提供了便捷途径。如 Wu 等利用社交媒体的签到数据来反映城市活力[20],还有研究利用BHMD对上海城区活力进行考察和分析[21]。与其他数据相比,BHMD每15 min更新1次,因此能够更加真实地反映城市活力的分布与变化。此外,BHMD还可作为评估城市绿地供给[22]、人口分布[23-24]、土地利用[25-26]等方面的指标。

2.2 物理环境、空间体验与城市活力的关系

城市规划的经典理论早已证明物理环境与城市活力之间存在关联[11,14,27-28]。随着大数据技术的发展,越来越多的学者开始利用多源数据来分析物理环境与城市活力的关系,如Ewing等探究了建筑密度与交通可达性对城市活力的影响[29]。还有学者认为城市活力与街道可达性、空间功能混合度息息相关[30]。在滨水空间领域,有研究指出绿化率、岸线开放程度、服务设施数量是促进城市滨水空间活力的积极因素[31]。Liu等利用腾讯数据考察了场地设计、交通可达性、周边人口和服务设施对黄浦江滨水空间活力的影响[32]。众包数据分析催生了多样化的定量分析模型。以往研究表明,OLS模型能有效揭示物理环境对城市活力的影响[33],而Fan等又利用地理加权回归(GWR)模型揭示了物理环境与城市滨水空间活力之间的关联[34]。然而,OLS模型所反映的全局关系是恒定的,而GWR模型虽能允许局部的参数估计,但各因子的估计带宽仍是恒定的,从而导致其对空间异质性的解释不足。

在活力研究中,不仅需要关注物理环境等客观因素对城市活力的影响,以人类情感体验为代表的主观因素也应被纳入影响活力的因素之内。然而,以往研究获取的主观数据成本较高且时效性较低[35-36]。随着大数据技术的成熟,众多体验评价类数据可以作为评估活力的有效指标。如社交媒体数据能够反映用户情绪[37],网络点评数据可以反映用户的空间使用评价[38],而视域分析数据则反映了用户的空间视觉体验[39]。在此背景下,学者开始探索主观因素与空间活力的联系,如Niu等分析了滨水空间的视域可达性对城市活力的影响[40]。Ma等利用社交媒体数据探讨了用户情绪与滨水空间活力的关系[37]。

然而,探寻主观因素与城市活力关系的研究还有待深入挖掘,尤其缺乏综合感受、体验、评价数据来评估滨水空间活力的研究。根据数据功能,大众点评网的用户规模和功能覆盖较广,能够有效反映人们对于餐饮、旅游、购物、娱乐、住宿等场所的体验反馈。因此,本文通过大众点评网收集餐饮、旅游、购物、娱乐、住宿5类场所的评价数据,以视域分析数据作为主观体验指标,再结合城市物理环境特征,通过OLS模型和MGWR模型来量化主客观因素与滨水空间活力的关系。

3 研究方法

3.1 研究区域

南京是中国江苏省省会,也是国家历史文化名城。南京境内秦淮河由西向东贯穿主城,流入长江。秦淮河流经南京重要的历史地段,对南京的发展起到了决定性作用。由于历史地段对游客具有足够的吸引力,因此协调遗产的吸引力和承载力是古城规划设计的重点问题[41]。如图1所示,本文选取南京市中心城区内的外秦淮河(白鹭洲至长江段)两侧缓冲半径500 m(步行5~6 min)的范围为研究区域。采用网格分析(空间分辨率为175 m×175 m)将研究区域划分为617个空间单元(每个单元约30000 m^2)。

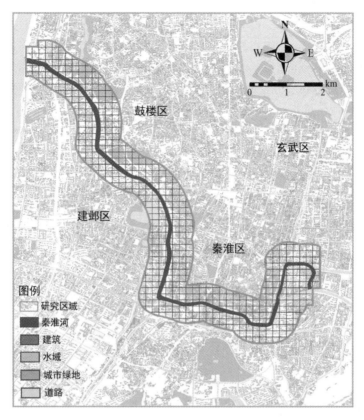

图 1 研究区域示意

3.2 数据来源

3.2.1 BHMD

BHMD是以智能移动终端设备的地理位置信息为依据,每15 min更新一次,按照位置聚类,可显示城市人口流动的方向和空间聚集状态[42]。本文收集了采样区域内工作日(2022年3月14日—18日)和周末(2022年3月19日—20日)每天9:00—22:00的BHMD数据。数据采集完毕后,将栅格化的热力图与研究区域矢量地图叠加,计算617个单元的不同热力值面积比例,根据重分类的各个热力段面积占比来反映7天内617个单元各个时段的热力值变化,计算方法如下。

$$Q_i = \frac{\sum_{j=1}^{n} a_{ij} \times b_{ij} \times c}{S_i}$$

式中:Q_i为某时段单元i的用户密度;a_{ij}为单元i第j种颜色的用户密度;b_{ij}为单元i第j种颜色的像素个数;c为单个像素的像素面积;S_i为单元i的面积;n代表颜色类型($n=7$)。

3.2.2 其他数据

研究使用的多源数据分为物理环境特征与空间体验评价两类。其中,物理环境特征因素包括功能密度、功能混合度、路网密度、交通站点密度、滨水距离和植被覆盖率;空间体验评价因素包括旅游、购物、餐饮、住宿和娱乐5类大众点评数据与水面视域整合度。具体来说，土地功能数据取自百度地图(https://map.baidu.com)，其提供了不同空间研究中广泛使用的商业设施和公共服务设施(包括交通站点在内的POI数据)的详细坐标信息。路网数据取自OSM (https://www.openstreetmap.org/)，OSM提供了全球道路的矢量数据。滨水距离采用ArcGIS 10.5近邻分析得到所有空间单元质心到秦淮河的最短距离。植被覆盖率采用归一化植被指数(NDVI)作为衡量指标，由地理空间数据云(http://www.gscloud.cn)下载的Landsat 8 OLI图像计算得出(空间分辨率为30 m×30 m)。空间体验与评价数据来源于大众点评网(https://www.dianping.com)，对旅游、购物、餐饮、住宿、娱乐5个模块进行分类收集。视域整合度利用Depthmap对河流进行视域分析，由于结果按颜色冷暖表示，本文采用自然间断法对结果进行分级(最低1级，最高7级)，并按河流缓冲区形状赋值到617个空间单元中。

3.3 数据处理方法

3.3.1 空间活力

空间活力是由空间中人的行为活动所产生的，不仅可以通过使用空间的人数来评估，还可以通过空间使用周期的平衡性来评估[43]。因此，本文采用静态测量活力水平的活力密度指数和动态反映活力变化的活力稳定指数作为滨水空间活力的评价指标[44-45]。一般情况下，城市活力表现在工作日与周末不同，所以需要对其分别评估。

(1) 活力密度。

活力密度是指某一时刻滨水空间中的人流密度，以总人数与研究单位面积的比值来表示，其数值越大，表明空间的活力越强。活力密度的计算方法见表1。

表1 活力指标的计算方法

类型	指标	计算方法	描述
密度	工作日活力密度	$D_i = \dfrac{\sum_{j=1}^{5}\left(\sum_{k=1}^{14} P_{i,j,k\text{work}}\right)}{S \times 14 \times 5}$	D_i为单元i的工作日活力密度，其中$P_{i,j,k\text{work}}$为单元i第j天第k小时的百度热力值，S为单元i的面积
	周末活力密度	$W_i = \dfrac{\sum_{j=1}^{2}\left(\sum_{k=1}^{14} P_{i,j,k\text{rest}}\right)}{S \times 14 \times 2}$	W_i为单元i的周末活力密度，其中$P_{i,j,k\text{rest}}$为单元i第j天第k小时的百度热力值，S为单元i的面积
稳定性	工作日活力稳定性	$S_{i,j} = \sqrt{\dfrac{1}{14} \times \sum_{k=1}^{14}(D_{i,j,k} - \overline{D_{i,j}})^2}$ $S_i = \dfrac{1}{5} \times \sum_{j=1}^{5} S_{i,j}$	$S_{i,j}$为工作日第j天单元i的活力密度标准差，$D_{i,j,k}$为单元i第j天第k小时的活力密度，$\overline{D_{i,j}}$是第j天单元i的平均活力密度，S_i为单元i的工作日活力稳定性
	周末活力稳定性	$T_{i,j} = \sqrt{\dfrac{1}{14} \times \sum_{k=1}^{14}(D_{i,j,k} - \overline{D_{i,j}})^2}$ $T_i = \dfrac{1}{2} \times \sum_{j=1}^{2} T_{i,j}$	$T_{i,j}$为周末第j天单元i的活力密度标准差，$D_{i,j,k}$为单元i第j天第k小时的活力密度，$\overline{D_{i,j}}$是第j天单元i的平均活力密度，T_i为单元i的周末活力稳定性

(2) 活力稳定性。

活力稳定性是指不同时期人流密度的动态变化,特别是研究区域在不同时期内人流密度的离散程度。因此可以用活力密度的标准差作为衡量指标,其数值越小,表明活力越稳定。为了便于后续的统计分析,研究对稳定性数值进行了去量纲处理。活力稳定性的计算方法见表1。

3.3.2 物理环境特征与空间体验评价

本文从物理环境特征和空间体验评价两个维度探讨滨水空间活力。物理环境特征方面由反映土地利用指标的功能密度与功能混合度,反映交通可达性的路网密度与交通站点密度,以及反映自然环境品质的滨水距离与植被覆盖率来表示。空间体验评价方面由分类收集的旅游、购物、餐饮、住宿、娱乐的大众点评数据与反映水面视域可达性的视域整合度来表示。相关指标的计算方法、描述及数据来源见表2。

表2 物理环境特征与空间体验评价指标的计算方法、描述及数据来源

类型	指标	计算方法	描述	数据来源
物理环境特征	功能密度	$PD = \dfrac{POI_{i,j}}{S_i}$	$POI_{i,j}$为单元i内第j类POI数量,S_i为单元i的面积	百度地图(2022)
	功能混合度	$MU = -\sum_{i=1}^{n} PR_{i,j} \lg PR_{i,j}$	$PR_{i,j}$为单元i内第j类POI的比率	百度地图(2022)
	路网密度	$RD = \dfrac{R_i}{S_i}$	R_i为单元i内路网长度,S_i为单元i的面积	OSM(2022)
	交通站点密度	$TD = \dfrac{T_i}{S_i}$	T_i为单元i内的公交、地铁、码头数量,S_i为单元i的面积	百度地图(2022)
	滨水距离	—	各单元质心到河道的最短距离	OSM(2022)
	植被覆盖率	$NDVI = \dfrac{NIR - Red}{NIR + Red}$	NIR为近红外波段,Red为红外波段	Landsat 8 OLI,空间分辨率30 m×30 m(2022)
空间体验评价	旅游体验评价	$DPI = \dfrac{DPI_{i,j}}{n}$	$DPI_{i,j}$为单元i内第j类场所的大众点评分数,n为单元i内第j类场所的数量。	大众点评网(2022)
	购物体验评价			
	餐饮体验评价			
	住宿体验评价			
	娱乐体验评价			
	视域整合度	$VI_i = \dfrac{D_n}{RA_i}$	反映单元i的视线可达性,由深度值计算得出的RA值来表示,D_n为钻石图形的RA值。	UCL Depthmap 10.0

3.3.3 全局与局部回归模型

本文首先利用 OSL 模型在全局层面探讨了物理环境、空间体验与城市活力的关系，OLS 模型是城市活力研究中常用且有效的全局回归模型[33]，计算方法如下。

$$y = \beta_0 + \sum_{j=1}^{m} \beta_j x_j + \varepsilon$$

式中：y 表示活力值；β_0 为截距；x_j 为第 j 个因素的评价指标；β_j 为相应的估计系数；ε 代表随机误差项。

其次，利用 MGWR 模型在局部层面考察物理环境与空间体验对滨水活力影响的空间异质性。相较于 GWR 模型，MGWR 不仅允许局部的参数估计[46]，还可以根据每个因子的最优带宽进行回归，解决了因子间不同尺度和带宽的问题[47]。因此 MGWR 能够更好地表现空间分异结构[48]，计算方法如下。

$$y_i = \beta_{bw0}(u_i, v_i) + \sum_{j=1}^{m} \beta_{bwj}(u_i, v_i) x_{ij} + \varepsilon_i$$

式中：y_i 表示第 i 个单元的活力值；β_{bw0} 为最优带宽下的截距；x_{ij} 表示第 i 个单元中第 j 个因素的评价指标；m 为第 i 个单元的独立变量个数；ε_i 为第 i 个单元的随机误差项；$\beta_{bwj}(u_i, v_i)$ 代表第 i 个单元中第 j 个因素的局部回归系数，其中 bwj 为第 j 个因素的估计带宽；(u_i, v_i) 为第 i 个单元的位置。

4 研究结果

4.1 秦淮河滨水空间活力的分布特征

本文采用自然间断法将活力密度值分为 7 个等级，最低为 1 级，最高为 7 级。如图 2 所示，整体上活力密度在工作日和周末表现出了相似的聚集特征，活力核心区集中在沿岸的景点（夫子庙）、商业（赛虹桥）与居住（汉中门）密集区。在局部上略有差异，其中 A 区（白云亭）和 B 区（白鹭洲）在工作日的活力密度略高于周末（B 区内设有学校）。然而从全局来看，周末的活力密度整体高于工作日。因此，活力密度在工作日的最大值（4.976）高于周末（4.732），但均值（0.453）却低于周末（0.532），如表 3 所示。

与密度相同，研究将代表活力稳定性的数值也按自然间断法分为 7 个等级。整体来看，活力稳定性的聚集特征与活力密度相似，但周末的活力稳定性高于工作日，局部看来，A 区（汉中门）、B 区（双桥门）和 C 区（白鹭洲）的活力稳定性在工作日略高于周末（图 3）。因此，周末的活力稳定性均值（1.654）大于工作日（1.436），而最大值（3.579）却小于工作日（3.663），如表 3 所示。

秦淮河沿岸高活力区域的百度街景图如图 4 所示。

表 3 活力指标的描述性统计

活力指标	最 大 值	最 小 值	均 值	中 位 数	标 准 差
工作日活力密度	4.976	0.000	0.453	0.032	0.732
周末活力密度	4.732	0.000	0.532	0.044	0.794
工作日活力稳定性	3.663	−2.315	1.436	0.431	1.431
周末活力稳定性	3.579	−2.431	1.654	0.567	1.563

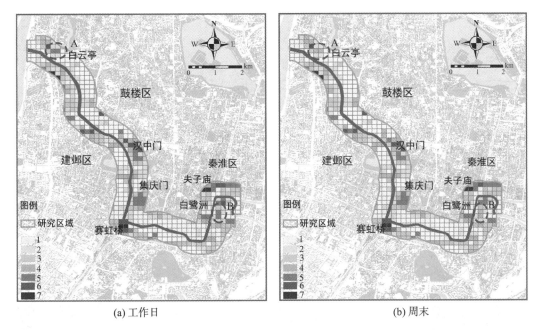

(a) 工作日 (b) 周末

图 2 活力密度的空间分布特征

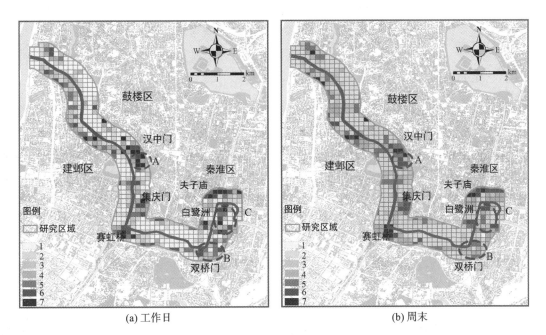

(a) 工作日 (b) 周末

图 3 活力稳定性的空间分布特征

图 4　秦淮河沿岸高活力区域的百度街景图

4.2　全局关系下的 OLS 结果

根据表 4 结果,所有因子的方差膨胀系数均小于 7 表明因子间不存在多重共线性。工作日和周末的活力密度 R^2 分别为 0.806 和 0.769,说明表征物理环境特征与空间体验评价的指标均能有效解释活力密度。其中功能密度、功能混合度、交通站点密度、旅游体验评价、餐饮体验评价、娱乐体验评价对活力密度呈显著正向影响。影响系数由高到低分别为餐饮体验评价(工作日 0.506,周末 0.49)、功能混合度(工作日 0.449,周末 0.477)、旅游体验评价(工作日 0.257,周末 0.255)、娱乐体验评价(工作日 0.164,周末 0.186)、交通站点密度(工作日 0.100,周末 0.102)、功能密度(工作日 0.089,周末 0.096)。还有一些因子与活力密度呈显著负向影响,影响系数由高到低分别为滨水距离(工作日 −0.77,周末 −0.743)、视域整合度(工作日 −0.24,周末 −0.256)、植被覆盖率(工作日 −0.207,周末 −0.278)与路网密度(工作日 −0.207,周末 −0.228)。

再看针对活力稳定性的全局估计(表 4),工作日和周末的活力稳定性 R^2 分别为 0.736 和 0.727,说明物理环境特征与空间体验评价同样能有效解释活力的稳定性。其中功能混合度、植被覆盖率、旅游体验评价、娱乐体验评价对活力稳定性呈显著正向影响。影响系数由高到低分别为植被覆盖率(工作日 0.12,周末 0.124)、功能混合度(工作日 0.036,周末 0.036)、娱乐体验评价(工作日 0.028,周末 0.029)、旅游体验评价(工作日 0.019,周末 0.018)。还有一些因子与活力稳定性呈显著负向影响,影响系数由高到低分别为路网密度(工作日 －0.066,周末 －0.065)、住宿体验评价(工作日 －0.041,周末 －0.042)、视域整合度(工作日 －0.025,周末 －0.017)与交通站点密度(工作日 －0.008,周末 －0.007)。

表4 工作日(周末)秦淮河滨水空间活力的OLS回归结果

类型	指标	方差膨胀系数	活力密度			活力稳定性		
			系数	t 值	标准差	系数	t 值	标准差
物理环境特征	功能密度	1.51	0.089 (0.096)	2.203* (2.194*)	0.04 (0.044)	0.004	0.85 (0.797)	0.005
	功能混合度	4.192	0.449 (0.477)	6.661*** (6.517***)	0.067 (0.073)	0.036	4.593*** (4.6***)	0.008
	路网密度	4.316	－0.207 (0.228)	－2.961* (－3.075**)	0.068 (0.074)	－0.066 (－0.065)	－8.294*** (－8.062***)	0.008
	交通站点密度	1.405	0.1 (0.102)	2.555** (2.415***)	0.039 (0.042)	－0.008 (－0.007)	－1.66* (－1.531*)	0.005
	滨水距离	6.384	－0.77 (－0.743)	－9.255*** (－8.224***)	0.083 (0.09)	0.009 (0.005)	0.964 (0.55)	0.01
	植被覆盖率	6.248	－0.207 (－0.248)	－2.512* (－2.772**)	0.082 (0.089)	0.12 (0.124)	12.531*** (12.876***)	0.01
空间用户评价	旅游体验评价	1.963	0.257 (0.255)	5.577*** (5.092***)	0.046 (0.05)	0.019 (0.018)	3.446*** (3.285***)	0.005
	购物体验评价	1.018	0.015 (0.01)	0.456 (0.269)	0.033 (0.036)	0.001 (0.002)	0.246 (0.402)	0.004
	餐饮体验评价	5.521	0.506 (0.49)	6.535*** (5.831***)	0.077 (0.084)	0.001 (0.004)	1.082 (0.514)	0.009
	住宿体验评价	2.519	－0.024 (－0.05)	－0.458 (－0.885)	0.052 (0.057)	－0.041 (－0.042)	－6.793*** (－6.925***)	0.006
	娱乐体验评价	2.05	0.164 (0.186)	3.483*** (3.631***)	0.047 (0.051)	0.028 (0.029)	5.005*** (5.245***)	0.005 (0.006)
	视域整合度	6.172	－0.24 (－0.256)	－2.983** (－2.922**)	0.081 (0.087)	－0.025 (－0.017)	－2.69** (－1.805*)	0.009
模型拟合指标			AIC=1518.273(1618.845) Adjusted R^2=0.806(0.769)			AIC=1134.421(1126.821) Adjusted R^2=0.736(0.727)		

注:*,**,*** 分别表示在0.05,0.01和0.001水平上显著,无括号表明工作日与周末数值相同。

4.3 局部关系下的 MGWR 结果

MGWR 模型允许在局部层面评估空间活力与相关因素的关系。结果显示(表5、表6)，活力密度 R^2(工作日 0.818,周末 0.802)与稳定性 R^2(工作日 0.734,周末 0.764)均高于表4结果。而活力密度 AICs(工作日 757.329,周末 862.936)与稳定性 AICs(工作日 949.609,周末 934.289)则远低于表4结果。R^2 的提高与 AICs 的降低表明 MGWR 模型能够更好地解释各因子对研究区域城市活力的影响。

表5 工作日(周末)秦淮河滨水空间活力稳定性的 MGWR 结果

类型	指标	活力稳定性				
		均值	标准差	最小值	中位数	最大值
物理环境特征	功能密度	0.02 (0.019)	0.003	0.014 (0.012)	0.021 (0.02)	0.026 (0.025)
	功能混合度	0.158 (0.148)	0.015 (0.016)	0.129 (0.117)	0.157 (0.146)	0.179 (0.171)
	路网密度	−0.335 (−0.331)	0.002 (0.005)	−0.34 (−0.338)	−0.335 (−0.331)	−0.331 (−0.323)
	交通站点密度	−0.06 (−0.068)	0.008	−0.073 (−0.081)	−0.057 (−0.065)	−0.044 (−0.053)
	滨水距离	0.158 (0.048)	0.015 (0.017)	0.129 (0.023)	0.157 (0.043)	0.179 (0.094)
	植被覆盖率	0.541 (0.512)	0.019	0.508 (0.479)	0.54 (0.511)	0.572 (0.541)
空间体验评价	旅游体验评价	0.076 (0.076)	0.013 (0.012)	0.056	0.072 (0.071)	0.096 (0.095)
	购物体验评价	0.002 (−0.001)	0.003 (0.006)	−0.004 (−0.01)	0.003 (−0.002)	0.008 (0.007)
	餐饮体验评价	0.077 (0.106)	0.021 (0.02)	0.044 (0.074)	0.077 (0.104)	0.123 (0.154)
	住宿体验评价	−0.182 (−0.171)	0.004 (0.007)	−0.187 (−0.179)	−0.184 (−0.173)	−0.177 (−0.162)
	娱乐体验评价	0.127 (0.114)	0.015	0.109 (0.096)	0.122 (0.109)	0.153 (0.14)
	视域整合度	−0.27 (−0.316)	0.029 (0.027)	−0.322 (−0.371)	−0.276 (−0.32)	−0.223 (−0.273)
模型拟合指标		AIC=949.609(934.289);R^2=0.734(0.764)				

注:无括号表明工作日与周末数值相同。

表6 工作日(周末)秦淮河滨水空间活力密度的 MGWR 结果

类型	指标	活力密度				
		均值	标准差	最小值	中位数	最大值
物理环境特征	功能密度	0.048 (0.052)	0.011 (0.010)	0.032 (0.038)	0.047 (0.052)	0.061 (0.064)
	功能混合度	0.217 (0.229)	0.020 (0.015)	0.197 (0.214)	0.204 (0.220)	0.251 (0.257)
	路网密度	−0.073 (−0.084)	0.010 (0.014)	−0.086 (−0.104)	−0.076 (−0.084)	−0.046 (−0.052)
	交通站点密度	0.034 (0.033)	0.003 (0.006)	0.028 (0.024)	0.035 (0.036)	0.037 (0.038)
	滨水距离	−0.441 (−0.425)	0.042 (0.056)	−0.484 (−0.487)	−0.465 (−0.450)	−0.373 (−0.340)
	植被覆盖率	−0.156 (−0.188)	0.003 (0.002)	−0.163 (−0.191)	−0.155 (−0.188)	−0.151 (−0.186)
空间体验评价	旅游体验评价	0.127 (0.124)	0.010 (0.011)	0.114 (0.108)	0.121 (0.120)	0.143 (0.141)
	购物体验评价	0.005 (0.004)	0.005 (0.002)	−0.004 (−0.002)	0.004 (0.004)	0.012 (0.007)
	餐饮体验评价	0.273 (0.272)	0.014 (0.031)	0.253 (0.241)	0.268 (0.252)	0.302 (0.324)
	住宿体验评价	0.005 (−0.004)	0.010 (0.004)	−0.014 (−0.016)	0.007 (−0.002)	0.018 (0.002)
	娱乐体验评价	0.077 (0.088)	0.009 (0.011)	0.064 (0.072)	0.076 (0.087)	0.088 (0.100)
	视域整合度	−0.186 (−0.21)	0.006 (0.005)	−0.193 (−0.221)	−0.188 (−0.212)	−0.166 (−0.199)
模型拟合指标		AIC=757.329(862.936);R^2=0.818(0.802)				

图5为所有因子对活力密度影响(局部 R^2)的空间分布特征。整体看来,解释力在工作日与周末的分布类似,但在局部仍表现出一定的差异,反映了 MGWR 模型对空间分异结构的处理。图5中,模型对河道东段(白鹭洲到汉中门区间)的解释力较强,向西段(汉中门到长江区间)逐层衰减,这一特征在工作日与周末均有效。值得注意的是,在莫愁湖和长虹片区,模型对周末活力密度的解释力高于工作日。

图6为所有因子对活力稳定性影响(局部 R^2)的空间分布特征。整体来看,其解释力在工作日与周末的分布情况与活力密度相似,均在局部略有差异。图6中,解释力较强区间集中在秦淮河东段内侧,同时仍呈现出向西段衰减的趋势。此外还应注意到周末定淮门至长江段的稳定性解释力较工作日显著提升。

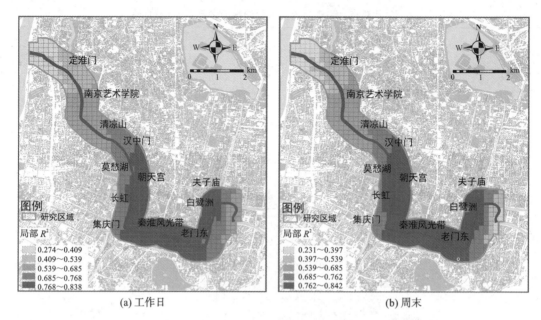

(a) 工作日　　　　　　　　　　　　(b) 周末

图 5　所有因子对活力密度影响（局部 R^2）的空间分布特征

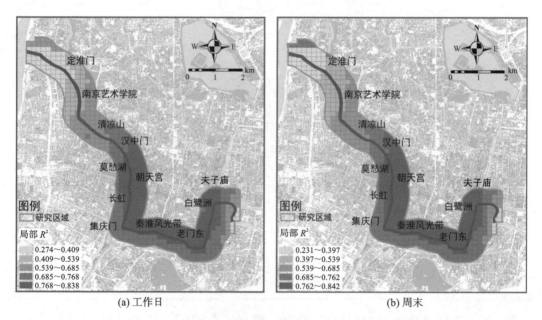

(a) 工作日　　　　　　　　　　　　(b) 周末

图 6　所有因子对活力稳定性影响（局部 R^2）的空间分布特征

图 7 与图 8 是各因子对活力指标（活力密度和活力稳定性）局部系数的空间分布特征。对于正向影响，颜色越深表示解释程度越强；对于负向影响，颜色越浅代表解释程度越强。结果发现，功能密度、混合度、交通站点密度以及对旅游、餐饮、娱乐的体验评价与活力指标呈正相关。而路网密度、滨水距离、植被覆盖率和视域整合度与活力指标呈负相关。同时，各因子对活力解释度较高的区域集中在夫子庙、老门东、集庆门、秦淮观光带、朝天宫、汉中门、南京艺术学院以及沿长江地区，其中大部分区域位于南京中心城区的历史地段。因此，以夫子庙为核心的历史地段影响着秦淮河滨水空间整体活力的分布格局。

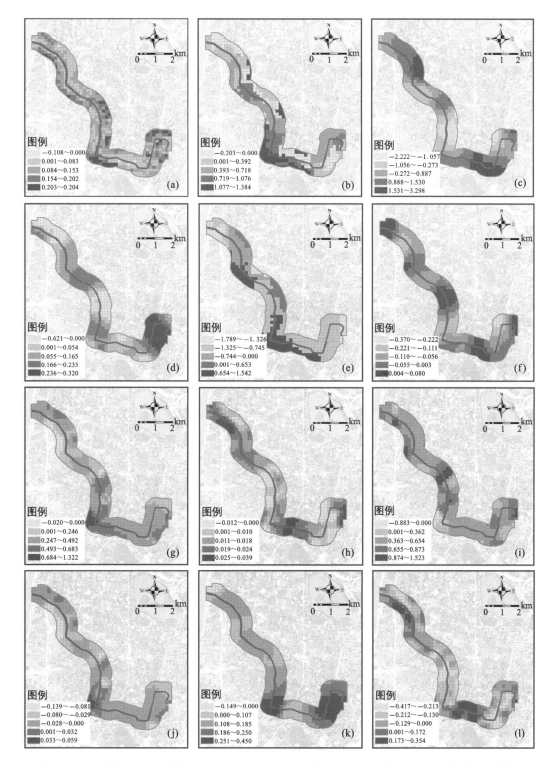

(a)功能密度;(b)功能混合度;(c)路网密度;(d)交通站点密度;(e)滨水距离;(f)植被覆盖率;(g)旅游体验评价;(h)购物体验评价;(i)餐饮体验评价;(j)住宿体验评价;(k)娱乐体验评价;(l)视域整合度

图 7 各因子对活力密度局部系数的空间分布特征

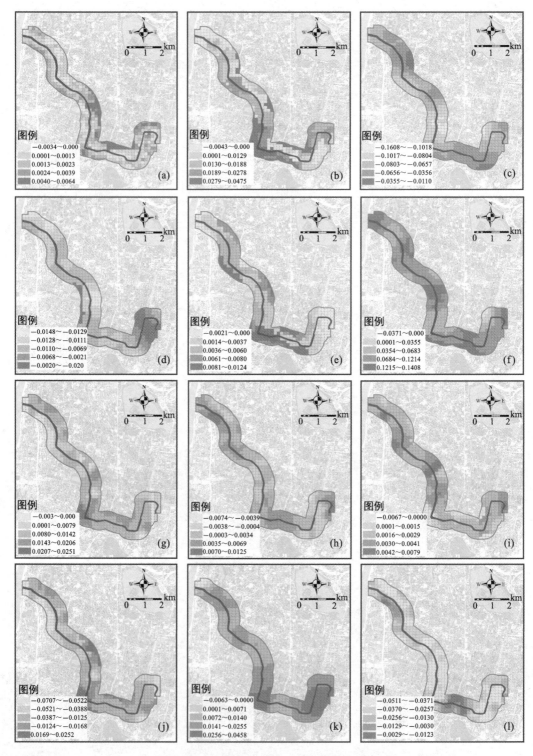

(a)功能密度;(b)功能混合度;(c)路网密度;(d)交通站点密度;(e)滨水距离;(f)植被覆盖率;(g)旅游体验评价;(h)购物体验评价;(i)餐饮体验评价;(j)住宿体验评价;(k)娱乐体验评价;(l)视域整合度

图8　各因子对活力稳定性局部系数的空间分布特征

以往研究指出,对滨水空间的开发利用虽然可以提高城市的吸引力和竞争力,但其功能的辐射范围大多集中在主城区,容易引起社会公平正义问题[49-51]。同时,还会造成对新自由主义滨水区[52]、土地所有权[53-54],遗产与文化[55-57]等问题的争论。这些问题在秦淮河滨水空间的开发中同样存在。下一节将探讨影响秦淮河滨水空间活力的相关因素,并结合国际上针对其他地区的研究经验提出相应对策,以提高秦淮河滨水空间的整体开发水平。

5 讨论与结论

5.1 物理环境特征与空间体验评价对城市滨水空间活力的影响

了解物理环境特征、空间体验评价与城市活力之间的关联对城市滨水空间规划具有重要意义。研究利用 OLS 和 MGWR 模型来量化滨水空间活力、物理环境特征和空间体验评价之间的关系。根据对活力密度的全局估计,在物理环境特征方面,POI 的密度与混合度结果表明良好的空间功能密度与功能多样性可以有效吸引人流[58]。同时,便捷的交通站点分布也可以有效吸引人流。此外,研究发现滨水距离、植被覆盖率、路网密度与滨水空间活力呈负相关。与 Fan 等的研究不同[34],滨水距离越近则人流越聚集体现了秦淮河滨水区的休闲旅游价值,因此位于历史地段的城市内河对人群更具吸引力。而植被覆盖率与路网密度的提升反而会抑制人流的活跃度,这与以往的研究结果一致[59],反映了密集的植被与道路分布未必会吸引人们逗留。在空间体验评价方面,旅游、餐饮、娱乐场所的体验评价显著影响活力密度,表明对秦淮河滨水区的旅游、餐饮、娱乐功能的良好体验可以显著吸引人流,这一特征在周末更明显。以往研究表明,随着滨水空间的整体开发,其功能倾向于从生产空间转变为消费空间,导致规划对政治经济因素的考虑通常会取代对公共利益的考虑[60]。因此,对秦淮河滨水空间的开发而言,在考虑经济效益的同时,也要考虑公众对滨水区原生环境的需求。此外,研究发现从集庆门到老门东段的河道较直,水面视域开阔,视线可达性高,但却对人群聚集产生了抑制作用。而河道中其他弯曲的水域虽视线可达性较低,却能够吸引人流。一般认为,视域整合度低表示空间的遮蔽效果更强,也更加私密,反而是人们进行户外活动的偏好区域[61]。

对活力稳定性的全局估计,在物理环境特征方面,功能混合度和植被覆盖率对活力稳定性影响显著。说明空间功能的多样性能够不断地吸引人流,反之,单一的功能分布则无法长期吸引人流,如餐馆只在就餐时间才人流密集。由于植被覆盖率负向影响活力密度,故其对活力稳定性呈正向影响,因为人流密度越低稳定性就越高。此外,交通站点密度和路网密度越高说明空间可达性越强,但在特定时段(早、晚通勤高峰期)内人员流动频率会增大,这导致了交通站点密度与路网密度对活力稳定性呈负向影响。在空间体验评价方面,对旅游、娱乐场所的体验评价正向影响活力稳定性。表明人们对观光旅游场所的体验越好就越愿意逗留,凸显了秦淮河滨水空间的休闲旅游价值。同时,研究发现对住宿的体验评价会负向影响活力稳定性,这是由于路网密度与活力稳定性呈负相关,而交通条件是酒店布局的重要依据,因此道路密度越高的区域酒店分布越集聚[62]。

5.2 对城市滨水空间活力影响的空间差异

在局部层面,研究区域内的物理环境和空间体验因素与活力指标的关联出现了极大的空间变化,反映了各因素对城市活力的影响存在明显的空间异质性。如图5、图6所示,从白鹭洲到汉中门段表现出了高度的解释力,该特征在工作日与周末均有效。其中在莫愁湖和长虹地区(图5),各因素对周末活力密度的影响高于工作日。由于这两处地区分布有大型的公园和市场(图9),所以在周末会吸引更多的人流在此聚集。在沿长江区域(图6),各因素对周末活力稳定性的解释度高于工作日,因该区域距市区较远且水域功能以航运为主,同时缺乏相关服务配套设施的规划,所以此处周末的人流密度较低,进而表现出较高的稳定性。

(a) 莫愁湖公园

(b) 南湖公园

(c) 长虹大市场

(d) 长虹路花卉批发市场

图9 莫愁湖与长虹地区的大型公园与大型批发市场百度街景图

在影响因子方面,功能密度与功能混合度明显对河道东段(白鹭洲到汉中门区间)滨水活力的正向影响更显著,而对西段(汉中门到长江区间)的负向影响更显著。该特征在空间可达性对滨水活力的影响上同样有效,说明中心城区的交通便利性导致其具有更高的城市活力。Liu等的研究也表明,空间可达性和土地利用的多样性对城市活力仅在中心城区存在较强的正向影响[63]。以往研究指出,开发滨水空间对中心城区的带动作用更为明显,缺乏对城市边缘地区的考虑导致了社会和环境的公平正义问题[64]。因此,开发秦淮河滨水空间应兼顾非核心城区的利益,考虑更多区域获取公共资源的权利。此外,研究发现滨水距离与活力指标整体呈负相关,尤其在白鹭洲、武定门、老门东、中华门、大报恩寺等沿秦淮河风光带区域,离岸线越近活力越高。这与前人的研究不同,他们对黄浦江与长江(南京段)的分析表明,由于岸线附近的交通可达性较低且景观单调,因此会抑制城市活力[32,34]。但秦淮河作为兼具航运与观赏功能的城市内河,不仅贯穿中心城区,而且还与沿线的旅游热点区组成了著名的风景区,因此其城市活力存在明显的亲水特征。再看各空间体验因素对城市活力的影响,除对住宿功能的体验外,旅游、购物、餐饮、娱乐以及水域视觉体验因素均在河道东段产生了较强影响,而在西段的影响较弱。由于东段流经众多风景名胜区,这体现了秦淮河滨水空间的休闲文旅功能对城市活力的高度吸引力。在城市中,住宿场所的分布往往与交通条件相关,从而导致研究区域内的住宿功能评价对城市活力影响的分布较为均匀。

此外,研究还发现视域整合度抑制了秦淮河(集庆门到老门东区间)的空间活力。由于该段河流的形状最直最长,其视域可达性较高,这对其空间活力产生了强烈的负面影响。如图10所示,在研究区域内截取了四段滨水空间,其中 A 段和 B 段位于秦淮河河道相对平直的区段。从剖面图(图 10a3、b3)和街景图(图 10a4、b4)来看,城市快速路(主干道)通常设置在河流较直的一侧,宽阔的道路和笔直的河流形成了一个视域可达性较高的空间。由于快速机动车道占据了主要空间,虽然视野开阔,却没有足够的空间供人们停留或活动,这反而抑制了城市活力。C 段和 D 段位于秦淮河的蜿蜒区段。根据剖面图(图 10c3、d3)和街景图(图 10c4、d4),河流蜿蜒区域的道路宽度相对较窄,道路一侧常设有城市公园绿地或休闲区。狭窄弯曲的道路虽然导致视域可达性较低,但它为人们提供了停留和活动的场所。因此,这些区域往往有更多的商业和服务设施,从而促进城市活力的增长。

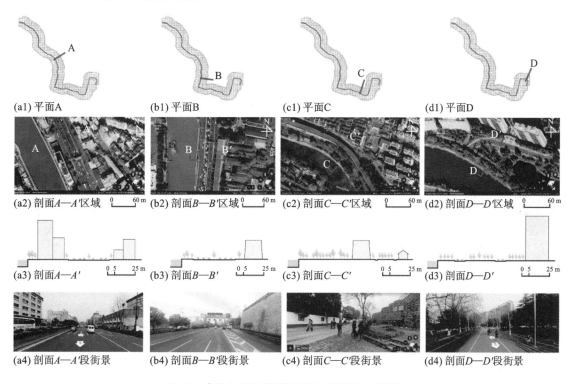

图 10　秦淮河沿岸街道平面图、剖面图及街景图

5.3　关于城市滨水区规划设计的启示

研究表明,城市滨水空间活力不仅受周边土地利用特征、设施布局、交通可达性、环境品质等客观因素的影响,还受用户使用体验的主观情绪影响。而城市滨水空间活力的增强也意味着滨水区域整体发展水平的提升,因此空间活力可以成为区域振兴和发展的催化剂。沿滨水岸线建设全域的高活力空间既不可能也无必要,高活力核心区域的布局应考虑一定半径范围内的土地用途、空间可达性、商业及文旅发展潜力等,尽可能提升市民或游客的休闲旅游体验。通过城市、景观、配套设施等不同规划之间的有序衔接,形成合理的动态分区和具有特色的优质开放空间设计。例如,为了提高滨水空间的活力,可规划丰富的景观与文旅资源、商业与公共服务设施、曲折的岸线空间等,以确保滨水空间具备吸引游客的特征。同时,在保证滨水区防洪功能和空间连续性的基础上,尽可能保持滨水区全域开放,从而为游客提供良好的空间体验。此外,在滨水空间开发过程中,需要平衡经济发展与原生环境的关系,以及其对整个城市的辐射和带动作用。

5.4 研究意义与局限性

本文以南京秦淮河为例,利用BHMD,提出并验证了城市滨水空间活力密度和活力稳定性在工作日与周末的分布情况。由于BHMD相对容易获取,该模型也可以用于评估中国其他热点城市的活力。同时,研究提出了一种利用MGWR模型来考察物理环境和空间体验因素与城市活力之间局部关系的方法。与OLS模型相比,MGWR模型允许在局部拟合模型,可以合理表现各因素与城市活力关系的空间变化。研究结果表明,中心城区的滨水空间对城市活力具有高度吸引力,其周边土地的功能密度和多样性,以及对旅游、娱乐场所的体验评价均与城市活力存在较强的正向影响。因此适当增加滨水区土地功能的密度与多样性、提高旅游商业设施的品质是增强滨水区城市活力的有效途径。基于人群的活力模型可以为决策者和城市规划者提供全面、即时的滨水空间使用概况,从而准确地识别出需要改进的区域。此外,研究结果也可作为城市规划者改善滨水环境的参考。

由于南京历史遗产丰富且发展水平较高,其研究结果对其他城市的适用性还有待检验。同时,BHMD与大众点评数据也存在局限性。首先,有一定比例的用户不包括在这些数据中,比如老人、婴幼儿等群体。其次,定位数据的生成依赖于用户的主动操作,因此存在数据采样丢失的情况。同时,后续研究还应考虑城市活力的多样性,比如评估不同时间(白天和夜间)、不同群体以及不同类型的活动。活力多样性是城市活力研究中无法回避的问题。此外,由于大数据的多样性,研究中使用的数据来源有限。因此,在后续的研究中可以使用不同来源的数据进行评估,以提高结果的准确性。

参考文献

[1] Hoyle B. Urban waterfront revitalization in developing countries: The example of Zanzibar's Stone Town[J]. Geogr. J. 2002(168):141-162.

[2] Hagerman C. Shaping neighborhoods and nature: Urban political ecologies of urban waterfront transformations in Portland, Oregon[J]. Cities, 2007, 24:285-297.

[3] Che Y, Yang K, Chen T, et al. Assessing a riverfront rehabilitation project using the comprehensive index of public accessibility[J]. Ecological Engineering, 2012(40):80-87.

[4] Feldman M. Urban waterfront regeneration and local governance in Tallinn[J]. Europe-Asia Studies, 2000, 52(5):829-850.

[5] Avni N, Teschner A. Urban Waterfronts: Contemporary Streams of Planning Conflicts [J]. J. Plan. Lit. 2019(34):408-420.

[6] Dyson K, Yocom K. Ecological design for urban waterfronts[J]. Urban Ecosystem, 2015, 18(1):189-208.

[7] Goodwin F. Redeveloping deteriorated urban waterfronts: The effectiveness of US coastal management programs[J]. Coastal Management, 1999, 27(2-3):239-269.

[8] Hillman M, Brierley G. A critical review of catchment-scale stream rehabilitation programmes[J]. Progress in Physical Geography, 2005, 29(1):50-76.

[9] Hagerman C. Shaping neighborhoods and nature: Urban political ecologies of urban waterfront transformations in Portland, Oregon[J]. Cities, 2007, 24(4):285-297.

[10] Kostopoulou S. On the revitalized waterfront: Creative milieu for creative tourism[J]. Sustainability,2013,5(11):4578-4593.

[11] Jacobs J. The Death and Life of Great American Cities[M]. New York: Vintage,1961.

[12] Lynch K. Good City Form[M]. Cambridge: MIT Press,1984.

[13] Maas R. Towards a Theory of Urban Vitality[M]. New York: Vancouver Columbia University Press,1984.

[14] Montgomery J. Making a City: Urbanity, Vitality and Urban Design[J]. Journal of Urban Design,1998,3(1):93-116.

[15] Lees L. Planning Urbanity?[J]. Environment and Planning A,2010,42(10):2302-2308.

[16] Wu J,Ta N,Song Y,et al. Urban form breeds neighborhood vibrancy: A case study using a GPS-based activity survey in suburban Beijing[J]. Cities,2018(74):100-108.

[17] Zhang A,Li W,Wu J,et al. How can the urban landscape affect urban vitality at the street block level? A case study of 15 metropolises in China[J]. Environment and Planning B: Urban Analytics and City Science,2020,48(5):1245-1262.

[18] Filion P,Hammond K. Neighbourhood land use and performance: The evolution of neighbourhood morphology over the 20thcentury[J]. Environ,2003,30:271-296.

[19] 杨春侠,邵彬. 滨水公共空间要素对驻留活力的影响和对策——以上海黄浦江两个典型滨水区为例[J]. 城市建筑,2018(5):40-47.

[20] Wu C, Ye X,Ren F,et al. Check-in behaviour and spatio-temporal vibrancy: An exploratory analysis in Shenzhen,China[J]. Cities,2018(77):104-116.

[21] 吴志强,叶锺楠. 基于百度地图热力图的城市空间结构研究——以上海中心城区为例[J]. 城市规划,2016,40(4):33-40.

[22] Fan Z,Duan J,Lu Y,et al. A geographical detector study on factors influencing urban park use in Nanjing,China[J]. Urban Green,2021,59:126996.

[23] 郭翰,郭永沛,崔娜娜. 基于多元数据的北京市六环路内昼夜人口流动与人口聚集区研究[J]. 城市发展研究,2018,25(12):107-112.

[24] Li J,Yuan Y,Li G. Spatiotemporal distribution characteristics and mechanism analysis of urban population density: A case of Xi'an,Shanxi,China[J]. Cities,2019(86):62-70.

[25] 汪程,黄春晓,李鹏飞,等. 城市中心区人群空间利用的时空特征及动因研究——以南京市新街口地区为例[J]. 现代城市研究,2016(7):59-67.

[26] 闵忠荣,丁帆. 基于百度热力图的街道活力时空分布特征分析——以江西省南昌市历史地段为例[J]. 城市发展研究,2020,27(2):31-36.

[27] Gehl J. Life Between Buildings[M]. Kobenhavn: Arkitektens Forlag,1971.

[28] Katz P,Scully J,Bressi W. The New Urbanism: Toward an Architecture of Community [M]. New York: McGraw-Hill,1994.

[29] Ewing R,Cervero R. Travel and the built environment: A meta-analysis[J]. Journal of

the American Planning Association, 2010, 76(3): 265-294.

[30] 叶宇, 庄宇, 张灵珠, 等. 城市设计中活力营造的形态学探究——基于城市空间形态特征量化分析与居民活动检验[J]. 国际城市规划, 2016(1): 26-33.

[31] Yang C, Shao B. Influence of waterfront public space elements on lingering vitality and strategies: Taking two typical waterfronts along Huangpu River, Shanghai as examples [J]. Urbanism and Architecture, 2018(5): 40-47.

[32] Liu S, Lai Q, Liu C, et al. What influenced the vitality of the waterfront open space? A case study of Huangpu River in Shanghai, China[J]. Cities, 2021, 114(10): 103197.

[33] Tu W, Zhu T, Xia J, et al. Portraying the spatial dynamics of urban vibrancy using multisource urban big data[J]. Urban Syst, 2020(80): 101428.

[34] Fan Z, Duan J, Luo M, et al. How Did Built Environment Affect Urban Vitality in Urban Waterfronts? A Case Study in Nanjing Reach of Yangtze River[J]. ISPRS International Journal of Geo-Information, 2021, 10(9): 611.

[35] Unt A, Bell S. The impact of small-scale design interventions on the behaviour patterns of the users of an urban wasteland[J]. Urban Forestry & Urban Greening, 2014, 13(1): 121-135.

[36] Shah S, Roy K. Social sustainability of urban waterfront-the case of Carter road waterfront in Mumbai, India[J]. Procedia Environmental Sciences, 2017(37): 195-204.

[37] Ma Y, Ling C, Wu J. Exploring the Spatial Distribution Characteristics of Emotions of Weibo Users in Wuhan Waterfront Based on Gender Differences Using Social Media Texts[J]. ISPRS International Journal of Geo-Information, 2020, 9(8): 465.

[38] 马璐, 孙弘. 基于大众点评网数据的商业空间线上消费行为选择偏好评价研究——以昆明市主城区为例[J]. 现代城市研究, 2020(6): 48-55.

[39] 郭佳希. Depthmap 软件在网师园空间分析中的应用[J]. 中国园林, 2014, 30(8): 120-124.

[40] Niu Y, Mi X, Wang Z. Vitality evaluation of the waterfront space in the ancient city of Suzhou[J]. Frontiers of Architectural Research, 2021, 10(4): 729-740.

[41] 张维亚. 城市历史地段旅游开发中吸引力—承载力矩阵的应用——以南京内秦淮河历史地段为例[J]. 旅游学刊, 2008(03): 63-67.

[42] 王录仓, 常飞. 基于多源数据的兰州市主城区城市职住空间关系研究[J]. 人文地理, 2020(3): 65-75.

[43] Nadai D, Staiano J, Larcher R, et al. The death and life of great Italian cities: a mobile phone data perspective[M]. New York: Social Science Electronic Publishing, 2016.

[44] Li F, Li S, Long Y. Deciphering the recreational use of urban parks: Experiments using multi-source big data for all Chinese cities[J]. Science of The Total Environment, 2020 (701): 134896.

[45] Sung G, Go H, Choi G. Evidence of Jacobs's street life in the great Seoul city:

Identifying the association of physical environment with walking activity on streets[J]. Cities,2013(35):164-173.

[46] 汤庆园,徐伟,艾福利.基于地理加权回归的上海市房价空间分异及其影响因子研究[J].经济地理,2012,32(2):52-58.

[47] 沈体雁,于瀚辰.空间计量经济学[M].北京:北京大学出版社,2019.

[48] Fotheringhan S, Yang W, Kang W. Multiscale Geographically Weighted Regression (MGWR)[J]. Annals of the American Association of Geographers,2017,107(6):1247-1265.

[49] Avni N. Bridging Equity? Washington DC's New Elevated Park as a Test Case for Just Planning[J]. Urban Geography,2018,40(4):488-505.

[50] Avni N. Planning a Just City: Examining Waterfront Redevelopment Projects from a Social Justice Perspective[D]. Doctoral Dissertation, Montreal: McGill University,2018.

[51] Wessells T. Urban Blue Space and 'The Project of the Century': Doing Justice on the Seattle Waterfront and for Local Residents[J]. Buildings,2014,4(4):764-784.

[52] Boland P, John B, Jenny M. On the Waterfront: Neoliberal Urbanism and the Politics of Public Benefit[J]. Cities,2017(61):117-127.

[53] Eidelman G. Failure When Fragmented: Public Land Ownership and Waterfront Redevelopment in Chicago, Vancouver, and Toronto[J]. Urban Affairs Review,2018,54(4):697-731.

[54] Teschner N. The Battle over the Commons in Port Cities[J]. Urban Geography,2019,40(7):918-937.

[55] Avni N. 'So Long, and Thanks for All the Fish?' Examining the Built and Cultural Heritage of the Jaffa Port Redevelopment[J]. International Journal of Heritage Studies,2017,23(8):679-694.

[56] Jones A. Regenerating Urban Waterfronts—Creating Better Futures—From Commercial and Leisure Market Places to Cultural Quarters and Innovation Districts[J]. Planning Practice and Research,2017,32(3):333-344.

[57] Porfyriou H, Sepe M. Waterfronts Revisited: European Ports in a Historic and Global Perspective[M]. London: Routledge,2017.

[58] Ye Y, Li D, Liu X. How block density and typology affect urban vitality: An exploratory analysis in Shenzhen, China[J]. Urban Geogr,2018(39):631-652.

[59] Hartig T, Mitchell R, De Vries S, et al. Nature and health[J]. Public Health,2014(35):207-228.

[60] Kayanan C, Christian E, Joseph C. Silicon Slipways and Slippery Slopes: Techno-rationality and the Reinvigoration of Neoliberal Logics in the Dublin Docklands[J]. Space and Polity,2018,22(1):50-66.

[61] 黄泰,卫嫚,支钰婷,等.基于行为仿真的城市休闲绿地步行空间网络适老性重构——以苏州市虎丘湿地公园为例[J].地理与地理信息科学,2022,38(2):79-88.

[62] Oppermann M, Din H, Amri Z. Urban hotel location and evolution in a developing country the case of kuala lumpur malaysia[J]. Tourism Recreation Research, 2014, 21(1):55-63.

[63] Liu S, Zhang L, Long Y, et al. A New Urban Vitality Analysis and Evaluation Framework Based on Human Activity Modeling Using Multi-Source Big Data[J]. ISPRS Int. J. Geo-Inf, 2020(9):617.

[64] Avni N, Fischler R. Social and Environmental Justice in Waterfront Redevelopment: The Anacostia River, Washington, D. C. [J]. Urban Affairs Review, 2020, 56(6):1779-1810.

聚落双修视角下大遗址村落景观基因识别与活化研究——以汉长安城六村堡为例

刘羽凡[1]　陈稳亮[2]

摘要：在快速城市化进程中，地处城郊结合区的大遗址村落出现传统空间肌理遭到破坏、公共空间失活、民俗文化传承困难重重、传统民居受损和村民遗址保护态度淡薄等一系列问题。本文以汉长安城大遗址村落六村堡为例，从聚落双修视角，运用景观基因分析法分析其显性基因与隐性基因特征，并从"点—元—廊道—网络"维度构建景观基因链体系，进而提出遗址村落景观基因活化方案：保留景观信息点原始功能，再现原真风貌；修复景观基因网络，整合院落格局；修复景观基因网络，整合院落格局以及提供物化载体空间和信息元异质化发展。在保留原有风貌的基础上实现有机更新，完成物质空间和非物质空间的转型发展。

关键词：汉长安城遗址；大遗址村落；聚落双修；景观基因链；显隐修补

Abstract: In the process of rapid urbanization, a series of problems such as the destruction of traditional space texture, the inactivation of public space, the difficulties in inheriting folk culture, the damage of traditional houses, and the weak attitude of villagers towards site protection have occurred in large ruins villages located in suburban areas. Taking Liucunbu, a large ruins village in Chang'an City as an example, this paper analyzed the dominant gene and recessive gene characteristics from the perspective of double settlement repair by using landscape gene analysis method, and constructed a landscape gene chain system from the dimension of "point-element-corridor-network", and then proposed a landscape gene activation scheme for the large ruins village: preserving the original function of landscape information points and reconstructing the original style; repairing landscape gene network and integrating courtyard pattern; repairing landscape gene network, integrating courtyard pattern, providing physical and chemical carrier space and heterogeneous development of information elements. On the basis of retaining the original style, organic renewal is achieved to complete the transformation and development of material space and non-material space.

Key words: site of Chang'an of the Han Dynasty; ruins village; double settlement repair; landscape gene chain; concealment repair

1　引　言

大遗址村落是指位于大遗址中，历史上存在并且持续发展演化而来，虽未达到传统村落的

---

[1] 刘羽凡，长安大学建筑学院，本科生，研究方向为城乡规划。地址：陕西省西安市长安大学渭水校区。Email：2019902595@chd.edu.cn。Tel：15806829021。

[2] 陈稳亮，长安大学建筑学院，教授，博士生导师，研究方向为历史文化遗产保护。地址：陕西省西安市长安大学。Email：1125258278@qq.com。Tel：13609280083。

标准,却具有与大遗址相关的重要历史文化价值的一类特殊村落,见证了大遗址的发展,对大遗址研究具有重要意义[①]。大遗址村落具有丰富的历史、文化和社会价值。近年来,随着城市化和工业化的快速推进,大遗址村落面临着差异化发展以及违规拆建的问题,原有的历史文化空间逐渐没落,失去大遗址村落的特色。

近年来针对大遗址村落的研究越来越多,学者根据不同的村落类型提出了不同的发展策略。当前学者主要从遗址保护利用、空间治理、闲置空间利用等方面展开,如关于阁老门村的乡村社区韧性发展研究[②]、元治理视域下的玉丰村治理研究[③]等。总体来看,相关研究多集中在大遗址村落的人居环境物质空间层面,对村落人居环境物质层面和非物质文化层面相结合的研究成果相对较少。基于此,本文以大遗址村落六村堡为例,借助景观基因理论,从聚落双修视角,探讨大遗址村落景观基因活化机制,为大遗址村落的更新和可持续发展提供借鉴。

2 相关理论含义

"聚落双修"强调"显性基因修补"与"隐性基因修复":"显性基因修补"一是对乡村的配套设施、建筑、产业布局等基因进行修补,二是以"山、水、林、田、湖、草、湿地"等生态环境要素为对象,即修复已被破坏的自然生态系统的结构和功能,为人类生存发展提供物质与服务能力;"隐性基因修复"是对传统文化、生活传统与信仰等文化基因进行修复,挖掘活用文化资源,引导塑造乡村风貌,促使村落文化在乡村振兴过程中被重视、保护与延续。聚落双修的本质属性如图1所示。

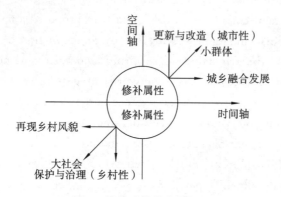

图1 聚落双修的本质属性

---

① 刘沛林,窦银娣,李伯华,等.聚落"双修"视角下传统村落人居环境活化路径研究——以湖南省张谷英村为例[J].地理研究,2020,39(8):13.

② 冀剑雄,陈稳亮.大遗址乡村社区的韧性发展研究——以汉长安城大遗址阁老门村为例[C]//活力城乡 美好人居——2019中国城市规划年会论文集(09城市文化遗产保护),北京:中国建筑工业出版社,2019:656-667.

③ 刘想想,陈稳亮.元治理视域下汉长安城大遗址玉丰村社区治理探究[J].小城镇建设,2021,39(10):100-108.

3 研究对象与方法

3.1 研究区域概况

汉长安城遗址是中国保存最完整的古代都城遗址,具有极高的历史文化价值。汉长安城遗址内的大遗址村落由汉长安城东北部的闾里和西北侧的西市、东市手工艺作坊等遗址演化而来,包含着与大遗址相关的重要历史文化信息。

本文的研究对象——六村堡位于汉长安城大遗址西北部,周边有汉城湖遗址、未央宫遗址等(图2)。六村堡曾是汉朝西市,属于经济活动中心。汉武帝年间,张骞从这里出发离开长安,出使西域;到了清朝嘉庆年间,阎、相、田、唐、毛、张六个家族合并在一起,得名为六村堡。六村堡作为大遗址内最早形成的村落,积累了丰富的物质和非物质要素(表1),研究价值较高。但随着新型城镇化的快速推进,村落内随意加盖房屋、开拓道路等问题相继出现,六村堡人居环境面临着一系列的建设性破坏和破坏性建设等问题。因此,本文以六村堡为研究对象,从聚落双修视角下探索大遗址村落的活化路径。

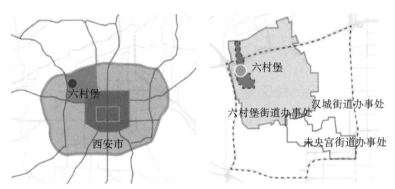

图 2　六村堡村区位图

表 1　六村堡历史遗存分类表

历史遗存大类	历史遗存亚类	历史遗存内容	具 体 对 象
遗址遗迹	社会经济文化活动遗址遗迹	社会活动遗迹	雍门遗址、雍门内大街遗址、桂宫遗址、感业寺遗址
		经济活动遗迹	西市遗址、汉陶俑作坊遗址、冶铸遗址、铸钱遗址
		文化活动遗迹	三台庵遗址
建筑与设施	综合人文建筑	宗教与祭祀活动场地	祠堂
	居住建筑及社区	特色街巷	村落内部石板巷

续表

历史遗存大类	历史遗存亚类	历史遗存内容	具 体 对 象
非物质文化	传统文化	民俗节庆	桃花节,道情文化,庙会活动,姓氏文化祭拜
		手工技艺	制陶,泥塑手工艺
		曲艺	道情器乐演奏

(来源:作者自绘)

3.2 研究方法

本文采用的研究方法是景观基因分析法,分析流程为基因识别、基因提取和构建基因信息。通过实地调研,对遗址村落的物质与非物质景观基因进行识别与提取,具体参考村落的整体布局、空间肌理、民居建筑、主体性公共建筑与公共空间、环境景观、文化标志等方面;结合具体要素,建立景观基因识别体系,根据区域内不同的景观类型,分别采用元素提取、图案提取、结构提取、含义提取等方法,得出景观基因识别结果。景观基因信息链是特定自然、社会、经济、历史背景下,景观基因通过"点—线—面"有序连接而形成能够实现共建共享、相互支撑、完整和谐的体系。通过构建六村堡景观基因特色"点—元—廊道—网络",可以更加系统地梳理村落的景观基因,为环境活化提供系统的思路。

4 六村堡显隐景观基因识别与分析

文章通过构建六村堡景观基因识别指标体系,将显性基因分为九个方面,分别为村落选址、空间肌理、院落布局、宗祠寺庙、遗址遗迹、公共空间、公共建筑、民居建筑和街巷格局;将隐性基因分为四个方面,分别为姓氏族谱、工艺传承、庙会文化和历史传说(图3)。

4.1 六村堡显性基因图谱识别结果

对六村堡显性基因识别结果进行分析,其特征主要包括以下5点。

(1) 空间肌理逐渐失去秩序感,空心化趋势明显。六村堡村落南侧、西侧及东北侧的建筑肌理较为整齐,延续合院的村落形态,但是三台庵遗址周边村落建筑较为零碎,空间肌理较乱。六村堡空间肌理演变是一段具有历史意义的发展过程,最早的村建在三台庵的高台之上,高台之下是田野和河流;随着村落的扩张和发展,部分村民搬离高台,高台逐渐被村民的基本生活用地侵占;后来村民基本都搬离了高台,村落发展规模逐渐扩大,村落房屋也越来越现代化,村落肌理在无序扩张中也逐渐失去了原有的秩序感。由于村落建筑在变迁中屡遭破坏,难以延续传统肌理,传统空间格局逐渐衰落。从六村堡村落肌理以及建筑布局可以看出,随着时间的推移,建筑建成区逐渐向外围辐射,并有持续增长的迹象和趋势,外围建筑群集中布局,结构空心化特征日趋明显。随着城镇化建设进程的加快,大遗址与周边区域的发展差距加大,六村堡越来越多的居民基于对美好生活的向往,逐渐向村落外围区域甚至汉长安城区域周边集聚,形成了人口空心化的趋势。

(2) 道路等级分化,街巷系统衰退痕迹严重。六村堡的道路是汉长安遗址街巷系统的一部分,六村堡雍门内大街道路延续了汉长安遗址"八街九陌"的道路肌理,但是随着城市建设的需

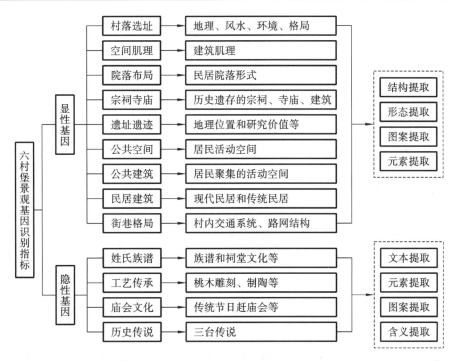

图 3　六村堡景观基因识别指标

(来源:作者自绘)

要,道路逐渐产生分级。六村堡外围道路等级较高且建设日趋完善,使用率较高;村落内部街巷道路系统则逐渐衰退,道路经久失修,不便于使用,且存在路旁停车、雨天泥泞等现象,一定程度上影响了居民的出行。街巷缺乏一定的绿化景观空间以及休憩空间,丧失了亲和力和吸引力。

(3)民居建筑结构秩序紊乱,风貌不统一。六村堡至今仍存在一些传统的合院建筑,其位于村落的西侧,布局类型多样,建筑排列较为整齐,具有北方院落的布局特征,建筑形式大部分为二层带有院落的民居建筑。建筑外层多为灰白色或暖黄色涂料,部分外立面用瓷砖贴面。民居建筑的屋顶形式多样,传统民居建筑屋顶大部分为坡屋顶,现代民居建筑大多为平屋顶,一定程度上产生了风貌不协调的现象。六村堡传统民居建筑的主体功能以居住和商用为主,均需进行必要的修缮和改造。目前六村堡正进行民居建筑立面整治活动,包括墙面重修、装饰重塑和用材替换等,但是这些行为并未考虑对传统建筑风格的保护,破坏了原始的传统民居建筑结构秩序。

(4)公共建筑与公共空间利用效率低下。六村堡的公共空间虽然较多,但是却未形成特色,形式较为单一,无法吸引人群停留。南门文化广场等历史记忆浓厚的公共空间并不能完整表达其所蕴含的历史文化信息,其承载的历史记忆与场所精神逐渐被人遗忘,文化空间的重要性也逐渐被削弱,导致文化空间失去原有活力;文化广场的历史故事、传说等无人问津,仅仅在举办民俗活动以及居民日常休憩等场景有所体现。

(5)历史遗迹保护与利用较差。六村堡在汉代时为西市,到现在已经有两千多年的历史,曾是西汉工商业最繁华的地方,也是当时商业经济重要的交流空间,留下了众多的遗址文化,如雍门遗址文化、城墙遗址文化、冶铸遗址文化、制陶遗址文化和三台庵遗址文化等,但是现状遗址空间仅仅是被封闭地保护起来,并未发挥其更大的价值,居民对遗址的认识与保护态度也较为薄弱。

六村堡显性基因图谱如表2所示,其识别结果如图4所示。

表2 六村堡显性基因图谱

指标	村落选址	空间肌理	院落布局	民居建筑	宗祠寺庙	公共建筑	街巷格局	遗址遗迹	公共空间
内容	三面环水	一字并列网格	一字形平面 二字形平面 L形平面	传统民居 现代民居	祠堂寺庙	南门集市村碑	一字商业街 井字田间道 网状民居巷道	三台庵遗址 雍门遗址 雍门内大街遗址 桂宫遗址 感业寺遗址	口袋广场 宅前空间 街巷休息座椅 古树下 村委文化广场

(来源:作者自绘)

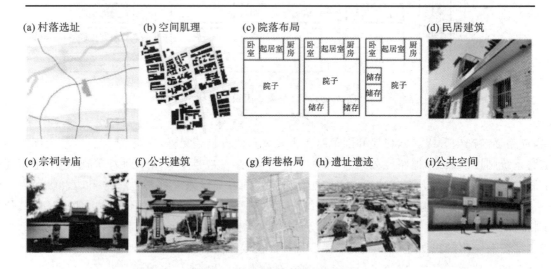

图4 六村堡显性基因识别结果
(来源:作者自绘、自摄)

4.2 六村堡隐性基因图谱识别

根据六村堡隐性基因识别结果展开分析,其主要特征有以下3点。

(1)姓氏宗族世代传承不息。六村堡村是由唐、毛、张、田、相、阎六姓家族组成的村落,村民秉承姓氏与宗族文化的信仰已传承数百年,即使在现如今,依然可以感受到居民随家风和信仰而生活,邻里团结互助、关系融洽。

(2)村落特色文化逐渐没落。由于村民的外出与回迁,村民文化生活观念向城市文化生活观念发生转变,村落原本多样和独具特色的文化逐渐衰减,与现状文化生活不匹配。并且村落历史文化信息记录存在不完整和中断的问题,使得文化片段产生破碎化现象,城市文化的表达方式被村民引入村落文化发展,占据了村落文化发展的主要位置,村落原有的生产生活方式逐渐"城市化",致使各村落文化产生趋同现象。

(3)民俗文化以及传统工艺延续困难重重。由于民俗文化等没有固定的展示空间,以当街的表演活动为主,且仅有几位老人传承,年轻人对于民俗文化的学习及传承意识淡薄:老一辈的居民经过了几十年传统民俗和礼仪的洗礼,可以守着本土的民俗文化不被现代文明所吞没,将传统民俗文化贯彻到底;但新一代的年轻居民大多接受过现代化的城市文明教育,对传承民俗文化缺乏信心和耐心。同时由于民俗文化的展示场所不固定、空间条件不完善,年轻居民的参与度较低。

六村堡隐性基因图谱如表3所示。

表3 六村堡隐性基因图谱

指标	姓氏族谱	工艺传承	民俗文化	历史传说
内容	六村六姓	制陶手工艺文化 桃木手工艺文化	板凳龙等节庆活动	三台传说

(来源:作者自绘)

4.3 景观基因链构建

景观基因链由元、点、廊道、网络四部分组成。本文通过对六村堡显性和隐性基因图谱的梳理,进行景观基因链的构建。景观信息元是村落中的文化元素,包含姓氏族谱、工艺传承、庙会文化和历史传说等因子。景观基因信息点是信息元物化的表现,因此把民居建筑、宗祠寺庙、遗址遗迹等视为信息点。景观基因廊道分为主、次廊道,主要为村落的街巷格局。其中,主廊道为一干路、邓六路和丰产路,一干路和邓六路主要承担对外交流功能,沿街为物流和商业建筑;丰产路为居民生活服务功能,沿街为商业和居民服务点;次廊道为村落内街巷,由青石板、泥路与水泥路构建,延续汉长安城"八街九陌"的格局,同时也对村落整体建筑的形式和肌理起到串联作用。目前,村落内部分传统廊道的铺装存在断裂、松动及使用现代材料修补拼接等现象;新建现代廊道占比较大,便于现代交通工具行驶,目前仍有继续加建的趋势。对于六村堡的景观基因网络而言,其从选址上看,其紧邻渭河,具有一定的山水格局优势。村落选址充分利用得天独厚的地理位置,使得村落具有优良的小气候和安全的水文环境。从空间形态来看,村落未被大面积修补,整体院落格局保存完整,但基础结构组成较好的建筑空间较少,大多院落空间保存状态一般,表现为主体结构有轻微损伤、装饰物少量缺失甚至主体结构有塌毁。因此,应对保存状态较好的建筑给予定时维护与保养,对较差者应及时修缮,充分展示其景观特质,避免再次遭到损坏。六村堡景观基因链体系如图5所示。

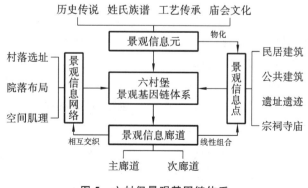

图5 六村堡景观基因链体系

(来源:改绘自文献[6])

5 景观基因活化策略

依据景观基因理论以及景观基因链体系，六村堡应系统性地针对景观信息元、信息点、信息廊道和信息网络进行修补。本文将景观基因中的显性基因、隐性基因以及"元—点—廊道—网络"的模式引入六村堡，通过对景观基因链的构建发现，六村堡的景观信息点和廊道都是历史的沉淀、文化的载体，具有较高的研究和保护价值，可以恢复受损建筑并积极保护利用遗址（如三台庵、雍门遗址、制陶遗址等），彰显六村堡独特文化。景观信息元中包含民间信仰、习俗活动、传统工艺等因子，这些因子延续断裂，主要原因在于青年居民的人口流失，老年人成为传承主体，应弘扬传统文化，扩大传承主体，提高传承度。景观信息廊道是六村堡四要素中保存最完整的基因，主廊道铺装采用水泥或青石板为核心材料，次廊道多为青石板路与鹅卵石路，少数廊道则缺乏硬质铺装。主廊道承载着对外交流的功能，次廊道则使民居建筑户户相通、联系紧密。在今后规划发展中，应对主廊道及时修缮保护，并尽量恢复原貌，保持其整体协调性和完整性。景观基因网络整体保存度一般，大多数的建筑院落不完整、主体结构残损，应尽快修补，避免再次损坏。

5.1 显性基因修补

5.1.1 保留景观信息点原始功能，再现原真风貌

六村堡村落范围内分布有众多遗址，包括桂宫遗址、西市遗址、雍门遗址和制陶遗址等，记载了六村堡的历史演进过程，彰显了其独特的历史文化。后续规划应丰富遗址的保护模式、修复景观信息点，使其成为村落独特的吸引力；与村庄的发展相结合，给村民提供日常交流交往空间，改善村落环境，聚集人气，增加村落街巷的活力。

村落内可供村民游憩的公共空间较为匮乏，且空间大小受限，导致活动内容较为单一。应充分挖掘可供利用的小空间，建设具有多重功能的休憩活动场所，可采用口袋公园嵌入的手法进行空间改造，对村落的街巷肌理破坏较小，且较容易实现。改造原有的景观信息点，如南门文化广场、文化典籍空间、村落家族姓氏院落空间和民俗文化空间等，发挥其文化效应，带动产业链发展。

5.1.2 重塑特色景观廊道，夯实村落内涵

村落街巷格局存在被破坏的现象，且缺乏绿色景观空间。对于现状保存较差的街巷，应进行路面的整修；对于现状保存较完好的街巷，利用村落原有材料设置街巷景观小品，定期进行活动功能的置换，促进文化形态的更新流动。重塑特色景观廊道，形成各具特色的文化主题进行特色展示。对于街巷两侧的商业，可配置零售商业、旅游文创展示或移动展演设施，通过流动性和阶段性的空间功能置换，也可以解决部分村落流动性人口的就业问题。

5.1.3 修复景观基因网络，整合院落格局

对老旧民居院落形态的重塑，可运用当地居民熟悉的建筑材料和构造形式等。具体而言，可对当地传统建筑符号进行抽象提取，结合现代技术和传统建筑语言完成传统民居的重构，塑造具有文化归属感的场所。院落布局的整合，对村落的空间肌理也有一定的优化效果。同时可以对特色院落进行串接，形成完整的文化空间场景表达。

5.2 隐性基因修复

5.2.1 提供物化载体空间

信息元的传承需要以信息点为物化载体空间,可依托历史遗存,重点打造西市商业街文化形象,以遗址村落手工技艺文化为主,形成展示空间、制作空间、售卖空间等一系列商业文化空间,丰富遗址村落街巷空间的商业文化。

对于民俗文化的传承而言,六村堡道情文化特色最为突出。可以道情文化演绎场景、道情剧场体验活动和戏台道情曲目传承表演为主,利用村委会前广场和南门文化广场等空间进行道情曲目表演,形成道情文化演绎场景,使人直观地观赏道情曲目的语言化场景表达。

对于传统技艺的传承而言,可在景观信息廊道中形成展示场景,以手工技艺的体验活动为主,例如手工制作流程、手工产品展示及售卖活动等,进行手工艺活动的文化场景表达。

5.2.2 信息元异质化发展

在各个文化展示场景设计中打造不同的文化主题,布置不同的文化雕塑小品,展示不同的手工艺类型。将信息元以植入的方式引入村落信息点场景设计,促进村民参与流动的手工艺民俗文化设计,以文化创意带动村落文化产业发展,带动村民自主参与村落建设,激活传统文化活力,同时结合旅游观光形成村落特色商业文化街,带动村落手工艺文化产业持续发展。

6 结　　论

本文以聚落双修为视角探寻六村堡的景观基因活化路径,为大遗址村落可持续发展提供了新的思路和方法。一方面,运用景观基因分析法分析六村堡显性、隐性景观基因特征,总结出以下两点。①显性基因特征表现为空间肌理逐渐失去秩序感,空心化趋势明显;街巷格局衰退痕迹严重,道路等级分化;民居建筑结构秩序紊乱,风貌不统一;公共建筑与公共空间利用效率低下;历史遗迹保护与利用较差。②隐性基因特征表现为姓氏宗族世代传承不息,村落特色文化逐渐没落,民俗文化以及传统工艺传承困难等。另一方面,本文针对当前六村堡的显性、隐性景观基因特征,构建了景观基因信息链,提出了景观基因活化方案。由于资料收集的有限性,本文以定性分析为主,定量分析较少;本文以期抛砖引玉,激发更多学者探索大遗址村落保护利用和发展的新思路。

参考文献

[1] 茹彤. 汉长安城遗址村落文化空间基因修补与优化研究[D]. 西安:西安建筑科技大学,2021.

[2] 曾灿,刘沛林,左裕林,等. 聚落"双修"视角下乡村振兴路径——以祁东县沙井村为例[J]. 自然资源学报,2022,37(8):2018-2032.

[3] 李伯华,李珍,刘沛林,等. 聚落"双修"视角下传统村落人居环境活化路径研究——以湖南省张谷英村为例[J]. 地理研究,2020,39(8):1794-1806.

[4] 唐飘,赵明川. "城市双修"视角下的传统村落保护更新规划实践——以贺州市岔山村为例[J]. 广西城镇建设,2019(7):87-91.

[5] 毛雅静,曹书锦. 汝城传统聚落景观基因及其空间形态研究[J]. 建筑与文化,2022(12):

195-198.

[6] 邹诚,玄锦,杨钧宁,等.万里茶道起点下梅古村落景观基因信息链构建及特征分析[J].中国园林,2023,39(2):96-102.

[7] 王燕霞,郭丽霞.草原城市历史文化街区景观基因体系构筑研究[J].中外建筑,2022(11):63-70.

[8] 马金剑,高宜生,王代赟,等.乡村振兴背景下遗址保护与村庄发展策略研究——以昌邑故城址为例[J].山东建筑大学学报,2020,35(5):48-55.

[9] 尹智毅,李景奇.历史文化村镇景观基因识别与图谱构建——以黄陂大余湾为例[J].城市规划,2023,47(3):97-104.

[10] 杨阳,陈佳莹,杨帆,等.陕西地域文化景观基因特征及保护对策[C]//中国设计理论与乡村振兴学术研讨会——第六届中国设计理论暨第六届全国"中国工匠"培育高端论坛论文集,2022.

[11] 刘沛林,刘春腊,邓运员,等.我国古城镇景观基因"胞—链—形"的图示表达与区域差异研究[J].人文地理,2011,26(1):94-99.

[12] 王建国.城市双修、愈创活城——中国城市转型发展及建筑师的专业作用[J].建筑学报,2022(8):1-5.

[13] 陈燕红,李媛媛.基于叙事重构的乡村老旧院落更新与活化策略研究[J].建筑与文化,2022(11):82-84.

[14] 冀剑雄,陈稳亮.大遗址乡村社区的韧性发展研究——以汉长安城大遗址阁老门村为例[C]//活力城乡 美好人居——2019中国城市规划年会论文集(09城市文化遗产保护).北京:中国建筑工业出版社,2019:656-667.

[15] 刘想想,陈稳亮.元治理视域下汉长安城大遗址玉丰村社区治理探究[J].小城镇建设,2021,39(10):100-108.

空间叙事视角下的历史城区更新研究
——以济南商埠区东北地段为例

马嘉彬[1]

摘要：历史城区作为城镇空间中兼具历史、经济等多方面价值的存量空间，亟须通过城市更新摆脱文化气息消退、空间活力下降的困境。本文以济南商埠区为研究对象，在对商埠区历史沿革、人群特征、历史遗存保护情况充分调研的基础上，总结出商埠区转变与时代脱节、历史遗存保护缺乏整体意识、生活服务设施不足这三大问题。引入与国土空间规划内涵式发展和"以人为本"理念相契合的空间叙事理论指导商埠区的城市更新，从时空关系、叙事框架、叙事线索、叙事表达四个方面构建叙事空间体系，并在该体系下提出商埠区东北地段街区空间塑造、历史文脉激活的更新策略，促进商埠区东北地段的复兴焕活，以期为国内其他城市历史城区更新提供规划策略参考。

关键词：空间叙事理论；历史城区；城市更新；济南商埠区

Abstract: As a stock space with both historical and economic values in urban space, historic urban area urgently needs to get rid of the dilemma of fading cultural atmosphere and declining spatial vitality through urban renewal. This paper takes Jinan commercial port as the research object, and on the basis of full investigation of its historical evolution, population characteristics and protection of historical relics, summarizes three major problems in the transformation of Jinan commercial port that are out of step with the times, lack of overall awareness of historical relics protection, and insufficient living service facilities. A spatial narrative theory compatible with the conformal development of territorial spatial planning and the concept of "people-oriented" is introduced to guide the renewal of the commercial port area. A narrative space system is constructed from four aspects: spatial-temporal relationship, narrative framework, narrative clues and narrative expression. Under this system, renewal strategies for block space shaping and historical context activation in the northeast section of the commercial port are proposed. To promote the revitalization of the northeast section of the commercial port district, with a view to providing a reference for the planning strategy of historic urban renewal in other cities in China.

Key words: spatial narrative theory; historical city; urban renewal; Jinan commercial port district

---

[1] 马嘉彬，华中科技大学建筑与城市规划学院，硕士研究生。地址：湖北省武汉市洪山区珞喻路1037号华中科技大学南二楼408室。Email：619260142@qq.com。Tel：15326115568。

1 引言

历史城区浓缩城市历史底蕴、彰显城市特色魅力[1],是一种活态的城市遗产,其作为城市中兼具历史与经济价值的存量空间,是城市更新的主要目标[2]。改革开放加速了我国城镇化进程,但高速城镇化导致城镇建设用地粗放扩张,忽视了城镇内部大量土地的精细化利用,严重影响了城镇化的质量[3]。以济南商埠区为代表的历史城区陷入文化记忆消退、空间活力下降的困境,借助城市更新完成遗产空间的转型迫在眉睫。但是传统城市规划体系中的城市更新重视地块的经济效益,往往忽略了其历史传承、地域文化等要素[4]。在国土空间详细规划背景下,城市更新强调片区的高质量、内涵式发展,强调对历史文化资源、地域景观资源的合理利用;而空间叙事理论注重让城市更新回归以人为本的理念,更新过程中在关注物质环境与土地价值的同时,也要对社会、文化效益进行提升[5]。

本文将商埠区东北地段作为研究区域,对其现状进行分析并总结问题,引入空间叙事理论,探寻片区内部强化联系、交融互补的发展路径。

2 研究区域现状分析

2.1 研究区概况

本文研究对象是济南市商埠区东北地段(后简称"片区"),包括"一园十二坊"的四个街坊、济南站南广场以及周围商业区。具体范围是铁路单身公寓—纬五路沿线以东、济南火车站候车厅以南、经三路以北、站前街—纬三路沿线以西,总面积约34.5公顷(图1)。

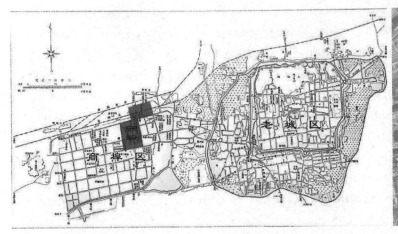 

图1 研究区位与范围

(图片来源:左图引自济南胶济铁路博物馆,右图作者自绘)

2.2 历史沿革

1904年,以胶济铁路济南站建成为契机,清政府为了限制西方列强对内陆地区的控制,决定在济南自开商埠。依托胶济铁路和济南站,济南商埠迅速繁荣兴盛,土地紧缺的问题随之出现,于是商埠区进行了1918年和1939年两次扩张。

中华人民共和国成立后,在计划经济体制的影响下,商埠区商业逐渐没落。直到20世纪80年代,在改革开放浪潮的带动下,商埠区重新振作起来,涌现多处商场和贸易市场。1992年,津浦铁路济南站被拆除,3年后在原址上建成现在的济南站。由于济南市发展需要,商业中心迁移至老城核心区,商埠区也随之没落,曾经的新城区成了老旧片区。

商埠区历史演变时间线如图2所示。

图2 商埠区历史演变时间线
(图片来源:作者自绘)

2.3 人群特征

根据网络调研和现场居民访谈,片区内外来人口较多,接近常住人口的40%,商埠区在享受人口红利的同时,住房供应和公共服务方面会产生一定压力。年龄结构方面,商埠区青年群体占比超过总人口的一半,所以目前商埠区仍然具有很大的发展潜力。

商埠区的外来人群主要以旅游为目的。放松身心是当代人出行的主要诉求,部分游客的旅游动机是艺术与文化方面的体验。旅游消费者在制定计划时,通常需要启发式的灵感、他人的建议和经验。因此,社交媒体、旅游社区等平台的宣传内容对游客的行程有较大影响(图3)。

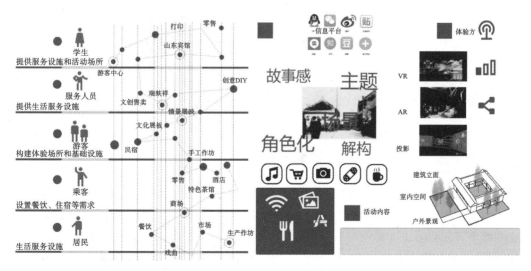

图3 商埠区人群服务需求与游客出行体验分析
(图片来源:作者自绘)

2.4 历史文化遗存保护情况

片区内分布有22处重要历史建筑,包括产业类建筑和民居类建筑两类,其中大部分为产业类建筑。产业类建筑单体如北洋大戏院、胶济铁路博物馆等经过修缮保存较好,目前都在正常使用(图4)。而大多数民居类建筑未得到合理利用和保护,存在风貌破坏的问题。通过居民访谈了解到,本地居民对于历史建筑的保护意识较为淡薄,只对少数历史建筑有了解。

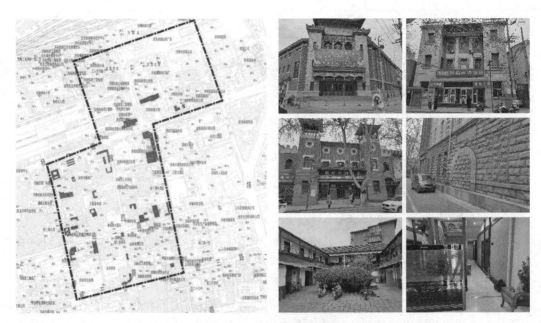

图4 基地内历史建筑分布及产业类历史建筑

(图片来源:作者自摄)

3 商埠区东北地段现存问题

3.1 商埠区的转变与时代脱节

商埠区自从1904年开埠以来,经历了两次大规模扩张,主要是向南边延伸发展。商埠区在以济南站为中心的扇形辐射发展过程中,虽然进行多次规划,但仍然保持棋盘状路网及核心区域不变,形成了"一园十二坊"核心风貌区。

在开埠之前,地块内的商业布局分散,商业模式较简单,没有形成体系。开埠之后,区域内形成了较为完善的商业链,同时催生了银行等新兴的金融功能。但是目前的商埠区仅仅是以基础商业和简单旅游业为主。商业综合体、现代化银行、金融机构的大量出现,导致商埠区产业结构简化,高端商业功能消失,工业体系消失。产业结构简化也导致商埠区社会人口组织结构的改变。近代商埠区人口结构复杂,包括官员名流、工商老板、国内外移民等,但是目前商埠区人口组成简单,以外来就业人口和原住民为主。

同时,商埠区的文化也发生了变化。近代商埠区复杂的人口结构,使得来自各地的文化在区域内融合,衍生出丰富的戏曲、饮食、娱乐等文化。但是随着商埠区的衰落,整个片区的活力正在逐渐消失,特色文化也随之消失。

商埠区从20世纪90年代之后就逐渐衰落,虽然商埠区从2005年开始不断变革,但是脱离文化内核的产业体系始终是简单而分散的,这导致商埠区不论如何转变,都无法适应时代的节奏。在发达的现代商业和便利购物的时代中,挖掘寻回商埠的文化精神,才能再造商埠活力。

3.2 注重建筑单体保护,缺少整体意识

片区内的路网密度、街区规模以及建筑特征与商埠区的整体特征基本一致,很好地传承了商埠区的街区尺度,但是在建筑肌理上仍存在一定差异性。由于商业和居住功能需求的差异,商埠区东北地段建筑肌理形成以院落式为基础的"前坊后住"模式和居住坊模式(图5)。"前坊后住"模式是商埠时期形成"生产—销售—展示"链条的空间基础,主要是沿街分布;居住坊模式是中国里坊制规划思想的延续。

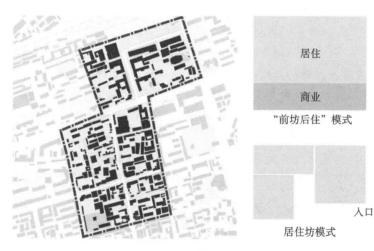

图5 基地建筑肌理与两种模式
(图片来源:作者自绘)

片区内存在大量风格突兀的现代建筑,纵向道路风貌相较于横向道路更加统一,更能体现商埠区特色。商埠区传统建筑大多为1~2层,街角等节点位置存在3~5层的地标建筑。新建的现代建筑多为6~10层,破坏了街区整体高度。根据实地调研过程中观察到的建筑风貌、结构状态等信息来评估建筑质量,可以发现大部分商埠时期留存下来的民居院落并没有得到较好的保护(图6)。

图6 传统民居建筑现状
(图片来源:作者自摄)

通过片区的建筑肌理图可以明显看出,建筑密度过高导致街区内基本没有开放空间。虽然政府对重点历史建筑保护得很好,但是缺少开放空间意味着历史建筑也与普通建筑一样排列,没有突出其的节点空间特性,无法充分发挥其自身的历史文化价值与经济价值。同时,特色街巷空间以及民居建筑的保护被忽视,缺少对片区历史建筑整体性的保护措施。因此,虽然片区内留存有许多历史建筑,但实际上这些历史建筑都如散沙般分布,相互之间没有联系,特色街巷空间这一潜在的联系纽带也没有得到重视。

3.3 生活服务设施不足,业态结构需要优化

商埠区目前主要还是依靠商业发展,包括综合商城和街边商铺。由于规划形成的密集"田"字形结构,商埠区的沿街店铺比较繁华。商埠区内有两个主要商圈,分别以西市场和大观园为核心,在历史上曾繁华一时,但是随着现代商业综合体(如万达广场、恒隆广场)的出现,商埠区落后的商业模式导致其消费活力不足,难以与周边的现代化商圈竞争。

片区内产业以服务业为主,沿街呈链状分布,多为餐饮和住宿。就整个商埠区而言,公共服务设施分布有明显的高密度核心,但是却与产业核心呈现错位关系。片区虽拥有高密度的人口和产业,却处于公共服务设施的洼地,生活类服务设施缺乏,无法满足居民需求。

商埠区内密集的服务业布局其实和人群流向发生了错位。同时,由于商埠区内的商业普遍为传统低端商业,无法形成足够的吸引力,甚至连本地居民也到商埠区外消费。这就需要利用活动和文化,打造新的商业模式。

商埠区商业购物与生活服务聚集程度如图7所示。

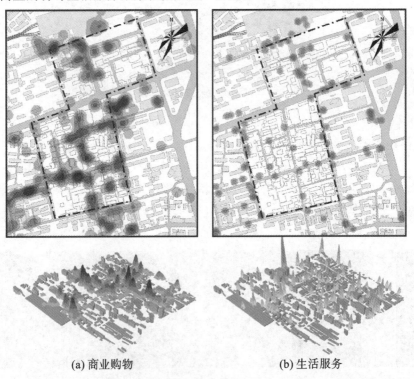

(a) 商业购物　　　　　　(b) 生活服务

图7　商埠区商业购物与生活服务聚集程度

(图片来源:作者自绘)

4 空间叙事理论及其体系构建

4.1 叙事空间概念

空间叙事的主体仍是空间,叙事空间可以认为是叙事媒介形成的空间,这些媒介包括小说、电影、绘画、雕塑等,此时的叙事空间指的并非是物质性的空间实体,而是非物质的精神空间[6]。叙事空间运用于城市空间设计领域时,叙事媒介指的就是城市本身,叙事空间与城市的物质空间重合,故事的发展与城市空间的变化相契合;将叙事空间通俗地认为是讲述故事的空间,则更能强调实体空间的特征,契合城市更新[7]。具体到本文所指的叙事空间,可以看作一系列讲述商埠区繁荣时期的生活场景、历史典故的空间组合,与济南站南广场以及城市空间发展存在联系与影响。

4.2 空间叙事体系构建

4.2.1 时空关系的梳理

从商埠区的街巷空间、历史演变等方面提取商埠文化印象要素,筛选具有发展潜力的历史建筑及其周围空间,将文化要素以故事的形式在物质空间中展现。其中潜力空间包括能适应文化展示、居民活动等多元需求的微空间。以商埠文化为主要线索,具体阐述商埠建立过程、商埠繁荣场景、商埠新面貌等故事,以在地文化(如戏曲、街头艺术等)为次要线索,共同形成完整的时空脉络(图8)。

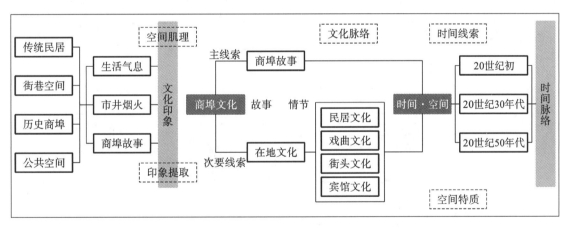

图 8 时空脉络梳理
(图片来源:作者自绘)

4.2.2 叙事框架的构建

首先要在实体物质空间中构建叙事节点、连接廊道以及按照事件类型组合形成的片区。研究不同年龄段或不同身份的游客的需求及行进线路,合理排布故事节点,使各节点间形成各具特色的故事线。在展现商埠区历史脉络的时空场景中,开展游客体验、休憩等活动,同一场景下古今人群可能产生不同故事,从而实现时空联系的强化(图9)。

图9 叙事节点的构建
（图片来源：作者自绘）

4.2.3 叙事线索的编排

完成框架的构建后，需要在事件空间中编排线索，引导游客感受、体验故事，而线索主要包括重要的院落空间、老字号商埠、铁路博物馆及其他历史建筑等场地要素。可根据历史街道上不同年龄段的游客设置不同的活动类型，例如手工坊体验、历史展览、文化交流、休憩等（图10）。

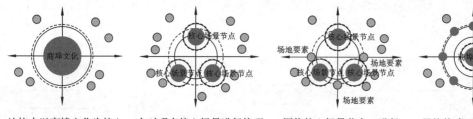

图10 场地要素编排模式
（图片来源：作者自绘）

4.2.4 叙事表达的运用

将表达样式进行活化，根据历史资料确定建筑材料的类型、栏杆等构件修复的样式，遵循微更新理念，适当追求单体建筑和而不同，确定片区的整体改造基调。同时，通过照片墙、故事会等形式在历史街道上设置文化驿站，展示商埠区历史文化故事与当地居民的朴素生活场景。

5 商埠区东北地段更新策略

以空间叙事理论为指导的历史城区更新，不仅要关注街道的空间形态，更要考虑空间内各要素是否能向使用者传递信息以及传递的信息是否具备一定文化内涵。同时，结合新技术对空间进行布局,有效提高空间的互动性,将平常只能通过视觉感受的空间设计为多感官体验空间,响应《济南市国土空间总体规划(2021—2035年)》提出的"多手段展示与阐释古城格局特色与价值,构筑多主题展示体系"保护要求。

5.1 街区空间塑造

5.1.1 构建点、线、面结合的公共空间体系

将片区现状公共空间分布情况与道路现状叠加,基于理想公共空间布局模型,对公共空间进行补充。根据规划路网,适当调整新旧公共空间的位置、规模。构建视线通廊,通过设置线性绿地、步行道等方式将点状公共空间联系,形成覆盖整个地块的面状系统,最终构成完整的公共空间体系,打造叙事场景的物质空间基础(图11)。

为了满足片区内的居住需求,将部分住宅进行集中规划,盘活存量用地,保留更多的街巷空间,将其改造为公共空间,并配套完善的休憩、健身等基础设施。针对片区内大量散落无序的住宅,对其院落空间进行改造,有效整合建筑占地面积。

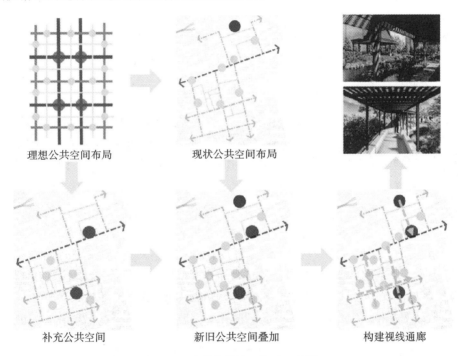

图 11 公共空间体系构建示意图
(图片来源:作者自绘)

5.1.2 街巷空间

为改变商埠区街巷视野差的现状,利用反光玻璃和架空的连廊让使用者能直接看到街区内部,通过虚实界面的穿插提升街道开放感。控制商埠区临街建筑的高度,适当拓宽道路,使宽高比为1~1.5,保证街道开阔视野良好(图12)。

依托叙事空间体系调整游览节奏,利用场地要素让游客停下,利用街道商铺让游客走动,两者互相配合,形成松弛有度的空间节奏,调节游客的身心感受,有效缓解游客持续活动的疲劳感,延长游客活动时间,进而提升街区活力。

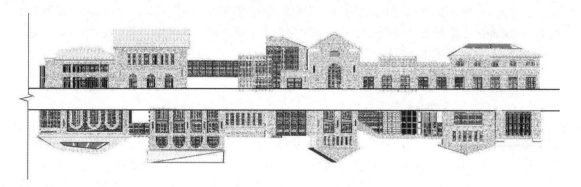

图 12　局部街道虚实界面
（图片来源：作者自绘）

5.1.3　院落空间

（1）通过建筑围合形成多样公共空间。

在原有院落空间的基础上，对建筑本体采取改造、拆除、增设等措施，针对不同类型的建筑塑造出具有丰富特色的院落空间，借助植物景观的视觉引导或遮挡效果，形成不同开放程度的公共空间。同时，还需要考虑建筑产权所属，产权归居民所有的情况下，应当充分参考居民自身意愿，调整院落私密程度。

（2）结合建筑功能设计交通廊道空间。

现有院落空间私密性较高，多为私人院落，以居住功能为主。在构建叙事空间联系时，可能会出现尽端路。为了解决这种问题，在原有院落空间肌理的基础上，可结合不同建筑功能，设计不同形式的交通廊道空间，满足游客穿行、观景等不同使用需求，同时保证建筑的完整性和私密性。

5.1.4　建筑空间

现有建筑大多处于无序零散的状态，辨识度不强，如若不加以限制引导，容易发生游客迷路的情况。而且现状建筑之间的街巷过于狭窄，街巷空间作为人们日常不可或缺的交流场所，需要对其进行适当拓宽、强化联系。因此，可根据现有空间肌理，对建筑进行修缮、改造或者拆除。根据历史资料研究商埠区与济南站的建筑材料、样式以及装饰特征，结合现状调研结果，对片区新建或者改造的建筑进行严格控制，不仅可使片区内建筑形式统一，还可使片区内建筑与商埠区其他街坊的建筑和谐共存（图 13）。

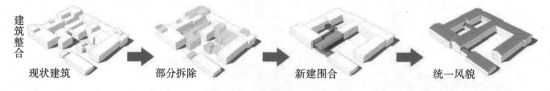

图 13　建筑空间整合
（图片来源：作者自绘）

5.2　历史文脉激活

5.2.1　文化元素置入

按照上位规划提出的风貌区限高，在控制建筑高度的前提下，强调功能轴线或者景观轴线。

在对应的叙事节点,放置济南站钟塔模型、商埠区叫卖雕塑等景观小品,提升片区内地域文化要素的丰富度,设置带有地区文化符号的引导牌,在讲述片区历史故事的同时使游客沉浸于本地文化氛围中。

5.2.2 文化宣传出新

片区内部现有的胶济铁路博物馆、邮政博物馆是重要的文化宣传媒介。可在两个博物馆的基础上,新建关于商埠区发展历史的博物馆以及在公共空间中植入相关发展历程或者事件的宣传展板,提高文化宣传效率。此外,还可以借助博物馆的教学功能,通过学生群体进行文化宣传。除了依靠传统的文化宣传手段,还应该打造智慧历史街区,构建现代化导引系统。在核心节点设置展示大屏、导览机器人等为游客主动讲述场景故事,提升空间趣味性。通过 AR 等技术,游客只需要用手机就能了解各种场景要素的前世今生,如已经拆除的老济南火车站等历史建筑,也可以借由手机屏幕再次展现在游客眼前(图14)。

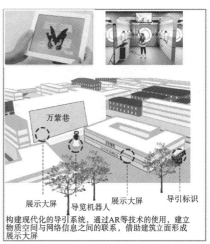

图 14 文化导引系统

(图片来源:作者自绘)

5.2.3 文化功能焕活

应明确商埠区内手工文创区的主流客户群体是年轻人,可将传统产业与现代文创方式相结合,进行旗袍文化展示、布艺品零售等活动,通过文创产品将传统文化转变为经济效益。如在老字号商铺前将商铺当年的繁华景象通过戏曲、小品等形式向游客展示,打造商埠区的历史文化名片(图15)。

6 结 语

随着城镇开发边界的划定,城市的增量空间被合理束缚,未来城市发展应更加注重建设用地的精细化利用,存量空间的内涵式更新成为推动城市发展的重要抓手。历史城区由于具备多方面价值,合理的更新再利用将为城市带来社会、历史、经济等多方面的效益,对城市历史文脉延续、特色魅力彰显具有重要意义。本文引入契合高质量、内涵式发展要求的空间叙事理论,以商埠区为例,讨论空间叙事体系的构建与具体更新策略,希望能推动历史城区文脉的传递,为后

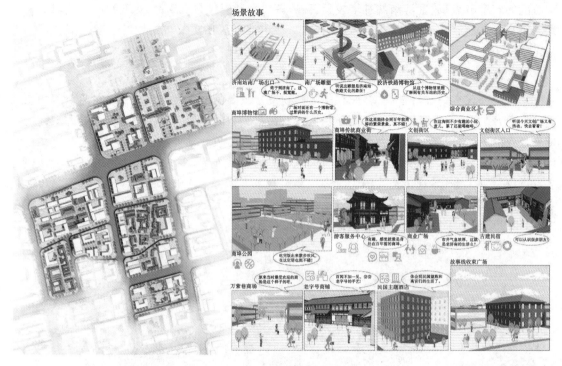

图 15　文化展示片区与场景节点
(图片来源:作者自绘)

续历史城区更新的研究和实践提供一定参考。

参考文献

[1] 廖春花,杨坤武.全球化与地方认同:城市历史街区研究的新视角[J].云南师范大学学报(哲学社会科学版),2014,46(1):49-56.

[2] 赵丹羽,匡广佳.城市更新语境下的历史街区城市设计——以济南商埠区"一园十二坊"及周边地区为例[J].古建园林技术,2022,161(4):48-52.

[3] 赵冠宁,司马晓,黄卫东,等.面向存量的城市规划体系改良:深圳的经验[J].城市规划学刊,2019(4):87-94.

[4] 刘珊,吕拉昌,黄茹,等.城市空间生产的嬗变——从空间生产到关系生产[J].城市发展研究,2013,20(9):42-47.

[5] 张明睿,刘茜悦.国土空间规划语境下城市边缘区更新策略研究——以山东寿光市五里墩片区为例[J].重庆建筑,2023,22(2):12-14.

[6] 申丹.叙事学研究在中国与西方[J].外国文学研究,2005(4):110-113+175.

[7] 陈岩,白洁,王鑫琦,等.基于空间叙事理论的四棉社区公共空间更新研究[J].当代建筑,2020,11(11):107-111.

历史层积过程中重庆江北古城的区域"关联性"研究

曹露[1] 刘彤[2] 王正[3]

摘要:"走向区域"是城乡文化遗产整体保护的趋势,从历史过程中总结遗产与区域的"关联性"变化是文化价值再生的第一步。本文聚焦因整体拆迁导致文脉断裂的重庆江北古城,结合历史性城市景观的层积与关联视角,根据古籍文献、历史地图和重要城市规划文本,梳理自清代至今重庆江北古城的时空演变过程,并从山水文脉、城市格局、文化景观三方面总结城市与区域"关联性"的变化特征。研究发现:①以万峰山为祖山,涂山为案山的山水文化结构得到一定延续;②与重庆渝中古城相呼应的"府-厅"城市格局遭到严重破坏;③承载地方文化的"三塔"与"大佛"等区域风景秩序感知减弱。并据此提出重庆江北古城未来更新设计的优化路径。

关键词:历史性城市景观;重庆江北古城;层积性;区域关联性

Abstract: "Going regional" is the trend of the overall protection of urban and rural cultural heritage. Summarizing the change of "correlation" between heritage and region in the historical process is the first step of cultural value regeneration. Focusing on the Jiangbei ancient city of Chongqing whose cultural context was broken due to the overall demolition, this paper interprets the temporal and spatial evolution the Jiangbei ancient city of Chongqing from Qing Dynasty to present according to ancient books, historical maps and important urban planning texts from the perspective of stratification and correlation of historical urban landscape, and summarizes the changing characteristics of the "correlation" between cities and regions from three aspects: landscape context, urban pattern and cultural landscape. The findings are as follows:①the landscape cultural structure with Wanfeng Mountain as the ancestral mountain and Tu Mountain as the case mountain has been extended to some extent;②The urban pattern of "mansion-hall", which echoes Yuzhong the ancient city of Chongqing, has been seriously damaged;③ The perception of regional landscape order, such as "three pagodas" and "Big Buddha" bearing local culture, is weakened. Finally, the optimization path of the future renewal design of Jiangbei ancient city of Chongqing is proposed.

Key words: historic urban landscape; Jiangbei ancient city of Chongqing; laminated; regional correlation

---

1 曹露,重庆大学建筑城规学院,硕士研究生,研究方向为历史文化遗产保护。地址:重庆市沙坪坝区沙正街174号。Email:2696113570@qq.com。Tel:1351806642。
2 刘彤,重庆大学建筑城规学院,硕士研究生,研究方向为历史文化遗产保护。地址:重庆市沙坪坝区沙正街174号。
3 王正,重庆大学建筑城规学院,教授,硕士生导师,研究方向为生态城市设计、城市更新、历史文化遗产保护。地址:重庆市沙坪坝区沙正街174号。

1 引言

城乡文化遗产是城乡历史发展过程中的重要文明成果,是承载历史记忆、构建地方文化、延续民族精神的重要内容。"走向区域"是城乡文化遗产整体保护的重要发展趋势,2021年中共中央办公厅、国务院办公厅印发的《关于在城乡建设中加强历史文化保护传承的意见》中指出遗产保护要做到空间全覆盖、要素全囊括,强调推动区域性历史文化遗产的整体保护;2022年推出的《全国城乡历史文化保护传承体系规划纲要》标志着我国城乡文化遗产的保护对象从点状文物资源转变为区域历史文化空间,这对于保护传承历史文脉、推动城乡建设高质量发展具有重要意义。历史性城市景观保护作为对历史城市的整体性保护,强调在区域背景下识别、保护和管理城乡文化遗产,重视遗产与所在区域的自然和社会文化环境之间的关联,为当代遗产保护与城市发展之间的可持续平衡提供了理论基础。目前学术界关于历史性城市景观的研究侧重于整体性与层积性视角下的城市景观的价值评估、保护规划设计与管理方法的探讨,但研究重点较多关注城乡文化遗产的单体保护,忽视了区域历史文化环境的整体构建,引发城乡文化遗产与区域环境要素之间关联结构的割裂,导致城乡文化遗产保护趋向同质化、碎片化。城市遗产与区域自然文化环境、城市系统以及历史景观要素之间紧密联系、相互关联,共同构建了区域历史文化环境。因此,基于历史性城市景观视角来研究历史城市的区域关联性具有重要意义。

江北古城自清代建厅以来历经两百多年的城市营建,城址发展与区域环境密切关联,古籍有云"厅城滨临大江与渝城接壤,唇齿相依,互为掎角",其在区域环境下构建了城市与自然山水环境、整体城市格局以及文化景观要素之间的关联性特征,形成了丰富多彩的区域历史文化空间。但随着近现代化的建设发展,城址范围内进行了大面积拆迁建设,导致江北古城格局遭到严重破坏,割断了城市与区域周边环境的关联性,进而导致江北古城文脉逐渐消逝。因此,本文基于历史层积视角来研究清代以来江北古城的区域关联性,以期为现代江北古城的更新提供理论指导。

2 "区域关联性"的研究思路

2.1 区域关联性相关研究

2005年国际古迹遗址理事会第15届大会通过的《西安宣言》将区域关联性引入了城乡文化遗产保护领域,提出应保护遗产及其周边的关联环境,扩大了城乡文化遗产的保护范围。2011年联合国教科文组织发布的《关于城市历史景观的建议书》指出历史性城市景观是文化和自然价值及其特征经过历史层积而形成的城市区域,其超越了"历史中心"或"整体"的概念,涵盖更广泛的城市背景及地理环境。历史性城市景观有层积性、关联性与整体性三个特征,它将城市遗产作为一个整体环境来审视,以历史层积的角度看待遗产的动态变迁,重视遗产与区域要素的相互关联。关于区域关联性的研究,张兵从遗产保护视角指出关联性包括时间关联、区域关联、文化关联与功能关联,其中区域关联是物质空间层面的关联关系,在此基础上提出历史城镇整体保护的方法;肖洪未认为关联性是历史遗存与历史环境、历史事件、功能利用、区域空间的关系,由此整体发掘历史遗存同环境及其他历史遗存之间的相互关联;毛华松等以遗产集群作用机制来阐述区域关联性,指出城市遗产集群的特征涵盖"遗产-环境""遗产-遗产""遗产-城市"之间的关联与结构。综上,区域关联性是物质空间与精神文化的相互关联,包括自然环境、人工环境与文化环境三个层面。

2.2 研究思路与框架

区域关联性是构建区域历史文化环境整体性的基础,城市遗产与区域自然环境、文化环境、城市系统以及历史景观要素之间通过逻辑性的关联,构建区域历史文化环境整体性,从而形成宜居、有序的区域人居空间。对城市遗产的区域关联性进行研究,有助于重新认识和定义城市遗产的价值和意义,避免城市的碎片化发展(图1)。因此,本文基于前人的研究,结合江北古城实际情况,将城市遗产的区域关联性研究分为山水文脉的关联性、城市格局的关联性、文化景观的关联性三个层面。研究空间范围限定在江北古城半径 10 km 的范围内,涵盖渝中古城、长江与嘉陵江以及南山等影响江北古城发展的历史景观要素,其传统山、城、江的独特景观格局,可完整展示古城发展与区域环境的关联特征。研究基于历史性城市景观理念,通过历史文献解读以及层积过程转译分析,将清代以来江北古城的发展历史划分为五个时期,从山水文脉、城市格局、文化景观三个层面得出城市的区域关联性变化特征,为现代江北古城的城市更新提供指导(图2)。

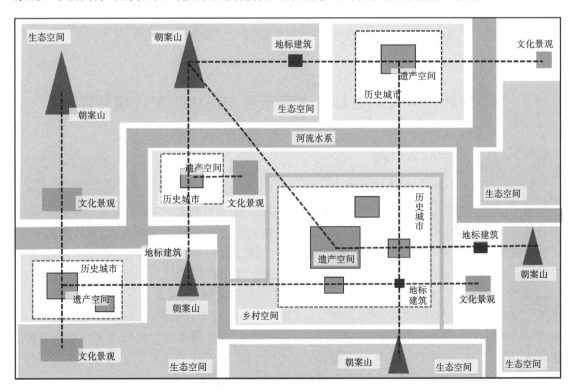

图 1　城市遗产的区域关联性结构示意

(图片来源:作者自绘)

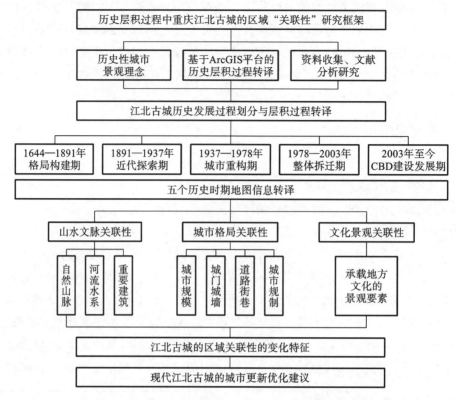

图 2　历史层积过程中重庆江北古城的区域"关联性"研究框架

(图片来源:作者自绘)

3　清代以来江北古城的发展历程与历史层积过程转译

3.1　江北古城发展历程

3.1.1　1644—1891 年:格局构建

清代重庆成为区域交通枢纽与贸易集散地,商品经济空前繁盛,带动了江北的发展。乾隆年间设置江北厅,这是江北建城、营城的开端,这一时期江北历经 3 次城市建设,城市格局逐渐完善。明洪武四年(1371 年),江北为重庆府巴县江北镇治所,清初沿袭未变,及至乾隆十九年(1754 年),江北因嘉陵江涨水导致交通阻塞,为衙署治理带来不便,因此分巴县置江北厅,重庆府同知署移驻江北城,建新署于弋阳观下。厅城最初未建城垣,清嘉庆三年(1798 年)因"教匪扰及厅境署",故同知李在文筑土城,南面临江,西北东三面依山,城周十五里(7.5 km),建四座城门。后来城墙因涨水淹没而倾颓,道光十三年(1833 年),署同知高学濂倡导市民捐修石城,建城墙"周一千零一十一丈,门八,各建城楼"。咸丰十年(1860 年),因城西北未扼险要而"复筑外郭,是曰新城",新增建嘉陵、永平二门,最终形成老城新城并联的城市格局。

3.1.2　1891—1937 年:近代探索

1891 年重庆正式开埠,江北成为重要的对外通商口岸和货物中转站。这一时期江北被规划为重庆市的商业区,开始向近代城市迈进,并开展了两次近代规划探索。1921 年重庆设商埠督办,督办杨森积极推进重庆商埠的建设,将建设重点放在江北城,将江北城及其附近居民集中的街市划为新商业区,使重庆市形成市中区、江北、南岸三区鼎立的新布局;此外还成立新商埠工程局,着手改造江北城码头和沿江堤坝,江北城区建设起步。1927年潘文华任重庆市市长,改重庆商埠督办公署为重庆市政厅,指定长江上下游南北岸15 km内为重庆市区(包括江北城区),潘文华执政期间开展了为期9年的重庆市政建设时期,江北城的建设主要是拆除城垣,用其石料修建沿江堤岸,并在城内建设江北公园、码头、自来水厂、电厂等市政设施,为江北城向近代化城市发展奠定了重要基础。

3.1.3 1937—1978 年:城市重构

1937年抗日战争全面爆发,重庆成为战时陪都,江北城被划定为近疏散区。抗战期间日军对重庆实行战略轰炸,使得江北城格局遭到大面积毁坏,在此历史环境下,城市进行了重构发展。1939年日机轰炸江北城,县政府及各机关建筑损毁殆尽,城墙、城内房屋等炸毁严重,从此再未恢复原状。1940年重庆市工务局为防避日机空袭造成大面积灾害,对江北城开展较大规模的城市改造建设,开辟太平巷(防火巷),拆除旧房,拓宽道路,修建广场、停车场与会车场,构建江北城内交通环道并连通城外。但在抗战期间,一些工厂、机关、军事学校、报社等先后迁到江北城,城市人口激增,为江北城带来了新的发展机遇。中华人民共和国成立后,江北城内新建了较多生产设施与工业厂房,形成著名的工业城镇片区,城内市政设施也逐步完善。

3.1.4 1978—2003 年:整体拆迁

改革开放后,城市进入现代化加速发展期,1966年随着嘉陵江大桥通车,江北城发展重心向观音桥地区转移,发展速度逐渐缓慢下来,城中房屋老旧密集,市政基础设施差,居民生活水平低下,需要进行整体旧城改造。1990年后,围绕提升城市空间形象和环境质量的城市设计、旧城改造等也有了较大发展,这一时期江北城开展CBD城市规划,城市范围内进行整体拆迁建设,奠定了现在江北城的城市风貌格局。从1993年起,市、区政府开始对江北城实施"规划冻结",并于2003年起对江北城进行整体拆迁。在江北城CBD城市规划中,江北被规划为"记忆之城"与"未来之城"的双城结构,"记忆之城"意在保留江北城址格局,通过古迹与历史遗存的保护修缮,发掘历史文化内涵并赋予新的活力要素;"未来之城"则要充分体现金融商务中心功能,建设集约高效的现代化商务办公区,在现代化开发建设下,规划保留了江北城的古迹与遗存,并使其在现代化的城市发展中凸显新的价值。

3.1.5 2003 年至今:CBD 建设发展

2003年江北城进行整体拆迁,经过大规模建设形成了今天的江北城格局。实际的建设过程中更注重江北城的商业开发价值,追求建设国家级、国际化的城市金融区,新城并未按照"记忆之城"的理念对古城进行保留更新,而是更侧重于价值更高的"未来之城"。城市内部居住空间被商业办公等建筑群取代,摩天大楼此起彼伏,割裂了城市与周边环境的联系,于2009年建成的重庆大剧院以及2013年建成的江北嘴中央公园成为了城市的主导空间节点,严重破坏了古城传统格局。江北古城发展历程如图3所示。

3.2 历史层积过程转译

历史层积过程转译是对历史地图的解读以及对历史信息的提取解译,可在一定程度上复原城市演变的时空过程、演变规律和结构特征等,对城市历史研究以及规划设计具有积极的指导

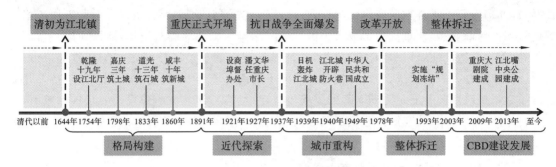

图 3　江北古城发展历程
(图片来源:作者自绘)

作用。本文基于历史地图转译来研究清代以来江北古城变迁过程中城市区域的关联性演变特征,转译过程参考谭瑛等的历史地图转译方法以及吕清对清末至1949年江北城的转译过程,将江北城发展历史分为五个时期来进行研究。通过收集江北城各时期的历史地图资料与相关文献,筛选出有价值的历史地图,提取历史地图中城门、城墙、道路与重要建筑等历史要素并分层。基于ArcGIS软件将历史要素进行空间定位,以重庆投影坐标系为基准建立历史地图与现代地图的叠合参考坐标系并进行空间纠偏,最终得到历史地图转译结果(图4)。

4　江北古城的区域关联性研究

江北古城构建了城市与区域环境要素的相互关联,历经五个时期的建设发展,区域关联性也在不断变化中,具体体现在山水文脉的关联性、城市格局的关联性和文化景观的关联性三个层面。

4.1　山水文脉的关联性:整体延续

自然山水环境是城市建设的重要基础与城市发展所遵循的重要脉络,而城市文脉也彰显在与区域山水环境的关联性中。江北古城在营城过程中构建了"以万峰山为祖山,涂山(今南山)为案山"的区域山水文化结构,经过不同时期的城市演变与要素层积,山水文脉的关联性延续至今。

江北古城营建过程中将城市与自然山水环境融为一体,城市北向群山拱卫,其中万峰山"自华蓥山发脉至此,为厅城祖山",城市依山而建,东南向紧邻嘉陵江与长江,形成了"北枕群山,东南跨水"的山水格局。在此山水格局中,古城建立了城市与山水环境的文化关联,形成"万峰山—弋阳观—文庙—文昌宫—涂山"的山水文化关联结构,《培修学宫记》中记载"登戟门而远望,涂山卓然立于当前",说明了古城与区域山水环境之间的文化关联。万峰山与涂山作为区域山水环境的自然地标,对江北古城各个时期的发展具有显著作用,在整个城市的路网、建筑等不断层积演变的过程中,古城与区域山水文脉的关联性一直延续至今。抗战时期江北古城遭受大面积轰炸,弋阳观、文庙与文昌宫毁坏严重,后被一些文化教育建筑所替代,这一时期构建了"万峰山—城内教育建筑—涂山"的山水文脉关联;江北古城整体拆迁后,整个城市进行了重塑,但也延续了城市与山水环境的关联性,形成了"万峰山—江北中央公园—重庆大剧院—南山"的关联脉络(图5)。

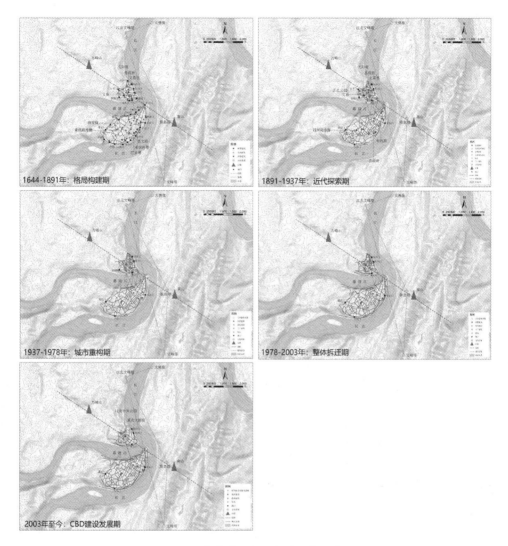

图 4　江北古城历史层积过程转译结果
（图片来源：作者自绘）

4.2　城市格局的关联性：严重破坏

清代以来，江北古城与渝中古城之间建立了"府厅关联"的双城结构，江北古城在规模形态、城墙城门、城市规制等方面的建设都效仿渝中古城，构建了古城与城市整体相互关联的格局，但随着近现代化的建设发展，"府厅关联"的城市格局逐渐消失，至今已不复存在。

江北古城与渝中古城之间"府厅关联"的城市格局体现在多个层面：在城市规模上形成了倍数关联，江北古城历经 3 次筑城发展，其城址面积约 1 km²，渝中古城的城址面积约 2.2 km²，约为江北古城的两倍；在城门建设中形成了对位关系，江北古城建有文星、问津、镇安、保定、金沙、汇川、觐阳、东升、嘉陵、永平 10 座城门，而渝中古城的城门"九开八闭，象九宫八卦"，共建有 17 座城门，建设众多城门是为促进临江贸易的发展，古籍记载"江北嘴过巴县朝天门""保定门过巴县千厮门""金沙门过巴县临江门"表明两城通过津渡往来形成了相互关联的格局；在城市规制上，两城形成以文治空间统领城市的整体布局，城市布局均以衙署文庙为核心，学宫书院、祭祀

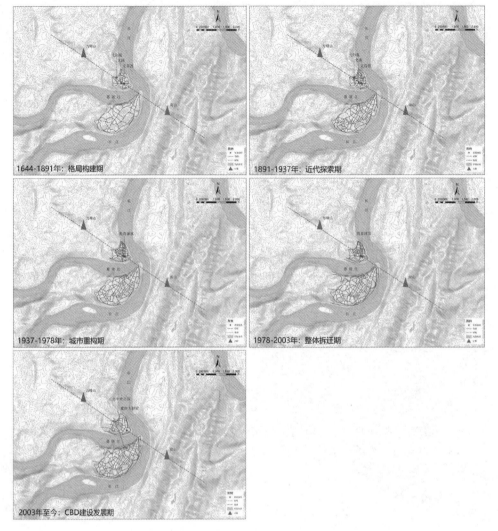

图 5　山水文脉的关联性
（图片来源：作者自绘）

坛庙、城墙等基本规制配置完整，分布在城市各处。

但近代开埠后，"府厅关联"的城市格局逐渐减弱，一方面江北古城突破了城墙限制向外拓展，这一时期拆除了觐阳门、文星门和汇川门用于修筑码头，随后金沙门自然倒塌，城墙逐渐衰败；另一方面以文治空间为核心的城市格局逐渐被替代，传统的寺观庙宇改造为行政教育建筑，同时城市内新增了公园、体育场等公共空间以及近代工厂、企业建筑，但这一时期随着码头的建设，两城的联系在逐渐增强。

在城市重构期，江北古城遭受日机轰炸，城墙、城门、道路与建筑等损毁严重，因此城市规划重构了道路街巷，并突破城墙向外延伸，而县政府以及其他行政建筑迁往城外，传统的以文治空间为核心的城市格局不复存在。

2003年整体拆迁后，江北古城朝着国际化的商务金融中心发展，传统的城市空间格局被破坏殆尽，脱离了与渝中古城的城市格局关联，城内过去小尺度、密路网的街巷格局被大尺度的道路所替代，商务区替代传统的居住空间，大尺度的江北嘴中央公园与重庆大剧院占据城市核心区位,至此,江北古城与渝中古城相互关联的城市格局消失殆尽。

城市格局的关联性如图 6 所示。

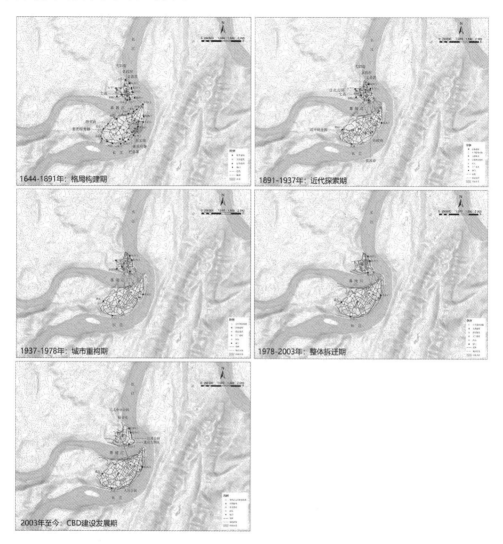

图 6　城市格局的关联性

(图片来源:作者自绘)

4.3　文化景观的关联性:感知减弱

江北古城地处巴山蜀水,独特的山水地势造就了其丰富的地方文化,在城市人居环境营建过程中,利用自然山水意向进行人文点化,构建了承载地方镇水文化、昭文文化的"三塔""大佛"等文化景观,形成了城市遗产与文化景观的关联特征,但在城市的发展过程中,人们对文化景观的关联性感知逐渐减弱。

江北古城在周边环境中构建了江北文峰塔、黄桷垭文峰塔与觉林寺报恩塔的"三塔关联"格局。三塔分别建于长江回澜处的高山上,高低错落且互不通视,民间有"三塔不见面"之说,亦表明了三塔的空间关系,但三塔之间的文脉相互关联,在区域环境中统领着城市秩序。此外,元末明初明玉珍在南岸凿石刻像,建造的大佛与江北人头山相对,以"镇水妖驱鬼怪",造福百姓,形成积蓄河流生气的镇水文化；同时两座文峰塔分别与江北古城与渝中古城内的文庙相呼应，体现了兴文重教的昭文文化传统。而后历经五个时期的城市建设发展，"三塔""大佛"文化景观格局一直延续至今，成为城市历史层积过程中的地标建筑（图7）。但随着城市的现代化发展，城市建设如火如荼，高楼林立，导致了人们对古城与区域文化的景观关联性感知逐渐减弱，割裂了城市景观与文化景观的关联性。

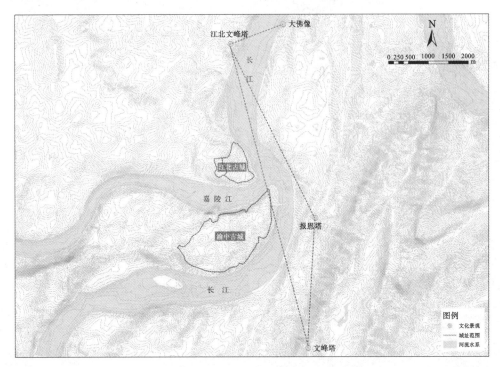

图7 文化景观格局
（图片来源：作者自绘）

5 未来江北古城更新优化建议

历史性城市景观为区域性的历史文化遗产保护提供了新的视角，基于历史性城市景观层积与关联视角对江北古城的区域关联性进行分析研究发现：城市历经五个时期的建设发展，其区域关联特征也在不断变化，在山水文脉关联性上，以"万峰山为祖山，涂山为案山"的山水文化结构得到一定延续；在城市格局上，与渝中古城相呼应的"府厅关联"城市格局遭到严重破坏；在文化景观上，承载地方文化的"三塔"与"大佛"等区域文化景观关联性的感知减弱（图8、图9）。

基于历史层积分析的研究结果可以在区域层面上为城市历史景观要素的协同保护提供决策依据，因此，本文在历史层积分析的基础上，以关联性的视角，从山水文脉的整体保护、城市格局更新优化、特色文化场所的塑造三个方面提出未来江北古城的更新优化建议。①在山水文脉的整体保护中，应加强对"万峰山-涂山"的山水文化结构的保护，修复古城历史文教空间格局，同时注重城市与山水轴线的相互关联，打造"山水之城、文化之地"。②在城市格局更新优化中，注重与渝中城之间的关联特征，利用城市之间的水运网络，加强两城之间的相互关联。③在特色文化场所的塑造中，对江北古城现存城门城墙遗址、码头、历史建筑、文化景观等进行特色文化场所塑造,加强对特色区域的格局和风貌保护,在设计中强化各个历史景观要素的关联性,植入现代功能的同时加强市民对城市遗产价值的认同感。本文基于历史性城市景观理论与方法的实践应用,从区域视角来研究历史城市的层积性与关联性特征,以期为江北古城的现代城市更新提供理论指导。

图8　拆迁前的江北古城

(图片来源:何智亚文摄)

图9　现在的江北城与渝中城

(图片来源:https://www.vcg.com/creative/1291082172)

参考文献

[1] 中共中央办公厅,国务院办公厅.关于在城乡建设中加强历史文化保护传承的意见[J].中华人民共和国国务院公报,2021(26):17-21.
[2] 张松.城市保护规划:从历史环境到历史性城市景观[M].北京:科学出版社,2020.
[3] 肖竞,李和平,曹珂.拉萨城市历史景观的地域特征与层积过程研究[J].建筑学报,2017(9):58-63.
[4] 赵霞.基于历史性城市景观的浙北运河聚落整体性保护方法——以嘉兴名城保护规划为例[J].城市发展研究,2014,21(8):37-43.
[5] 张松,镇雪锋.从历史风貌保护到城市景观管理——基于城市历史景观(HUL)理念的思考[J].风景园林,2017(6):14-21.
[6] 罗佳明.《西安宣言》的解析与操作[J].考古与文物,2007(5):43-46,52.
[7] 张兵.历史城镇整体保护中的"关联性"与"系统方法"——对"历史性城市景观"概念的观察和思考[J].城市规划,2014,38(S2):42-48+113.
[8] 肖洪未.关联性保护与利用视域下城市线性文化景观的构建[J].西部人居环境学刊,2016,31(5):68-71.
[9] 毛华松,孙少彬,程语.基于生成机制的城市风景遗产集群保护策略研究[J].园林,2022,39(7):4-12+56.
[10] 李欣鹏.区域历史遗产网络的文化内涵和理论思考——基于中国传统人居思维的"整体性"和"关联性"[J].中国名城,2021,35(8):68-73.
[11] 卢伟.重庆市江北区房地产志[M].重庆:重庆出版社,1993.
[12] 何智亚文.重庆老城[M].重庆:重庆出版社,2010.
[13] 温泉,杨奇.重庆江北城历史遗产保护开发模式探索[J]新建筑,2014(2):86-89.
[14] 蔡震.良好的基础与务实的规划——重庆江北城(CBD)控制性详细规划经验介绍[J].北京规划建设,2005(1):98-105.
[15] 谭瑛,张涛,杨俊宴.基于数字化技术的历史地图空间解译方法研究[J].城市规划,2016,40(6):82-88.
[16] 吕清.基于地图分析的近代重庆江北城空间形态演变初探[D].重庆:重庆大学,2021.

利用互联网数字技术梳理古迹群关联,使文旅带动区域发展:以洛阳市偃师区为例

姬天仪[1]

摘要:本文深入探讨了文物古迹与区域品牌之间的紧密关联,通过数字网络中的搜索量和搜索关联度等维度,研究了古迹之间的认知关联以及古迹与所在区域之间的联系。研究通过考察典型知名古迹(如龙门石窟、白马寺)以及它们所在的洛阳市,揭示了这些古迹之间、与所在地之间的相互促进关系。以此探索偃师区新发掘遗址(如二里头遗址和偃师商城遗址)之间的数字关联度,及其对偃师区发展的影响。通过对遗址进行深入的调研分析,提出了更好地利用和保护偃师区文物的建议。

关键词:区域发展;品牌关联;文物保护;文物赋能;需求图谱

Abstract: This study thoroughly examines the close correlation between the preservation of cultural heritage and regional development. By utilizing key dimensions such as digital network search volume and search relevance, the study investigates the cognitive relationships between different cultural heritage sites and the connection between these sites and their respective regions. The study constructs digital relationships between newly excavated artifacts like of the Erlitou Xia Capital and the Shang Capital in Yanshi, and explores their impact on the developmental prospects of the Yanshi region. Through an in-depth analysis of variables related to heritage sites and museum attractions, a series of recommendations is proposed regarding how to better utilize and preserve cultural artifacts in the Yanshi region.

Key words: regional development; brand association; cultural heritage preservation; cultural relics empowerment; demand diagram

1 古迹文物群的关联性分析

文物古迹的地理分布呈现出单一点或成群集聚的特点,形成"成群性文物"的现象。在城市或地区的品牌建设过程中,深入研究文物与品牌之间的相互作用关系可以成就城市或地区的品牌影响力,因此,对文物群赋能的研究变得至关重要。将资金投入文物保护不仅仅是为了历史遗产的传承,更是战略性地协助地方品牌建设,凸显其独特性。随着人们对文物的认知不断提升,文物不仅仅是地方历史的象征,还是地域文化升级和技术创新的推手。

值得关注的是,在数字经济逐渐占主导地位的背景下,探究文物古迹与数字化的关联已经成为文物保护工作的必要任务之一。这种研究不仅仅有助于挖掘文物古迹的学术价值,更能够将文物古迹的价值融入地方认知,推动区域发展。尤其是文物古迹丰富的中部地区,需要采取

---

[1] 姬天仪,深圳国际交流学院,4年级学生,学习和研究方向经济学、教育和机器学习。地址:广东省深圳市福田区安托山六路3号。Email:1063682156@qq.com。Tel:13527654007。

更合理的保护措施来解决历史遗址可能对地方经济发展构成的障碍问题(例如房地产开发),同时借助当地民众对历史遗址的深厚情感,将历史遗址的价值发挥与保护相互结合起来。借助数字经济的手段,迅速建立文物、遗址、城市和现代社会之间的联系。

同时,城乡历史遗产的保护需要依靠旅游业的支持。通过游客数量评估城乡文物古迹对地方经济的贡献程度,促使政府加大对文物古迹开发和研究的投资力度,从而实现文化保护的目标。然而,由于与当地联系不紧密或名声不显赫,游客在游览周边热门景点后往往忽略了这些历史悠久的小众古迹或新开发的重要遗址。因此,本文运用数字化分析来揭示这些问题并提供解决方案。

本文以二里头遗址为例,论证如何将新发掘的古迹从中国学术界的断代历史研究转变为热门的旅游目的地,使文物古迹的历史价值转变为经济价值。并以洛阳周边经典古迹群和新发掘以及待认知古迹群的数字化分析为例,提出新古迹群的关联性赋能、价值发掘方法。经典古迹群以龙门石窟、白马寺为代表,新发掘古迹群以二里头遗址为代表,待认知古迹群以持续在开发的偃师商城遗址为代表(图1)。

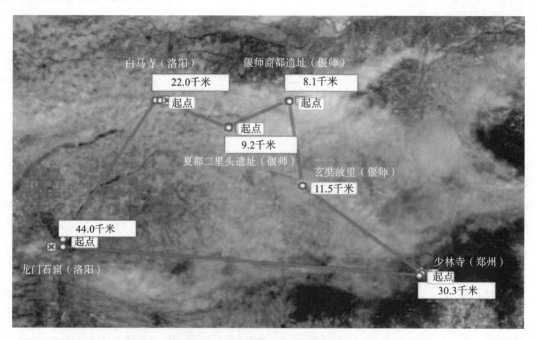

图1 洛阳周边经典古迹群和新发掘以及待认知遗址群

1.1 关联性分析

城市与遗址之间,以及遗址与遗址之间存在着一定关联性,即当游客寻找一个地方的遗址时,往往会自然联想到与之相关的其他遗址,在旅行攻略制定时会同时考虑参观多个地点。为了对这一概念进行量化分析,本文基于百度搜索引擎的需求点图,通过用户的搜索偏好来衡量这种关联性。

百度搜索指数是一个以网民搜索行为为基础的重要数据分析平台,为探索龙门石窟对周边景点的关联效应,本文提取了百度搜索指数图,通过观察龙门石窟以及洛阳周边其他景点之间的关联来进行分析。

如图2所示,一旦用户搜索"龙门石窟"这一关键词,他们很有可能会继续搜索或点击与"白马寺"相关的内容。图中的红点表示这种关联性呈持续增加的趋势,表明搜索"龙门石窟"的人大概率会点击出现白马寺相关信息的网页。这种关联性的建立使得每当龙门石窟的搜索热度上升时,白马寺的搜索热度也会相应上升。

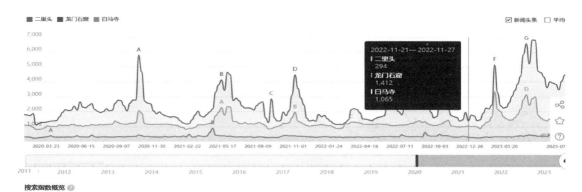

图2 龙门石窟、白马寺和二里头的搜索指数

从图2可以看到龙门石窟和白马寺的高搜索数据峰值在时间轴上高度一致,可以判定两者相互关联,并且形成了相互促进的良性互动。白马寺和龙门石窟的直线距离为22千米,形成了良性互动、彼此促进的关联关系,5个搜索量高点均在时间上同步。然而,这两者和同在一个区域、44千米之外的另一著名古迹少林寺,出现明确的数据不相关趋势,7个搜索量高点,仅有2个在时间上同步(图3)。

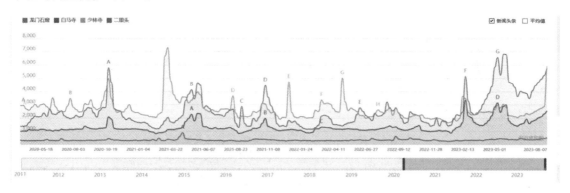

图3 龙门石窟、白马寺、二里头和少林寺的搜索指数

1.2 文化古迹和区域相关性分析

通过百度需求图谱可以查看龙门石窟和其所在地洛阳的关系。如图4所示,龙门石窟和中国其他著名石窟——云冈石窟、麦积山石窟、莫高窟依次建立了品牌强关联、较强关联和弱关联关系。与洛阳市的其他景点,如白马寺、洛邑古城、老君山等也建立了强弱不等的品牌关联关系,说明以文旅为线索可以让地区和文化遗址相互赋能。

根据白马寺的需求图谱,可以看到白马寺和洛阳博物馆、龙门石窟有强关联性,和洛阳的其他文物古迹(比如关林庙、洛阳古墓博物馆、洛邑古城等)有较强关联性(图5)。说明白马寺品牌与其所在区域形成了良性互补和相互促进的关系。

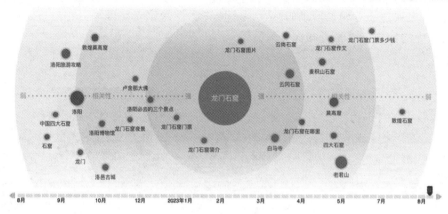

图 4　龙门石窟需求图谱和与其相关其他关键词

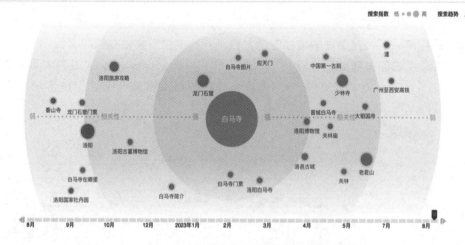

图 5　白马寺需求图谱和与其相关其他关键词

图 4 和图 5 都显示龙门石窟、白马寺和距离其 44 千米之外的少林寺的品牌关联关系逐渐增强。

根据"洛阳"的需求图谱分布分析其地区品牌建设进程，可以看到洛阳除与郑州、开封之间构成品牌强关联性之外，还和类似的古都型城市西安有强关联性。除此之外，洛阳与当地的龙门石窟、白马寺等品牌有较强关联性（表 1）。这充分说明文物的保护利用对城市品牌建设有显著贡献。这是文物品牌构建、经济价值发掘和地方发展的一个非常良性的案例。

表 1　目标网络数据关联性分析汇总

分析目标	强关联	较强关联	弱关联	尚未关联	分析
龙门石窟	白马寺	洛邑古城	洛阳	二里头	—
洛阳	开封、西安	龙门石窟、白马寺	洛阳旅游	—	—
二里头	夏都			偃师	
偃师	—		二里头	偃师商城遗址	偃师商朝前期都城没有建立名望

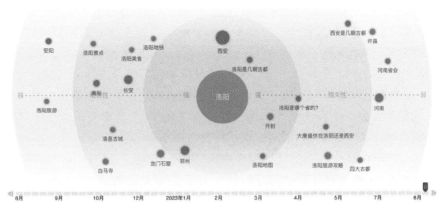

图 6　洛阳需求图谱和与其相关其他关键词

再次利用百度搜索指数,做龙门石窟、白马寺和洛阳的网络搜索对比分析(图 7)。可以看到这些景点的搜索高点全部形成了区域的搜索高点,体现了古迹发展和区域发展的良性互动。

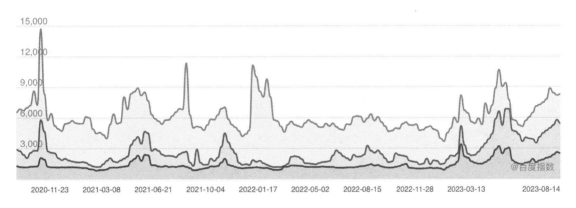

图 7　洛阳、龙门石窟和白马寺的搜索指数

洛阳的数字化热度和文物古迹的强关联性,值得历史遗产丰富的偃师区(后简称"偃师")借鉴学习。偃师作为洛阳的一个辖区,发展成熟后会成为洛阳的一个子品牌,甚至可以带动洛阳商朝文化的发展。

1.3　偃师处于一类关联群之外的孤点

偃师位于洛阳的近郊县区,历史上夏、商、东周、东汉、曹魏、西晋、北魏七个朝代先后在此建都,正所谓"洛阳九朝古都,半在偃"。然而,现代偃师的两大特色遗址——二里头遗址和偃师商城遗址,在需求图谱上并未与白马寺和龙门石窟建立联系。

二里头遗址是中国早期文明的重要考古遗址之一,被认为是中国夏代文化的代表。二里头遗址的发现和研究对于探索中国古代社会的演变、考察早期农业社会和都城建设等具有重要意义。近年来,随着国家对文化遗产保护、发掘工作的重视和旅游业的快速发展,二里头遗址的保护、开发以及二里头夏都遗址博物馆的建设成为研究热点。

根据相关文献,二里头夏都遗址博物馆的建设始于探索和挖掘二里头遗址的初期,随着考古工作的深入,对遗址的保护和展示需求逐渐增加。在这个过程中,二里头夏都遗址博物馆的规划和设计着眼于综合展示夏代文化的丰富内涵和历史价值,同时注重结合现代技术手段,使展览更加生动和具有互动性、教育性。二里头夏都遗址博物馆不仅有陈列展览区域,还涉及数字化展示、教育活动、学术研究等多个功能区。

随着偃师文化旅游产业的兴起,二里头夏都遗址博物馆逐渐成为地方品牌建设的重要组成部分。二里头夏都遗址博物馆作为遗产文化的重要输出口,通过展示和解读二里头遗址的历史和文化内涵,为游客提供了丰富的学术和体验性内容。此外,二里头夏都遗址博物馆还在数字化展示、科普教育等方面不断创新,以适应现代社会的需求。

通过观察二里头和偃师的需求图谱和搜索指数(图8～图10),可以看到偃师和与其同类型的洛阳市其他区县(如孟津等)呈强关联;和二里头遗址则呈弱关联,但其关联性处于上升趋势。

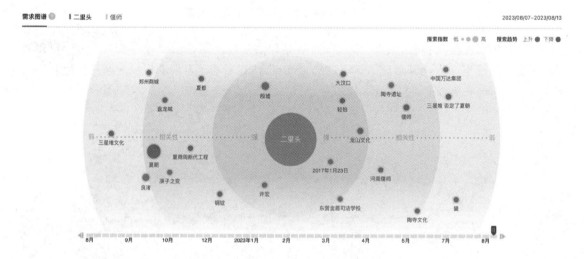

图8　二里头、偃师需求图谱和与其相关其他关键词

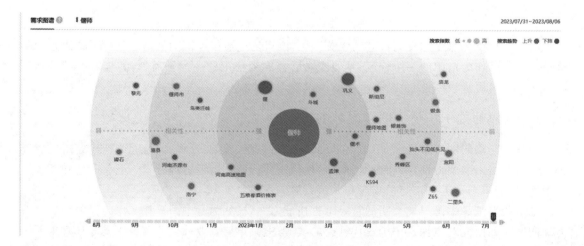

图9　偃师需求图谱和与其相关其他关键词

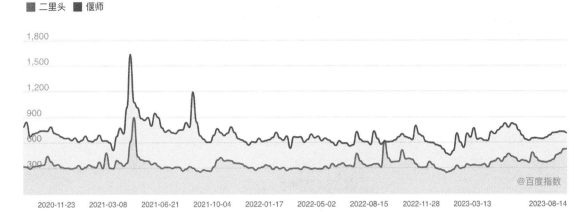

图 10　偃师与二里头的搜索指数

偃师在文旅品牌建设上强调"两馆一名人",大力发展二里头遗址、偃师商城遗址和玄奘故里的建设。从数字图谱上看,三者的链接尚未建立,由于玄奘故里属于细分领域的遗址,应首先构建二里头遗址、偃师商城遗址和偃师的链接,可以通过夏、商两朝的关联性,构建偃师夏都、商都的一体化品牌。

2　文物古迹网络数据和影响变量的分析

为了进一步探索景点间强关联的影响因素并给予针对性的政策建议,本文建立了一个访问量模型来探索不同因素对于访问量的最终影响。

2.1　百度词条量,和景区级别、距离、公交车直达的分析

(1)实验目的。

探索景点级别、百度词条量、有无直达公交以及距离市中心距离对于2023年文化遗址客流量的影响。

(2)实验方式。

记录百度对于每个词条上载量、官方公布的景点级别、百度地图显示的交通方式和城市中心区域位置,通过百度地图计算出距离并进行数据统计。

表 2　目标网络数据关联性分析汇总

景点名称	"五一"游客访问量/人	景点级别	百度词条量/条	市中心距离/km	直达公交/辆
陕西历史博物馆	56000	4A级	23300000	3.9	1
西安事变纪念馆	19000	3A级	7170000	2.5	1
龙门石窟	277800	5A级	10000000	14	1
白马寺	230000	4A级	77300000	16.7	1
三星堆	99300	4A级	44200000	51	1

续表

景点名称	"五一"游客访问量/人	景点级别	百度词条量/条	市中心距离/km	直达公交/辆
金沙遗址	35000	4A级	38200000	9.7	1
白塔寺	1798	4A级	649000	20	0

2.2 建立回归模型

基于提供的数据建立多元回归模型，多元线性回归模型的公式如下。

"五一"游客访问量＝β_0＋β_1×景点级别＋β_2×百度词条量＋β_3×距离市中心距离＋β_4×有无直达地铁/公交＋ε

式中：β_0是截距（常数）；β_1、β_2、β_3和β_4是每个独立变量的系数，表示每个因素对因变量的影响；ε是误差项。

然后使用Python的statsmodels库进行回归分析得到如下结果。

(1)R-squared(R^2)测量了模型中独立变量可以解释的因变量（"五一"游客访问量）的方差比例。在这种情况下，R^2约为0.974，表示约97.4%的"五一"游客访问量变化可以由模型中的独立变量解释。

(2)Adjusted R-squared对模型中独立变量的数量进行了调整。调整后的R^2值约为0.956。

(3)Intercept（截距）系数为-1.153×10^4，表示当所有其他独立变量为零时，预计基线访问者数量为$-1.153e\times10^4$。P值（$P>|t|$）较高（0.394），表明常数项在统计学意义上不显著。

(4)"景点级别"（景点等级）系数为1.105×10^4，表示景点等级增加一个单位，与"五一"游客访问量的增加有关。P值（0.348）表明景点级别的传统显著性水平不高。

(5)"百度词条量"（百度词条）的系数为0.0001，P值为0.008，表明百度词条量与游客访问量之间存在显著正相关关系。每增加一个单位的百度词条量，游客访问量预计会增加0.0001。

(6)"距离市中心距离"（距市中心）的系数为-2514.8153，P值为0.076，表明在这个模型中，距离市中心的远近与游客访问量之间的关系不具有统计显著性。

(7)"有无直达地铁/公交"（直达公交）的系数为2.607×10^4，P值为0.067，表明有无直达地铁/公交与游客访问量之间的关系在一定程度上具有统计显著性。

根据本模型，百度词条量和有无直达地铁/公交对"五一"游客访问量具有较明显的影响。然而，景点级别和距离市中心距离在此模型中并未显示有明显的影响。

2.3 数据的讨论

由上面数据的初步分析可得到有关游客访问量和常见指标性数据的关联度。关联度较高的变量为"有无直达地铁/公交"和"百度词条量"。而"距离市中心距离"是关联度较低的变量，"景点级别"在统计学模型中的显著性也略低。

"景点级别"和"游客访问量"关联度较低说明单纯获得景点级别评级委员会的认同并不能直接提高游客兴趣，从而无法直接通过游客访问量的提升促进文物的保护利用和提升区域发展。而是需要通过其他途径提升景区的可达性，通过互联网等信息渠道提升用户的认知度、参与度和传播度。

3 偃师文物古迹分析和数字化发展

3.1 夏商的认知确认,到文物开发的协同

二里头夏都遗址博物馆是国家一级博物馆,从二里头遗址的历史价值及其5A级的景区评级来看,其自有的文化沉淀以及与华夏文化深刻的联系都能很好地激发游客的游览兴趣。

偃师商都遗址不仅与二里头遗址在城市规模、结构、功能、社会组织等方面有相同之处,在地理位置上两地也只相隔6千米。相对于白马寺和龙门石窟23.7千米的距离,二里头遗址和偃师商城遗址在建立遗址关系网方面更有优势。

对夏朝、商朝和汉朝的搜索指数分析发现:夏朝、商朝6处搜索高点高度一致,而汉朝有3个独立的搜索指数高点(图11)。可见,在数字网络上夏商关联度极高,为我们构建夏都二里头和偃师商城遗址提供了关联的基础。

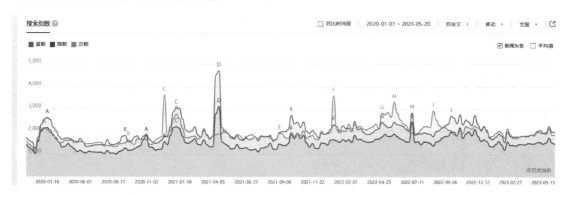

图 11 夏朝、商朝、汉朝的搜索数指数分析

3.2 二里头遗址已成为国家和省市重点文物保护单位

偃师政府应增强二里头遗址开发和宣传的配合工作,发挥地方作用,加强对二里头村内其他文物古迹的修复,比如二里头村内的庙宇,其紧邻二里头夏都遗址,非常值得进一步开发。同时,二里头村所在区域有丰富的农业资源,也可以就近建立展示现代乡镇农业和乡镇企业的体验区。

3.3 偃师商都遗址的进一步开发和宣传

宣传方面,建议政府将"偃师"和"二里头"结合。2022年的GDP数据显示偃师区在洛阳市中排名第五,其中龙门石窟所处的洛龙区排名第一。为了加强政府对于偃师区的文化建设以及保护工作,在宣传二里头遗址时,可以将其称为"偃师二里头遗址博物馆",从而让游客们认识偃师这个地区。根据心理学信息填充原理,这可以极大地激发他们探索这个地区的兴趣(图12)。

3.4 发展本地文物发掘到文物宣传主体人群

相较于聘请区域外考古队进行文物发掘和保护工作,选择本地青年,尤其是就读于职业学

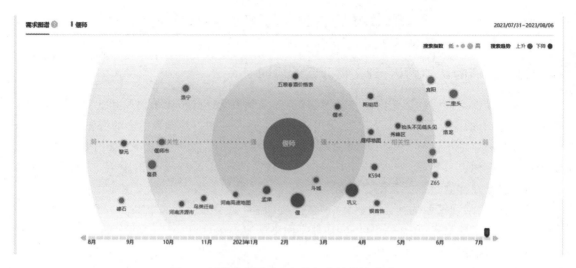

图 12　偃师需求图谱和与其相关的其他关联词

校的学生参与更具持久性。首先,本地居民对偃师有更高的归属感,因此他们对发掘和保护工作的投入会更大。从工资角度看,偃师地区的年平均工资(74872元)相较于东北地区的年平均工资(83575元)较低(低了约10.4％)。其次,培养偃师当地青年对地方历史的自豪感和宣传热情相对容易。最后,通过开展地方历史文化教育,当地青年们不仅能够学习相关的技能,还能够将所掌握的知识用于发展他们的家乡。

3.5　新媒体为媒介的文物保护方式

政府可以通过上述方案建立专业的文物古迹发掘以及修复小组,同时利用新媒体宣传提高文物古迹的知名度。理论上,网络宣传可以提升公众对当地文物古迹的认知和关注度。研究表明,公众对文物古迹的保护意识与其知名度密切相关,而通过网络渠道传播文物古迹的历史价值、文化背景和保护意义,可以吸引更多人的兴趣和关注,激发他们参与保护活动的积极性。同时,知名度有助于塑造集体责任感和文化认同。通过网络宣传,社会大众更容易形成保护文物古迹的共识和意识,将文物保护纳入自己的文化认同。研究表明,公众参与文物古迹保护活动时,会产生一种责任感和使命感,这种集体的情感和责任意识有助于推动更广泛的保护行动。

4　从文物古迹到区域品牌的构建

龙门石窟和白马寺因在地理位置上的优势,以及它们和洛阳其他旅游景点的关联,成功形成了一个成熟的文物群。在这个文物群中,洛阳的发展可以促使更多游客前往龙门石窟和白马寺。同时,当人们搜索龙门石窟和白马寺的攻略时也会检索洛阳当地美食和其他景点,提升对当地的兴趣,进而延伸到产业合作等经济类活动。

偃师作为洛阳的行政区,可以借鉴洛阳品牌溢出和带动效应的经验发展经济。

二里头遗址和偃师商城遗址在需求图谱中暂时没有产生关联,和地理位置邻近的玄奘故里各为一体,丧失了群体关联性,不利于游客量的增长,更加不利于对它们的保护开发。

偃师应强化各遗址间的主题连贯性,利用二里头遗址和偃师商城遗址建立起偃师自身的旅游 IP(interllectual property),这样其他遗址也将获得更多关注,进而促进当地旅游业的快速发展(图 13)。

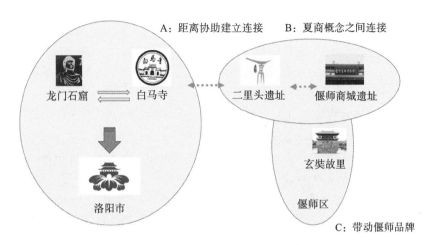

图 13 构建偃师区域古迹之间关联

研究表明,让本地青年参与文化遗产教育和保护工作,可以实现更为可持续的发展。本地青年由于与地区的紧密联系,更有可能产生归属感和长期的服务承诺。将本地青年纳入文化遗产保护计划,不仅可以培养他们的自豪感,还可以有效传播地方历史知识。

5 总 结

中华文明探源工程[18]等文物发掘研究目前已取得了显著进展,对古迹遗址的保护工作在区域发展中逐步崭露头角,它们正影响着区域城乡建设的新格局。在这一背景下,移动互联网和数字算力构筑了强大的数字化基础设施,而大众对文物古迹的关注度也日益增加,这为文物古迹的价值提升和可持续发展奠定了基础。

文物之间、文物与所代表的文化历史区域之间的关联构建,实体文物与数字化认知的结合是本文的研究重点。通过对洛阳市典型文物古迹(龙门石窟、白马寺等)以及偃师典型文物古迹(二里头遗址和偃师商城遗址)的品牌构建分析,本文提出了一种有效的品牌推广策略:宣传文物群,促使文物与地域之间的良性互动,将个别亮点转化为整体品牌推动力量,促进历史文化域区的发展。本文也为偃师区在积极借助国家支持、推动区域品牌发展方面提供了思路,这一思路具有普适性,可为其他地区的文化遗产保护工作提供借鉴。

参考文献

[1] 许甲甲.河南省文物古迹空间分布及旅游开发布局研究[D].南昌:东华理工大学,2018.
[2] 李琳.基于知识图谱的文物数字化系统构建研究[D].北京:北京交通大学,2023.
[3] 秦专松,项福库."互联网+"贵州长征遗址旅游宣传设计研究[J].边疆经济与文化,2019(12):109-112.
[4] 秦专松,项福库."互联网+"贵州长征遗址旅游宣传设计研究[J].边疆经济与文化,2019

(12):109-112.

[5] SPERANDEI S. Understanding logistic regression analysis[J]. Biochemia medica,2014,24(1):12-18.

[6] 刘绪.夏末商初都邑分析之———二里头遗址与偃师商城遗存比较[J].中国国家博物馆馆刊,2013(9):6-25.

[7] FAN L. International influence and local response:Understanding community involvement in urban heritage conservation in China[J]. International Journal of Heritage Studies,2014,20(6):651-662.

[8] 唐代剑,池静.中国乡村旅游开发与管理[M].杭州:浙江大学出版社,2005.

[9] YANG W,CHEN Q,HUANG X,et al. How do aesthetics and tourist involvement influence cultural identity in heritage tourism? The mediating role of mental experience[J]. Frontiers in Psychology,2022(13):990030.

[10] ZUO,Y,ZHOU Y. Cultural Heritage Education and Tourism Marketing for Sustainable Development of Historic Sites:A Case Study of Xi'an,China.[J]. Sustainability,2022,12(19):7834.

[11] XIAO H,TIAN Y. Exploration and Practice of Popularizing Cultural Heritage and Cultural Inheritance of Museum Artifacts among College Students[J]. Journal of Cultural Heritage,2021(5):123-127.

[12] WANG S,LIU S. Heritage Conservation and Education of Local Youth:A Case Study of the Old Town of Lijiang,China[J]. International Journal of Environmental Research and Public Health,2018,15(3):522.

[13] ZHANG H,LI Y. "Exploration of Cultural Heritage Education for Young People in the Internet Era"[J]. Advancesin Social Science,Education and Humanities Research,2021(6):369-373.

[14] LIANG Z. Beyond the Yellow River,how China became China[J],Science,2009,325(21):930-938.

民族地区乡村景观价值内涵及体系研究
——以云南环洱海地区为例

姬 刚[1] 洪亮平[2] 乔 杰[3]

摘要：高原湖泊地区是特殊的人居地理单元，受自然地貌和地域文化的双重作用，形成了其特有的乡村聚落格局和营建智慧，乡村聚落在发展过程中形成了独特的地域性村落景观。本文以乡村聚落景观价值内涵和认知为切入点，剖析乡村景观价值的阐释途径，构建了横向多维度、纵向深层次的乡村聚落景观价值体系，并以云南高原湖泊环洱海地区的村落为实证案例，对该地区乡村景观特质进行全面的判读，挖掘区域内乡村景观持续演进的内在逻辑，并提出乡村景观适应性保护的路径，有利于对地方价值进行认知识别，建立地方价值和乡村景观特质。

关键词：景观价值；洱海区域；民族乡村聚落；价值体系

乡村景观价值是少数民族地区社会发展与文化传承的关键驱动力。传统乡村聚落具有突出的历史、文化、艺术、科学和社会价值，是重要的文化遗产，文化遗产景观是经由地域文化不同历史发展阶段的空间传承与形制叠加作用逐步形成的具有突出、普遍价值和特定地域文化特征的文化景观，是地域文化的重要符号表征，而少数民族地区乡村聚落承载着民族族群深厚的历史文化信息，展现出鲜明独特的地域文化，不同的地域乡村景观体现了区域内人地关系的作用机制，在不同的地脉和文脉特征下形成了传统农耕技术及聚落景观的多样性。学术界对乡村景观的研究主要集中在乡村景观特征、乡村景观功能评价、乡村景观遗产价值及保护等研究领域。

在新时期生态文明建设和湖泊流域治理双重政策导向下，地处湖泊区域的乡村聚落正面临着产业转型和空间重构的历史变革，如何让乡村聚落在变革中不丧失其内在的景观价值和历史传承，使得乡村在空间再生产的历史脉络中具有时代性和完整性，在乡村振兴战略下挖掘乡村景观遗产价值对乡村聚落保护发展具有的重要意义。在新的空间规划背景下，需要对民族地区乡村景观的价值进行重新解读并阐释乡村景观的价值，建立一个解释框架和思维逻辑。

1 乡村景观的内涵与价值认知

1.1 乡村景观的内涵

乡村景观的物理特征包括生产性土地、空间结构形态、水、基础设施、植被、聚落、乡村建筑、

---

1 姬刚，男，华中科技大学建筑与城市规划学院、湖北省城镇化工程技术研究中心博士研究生，滇西应用技术大学城乡规划系教师。Email：490911295@qq.com。
2 洪亮平，华中科技大学建筑与城市规划学院教授、博士生导师，住房和城乡建设部全国城市设计专家委员会委员，中国城市规划学会城市设计学术委员会委员、城市更新学术委员会委员，本文通讯作者。
3 乔杰，博士，华中科技大学建筑与城市规划学院城市规划系讲师，湖北省民族地区乡村振兴研究与实训基地办公室主任。

交通和贸易网络等,还包括相关的文化知识、传统、习俗、当地社区身份及归属感的表达、过去和现代族群和社区赋予景观的文化价值和含义。乡村景观是由乡村聚落景观、经济景观、文化景观和自然环境景观构成的景观环境综合体,是人文景观与自然景观的复合体,在组成要素及内容方面,乡村景观是一个由村落、林草、农田、水体、畜牧等组成的自然-经济-社会复合生态系统。

乡村景观是乡村聚落的演进和发展过程中,各类自然要素和人文要素叠加作用的结果,从广义上说乡村地区即是乡村景观,而在狭义上的乡村聚落景观层面上,乡村景观是在一定地理地域环境中经过人与自然长期作用下的,结合历史、文化、民族的时空叠加下形成一定系统的景观要素。乡村景观包括对生物文化多样性延续意义重大的文化、精神和自然要素。乡村景观价值是社会结构及功能组织的表现,通过自然景观对社会结构及功能组织进行实现、应用和变革。

1.2 乡村景观的价值认知

乡村景观是人对自然环境长期作用的结果,是"人与自然的共同作品",展示了人类社会在自然环境制约以及社会、经济、文化、民族、宗教等因素作用下的持续演进成果,其景观形态及内在机制反映了人与自然长期而深刻的相互作用关系。基于乡村景观的多样化,人们对乡村景观价值的认知也是丰富多元的。

1.2.1 环境伦理的自然观

源于对自然的利用及改造,人类依靠自然生存,在长期发展中构建了与自然共生的精神品质和价值观,其中产生的生存哲学、道德伦理、宗教信仰、风貌审美都是乡村聚落的关联性景观。在乡村聚落演进的空间序列中通过对自然物质的利用从而达到与自然的和谐共生。

1.2.2 场域空间中的场所精神

乡村景观表达了一种独特的场域空间和场所精神。乡村聚落空间的序列性、完整性有助于识别和认同其在地属性。乡村景观与文化认同关系密切,一些特定的乡村场所和空间会形成居民对场所的感知和精神层面的寄托。乡村聚落在空间和时间上协调整合社会、经济、文化和环境因素。在其场域中形成的场所精神正是乡村景观的价值内涵和精神表达,乡村景观是历史的产物,而在长期的历史过程中会形成人们对场所的感知与认同。虽然乡村在形态上具有边界,但其对人的影响是没有边界的,任何乡村景观和其无形的精神空间都具有场所意义和场所精神,而这种场所感知会激发人的精神感受和价值判断。

1.2.3 文化身份的认同感

自我认同和群体认同都与有形的聚落环境及历史事件密切相关。因此,文化和身份不仅与社会关系有关,而且还具有深刻的空间性。不恰当的乡村景观开发可能会改变或消除当地独特的文化特征,造成其与过去空间之间的割裂。个人或集体所处的空间特征产生了各种感官体验和认同感,并且在特定的连续时空序列中得以表达和体现。乡村景观是人与自然共生下的产物,共生关系的建立起源于双方相互的诉求。人本身具有崇拜超自然力量的特性和文化身份认同感,基于地域自然地貌及文化差异,乡村具有特殊地域性特征,其形态布局、空间结构和内在机制无不体现了当地聚落形成的背因和影响机制,而聚落反作用于生活在其中的人,人类长期生活在聚落中,通过聚落参与自然的生产生活,逐渐形成了地域性的文化身份认同感和在地性的精神力量。文化身份认同感无疑与聚落的生产生活、社会结构、民风民俗以及文化艺术关联密切,同时也表现出其与自然和社会环境条件更高的契合度。在中国传统社会的大多数历史时期,乡村聚落的文化身份认同感恰是维系乡村社群、意识形态、和社会文化的主要力量。当乡村文化身份认同感成为人们生活的一部分时,认同感空间同时也影响和确立了聚落空间结构,包括聚落空间布局、结构、形式和建筑风格。

2 乡村景观价值的阐释途径

探究各地域乡村景观的多样性及其景观表现的特异性,是乡村景观价值挖掘工作的重要内容,也是乡村振兴的一个重要突破口。在过去很长一段时间,由于城市化加速发展的冲击以及早期乡村景观建设开发的盲目粗放,我国乡村景观面临着乡土文化式微、多样性和本土性缺失、与农村生产生活脱节以及与历史和传统相互割裂等问题。

2.1 乡村景观价值的阐释情境

乡村景观遗产是历史发展历程中自然环境与人类活动共同创造的,具有时间性和空间性双重属性。

乡村景观反映了人们对地方价值的情感认知与认同,是动态变化的空间情境和物质环境,乡村景观价值体现在变化的时空网络和复杂的地方文化情境中。乡村景观情境是个人或群体建立空间情境、社会情境、文化情境的阐释模式(图1),准确的价值阐释语境和路径是对乡村景观价值表达的探索。

空间情境:空间是乡村聚落景观基本的要素,也是聚落物质环境的载体,实体围合形成的有形空间和人们感知的无形空间在时空上叠加,形成人们对景观的理解和感知,这种"有形"与"无形"相映生辉的空间秩序恰是乡村景观价值的基础。

社会情境:个体和社会群体是乡村聚落景观的主体,在乡村聚落中形成的社群关系、生产关系及家族血缘使乡村聚落景观具有血肉与灵魂精神价值,社会情境存在于乡村聚落空间中,空间是社会结构的产物,和谐的社会情境是乡村景观价值的体现。

文化情境:文化情境是人们对景观价值的阐释,是对自然的直接感知,在长时间的历史维度中,形成的宗教文化、风俗习惯、文化艺术、精神信仰都是聚落景观的价值升华和落脚点。

2.2 乡村景观价值阐释的目标与途径

建构乡村景观价值阐释的目标和途径有助于判别乡村景观价值。通过乡村景观价值阐释的途径,能够准确把握地方乡村景观的特质。传统的乡村景观包含多种多样的可持续景观,其景观结构对于维持生物多样性和文化多样性至关重要。在此特征基础上建立乡村聚落景观的在地性、历时性、原始性、完整性的阐释目标,从而表达乡村景观的普适性、持续性、原真性、全要素的景观价值(图2)。

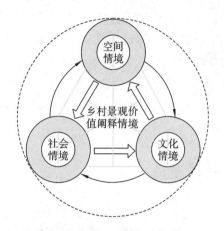

图1 乡村景观价值的阐释情境
（图片来源：作者自绘）

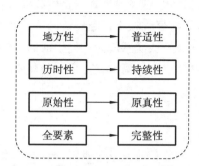

图2 乡村景观遗产价值阐释的目标
（图片来源：作者自绘）

3 乡村景观的价值体系

关注人与生产生活景观之间的持续互动、历史文化以及乡村地方和社会关系，建立全面的乡村文化景观认知框架，有助于保护、传承和利用乡村文化景观。

准确判读乡村景观价值，多维度、深层次、全要素地构建全面的乡村景观价值体系，对当下城市化、工业化进程中乡村的发展具有指导和实践意义。乡村景观中各维度、层次的要素随着时间的推移和地域性的差异会不断地演化与更新，而承载着内在深层的历史文化和记忆景观要素会一直传承下去。

乡村由于其自下而上的自然生长属性，较城市而言有脆弱和不可逆的性质，有必要确定乡村景观价值的结构和性质，建立乡村景观价值的评价标准和要素库，进一步加强对乡村景观的认知和保护。基于乡村聚落的形成、内涵、结构和美学，从地理文化景观、社会文化景观、生态文化景观、乡土建筑文化四个维度，通过多种要素构建乡村聚落景观价值的解释框架（图3），对认知民族乡村文化景观价值体系具有系统性意义。

4 环洱海地区乡村地方价值阐释

4.1 环洱海区域及乡村聚落概况

洱海地处云南省大理白族自治州（后简称"大理州"）境内，隶属横断山脉尾部，山脊呈南北走向，山势雄伟，区域内既有蜿蜒高耸的山脉，也有峰峦环抱的盆地和湖泊，高山、湖泊、盆地、丘陵相间分布。洱海盆地地形平坦、开阔，沿湖山麓谷口形成大小36个迭瓦式冲洪积扇裙。大理州有着丰富的少数民族文化资源和民族遗产，有白族、汉族、彝族、回族等13个世居民族。高原湖泊地区作为相对独立的地貌单元，有着特殊的地理环境和丰富的民族历史文化资源，造就了区域特征明显的传统聚落形态。大理州集群化的聚落营造格局颇具特色，少数民族聚集，复杂多变的历史、多元民族文化的交织赋予了该区域乡村聚落特殊的民族文化基因和地方性特征鲜明的乡村聚落景观。

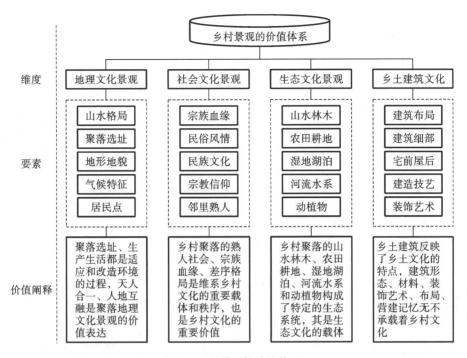

图 3 乡村景观的价值体系
（图片来源：作者自绘）

环洱海区域集中了知名的自然景观资源和文化景观资源，著名自然景观资源如苍山十八溪等，著名的文化景观资源有喜洲古建筑群、龙首古城、洱海神祠等，这些景观资源沿洱海沿岸呈环形分布，形成了一条非常有特色的环形旅游走廊（图 4）。

4.2 环洱海区域乡村景观价值

4.2.1 湖村共生的地理文化景观价值

洱海处于大理州的中心位置，属于典型的滨湖坝区。四周群山环抱，洱海居于坝中，苍山和洱海之间是可耕种和建设用的缓坡或平坦地域，视野开阔、村落密布，是主要的生产、聚居地。负阴抱阳、背山面水是风水论中聚落选址的基本原则（图 5）。它是中国古代城镇选址的重要思想，对中国传统城市和乡村的布局产生了重要影响。在洱海坝区，乡村聚落毗邻溪水、背靠苍山、面向洱海，周围良田成片，聚落与自然环境有机结合，充分体现了白族先民的营建智慧和生计哲学（图 6）。

湖泊因其特殊的地质构造和自组织的流域系统，对其流域内生态环境和人居空间（环境）有重要影响。天然的山水格局形成的"地脉景观"是该区域乡村聚落地理文化的重要标志，较大的景观空间异质性和复杂的水文过程，呈现出"山-水-林-田-湖-草-城-镇-村"有机共生的空间格局。

高原湖泊地区这一特殊的人居空间地理单元，因其地理环境的边缘性及文化脉络的多元性，造就了湖泊区域特有的山地高原聚落景观和少数民族文化鲜明的传统聚落空间形态和结构。

坦底么自然村位于大理市太邑乡境内，村落依大象山而建，本主庙位于"象眼"位置。村内有一水源常年水流不断，当地人十分敬畏与爱护这条水源，并在每年栽秧之前由社长主持举行

图 4　环洱海区域自然及历史文化景观
(图片来源：大理市旅游局)

负阴抱阳

图 5　古代聚落选址的空间模式
(图片来源：作者自绘)

图 6　古代洱海地区都城与乡村聚落空间格局
(图片来源：作者自绘)

祭水神节，祈求来年风调雨顺。整个村庄位于水源下游，绕水而居。整村房屋建设为群体式布局，民居周围环绕农田。从村落选址和营建中无不体现出依山就势、天人合一的传统思想(图 7)。

4.2.2　民族文化主导下社会文化景观价值

乡土聚落景观是人地作用的结果，白族先民长期与湖泊共生实践过程中构建了独特的族群文化，他们对空间的组织利用也体现了湖泊地区由生存环境所构建的精神场所中人与自然互动共生内核的延续。

 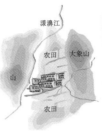 

图 7 洱海山区坦底么自然村选址图
(图片来源：作者自绘、自摄)

乡村社会文化景观是乡村内在的灵魂，环洱海地区多民族聚集，以白族文化为主的多元民族文化在此交融，乡村空间正是承载宗族血缘和传统民俗风情的物质空间载体，传承着文化遗产、当地传统以及社会和文化价值(图 8)。文化遗产和地方意识的社会价值在当地教育和身份建设中得到了充分强调。文化遗产对当地乡村聚落具有强大的社会象征价值，这些价值不一定与使用价值、旅游业或经济相关。在特定的地理单元中，乡村聚落作为地域文化的产物，既是地方文化价值本身也是其传播载体，非物质文化景观价值通过乡村聚落这一物质载体得以传承和延续，彰显了区域内显著的"文脉景观"。

图 8 洱海东岸长育村本主庙及白族祭祀活动
(图片来源：作者自摄)

4.2.3 湖泊流域下生态景观价值

乡村聚落的生长和区域内各生态要素的有机发展是保障城乡与湖泊生态系统可持续性发展、推进生态文明建设的基础性工程。环洱海地区独特的地理环境孕育了具有丰富生态文化的村落景观，林木景观、湖泊景观、白族合院建筑以及不同样式的屋顶都体现了生态文化。白族先民在对自然环境不断调整和适应过程中形成了特有的生活方式和文化习俗，乡村生态景观正是基于人地关系而形成的。洱海地区治山理水、引水灌溉、坡地梯田等一系列的乡村景观均是农耕文化和生态价值的体现。

同时，对自然和文化遗产景观的保护非常重要，乡村文化景观保护和传承在国家公园体系中具有政策优势。环洱海地区的乡村分布于苍山国家地质公园和洱海保护腹地，区域内乡村聚落的田园风光和生态系统在城镇化大背景下保存得相对完整，正是借助于国家公园的政策支持。

4.2.4 地方性智慧下乡土建筑文化价值

环洱海地区地处由北向南的横断山脉"帚"形山系所形成的山谷坝子,受苍山山脉和湖泊地貌特征的影响,环洱海地区的民居一般是坐西向东的建筑布局,符合背山面水的风水观念。民居宅院空间呈现坊耳结合、灵活组合的空间特征,体现出民居构建的秩序和依据居民自身需要进行灵活空间组合的营建智慧。

宅院空间主要由坊、耳房、院墙和照壁等元素组成,在形成围合院落的基础上,以独坊院落为基本单位,在此基础上组合形成独坊、两坊、三坊一照壁、四合五天井、六合同春以及多重院落等典型的布局模式,内部通过大门入口、天井、走廊等空间依次递进,形成独特的空间序列(图9)。

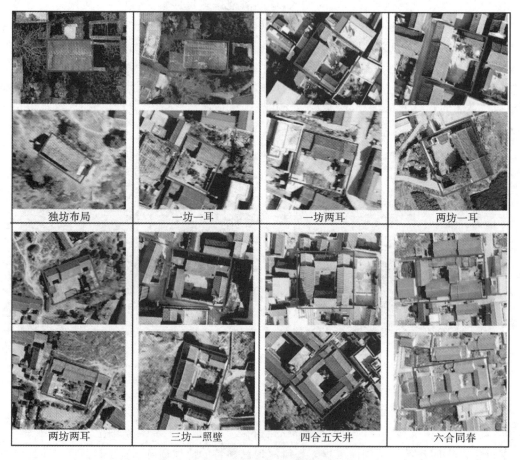

图9 环洱海地区民居宅院空间组合模式
(图片来源:研究团队绘制)

5 环洱海地区乡村聚落文化景观保护策略

5.1 湖-村共生,延续山水格局

山水格局是环洱海地区乡村地域性景观风貌的自然载体,必须以全局观念统筹规划区域山

水环境。保护湖泊生态，净化入湖水系，提高生态系统免疫力。为减少聚落扩张对山水体系的割裂，聚落建设应以山水环境为骨架，加强与山水之间的结构关联，同时，构建山水廊道，连接被聚落所割裂的破碎的山水斑块。

"精准适配"——秉持治山理水营城的传统智慧，"以水定人"——从水安全的角度划定生态底线和城乡发展的长远战略，"以水营城"——从水域的空间合理角度定位城乡聚落空间格局。

5.2 优化聚落布局，传承空间特色

聚落是洱海地区湖泊文化的物质载体，聚落的地域性也是高原湖泊地域性景观风貌的直接体现，尤其是具有历史价值的白族特色空间是聚落历史文化延续的综合体现，因此，白族特色空间的保护与功能重塑尤为重要。聚落营建应做到有规可循，控制聚落的无序扩张，加强对聚落空间肌理与规模形态的保护，保留聚落内原生特色公共空间（如本主庙、大青树村口等），在维护传统祭祀、祈福等公共空间功能的基础上，结合村民生产生活进行改造与提升，实现特色空间功能的现代转译。

5.3 提升乡村文化景观的新内涵

在乡村振兴战略背景下，如何给乡村赋能，发挥乡村文化景观的重要性，活化乡村空间，延续乡村文化景观，激活产业是乡村文化景观新内涵的核心。

5.3.1 打造生态文化旅游

以洱海高原明珠、环湖特色村庄、海西田园为载体，依托大理特色山水资源、悠久的历史文化资源和极具魅力的民俗风情，通过历史文化旅游、民俗风情体验、都市农业观光、亲子休闲度假，大力发展生态文化旅游产业。

5.3.2 完善生态服务功能

结合环洱海地区的生态保护、旅游开发、农业发展和城镇建设规划，发展相关服务产业，提供与科普教育宣传、旅游服务、农产品贸易展览以及生活相关的康体养生、文化娱乐等服务。

5.3.3 提升生态农业

依托洱海的水资源、海西农田资源和环洱海湿地、林地资源，大力发展水产养殖、农作物种植和花卉苗木培育等生态农业。

参考文献

[1] 奥内拉·斯卡佐西，王溪，李璟昱. 国际古迹遗址理事会《关于乡村景观遗产的准则》(2017)产生的语境与概念解读[J]. 中国园林，2018，34(11)：5-9.

[2] ANTROP M. Why landscapes of the past are important for the future[J]. Landscape and Urban Planning, 2005, 70(1): 21-34.

[3] 蔡晴. 基于地域的文化景观保护研究[M]. 南京：东南大学出版社，2016.

[4] 蔡文婷，姜娜，佃袁勇，等. 乡村景观资源特征指标体系构建[J]. 风景园林，2022，29(3)：25-30.

[5] 费孝通. 江村经济[M]. 北京：商务印书馆，2005.

[6] 胡斌，邹一玮，马若诗. 乡村文化景观遗产综合调查与评价体系研究[J]. 风景园林，

2021,28(9):109-114.

[7] 孔德平.云南1平方千米以上天然湖泊的初步调查[M].昆明:云南大学出版社,2019.

[8] 刘滨谊,王云才.论中国乡村景观评价的理论基础与指标体系[J].中国园林,2002(5):77-80.

[9] 刘沛林.家园的景观与基因[M].北京:商务印书馆,2014.

[10] 申佳可,陈照方,彭震伟,等.中国乡村景观特征评价的发展和展望[J].风景园林,2022,29(3):19-24.

[11] 王兴中,李胜超,李亮,等.地域文化基因再现及人本观转基因空间控制理念[J].人文地理,2014,29(6):1-9.

[12] 王云才,陈照方,成玉宁.新时期乡村景观特征与景观性格的表征体系构建[J].风景园林,2021,28(7):107-113.

[13] 谢花林.乡村景观功能评价[J].生态学报,2004(9):1988-1993.

[14] 谢花林,刘黎明.乡村景观评价研究进展及其指标体系初探[J].生态学杂志,2003(6):97-101.

[15] 谢花林,刘黎明,龚丹.乡村景观美感效果评价指标体系及其模糊综合评判——以北京市海淀区温泉镇白家疃村为例[J].中国园林,2003(1):60-62.

[16] 周政旭,严妮.乡村景观遗产视角的黔东南苗族聚落特征与价值分析[J].原生态民族文化学刊,2020,12(2):72-78.

嵌入式空间演变模型在县级国土空间规划中的功能探讨

易俊博[1]　田　燕[2]　李智勇[3]

摘要：2021年《关于在城乡建设中加强历史文化保护传承的意见》的印发，标志着我国城乡历史文化保护传承体系将在国土空间规划背景下建立和完善，其明确了该体系的空间全覆盖性和延伸时间轴，将城乡历史文化保护的完整性提高到前所未有的高度。然而，大部分市、县的城镇格局难以找到依据，保护的完整性也就成了空谈。当前我国处于国土空间规划快速推进时期，本文借鉴嵌入式思维，提出构建嵌入式空间演变模型的方法——既不影响当前规划进度，又能合理引导县级城镇开发边界的划定，进而落实城镇格局的保护。由于其"嵌入式"的特性，该模型基于县级国土空间基础信息平台和县级国土空间规划"一张图"实施监督信息系统中，依托各市、县资源禀赋衍生出更多功能，为县级城乡历史文化保护传承体系构建打下坚实基础。

关键词：历史文化保护传承；县级国土空间规划；嵌入式空间演变模型；功能

Abstract: With the issuance of the *"Opinions on Strengthening the Protection and Inheritance of History and Culture in Urban and Rural Construction"* in 2021, it indicates that the urban and rural historical and cultural protection and inheritance system in our country will be established and improved in the context of national land space planning. In response to historical problems, the "Opinions" clarified the system's full spatial coverage and extended the time axis, raising the integrity of protection to an unprecedented level. However, in the progress of most county-level territorial space planning, it is difficult to find a basis for the protection of their urban patterns, and the integrity of protection has become a vague idea. At present, our country is in a period of rapid advancement of land and space planning. Based on this reality, this paper utilized embedded ideology and proposed a method to build an embedded spatial evolution model that does not affect the current planning progress, and can reasonably guide the delineation of county-level urban development boundaries, further implementing the protection of the urban pattern. Due to its "embedded" characteristics, in the county-level territorial space basic information platform and the county-level territorial space planning "One Map" implementation supervision information system, more functions were derived relying on the resource endowments of cities and counties in this model, laying a solid foundation for the construction of the urban and rural historical and cultural protection and inheritance system.

Key words: historical cultural protection and inheritance; county-level territorial space

---

[1] 易俊博，武汉理工大学土木工程与建筑学院，博士。Email：yobyobyob@iCloud.com。Tel：13971067633/15549657633。
[2] 田燕，武汉市自然资源和规划局。Email：304788485@qq.com。
[3] 李智勇，武汉理工大学土木工程与建筑学院，博士。Email：363151410@qq.com。

planning; embedded space evolution model; function

1 引　言

《关于在城乡建设中加强历史文化保护传承的意见》中明确提出：到2025年，初步构建多层级多要素的城乡历史文化保护传承体系；到2035年，系统完整的城乡历史文化保护传承体系全面建成，城乡历史文化遗产得到有效保护、充分利用，不敢破坏、不能破坏、不想破坏的体制、机制全面建成[1]。要如期完成这样的目标，在市、县层面，要落实好属地责任，按照国家和省级要求，加快认定公布市县级保护对象①。但是，这项工作的症结也在于此，截至2021年，全国共公布国家历史文化名城137座，省级历史文化名城190座；住房和城乡建设部会同国家文物局公布中国历史文化名镇312个，中国历史文化名村487个；6819个村落被列入中国传统村落保护名录；全国共划定历史文化保护街区970片，确定历史保护建筑4.27万处②。这些统计数据相对于我国两万余镇、七十余万村的巨大基数而言，距空间全覆盖还有相当大的距离。在县级这一层面，建筑破朽、设施匮乏、地段衰败的情况较为普遍[2]。

当前，国内学者针对城镇格局的研究主要集中于国家历史文化名城、历史文化名镇名村、特殊地形地貌区等。例如詹庆明、文超关于武汉市主城区的百年格局演变研究[3]，谢汪容、胡培滨关于福州名城历史风貌的演变研究[4]，王长松、段蕴歆、张然关于黄河流域城市空间格局的演变研究等[5]，但这些研究成果很难向下推广到一般县。而对于县级国土空间规划，城镇格局与城镇开发边界有着紧密联系，但城镇开发边界划定工作并没有发挥出预期效果[6]。大部分城镇的开发边界属于因生态敏感度较强或者永久农田保护压力较大而形成的制约条件型开发边界[7]。

本文旨在从一般县的现状实情出发，探明其精准的城镇格局模型，同时，借鉴"嵌入式"思维，将此模型嵌入县级国土空间基础信息平台和县级国土空间规划"一张图"实施监督信息系统，以提升其参考价值、增强其可实施性。城镇格局模型的可操作性和城镇格局表达的整体性都是可以保证的，适宜在一般市、县进行推广；亦可自下而上，对历史文化名城、历史文化名镇名村等历史文化保护工作相对成熟地区的城镇格局进行核对校准。总而言之，本文在国土空间规划背景下，尝试用嵌入式空间演变模型来阐述城镇格局，进而为县级城乡历史文化保护传承体系构建提供基础依据。

2 嵌入式空间演变模型的构建

2.1 概念辨析

"嵌入式"概念源于计算机学科，其英文为 embedded system，直译为嵌入式系统，现已在我们的生活中广泛应用。其最初以完成计算功能为主，后来逐步增加了通信功能、感应功能，现在

---

① 2021年9月，在国务院新闻办公室举办的新闻发布会上，住房和城乡建设部总经济师杨保军解释，《关于在城乡建设中加强历史文化保护传承的意见》明确要建立分类科学、保护有力、管理有效的城乡历史文化保护传承体系，其中有两层意思：一是系统完整保护各类历史文化遗产；二是建立完善保护传承的管理体制。

② 2021年9月，在国务院新闻办公室举办的新闻发布会上，住房和城乡建设部有关负责人对《关于在城乡建设中加强历史文化保护传承的意见》相关情况进行了介绍。

正往人工智能系统方向发展[8]。嵌入式系统的核心价值在于,其能够在不改变整个大系统硬件和软件的情况下,将某个独立运行的硬件模块嵌入整个大系统。综上所述,嵌入式系统是一个可以独立运行的软硬件兼备的小系统,它的运用可以降低整个大系统功能扩展的成本,且可以随时迭代而不影响整个大系统运行。

嵌入式空间演变模型正是基于上述计算机科学中的"嵌入式"思维,构建出的一套可以独立运行的关于城镇空间演变的动态数据模型,并将其嵌入县级国土空间基础信息平台和县级国土空间规划"一张图"实施监督信息系统。因其嵌入式的特性,它可以不依赖县级国土空间规划的推进而开展,也就不会影响国土空间规划的工作进度。嵌入式空间演变模型本身就是一套可以读取多层时间断面下城镇空间信息的完整系统,当它嵌入县级国土空间基础信息平台时,可以作为编制的参考;当它嵌入县级国土空间规划"一张图"实施监督信息系统时,可以作为动态管控的参考;在具备条件的县,可以根据其自身禀赋对该模型进行嵌入迭代,同样由于该模型的嵌入式特性,迭代方式可以不遵从顺序,没有固定模式,这样可以最大限度地发掘各县自身的潜力以达到丰富的衍生功能。最重要的是,该模型可以随意调整城镇空间演变描述的时间尺度,在当前全面推进县级国土空间规划的进程中,各县可以根据自身能力优先构建部分嵌入式空间演变模型以达到更好的效果。

2.2 数据来源及可行性

既然嵌入式空间演变模型是从一般县情况着手构建的,其数据来源必须易得且可靠。根据我国古代行政体制的特点,县作为中央政府派驻的最基层行政机构,往往也是一个区域内的政治、经济、文化、商业等功能的核心,各县的地方志编纂在历代都是一项重要工作,所以大量的县志可以作为可靠的信息提取对象。随着历史变迁,历史上的县城区域逐渐成为当今市县的中心或者老城区,是当下市、县、城镇格局的重要组成部分。那么通过县志构建出的历史城镇空间格局则呈现出可信度高、历史还原度精、居民熟悉感强的特性。

在县志中有关城镇格局的记载是非常翔实的,一般由两部分组成:第一,描述自然地理的,一般称为"疆域志",包括沿革、疆界、舆图、星野、形势、山川、古迹等章节[9];第二,描述营建活动的,一般称为"建置志",包括城池、官廨、坛庙、乡镇、关津、堤防等章节[10]。从章节设置不难看出,县志中关于城镇格局的描述不仅翔实,而且易于辨认和理解,利用人工或者AI对其进行理解,均有很强的可操作性。

此外,个别县如果具备其他特殊的历史资料,如名人故居、特别的历史档案等,都可以在以县志为基础的嵌入式空间演变模型上,进行二次嵌入,提高该模型对城镇格局描述的准确性,该模型的嵌入式特性保证了其不断迭代的可行性。

2.3 构建方式

县志中的城镇格局信息可以分为图纸和文字两部分。首先,县志中的舆图不是工程图纸,基于古代的技术水平,其比例也是不准确的,所以不可以单独依据它确定建筑物准确位置。但是其标示的相对方位是正确的,特别是"府治""县衙""县学""文庙"等重要地标建筑物的相对位置不仅在舆图上有部分标示,在文字描述中更是有详细的相对距离和相对方向的记载。其次,在当前县、市的老城区内往往能够找到诸如"县衙""城门"等的遗存,完全没有遗存的地方也可以追寻到这一类标志物的遗址——它们使得部分历史空间格局可以在当今的国土空间中精准定位。

基于上述原因,我们可以构建出基于地方志书的历史空间格局还原体系(图1)。以古黄冈县为例,选取记载较为翔实的《黄州府志》"弘治十四年印刻本""康熙二十四年印刻本""乾隆十四年印刻本""光绪十年印刻本"作为数据来源。①对四本古籍进行逐页的OCR扫描和文本识别,将纸质资料转换为电子资料保存下来。接下来,采取语义识别的方法,将其中明确表示山、水、林等自然地名和明确表示亭、楼、阁、塔等人工建筑的名称筛选出来,这一步是构建古黄冈县空间演变模型的基础数据库,因此除了机器识别,笔者团队同时进行了人工校验,一共取得单列名称1866个。②利用这些单列名称进行数据库堆叠,进一步筛选出在四部古籍中出现4次、3次、2次的单列名称,部分结果如图2所示。将这些高频名称之间的相对距离标注到图纸上,依据部分现存遗址的相对位置在卫星地图上进行空间拟合。在进行人工校验后,就可以得到清晰的四个时期古黄冈县历史空间格局遗存密集圈(图3),并且按照单列地名出现的频率划分为高频密集点、中频密集点和低频密集点。③按照前一步得出的高频密集点、中频密集点和低频密集点,可以找到准确的现存遗址位置,然后在当前卫星地图上进行标注(图4)。④以可以标定准确位置的密集点为圆心,按照与密集点的相对距离划定密集圈(历史空间格局1千米密集圈、2千米密集圈、5千米密集圈等)。⑤根据得到的现存遗址位置和密集圈走向进行基于ArcGIS平台的空间拟合,最终确定其历史空间格局。这些密集圈所覆盖的范围就可以作为各时期历史空间格局的"参考系"(图5)。

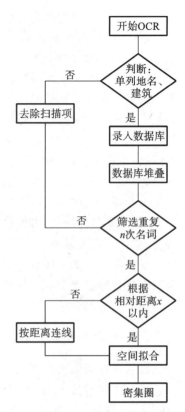

图1 嵌入式空间演变模型构建体系
(资料来源:作者自绘)

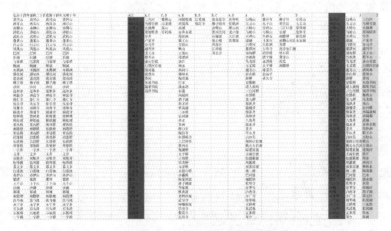

图2 古黄冈县嵌入式空间演变模型高频数据
(资料来源:作者自绘)

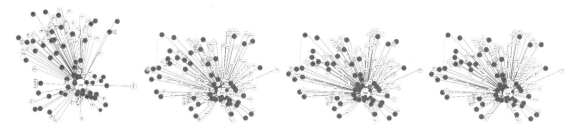

图 3　四个时期古黄冈县历史空间格局遗存密集圈

（资料来源：作者自绘）

图 4　遗存定点，初步拟合

（资料来源：作者自绘）

3　功 能 探 讨

3.1　基础功能

当前，缺少编制规划可采用的统一调查数据，区县空间规划的"双评价"工作展开尚有难度[11]。嵌入式空间演变模型的构建初衷是借助县志来描述一般县的城镇格局，进而构建该县的城乡历史文化保护传承体系，从根本上协助解决体系完整性问题。所以，其基础功能是展示城镇格局的空间演变和时间断面的城镇格局。将该模型嵌入到县级国土空间基础信息平台当中，可以理解为在该平台内置了一个动态图层，以还原历史某一时期该县城的空间格局；且可以通过对城镇空间演变的描述，总结出该县城的空间形态演变规律，进而总结出古县城的发展轴线和发展方向，清晰地看到古县城和周边自然环境的依托关系，明确掌握自然环境的改变对县城发展的影响。这些直接可以作为生态保护红线、永久基本农田和城镇开发边界划定的历史依据。同时，根据较长历史时间跨度的扩张分析，也可以较好地估算县城未来的发展规模。故此

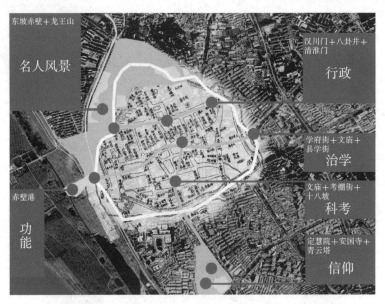

图 5　古黄冈县光绪十年城镇格局与文脉
（资料来源：作者自绘）

空间演变模型嵌入当地的县级国土空间基础信息平台后，在规划编制阶段可以作为县城发展方向和发展规模的重要参考。

3.2　衍生功能

基于前文论述的基础功能，对于拥有特殊历史资料的县，可以使用这些历史资料在基础功能上进行二次嵌入迭代。例如，湖北省黄冈市的红安、麻城、罗田、英山四县均可以"黄州府志""黄州区志""黄冈市志"作为基础历史文本资料，并构建四县的嵌入式空间演变模型的基础功能。但是上述四县位于大别山地区，在抗日战争和解放战争时期都处于重要的战略地位，因此有大量的党史、战争史资料可以整理编排，故在基础功能上二次嵌入迭代出红色文化遗产在这四县的空间分布，进而衍生出红色文化遗产识别、红色文化旅游资源联动、红色文化遗产保护传承等衍生功能。而且由于其嵌入式系统特性，在二次嵌入迭代后，还可以继续进行三次迭代，依然以前文提到的四县为例，2018 年被联合国教科文组织确定的"黄冈大别山世界地质公园"穿越其中三个县，而全国被认定的"世界地质公园"仅有 39 个，可见其保护级别之高。因此，关于该地区的地质勘查、自然保护、旅游开发等活动十分活跃，这些活动产生的空间数据便可以再次嵌入上一个系统，进而衍生出"红色文化遗产＋自然保护区"双料保护地、红色文化遗产保护地自然影响紧迫度排序、红色文化遗产保护地自然条件筛选等衍生活动。

综上所述，衍生功能的嵌入可以使得一些原本看似不相关的历史资料的联系显现出来，并取得"1＋1＞2"的效果。

3.3　预期功能

在不久的将来，国土空间基础信息平台稳步运行后，嵌入式空间演变模型的预期功能将有两个走向。

（1）自身的二次嵌入带来的功能增加和效率提升，例如某县当前仅有县志作为基础数据，所以由此构建的历史空间演变模型较为粗犷,随着更多、更深入的工作开展,例如地质勘探、考古方面的新发现,甚至文学考据方面的新发现等都可为该模型注入新资料,这些新资料二次嵌入空间演变模型,可以帮助该系统完成自我纠正和进一步精细化。

(2)面向规划管理的功能,即与县级国土空间规划"一张图"实施监督平台内的其他系统单元协同,更好地服务于县级国土空间规划。嵌入式空间演变模型在规划调整中具有参考系作用,规划管理部门掌握了该模型,就是摸清了该县城历史空间格局的骨架,在未来的规划调整工作中,什么地方处于骨架之外、什么地方处于骨架之上、什么地方位于骨架的节点处,皆可以在该空间模型中进行检索,规划管理部门亦可设置影响因子和权重值来研判规划调整的可行性。

4 结　　语

我国的县级国土空间规划正处于初期探索阶段,特别是经济欠发达地区的一般县。这些地区城镇格局保护工作滞后,由之前的"多规合一"时代延续至今,如果不能及时制止,必将继续影响国土空间规划工作的推进。同时,这些地区的现状也是不容忽视的,其经济、技术的落后使我们思考对策时不得不改变以往的思路,本文论述的嵌入式空间演变体系,正是基于经济欠发达地区一般县的实际情况,利用嵌入式思维,提出最基础的模型构建方法,希望能够快速取得成效,尽早与县级国土空间规划同步。此外,经济发达地区或者有实力的县,可以在此基础之上进行二次嵌入,进而开发出更多的管理功能。本文着眼于县级城乡历史文化保护传承体系当中的城镇格局,但不仅是讨论历史文化保护,而是将城镇格局的演变识别为一种空间信息,使其在县级国土空间规划当中能够起到一定的参考作用,为县级国土空间规划和县级城乡历史文化保护传承体系构建提供参考。

参考文献

[1] 中共中央办公厅,国务院办公厅.关于在城乡建设中加强历史文化保护传承的意见[J].小城镇建设,2021,39(9):115-117.

[2] 张泉.关于历史文化保护三个基本概念的思路探讨[J].城市规划,2021,45(4):57-64.

[3] 詹庆明,陈超.百年巨变:1870——1990年武汉市主城区发展演变研究[C]//面向高质量发展的空间治理——2020中国城市规划年会论文集(04城市规划历史与理论).北京:中国建筑工业出版社,2021:253-260.

[4] 谢汪容,胡培滨.福州名城历史风貌的演变特征探析[C]//面向高质量发展的空间治理——2021中国城市规划年会论文集(09城市文化遗产保护).北京:中国建筑工业出版社,2022:623-633.

[5] 王长松,段蕴歆,张然.历史时期黄河流域城市空间格局演变与影响因素[J].自然资源学报,2021,36(1):69-86.

[6] 赵民,程瑶,潘海霞.论"城镇开发边界"的概念与运作策略——国土空间规划体系下的探讨[J].城市规划,2019,43(11):31-36.

[7] 程茂吉.城镇开发边界的划定原则和管控政策探讨[J].城市规划,2019,43(8):67-74.

[8] 韩宝国,朱平芳.产品智能化、嵌入式软件与中国工业增长[J].南京社会科学,2022(3):32-41.

[9] 黄冈市地方志办公室,黄冈市档案局.黄州府志光绪十年刻印本[A].武汉:武汉大学出版社,2009.

[10] 黄冈市地方志办公室,黄冈市档案局.黄州府志弘治十四年刻印本[A].武汉:武汉大学出版社,2009.

[11] 伍江,曹春,王信,等.面向实施的区县级国土空间总体规划探索——以《淮安市清江浦区城乡空间发展实施规划》为例[J].城市规划,2019,43(11):37-50.

情绪感知视角下传统商业步行街更新设计研究

梁玮男[1] 王梓霖[2]

摘要：传统商业步行街是城市文化遗产的重要组成部分，本文旨在探究城市传统商业步行街空间品质与公众情绪之间的关系，试图从情绪感知的角度进一步完善城市文化遗产保护更新的理论研究。本文选取北京南锣鼓巷和烟袋斜街两条典型传统商业步行街，以空间情绪感知测量为切入点，使用 SnowNLP 识别微博文本中的公众情绪，并解析引发公众积极和消极情绪的空间要素；通过"实地拍摄＋面部表情识别技术"验证情绪与空间特征关联，提出针对性的步行街更新策略，并探讨"情绪-空间"的耦合关联。

关键词：传统商业步行街；街道空间品质；情绪感知

Abstract: The traditional commercial pedestrian street is an essential component of urban cultural heritage. This paper aims to explore the relationship between the spatial quality of traditional commercial pedestrian streets and public emotions. It attempts to further refine the theoretical research on the protection and revitalization of urban cultural heritage from the perspective of emotional perception. The study selects two typical traditional commercial pedestrian streets, Nanluogu Street and Yandaixie Street in Beijing, and takes spatial emotional perception measurement as the entry point. It utilizes SnowNLP to identify public emotions in Weibo texts and analyze the spatial elements that trigger positive and negative emotions. Through "on-site photography + facial expression recognition technology", it validates the correlation between emotions and spatial features. Targeted street revitalization strategies are proposed, and the coupling relationship between "emotion" and "space" is explored.

Key words: traditional commercial pedestrian street; street spatial quality; emotional perception

1 引　　言

情绪伴随着认知和意识过程产生的心理和生理状态产生，在人类交流中扮演着非常重要的角色。研究表明，人类情绪往往受周围环境与事件刺激的影响而变化，在此背景下，城市规划领域通过测量使用者在建成环境中的情绪感受，评价城市街道空间品质。不断发展的情绪测量方法为街道空间的优化策略研究提供了多元化和客观的依据。

传统商业步行街作为历史文化记忆的载体，在城市文化遗产中占据重要地位。步行街聚集

---

[1] 梁玮男，北方工业大学建筑与艺术学院，副教授，研究生导师，研究方向为遗产保护与城市更新。地址：北京市石景山区晋元庄路5号。Email：seduo@qq.com。Tel：13120288220。

[2] 王梓霖，北方工业大学建筑与艺术学院，硕士研究生，研究方向为遗产保护与城市更新。地址：北京市石景山区晋元庄路5号。Email：964832618@qq.com。Tel：18008234486。

大量游客和居民,其不仅是地方文化、社会和经济特色的集中体现,也是城市发展不可或缺的组成部分。随着城市发展,部分街道的空间环境品质已无法满足人们的经济活动需求。因此,本文探索运用"实地拍摄+面部表情识别技术"的研究方法,以北京南锣鼓巷和烟袋斜街两条典型传统商业步行街为研究对象,利用社交媒体文本作为大众情绪分析的数据来源,结合街道步行空间特征,筛选出显著影响大众情绪的空间品质影响因子。本文在两条步行街选取了多个重要的街道节点,实地拍摄采集使用者的面部表情数据,并进行情绪识别分析。通过比较文本情绪分析与面部表情识别的结果,验证"使用者情绪变化"与"街道步行空间特征"的耦合关系,同时试图从情绪感知的角度提出有针对性的传统步行街优化策略。

2 数据来源与研究方法

2.1 数据来源

本文选择北京南锣鼓巷和烟袋斜街两条传统商业街作为研究区域。南锣鼓巷始建于元代,位于北京市东城区交道口地区,是我国现存的元代胡同院落肌理级别最高、规模最大、最完好、最丰富的街区之一,于1990年被北京市划定为首批历史文化保护区。近年来,南锣鼓巷依托其丰富的历史文化资源和优越的地理交通位置,在旅游经济迅猛发展的背景下,成为游客不可错过的"网红步行街"之一。烟袋斜街位于什刹海历史文化保护区核心区,东起地安门大街,西邻什刹海前海,北面钟鼓楼,独有的区位优势使其自古以来就成为什刹海地区,乃至西城区和北京市的著名商业街道。

南锣鼓巷和烟袋斜街都是北京市著名的传统商业步行街,均位于鼓楼片区并通过地安门大街相互联系,地理位置优越,交通可达性较强,公共设施较为成熟,人流密度接近,但也存在明显的不同:①街巷空间肌理不同,南锣鼓巷北起鼓楼东大街,南至平安大街,为棋盘式格局,东西各有8条胡同呈鱼骨状排列,主街长约787米、宽约8米;烟袋斜街毗邻什刹海,为东西斜形走向,长232米,宽5～6米,街巷结构与沿岸水系变化息息相关。②使用人群不同,根据笔者的实地调研结果与相关资料,南锣鼓巷的使用人群以外来游客为主,客源分布相对较广;而烟袋斜街的使用人群包括本地居民与外来游客,本地居民占比较南锣鼓巷更高。

基于此,以两条街道的步行空间为研究对象,运用自然语言的语义分析法,提取情绪数据并分析促使公众产生积极与消极情绪的空间及其特征。选择2023年3月天气晴好的两天,在8:00—9:00、14:00—15:00、19:00—20:00三个时段,于若干与公众情绪变化相关的空间节点进行实地拍摄。通过采集分析拍摄对象面部表情所反映的情绪,验证不同类型的空间是否会引发使用者的情绪变化。

2.2 研究方法

2.2.1 文本情绪识别与分析

本文主要使用新浪微博文本数据进行情绪分析和度量。首先,依赖Python中Scrapy框架抓取社交媒体上的相关文本数据;使用Python库SnowNLP对中文文本数据进行情感分析;通过逐条分析微博文本数据,统计积极和消极情绪的概率,从而获得所研究空间中积极情感和消极情感的数量占比。

此外,还借助微词云平台分析文本关键词,并使用百度智能云OpenApi平台识别引起公众产生积极和消极情绪的对象。百度智能云OpenApi平台内语言理解与技术模块提供词向量分析、文本信息提取、情感倾向分析、对话情绪识别和评论观点抽取等功能接口,本文主要使用"评论观点抽取"接口对收集到的社交媒体文本数据进行内容归类,从中提取引发公众积极和消极情绪的对象。根据筛选结果,提取出街道步行空间品质影响因子,为后续实地拍摄节点的选择提供数据支撑。

2.2.2 面部表情识别

将街道步行空间特征作为自变量,大众情绪变化作为因变量,在所筛选的拍摄节点进行2分钟视频拍摄,每段视频按照规定频率截取一定数量图片。利用Face++平台对图片进行情绪量化,计算每一张图片出现高兴、惊喜、平静、伤心、愤怒、厌恶、恐惧7类面部情绪的概率,同时,将相应空间节点的情绪量化结果在地图上标注并统计叠加。

3 结果与分析

3.1 文本情绪分析与空间品质影响因子提取

3.1.1 文本情绪数据采集

本文选择了发布地区为"北京"、日期为"2023年1月至2023年8月"的"原创微博"数据作为数据源,共分析了1021条微博文本信息。这些微博文本包含微博用户昵称、微博正文、发布位置和发布时间四项内容(表1)。首先对数据进行预处理,包括去除停用词,并使用Python中的"jieba"组件进行分词(图1)。

表1 微博数据爬取内容(节选)

用户昵称	微博正文	发布位置	发布时间
今夜百乐京	#代餐笔记#在南锣鼓巷约会时关根镜头下的解老板	—	2023/1/26 23:34
涂涂不加糖	加班和外出真是绝配"南锣鼓巷""什刹海"	—	2023/1/26 23:17
醋王和受气包	Day1 什刹海➡鼓楼➡南锣鼓巷➡前门➡东来顺	北京·鼓楼	2023/1/26 23:13
Chubby-Bunnny	懒得p了live直出喽,今天去了哪里呢?原来是在南锣鼓巷、钟鼓楼还有王府井当了一天游客(想去吃心心念念的姚记炒肝,可是人好多啊)	北京·南锣鼓巷	2023/1/26 23:02
与king同行	本地网红街:感觉不如宽窄巷子	北京·南锣鼓巷	2023/1/22 17:08
YummyDaily	拉练第一天雍和宫—长城—鼓楼—南锣鼓巷	—	2023/1/22 22:47
熙茜公主Sissie	大年初五原计划午饭后什刹海或南锣鼓巷溜达一圈儿,开车到那人太多转战来福士中心。晚上破五结束烟花战斗	—	2023/1/26 23:11

```
import jieba

def chinese_word_cut(mytext):
    return " ".join(jieba.cut(mytext))

data['cut_comment'] = data.comment.apply(chinese_word_cut)
```

图 1　jieba 分词代码示意

　　使用 SnowNLP 对预处理后的微博文本数据逐条进行情感分析，预测每条文本的情感值，将情感值小于 0.5 的划分为消极，大于 0.5 的划分为积极（表 2、表 3）。调用百度智能云 OpenApi 平台中的评论观点接口，提取引起大众积极和消极情感的关键内容，并借助微词云平台制作南锣鼓巷与烟袋斜街的关键词词云图（图 2）与文本情绪分布图（图 3）。

表 2　南锣鼓巷微博文本情感分析（节选）

文本内容	情感值	情绪类型判定
人生建议：什刹海和南锣鼓巷一定要晚上来！什刹海和南锣我感觉我可以去一百次，有风的晚上和朋友一起在胡同里散步真的会在我梦里出现无数次	0.7745	积极
南锣鼓巷是越来越知道怎么留住我的钱了，感觉这次去比印象中多了好多新店，有趣很多	0.6929	积极
南锣鼓巷可能我是不会再去了	0.2186	消极
没必要去，南锣古巷不好玩，鼓楼也就打个卡，可以去天坛，我朋友来北京找我玩，我们去了天坛、天安门、民族园、鼓楼、什刹海和南锣鼓巷，她也说感觉最没意思的就是南锣鼓巷，我俩一致认为最宏伟的就是天安门和天坛	0.1985	消极
遍地坑人的纪念品店，卖一些廉价货，那些姓氏珠子牌子充斥着每个店。全国每条步行街都会有一两家这样的店，连店面和套路都一样：门口整一个水帘洞，写个免费参观，挂一些花花绿绿的留言贴，土到尘埃	0.0013	消极

表 3　烟袋斜街微博文本情感分析（节选）

文本内容	情感值	情绪类型判定
烟袋斜街很商业化	0.4516	消极
北京两个绝对不能错过的地方——什刹海和烟袋斜街！这里有着浓厚的历史氛围和独特的文化底蕴，让人流连忘返	0.8240	积极
是老北京最具代表性的胡同之一。位于什刹海旁边，这里的古老建筑和独立小店给人一种时光倒流的感觉	0.7562	积极
烟袋斜街文创店，能打包带走的地道京味儿	0.9502	积极
烟袋斜街里面有很多特色的小店，可以逛一逛，烟袋斜街出口就对着银锭桥，是绝佳的什刹海拍摄点	0.8697	积极

续表

文本内容	情感值	情绪类型判定
就在什刹海旁边,里面有各种小吃种类很多,但有些贵,比如我们买了一块驴打滚和小小块京糕 40 大洋,个人觉得不好吃。一根桂花糕 10 块——狠心没买!也不是非吃不可。当然还有很多其他的文创店等,感兴趣的可以逛	0.0007	消极

图 2　南锣鼓巷与烟袋斜街关键词词云图

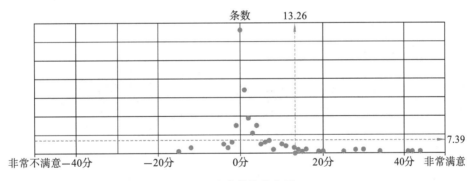

图 3　文本情绪分布图

3.1.2　基于微博文本的情绪-空间分析

根据上述分析,得出了以下结论。①基于微博文本情绪分析结果,在两条商业街内,积极情绪微博数量均高于消极情绪微博;其中,烟袋斜街积极情绪微博数量略高于南锣鼓巷(图 4)。②关键词与评论观点分析结果显示,南锣鼓巷的积极情绪主要与交通可达性、历史人文景观和建筑风貌相关,而同质化的商业业态、过于密集的人流和街道整洁度是公众消极情绪产生的主要原因;在烟袋斜街步行空间范围内,沿河而建的滨水街巷、优越的景观条件和以酒吧文化为代表的商业业态是让用户产生积极情绪的主要要素。此外,公众积极情绪与消极情绪的产生还受参观时间与停留时间的影响。

综上所述,结合街道步行空间特征与环境心理学相关理论分析,影响公众在商业步行街情绪变化的主要影响因子为街巷肌理、蓝绿空间、历史人文景观、街区业态和街区人流量。因此,以上述五个空间特征作为选择后续实地拍摄节点的主要依据,并为后续公众面部表情情绪识别提供依据。

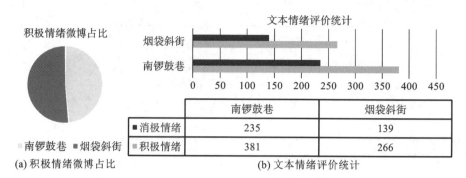

(a) 积极情绪微博占比　　　　(b) 文本情绪评价统计

图 4　文本情绪评价统计结果

3.2　基于面部表情识别技术的情绪分析

3.2.1　商业街公众面部情绪数据采集与识别

结合上述研究结果,筛选两条街道的实地拍摄节点。南锣鼓巷拍摄点主要集中在南锣鼓巷主街商铺、街巷内部名人故居、街道内绿化景观与公共休憩空间(图 5);烟袋斜街拍摄节点主要集中在滨河公共空间、街道内景观与银锭桥附近(图 6)。此外,为研究街区人流量对公众情绪的影响,选择节假日和工作日的同一时间在同一地点进行拍摄,以验证该影响因子与公众情绪波动是否存在一定关联。

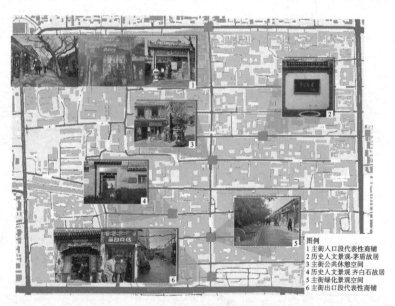

图 5　南锣鼓巷实地拍摄节点

对选定的空间节点进行随机视频录制,每个空间节点录制 5 个视频,每个视频持续 2 分钟。整合拍摄结果,每个空间节点随机挑选一个视频,每段视频按照 10 秒间隔截取 10 张图片进行面部情绪分析,共计处理 150 张图片,有效识别 117 人情绪。将情绪分析结果为高兴、惊喜的图片定义为"积极情绪点",情绪分析结果为平静的图片定义为"中性情绪点",情绪分析结果为伤心、愤怒、厌恶、恐惧的图片定义为"消极情绪点",并通过打点计数的方式标注在地图上(图 7、图 8),以直观反映两条步行街各节点空间的公众情绪分布情况。

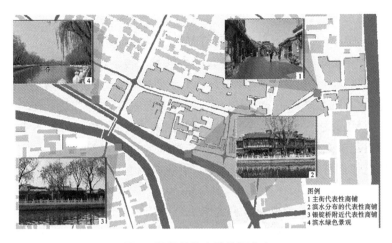

图 6　烟袋斜街实地拍摄节点

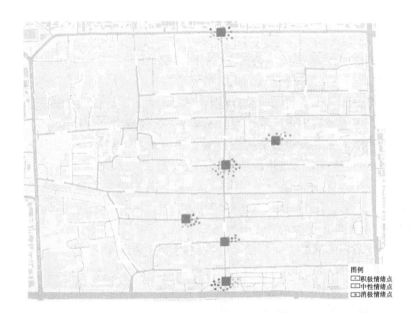

图 7　南锣鼓巷公众情绪分布图

图 8　烟袋斜街公众情绪分布图

3.2.2 数据分析与讨论

依据面部情绪识别所绘制的情绪分布图可以得到以下结论。

（1）在游览过程中，蓝绿空间会促使游客产生绝对积极的情绪。与南锣鼓巷相比，烟袋斜街蓝绿空间的积极情绪点更为集中，南锣鼓巷在此类空间中的中性情绪点占比较多。根据环境心理学相关理论，对比两条步行街的空间特征，笔者认为造成这一现象的主要原因是南锣鼓巷的蓝绿空间松散零乱，无法形成连续多变的绿化景观系统，而烟袋斜街沿河景观因为其得天独厚的滨水环境与更加多元的绿化景观资源具有较强的疗愈与引导作用。除此之外，相较于商业界面变化较小的南锣鼓巷，烟袋斜街临水而建的街巷肌理会丰富使用者的空间体验，更能引发使用者的积极情绪。

（2）步行街内的历史人文景观能够引发绝大部分人的积极情绪。在照片截取与分析过程中可以发现，历史人文景观处男性样本量略高于女性，且中老年群体人数多于青少年群体，男性积极情绪数量略高于女性。因此，笔者推断，历史人文景观对游客情绪的影响存在一定的性别差异与年龄差异。但由于本次实验样本数量较少且未对年龄性别有具体的分类研究，故该结论还需在后续实验中进行深入探讨。

（3）南锣鼓巷的商业店铺主要分布在主街，零星散布于各支巷与主街的交会处，文创艺术、特色餐饮是主街业态的主要组成部分；烟袋斜街商业店铺主要沿主街与什刹海分布，其中主街业态以文创商品、特色餐饮为主，什刹海沿岸则以酒吧、咖啡店为主。烟袋斜街内临水侧店铺积极情绪略高于主街；南锣鼓巷内中性情绪点分布较多，积极情绪点与消极情绪点数量并无显著差异，但主街入口处同类型业态积极情绪点分布较出口处更为集中。结合文本情绪分析结果，出现这一现象的原因与街区业态过度商业化与同质化有关。

（4）南锣鼓巷与烟袋斜街人流量在工作日与节假日具有明显差异。人流量大时，消极情绪点数量高于积极情绪点；人流量适中时，积极情绪点占比更高。由此可见，人流量对公众在街区游览过程中积极情绪与消极情绪的产生具有显著影响。

综上所述，商业街内不同的空间特征会引发使用者的情绪变化，能引发使用者绝对积极情绪的空间要素主要是蓝绿空间和历史人文景观，但同质化业态与过于密集的人流量容易导致公众消极情绪的产生。在设计过程中应该重视能够引发使用者积极情绪的空间要素，对于易导致消极情绪产生的空间，在设计过程中予以避免。

4 传统商业步行街更新策略研究与展望

4.1 基于情绪地图的商业步行街的更新策略

从上述研究可知，公众情绪感受与空间变化有显著关系。因此可以通过生理数据测量技术来辅助商业步行街的更新设计，结合本次分析，为改善传统商业步行街空间品质，提出以下更新策略。

（1）提高商业步行街公共空间品质，增强空间引导性。目前国内大多传统商业街，由于建设时间过长，公共空间品质较差。以南锣鼓巷为例，主街往往聚集了大量人流，而周边胡同由于缺乏供游客驻足停留的公共空间，无法分流疏解主街人流压力。因此，可以借助景观设施、小品空间、灯光照明和立面精细化设计等方式串联周边的旁支胡同，消除游客负面情绪或使其产生积极情绪,吸引游客主动探索。

(2) 运用自然语言分析与生理信号测量技术量化使用者在步行街中的情感变化。不同商业步行街中影响使用者情绪波动的特征也可能不同,可通过面部表情识别、眼动轨迹、脑电、肌电等生理信号测量技术对环境特征进行更加深入的量化分析,以便更好地指导商业步行街更新设计。

4.2 研究不足和未来展望

本次实验通过自然语言处理与面部情绪量化分析相互佐证,证明了不同空间要素与情绪变化之间的相关性。但本次实验仍存在很多不足之处。以下是本次研究的不足之处和对未来研究的展望。

(1) 年龄段分析不足。本文主要针对微博等社交媒体的主要受众,即15~45岁的人群进行了分析。然而,不同年龄段的人对步行街空间的感知和情绪变化可能存在差异。未来的研究可以更全面地分析不同年龄段人群对步行街空间的情感和情绪反应,以便更好地理解这种关系。

(2) 数据准确性检验。尽管本文使用了大量的微博数据和面部情绪数据,但数据的准确性和可靠性仍需要进一步检验。特别是在面部情绪分析中,对情绪的准确分类和量化是至关重要的。未来的研究可以通过采集更多的实地数据和与实际情感体验相关的测量来验证结果的准确性。

(3) 主观判断问题。本文所使用的语义分析方法可能会受到主观判断的影响,因此结果可能存在一定的主观偏差。未来的研究可以探索更客观、量化的方法,如利用心理、生理测量技术更准确地捕捉使用者的情感和情绪变化。

(4) 更多客观因素考虑。本文虽然关注了空间要素与情绪之间的关系,但未考虑其他可能影响情绪的客观因素,比如天气、季节、个体差异等。未来的研究可以更全面地考虑这些因素,以获得更准确的情绪影响因素分析结果。

(5) 综合多种方法。本文使用了自然语言处理和面部情绪量化等方法,但还可以结合其他方法,如心理问卷调查、行为观察、多种生理指标测量等,以更全面地理解人们在商业步行街空间中的情感和情绪体验。

因此,未来的研究应继续优化实验方法,采用更加客观的实验方法从情绪导向的角度将街道空间特征规律进行量化总结,并提出积极情绪导向下商业街步行空间设计指导建议,进一步完善关于街道空间品质提升的理论研究。

参考文献

[1] 赵国朕,宋金晶,葛燕,等.基于生理大数据的情绪识别研究进展[J].计算机研究与发展,2016,53(1):80-92.

[2] 宫一路,黄磊昌,毕善华,等.基于情绪评价的城市公共空间认知度与品质测度[J].资源开发与市场,2022,38(8):973-979.

[3] 蔡鸿斌.传统商业步行街外部空间设计中的蒙太奇现象[D].福州:福州大学,2016.

[4] 焦潇萌,武凤文.情绪分析下具有历史价值的公共空间活力研究[C]//活力城乡 美好人居——2019中国城市规划年会论文集(09城市文化遗产保护).北京:中国建筑工业出版

社,2019:1444-1450.

[5] 李继珍,冷炳荣,易峥.基于语义分析的重庆主城区风貌感知评价研究[C]//持续发展 理性规划——2017中国城市规划年会论文集(05城市规划新技术应用).北京:中国建筑工业出版社,2017:1033-1044.

[6] 朱逊,张冉,赵晓龙.影响公众情绪偏好的城市蓝色空间特征识别研究——以松花江流域为例[J].中国园林,2021,37(8):50-55.

[7] 马爽,王宽,何荣斌,等.基于城市人因技术的建成环境对景观情绪感知的影响——以北京胡同为例[J].世界建筑,2023,(7):64-65.

[8] 肖竞,马春叶,张芮珠,等.基于社交媒体影像数据分析的城市历史街区公众认知画像与更新活化研究——以北京市南锣鼓巷为例[J].中国名城,2023,37(1):47-56.

[9] 任雪冰,彭思淼,金意欣,等.文创产业引导下的北京老城区历史街区更新模式研究——基于南锣鼓巷与杨梅竹斜街的更新比较[J].城市建筑,2021,18(21):75-77.

[10] 许宁婧,王川小雨,李晶,等.空间情绪测度实证及其与空间品质关系初探——以北京前门地区为例[C]//持续发展 理性规划——2017中国城市规划年会论文集(07城市设计).北京:中国建筑工业出版社,2017:665-680.

全龄人群感知——物理环境评价耦合下的社区公共空间更新策略研究

余 笑[1]　李沂晓[2]　林 颖[3]

摘要：我国城市建设步入以高质量发展为核心的存量更新时期，社区公共空间作为城市日常生活圈的细胞单元，是人群感知物理环境空间品质的直接触媒，其建设质量决定了城市人民对空间品质提升的获得感。为此，本文以社区公共空间为研究对象，基于不同年龄群体对空间品质要素的感知差异性维度，识别社区公共空间更新面临的挑战与问题；而后进一步选取武汉市福星惠誉社区入口公共空间为实证对象，通过问卷与访谈方式对全龄人群的空间更新诉求进行感知量表，然后运用物理环境量化实验技术，从声环境、风环境、日照采光、温湿度、绿视率等方面评价空间质量，基于感知量表与空间质量的耦合，提出多时段活动构成、多人群全龄共享、多场景空间感受的社区公共空间更新策略，进行方案设计，以此提供一种可推广的关联人群感知与物理环境评价的城市微更新技术路径。

关键词：全龄人群感知；物理环境评价；社区公共空间；更新策略体系

Abstract: China's urban development is entering a period of stock where high-quality development is the core focus. Community public spaces, as the fundamental units of daily urban life, play a crucial role in determining the perceived quality of the physical environment. The quality of these spaces directly influences the satisfaction and experience of urban residents. In this article, focusing on community public spaces, we explore the challenges and issues faced in improving the quality of these spaces by considering the varying perceptions of different age groups towards spatial quality elements. To address these issues, we selected the entrance public space of the Fuxing Huiyu Community in Wuhan as a case study. We conducted questionnaires and interviews to evaluate the perceptions of individuals of all ages towards spatial updates. Furthermore, utilizing quantitative experimental techniques for evaluating the physical environment, we assessed the quality of the space in terms of sound

---

[1] 余笑，华中科技大学建筑与城市规划学院，湖北省城镇化工程技术研究中心，自然资源部城市仿真重点实验室，硕士研究生。地址：湖北省武汉市洪山区珞喻路1037号华中科技大学南四楼412室。Email：792958949@qq.com。Tel：18985651212。

[2] 李沂晓，华中科技大学建筑与城市规划学院，湖北省城镇化工程技术研究中心，自然资源部城市仿真重点实验室，硕士研究生。地址：湖北省武汉市洪山区珞喻路1037号华中科技大学南四楼412室。Email：1095412218@qq.com。Tel：17354195754。

[3] 林颖，华中科技大学建筑与城市规划学院，湖北省城镇化工程技术研究中心，自然资源部城市仿真重点实验室，副教授。地址：湖北省武汉市洪山区珞喻路1037号华中科技大学南四楼412室。Email：ianlin@hust.edu.cn。Tel：18872210173。

基金项目：国家自然科学基金青年基金项目（51908232）；湖北省科技创新人才及服务专项软科学研究项目（2022EDA052）。

environment, wind environment, daylighting, temperature and humidity, and green view ratio. By coupling the perception evaluation with the assessment of spatial quality, we propose a community public space update strategy that emphasizes multi-period activities, shared experiences for diverse age groups, and versatile spatial settings. We also develop design models based on this strategy, aiming to provide an applicable urban micro-update approach that links people's perceptions with physical environment evaluation.

Key words: perception of all age groups; physical environment evaluation; community public spaces; Update strategy system

当今我国城市化进程进入新阶段，城市社区建设逐步向"存量更新"的发展模式开始转型。随着城市居民生活水平日益改善，传统社区的公共空间在功能和数量上均难以满足居民的日常需求。2021年《住房和城乡建设部关于在实施城市更新行动中防止大拆大建问题的通知》提出以补短板、惠民生为更新重点，聚焦居民当下的生活诉求，旨在完善城市功能，增加城市活力。在此背景下，作为构建公共服务体系的重要一环，社区公共空间的优化更新需要创新方法和视角。同时，社会老龄化问题加剧，"二胎三孩"政策的出台等都提出了社区公共空间需要面向全龄人群的新命题。如何更新社区公共空间以改善其功能要素、适应人本需求是当下城市更新工作中的重要任务。

学术界对于社区公共空间的关注也更多地从人的视角切入，集中于社区的宜居性、老龄化及儿童友好型社区公共空间等研究方向。邹思聪等基于居民出行活动分析不同人群日常活动特征，提出了基于居民差异化空间和设施需求的公共服务设施配置供给策略。章迎庆等的研究表明"共享"理念在社区公共空间更新中可以弱化社区消极空间，平衡社区资源分配。钟瑶琼等建立了老年人基于健康促进的社区公共空间优化体系，从空间、交通、设施等方面提出基于老年人健康促进的老旧社区公共空间优化策略。李昕阳等通过发放问卷并用统计方法量化分析了老人、儿童对于社区的主观评价和活动需求等内容，然后基于此提出了适宜性社区公共空间的建构策略。吕元等进一步探析了不同年龄段老幼的差异性行为方式，梳理了社区公共空间老幼共享活动及其互动关系，为社区代际交流公共空间的建设提供了依据。尽管人本导向下的社区公共空间相关研究较多，然而当前的研究多是从人本回归的单一视角切入，缺少对社区公共空间物理环境评价的综合分析。

城市物理环境是由城市公共空间的热环境、风环境、声环境等综合构成的，它不仅影响着市民生产、生活的方方面面，并且很大程度上决定了人居环境品质的优劣。近年来，学术界对城市物理环境与城市空间关系的研究随着技术的迭代演进不断推陈出新，为城市空间形态设计提供了新的视角与方法，如果加以利用，能对城市空间设计的人本回归做出较好的响应。但是目前将城市物理环境研究与规划设计实践结合用于空间环境优化的研究依然相对匮乏。

为此，本文在分析当今面向全龄人群的社区公共空间的挑战的基础上，建立了基于物理环境评价的社区公共空间设计策略体系和技术路径，通过探讨使用人群与物理环境之间的相互作用关系提出社区公共空间的更新方法，为社区公共空间的优化设计提供新视角，以此推进宜居社区建设以及城市更新进程。

1 全龄人群的社区公共空间设计挑战

1.1 功能设施单一，难以适应不同年龄人群需求

大部分社区因为建设年代久远，其设施难以跟上居民更高层次的需求，并且由于长期缺乏运营维护，大多设施较为破旧，甚至处于荒废状态。进而居民使用社区公共空间的频率降低，形成了恶性循环，加速了社区公共空间的衰败，使其逐渐成为了城市社区中的"消极空间"，产生了安全、环境卫生等隐患。现阶段，居民的生活水平不断提升，更高的生活质量带来了全新的生活方式，也对社区公共空间产生了更多的需求，不同年龄段的居民在空间中的行为也大相径庭，如儿童需要更富有趣味的游乐设施，老年人则需要更便捷安全、人性化的座椅等设施。

1.2 使用时段单一，忽略夜间等其他时段可用性

以往的社区公共空间建设多出于单一时间维度（即晴朗的白天）的考量，其设施配备、植物种植都是基于这种条件进行设计，而社区公共空间的使用由于可达性、使用人群的不同往往是全时段的，比如上午会有前来晨练的老年人，下午则有在场地游乐玩耍的儿童和青少年，夜晚会出现饭后散步的三口之家或是加班归来的上班族。现在大多社区公共空间建设忽略了夜晚或冬季等时段的使用，由于缺乏照明设施、忽略气候温度而鲜有人问津。

1.3 空间感受单一，无法满足多活动使用灵活性

我国的社区公共空间建设通常千篇一律，没有因地制宜，也缺乏人文特色。但即使是一个几百平方米的微型公共空间设计也需要综合考量场地形态、环境气候、周边业态等因素，从而设计出有特色、有趣味的社区公共空间。而现在大多社区公共空间仅提供简单的座椅、健身器材以及单调的绿化，没有充分挖掘其历史人文底蕴，也没有全面调查其环境气候特点，无法满足居民的日常需求，使居民难以产生归属感和认同感。社区公共空间往往尺度较小，但这并不代表其无法提供丰富的空间体验，在更新中可以在小空间做大设计，为有限的空间赋予无限的可能，充分调动其活力。

2 基于物理环境评价的社区公共空间更新策略应对

在物理环境评价基础上的全龄人群社区公共空间更新目前还缺乏综合、整体的体系建构，并且由于国内外社区在形式和居民生活习惯上存在较大差异，难以直接借鉴国外的经验。本文总结福星惠誉社区入口公共空间的更新经验，进而提出适应国内社区特征的全龄人群社区公共空间更新策略体系和技术路径。

2.1 基于物理环境评价的全龄人群感知社区公共空间更新策略体系

从社区公共空间的使用来看，可概括为使用时间、使用场景和使用人群三个方面，即时间、空间以及人群三个维度，这三个维度的要素涵盖了社区公共空间使用的所有方面，全龄人群感知-物理环境评价耦合下社区公共空间更新策略体系（图1）建构的核心思路围绕这三个维度展

开,最后都会回归至全龄人群感知和物理环境评价两个工作要点,以达到满足居民需求的社区公共空间更新目标。

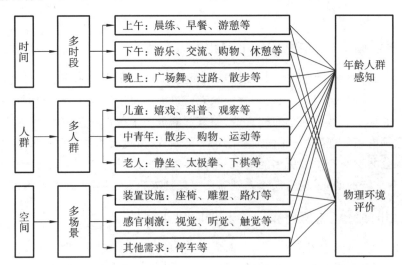

图1 全龄人群感知-物理环境评价耦合下社区公共空间更新策略体系

时间层面,力求多时段使用,即公共空间在一天中不同时段有不同的使用功能,例如上午可以用于晨练、游憩等,下午可用于游乐、交流、购物等,而到了晚上则可用于跳广场舞、散步等。物理环境评价方面,从一天的日照变化到一年四季的温度天气等都影响着场地内的人体感受。因此针对场地的物理环境评价,时间上则需要一年甚至更长的时间跨度去分析,空间上需要在更大的尺度下考虑。

人群层面,考虑儿童、中青年以及老年人的全年龄段覆盖,不同人群因为身体机能、人生经历等会在空间中发生不同的行为。儿童活动以嬉戏、科普及观察等为主;中青年人群会在空间中进行运动、购物等活动;而老年人则以静坐、太极拳、下棋等活动为主。同时,不同年龄段人群对于场地的物理空间感受也有较大区别,例如,老年人对空间的温度变化会更加敏感,需要注意不同时段、季节老年人活动所需的空间舒适度营造;而另一方面,儿童的感官更加敏锐,因此在更新设计中可以设置更多与物理环境相呼应的趣味装置。

空间层面,多场景是社区公共空间丰富程度的体现,基于地形、风环境和声环境等的物理环境分析,应着重解决环境污染、噪声等问题,为使用者提供一个舒适安全的环境是社区公共空间的首要任务。同时,装置的设置应考虑多方面的需求,如供人休憩的座椅、具有文化科普性质的雕塑以及夜间照明装置等,而不是简单的健身器材堆砌。多场景造就的多方面体验应包括人类的视觉、听觉、触觉等,多重刺激会为使用人群带来新鲜感,从而提高空间活力。此外,还应因地制宜地满足其他使用需求,如非机动车停车需求等。

2.2 基于物理环境评价的全龄人群感知社区公共空间更新技术路径

不同于新建的社区公共空间,既有的社区公共空间更新因用地权属、参与主体、基础条件和现状资源等各方面因素限制,其技术路径更长、涉及要素更广,需做好充分的现状资源调查、公众意向收集以及物理环境评价后再制定策略并实施。在实施完成后进行建成后评价,将最终实施成果与目标成果进行比对(图2)。

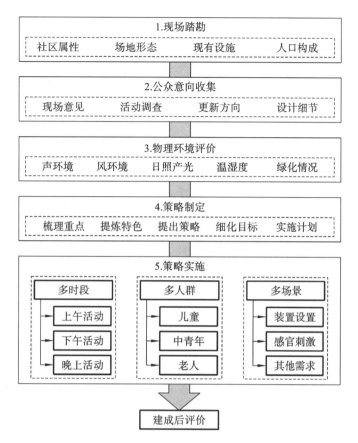

图 2　全龄人群感知-物理环境评价耦合下社区公共空间更新的技术路径

3　武汉市福星惠誉社区入口公共空间更新的实践探索

2022 年 6 月,武汉市规划设计研究院开展"江汉微型公共空间规划三年行动计划",对其实施范围内可供改造利用的微型公共空间进行了搜查梳理,旨在完善城市公共空间网络系统,解决居民"最后一公里"问题。基于此,本文选取位于江汉区的福星惠誉社区入口广场作为更新实践案例,开展社区公共空间更新策略与方法的探讨。

3.1　现状调查分析

3.1.1　场地区位和概况

福星惠誉社区位于江汉区西北部,更新实践公共空间为该社区东南门的入口广场。社区北部紧邻常青建材市场以及京广铁路线(图 3)。从场地区位和周边业态来看,该空间主要承担了福星惠誉社区的入口功能。根据该社区近五年的人口数据分析可知,其人口总体呈持续增长态势,其中,中青年以及老年人口增长速度更快,预计该社区未来婴幼儿人口数也会迎来新高峰,同时人口老龄化问题也会进一步加剧。

图 3　场地区位及周边资源

3.1.2　公众意向收集

在进行前期场地现状调研时,笔者通过向该社区住户发放线上问卷以及现场访谈等方式,了解空间主要使用者对于该社区公共空间的意见和诉求。

问卷调查和访谈结果显示,居民在该空间最常进行的活动是散步,部分居民会带小孩在此玩耍;对于场地现状问题,居民普遍认为场地空间单调、空旷、缺少遮阴地,导致在此活动休憩的居民缺乏兴趣和安全感,同时场地内还会受到临城市道路一侧的交通噪声干扰;对于场地未来更新改造的方向,居民希望增强其景观、隔音以及交往游憩等功能特质,同时增加非机动车停车区域,改善现状非机动车乱停乱放问题。此外,居民认为该空间最缺乏景观互动装置、儿童游乐设施以及夜间照明设施。最后,谈及空间设计细节,居民们认为场地的空间形态、植物配置以及地面铺装材质也是他们较为关心的细节(图 4)。

3.1.3　物理环境评价

该场地在物理环境方面有一个独有的特征,即场地旁边有两栋高达 45 层的住宅楼,这使得场地中间形成天然的"风甬道",有持续不断的微风吹拂。在现场调研过程中,笔者发现在炎热夏日居民们会聚集在该通道,坐在座椅上休憩聊天。基于此,笔者在多次现场踏勘中,携带风速仪、温湿度自记仪在场地的两侧(建筑围挡)与中间(通风口)进行定点测量,数据显示,在夏季晴天的下午,场地中央的 15 min 平均风速达到 2.63 m/s,明显高于场地两侧的 1.46 m/s。同样,场地中央的 15 min 平均温度为 34.1℃,低于两侧的 34.5℃,且场地中央的温度变化更趋于平稳(图 5)。

另一方面,建立该空间的数字三维模型,然后在 Pheonics 模拟分析软件中导入空间数据和模型,对其整体环境进行风环境模拟分析,模拟结果显示,场地中央的风速为 2.84 m/s,高于场地两侧风速(图 6)。无论是现场风速仪测量结果还是计算机模型模拟结果均显示场地中央形成了一条"风道",有持续不断的微风吹过。

而后,将模型导入计算机进行一年不同季节的阴影环境模拟,对场地的阴影环境进行分析。结果显示,在日间持续阴影时长方面,该场地在春季和秋季每日有 5~6 h 处于阴影中,冬季则

(a) 居民日常活动类型

(b) 居民认为场地现存问题

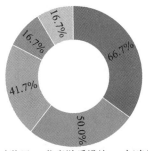
(c) 居民认为场地缺乏的设施

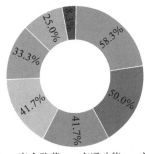
(d) 居民看重社区入口功能

(e) 居民看重社区入口设计

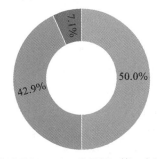
(f) 居民对风动装置的了解情况

图 4　居民意向和行为调研数据统计图

更长(每日有 7 h 以上处于阴影中),而夏季每日只有 2 h 左右处于阴影环境,大部分时间都暴露在阳光下,以致该空间夏日的体验感不佳(图 7)。

3.2　更新策略

3.2.1　多场景空间感受与风环境耦合

更新设计方案利用铺装和高差进行活动分区。根据前期现场调研以及居民诉求,更新设计方案将场地分为三个功能区,分别为:东西临社区一侧的休息交流区,设置座椅等设施;中间的风动入口区,设置趣味风动装置;东西临路一侧的停车活动区,设置非机动车停放区。三个区域

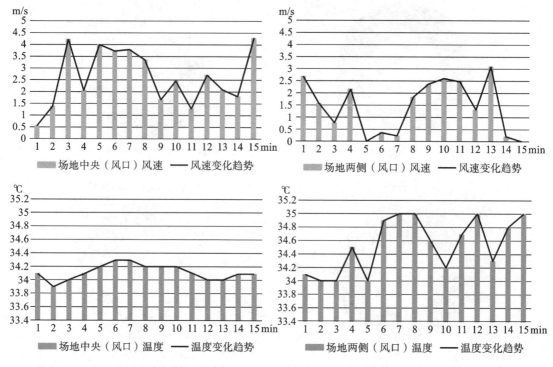

图 5 场地 15 min 风速和温度变化趋势图

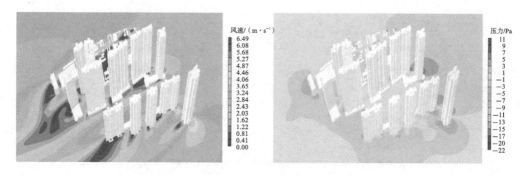

图 6 场地风环境计算机模拟分析

通过高差及铺地材质、颜色分隔（图8、图9）。

基于前期对场地的物理环境评价，进行以风为主要元素的入口空间设计。利用场地特有高层楼宇风从视觉、听觉、触觉等多个维度引入观风、听风、识风等特色活动，丰富使用人群在空间中的感官体验，满足不同年龄段人群的空间需求，营造与风互动的、具有人气与活力的社区公共空间氛围，从而实现有标志性、仪式感以及归属感的社区入口空间形象。同时，也通过人与风的互动来营造特色景观，为居民的日常生活带来更多趣味性。具体的风动装置设计除了在日间有观、听、感、戏等功能，通过灯环、灯带的设置使其在夜间还可以为入口区域提供基本的照明功能，增加空间导向性和标志性（图10、图11）。

3.2.2 多时段活动构成与公众需求耦合

根据多次现场踏勘以及访谈可知，居民在该空间开展的行为主要有聊天、休憩、购物等，笔

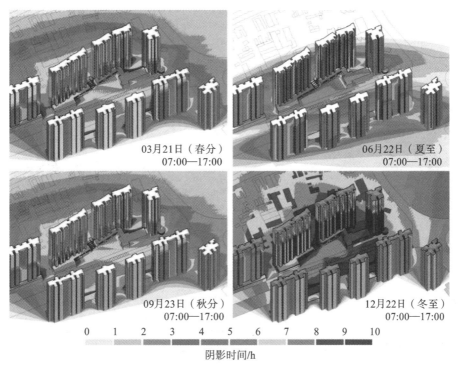

图 7 场地采光阴影分析

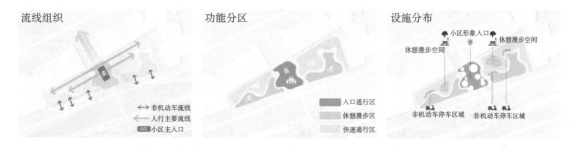

图 8 流线组织、功能分区、设施分布分析图

者通过对公众意向进行收集后了解到,居民希望更新设计后的公共空间可以进行锻炼、游玩等活动,以此作为多时段活动策划的基础资料,对该场地更新后活动进行设想与策划。选择适合活动的材料进行铺装,并用高差进行功能分区,在上午,部分老人有晨练的习惯,可以在此活动锻炼;到了下午,该场所又会成为儿童嬉戏游玩的场所,同时树池也为使用者提供了一个休憩交流的场所(图12);到了晚上,灯圈会照亮人们回家的道路(图13)。

3.2.3 多人群全龄共享与设施装置耦合

不同人群对于社区公共空间的需求存在差异,年轻人追求空间的体验感,老年人注重社交活动,而儿童则更关注开放性和趣味性。因此,基于场地功能分区,设置多人群全龄共享的设施。对于儿童,各种类型的风动装置在增加趣味性、体验感的同时,还可以起到科普作用,儿童不仅可以在此激活听觉、视觉等感官,还能学习和风有关的知识;对于中青年,非机动车停车位

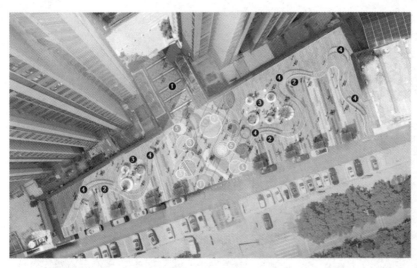

图 9　社区公共空间更新总平面图

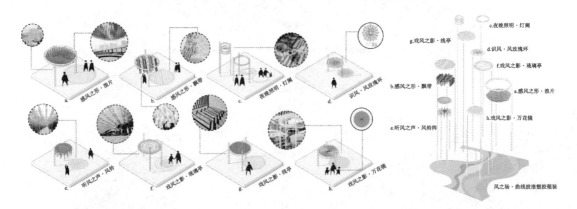

图 10　各类装置详解

图 11　装置效果

帮助其解决了非机动车停车问题，同时使空间富有秩序感，同时，与临街商铺接驳的休憩区为他们提供了一个缓冲地带，可以在此用餐交流；对于老年人，更多的树池、座椅解决了场地在炎炎

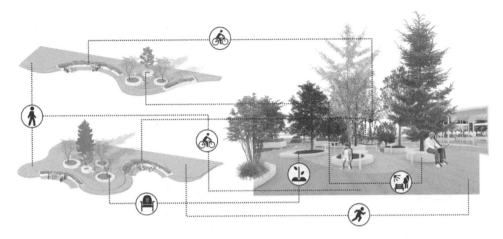

图 12 高差分区与树池设置

图 13 更新方案夜间效果

夏日暴晒的问题,他们可以在此闲谈漫步,不仅如此,软质的铺装更适合他们在此进行晨练、跳广场舞等活动(图 14、图 15)。

4 结 语

既有社区公共空间的更新是提升城市空间品质的重要部分,也是当下城市更新工作的重要环节。相对于宏观、中观尺度的城市更新,社区公共空间的更新更多涉及城市居民的日常生活,虽尺度较小,但对其更新设计需要从居民的日常生活出发,基于更加全面的场地分析、物理环境评价进行。

本文基于全龄人群视角的社区公共空间需求,在物理环境评价的基础上分析其现状困境,提出了一个较为全面的、基于物理环境评价的、包含"时间—空间—人"三要素的社区公共空间更新策略框架和技术路径。并基于实践案例研究,验证所提出的策略框架和技术路径的科学性和可行性,以此进一步为相关研究和实践提供参考。

图 14　更新效果细节展示

图 15　更新设计总体效果

本文以国内外的理论研究和实践经验为基础,结合实践案例开展研究,研究数据与方法仍有待完善,今后将进一步加深对居民在空间中的行为认知研究,通过对不同社区公共空间的实践研究设计,深化空间策略研究,探索基于全龄友好的社区公共空间更新长效机制。

参考文献

[1] 刘新辉,闫铂,张宇佳.高层建筑形状对城市风环境影响的模拟研究[J].建筑安全,2023,38(2):29-32.

[2] 钟瑶琼,罗震伟.基于老年人健康促进的老旧社区公共空间优化策略研究[J].中国园林,2021,37(S2):56-61.

[3] 吕元,曹小芳,李婧,等.社区公共空间老幼共享模式研究[J].建筑学报,2021(S1):80-85.
[4] 邹思聪,张姗琪,甄峰.基于居民时空行为的社区日常活动空间测度及活力影响因素研究——以南京市沙洲、南苑街道为例[J].地理科学进展,2021,40(4):580-596.
[5] 章迎庆,孟君君.基于"共享"理念的老旧社区公共空间更新策略探究——以上海市贵州西里弄社区为例[J].城市发展研究,2020,27(8):89-93.
[6] 李小云.包容性设计——面向全龄社区目标的公共空间更新策略[J].城市发展研究,2019,26(11):27-31.
[7] 卓健,孙源铎.社区共治视角下公共空间更新的现实困境与路径[J].规划师,2019,35(3):5-10+50.
[8] 杜伊,金云峰.社区生活圈的公共开放空间绩效研究——以上海市中心城区为例[J].现代城市研究,2018(5):101-108.
[9] 张涛,杨俊宴.基于CFD模拟的城市中心室外风环境特征分析及空间形态耦合研究——以南京新街口中心区为例[C]//持续发展 理性规划——2017中国城市规划年会论文集(05城市规划新技术应用).北京:中国建筑工业出版社,2017:688-701.
[10] 孙欣,杨俊宴,温珊珊.基于ENVI-met模拟的城市中心区空间形态与热环境研究——以南京新街口为例[C]//规划60年:成就与挑战——2016中国城市规划年会论文集(07城市生态规划).北京:中国建筑工业出版社,2016:124-140.
[11] 张涛.城市中心区风环境与空间形态耦合研究[D].南京:东南大学,2015.
[12] 冯娴慧.城市的风环境效应与通风改善的规划途径分析[J].风景园林,2014(5):97-102.
[13] 龚晨,汪新.建筑布局对住宅小区风环境的影响研究[J].建筑科学,2014,30(7):6-12.
[14] 杨俊宴,张涛,谭瑛.城市风环境研究的技术演进及其评价体系整合[J].南方建筑,2014(3):31-38.
[15] 史源,任超,吴恩融.基于室外风环境与热舒适度的城市设计改进策略——以北京西单商业街为例[J].城市规划学刊,2012(5):92-98.
[16] 周健.人际互动与城市社区公共空间冲突的消解——上海市24个社区调研的启示[J].河南大学学报(社会科学版),2011,51(2):54-58.
[17] 简霞,韩西丽,李贵才,等.城市社区户外共享空间促进交往的模式研究[J].人文地理,2011,26(1):34-38.
[18] 马秀梅,李吉跃.不同绿地类型对城市小气候的影响[J].河北林果研究,2007(2):210-213+226.
[19] 孔祥伟.社区公共生活与公共空间的互动[D].南京:东南大学,2005.
[20] 何萍,李宏波,束炯,等.楚雄市城市气候特征分析——兼谈中国主要城市热岛强度对比分析[J].地理学报,2003(5):712-720.
[21] 汤广发,赵福云,周安伟.城市住宅小区风环境数值分析[J].湖南大学学报(自然科学版),2003(2):86-90.

韧性视角下历史村镇传统消防体系的挖掘与评价研究——以大安古镇为例

潘婉滢[1] 田银生[2]

摘要:历史村镇及历史建筑因其特殊的结构和可燃性高的建造材料常常面临火灾威胁。先民们基于本土文化信仰和营建智慧,造就了各具特色的传统消防体系,有效抵挡了多次火灾,而当前社会基底的脆弱和现代消防力量的强制介入致使大量传统消防体系失活,将历史村镇的消防工作推向了一种新困境,不利于其安全发展。本文以大安古镇为例,深入挖掘其传统消防体系,基于韧性视角解析该体系的作用机制和动态演化过程,并对当前该体系的应用展开韧性评价。结果表明,大安古镇传统消防体系依托良好的社会基底推动体系自身更为完整和精进,并持续在当代焕发活力。但从消防韧性评价来看,大安古镇的传统消防体系仍需要与现代消防力量进行更精准的衔接。这启发了广大历史村镇应充分挖掘自身传统消防体系,提升自身社会韧性,构建传统消防体系与现代消防力量相结合的有机整体。

关键词:历史村镇;传统消防体系;大安古镇;消防韧性;韧性评价

Abstract: Historical villages, towns and buildings often face fire threat because of their special texture structure and high combustible construction materials. The ancestors created traditional fire protection system with their own characteristics based on local cultural beliefs and knowledge system structure, which effectively withstood many fires. However, the fragility of the current social foundation and the forced intervention of modern fire fighting forces have led to the inactivation of a large number of traditional fire protection system, pushing the fire fighting work in historical villages and towns to a new dilemma, which is not conducive to the improvement of their safety resilience. Taking Da'an ancient town as an example, this paper deeply digs into its traditional fire protection system, analyzes the mechanism of action and dynamic evolution process of the system from the perspective of toughness, and carries out toughness evaluation on the current application of the system. The results show that the traditional fire protection system of Da'an ancient town relies on its good social foundation to promote the system itself to be more complete and vigorous, and continues to glow in the contemporary era. However, from the perspective of fire resilience evaluation, the traditional fire fighting system of Da'an ancient town still needs to achieve a more accurate connection with modern fire fighting forces. This has inspired the vast number of historical villages and towns to fully tap the traditional fire protection system, enhance their

---

1 潘婉滢,华南理工大学建筑学院,硕士。地址:中国广东省广州市天河区五山路381号。Email:arpwy6850@mailscut.edu.cn。Tel:18890061398。

2 田银生,通讯作者,华南理工大学建筑学院城市规划系,教授,博士生导师,研究方向为城市规划理论与方法、城市形态学、中国城市发展史。地址:广东省广州市五山区五山路381号华南理工大学励吾科技楼715城市形态学工作室。Email: arystian@scut。Tel:13500016359。

own social resilience, and build an organic whole that combines the traditional fire protection system with modern fire protection forces.

Key words: historic towns and villages; traditional fire protection system; Da'an ancient town; fire resilience; resilience evaluation

1 历史村镇传统消防体系概述

1.1 历史村镇与火灾

历史村镇是人类生活实践过程中创造的丰富文化遗产，承载着地方独特的社会发展脉络和历史人文风俗，这些社会文化价值往往蕴含在保留着传统建筑风格和生活方式的建筑群中。一些历史村镇受地理环境和建造水平的限制形成了狭窄的巷道以及致密的建筑肌理，加之大量历史村镇中的建筑以木构为主，火灾危险性极大，一旦发生火灾，将带来巨大的生命财产损失，其历史文化遗产也将被摧毁且不可再生。据统计，火灾成为历史村镇最常见的灾害之一[1]，过去的地方志和各类古籍中不乏对火灾灾情的记载，如"延烧数余家""民居尽毁"等。随着经济社会的快速发展，设施老化、生产经营不规范等新型火灾诱因接踵而至[2]，致使一定周期内历史村镇发生火灾的频次急剧上升，近十年来历史村镇发生火灾而造成严重损失的现象不计其数，引起了社会各界的广泛关注（表1）。

表1 近十年引起广泛关注的历史村镇火灾统计（2014—2023）

时间	火灾地点	历史价值	灾情及损失
2014年1月	贵州镇远报京乡报京侗寨	黔东南北部地区最大的侗寨，曾是中国保持最完整的侗族村寨之一	1184名民众受灾，涉及房屋148栋，1000余间房屋烧毁
2014年3月	晋中太谷范村镇范村的圆智寺千佛殿	第七批全国重点文物保护单位	千佛殿屋顶几近烧毁，殿内壁画也有些许脱落
2014年4月	上海新场古镇	国家级特色小镇，至今有800余年历史	无人伤亡
2014年4月	云南丽江束河古镇	茶马古道上保存完好的重要集镇，也是纳西族从农耕文明向商业文明过渡的活标本	火灾损毁10间铺面
2014年10月	宁海前童古镇	中国历史文化名镇	几十间房屋烧毁
2014年12月	贵州剑河久吉苗寨	中国世界文化遗产保护村寨	176户619人受灾
2015年1月	四川甘孜州五明佛学院	世界最大佛学院，属藏传佛教宁玛派	150余间僧舍损毁

续表

时间	火灾地点	历史价值	灾情及损失
2015年8月	贵州遵义湄潭县永兴镇	贵州省第二批历史文化名镇	过火面积1000余平方米,但未涉及文物保护单位
2017年3月	罗平钟山白古村	第五批中国传统村落	部分房屋被烧毁严重
2018年9月	广西桂林龙胜各族自治县龙脊梯田景区小寨村	保留传统干栏式木结构吊脚楼	烧毁84户房屋
2019年4月	温州永嘉林坑古村	楠溪江山地民居的典范	10间房屋被烧毁
2019年5月	宁德霞浦沙江镇竹江村前澳天后宫	闽东沿海地区天后宫中建筑物保存最为完整、历史最久远的清代古建筑	主要建筑基本损毁
2019年9月	重庆石柱西沱古镇	中国历史文化名镇	14间房屋损坏
2019年12月	贵州锦屏隆里古镇	明代重要军事城堡,贵州省重点建设的12个古城镇之一	19栋房屋被烧毁,4人遇难
2021年2月	云南沧源佤族自治县勐角民族乡翁丁村老寨	第七批中国历史文化名村	104间房屋被烧毁
2021年6月	重庆江津区中山古镇	中国历史文化名镇、第三届中国最美小镇	受损老街长200余米,涉及居民和经营户40余户
2023年2月	福建寿宁县托溪乡圈石村	第五批中国传统村落	有20多栋老房子起火
2023年5月	苏州木渎古镇山塘街	首批中国历史文化街区	9人遇难,13人受伤

(资料来源:作者根据网络信息整理)

1.2 历史村镇传统消防体系的实践与智慧

先民在长期用火实践中探索出了在空间布局营造、建筑材料选择、防火器械工具和应急组织管理等方面的主、被动消防措施,积累了丰富的经验与智慧。而在不同的历史村镇中,其选址用地、营建方式、经济发展和文化信仰等存在差异,因此它们在消防措施上会各有侧重,从而形成了各具特色的历史村镇传统消防体系(图1)。

(1) 在空间布局营造方面,部分历史村镇的选址尽量靠近江湖河流或开挖人工水系以满足消防用水需求,如安徽黄山宏村仿牛肠胃型的水圳(图2)、月沼;贵州侗族村寨将水塘改造为鱼塘,满足消防需求的同时兼具经济效益[3]。商贸型村镇则延续宋代开辟的火巷,临巷面采用封火山墙做法以防止火势蔓延,如重庆洪安古镇、巫山大昌古镇(图3),规模较大的建筑两侧还设置"备弄"作为防火通道。一些历史村镇注重防火分区,将起火源相同的功能区单独划分,如贵州新桥苗寨将粮仓集中置于水面(图4)。

（2）在建筑材料选择方面，为阻隔火势的蔓延，部分历史村镇采用砖、石等材料替代传统木材，或在木材表面抹石灰泥，屋面用青瓦。如安徽歙县呈坎古镇用石材、砖材嵌在木材门板外形成石库门[4]，贵州侗族村镇常打造石枋作为火塘的边框（图5）。

（3）在防火器械工具方面，水井和太平缸是大多历史村镇的主要灭火器械，相对富裕的历史村镇会采购一些西洋消防装备（如水龙、斧凿等）以加大消火效力，浙东崇仁镇的锡制水枪射程可达到5米[5]。

（4）在应急组织管理方面，部分历史村镇保留着兼具防火防盗功能的更楼；逐渐发展壮大的民间消防力量也在一些历史村镇中发挥着重要作用[6]，如吴川市黄坡镇、吴江区黎里镇和上海枫泾古镇等都有义务消防队（图6），江县高增侗寨、黎平县高洋村还制定了严苛的防火公约，火灾肇事者会受到重罚。

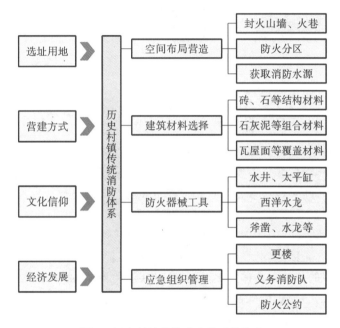

图1　历史村镇传统消防体系的构成
（资料来源：作者自绘）

图2　安徽宏村水圳
（资料来源：网络）

图3　大昌古镇封火山墙
（资料来源：网络）

图4　贵州苗寨水上粮仓
（资料来源：网络）

图 5　火塘周边的石板
（资料来源：网络）

图 6　吴江区救火会（义务消防组织）
（资料来源：网络）

1.3　当代历史村镇消防的困境

为应对当下历史村镇更为严峻的消防形势，2014 年公安部消防局制定了《古城镇和村寨火灾防控技术指导意见》，随后多地纷纷响应制定了专项消防规划，将历史村镇消防工作提升到保护规划中的重要位置。相关政策多着力在技术规范和隐患排查等层面提出要求，然而实际火灾数据始终呈现爆发趋势，暴露出当代历史村镇消防工作的双重困境。

（1）历史村镇在发展过程中大多面临人口老龄化的问题，带来了消防主力缺失和基层社会组织力量弱化的问题。正因如此，在所依托的知识经验图景和社会文化资源发生剧烈变动的情况下[8]，大量历史村镇的传统消防体系逐渐瓦解：一些消防器械成为珍藏文物而失去使用价值；部分历史村镇仅留存部分消防措施，无法形成"从防到消"的完整体系。

（2）中华人民共和国成立后现代消防力量逐渐完备，但其工作办法与历史村镇不适配。具体体现在：①历史村镇往往地处偏远，一旦出现火情，城区内大型消防力量很难在火灾控制的黄金期抵达[9]；②历史村镇拥有珍贵的文化遗产，在火灾发生时并不能通过粗暴拆除邻近建筑（尤其是历史建筑）来控制火势；③大多数历史村镇都有其社会组织和知识体系的特殊性，刚性的现代消防救援难以快速掌握当地的消防资源和消防路径，从而耽误救援时间。

近年来，韧性理念从自然生态学领域逐渐被应用于城市的防灾减灾领域，其理念内涵不局限于工程技术上的要求，更包含应对火灾风险过程中经济、社会、文化和知识体系的相互作用支撑[10]。在全球韧性城市的建设背景下，历史村镇的传统消防体系有待进一步挖掘与活化，并寻找切入点实现与现代消防力量的有机衔接，共同促进对历史村镇文化遗产的保护与其安全韧性的提升。本文试图通过查阅历史文献和调研访谈整理大安古镇的历史火灾，从中挖掘大安古镇的传统消防体系，并对其动态演化过程进行韧性解读和评价，以此为鉴探索适用于广大历史村镇安全韧性提升方案的切入点。

2 大安古镇传统消防体系挖掘

2.1 大安古镇概况

大安古镇古称大乌圩,位于广西省贵港市平南县东南部的浔江南岸,白沙江与新客河的交汇处(图7)。白沙江作为浔江的主要支流,自古以来就是广西通往广东的重要商道。因此,凭借水陆条件的优势,明末清初大乌圩成为平南较早成立的圩镇,并逐步发展为西江流域著名的商品集散地,是清代广西四大圩镇之一。历经四百多年的发展,大安古镇转型发展休闲服饰和农产品加工等产业,一举成为全国小城镇建设试点镇和广西小康示范镇。作为历史悠久的商贸重镇,大安古镇内现存3处区级文物保护单位和多处以骑楼为代表的历史建筑。与此同时,大安古镇被誉为中国民间文化艺术之乡,现存较突出的民俗活动有民间消防节、粤曲和春游等。其中,具有百年历史的消防节被列为第五批国家非物质文化遗产。

图 7 大安古镇区位示意

(资料来源:作者自绘)

2.2 大安古镇历史火灾记录与消防态势

大安古镇沿着列圣宫由北向南扩张,自清代以来形成了"十街三十六巷七十二行"的历史文化商业格局。为增大商业临街面以换取更多商品交易,大安古镇形成了密路网、小街区的街巷肌理,建筑密度极大。大安古镇绝大部分建筑为耐火等级低的砖木结构建筑,在紧凑的用地布局中采取商住结合的竹筒屋建造形式:门面窄而小,纵深狭长,前部为店铺经营区,中部空间兼具门厅和货物储藏功能,后部为生活区,常在底层布置厨房、厕所等功能用房(图8),在货物堆积下挤出来的过道异常狭窄,火灾时不利于迅速逃生。再加之大安古镇的主导产业并不依赖水源,因此镇区中没有设置公共水井,致使消防水源紧缺。地理环境的限制以及商品经济的发展为大安古镇埋下了巨大的火灾隐患。

通过翻阅地方志和其他古籍资料以及田野调查结果,截至2020年,大安古镇共发生过14起火灾(表2),其中火势最大的、历史可考的最早的火灾发生在道光十六年(1836年)的夜晚,牛行大街两侧所有的商铺几乎沦为废墟,火势还蔓延到了其他巷道。这场火灾的救援过程深刻反映出大安古镇消防体系的缺失,由于缺乏有组织的救火和灭火器材,灭火时间长达整夜。中华人民共和国成立以来大安古镇最大的火灾发生在1973年,一夜之间大安古镇粮食供应所粮食尽毁。随后的几十年间,由于不当使用煤油灯、过多堆放易燃货物以及电路老化等原因,大安古镇火灾接连不断,而且几乎都发生在不易察觉的夜晚。值得庆幸的是几乎没有造成人员伤亡,经济损失也因抢险及时控制到最低。

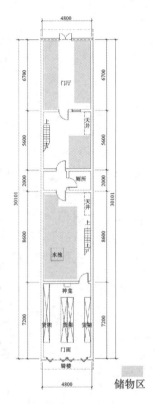

图 8 大安古镇典型竹筒屋内部(左)及底层平面图(右)

(资料来源:作者自绘)

表 2 大安古镇历史火灾统计情况

时 间	火 灾 地 点	灾情及救援
1836 年	牛行街	烧毁整条街所有商铺
抗日战争期间	余氏店铺	单间店铺起火,无火势蔓延
1949 年	永昌镤厂(镇区最大的镤厂)	大火灾,十多分钟被扑灭
1973 年 6 月	大安粮所	火灾烧了一晚,众人合力扑灭
1984 年 5 月	某仓库	大火灾
1987 年 7 月	某房屋(木材加工店)	火势短时间从一楼蔓延至二楼、楼顶甚至邻居家,一个多小时后被扑灭
2003 年 7 月	割板房(内有杉木和柴油)	火势较大
2013 年 7 月	某住宅	液化气罐起火,火势不大
2016 年 9 月	某二层仓库	烟花燃放引起火灾,半个小时后被扑灭
2018 年 2 月	某瓷砖库房	烧毁一批瓷砖及包装材料,损失近 1 万元
2018 年 11 月	罗明村某自建房	无人员被困
2019 年 6 月	桂花路中段某自建房(商业型三合一场地)	二层仓库起火,燃烧物为服装、布匹,立即组织救火,直到第二天凌晨才被扑灭

续表

时间	火灾地点	灾情及救援
2019年8月	贺岗二街中段某自建房	无人员被困
2019年11月	同德村屋儿屯鸿宇家具厂	木材堆起火引起家具和木板起火

(资料来源：作者根据史料和居民口述整理)

2.3 大安古镇传统消防体系的构成

大安古镇居民在与"无牙老虎"(火灾)搏斗的过程中深刻吸取经验教训，虽无法改变紧凑用地布局和消防水源短缺的现状，但他们通过主动购进消防器械、修建消防所和制定防火公约等措施积累了诸多防火、消火的经验，形成了至今仍适用的传统消防体系。

2.3.1 空间布局营造方面：以社区消防所实现古镇的全覆盖

道光十六年牛行街火灾后，古镇居民意识到密集的建筑布局加大了火灾隐患。在已有空间格局欠缺火灾预防的主动性时，古镇的里绅、商号等纷纷召集当地居民集资购进消防器材，修建了多个存放这些器材的消防所(图9)，从而达到划分防火区域，实现古镇消防全覆盖的目的。在空间布局上，这些消防所大多位于蜿蜒的内部巷道中，并选址在可达性较高的巷道交叉口。考虑到实际距离及便于消防器材搬运等因素，以消防站为中心建立半径200米的消防救援范围，在火灾来临时，大安古镇建筑密集区内任意一个场所都能达到5分钟黄金消防救援的目标，甚至可以迅速集结多个消防所的救援力量(图10)；在建筑空间营造上，大安古镇的消防所采取耐火等级更高的砖来砌筑墙体，并一改传统竹筒屋门面窄小的营建方式，将面宽控制在4米以上，消防器材直接存放在门厅且摆放有序，确保火灾发生时可快速使用。

名称	建筑结构	建筑层数	存续状况	现场图片	名称	建筑结构	建筑层数	存续状况	现场图片
永安消防所	砖木结构	2层	使用		镇西消防所	砖木结构	3层	使用	
镇北消防所	砖木结构	1层	使用		镇新消防所	砖木结构	2层	使用	
镇华消防所	砖木结构	2层	重建中		和济堂消防所	砖木结构	2层	重建中	

图9 大安古镇建筑密集区范围内消防所统计

(资料来源：作者自绘)

2.3.2 建筑材料选择方面：覆盖瓦屋面、加建砖墙提高建筑防火性能

大安古镇的建筑普遍采用典型的岭南竹筒屋建造方式，使用小青瓦覆盖屋顶(图11)，在一定程度上可以防止外界火害。原先大安古镇竹筒屋采取的是联排建造的方式，屋与屋之间仅用木板进行分隔，极易造成"火烧连营"的局面，在逐渐发展演变的过程中，古镇居民有意在房屋分隔处选用了耐火性能更好的砖墙(图12)，并且将其延伸至檐口处，大大降低了火势蔓延的风险。

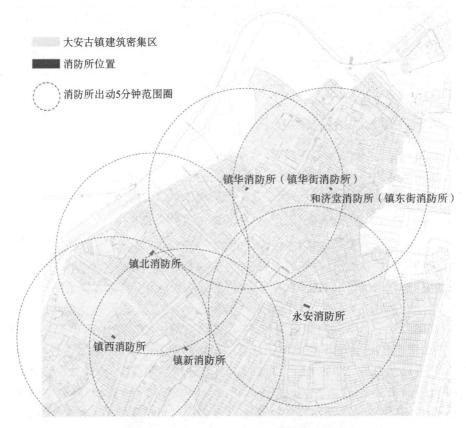

图 10　大安古镇消防所的空间布局及 5 分钟出动覆盖范围示意

（资料来源：作者自绘）

图 11　大安古镇传统建筑瓦屋顶图

（资料来源：作者自摄）

图 12　联排建筑间的隔墙

（资料来源：作者自摄）

2.3.3 防火器械工具方面：购进和打造了人力消防水柜、水枪、喉叉和太平桶等先进的适应性灭火器械

牛行街大火后，大安古镇居民认识到有效和专业的灭火器械对于火灾救援的重要性，于是通过捐款集资等方式集全镇之力从广东购进了当时较为先进的人力消防水柜（水龙）、水枪、火钩等灭火器械[11]，这些器械工具与传统砖木结构竹筒屋的建造特点精准匹配。其中人力消防水柜在清代是最主要也是最先进的灭火工具，对于窄巷有着很强的适用性；喉叉可支撑水管以达到更高的水位喷射点；挠钩用以支撑瓦屋顶，同时亦可阻断火道（图13）。除了借助先进器械的力量，大安古镇居民还尝试自发建造更适应当地条件的器械，如一位木匠就根据大安古镇巷道蜿蜒的特性打造出了一台铁木结构的小型水柜，该水柜更轻便易用。消防员灭火时所佩戴的消防帽采用了藤编工艺，近距离接触高温明火时能够更好地隔热也更耐火。

这些消防器材在古镇居民的维护下将灭火效力发挥至最大：永昌镬厂火灾就被由和济堂出动的消防水柜在10分钟内扑灭，2016年的仓库火灾也因消防所第一时间出动消防水柜，在半个小时内就将火扑灭。目前这些拥有百年历史的器械依旧存放在各个社区的消防所内且可以正常使用。

种类	材料	用途	照片	种类	材料	用途	照片
太平桶、消防桶	石材、木材	小号型提水，大号型蓄水		铜锣	铜质	火灾报警鸣锣	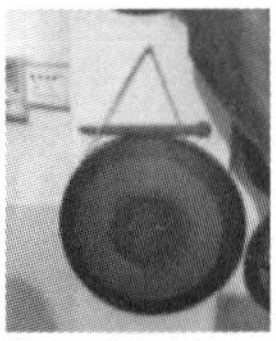
消防水柜	木材，铁质	最主要的救火工具		喉叉、喉笔	铁质	喉叉托住水管、喉笔让水喷向着火点	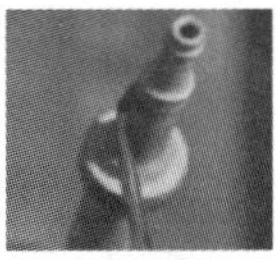
水枪	前期竹木制作，后期发展为红铜等金属材料制作	常用灭火器材	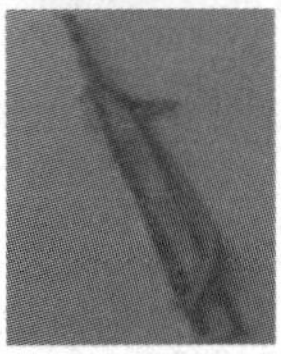	腰带、头盔	藤蔓	保护身体免受高温炙烤	
挠钩、钢叉、攀钉	竹木制或铁质	用来扒火场房屋，可阻断火场，以免火势蔓延					

图13　大安古镇传统防火器械工具统计

（资料来源：作者根据访谈和相关文献整理）

2.3.4 应急组织管理方面：形成以各义务消防队为单位的镇区消防单元以及高度遵守的防火公约

由于大安古镇内每户居民基本都以经商为生，因此其街巷格局本质上就是商业格局的空间体现，在地域上以街巷划分的商业组织带有社会组织的双重属性，这一点在消防所的命名上（如和济堂消防所）就有着充分的体现。牛行街火灾后，各街巷中的商铺、行业代表持续发挥着强大的自组织力量，以地域为单位组建了消防社，同时分别向各户和各商铺筹集资金购置最先进的成套消防器材。至此，大安古镇的各个消防社作为社区自组织单位，以消防所为空间载体，组建了多支人人皆可参与的义务消防队，形成了古镇的多个消防单元。

与其他村镇中由男性青壮年组建的义务消防队不同，大安古镇义务消防队的每类群体都有其明确的分工与协作：青壮年作为灭火的前线与主力，负责按压水柜、托举挠钩以控制火势；妇女负责到江边水塘接水以确保消防水源的充足；老人和孩童协助照亮街道和扫清障碍物（图14）。1973年粮食供应所火灾就出动了将近1500名义务消防员，古镇的男女老少均严阵以待，用了足足一夜时间合力将火扑灭。

在日常生活中，大安古镇居民高度重视防火工作，制定的"六要十不准"防火公约不仅关乎个人用火安全，还包括对消防器材的维护，该公约已经成为被古镇居民高度遵守的防火用火依据（图15）。义务消防队更是从不松懈消防训练，几乎每年都以消防社为单位组织消防演练与比拼，随后演变为现在的民间消防节。随着社区居委会逐渐成为社区基层力量，目前大安古镇各义务消防队已被收编，进行更为规范和严密的组织管理，实现了正式和非正式消防力量的统一。

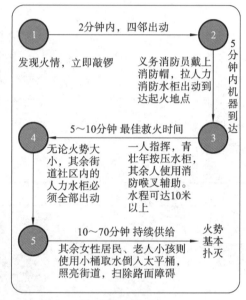

图14 大安古镇传统消火流程示意
（资料来源：作者自绘）

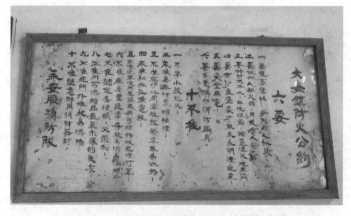

图15 大安古镇防火公约
（资料来源：作者自摄）

3 大安古镇传统消防体系的韧性解析

3.1 大安古镇传统消防体系的韧性作用机制

韧性作为一系列能力的集合,包括稳定力、恢复力和适应力,这三者贯穿灾害的前中后三个阶段[12]。因而历史村镇消防韧性指的是其受到火灾冲击作用下,不过于依赖外界消防力量援助而保证自身结构不被破坏的能力(稳定力)、受灾后及时恢复正常平衡状态的能力(恢复力)以及不断提升自身来保证下次火灾时能更好应对的能力(适应力)。此外,每次火灾事件都具有时空的随机性和原因的不确定性,每次火灾响应过程中各项消防措施并不是相互割裂的关系,而是多类应对措施彼此协调所呈现出来的最大合力,因而历史村镇消防韧性的实现是一个动态的平衡系统,表现为通过学习提升系统适应能力并最终适应灾害的循环过程(图16)。

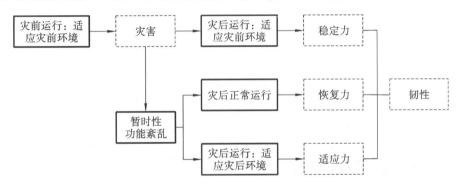

图 16 韧性系统的循环过程

(资料来源:文献[13])

纵观大安古镇传统消防体系中的各项措施,可以窥见消防社这一社区自组织机构促使大安古镇形成了良好的社会基底,在完善消防空间布局、购进防火器械工具以及替换建筑材料上持续发挥着正向促进作用,而这个过程中也伴随着社会资本的逐渐积累,反映在社区自组织管理能力的提升以及共同维护意识的培养上,实现了古镇传统消防体系韧性作用机制的闭环(图17)。一方面,大安古镇消防社的组织与管理依托古镇的里绅、商铺及行业代表,他们作为社区和行业中的"精英",能够通过带头捐赠和社区集资等方式整合全镇可用资源,并快速投入消防所的建设和先进消器械的购置上,同时也通过防火公约的设置引导古镇居民支持消防工作;另一方面,在修建消防所和共同抵御火灾的过程中,大安古镇居民通过穿街走巷敲锣的方式及时通知所有居民以及其他消防社共同出动,在消防社的带领下分群体、有组织地展开救援,同时,一次次共同协作和消防演练实现了消防技术的精进和提升,培养了古镇居民的互助意识。

3.2 当代大安古镇传统消防体系的韧性演变

随着官方力量参与社区治理,目前消防社已归属社区居委会管辖,设立了包含指导员、队长、机修组、扑救组以及供水组等分工明确的领导机构(图18)。而消防节作为一种文化习俗更多地承接了大安古镇社会韧性的培育作用,持续推动居民灭火能力的改进提升和器械工具的维护。每年农历八月二十的消防节都可召集超过5万居民的参与(图19),他们会在节日前一周

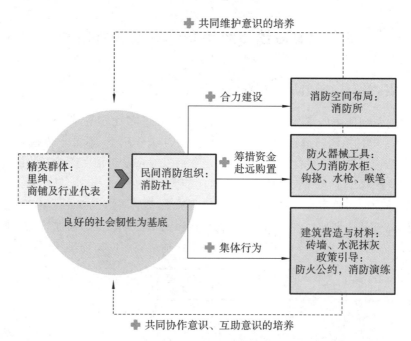

图 17 大安古镇传统消防体系的韧性作用机制
(资料来源：作者自绘)

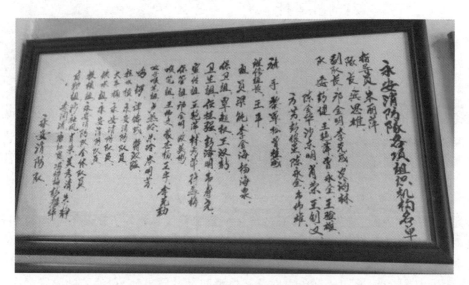

图 18 大安古镇永安队消防组织机构
(资料来源：作者自摄)

对消防器材进行维修和检查，同时每家每户捐款用于活动经费的支出，在节日当天以社区消防所为单位组织射高和射远两项灭火能力比拼。项目选取体现了传统消防体系对当代大安古镇建筑肌理和灭火要求的适应性：射高项目体现出传统消防体系对古镇中新建多层住宅的适应性，射远项目体现出传统消防体系对传统狭长竹筒屋中后部起火的适应性。每年消防队参赛人员中，除了有多年实战经验的义务消防员，也出现了很多年轻人的身影(图20)，传统消防技术通过消防节实现了交替与传承。

值得一提的是,传统消防体系的重要空间载体——消防所逐渐演变为社区主要公共空间,承载了古镇居民的众多社会活动。部分已倒塌的社区消防所在居民的倡议和呼吁中进行了重建和扩建(图21),如加建层数以存放舞狮道具器材或作为粤曲唱戏的场所(图22)。这一演变历程实现了消防所功能的兼并,为大安古镇社会韧性的培育提供了空间载体。

图19　万人空巷的消防节现场

（资料来源：作者自摄）

图20　2021年镇新街消防队中的女将

（资料来源：作者自摄）

图21　消防所重建的倡议书及捐款名单

（资料来源：作者自摄）

图22　永安消防所内的乐群社

（资料来源：作者自摄）

3.3　当代大安古镇传统消防体系的韧性评价

根据历史村镇防灾韧性的三项能力,对当代大安古镇传统消防体系展开韧性评价。

(1) 在稳定力韧性方面,古镇传统消防体系稍显脆弱。致密的建筑肌理和紧缺的消防水源始终是大安古镇消防韧性的一大弊病。虽然传统人力消防水柜等具有较强适应性的消防器材更便于使用,但其效力并不显著,仅在火灾前期对阻止火势蔓延具有一定作用,不能完全扑灭大火。根据实际访谈得知,人力消防水柜的最高射程只有14米,灭火时间根据火势大小在10~70分钟不等,这远远超出了木构建筑可被烧毁的3分钟时间段。

(2) 在恢复力韧性方面,古镇传统消防体系表现良好。在火灾救援过程中,近几年古镇火灾并没有造成巨大经济损失和人员伤亡。从灾后古镇经济状况而言,历年来大安古镇作为全国小城镇综合建设和全国农村经济综合改革试点镇，GDP均位于平南县的前列，这为灾后的迅速恢复提供了经济基础。此外在团结互助的邻里氛围下，古镇居民常通过集资的方式实现快速重建。

（3）在适应力韧性方面，古镇传统消防体系表现极佳。消防节作为一项人人可参与的民俗活动，推动了古镇传统消防体系自身的提升。每年各消防所在相互比拼中形成了明确的分工，有助于提升灭火能力和效率，以更好地适应当下复杂的建成环境，这种配合协作直观作用于下一次的火灾救援现场：几年前在一场因电路老化引起的火灾中，义务消防员们及时通知供电局关闭电路，迅速按压人力消防水柜灭火，在15分钟内就将明火扑灭。目前大安古镇义务消防员的规模高达5000人，消防队伍人数仍在不断扩大。

由此可见，在良好社会韧性的作用下，当代大安古镇的传统消防体系在不断进行自我结构的演替和更新，促使古镇安全韧性随时代变化而持续增强。在火灾肇因日益复杂、消防救援更为困难的今天，大安古镇的传统消防体系依旧体现出较强的韧性，是当代历史村镇建筑密集区域消防救援的典范。

4 总　　结

广大历史村镇发生重大及特大火灾的次数并不亚于城市，但目前能够被人们所熟知且依旧能发挥作用的传统消防手段却少之又少。究其原因，一方面来源于传统消防体系的脆弱性，另一方面则源自现代消防手段对传统体系的遮蔽与漠视。因此在韧性视角下，应充分认识到历史村镇传统消防体系是建立在当地经济状况、文化信仰及建造技艺等综合因素影响下的消防智慧，应基于时空变化的整体架构审视其对于历史村镇韧性提升的价值，在当代环境下重视传统消防经验的延续。良好的社会基底是防灾韧性的基石，也是历史村镇有效开展消防工作的切入点；而现代消防设施对于大安古镇的适应性调整和嵌入是一个漫长的过程，构建二者结合的有机整体在广大历史村镇中更具有普适性。

参考文献

[1] 李云燕，王子轶，石灵，等.韧性视角下日本历史街区防灾实践及其对我国的启示[J].国际城市规划，2023，38(6)：156-166.

[2] 张发光.传统村落民居的火灾蔓延风险及应对措施[J].消防界（电子版），2022，8(10)：126-128.

[3] 傅安辉.黔东南侗族地区火患与防火传统研究[J].原生态民族文化学刊，2011，3(2)：72-78.

[4] 刘文海.徽州古民居防火体系[J].家具与室内装饰，2006(5)：84-85.

[5] 沈东艳，张程.将先民们的宝贵财富留给后代子孙——记浙东千年古镇崇仁镇消防安全工作[J].劳动保护，2019(7)：47-49.

[6] 袁曙光.建国初期的广州民间消防组织研究[J].重庆科技学院学报（社会科学版），2012(5)：78-80.

[7] 张权，钱云，周政旭.黔东南苗族粮仓选址与营建研究[J].住区，2019(5)：55-60.

[8] 汤芸.西南古村镇火灾肇因与消防实践的人类学研究——基于贵州侗族村镇的探讨[J].思想战线，2015，41(2)：31-36.

[9] 郭婧,吴大华.论侗族村寨防火体系之脆弱性——以贵州省黔东南侗族村寨为例[J].广西民族研究,2015(5):74-81.
[10] 闫晨,陈锦涛,段芮,等.韧性城市视角下的历史街区防火韧性评估体系构建[J].中国安全生产科学技术,2020,16(10):133-138.
[11] 杨文福.大安古镇的特殊节日[J].中国消防,2016(21):40-41.
[12] 彭翀,郭祖源,彭仲仁.国外社区韧性的理论与实践进展[J].国际城市规划,2017,32(4):60-66.

韧性视角下历史文化街区空间优化策略研究
——以正定县历史文化街区为例

李文涛[1]　陈青青[2]

摘要:受经济活动、社会环境冲击等多重因素影响,目前,地方历史文化街区面临土地利用方式机械单一、环境质量日益下降等问题,造成空间脆弱性强、空间活力低,致使历史文化街区公共安全问题突出,针对此问题,本文基于韧性理念,构建韧性度评估体系,梳理影响空间格局和空间环境的影响因素,以正定县历史文化街区为例,通过实地调研,从历史文化街区的空间格局和空间环境方面探寻现状问题:①在空间格局上,正定县的空间连通性、导向性较差,应急场所分布不均衡;②在空间环境上,大部分公共空间被占用,产业空间同质化。最后本文从空间格局和空间环境两方面提出改造策略。

关键词:韧性空间;历史文化街区;空间优化策略;正定县

Abstract: Historical and cultural districts face various challenges such as limited land use diversity and declining environmental conditions due to economic activities and social disruptions. These issues contribute to high spatial vulnerability and low spatial vitality, leading to prominent public safety concerns. In response to these challenges, this study adopts the concept of resilience to develop a resilience assessment framework and identifies the factors influencing spatial patterns and environmental conditions. Taking Zhengding County's historical and cultural district as an example, the study combines field surveys to identify the existing problems in terms of spatial patterns and environmental resilience. Specifically, the study highlights two main issues: ① the lack of spatial emergency functionality, uneven distribution of emergency facilities, and poor connectivity and guidance within the emergency system in terms of spatial pattern resilience. ② the lack of diversity in public activity spaces and homogeneity in spatial environments in terms of environmental resilience. Finally, transformation strategies are proposed to address these issues from both spatial pattern and environmental aspects.

Key words: resilience theory; historical and cultural district; spatial optimization strategies; Zhengding County

1 引言

历史文化街区是指经省、自治区、直辖市人民政府核定公布的保存文物特别丰富、历史

1　李文涛,华中科技大学建筑与城市规划学院,城乡规划学系硕士研究生。地址:湖北省武汉市洪山区珞喻路1037号华中科技大学南二楼305室。Email:945613742@qq.com。Tel:15231828542。
2　陈青青,苏州科技大学建筑与城市规划学院,城乡规划学系硕士研究生。地址:江苏省苏州市虎丘区滨河路1701号苏州科技大学江枫校区。Email:1657159720@qq.com。Tel:17367937830。

建筑集中成片、能够较完整和真实地体现传统格局和历史风貌,并具有一定规模的区域[1]。随着城镇化的加速发展,历史文化街区的更新保护已经成为影响城市发展质量的核心要素,但是由于历史文化街区保护涉及整体风貌、建筑肌理、功能体系、环境景观等多个方面[2],系统复杂,容易受到社会环境的影响,对其的保护与更新成为一个难点。韧性概念最初由加拿大生态学家克劳福德·斯坦利·霍林引入,他的研究关注自然界的不稳定性和动态性,他对工程学韧性和生态学韧性进行了区分[3]。在生态学领域,韧性被定义为系统在面对灾害和变化时的吸收和适应能力,强调系统能够经历显著波动并在波动中持续存在。在社会生态系统中,韧性被定义为吸收不确定因素干扰的能力,并通过自主学习和重组创新来寻求动态平衡状态的适应能力[4]。

目前对于历史文化街区韧性空间的研究相对较少,现有的研究主要集中在历史文化街区的防灾减灾和保护开发模式方面。袁奇峰[5]等人通过介绍汕头小公园历史街区和佛山祖庙东华里历史街区两个案例,从经济韧性和社会韧性两个方面对历史文化街区的保护与开发提出了建议。赵彩云[6]从韧性理论内涵出发建立了防灾减灾体系并对正定县历史文化街区进行了实践验证。本文从韧性视角出发,构建历史文化街区空间韧性评价体系,应用于正定县历史文化街区进行验证并提出优化策略,为历史文化街区的保护和开发提供新的思路。

2 历史文化街区空间韧性评价体系构建

2.1 韧性评价体系构建原则

一是系统性原则。街区空间韧性体系并不是仅依靠单个指标,还要反映历史文化街区的建筑、经济、环境等诸多方面。

二是适用性原则。街区空间韧性体系指标的选取要考虑历史文化街区的保护与开发现状,因地制宜,具体问题具体分析。

三是代表性原则。历史文化街区涉及多种复杂因素,选取的指标要具有代表性,能够反映街区的整体韧性特征。

四是动态性原则。街区空间韧性体系不能再拘泥于传统的空间研究,运用新兴工具或方法,实时动态更新,才是发现问题、解决问题的关键。

2.2 韧性评价体系指标选取

街区空间的韧性是指街区空间具备的特征和属性,旨在研究街区环境对韧性的反馈机制。同时,将街区空间的韧性与社会生态学相结合,作为一个复杂适应性系统,街区空间的环境、格局和动态发展过程密切相关。韧性空间是为了提高街区对风险的抵抗能力,需要从经济、社会、空间、环境等多个层面充分考虑。而历史文化街区具有其特殊性,主要体现在街道过窄、缺少公共设施、建筑年代久远且多以木质结构为主、缺少公共空间等方面[6]。在参考大量文献的基础上,本文结合正定历史文化街区的特点,增加体现历史文化街区韧性评价的相应指标,总结归纳为四个维度:建筑韧性、工程韧性、服务韧性和环境韧性。历史文化街区韧性评价体系如表1所示。

表 1　历史文化街区韧性评价体系

目标层(A)	准则层(B)	指标层(C)	影 响 原 因
韧性度	B1 建筑韧性	C1 建筑质量	街区建筑建成时间的长短与建筑质量相关,建筑建成时间越长,建筑质量可能越差
		C2 建筑结构	木结构容易风化受损,建筑架构不稳定容易倒塌或发生火灾
		C3 建筑层数	建筑的层数越高,灾害发生时受灾面积越大
		C4 建筑集聚度	街区中建筑物越密集,灾害处置越困难,所需要的防灾设施就越多
	B2 工程韧性	C5 基础设施冗余度	在主体设施被破坏的情况下仍能利用备用设施运行和使用的能力
		C6 避难空间面积	可以为人群提供紧急避难场所,减少风险损失
		C7 公共空间连通性	增强公共空间连通性可以提高街区的管理水平以及应对风险的能力
	B3 服务韧性	C8 产业结构多样性	产业多元化能够抵御经济波动的影响
		C9 公共空间多样性	街区公共空间应该提供各种不同的功能场所和设施,以满足不同人群的需求
		C10 交通可达性	街道过窄,消防车无法进入,不利于游客疏散
	B4 环境韧性	C11 绿化覆盖度	绿化覆盖度高一方面可以提高空气质量,另一方面影响雨水渗透
		C12 文化氛围感	街区所呈现的独特文化特征和艺术氛围,以及人们对该文化氛围的感知和体验
		C13 空间舒适度	街区环境给人们带来的舒适感和空间的宜居性

2.3　韧性评价指标权重计算

层次分析法[7]具有系统性、简洁性的特点,建立目标层、准则层和指标层三级结构,适用于解决街区韧性的多目标问题。

本文结合正定县历史文化街区的实际情况,进行专家咨询问卷调查,访问了 10 位研究历史文化更新与保护的专家,采用五级量化打分表,将各指标的重要性分为很不重要、不重要、重要、比较重要、很重要五个级别,按照 1~9 标度法构建判断矩阵,比较各级因子的相对重要性。最后利用 Yaahp 软件得出各个层级的权重(表 2)。

表 2 历史文化街区韧性评价指标权重计算

目标层(A)	准则层(B)	权重	指标层(C)	权重
韧性度	B1 建筑韧性	0.565	C1 建筑质量	0.3192
			C2 建筑结构	0.1481
			C3 建筑层数	0.0312
			C4 建筑集聚度	0.0664
	B2 工程韧性	0.262	C5 基础设施冗余度	0.167
			C6 避难空间面积	0.0677
			C7 公共空间连通性	0.0275
	B3 服务韧性	0.118	C8 产业结构多样性	0.0303
			C9 公共空间多样性	0.0275
			C10 交通可达性	0.0748
	B4 环境韧性	0.055	C11 绿化覆盖度	0.0352
			C12 文化氛围感	0.0058
			C13 空间舒适度	0.0143

3 正定县历史文化街区空间现状问题分析

3.1 正定县概况

正定县位于冀中平原,是国家级历史文化名城(图 1)。古时曾称常山、真定,历史上与北京、保定并称为"北方三雄镇"。正定县是百岁帝王赵佗和常胜将军赵云的故乡,也是中国民间艺术之乡。正定县地理位置优越、交通便利,拥有丰富的历史遗迹和深厚的文化积淀,被誉为"古建筑宝库",县域内有 9 处全国重点文物保护单位和 3 处省级文物保护单位。此外,正定县的县级文物保护单位有 12 处,历史建筑有 44 处[8](图 2)。

正定县目前拥有两处历史文化街区,分别是隆兴寺历史文化街区和开元寺历史文化街区(图 3)。隆兴寺是国内保存完整、规模较大且时代较早的佛教寺院之一,被列为全国重点文物保护单位,该寺的建筑体现了古代的艺术智慧,具有重要的历史和文化价值。开元寺原名净观寺,其木结构、柱网和斗拱等体现了唐代建筑的艺术风格。尤其是上层的木构件,大部分仍然保持着唐代的原貌。

3.2 正定县历史文化街区空间韧性现状分析

3.2.1 建筑韧性现状分析

历史文化街区的建筑建设年代较早,公共服务设施缺少,不能满足防灾应急需求;在隆兴寺和开元寺历史文化街区中存在大量新建的仿古建筑,但消防设施配置不足,一旦发生火灾,容易连片受损,一定程度上影响了街区的韧性体系。

3.2.2 工程韧性现状分析

正定县历史文化街区的应急场所分布存在不均衡的问题。尽管开元寺附近有较大的停车

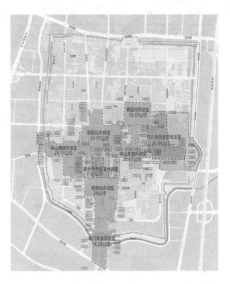

图 1　正定县历史城区区位图　　　　　　图 2　正定县历史文化街区区划图

图 3　正定县历史文化街区区位图

场,但在旅游旺季时,停车场被大量车辆使用,无法发挥其应急避难场所的功能。另外,历史文化街区内的空间互通性也存在问题,主要表现为空间应急系统之间的连接不畅和导向性较弱(图 4)。

从高德地图上爬取正定县 poi 点数据,获取正定古城的停车场点位,建立 100 m 缓冲区(图 5)。从结果可以得出,在历史文化名城保护规划公布的历史文化街区和保护风貌区范围存在停车场数量少、面积小等问题,重大节假日易发生交通拥堵。

图 4 部分建筑开裂破损、街道过窄

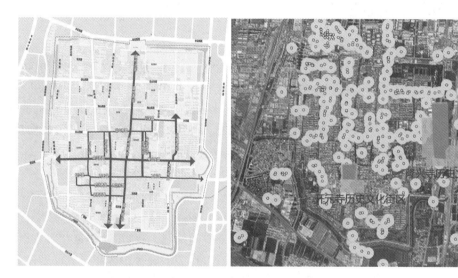

图 5 正定县历史文化街区路网布局、停车场缓冲区分析

3.2.3 服务韧性现状分析

正定县历史文化街区在公共活动空间方面，空间活力缺失，文化体验活动少，疏散游客能力弱，部分空间被占用，应急功能较差；在道路空间方面，消防应急能力较强，但道路经常被车辆占用，影响道路的应急能力；在空间导向性方面，空间结构没有应急标识系统，空间导向性差，不利于游客和居民的应急疏散（图 6）。

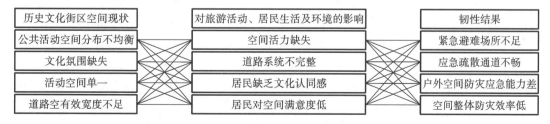

图 6 历史文化街区服务韧性现状分析

3.2.4 环境韧性现状分析

通过调研发现,历史文化街区公共活动空间被占用现象严重,应急容量小、环境差,空间舒适性不强。在文化体验方面,正定县历史文化街区建筑经修葺后现代化气息浓厚,其规划结构、文化氛围和其他历史文化街区具有一定的相似性,体现了历史文化街区空间改造"千篇一律"的特性。这使得正定县历史文化街区地方性缺失、面貌单调、文化特色不足。街区空间环境的地方性缺失导致游客和周围居民对历史文化的感受减弱,进而影响游客和居民对公共空间资源的保护意识,对历史文化街区空间的可持续发展不利。此外,在绿化方面存在环境质量较差、植物数量稀少且种类单一的情况,限制了应急和防洪功能的发挥。

4 基于韧性理论的正定县历史文化街区空间优化路径

4.1 空间格局优化路径

4.1.1 增强空间的多功能性

历史文化街区的多功能性对其空间系统适应灾害的能力有重要意义,历史文化街区中的绿化空间可以被设计成阻灾空间,绿化植物能够起到遮蔽作用并保持自身水分,从而阻止火势的蔓延。针对正定县历史文化街区道路空间中占道停车、有效宽度不足影响应急功能的问题,对其进行空间优化时应保障公共停车空间充足,在街道出入口、道路节点等空间划定消防应急预留空间,保证道路畅通,保障消防通道的有效通行宽度不小于 4 m。

4.1.2 增强空间的冗余性

可对历史文化街区空间系统进行梳理,整合出系统性的应急疏散通道。不同的街区结构具有不同的性质。街区应急疏散通道应确保街区内全覆盖,形成完整的疏散系统。

历史文化街区的应急场所多由绿地空间、公共活动空间承担。可以从"容量""服务半径"两方面构建防灾应急组团。首先应明确防灾应急组团的容量,为了确保游客和居民可迅速到达安全空间,多中心分布的应急场所不仅需要满足一定的容量,还要能容纳该服务范围内的居民和游客,避免出现无避难空间的情况。需要对各个季度在历史文化街区中的游客人数和街区内居民人数进行调查,根据每人 $1\ m^2$ 的有效避难面积来确定应急场所的容量。对于防灾应急组团的服务范围,在应急状态下,游客和居民倾向于选择距离较近的应急场所进行避难。李西琳提出防灾避险绿地服务半径的计算公式为:$R=tv\beta$[9]。

式中,R 是防灾避险绿的服务半径;t 是人们紧急疏散的步行时间(3~5 min);v 是人们紧急疏散的步行速度(v 取值 0.85~1.2 m/s);β 是道路的弯曲系数(β 取值 0.65)。

经计算,正定县历史文化街区避险绿地的服务半径为 100~250 m,如图 7 所示,这个范围小于街区绿地服务半径。同时,历史文化街区应急场所服务半径应考虑到老年人行动能力,老年人的步行速度为 0.5~1.0 m/s,从而服务半径应为 50~200 m。

对于应急避险,应该以每年最大的游客数量为基准,根据人均避难面积计算防灾应急组团应提供的应急面积。增强空间的冗余性不仅要对街区绿化空间、公共活动空间进行整合,同时要考虑将紧邻文化景点的部分空间作为紧急避难场所。

4.1.3 增强空间的互通性

建议通过增加游客休息处、旅游纪念品购买处等功能空间缓解游客流量。对历史文化街区

图 7 避险绿地、防灾组团服务半径

存量资源进行整合,如在街区游道两侧、空地等增设休息处。具体措施:①减少休息座椅,以免游客大量聚集;②对街区犄角处的绿化空间进行改造,增加娱乐设施,吸引游客,减少游客在一处大量聚集的可能。

4.2 空间环境优化路径

4.2.1 丰富空间多样性

历史文化街区空间多样性建设的核心在于创造具有复合功能的空间,以满足游客的需求,并促进空间的聚合效应。在历史文化街区的空间改造中,可以采取以下措施:①强化文物保护单位的展示效果,突出文物保护单位的存在感,增加展示和体验区用于传播历史文化,使游客可以更深入地了解街区的历史文化;②设立文化长廊,用于传播街区的历史文化,如在文化长廊内提供游客休息和交流的场所,让他们更好地体验街区的文化氛围;③根据游客和街区居民的需求,提供多样化的空间场所,如可以举办古玩旧货交易会,邀请国内众多古玩商和收藏爱好者参与。

4.2.2 增强空间地方性

空间地方性主要表现在公共空间是否具有场所精神。增强历史文化街区的空间地方性一方面应重视传承,研究街区的历史文化、建筑特色和居民的生活习性,如可以建设具有历史特色的景观小品和文化墙等。另一方面应重视创新,研究社区发展过程中产生的新文化、新创意和居民的新生活需求,将创意融入日常生活,培育小而美的空间,如可以建设具有时代精神的景观小品和文化空间,以满足当代居民的需求。

5 结论与讨论

本文基于韧性理念,从建筑韧性、工程韧性、服务韧性、环境韧性四个维度构建了历史文化街区空间韧性评价体系,并基于该体系分析了正定县历史文化街区空间韧性存在的问题及引发问题的原因,最后从历史文化街区空间格局和空间环境两方面提出改造策略。

历史文化街区空间改造不仅应该重视"定性"方面的思考,更应该重视"定量"的研究,实现历史文化街区空间改造的精准化,发挥其最大价值。本文从韧性理论出发,提出了历史文化街区空间韧性改造的策略与设计方法,在今后的研究中可以引入更多量化指标进行完善。

参考文献

[1] 徐敏,王成晖.基于多源数据的历史文化街区更新评估体系研究——以广东省历史文化街区为例[J].城市发展研究,2019,26(2):74-83.

[2] 李云燕,赵万民,杨光.基于文化基因理念的历史文化街区保护方法探索——重庆寸滩历史文化街区为例[J].城市发展研究,2018,25(8):83-92+100.

[3] 西明·达武迪,曹康,王金金,等.韧性规划:纽带概念抑或末路穷途[J].国际城市规划,2015,30(2):8-12.

[4] 彭翀,郭祖源,彭仲仁.国外社区韧性的理论与实践进展[J].国际城市规划,2017,32(4):60-66.

[5] 袁奇峰,蔡天抒,黄娜.韧性视角下的历史街区保护与更新——以汕头小公园历史街区、佛山祖庙东华里历史街区为例[J].规划师,2016,32(10):116-122.

[6] 赵彩云.韧性理念下的历史文化街区防灾减灾研究[D].石家庄:河北师范大学,2019.

[7] 王红.基于AHP层次分析法的成都市养老型社区外部公共空间适老性研究[D].成都:西南交通大学,2016.

[8] 王兆芳,赵勇,李沛帆,等.基于公众参与的历史文化街区保护研究——以正定历史文化名城为例[J].城市发展研究,2014,21(2):27-30.

[9] 李西琳.城郊居住区户外环境防灾设计研究[D].哈尔滨:哈尔滨工业大学,2014.

同仁历史城区空间基因识别提取及传承导控研究

熊 尧[1] 鱼晓惠[2] 叶 娇[3]

摘要：历史城区体现着城市发展的记忆，具有极高的历史价值。本文聚焦新时代历史城区保护与传承问题，构建了"空间层级—基因类型—组合模式—表达性状"的空间基因研究框架，分别从宏观城景、中观格局、微观形态三个层级系统解译了同仁历史城区的两类基因，识别提取同仁历史城区的空间基因图谱；其次，进行同仁历史城区空间基因的传承问题评估，总结并提出同仁历史城区空间基因的传承导控策略。本文拓宽了空间基因在历史城区的实践应用，并为识别、分析和传承历史城区的空间基因提供了理论和实践参考。

关键词：空间基因；历史城区；传承策略；同仁

Abstract: Historic urban areas embody the memory of urban development, Focusing on the protection and inheritance of historic urban areas in the new era. This paper firstly constructs the research framework of "spatial hierarchy-gene type-combination pattern-expression shape", systematically interprets the two types of genes in Tongren Historic Urban Area from three levels: macro cityscape, meso pattern and micro shape, and identifies and extracts the spatial gene map of Tongren Historic Urban Area. This study broadens the practical application of spatial genes in historic urban areas and provides theoretical and practical references for identifying, analysing and inheriting spatial genes in historic urban areas.

Key words: spatial genes; historic district; inheritance strategy; Tongren

1 研究背景

1.1 "空间基因"概念与内涵

"基因"是一种生物特征的传承载体，来源于生物遗传学，记录了物种孕育、生长、凋亡等方面的全部信息。我国对城市"基因"问题的研究大致可分三个阶段：第一阶段是对"基因"问题的抽象性论述；第二阶段是对"基因"相关概念进行界定；第三阶段拓展到"空间基因"的概念，提出并开展各项实践研究（图1）。

---

1 熊尧，长安大学，硕士，研究方向为城乡规划理论与方法。地址：陕西省西安市雁塔区长安大学小寨校区。Email：shaxie1009@163.com。Tel：13333928158。
2 鱼晓惠，长安大学，教授，研究方向为城乡规划理论与方法。地址：陕西省西安市雁塔区长安大学小寨校区。Email：yuxiaohui@chd.edu.cn。Tel：13379232740。
3 叶娇，德钦县住房和城乡建设局，职工，研究方向为城乡规划理论与方法。地址：云南省迪庆藏族自治州德钦县升平镇德钦县住房和城乡建设局。Email：524559571@qq.com。Tel：18340863890。

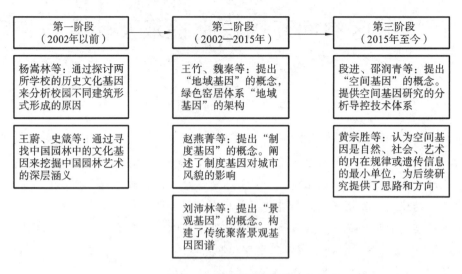

图1 空间基因研究进程

近年来,空间基因理念在针对历史文化遗产的研究中发挥了重要的作用,空间基因理念是一种对空间的基本元素进行分类和识别的理论。这个理念让我们可以更好地理解历史文化遗产中的空间形态和结构,并从中提取重要的信息进行分析。但是,我国在这方面的研究还处于初级阶段。大部分学者对此进行了探讨,但大多局限于传统的城市形态类型学。此类研究虽然可以对城市的结构和形态进行分类和比较,但是对空间基因并没有形成统一的认识,需要更多的研究和探索。因此,亟须建立一个更加精准的空间基因提取和分析方法,以更好地传承历史文化遗产。

1.2 历史城区"空间基因"及其研究意义

历史城区在城市发展中承担着重要任务,是历史文化遗产的重要组成部分。目前,我国已经建立了较为完整的历史城区保护制度,但在保护力度、方式和效果等方面仍然存在许多问题。大部分历史城区都位于城市的中心地带,需要兼顾历史承载与开发建设的任务。因此,在其开发过程中要寻找一个平衡点,既能够保护历史文化遗产,又能够满足城市的发展需求。

空间基因理论在城市空间发展论研究中是一个里程碑,其主要思想是空间传承与生物体遗传具有逻辑相似性。生物基因通过核苷酸的不同组合排列以表达特定信息,在空间基因中,各类特征因子同样可以通过编码形成稳定的空间组合模式,如图2所示。

空间基因能够承载不同地区特有的信息,具有探究"空间—自然—人文"互动关系的优势。这一理论对历史文化遗产的保护开发进行了优化,实现了空间研究由创造性向实践性的过渡。现有的空间基因研究实践已经构成了"识别—评估—导控"的技术体系,使得历史城区的保护和传承变得更加科学和有序。本文在既有理论和实践的基础上,沿用空间基因"识别—评估—导控"的技术路径,系统化地提出历史城区空间基因图谱识别提取和传承导控的技术方法,为历史城区的传承实践提供有力的支持。

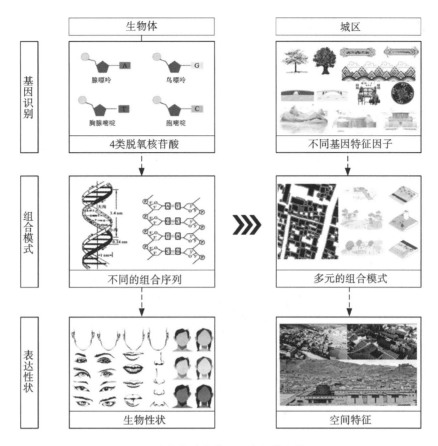

图 2 生物体遗传体系和空间基因体系

2 历史城区空间基因研究路径

2.1 历史城区空间基因识别解译

历史城区的形成与演化历程通常同时受到自然环境和意识形态影响,并呈现独有的物质与非物质特征。尤其是同仁地区,具有"多民族""欠发达"的特点,在其历史城区发展过程中,出现了活力缺失、非物质文化遗产失传、保护不够等问题,需要应用空间基因理论对其关键性遗传信息进行提炼。本节在空间基因研究过程中,首先将历史城区的空间基因识别为显性基因及隐性基因两种类型。其次,参照生物性状由整体到部分的结构特征,将历史城区也分为宏观、中观、微观三种空间层次。因此,历史城区的空间基因识别解译需要结合已有相关研究,从宏观、中观、微观的空间层次和文化、民俗、交往系统视角来进行,解译成果见表 1。解译过程中空间基因的特征因子应具有地域性、独特性、传承性。

表1 历史城区空间基因识别解译

基因类型	基因解译	特征因子
显性基因	宏观	地理环境
		城市选址
	中观	交通网络、街巷格局
		空间秩序、公共节点
	微观	建筑簇群
		重要建筑、标志
隐性基因	文化	传说
		艺术
		工技
	民俗	节庆
		民族信仰
		习俗
	交往	集体活动
		日常交往

2.2 历史城区空间基因图谱提取

历史城区在显性基因与隐性基因的特征因子相互作用下逐渐形成各种相对稳定的组合模式,并呈现明显的层级特征。根据解译过程的研究,空间基因图谱的提取过程可以分为宏观城景、中观格局、微观形态三个层级。其中,宏观城景层级着眼于自然与城、山水之间的关系,中观格局着眼于城区空间和交通系统,微观形态则着眼于簇群肌理和重要的建筑与标志,如图3所示。

2.3 历史城区空间基因传承路径

基于以上分析,本文依据遗传学基因信息存储传递的过程,提出以下历史城区基因传承导控路径:①依据显性和隐性两个类型解译历史城区的"特征因子";②从宏观城景、中观格局、微观形态三个层级提取历史城区的"空间基因图谱";③根据空间基因图谱,系统性认知历史城区重要遗传信息,进行问题评估并提出相应策略。值得注意的是历史城区的空间基因图谱是一个复杂网络,因此,在实践过程中需要明确研究区域各层级、各类空间基因保护与传承的侧重点,提出相应策略,进而达成历史城区自然、人文、空间的协调发展。

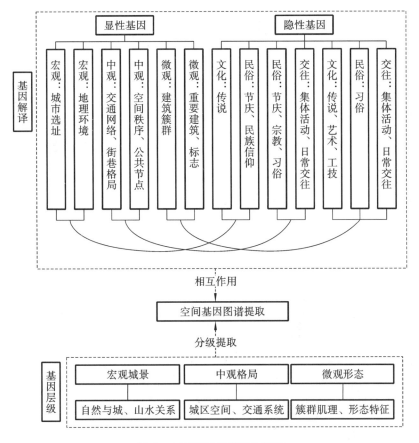

图 3 空间基因图谱提取框架

3 同仁历史城区空间基因识别提取

3.1 研究区域与演进历程

同仁市中心城区位于同仁市中北部，G213 国道和张汶高速公路从该区域东侧经过，是同仁市的商业和行政中心。同仁历史城区位于同仁市中心城区南部，以隆务街社区为主体，包括隆务寺、四合吉社区以及隆务庄村的部分地区。该区域民族构成多样、民族信仰多元，且历史悠久、遗存丰富、建筑风格多样，拥有浓郁的历史文化氛围（图4）。

分析同仁历史城区的历史空间演进发现，其历史空间演进主要受自然、经济、信仰等因素的影响。隆务

图 4 同仁历史城区区位图

寺是同仁历史城区的起源地，也是安多地区的佛教文化中心。元明时期同仁城址初显，空间主体分布在隆务寺范围内。清朝时期，隆务寺范围逐渐扩展，隆务河沿岸形成了商人居住区——隆务古镇。到了民国时期，同仁地区政教合一，隆务古镇继续向南北方向发展（图5）。

图 5 　同仁历史城区历史空间演进

在同仁历史城区的漫长历史中,自然环境一直是影响城区演进的重要因素,作为高原城市,同仁市的气候和地理条件都对城区的发展产生了极大的影响。同时,经济因素也是城区演进的重要推动力。由于同仁市地处丝绸之路的交通要冲,其在历史上一直是商业活动的中心,这也促进了城市的发展。此外,佛教在同仁历史城区的演进中也扮演了重要角色。隆务寺作为佛教文化中心,吸引了大量的信徒和僧侣,也成为城区发展的重要催化剂。

3.2　同仁历史城区空间基因识别解译

经上节分析,可将空间基因分为显性基因和隐性基因,并在各空间层级中从"特征因子—组合模式—表达性状"三方面进行空间基因的识别解译。

3.2.1　宏观城景层级

(1)特征因子。

从显性基因来看,同仁历史城区的城市景观是一个人与自然、山水构成的有机整体,在各种特征因子的综合影响下,城区选址于山水之间,坐落于西高东低的台地上。城区地势平坦,形成了"山—城—水"相融的空间格局。

从隐性基因来看,同仁历史城区是藏传佛教的主要发源地,具有浓郁的宗教气氛。经历了政教合一的历史时期,再加上口口相传的神话故事,使得寺院和僧侣在人们的心中具有至高无上的权威,并形成了"山—神—人"的社会结构。

(2)组合模式。

依据特征因子分析,对宏观城景层级空间基因进行城区选址、地理环境与社会结构三个方面的研究。在城区选址与地理环境层面,我国自古以来就强调自然与人居的和谐关系,文学因子与地理环境因子影响下历史城区呈现出依山就水的特征。在社会结构层面,城市的营建受民俗因子影响,使得寺庙等宗教建筑及节庆空间位于城区的制高点。

(3)表达性状。

在各种特征因子的共同影响下,同仁历史城区城景层级空间基因的表达性状可分为两类。一是基于自西向东的"山—城—河"并列排布与"山—神—人"并列排布的组合,两者相互作用下形成了"山—庙—城—河"的并列排布方式,即山环水绕的格局特征。二是基于自西向东的以山为制高点逐步向水过渡与以宗教信仰为制高点逐步向人过渡的降序排布,两者相互作用形成了"寺庙高、居住低"的降序排布方式,即台地串城的格局特征。

3.2.2 中观格局层级

(1) 特征因子。

从显性基因来看,同仁历史城区的交通系统是古城的主干,它支撑城市簇群,确定城市的发展方向,为城市的开发与发展奠定了基础。由于同仁历史城区土地利用排布与交通联系密切,其运行过程中出现以交通体系为契机发展起来的城区格局。

从隐性基因来看,同仁历史城区的交通遵循"顺应自然"原则的同时也满足人们的民族信仰和日常活动的需要,因此同仁历史城区形成了与自然联系密切且满足人们需求的街道,城区的空间分布同样受到民俗、交往特征因子的影响,反映在城区空间秩序与公共节点的布置中。

(2) 组合模式。

依据特征因子的分析结果,对中观格局层级进行交通网络、街巷格局、空间秩序与公共节点三个方面的研究。交通网络因子识别出自然与功能共生的特点,受中国传统营建思想与宗教氛围的影响较深;街巷格局因子识别出不同的街巷类型,民族信仰和社会交往等需求也通常影响街巷的布局和形态特征;空间秩序与公共节点所占的居住用地和文化设施用地居多,其中民俗与交往因子下的"六月会"等节庆民俗,都是以公共节点为基础开展的。

(3) 表达性状。

在显性基因、隐性基因共同影响下,同仁历史城区中观格局层级的空间基因在交通网络、街巷格局、空间秩序与公共节点三方面皆表现出了地域性特点。首先,城区内的交通网络以隆务寺为高地,形成了"平坦有致,斜坡无阻"的格局。街巷格局与其所承担的职能有关,分为以便利人员往来为主的居民区街道和以商业、宗教、文化为主的综合区街道。同样,空间秩序与公共节点受民族信仰因子影响,寺庙在居民心中地位较高,并据此形成宗教文化发展轴和商业发展轴。

3.2.3 微观形态层级

(1) 特征因子。

从显性基因来看,同仁历史城区内商业、居住、宗教建筑的簇群肌理各有特点,随交通网络结构形成不同形态,重要建筑与标志则往往与历史遗存相关。

从隐性基因来看,簇群与重要建筑、节点都不同程度地受到文化、民俗与交往因子的影响。例如,建筑受当地特有技艺的影响,既可体现同仁历史城区的艺术和风俗,又承载着当地人民的交流需要,这些不同特征因子的结合,形成了微观形态的等级结构。

(2) 组合模式。

依据上文分析,对空间基因进行建筑群、重要建筑与标志两个层面的研究。在建筑群层面,商业、居住、宗教建筑群在各类特征因子综合作用下其组合方式、外观特点以及居住形式的地域性特征显著;在重要建筑与标志层面,同仁历史城区内历史遗存较多,都是不同民族、不同时期的代表,是多民族文化融合的产物。

(3) 表达性状。

历史城区的独特魅力在于其独特的肌理特征和建筑外观。在同仁历史城区内,不同的建筑簇群呈现出"组团+散点"的分布模式,在空间上错落有致。同时,同仁历史城区内的建筑物在形式上表现出了丰富的色彩、宗教、民族的特征,但是总体上保持了视觉的和谐。这种和谐是由于历史城区内的建筑物都遵循了统一的建筑规则和风格,这些规则和风格形成了视觉上的统一感。居住模式上,商业建筑多为前店后宅、下店上宅的布局形式,商业和居住空间紧密相连,同时也能够满足商业家庭的生活需求。而宗教和居住建筑则通常为"街道—前院—建筑"的布局形式。

同仁历史城区有6处重要建筑和5处重要标志,这些重要建筑和标志大多与宗教遗存相关,其不仅是历史城区的文化遗产,也是人们认识历史城区的重要窗口。同仁历史城区空间基因识别解译可整合为表2所示结果。

表2 同仁历史城区空间基因识别解译

基因层级	显性特征因子与表达性状	隐形特征因子与表达性状
宏观城景层级	城市选址:"山—城—水"一体的历史城区空间布局。地理环境:两山一水、西高东低的台地	文化:以隆务寺为中心的政教合一体制,民族聚成、地方性等传说。民俗:端午节、六月会等节庆,受民族信仰影响
中观格局层级	交通网络:平地规则、坡地自由。街巷格局:不同类型的街巷宽窄比例不同。空间秩序与节点:三区两轴	民俗:端午节、六月会等节庆,传统的红祭与白祭,藏历新年等的寺庙朝拜。交往:庆祝、集会等集体活动,日常的交流沟通
微观形态层级	建筑簇群:"组团+散点"的分布模式。重要建筑与标志:6处重要建筑和5处重要标志	文化:传说收录,绘画、美术等收藏艺术,藏戏、民歌等流传艺术,绘画、堆绣等热贡工技。民俗:新年朝拜、人生礼仪等的风俗。交往:集体活动与日常娱乐

3.3 同仁历史城区空间基因图谱提取

同仁历史城区拥有悠久的历史,为了更好地保存和传承其历史遗产,同时也为了更好地规划城区发展,需要对同仁历史城区进行空间基因信息图谱的构建。首先,需要识别同仁历史城区的空间基因信息,包括建筑、道路、景观等方面的数据。然后以一体化的手段记录这些基因数据并及时更新,确保信息的准确性和完整性。其次,从整体上把控各类空间基因的现实情况,在宏观、中观、微观三个空间层级下从特征因子、组合模式、表达性状三个层面整合不同空间基因,构建同仁历史城区空间基因信息图谱,如图6所示。

4 同仁历史城区空间基因传承导控策略

4.1 同仁历史城区空间基因传承问题评估

4.1.1 宏观山水格局受损

近年来,城镇化的快速发展为同仁历史城区带来经济效益的同时也使得城景层级空间基因受到影响。一方面,城区周边存在自然灾害现象,城区开发建设过程中常面临山体滑坡等各类自然灾害影响,历史遗存也因此受到损坏。另一方面,随着同仁历史城区开发建设行为的扩大,对于隆务西山、隆务河的自然环境存在侵蚀现象,城区与山水之间的融合度也随之降低。此外,目前同仁历史城区沿隆务河周边进行了初步的开发整治,但是没有考虑亲水性,加建的建筑阻碍了人与水的互动。

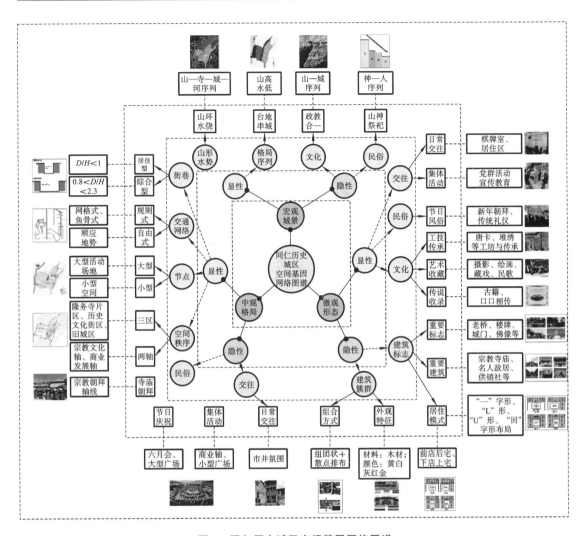

图 6　同仁历史城区空间基因网络图谱

同仁历史城区宏观层面空间基因传承导控的关键内容应是修复山水本底与城区之间的割裂,适应性调整战略以增强城景的融合度。

4.1.2　中观空间活力缺乏

一方面,随着同仁新区的建设与发展,原属于同仁历史城区的教育、政治等功能迁出,导致历史城区人口大量流失。另一方面,尽管同仁历史城区的旅游业近年来有了一定的发展,但是城区建设仍然处于滞后状态,存在交流空间缺乏、基础设施不完善等一系列问题,进而造成空间活力衰退,人口进一步流失,且当地的传统工艺难以得到传承。

作为同仁历史城区中观层面空间基因,其传承导控的关键内容是将实体空间作为载体,将更深层的历史文化元素融入其中,用传统技艺来培育新的业态,活化城区空间秩序。

4.1.3　微观特色资源衰退

随着现代化的推进,历史城区正在面临着文化资源保护的挑战。尽管全国重点文物保护单位得到了一定的保护,但其他历史建筑却缺乏专项保护资金和政策支持。对于古城墙遗址,自然侵蚀和建设性破坏是最常见的问题。这些遗址缺乏专项保护规划和活态利用方案,导致它们的价值无法得到充分的发挥。此外,现代化建筑的崛起也导致当地民居特色逐渐消失,这些现象对城市的文化特色和历史价值传承都有不利影响。

作为同仁历史城区微观层面空间基因,其传承导控的关键内容应是以建筑空间为载体,制定活态利用计划,让更多人了解和参与文化传承工作。

4.2 同仁历史城区空间基因传承导控策略

4.2.1 格局修复——增强地景基因适应性

历史街区的传统格局是经过长时间的城市发展而形成的,它是一种重要的城市历史记忆,其基础空间基因发生变化的先决条件是基因的完全遗传。所以,未来的城区开发建设,应该维持"山环水绕、台地串城"的格局。

针对"山环水绕、台地串城"的格局,可以沿河打造亲水绿地。将自然绿地引入城市空间的同时,加强隆务西山与隆务河沿岸的环境保护力度,延续城区与山、水的融合度。增种行道树,串联构建历史城区的生态网络,从而修复历史城区被破坏的生态屏障(图7)。

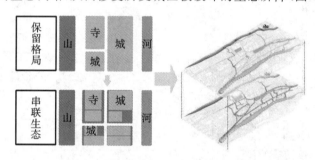

图7 地景基因修复示意图

4.2.2 情感融合——营造格局基因氛围

格局基因中的城区空间与道路系统都是为居民服务的,居民的情感维系是同仁历史城区文化遗产的隐形支撑。可以将民族情感与历史情感融入格局基因,在物质空间中以实物直接展示民族关系,并在精神空间上进行更深层次的民族交融(图8)。

图8 格局基因修复示意图

比如,对于同仁历史城区的两条主要轴线,可以采用"文化商贸链条"的模式来进行改造。以隆务寺、清真寺、圆通寺为核心,对两条轴线进行整修,使其基本功能与空间秩序得到改善。在轴线原有居住功能的基础上增加新的文化形式,以提供更多就业岗位,并推动传统工艺的传承。以此构成古城的一条全新的旅游线路,为古城注入更多的活力。这种传承战略不仅是对物质层次的保存,更将精神层次的基因以一种新的方式延续。

4.2.3 强化内涵——维护形态基因特征

形态基因通常是历史城区文化的主要载体,体现了当地的文化特色与沉淀。首先,在建筑簇群层级,应有效保护传统民居以及提升建筑协调度,维持现有的簇群肌理,同时对视觉通廊、建筑高度予以限制。其次,在建筑单体方面需要着眼于历史原貌的还原,同时植入新业态,维持重要建筑与标志的历史原貌与格局,使游客可以感受到浓厚的历史文化氛围。另外,应对历史建筑进行维护和修缮,定期检查其安全状况,保证历史建筑的长期保存。这样不仅能够保护历史建筑的风貌,还能够实现历史建筑的可持续利用(图9)。

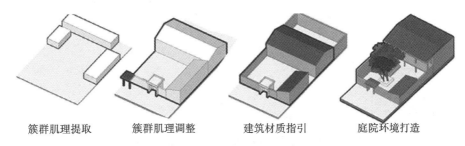

簇群肌理提取　　簇群肌理调整　　建筑材质指引　　庭院环境打造

图9　形态基因肌理维护示意图

5 结　　语

历史城区是城市发展的见证者,它们展示城市形态的同时也蕴含着深层次的空间组合规律,其作为城市文化的重要组成部分,具有不可替代的价值。为了更好地保护历史城区,本文建立了"识别解译—图谱提取—问题评估—传承导控"的空间基因研究框架,这一框架强调对历史城区显性基因和隐性基因的协同保护,为历史城区的保护实践提供了一种更为全面、直观的方法。但基于历史城区的复杂性与多变性,后续研究尚须进行更多定量分析,与其他学科进行融合研究,从而提高空间基因提取的准确性。

参考文献

[1] 杨嵩林.风格迥异的姊妹园——试论清华学堂与燕京大学校园的历史文化基因[J].华中建筑,1991(4):62-67.

[2] 王蔚,史箴.与天对话——略析中国园林的传统文化基因[J].新建筑,1997(2):50-52.

[3] 王竹,魏秦,贺勇.从原生走向可持续发展——黄土高原绿色窑居的地区建筑学解析与建构[J].建筑学报,2004(3):32-35.

[4] 刘沛林.中国传统聚落景观基因图谱的构建与应用研究[D].北京:北京大学,2011.

[5] 赵燕菁.城市风貌的制度基因[J].时代建筑,2011(3):10-13.

[6] 段进,邵润青,兰文龙,等.空间基因[J].城市规划,2019,43(2):14-21.

[7] 黄宗胜,王志泰,龚鐳,等.空间基因概念内涵及展望[J].华中建筑,2020,38(10):19-21.

[8] 邵润青,段进,姜莹,等.空间基因:推动总体城市设计在地性的新方法[J].规划师,2020,36(11):33-39.

[9] 姜红,陈凯芳,罗兴与.特色村镇地区空间基因保护及利用关键技术探索——以闽江流域

中下游特色村镇地区为例[J].小城镇建设,2022,40(7):94-102.
[10] 段进.城市空间发展论[M].南京:江苏科学技术出版社,1999.
[11] 王凯,韩旭,李海涛,等.特色村镇空间基因识别提取与传承应用方法初探[J].城市规划学刊,2022(S2):193-201.
[12] 王树声.黄河晋陕沿岸历史城市人居环境营造研究[M].北京:中国建筑工业出版社,2009.
[13] 吴良镛.寻找失去的东方城市设计传统——从一幅古地图所展示的中国城市设计艺术谈起[J].建筑史论文集,2000(1):8-13+235.
[14] 唐斌.建筑城市[M].南京:东南大学出版社,2020.

文化生态学视角下青堆古镇文化保护研究

于金鑫[1]　哈　静[2]

摘要：在国家不断推进社会主义文化强国建设的背景下，历史文化名镇的文化失衡问题得到了广泛关注。本文基于文化生态学视角对历史文化名镇的文化保护进行研究，首先构建文化保护下历史文化名镇的文化生态系统，将文化生态系统分为文化因子、文化内核、文化载体三大子系统，并选取我国北方滨海地区因港兴镇的商贸重镇——青堆古镇作为研究对象，系统分析古镇内各项资源要素，总结现阶段古镇文化保护的问题，根据文化生态学的相关理论分别从保护、发展、修复三方面提出具体优化策略，从而实现对青堆古镇文化的保护与传承。

关键词：文化生态学；历史文化名镇；文化保护；活化利用

Abstract: Against the backdrop of the country's continuous promotion of the construction of a socialist cultural power, the issue of cultural imbalance in historical and cultural towns has received widespread attention. This article studies its cultural protection from the perspective of cultural ecology. Firstly, it constructs a cultural ecosystem of historical and cultural towns under cultural protection. The cultural ecosystem is divided into three subsystems: cultural factors, cultural cores, and cultural carriers. The research object is Qingdui Ancient Town, an important commercial town in the northern coastal area of China, and various resource elements within the ancient town are systematically analyzed. Summarize the current issues of cultural protection in ancient towns, and finally propose specific optimization strategies from the three aspects of "protection development restoration" based on relevant theories of cultural ecology, in order to achieve cultural protection and inheritance of Qingdui Ancient Town.

Key words: cultural ecology; historical and cultural towns; cultural protection; activation utilization

1　引　言

历史文化名镇承载了数代人的集体记忆和乡愁，中华民族的人文基因也被深深刻在其中。但是近年来，随着社会经济高速发展和城镇化快速推进，大量拥有丰富文化资源的历史文化名镇面临衰败凋零的困境，因管理落后、过度商业化、违法成本低等现实因素，出现了历史文化风貌消融、多元文化丧失、文化趋同等问题。党的二十大以来，国家高度重视文化遗产保护与历史文化传承，不断推进社会主义文化强国建设，以"文化"作为探索历史文化名镇活力恢复及健康

---

[1] 于金鑫，沈阳建筑大学建筑与规划学院，硕士。地址：辽宁省沈阳市浑南区浑南中路25号。Email: 307761427@qq.Com. Tel: 15041806368。

[2] 哈静，沈阳建筑大学建筑与规划学院，教授，博士生导师，研究方向为历史文化遗产保护。地址：辽宁省沈阳市浑南区浑南中路25号。Email: 24691177@163.com. Tel: 13940023177。

发展的契机受到广泛认同。

青堆古镇于2022年入选省级历史文化名镇,是历史文化积淀的重要区域。青堆古镇地理优势明显,特色鲜明,各类遗存较多,地域文化、海商文化、红色文化、宗教文化等文化多元融合,形成了丰富而独特的人文环境。但目前经过实地调研发现,因缺少相关保护规划指引,青堆古镇面临文化元素消失、历史遗存遭到破坏、古镇生态环境恶化等问题。因而应基于现状,解决青堆古镇所面临的问题,对青堆古镇进行系统的保护与利用,探究其作为历史文化名镇的特性与价值,系统梳理历史文化名镇的文化要素并进行有效的保护利用,促进其良性发展。

2 文化生态学与历史文化名镇的文化保护

2.1 文化生态学理论

2.1.1 文化生态学的概念

文化生态学是研究人类文化与环境关系的学科,其通过生态学的方法和规律研究文化的产生、发展、演进趋势、结构特征、状态等内容,不仅包括文化自身的结构和规律,也包括文化依存的环境背景的结构和规律。将文化视为一种生态环境进行系统研究,探明文化在环境中的生存发展状态,建立起文化生态观的理论体系,从而认识到文化的深层含义,解决文化系统如今所面临的失衡问题。

2.1.2 文化生态学相关理论研究综述

近年来,随着我国城镇化的快速发展,各地普遍出现重经济而轻文化的问题,使得原本保存完好的地域特色文化受到侵蚀破坏,如何焕活特色文化成为社会各界所关注的问题。

我国的文化生态学相关理论研究大致可以分为萌芽期、初步发展期和快速发展期三个发展期。萌芽期主要在20世纪80年代,在斯图尔德对文化生态学的研究基础之上,中国学者们主要从文化生态学的概念、研究对象、生态构成等比较基础的方面展开研究。1990—2003年进入初步发展期,主要代表人物是司马云杰,其在《文化社会学》一书中详细阐述了文化生态学的概念、构成及分析方法,并认为文化生态学是从人类生存的整个自然环境和社会环境中的各种因素交互作用来研究文化的产生、发展以及变异规律的一种学说,此后又有众多学者对文化生态学的研究进行了完善,文化生态学相关理论的研究得到了初步的发展。2004年至今是快速发展期,国内专家学者对文化生态学的含义、内容、特征、任务、意义以及结构系统进行了梳理,并构建了一个较为完善的文化生态学结构体系,使得文化生态学的相关研究取得了明显的成果。

但目前,学术界的研究主要集中在区域文化生态系统体系的构建及其空间形态的优化上,对历史城镇文化生态体系中文化要素保护的研究相对较少,在国家重视文化保护的背景下,这是一个待解决的课题。

2.2 文化生态学视角下的历史文化名镇

2.2.1 文化生态学视角下的历史文化名镇文化生态系统的要素

历史文化名镇具有"历史文化遗产"与"生态环境"的双重特性。其中历史文化传承是历文化名镇发展的特色内涵,生态环境是历史文化名镇建设的基础保障,在历史文化名镇的保护与发展过程中,二者缺一不可。

根据文化生态学的系统共生观和多样性理论,可将历史文化名镇看作一个由"环境""人文""空间"所组成的完整的文化生态系统,将其中的各要素进行系统整合,依据各要素之间的相互关系、相互作用来解释文化的产生、发展(图1)。

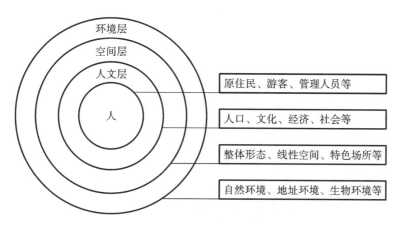

图1 文化生态系统的要素

2.2.2 文化生态学视角下的历史文化名镇文化生态系统框架构建

历史文化名镇区别于其他城镇最大的属性特征为文化属性,因此,以文化保护为目标,将名镇文化生态系统的各元素分为文化因子、文化内核与文化载体三种类型。其中文化因子为文化所处的环境,也就是文化生存和发展的基础条件,即自然、经济、社会、文化等各种条件的总和,可大体分为自然环境和社会环境两种类型。文化内核为住民在古镇历史发展过程中所创造的可以传承和传播的精神文化的总和,是古镇人文环境的重要基础,即住民在古镇长期生活与生产中所积淀的多元文化。文化载体是承载文化的实体空间,即历史文化名镇中不同历史遗存的整体格局、街巷肌理、建构筑物等物质要素的总和。文化因子、文化内核、文化载体三者相互作用、相互影响,共同构建起古镇文化生态系统(图2)。

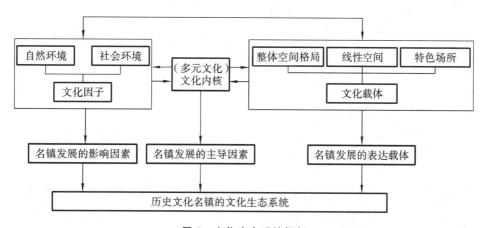

图2 文化生态系统框架

3 文化保护下的青堆古镇文化生态系统分析

3.1 文化因子——生态环境子系统

3.1.1 自然环境

(1)山体自然特征。

青堆古镇位于辽南丘陵地带,海拔50~100 m,镇域内主要山脉是千山余脉,进岫岩段为骆驼山,经高岭延伸入境,形成古镇西北部一道天然屏障,东段为泉龙山(又称圈龙山、全龙山),西段为高丽城大山,其选址具有传统风水格局特点。

(2)水体自然特征。

青堆古镇水资源丰富,主要河流有发源于岫岩境内的英纳河、小洋河、三叉河、板桥河、地窨河,在河流中下游形成了冲积平原,入海后形成了面积广阔的近海泊滩。青堆古镇与芦苇塘、三叉河相连,自然肌理独特。这些水体除生态功能外还具有渔业养殖等经济功能,水体内鱼类、贝类等生物丰富,是古镇商贸繁荣的重要条件之一。

(3)山、水、古镇空间关系。

青堆古镇整体寄托于山水环境之中,形成山、水、古镇三位一体的空间形态,选址具有传统风水格局特点,体现出人文生态环境与自然生态环境的和谐统一。

3.1.2 社会环境

(1)极具特色的产业基础。

青堆湾处于黄海北岸,为淤泥质海岸,滩涂宽广,英纳河、板桥河、湖里河在这里入海,海河交汇处海域浮游生物丰富,被称为东方"贝都"。千百年来,青堆古镇的港运与商贸业相互推动、促进,相得益彰,孕育了古镇各类传统产业,并依靠宗族血亲关系传承至今。清代港口贸易日趋繁华,青堆古镇产业也随之繁盛,渔业、餐饮业、商贸业等产业发展良好。历史上青堆古镇街道两侧分布着各类店铺,如饭馆、客栈、当铺、海鲜门市、药房等,最多时,古镇中分布着300多家店铺,其拥挤程度可谓鳞次栉比,具有相当大的规模。

(2)丰富多彩的生活氛围。

青堆古镇人口由坐地户、占地户、流门户三部分组成,包括汉族、回族、满族、蒙古族、朝鲜族、壮族等民族。在古镇经济繁华的年代,文化生活因民族融合而丰富多彩,具有广泛的群众性,高度的自发性。青堆古镇在长久的文化积淀中形成了其独有的民俗活动和特色饮食,古镇人民所创作的艺术作品也具有较高的水平,绘画、书法、戏剧、民乐等方面的人才辈出。传统节日、手工艺和风俗活动,以及本地的诗词、传说、戏曲、歌赋的数量多达34个。皮影戏、京剧、雕刻、剪纸、贝雕、太平鼓、满族谱绣、提灯会、舞龙灯等民俗活动长盛不衰,在辽南地区形成了广泛影响,具有地域特点的小吃(如周家饼子豆腐、马家馅饼等)也有口皆碑、传承至今。

(3)满腔赤诚的爱国情怀。

青堆古镇历经时代更迭涌现出一代又一代爱国英雄。清朝时期,青堆古镇外围海域是甲午中日战争的重要战场之一。抗日战争时期,青堆古镇的组织沿革与辖区隶属中华民国庄河县第二区,当时"抗击日寇、保卫家园"的共同志愿,成为动员民众团结的强大动力。男女老少群情激昂,在刘同先、由福连、蔡学武等抗日救国志士的组织统领下,组建了多个抗日团体,1931年10

月,在日本军队侵占青堆古镇之前,蔡学武、唐立盛等人组织了抗日自治救国军(胳膊佩戴黄色袖标),孙寿天、赵阁忱等人组织了抗日民团救国军,村民们也自发组织起红枪会、大刀会、便衣队等多个抗日救国组织。青堆古镇抗日救国的风潮如浓烟滚滚、风起云涌,在辽南地区有力地打击了侵略者和反动军。

3.2 文化内核——多元文化子系统

文化是一地兴盛的佐证与动力,是历史文化名镇的内在灵魂。依托青堆古镇在不同历史时期人文生态环境的累积,其形成了以"海商文化"为代表的多元文化(海商文化、红色文化、宗教文化等)特征。

3.2.1 地域文化

青堆古镇地域特色鲜明,传统空间格局风貌保存较好,各类历史文化遗存较多,其建筑风格独具特色,建筑以青砖灰瓦、翘脊硬山式风格为主,具有显著的北方民居特点,是清末民初北方建筑的标本,是辽南地域文化和多元文化相融的产物。古镇也保留了许多传统的民俗活动,如戏剧、剪纸、贝雕、太平鼓等,具有特色鲜明的人文精神和民俗文化。

3.2.2 海商文化

20世纪30年代前,青堆古镇内水路交通一直优于陆路交通,水路通达是古镇商贸繁华的重要条件。千百年来,青堆古镇凭借丰富的自然资源和区位优势,港运与商贸业相互促进,一度成为我国北方地区的沿海商贸重镇。作为历史上繁荣的滨海商埠,青堆古镇形成了各式各样、独具特色的商业街巷以及历史建筑。这些街巷和历史建筑记录了青堆古镇辉煌一时的海商文化。

3.2.3 红色文化

从19世纪末开始,伴随着我国沦为半殖民地半封建社会,青堆古镇也在战乱中多次遭受重创。史料记载显示,在近半个世纪的动荡时期,青堆古镇作为当时东北地区的重要关隘之一,历经多次战乱,是我国半殖民半封建时期与西方列强和外寇战斗、抗争的一部鲜活史书。

3.2.4 宗教文化

唐代时青堆古镇周围海域就有渔船和商船停泊于此,而后逐渐人烟辐辏,出现了一系列宗教活动,并建设了多座庙宇,这是青堆古镇宗教文化的起源。明清以后由于古镇的重要地位,吸引了各族人民前来经商、生活,又新建了各类宗教建筑,古镇形成了历史悠久而底蕴深厚的宗教文化。

3.3 文化载体——物质空间子系统

本文借鉴文化生态学的相关空间分析模式,将城镇空间构成要素分为基质、斑块、廊道三要素。通过逐步深入研究古镇文化生态系统中各个传统物质要素,形成以"基质—整体"空间格局为骨架,"廊道—街巷"空间与公共空间为线性要素,"斑块—古镇"建筑、历史环境要素为点状要素的古镇物质空间子系统。

3.3.1 基质—整体空间格局

青堆古镇整体空间格局运用了我国传统的选址和规划布局理论,以灵道山、回风岭等自然山体为背景,以湖里河自然河流为骨架,形成了青堆古镇山水交融的整体空间格局。古镇内传统空间形态由以官衙街广场为核心的放射性路网结构、以太平街为主导的的线性发展结构和周边分散的传统民居构成(图 3)。

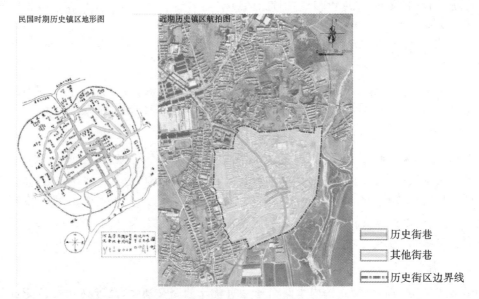

图 3　青堆古镇空间格局演变分析

3.3.2　廊道—街巷空间与公共空间

1)街巷空间

青堆古镇的四条老街——太平街、衙署街、渔市街、财神街呈"井"字形布局,它们作为青堆古镇主要的传统街巷空间,被完整保留了下来。历史悠久的四条老街承担着不同职能,功能分区结合空间形态因形就势,体现了古镇的空间格局特色。

(1) 太平街。

太平街是青堆古镇内最长的老街,其分为上街、中街、下街三部分。北以铃铛山为最高点,地势由北向南递减至普化寺坡前,一直贯穿到原河神庙附近,全长约 1500 m,宽约 6 m,明清时期街巷两侧商铺建筑鳞次栉比,相当繁荣。现今太平街空间尺度保持较好,太平街的上街和中街大部分地面铺装为混凝土材质,下街地面铺装为砖石材质,太平街两侧众多商铺建筑犹存,但目前多为居住功能或者被闲置。

(2) 衙署街。

衙署街与普化寺和天后宫相接,下与海港相连,曾是青堆古镇最为繁华的一段老街。因古镇上的许多职能部门(如警察署,邮政局,电报局等)都建在这条街上,因此称其为衙署街,衙署街宽 10 m,街道两侧民国时期的职能建筑仍在,但多变为居住功能。

(3) 渔市街。

渔市街始建于清代同治年间,是青堆古镇东西走向的一条老街,宽约 4 m,地面铺装为砖石材质,有鱼商 40 余家,水产品批发转销外地。如今两侧建筑均为居住功能,商业功能已不复存在。

(4) 财神街。

财神街是青堆古镇最南侧的一条东西向的老街,东起华兴泰,西至草市街,老街两侧过去曾分布有药店、戏院、教堂等。财神街宽约 7 m,地面铺装为混凝土材质,街巷两侧部分建筑被破坏,大多建筑处于闲置状态。

2)公共空间

古镇的公共空间节点较少,但每一处公共空间都蕴含着深厚的文化,主要有衙署街广场、天后宫节点公共空间和衙署街尾公共空间。衙署街广场是古镇重要的节点,其连接了古镇主要道路,是进入古镇的必经之地,在古镇内担当"门面"。天后宫节点公共空间在天后宫南侧的空地上,地势较高,是天后宫的人流集散地。在青堆古镇繁华时期,每年均有上香活动,是宗教文化传播的重要载体之一。衙署街尾公共空间是青堆古镇举行民俗活动的聚集地之一,在每年特定节日到来时,青堆古镇居民就会聚集在此,共同享受节日的乐趣。不仅如此,成立于民国时期的青堆戏班会定期在此演出古装京剧和评剧等。1946年,青堆古镇组建了青堆街联合剧团,请山东名师吕喜臣指导,抗美援朝部队回国时,剧团进行了慰问演出,受到官兵们的好评。80年代后,原有戏班老演员又重新组建戏友之家业余剧团,培养下一代戏曲爱好者,活动一直延续至今。可以说,衙署街尾公共空间具有重要的历史意义,是青堆戏曲梦开始的地方(图4)。

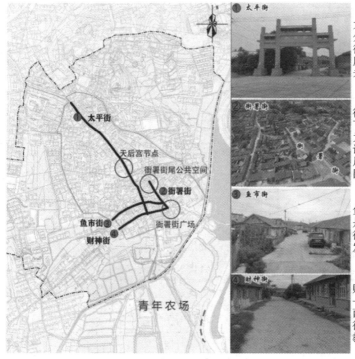

图 4 青堆古镇历史街巷和公共空间示意

3.3.3 斑块—特色场所及历史环境要素

青堆古镇的历史建筑与历史环境遗存丰富。在历史文化影响下的特色场所主要包括宗教文化场所、民国生活场所、商业贸易场所、文化教育场所等,历史环境要素主要包括古树、古井、水塔、石牌坊等。目前,有址有存(既有记载又有现状保留的)古镇建筑共26处,现存历史环境要素共7处,其中古树3处、古井2处、石牌坊1处、水塔1处(表1、图5)。

表 1　特色场所与历史环境要素相关信息

分　　类	名　　称	建 设 时 间	现 存 位 置
宗教文化场所	天后宫	清乾隆八年	太平街
	清真寺	清道光年间	鱼市街
	天主教堂	民国时期	西街
	寄骨寺	清代中后期	太平街西侧
	万字会	1919 年	财神街南侧
民国生活场所	邮局	清光绪三十四年	衙署街
	沈家大院	民国时期	太平街南侧
	专卖局	清代末年	衙署街
	讲习所	清代末年	衙署街
	当铺	清代末年	衙署街
	火油铺	清代末年	财神街
	警察署东门分所	清代末年	财神街
	芸香馆大药房	清代末年	财神街
	钱庄	清代末年	财神街
	乾元大	民国时期	财神街
商业贸易场所	华兴泰	清代末年	衙署街
	魁元栈	清代末年	衙署街
	福庆和大院	清代末年	太平街
	同庆和大院	清代末年	太平街
	华家大院	清代末年	太平街东侧
	天和园	清代末年	太平街东侧
	董家大院	清代末年	太平街西侧
	人和店	清代末年	太平街
文化教育场所	姜雅庭旧居	清代末年	海滨街
	崇信学校	清代末年	太平街西侧
	老红军旧居	民国时期	财神街南侧
历史环境要素	古树(古槐树)	拥有百年历史	太平街西侧
	古树(黄柏树)	拥有百年历史	古镇东北侧
	古树(天后宫内)	拥有百年历史	太平街
	古井(甜水井)	清代	古镇东北侧
	古井(沈屯井)	清末—民国时期	古镇东北侧
	石牌坊	清末—民国时期	衙署街与财神街交汇处
	铃铛山水塔	1958 年	古镇北侧

图 5　青堆古镇特色场所与历史环境要素

3.4　创构青堆古镇文化生态系统谱系

本文根据文化生态学的系统共生理念,将青堆古镇历史文化资源进行系统梳理,构建青堆古镇文化生态系统,通过前文对青堆古镇各类资源的具体分析,梳理了青堆古镇各要素间的相互作用关系(图6)。创构了青堆古镇文化生态系统谱系,为未来青堆古镇历史文化的保护与发展提供依据(图7)。

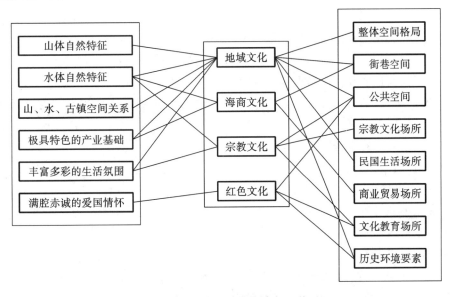

图 6　文化生态系统各要素相互关系

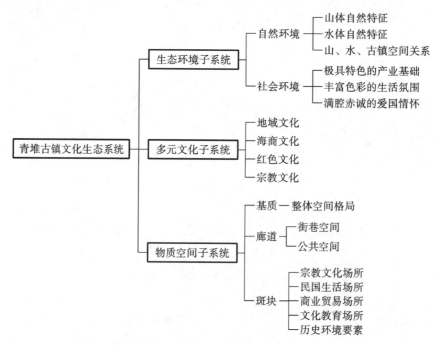

图 7　古镇文化生态系统谱系

4　基于文化生态学的多元文化保护研究

4.1　多元文化保护的现状问题研究

4.1.1　地域文化的共生性不足

青堆古镇的地域文化主要体现在整体传统格局、建筑风貌、建筑细部特征等物质层面及民俗活动等非物质层面。现存问题主要为非物质层面受到新的物质文化的冲击,衰退现象明显,并且各层面要素较为割裂,相互依存、相互影响的共生性欠缺,易导致地域文化的恶性发展。

4.1.2　海商文化的系统性保护欠缺

青堆古镇海商文化有上千年历史,但随着自然条件恶化、社会政策引导及经济发展等的影响,逐步丧失了作为地区物资中转及商业贸易中心的职能,很多建筑从以前的商住混合功能转变为居住功能。居民因缺乏保护意识,将一些重要建筑改建,使建筑原真性产生了不可逆的破坏,导致海商文化遭到了负面干预。

4.1.3　红色文化的可持续性衰退

红色文化资源作为公共历史文化资源极其重要的一部分,对全面提升整个民族历史素质和文化品位具有不可替代的作用。但目前青堆古镇的红色文化传播途径较少,红色文化要素所剩不多,只有为数不多的名人故居等文化教育场所和一些居民口耳相传的抗战故事,传承方式老旧,红色文化面临消失的危险。

4.1.4　宗教文化的多样性锐减

在古镇繁华时期,古镇内宗教文化丰富,各类宗教均在古镇有所发展,但后期随着自然环境条件的改变与人文经济因素的影响,一些宗教建筑在古镇已经不复存在,使得宗教文化多样性减少,因此,将宗教文化丧失的部分寻找回来,并提供给其长期的生命力,是宗教文化复兴的关键。

4.2 多元文化保护的具体策略

历史文化名镇文化保护研究的目的在于平衡保护与发展的不同需求,确保各时期重要的城乡历史文化遗产得到系统性保护,延续历史文脉,推动名镇高质量发展。青堆古镇文化保护的前提是对古镇物质空间的保护,这不仅包含对单体建筑的保护,还包含对整体空间格局、线性空间、历史环境要素的保护。因此,根据文化生态学的生态进化理论和可持续发展观,研究多元文化保护的策略分为三方面:一是在多学科、多技术领域融合的趋势下,对文化生态系统进行整体保护及更新;二是对各种社会经济结构的再生,包含产业模式、人居环境等多方面;三是通过各种方式吸引原住民,鼓励居民参与地方公共事务,留住青堆古韵氛围,从而激发青堆古镇再生活力。

4.2.1 保固加新——系统保护,注入新生

历史文化名镇留存有各个历史时期的文化足迹,具有多样、散落的特点。从文化生态学角度系统地对古镇文化生态系统进行保护,应将各子系统的各个要素有机联系起来,进行统一的协调保护,构建层次分明的文化生态整体网络结构。一是在空间层面上,将青堆古镇划分为传统风貌片区、风貌扩展片区和新旧风貌融合片区三部分(图8),并针对不同区域制定不同的保护方式,以延续其整体性与原真性。二是利用无人机遥感技术对青堆古镇内部的物质文化资源进行调研与数据采集,构建遗产信息数据库,建立保护传承制度,并对其进行专业评估,摸清底数,针对评估中系统薄弱的方面及时调整,完善管理、保障机制。三是活化古镇内的非物质文化要素,将其融入显性建成环境中,并建立属于青堆古镇内隐性文化因素的信息符号系统,通过信息符号识别相关的文化信息,从而实现历史文化传承的目标。

图8 青堆古镇分区保护

4.2.2 良性生长——重塑产业,优化环境

文化生态系统是一个不断与外界环境进行能量、物质、信息交换的开放系统,要想使文化得以传承,必须将各方面的保护融入社会经济结构的发展,从而使文化生态系统得以良性循环。根据青堆古镇的各类资源现状,应对文化和产业进行多维度统筹,以文化旅游项目为基础,积极探索符合社会功能和居民需求的复合产业升级转型路线。例如"文化旅游+红色教育""文化旅游+田园观光""文化旅游+民俗体验""文化旅游+产品研发""文化旅游+健康养生""文化旅游+休闲娱乐"等特色发展的新路径,形成以文化为特色的产业链条,并不断扩展多元文化脉络,丰富文化精神内涵,从而以文化发展带动历史文化名镇生长(图9)。

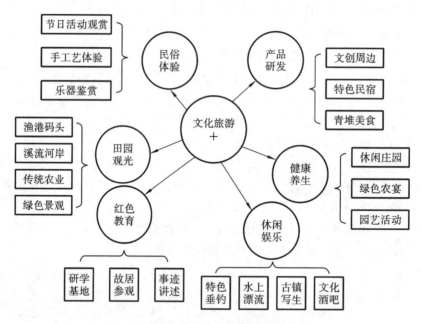

图 9 青堆古镇产业规划

4.2.3 动态修复——多方参与,保存古韵

根据文化生态学的生态进化理论和可持续发展观,文化生态系统内部各因素也时刻处于动态变化当中,必须通过动态修复以求持续发展。因此应通过政府介入及其他方式吸引当地民众参与古镇的产业发展与更新活动,建立公众参与的线上网络监督平台,培养社区自主能力和身份认同感,真正赋予当地民众解释权和决定权,建立青堆古镇文化生态保护和发展的长效机制,并定期举办社区活动或志愿服务促进居民间的交流和沟通,使原住民完整的邻里关系、社区文化得以保留,以此留住古韵,延续青堆古镇文化氛围。

5 结 语

在国家高度重视文化遗产保护的背景下,文化生态学的理论和方法为我们延续文化传承和完善古镇保护发展策略提供了新的思路。对推动历史文化名镇走上一条可持续的特色化发展道路具有一定的现实意义。本文借助相关理论构建青堆古镇文化生态系统,研究古镇多元文化发展的影响因素及现存问题,并在文化生态学的视角下提出古镇文化保护策略,让青堆古镇重

现昔日活力,并对其他历史文化名镇的保护与文化传承具有一定的借鉴作用。

参考文献

[1] 全昌阳,伊曼璐,赵欣.国土空间规划背景下历史城镇的遗产层积识别及展示利用研究——以广东揭阳市棉湖镇为例[J].小城镇建设,2021,39(5):87-95.

[2] 王雪.基于"特色小镇"建设目标的河南历史文化名镇保护与发展研究[D].西安:陕西师范大学,2018.

[3] 王纪武.地域文化视野的城市空间形态研究[D].重庆:重庆大学,2005.

[4] 余成豪.基于文化生态学的组团与聚落尺度下传统村落可持续发展研究[D].南昌:江西农业大学,2017.

[5] 侯鑫.基于文化生态学的城市空间理论研究[D].天津:天津大学,2004.

[6] 蒋雪峰,杨大禹.文化生态学视阈下传统聚落诺邓村空间形态演进研究[J].建筑与文化,2020(3):206-209.

[7] 凌斯琪,李红艳.文化生态学视角下的历史街区空间环境与行为模式影响机制分析——以西安北院门历史文化街区为例[J].建筑与文化,2018(1):165-166.

[8] 高畅,夏青.文化生态学视角下的老城地区活态保护与更新——以广西宾阳老城区控制性详细规划为例[J].城市建筑,2017(33):28-32.

西汉杜陵保护范围内村庄更新设计路径研究
——以三兆村片区为例

杨 骏[1]

摘要：统筹城乡文物保护、保护和延续以文物资源为载体的城市文脉、将文物保护与城市更新相结合是当前文物保护与创新利用的工作重点。西汉十一座帝陵周边现有村庄共计42个，文物保护范围内的村庄总面积约594公顷。普遍存在村庄无序蔓延扩张、服务功能缺失、村庄肌理消失、街巷组织混乱等共性问题。因此，针对保护范围内的村庄更新，探索有效的规划全流程管控路径具有重要的研究价值。本文从西汉杜陵保护范围内的村庄研究入手，以三兆村更新设计为实践对象。通过前期现状评估和价值挖掘，探索出"一张蓝图＋三类单元＋三套导则"的更新设计体系，从中总结出村陵共生的有效方式，实现以价值利用为导向，兼顾相容使用的村庄更新示范。

关键词：村陵共生；遗产保护；更新传导

Abstract: Coordinating the protection of urban and rural cultural relics, protecting and continuing the urban context based on cultural relics resources, and combining cultural relics protection with urban renewal are the current focus of cultural relics protection and innovative utilization. There are currently 42 villages surrounding the eleven imperial tombs of the Western Han Dynasty, with a total area of approximately 594 hectares within the scope of cultural relics protection. There are common problems such as disorderly expansion and expansion of villages, lack of service functions, disappearance of village texture, and chaotic organization of streets and alleys. Therefore, exploring the establishment of effective planning and full process control paths has important research value. This article starts with the study of villages within the protected area of Duling Mausoleum in the Western Han Dynasty, and takes the renewal design of Sanzhao Village as the practical object. Exploring an updated design system with a blueprint, three types of units, and three sets of guidelines through preliminary status assessment and value mining. Summarize the effective ways of symbiosis between villages and tombs, and achieve a village renewal demonstration guided by value utilization while considering compatible use.

Key words: village and tomb symbiosis; heritage protection; renewal transmission

---

[1] 杨骏，上海同济城市规划设计研究院西北分院。地址：西安市高新区沣惠南路泰华金贸国际8号楼。Email：772583512@qq.com。Tel：13991880672。

1 西汉杜陵遗址保护与利用背景

1.1 西汉杜陵遗址概况

西汉十一帝陵是中国发展史上第一个黄金时期西汉王朝(公元前202年—公元8年)修建的帝王陵墓,位于陕西省咸阳市、西安市境内。各陵区选址遵循"依山傍水"的思想,遗址类型包含帝陵、后陵、陵邑、陪葬墓、外葬坑、建筑基址等。西汉十一帝陵空间区位如图1所示。

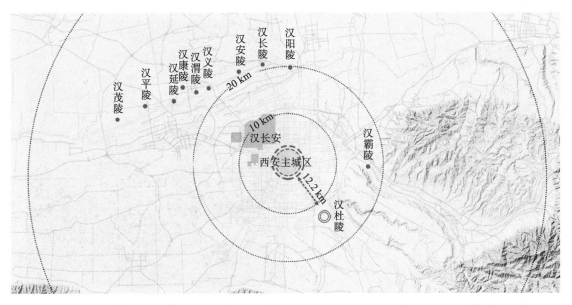

图1 西汉十一帝陵空间区位

杜陵位于西安市东南的少陵塬北端,为西汉第七位皇帝——汉宣帝刘询的陵墓。作为西汉中兴时期所营建的帝陵,杜陵分为陵园、陪葬墓群及陵邑三大功能区,是西汉诸陵中规模较大、形制要素较完整、保存较好的一座。2019年4月24日,国家文物局将包括杜陵在内的西汉帝陵、唐帝陵列入《中国世界文化遗产预备名单》。

1.2 杜陵遗址保护利用规划历程

1988年,杜陵被国务院公布为古墓葬类第三批全国重点文物保护单位。中国社会科学院考古研究所对杜陵局部遗址进行了考古发掘工作,遗址发掘结束后进行了回填保护并对部分陵墓实施里围护保护工作。

2013年《杜陵文物保护规划》获批复实施(图2)。规划以杜陵遗址保护和历史环境风貌保护为基础,以科学展示和合理利用为指导方向,划定了保护范围890.56公顷、建设控制地带289.95公顷及环境协调区1129.31公顷。为后续遗址保护及展示利用提出了根本要求。

2017年,杜陵国家考古遗址公园项目正式批复,2019年《杜陵国家考古遗址公园修建性详细规划》编制完成。确立了杜陵考古遗址公园"一城、一带、两轴、三重、八区、多点"的空间结构。杜陵国家考古遗址公园的建设以规划为纲,指导开展了遗址展示工程、基础设施配套、生态环境整治、村庄更新治理等工作内容。

1.3 杜陵遗址现状环境背景分析

杜陵遗址是距离西安市区最近的汉唐帝陵大遗址区,在经受长期的生产生活行为干预后,形成了遗址侵蚀、农林覆盖、村庄生长、商业蔓延的现状条件(图3)。生态环境方面,杜陵遗址区内苗圃生产已延伸到陵园城垣以内,对遗址安全造成了较大威胁。建设现状方面,杜陵遗址保护范围内三兆村、东伍村、甘寨村等村庄品质较差,无序加建问题突出,与陵园环境冲突较大;大量中小型商业及娱乐设施与杜陵整体氛围不协调。基础设施方面,杜陵遗址内部园路不成体系,道路整体质量较差;居民区和遗址区缺乏系统的给排水设施。

图2 杜陵文物保护区划图

图3 杜陵文物保护区村庄分布图

2 遗址保护区内村庄更新机遇与挑战

西汉帝陵遗址周边分布的村庄可分为保护区内和建设控制区内两种类型。经初步统计,杜陵遗址保护范围内三兆村、东伍村、甘寨村、常兴村、赵家湾村的面积共74公顷,建设控制区内村庄面积共92公顷,两者对应的管理规定和保护方式存在差异。而保护区内的村庄距离遗址更近,亟须提出有效的更新设计路径。

2.1 遗址保护区内村庄更新的现实挑战

2.1.1 挑战一:空间结构缺乏梳理

村庄格局与空间结构趋于无序,没有和杜陵整体保护与利用协调呼应。无序蔓延的村庄突破了原有边界,建筑肌理也趋于无序,建筑高度不断增加,体量逐渐失衡,严重破坏了片区的整体风貌与空间格局。村庄内部空间结构混乱无序、尺度失衡,不断挤压帝陵遗址空间的同时也阻隔了观陵视线。

2.1.2 挑战二:功能业态低端滞后

遗址保护区内村庄的现状功能业态品质较差,以满足村民的日常生活为主,沿街的商业店铺也多为民居建筑改建而成,业态质量与品质形象不佳。无法满足考古公园对旅游服务配套的要求。考古公园亟须置入商业配套、文化体验、驿站展示、考古服务等功能。

2.1.3 挑战三:空间风貌整体失控

村民私搭乱建现象严重,工业厂房建筑也逐渐增多,在建设过程中,村民们出于经济的考虑,所采用的建筑样式、材质、色彩等未做过多考究,造成建筑风貌品质不佳,进一步加剧了村庄整体风貌的混乱与失控。村庄内建筑密度过高,缺乏富有文化特色的绿色开敞空间与景观节点,与遗址片区的景观风貌不协调。

2.1.4 挑战四:交通配套组织混乱

遗址保护区内村庄对外交通衔接不畅,路权划分不清、人车混行、缺乏停车配套。村庄道路宽3～7 m,除十字街等主要道路以外,其余巷路多为断头路。外来车辆多沿道路两侧随意停放,进一步压缩了道路行驶空间,造成道路拥堵,存在安全隐患。

2.2 村陵共生导向下的价值挖掘

2.2.1 陵邑文化传承价值

遗址周边村庄是见证西汉杜陵的文化延续千年的传承地。作为陵邑村的典型代表,三兆村的主要职责是为陵园主体提供祭祀、护卫和其他场所,还兼具政治、军事、交通等多元功能,逐渐发展成为拥有完整空间形制与功能的长安城卫星城。

2.2.2 民俗文化演进价值

村庄经历千年演变与沉淀,形成了丰富的物质文化遗产和非物质文化遗产,成为近现代西安传承民俗文化的标识地。例如三兆村的花灯展示和创作、社火表演等文化载体,使三兆村成为西安民俗文化观赏体验的旅游目的地。

2.2.3 文保利用发展价值

作为大遗址既存空间的一部分,村庄是设置考古遗址公园服务配套的首选地。依托杜陵特色旅游资源,村庄内部相应的商业服务和旅游配套业态对杜陵遗址公园的服务配套功能进行了补充,满足了外来游客和本地居民的需求。

2.3 多维视角更新目标

从历史文化传承维度,基于遗产价值的保护利用,杜陵遗址保护区内的村庄可打造成为西汉陵邑文化的起源地、汉宣帝陵遗址的展示地和民俗文化遗产的体验地。

从保护利用规划维度,基于大遗址利用及国家文物保护利用相关政策,杜陵遗址保护区内的村庄可建设成为历史现代多元文化展示区、遗址公园休闲旅游服务区和考古工作服务展示配套区。

从未来人群使用维度,基于使用人群的需求角度,杜陵遗址保护区内的村庄可聚焦文化功能,强调旅游服务配套、文化展示体验、考古服务职能,其未来将服务多样人群,包括历史文化爱好者、文化社交、体验、创意群体以及周边居民。

3 村陵共生更新路径研究——以三兆村为例

本次更新片区为三兆村东部板块,位于杜陵陵园北侧区域,总面积33.06公顷。规划范围位于文物保护范围内,西至杜陵保护范围线,南至台地边坡,东至遗址公园现状环村路。规划范围内部村落现状多为村民宅基地和自建房,局部存在少量的厂房建筑。

杜陵文物保护规划以及遗址考古公园规划针对内部村庄尚未制定出成体系的空间更新模式。因此,探索出适用于陵邑村庄的更新发展模式,解决村庄发展与帝陵遗址保护之间的矛盾,使二者和谐共生,达到动态平衡发展状态,是杜陵三兆村亟须解决的问题。

3.1 更新现状条件评估

3.1.1 地貌环境评估

三兆村更新片区总体地形南高北低,村庄内部地形较为平坦,中部向南地势逐渐升高。南侧陡坎与村庄存在25 m高差,帝陵封土与村庄北侧高差约100 m。村庄南侧现状有多条冲沟,对村落南侧边界形成明显界定(图4)。

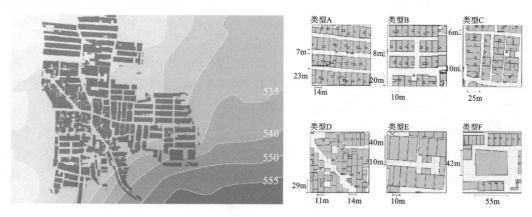

图4 三兆村地形高程与肌理分析

3.1.2 现状建筑评估

三兆村总建筑面积约16.47万 m^2,多为村民自建房,建筑层数主要为2~3层,占比约66%。部分村民加建自住住宅,致使局部建筑层数达到5~6层。建筑结构多为混凝土结构(占比约87.5%),为近年新建建筑。建筑外部样式、材质、色彩等趋于同化,风貌品质不高(图5)。

3.1.3 道路设施评估

三兆村北侧和东侧的环路为公园园路。村庄内部道路分为主要道路和次要道路,以十字街为骨架,形成鱼骨状结构。村庄内部道路并没有统一的规划和设计,道路边界模糊,人车混行,只能提供道路基本的使用功能(图6)。

3.1.4 遗址保护评估

三兆村内现存一处陪葬墓和一处地下遗址。村庄内部无文物保护单位,规划用地所在的区域并未进行整体文勘工作。现状民宅挤压陪葬墓空间,南北观陵视线受到阻碍(图7)。

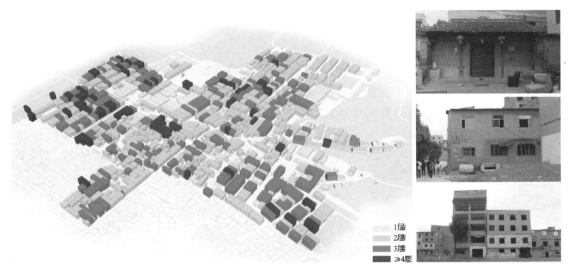

图 5　三兆村现状建筑分析

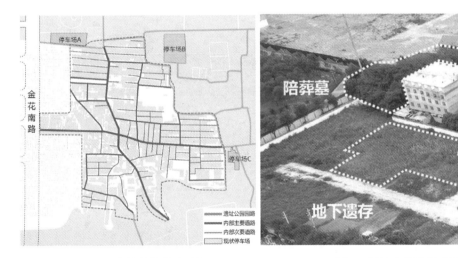

图 6　三兆村现状道路系统　　　　图 7　遗址本体被民宅侵占现状

3.2　更新路径体系构建

本次更新设计以遗址保护为原则,以现状评估为基础,以展示利用为方向,形成了"1+3+3"的更新路径体系。"1"即一张蓝图,从村庄总体层面控制,包括功能分区、道路交通、公共空间、公服设施、建筑布局。第一个"3"是三类单元,根据空间特色和更新方式差异进行类型划分。在此基础上确定更新规模和停车配建,以及建筑更新边界、公共空间边界、公服设施点位等相关设计要点。第二个"3"是三套导则,分别为路径设计更新导则、建筑设计更新导则和景观设计更新导则,指引实施主体有序有据开展更新工作。

3.3　一张蓝图:整体格局定序

3.3.1　空间结构总体分区

杜陵文物保护规划提出南北景观轴是陵邑格局与礼制文化重要体现,因此,本次三兆村村庄更新规划衔接南北,打造景观视线通廊。东西轴线延续村庄原东西主路,导入主动线联通"城市—村庄—遗址"。以此十字轴为中心融入商业配套、考古服务、文化体验、创意文博四大主要功能。

商业配套功能板块紧邻遗址公园主入口区域,未来将以民俗文化为主题,通过街区空间的重构,塑造不同尺度的商业街氛围;文化体验功能板块位于东西交通轴两侧,以汉文化为主题,在内部创造文化体验步行街,并通过特色活动表演,将其打造为体验汉文化的展示区;考古服务功能板块靠近杜陵遗址片区,主要承载杜陵出土文物的修复、保护、研究和资料整理等工作,同时运用现代科技手段开展丰富的考古互动活动;创意文博功能板块从文化属性出发,采用"文化体验＋商业"的形式,打造功能多元复合的文博产业集群(图8)。

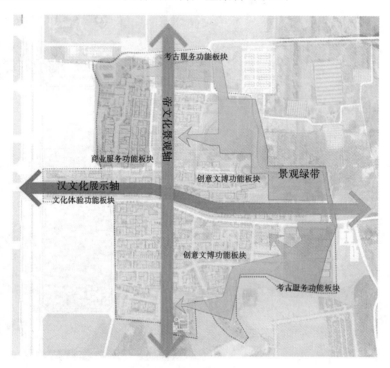

图8 功能结构规划图

3.3.2 基础设施系统更新

遵循《杜陵文物保护规划》中"道路工程规划"的相关要求,对三兆村内部道路进行更新改造。通过优化、沿用、打通、连接的方式形成"路—街—巷"三级道路体系。车行道路主要分布于村庄外环和南部片区;北部片区以慢行街为主,并综合考虑分时交通的通行能力,将"街"划分为慢行主导街和步行街;在原有村庄巷路格局基础上新增多条巷道,强化单元内部交通联系(图9)。此外,通过地下停车、组团停车、建筑临近停车及分时停车多种方式完善停车系统。同时建设后勤及应急通道,保障应急车辆以及后勤保障车辆均可快速到达各个建筑(图10)。

公共服务设施包含社区综合服务站、物业管理用房、垃圾收集房、卫生间四类设施。三处物业管理用房布局在外向型功能区域,建筑面积控制在180～330 m²;集中设置1处社区综合服务站,为未来长期在三兆村办公及居住人群提供健康服务、文化服务等生活服务,建筑面积在500 m²左右。垃圾收集房共设置6处,满足片区内部需求,同时也可服务周边景区。卫生间共设置20处,按照50 m服务半径实现村庄全覆盖(图11)。

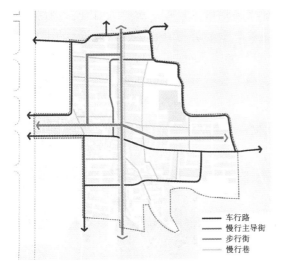

图 9　道路系统规划图

图 10　后勤及应急保障通道规划图

图 11　公共服务设施规划图

3.3.3　整体空间形态管控

公共空间系统依托南北景观轴和东西文化展示轴打造主要步行轴线,作为联系片区南北方向和东西方向的主要慢行路径。此外,在各组团内部组织慢行交通系统,使村民及游客步行即可到达各个功能建筑。最终形成"轴线+支路+三级节点"的开放空间体系(图 12)。

村庄整体层面须疏解建筑密度,明确建筑限高。建筑层数依据文物保护规划要求不超过两层,以保障村庄内观陵景观视线。通过研究村庄历史肌理的类型单元,将其作为控制村宅整治密度的原则,将三兆村的建筑密度控制在 22% 以下,院落尺度按 20 m×10 m 控制。更新后村庄总建筑面积为 86220 m²,建筑密度 20.7%,容积率 0.39。

3.4　三类单元:落位传导定界

3.4.1　单元类型划分

以主体路网和功能分区为基础,将三兆村划分为风貌疏解单元、业态重构单元和整治利用单元三类空间更新单元(图13)。其中,8个位于遗址交界地带的风貌疏解单元,以考古服务功能主导,整体降低单元内建筑密度,释放开敞空间,保留少量建筑物进行更新改造(图14);5个位于中部区域的业态重构单元,以商业服务、文化体验功能为主,通过重构新空间格局、梳理新特色动线提出建筑更新导则(图15);8个位于东西主路南部区域的整治利用单元,以创意文博功能主导(图16),遵循原有地基线及空间格局,适当降低密度,完善慢行系统及停车配套。

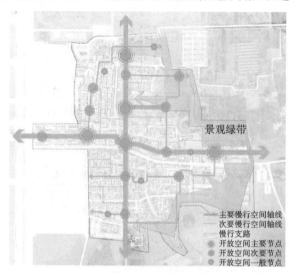

图12 公共空间系统规划图

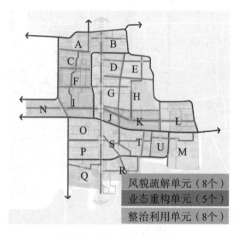

图13 单元类型划分图

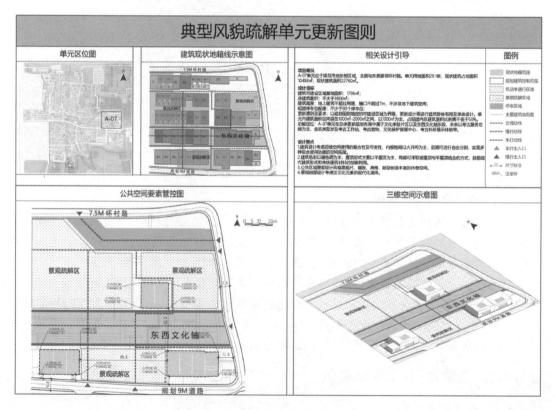

图14 典型风貌疏解单元更新图则

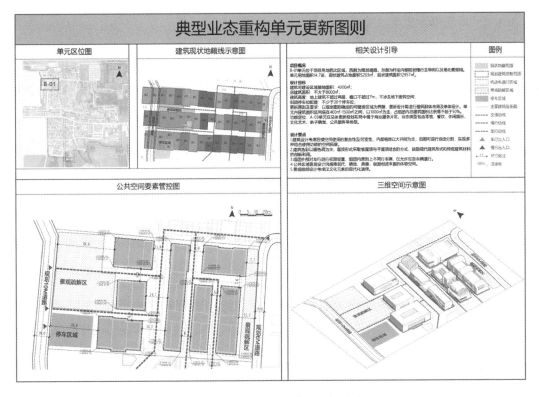

图 15 典型业态重构单元更新图则

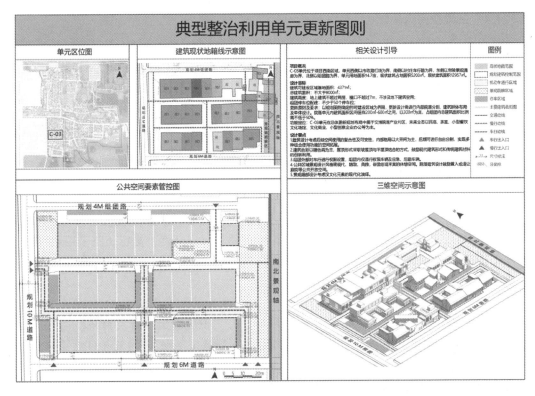

图 16 典型整治利用单元更新图则

3.4.2 单元设计传导说明

单元设计传导说明由单元概况、设计目标、设计要点三部分构成。单元概况是对单元的用地面积、现状建筑占地面积、现状建筑总面积进行详细阐述,便于深化设计单位了解单元整体情况。设计目标用于指导深化设计单位控制建设量,其主要明确了单元内部可建设区域的基地面积,并对建成后的总建筑面积、建筑高度、停车位配建数量等进行说明。同时明确建筑更新原则及该单元的主题功能,匹配总体设计的功能布局。设计要点是从建筑空间划分、建筑色彩、建筑屋顶形式、建筑材料等方面对深化设计单位进行指导,同时明确单元内景观设计风格和景观细部设计考虑要素。

3.4.3 公共空间界面传导

公共空间包括建筑控制范围、主要建筑临街面、机动车通行区域、景观疏解区域、停车区域、慢行动线、车行动线、车行出入口和慢行出入口等要素。①建筑控制范围:在原有建筑地界线的基础上划定,并对控制范围的坐标进行标注,作为深化设计单位的设计边界。②主要建筑临街面:明确了建筑主要临街界面,该界面在建筑深化设计中应作为重点界面进行考虑,保证建筑界面的连续性以及品质感。③机动车通行区域:划定机动车行车通行区域并对其宽度进行标注限定,明确车行动线。④景观疏解区域:单元内部的绿地开敞空间,对景观深化设计的范围进行指导,也明确了建筑与周边景观环境的关系。⑤停车区域:沿规划主要道路和单元内车行流线布置停车区域,通过明确停车区域的位置指导深化设计中停车场以及停车位的设计。⑥慢行动线:明确主要慢行动线,便于指导深化设计过程中建筑出入口方向以及主界面的设置。⑦车行出入口和慢行出入口:对单元主要车行出入口和慢行出入口的位置进行指引。

3.4.4 三维空间风貌管控

通过构建三维建筑模型,对建筑高度、建筑体量、建筑立面、建筑屋顶、建筑场地关系等进行初步设计,形成单元整体建筑风貌意向,进而对建筑深化设计单位进行引导。同时落位公共空间要素,进一步明确建筑与周边场地、交通动线的关系,利于进行建筑深化设计。规划蓝图如图17所示。

3.5 三套导则:更新设计定形

3.5.1 路径设计更新导则

(1) 主园路。

主园路在原有的道路基础上提升改造,车行园路行车宽度由 5 m 拓宽至 6 m,并于道路两侧各增加 1.5 m 的石材人行道,通过人车分行提升道路通行安全性。慢行园路采用限时通车的管制方式,人流量较大时于道路两端设置机动车门禁,限制机动车进入,仅允许慢行。路面铺装采用中灰石材,并用深灰石材收边(图18)。

(2) 商业服务型街道。

商业服务型街道按主街 6 m、辅街 3 m 进行设计。主街应满足步行及消防使用需求,两侧可根据建筑功能需求增加外摆、广场及绿化空间。路面铺装采用深灰、浅灰石材混铺的方式,并用浅灰石材收边,外摆区域的铺装采用防腐木。辅街需保证人行通过,采用中灰石材铺装,浅灰石材收边,道路两侧可结合建筑退距设置绿化或外摆空间(图19、图20)。

图 17 规划蓝图

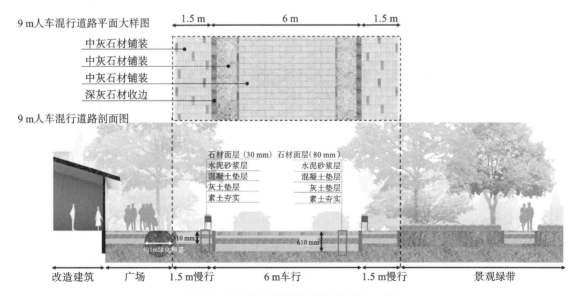

图 18 主园路更新设计标准断面（9 m 宽）

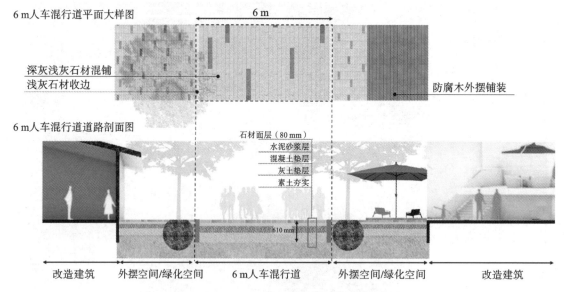

图 19　商业服务型街道标准断面（主街 6 m）

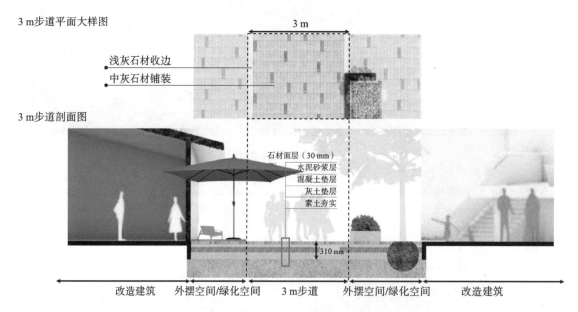

图 20　商业服务型街道标准断面（辅街 3 m）

（3）巷道。

巷道分为车行道及步行道。车行道路面宽 4 m，中央为宽 2 m 的车行道，两侧为宽 1 m 的步行道。车行道采用中灰石材铺装，两侧步行道采用生态植草砖铺装。步行巷路宽度为 2～3 m，道路铺装主要采用中灰石材，两侧各用浅灰石材进行收边（图 21）。

3.5.2　建筑设计更新导则

（1）建筑群体更新模式。

在原有格局的基础上，优化建筑布局，释放街区空间，提升景观品质。控制建筑单体尺度，

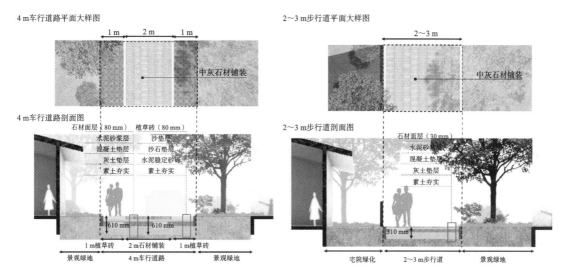

图 21 巷道标准断面

使其面宽不大于 40 m,进深不大于两排,建筑层数不超过两层,共形成 6 种建筑更新类型(图 22)。

(2)建筑屋顶形式与材质。

新建建筑允许使用悬山、硬山屋顶,允许开设大面积天窗,可加窗式天窗,禁止连续式幕墙、大面积天窗。屋面材质以陶土瓦、沥青瓦、金属瓦为主,可采用太阳能屋面板,檐口可采用深灰色铝板包边。

(3)建筑立面材质与色彩。

主楼立面材质以"质感涂料+金属嵌条"为主,立面划分由深化设计单位确定。主材质沿街立面占比不应少于 85%,首层不受限制。立面色彩以米色浅暖灰色为主,咖色、深灰色为点缀色,点缀色不得超过 10%。

(4)门窗幕墙设计要求。

主楼层高 3 m,开间 3.3~3.5 m,开窗最大值为高 2.4 m、宽 2.4 m。开窗最小值为高 1.4 m、宽 1.5 m。门窗幕墙均采用明框断桥铝合金 low-E 中空玻璃。窗框颜色可使用咖色系、深灰色系、灰色系、木色系。主楼窗均外包窗套,随窗框材质,并使用协调色。

(5)建筑入口更新设计。

步行街、广场临街建筑在结构安全、不占用车行道的前提下鼓励设计首层连续灰空间。出挑宽度建议 1.2 m,形成入口灰空间。鼓励使用青砖、瓦、夯土、仿夯土、暗色低饱和度金属、高透光型玻璃、仿木质材料、格栅等材料。

3.5.3 景观设计更新导则

通过对西汉邑文化的内涵价值挖掘,秉承"传承与革新"的理念,提取"汉"文化的历史传承性、"杜陵"文化的帝王文化、"邑"文化的"市""里"文化进行分区展现。景观设计总体分为汉文化景观区(中兴汉街)、帝文化景观区(孝宣之道)及邑文化景观区(一市三里)三大区域。

(1)汉文化景观区:展现开放与繁盛。

结合汉文化元素,建设序列式的汉文化主题板块,包括中兴广场、星汉广场、舞乐广场、文学广场和文宝苑五个板块,通过基于汉文化的景观造景与后期运营,展示不同领域的汉文化特色,

类型1：建筑与场地并置模式更新	类型2：建筑交错形成组合	类型3：新老建筑共生
建筑降低为1层，打开前场，形成开放空间。建筑空间与景观空间并置，整体形成较好的商业或文化活动氛围	建筑降低为1~2层，形体在地籍线范围内交错，形成丰富的室外公共空间。屋顶起单坡或双坡，立面通过材质进行划分，形成对比	降低建筑高度，新建筑延续老建筑坡屋顶形式。老建筑石砌立面向新建筑立面延续，使新老建筑和谐共生

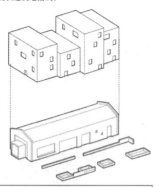 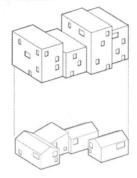 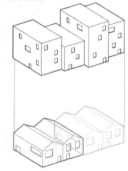

类型4：形成完整合院	类型5：形成整体大空间	类型6：形成"L"形院落
降低建筑高度形成独立院落；插入玻璃体替代原有建筑局部，内部院落开敞，丰富空间层次	降低建筑高度合并形成整体大空间，建筑一层向内退后，形成向内的檐口空间，丰富立面层次	降低建筑高度横向拉开形成独立院落，建筑立面为砖石材质，老砖新用，二层采用实砖墙砌法，一层采用花式砖墙砌法，丰富立面层次

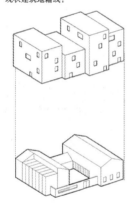 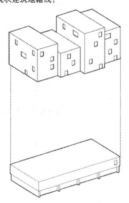 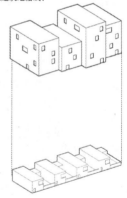

图22　建筑群体更新模式图

营造汉文化街区，最终体现汉文化统一性与多样性、开放性与包容性的特色（图23）。

图23　汉文化景观区更新前后对比

设计风格：汉风、典雅大气。
设计色彩：以黑、金、红为主。
文化元素：石雕、瓦当、隶书文字、陶艺、云纹等。
景观板块：中兴广场、星汉广场、舞乐广场、文学广场、文宝苑。

（2）帝文化景观区：展现秩序与仪式。

利用铺装、绿化、文化景墙等强化礼制轴线，串联汉宣帝政绩景观节点。以汉宣帝主要的生平事迹为背景，通过6个主要节点段落（中兴六景）叙述汉宣帝的生平事迹。

设计原则：南北轴以2 m石板道路为主，同时向东西两侧各辐射6 m作为景观营造区，以绿化为主，结合列植的树种（如国槐、银杏等），搭配芒草、粉黛乱子草等观赏草，形成具有秩序的景观线性空间。

景观节点：博望苑、故剑亭、常平仓、都护府、麒麟阁、石渠阁。
造景方式：文化砖铺装、地雕、壁雕、置石、雕塑、文化景墙、亭、阁等。

（3）邑文化景观区：展现市井生活。

汉朝九市片区主导功能为商业集市，景观设计应营造开敞、简约、精致的环境气氛。纯泽里片区景观塑造以汉风为主，营造精致、典雅、大气的景观环境氛围。众芳里片区整体设计应呈现开合有致、通透、舒展的景观风貌，营造"众芳芬苾"的环境气氛，为游人带来豁然开朗的视觉体验和花香四溢的嗅觉体验。流庭里片区则于各宅院之间营造静谧、消隐的景观环境氛围（图24）。

图24 邑文化景观区更新前后对比

4 探索总结

4.1 以文物保护为前提探索村庄更新的发展目标

以杜陵陵园格局和历史环境风貌保护为基础，全面保护杜陵本体和背景环境的完整性，加强背景环境建设控制，协调好生态景观建设、村庄聚落建设等与杜陵保护的关系是《杜陵文物保护规划》的基本要求。应合理确定杜陵遗址保护范围内村庄的发展模式，严控村庄建设范围并进行局部搬迁和整体建筑风貌改造，结合历史、文化、产业特色，将其引导、改造为公园内的旅游服务配套基地，以实现村庄发展与区域发展的有机衔接。

4.2 问题与价值双重导向下的村陵共生策略

世界遗产地大都处于良好的生态环境中，为传统村落提供生存发展的物质资源；并且随着世界遗产地的旅游开发,又为村落带来了可观的经济收益。世界遗产地内传统村落是展现世界遗产地人文环境的载体之一。因此,依托遗址公园进行功能改善与提升,一方面应突出遗址的展示与教育功能,注重历史环境的保护与利用,活化利用地域文化特色资源,合理配置视觉展示、互动展示、体验展示等文化展示活动和场所。另一方面应突出遗址的游玩与休憩功能,注重考古遗址公园的公共开敞空间属性,将遗址保护和文化娱乐体验结合,使其成为市民休憩游玩的目的地。

4.3 "总控—单元—细部"的三级村庄更新管控体系。

遗址保护区内的村庄更新由于其区位特殊性,不仅需要落实上位规划、遗址公园修建性详细规划等"自上而下"的管理要素,同时也应具备"自下而上"的更新动力。从"一张蓝图"的总体把控到单元传导的规划控制,最后提出建筑、道路、场地的设计导则。全流程的更新规划将有效衔接遗址与村庄的关系,既保障了遗址本体的安全,也充分发挥了村庄空间作为文化展示和旅游服务的重要职能。

参考文献

[1] 赵金磊.西汉帝陵遗址展示规划研究——以霸陵遗址区为例[D].西安:西北大学,2020.
[2] 徐沛豪.西安三兆村肌理及其改造更新项目设计研究[D].西安:西安建筑科技大学,2018.
[3] 赵之枫,闫惠,张健.世界遗产地传统村落空间演变与发展研究——以明十三陵风景名胜区"陵邑"村落为例[J].华中建筑.2010(6):93-95.

线性文化遗产视角下滨水区多层次的规划管控策略——以洞庭湖长江滨湖城市设计为例

唐艳丽[1] 刘晓琼[2] 蒋超[3] 彭刘军[4]

摘要：在生态文明建设背景下，国家更加重视对长江、黄河、大运河等重要流域的保护与开发。在城市转型发展新阶段，我国滨水区的建设工作重点从工程导向的综合整治发展成为建设开发和景观塑造，再到多尺度并举的综合提升阶段。滨水区规划和建设实施的空间视野也从传统城市公共中心向流域层次和旧城更新区段延伸，迫切需要根据流域—城区—区段不同层次的空间尺度、治理目的以及实施机制等提供针对性的规划管控策略。本文借鉴国内外不同层次滨水区的规划编制经验，在流域层次强化协同，建立区域共识的生态、城镇、人文发展框架；在城区层次强化品质，建立分类人本指标、分级管控体系、分层联动开发的精细化管控规则；在区段层次强化落地，注重在地化潜力识别、差异化实施路径和全过程公众参与。由此提出针对性的可操作规划管控策略库，促进多层次、多维度价值实现的同时，也有助于为同类地区提供建设指导。

关键词：滨水区；流域层次；城区层次；区段层次；规划管控

Abstract: In the context of the construction of ecological civilization, the state has paid more attention to the protection and development of important river basins such as the Yangtze River, the Yellow River and the Grand Canal. In the new stage of urban transformation and development, the construction work of China's waterfront areas has shifted from the project-oriented comprehensive renovation to the construction and development and landscape shaping, and then to the comprehensive promotion stage of multi-scale development. The spatial vision for the planning and construction of waterfront areas also extends from the traditional urban public center to the watershed level and the old urban renewal section. It is necessary to provide targeted planning strategies according to the differences in the spatial scale, governance purpose and implementation mechanism of watershed level, urban level and renewal section level. Drawing on the experience of planning compilation of waterfront areas at different levels, it is proposed to strengthen synergy at the watershed level and establish a regional consensus on ecological, urban and humanistic development frameworks; strengthen quality at the urban level waterfront area, and establish refinement control rules through classified human-oriented indicators, graded management and

---

1 唐艳丽，长沙理工大学建筑学院，讲师，研究方向为城乡更新与空间治理。地址：湖南省长沙市天心区赤岭路45号长沙理工大学建筑学院16号教学楼502室。Email:008207@csust.edu.cn。Tel:15116345886。
2 刘晓琼，岳阳市自然资源和规划局，主要负责国土空间规划。地址：湖南省岳阳市岳阳大道（市政协东侧100米）。
3 蒋超，岳阳市自然资源和规划局，主要负责国土空间规划。地址：湖南省岳阳市岳阳大道（市政协东侧100米）。
4 彭刘军，中睿筑城规划设计有限公司，副总工程师，主要负责城乡规划与设计。地址：河南省郑州市金水区经三路66号金成国际广场4层。

control systems and hierarchical linkage development; strengthen the implementation at the level of the old urban area, pay attention to the identification of localization potential, differentiated implementation paths and public participation in the whole process. This will provide a targeted operational planning and control strategy library, promote the realization of multi-level and multi-dimensional values, and also help guide the construction of similar regions.

Key words: waterfront area; watershed level; urban level; update section level; planning control

滨水区是城市中特定的空间地段,作为水域生态系统和城市陆地生态系统的交接地带,滨水区是城市中自然要素最为密集、发展过程最为丰富的地域之一,同时也是人类活动和自然过程共同作用最为强烈的地带之一。作为一种新兴的遗产保护理念,线性文化遗产着眼于线性区域,涉及遗产元素多样,兼具物质文化和非物质文化,是实现遗产保护、保存和展示目标的重要手段。

进入21世纪,随着现代化城市的发展,城市政府倾向于通过制定各类规划(包括国土空间规划、流域规划、生态规划等)去解读和处理城市发展和水的关系。在水的内涵与本质不断被人类深刻认知的过程中,当前的滨水区规划设计也面临越来越多样化的目标和愿景。党的十八大以来,我国陆续提出推动长江经济带发展、黄河流域生态保护和高质量发展、大运河文化带建设等重大战略,统筹考虑水环境、水生态、水资源、水安全、水文化和岸线,实现"五水一岸线"的协同治理。同时,上海、广州、杭州、武汉等城市也将滨水区作为城市品质提升的标志性空间。近年来,滨水区再度成为地区发展关注热点。

在城市转型发展新阶段,滨水区从功能置换和开发利用的经济价值逐步转变为促进跨区域协调治理、推动公共空间复兴、带动城市功能性提升与社会性重构等多维度价值,其规划和建设实施的空间视野也从传统城市公共活动中心向流域和旧城更新区段延伸。本文面向多层次、多维度的价值需求,针对不同层次滨水区在空间要素、治理目的和实施机制等方面的区别,提出差异化和精细化的规划管控策略。

1 滨水区的规划建设发展历程

纵观改革开放后我国滨水区的建设发展,其工作重点从河道水质整治和通航疏浚的综合整治阶段,逐步发展成为面向滨水区景观开发和塑造阶段,再到"大流域"与"家门口"并举的多尺度综合提升阶段。

1.1 20世纪80年代:工程导向的水环境综合整治

随着城市经济发展、滨水区人口集聚和产业围水扩张,大量生活污水和工业污水排入河流,生态环境污染愈发严重。对滨水区而言,若不能提升江河湖泊及城市的生态环境质量,将会对城市生命力产生不利影响。因此从20世纪80年代开始,河道疏浚、水体净化、水质提升等环境综合整治工程开始启动,为后续城市滨水区的开发建设奠定了基础。水质改善提升了滨水区居民的自信心和滨水区的美誉度,对滨水区经济、社会和生态环境的全面复兴具有重要意义。如杭州1983—1988年实施了京杭运河—钱塘江沟通工程,1993年又开展了京杭运河整治工程;

上海1988年启动了上海合流污水治理一期工程,1996年又全面启动了苏州河环境综合整治工程等。

1.2　20世纪90年代:滨水区开发和景观塑造

20世纪90年代以来,各地逐渐认识到滨水区功能提升的重要性。城市的滨水区更新致力于将昔日工业化的江河滨岸转变为集居住、工作、休闲功能为一体的空间,产业元素及产业发展并未在滨水区更新后消失,而是呈现出能级提升的趋势。如日本大阪形成了"经济性—生产性—持续性—自立性"良性循环的滨水城市复兴整体思路,大阪将经济生产作为滨水城市复兴的前端力量,将其作为城市持续性与自立性发展的基础。我国上海、武汉、杭州、宁波、长沙、深圳等城市均开始滨水区的景观设计与地块开发,如上海2002年启动的黄浦江两岸综合开发项目、广州2005年启动的珠江两岸的景观规划与建设开发项目、长沙2006年启动的湘江东岸湘江滨水区开发项目等。滨水景观可极大地提高地区知名度和吸引力,其在提高滨水空间活力的同时,也对整个地区的复兴产生持久的积极作用,但与此同时也存在市场开发过度、忽视历史文脉传承、跨部门协同能力不足等问题。

1.3　2010年以后:"大流域"和"家门口"的多层次提升

进入生态文明阶段,面向宏观流域层次和微观区段层次的滨水区规划建设成为学术界重点关注的议题。一方面,在生态文明建设的背景下,我国更加重视对长江、黄河、大运河等重要流域的保护与开发,陆续发布了《长江经济带发展规划纲要》《黄河流域生态保护和高质量发展规划纲要》《大运河国家文化公园建设保护规划》等指导流域发展的纲领性文件。另一方面,为顺应群众对美好生活的向往,家门口河道提升成为重要的民生工程。上海2018年开始了"一江一河"沿岸建设规划工作,成为践行"人民城市人民建,人民城市为人民"理念的典范。杭州2018年启动了美丽河湖建设,并提出"还河于民"的目标,促进河湖建设由"美丽"到"活力"的转型。当然,如若滨水空间贯通对民生福祉改善的贡献只在物质层面上强调公共空间景观设计和活动策划的高品质,而忽略了社会公平性,则可能会造成滨水文化的消失,不能持续地对城市文脉延续产生积极作用。因此,滨水区规划设计亟须关注多层次的规划管控和实施路径。

2　针对当前滨水区规划管控的反思

国内学者对滨水区的规划设计进行了长期研究探索。杨保军等提出公共性、混合性、亲水性、可达性、连续性、盈利性的滨水区建设原则,范雅婷等针对公共开放空间、绿道建设、景观设计、滨水界面等分类要素提出规划策略,同时基于广州珠江、上海黄浦江、北京清河等项目实践提出具体建设策略。在此基础上,需要进一步思考如何将规划设计策略转变为有效的规划管控规则。

2.1　通则设计策略,缺少管控逻辑的分层引导

上海、北京等城市先后印发了滨水空间规划设计导则作为规划编制的技术指导文件。《北京市河道规划设计导则》针对"安全开放之河、生态健康之河、文化魅力之河、宜居活力之河、智慧创新之河"五大目标提出北京市河道的建设理念和规划设计策略。这种通则式导则主要是对

全域河流的总体指引,以原则性空间设计策略为主,在管控引导上主要考虑地形地貌、功能定位等物质空间特征差异,后续应针对不同层次滨水区的治理目的和管控要素差异,建立针对性的规划管控框架。

2.2 粗放规划指标,缺少品质需求的精细管控

在流域层次,我国现行的"流域综合规划"由水利部牵头,以水资源的控制性指标为主,但对流域内的各类资源的统筹协调缺乏有效引导。在城区层次,传统城市总体规划和控制性详细规划管控更偏向开发导向,对于滨水空间品质营造缺乏管控手段。城市总体规划采用滨水道路红线、河道蓝线、城市绿线和历史街区与历史建筑保护紫线等刚性边界约束,容易造成滨水区各类空间要素割裂,控制性详细规划指标管控则缺少对建筑空间的合理安排以及空间层次的有机变化。

2.3 单一管控手段,缺少多方统筹的机制保障

滨水区因其线性空间特征,在管理和建设实施中涉及多个部门和主体。从分段视角,河流往往流经多个行政区域,需要统筹不同行政区域之间的发展诉求。从分层视角,河道管理蓝线内涉及水利、交通运输部门,绿线内涉及城市管理、园林等多个部门,由于行政部门工作分工差异,各类空间要素缺乏整合和统筹。针对复杂的权责问题,需要通过制度设计和管理机制的优化,为跨地域、跨部门的协调合作提供重要支撑。

3 不同层次滨水区的规划编制差异

通过梳理国内外重要滨水区的规划文件,发现针对不同尺度的滨水区规划,在空间尺度、规划策略、实施机制上均有差异化的侧重点。

3.1 空间尺度的差异

流域规划关注河流流经相关行政区的跨区域尺度,城市层次是城市建成地区内河道及其两岸1~3千米进深腹地的中观尺度,而区段层次聚焦具有特殊价值和更新建设意图的关键区段,长度一般为3~5千米。如泰晤士河在流域层次的《泰晤士愿景2050》针对大伦敦都会区流域,涉及17个自治市镇,长度超过180千米;在城市层次的《泰晤士河战略,基尤至切尔西》针对西伦敦从基尤至切尔西之间的河段(全长约16千米);在区段层次的《伦敦金融城泰晤士战略补充规划》则聚焦伦敦金融城沿线3.8千米的滨水区。不同层次滨水区规划比较如表1所示。

表1 不同层次滨水区规划比较

层次	规划实例	空间尺度	治理目的	规划策略
流域层次	《泰晤士愿景2050》(Thames Vision 2050)	180千米大伦敦都会区流域	思考作为英国最大的港口,最繁忙的内河以及体育娱乐中心,泰晤士河流域将拥有怎样的未来	贸易泰晤士:港口、消费市场中心、实现净零经济。 目的地泰晤士:成为居住、参观、娱乐的活力场所。 自然泰晤士:本地物种、弹性栖息地、干净的水

续表

层次	规划实例	空间尺度	治理目的	规划策略
城市层次	《泰晤士河战略，基尤至切尔西》（Thames Strategy, Kew to Chelsea）	16千米（基尤至切尔西的河段）	重新发现泰晤士河，将其与城市连接，让泰晤士河恢复生机，并提供长期管理依据	促进河流和滨江区域的利用率；保护和改善历史建筑和景观；改善河流与滨江环境；重建泰晤士河、河畔社区与其他地区的联系；促进高质量和适当的设计；重塑泰晤士河在伦敦的重要地位。从河道治理、遗产与保护、景观与地标、生物多样性、娱乐与旅游、交通组织等方面多维度提出详细的政策建议
	《伦敦金融城泰晤士战略补充规划》（City of London Thames Strategy）	3.8千米（伦敦金融城沿线滨水区）	该地区是伦敦金融城的关键区域，规划目的是开展滨河评估和制定行动计划	划定特别敏感区，控制建设高度，保护和增加景观视线；强调公共活动空间与基础设施的可达性，提供健康安全的滨水休闲娱乐空间；保护生态与生物多样性以应对气候变化与洪水威胁；分段评估各区域，突出地区特色与文化遗产价值
区段层次	《新加坡城市设计专项导则》	3.2千米（包括罗宾逊码头、驳船码头、克拉码头）	城市更新以活化新加坡河沿岸的历史建筑、塑造优质生活的滨水岸线、营造行人友好慢行廊道为主要目标，制定了多部新加坡城市设计专项导则	滨水岸线的引导控制、对重建和更新项目的引导控制、对特殊空间系统的专项引导控制。 针对滨水岸线：《新加坡滨水走廊城市设计导则》。 针对特定空间区域：《新加坡滨水走廊城市设计导则》《新加坡河区域内建设城市设计导则》（重建和更新项目）、《上环路历史保护区、6/2008E和1/2016E地块控制导则》等。 针对特殊空间系统：《驳船码头滨水走廊室外休闲区和室外售货亭导则》《新加坡河罗宾逊码头和克拉码头滨水走廊室外休闲区控制导则》《新加坡河屋面创意设计导则》《罗宾逊码头沿岸建筑悬挑区域设计导则》《市中心户外广告牌设计导则》《行政文化区内步行系统设计导则（含开放区域和遮阳区域）》

3.2 治理目的的差异

流域层次规划是区域生态安全和高质量发展的综合性规划,如《泰晤士愿景 2050》提出贸易泰晤士、目的地泰晤士、自然泰晤士三大发展目标,并明确流域发展的关键性地区(图 1);城市层次规划强调重新激发滨水区的生机,以促进河流与滨水区的环境改善与空间的高质量利用,如《泰晤士河战略,基尤至切尔西》对河道治理、遗产与保护、景观与地标、生物多样性、娱乐与旅游、交通组织等提出面向长期管理的政策建议(图 2);而区段层次更加注重策略在地化与管控精细化,注重微观层次具体空间区域和要素的位置安排和形态设计,如新加坡详细制定了针对特定地区(如重建和更新项目、历史地区等)以及特殊空间系统(如室外休闲区等)的专项规划导则。

图 1 《泰晤士愿景 2050》相关内容

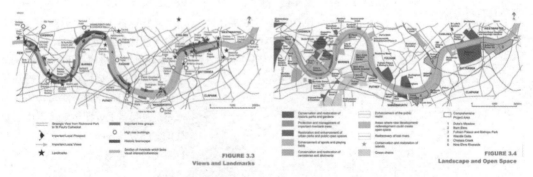

图 2 《泰晤士河战略,基尤至切尔西》相关内容

3.3 实施机制的差异

流域层次的规划强调跨地域协调,以实体性的统一管理机构和可持续的实施机制推动规划落实,如田纳西河流域设立了田纳西流域管理局作为一级机构直接向国会负责,并具有自主经营权。城市层次强调规划传导,如《泰晤士河战略,基尤至切尔西》明确八项核心策略和次区域特殊政策区,并提出分项分区的政策建议和协调机制。区段层次强调建设实施落地,激发不同主体的协同参与,提升公共空间活力,如新加坡河区域成立了私人部门发起的场所营造和地区管理平台 SRO(Singapore river one)与城市更新局协作。

4 流域层次:关注协同,建立区域共同遵守的发展框架

流域协同治理工作往往涉及多个省(自治区)、市(县)的管理部门,不同地区在社会经济、法治建设和发展重心等方面的差异影响了跨区域问题的解决。因此,流域层次规划需要重点凝聚流域发展共识,建立生态共保、城镇共治、文化共兴的发展框架。

4.1 建立统一的生态保护制度

尽管在严守"生态底线"方面,社会各级均已达成了广泛共识,但面临实际问题时,不同部门及利益主体基于自身立场,对具体空间的发展路径及时序仍然存在较大争议,对保护力度强弱的争议仍然存在。

岳阳作为大江大湖交汇的锁钥和"守护好一江碧水"的首倡地,是长江中下游地区水安全和生态安全的关键屏障,具有重要的生态保育价值。《岳阳长江—洞庭湖滨水地区总体城市设计》(后简称《一湖两岸城市设计》)着重推动沿线城镇共同形成"守住一湖清水,营建生境洞庭"的发展共识,重点针对生态格局、水质治理和生物多样性明确管控要求(图3):一是基于底线思维,以生态保护红线划定方案为基础,重点落实自然保护地管控要求,兼顾各类生态要素的修复与治理需求,构建"一江、一湖、五水、一珠链"的全域生态空间体系;二是强化水质治理,在全流域建立统一的水质达标考核及岸线治理政策体系,针对重点水域制定定期联合执法行动机制,明确生态补偿措施;三是修复自然生境网络,打通生物栖息地间联系通道,分区分级保护山体及林地,提高流域范围内森林质量和生态服务功能,提升生物多样性水平。

(a) 一湖两岸流域生态格局

(b) 流域水环境治理

(c) 流域生境网络

图3 《一湖两岸城市设计》具体内容

4.2 构建协同的产城发展格局

流域内不同区段的城乡空间发展重点不统一。重要水系流域空间跨度普遍较大,同一条河流沿线空间在不同行政区划内的发展情况存在显著差异,进而导致了不同区段对"江城关系"的认知差异。

为统筹流域的城镇岸线风貌和建设模式,《一湖两岸城市设计》针对中心城区、特色城镇和生态地区的不同岸线特征提出了分类管控指引要求,推进宜居的城市建成环境与优越的自然生态景观的融合。针对中心城区岸线,主要控制产业岸线建设,识别滨湖重点板块,预留山水通廊,形成起伏有致的滨湖天际线,控制第一层街坊界面和功能。针对特色城镇岸线,明确每个城镇组团的规模,并塑造具有"湖湘风格"的城镇风貌。针对生态田园岸线,在严守生态管控底线的基础上,保留沿江沿湖的"水宅田林"的村落格局和景观风貌(图4)。

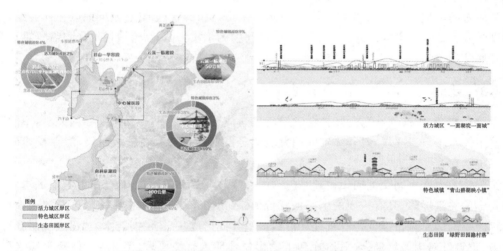

图4 一湖两岸岸区分类(左)和三类岸区管控(右)示意

4.3 打造共同的文化旅游品牌

当前我国主要水系流域内的文化品牌与旅游产品供给普遍受行政区划影响,各区域对流域人文价值和彰显方式的认识不统一,散点化、符号化的问题较为明显,缺乏相对明确的地域文化线索与流域整体开发机制。

为整体联动流域文旅发展,《一湖两岸城市设计》依托沿线自然和历史人文资源禀赋,试图串联人文线索、连通流域蓝道、构建全域场景:一是贯通滨水风景路,根据不同区段的实际贯通特征和断点情况,形成各区段针对性的贯通策略,实现345千米风景道全线贯通,塑造具有"湖皖特色"的堤岸风景道;二是构建蓝道游览系统,强化洞庭湖流域上游蓝道网络构建,加强全域旅游合作,并筹备洞庭湖旅游母港,形成休闲度假型旅游品牌,同时对流域沿线现有客运码头适当扩建提质,并新建一批旅游客运码头,整合水上游线与城镇特色文化旅游资源;三是串联多元人文场景,深度挖掘沿线城镇文化内涵,推动旅游产业与休闲、会展、文化、健康等功能的深入融合,基于特色文化资源打造三国文化、岳阳楼—君山岛文化、红色文化、屈子文化、湖湘文化五处不同主题的人文场景,形成全域性的文化旅游发展格局(图5)。

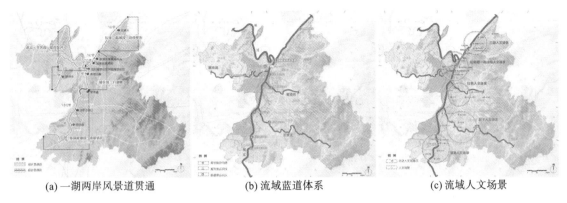

(a) 一湖两岸风景道贯通　　(b) 流域蓝道体系　　(c) 流域人文场景

图 5　全域性的文化旅游发展格局

5　城区层次：关注需求，建立精致品质的管控规则

城区层次的滨水区是高强度开发的城市建设热点地区，也是高密度人群活动的稀缺公共开放空间。然而传统规划管控偏重土地发展权的配置，难以满足高品质场所的空间营造需求，需要基于以人为本的规划设计理念，构建精细化治理的规划管控机制。

5.1　分类精细的规划导控指标

应充分发挥城市设计导则强制性和引导性相结合的"双重激励"机制，并在全过程管控中体现出最大的适应性和可变性。北京、上海等城市的河道规划设计导则正在探索价值导向的管控引导，建议后续导则的制定应重点关注绿色韧性、贯通开放、活力多元、人文魅力四个规划目标，增补面向新需求的滨水区管控要素（表2）：面向更具绿色韧性的生态基底，强调生态永续性和安全有韧性；面向更加贯通开放的慢行网络，强调滨水连续性、垂江可达性和接驳便捷性；面向活力多元的活动功能，强调功能复合性、设施舒适性和尺度宜人性；面向人文魅力的场所营造，强调人文体验性和景观感知性。

表 2　价值导向的滨水区规划管控指标

规划目标	管 控 指 标
绿色韧性	水质标准、水环境功能区达标率、区域除涝标准、暴雨重现期标准、水利设施等
	G类用地比例、生态岸线比例、绿色建筑比例、海绵城市年径流总量控制率等
贯通开放	滨水步道贯通率、滨水空间最窄宽度等
	垂江通道平均间距、慢行过河桥梁平均间距等
	自行车停放点覆盖率、公共交通站点覆盖率、水上交通与公共交通站点距离、停车设施等
活力多元	室外公共空间、游憩设施覆盖率、滨水建筑首层公共性、地下空间利用率、桥下空间利用率等
	服务设施覆盖率（公共厕所、母婴室、直饮水点、自动贩卖机、急救箱、座椅、垃圾桶等）、无障碍设施、照明设施等
	滨水第一界面建筑限高、临水建筑高退比、单体高层建筑面宽、滨水面建筑总面宽与滨水面建筑面宽比、连续等高建筑数量、建筑贴线率、建筑边缘处理、屋顶形式等

续表

规划目标	管 控 指 标
人文魅力	历史遗存活化使用率（包括历史建筑、工业遗产要素、风貌保护街坊等）、文化设施覆盖率、公共艺术品密度等
	地标建筑、视线通廊、街道家具、建筑风貌、建筑色彩、视觉标识、地面铺装等

5.2 分级明确的规划管理体系

针对滨水区的线性空间特征，需要深化分级管控方式，针对地区的特点在成果深度和管控力度上提出差异化要求。

结合我国规划管控体系，建议形成"普适导则＋附加图则"两级管控体系。《一湖两岸城市设计》通过建设动态和资源价值识别历史风貌类（如岳阳楼片区）、公共活力类（如洞博园片区、南湖片区）和功能转型类（如城陵矶片区）等重点管控地区，并附加图则进行精细化建设指引，针对上述绿色韧性、贯通开放、活力多元、人文魅力这四类管控要素，明确空间和指标的具体要求（图6），并区分强制性和引导性的管控类型。而对于居住、产业、高校等一般功能片区，则以系统性的导则指引为主，明确底线，统一基调。

图6 岳阳一湖两岸城市设计普适导则（左）和附加图则（右）示意

5.3 分层联动的开发建设模式

滨水区规划编制导向从"水域本体"向"水陆统筹"转变，然而在建设运维中，滨江沿线与腹地范围因分属不同部门或实施主体，会出现建筑高度失控、公共功能缺乏等问题，以致高价值空间未得到高价值利用，因此需要优化实施体制，推动规划理念落地。

在规划编制中，可考虑划定开发单元作为明确开发主体的最小单元，将滨江公共空间与地块开发经营性项目合理组合。加强滨水区与腹地的空间联动和功能整合，且可通过滨江公共空间的优先或同步建设，提升地块的开发效益。

在建设管理中，成立统一开发运营主体。以上海市徐汇区为例，区国资委整合多家企业组建了上海西岸开发（集团）有限公司，授权其在徐汇区滨江地段承担土地储备、前期开发、基础设施投资建设、功能开发与招商引资、总体运营与综合管理等职能，推动了西岸文化走廊、西岸传媒港等重点项目的建设工作。

6 区段层次：关注落地，提供弹性可行的实施方案

区段层次规划重点在于整体梳理潜力空间并制定实施框架，对各更新地段提出差异化的实施路径，并完善工作协调机制，鼓励多主体共同参与。

6.1 开展在地化的潜力空间评价

区段层次的滨水区规划往往面临土地权属交错、存量空间分散等复杂问题，需要转变规划思路，以更新视角开展用地潜力评估，确保规划理念的落地实施。在区位价值、人文价值、使用价值等传统空间资源评估的基础上，引入开发建设视角，对产权属性、实施主体、开发动态等进行排摸和梳理，系统梳理潜力空间，判断更新利用优先级，分类制定开发策略。

《一湖两岸城市设计》通过叠加要素，重点识别三类滨水潜力空间：一是南湖新区等增存并举的地区，要以控制性详细规划为基础，聚焦未来新建地区，进一步优化建筑高度、建筑风貌、人行道尺度、配建设施等规划管控指标；二是城陵矶老港区、3517老厂房等有改造潜力且具有一定规模的地区，优先考虑产权相对单一的工业、公共设施或历史更新类地块，基于区块的问题短板，引导区块功能置换，使其成为公共活力中心；三是洞庭南路历史街区，应围绕慈氏塔等历史人文地标，打开观湖望塔视廊，重塑传统街巷，再现烟火生活。

6.2 提供差异化的规划实施路径

不同于城区层次的系统性引导，区段层次需要根据场地制约条件，提供灵活可行的实施方案。在总体设计导则提出的贯通目标、设计原则的基础上，明确分阶段的行动计划、空间策略和改造模式。

如城陵矶老港等功能转型地区，应结合现状空间更新的难易程度、地块权属关系，提出分片实施的更新时序，优先改造滨江第一界面，结合城中村和港区改造打造城市阳台，联动腹地整体发展，实现滨江地段全部开放（图7）。洞庭南路等历史街区应通过织补连湖通廊、加密通湖支路等措施唤醒以步行为主导的感知体验，以小尺度街巷空间串联岳阳历史文化节点，提供不同视角的观景游线（图8）。

图7 城陵矶存量地区更新示意图

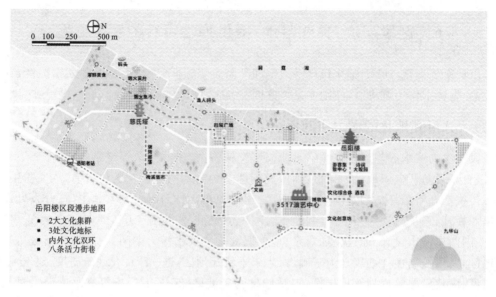

图 8 "人文岳阳楼"城市漫步地图

6.3 开展全过程的多主体公共参与

区段层次滨水公共空间的激活不仅是自上而下的规划建设过程,也是自下而上不断平衡多元主体利益诉求和不断征求社会意见的过程,需要企业、居民、政府、机构组织等多方群体的共同参与。

一方面,在规划研究阶段应秉持将滨水区归还市民的初衷,引导公众与社会专业群体参与设计,如在工作推进中成立专门小组协调,通过社区里的"红色议事厅"、居委会、社区小程序等渠道,及时收集居民意见。另一方面,在运营阶段也应鼓励地方社区和市场主体联合进行场所营造,如新加坡提出以私人部门为主导的"商业促进地区"计划,涵盖了新加坡河区域在内的 10 处地区,致力于通过市场营销和活动策划提升地区吸引力。人性化规划设计的主要目标之一是对当地历史文化的尊重、保护和创造性再现。只有尊重才会主动积极地保护,只有主动积极地保护才会在保护的同时,创造性地"再现"历史文化场景。

《一湖两岸城市设计》在规划前期最大限度提升多方参与程度,与全流域"两县一市三区"多平台政府部门深入交流,邀请文化人士、市民代表、生态专家等举办专题研讨会,同时利用官方公众平台进行公众意见征集,其通过西环线建设、生态廊道建设、夜景灯光秀点亮湖岸线、历史文化街区改造和沿湖天际线优化等多方位设计,可极大提升市民对岳阳这座生态之城的认同感和归属感。未来,建议开发三维可视化多主体参与的评价工具,以促进城市设计方案优化和精明决策系统形成;建立"社区城市设计师"制度,以构建良性、高效的公众参与平台和项目跟踪管理机制。

7 结 语

为了长久维持绿水青山的风貌,贯彻"量水而行"思想理念,必须更加精细化地规划管控滨水区的建设。《市级国土空间总体规划编制指南(试行)》中明确提出按照"以水四定"(以水定城、以水定地、以水定人、以水定产)原则对国土空间布局进行优化。自然承载力评价是国土空间规划的重要评价指标之一,而水是决定自然承载力的重要因素,所以水对国土空间的划定、规划管控措施均有重要作用。在滨水区的多维价值已逐渐获得共识的基础上,实际开发建设过程中往往由于缺少有效的规划管控手段导致规划理念难以落地。本文希望从规划管控视角出发,针对流域、城市、区段这三种不同空间尺度滨水区治理目的和管控机制的差异,提供针对性的规划管控策略,促进城市滨水区多层次、多维度的价值实现。

滨水区多层次转型提升的规划管控研究涉及多学科、多层面的知识,《一湖两岸城市设计》不仅是重塑一湖两岸滨水区空间风貌的指导策略,也是在城市复兴背景下探索现代滨水区的重要规划实践。"让滨水区重新回归城市"这一世界性的发展趋势,正成为我国城市更新的重要课题和关注热点。对滨水区进行多层次转型提升的规划管控研究符合当下城市发展要求,同时更是积极贯彻并实践生态文明建设的要求。《一湖两岸城市设计》与其说是一次专业实践,不如说是一次对新规划思维和机制的在地化探索。诚然,本文探讨内容聚焦于空间管控维度,尚未涉及滨水区建设在城市社会学等其他方面的问题,如社区自治、土地开发效益等。随着城市发展从增量建设走向存量经营,城市空间的开发设计将不是最终目的,如何激发地区内生动力,真正实现"内涵复兴"才是未来城市发展的目标。

参考文献

[1] 徐毅松.迈向卓越全球城市的世界级滨水区建设探索[J].上海城市规划,2018(6):1-6.

[2] 潘建非.广州城市水系空间研究[D].北京:北京林业大学,2013.

[3] 闵雷,熊贝妮,吴聪.城市高质量发展理念下的"两江四岸"滨水空间治理——武汉百里长江生态廊道规划实践[C]//面向高质量发展的空间治理——2021中国城市规划年会论文集(08城市生态规划).北京:中国建筑工业出版社,2021:97-105.

[4] 席珺琳,吴志峰,冼树章.我国城市滨水空间的研究进展与展望[J].生态经济,2021,37(12):224-229.

[5] 王启轩,任婕.我国流域国土空间规划制度构建的若干探讨——基于国际经验的启示[J].城市规划,2021,45(2):65-72.

[6] 章明,张姿,张洁,等.涤岸之兴——上海杨浦滨江南段滨水公共空间的复兴[J].建筑学报,2019(8):16-26.

[7] 王敏,叶沁妍,汪洁琼.城市双修导向下滨水空间更新发展与范式转变:苏州河与埃姆歇河的分析与启示[J].中国园林,2019,35(11):24-29.

[8] 梁溢逸,于文波,徐德才.城市河道滨水空间转型的管控机制初探——以杭州市为例[J].建筑与文化,2021(6):52-54.

[9] 杨保军,董珂.滨水地区城市设计探讨[J].建筑学报,2007(7):7-10.

[10] 赵民,张佶.回到母亲河,重塑滨江城市形象——广州市珠江滨水区建设的探讨[J].城市规划汇刊,2001(2):36-38.

[11] 邹钧文.黄浦江45公里滨水公共空间贯通开放的规划回顾与思考[J].上海城市规划,2020(5):46-51.

[12] 王英,刘健,邵磊,等.城市滨水空间综合整治要素及治理导向——以北京清河海淀段为例[J].世界建筑,2022(2):24-33.

[13] 范雅婷,崔秦毓,肖靖.跃进式城市化视角下的深圳湾滨水带沿革及其公共性演变研究[J].中外建筑,2021(11):26-32.

[14] 何静.旧城滨水公共空间建设实施策略研究——以上海市苏州河两岸地区为例[J].中华建设,2020(25):71-73.

[15] 王召东,陈静.对控制性详细规划编制若干问题的探讨——以某市滨水地段控规为例[J].城市发展研究,2007,14(3):42-47,49.

[16] 张敏.政府间行政协议:黄河流域协同治理的法制创新[J].宁夏社会科学,2022(2):60-70.

[17] 董琦,兰慧东.人本主义视角下大运河无锡段价值演变历程与复兴策略探索[J].水利发展研究,2022,22(4):6.

[18] 干靓,邓雪湲,郭光普.高密度城区滨水生态空间规划管控与建设指引研究——以上海市黄浦江和苏州河沿岸地区为例[J].城市规划学刊,2018(5):63-70.

[19] 曹哲静,唐燕.设计导则结合公私促进计划的新加坡河复兴新策略[J].城市建筑,2019,16(13):79-86.

[20] 奚文沁,黄轶伦."全球城市"目标下的滨水区多维度城市设计——以上海南外滩滨水区城市设计为例[J].城乡规划,2017(2):83-92.

[21] 冯莹.基于生态理念的城市滨水空间活力营造初探[D].南京:东南大学,2017.

[22] 张旭俊.广州市南石路工业滨水区重塑实施策略研究[D].广州:华南理工大学,2017.

[23] 李敏稚,赵晓莺.基于"精明营建"理念的城市设计探讨——以中山总部经济区滨水城市设计为例[J].规划师,2020,36(9):50-56.

[24] 占晓松.价值开发为导向城市滨水区更新型城市设计探索[J].城市建筑,2019,16(8):67-69,85.

[25] 廖航.线性文化遗产视角下的历史城市滨水区城市设计策略研究——以北京城市副中心大运河滨水区为例[D].南京:东南大学,2021.

宇宙模式理论视角下的中国历史城市形态探察
——以唐长安城为例

范智翔[1] 唐晓岚[2]

摘要：宇宙模式理论是凯文·林奇在《城市形态》中提出的研究历史城市形态的理论之一，其认为城市营建是受人文宇宙观的影响，将自然与人类联系起来的一种手段，是促使宇宙世界安定与和谐的一种方式。中国古代城市的营建是最符合宇宙模式理论的，这与当时的人神观念意识形态密不可分。本文通过解读凯文·林奇在书中对宇宙模式理论的阐述，总结分析宇宙模式的主要内容、类型及特点，并结合唐长安城的营建意象及城市形态对这一理论的实践性予以佐证。以期对城市形态的研究提供一定启示，为当代城乡文化遗产的保护与发展提供参考。

关键词：宇宙模式理论；城市形态；城市文化；长安城

Abstract: Cosmic Model theory is one of the theories on the study of historical urban form proposed by Kevin Lynch in *Good City Form*. He believes that urban construction is a means to link nature and human beings under the influence of humanistic cosmology, and it is a way to promote the stability and harmony of the universe. The construction of ancient Chinese cities is the most consistent with the cosmic model theory, which is closely related to the ancient people's concept of God ideology. By interpreting Kevin Lynch's exposition of the cosmic model theory in the book, this paper summarizes and analyzes the main contents, types, and characteristics of the cosmic model and proves the practicality of this theory in combination with the construction of Chang'an City in Tang Dynasty and its historical urban form. This study is expected to provide some inspiration for the study of urban form and provide a reference for the protection and development of contemporary urban and rural cultural heritage.

Key words: Cosmic Model theory; urban form; city culture; Chang'an city

1 引言

宇宙模式为凯文·林奇1984年在其《城市形态》(*Good City Form*)一书中提到的历史城市形态的"标准模式"之一[1]。这一理论认为，任何一个永久聚落的空间形态都应该是宇宙或神的"魔法模式"。人类因此而得到长居久安的场所，宇宙也得以继续它的和谐运行。帝王、僧侣、贵

---

[1] 范智翔，南京林业大学风景园林学院，硕士，研究方向为城市文化遗产保护。地址：江苏省南京市玄武区龙蟠路159号南京林业大学。Email: charis98@njfu.edu.cn。Tel: 17604204761。
[2] 唐晓岚，南京林业大学风景园林学院，教授，博士生导师，研究方向为城市文化遗产保护。地址：江苏省南京市玄武区龙蟠路159号南京林业大学。Email: 398887917@qq.com。Tel: 13951997339。

族等人类权力结构也被延续下来。这类理论如今看来有些许迷信色彩,但在历史上曾深刻影响着人们的思想行为,并作为城市营建的重要指导思想而存在。

"宇宙即吾心,吾心即宇宙",中国古代哲学观念早已强调"天人合一"的人与自然和谐关系。中国古代城市模式最早可溯源至五千多年前的红山文化遗址,其是南北轴线、对称布局的城市形态雏形。至西周,明确出现了都城规划的原则与模式,即所谓的"匠人营国"之法。在此影响下,唐代长安城、北宋汴梁城等大型都城均按照对称方格网、以宗教朝政为中心进行规划布局。中国古代都城也重视对自然山水网络的利用,重视城市与自然山水要素的亲和与共生关系,依山临水筑城也成为古代城市建设的选址原则。在此之上所诞生的堪舆风水学说,也是古代人居环境营建智慧的结晶。

城市是人类社会发展到一定阶段的产物,它集中体现着社会进化的集中程度及特点。城市形态作为城乡文化遗产的重要组成部分,是城市历史文脉及特色的彰显。根据宇宙模式理论,可对中国历史城市的空间形态进行整体探察,并应用于当代城市的更新设计,对历史城市的保护与发展具有一定的战略意义。本文挖掘梳理古代城市营建经验,以期对现代城市智慧营建及发展与传承的矛盾提出措施、建议。

2 宇宙模式理论城市形态探析

《城市形态》一书中认为宇宙模式城市是依靠宇宙或神的魔法,将人类与大自然紧密联系在一起,进而促使了宇宙世界的安定与和谐。在这种模式下,人类获得了长居久安的场所、宇宙能够和谐运行、神灵因此被拥戴、人民骚动也被排除。而象征着神灵的权力行使者——帝王、僧侣们,也被人们持续膜拜着。在宇宙模式城市中,稳定和等级制是其主要特点。城市中的每个部分都自适应性地融合到整体中,若整体环境发生变化,它们也会按照自身节奏有条不紊地改变。这一点在后来西方城市形态学派——英国康泽恩学派(Conzen)的历史城市景观思想理论(the historical townscape)中也有所体现,该理论表示,城市在历史过程中形成的形态框架可以抵抗社会变动所引发的形态分化现象,消减现代城市功能需求与历史城市景观之间的矛盾,在这样的城市形态发展演变过程中,该学派学者称历史城市形态会在新时期产生适应和转型,不是简单的取代与被取代关系[2]。

不同社会背景有不同的人居环境理论,受地区意识形态的影响,宇宙模式理论大致可分为以中国传统宇宙观下的宇宙模式理论以及以西方精密秩序理念下的宇宙模式理论两类。

2.1 中国传统宇宙观下的宇宙模式理论

人是城市运转和发展的终极动力源泉,若离开了人及人的活动,城市便无意义[3]。因此,若从人的角度来审视中国传统宇宙观下的宇宙模式,便会发现它的缺点及弊端。受中国传统思想影响诞生的城市中,人们慎重地对待环境,严格遵循着自上而下的礼教制度,为的便是维持宇宙的和谐——城市的秩序与稳定。但这种模式的本质上还是为封建社会中的权力机关服务的,通过宗教仪式、帝王诸侯活动等将人们聚集起来并束缚其行为,使人们从心理上甘愿为城市付出,从而反馈给权力机关以更好地维持城市的和谐。换句话说,宇宙模式是特定时期特定统治阶级用以统治百姓的一种工具、一种模式。

遵循这一宇宙模式的城市中，城镇、墓地、祭坛以及标志建筑物等的选址、朝向均有其特点以及象征意义，有的至今仍对城市规划起着重要参考作用。在《城市形态》中，凯文·林奇以中国北京城为例进行阐述，如北方代表着黑色和不吉利，因此需要设立屏障以求保护；建筑布局体现了宗教和世俗社会的等级制度；城市被层层分割为精细的街道网格等。其中，凯文·林奇又提到宇宙模式城市中的"占卜伪科学"，他指出在宇宙模式城市的"宇宙呼吸"中存在一种"气"的流动，这种流动受到地形、水域、方位以及地下矿脉的影响。人们也是依据这种科学来对城镇、坟墓、标志建筑物进行选址，并通过"气"的导入与导出来营造建筑以及植物的空间布局。通过这类宗教理念，人们产生了对自然的敬畏并合理布局聚落环境。凯文·林奇在书中提到的"占卜伪科学"即是我国的传统风水学说。风水术古人又称为"山水之术"，它凝聚了中国人民几千年来在择居、营宅中获得的山水审美认识与实践经验[4]，巧妙地把礼制的秩序与自然的活泼融入了天人合一的思想体系，并以此创造出一套行之有效的城市规划方法。如《周礼·考工记》中有关都城营建的记载："国中九经九纬，经涂九轨，左祖右社，面朝后市，市朝一夫。"这是当今国内外学术界研究中被广大学者所接受的传统城市规划理念之一。

印度对宇宙模式理论的研究也较为完善，如印度模型城市概念图所示（图1），方格形状的对角线上蜷伏着一具人体，印度教称之为"生主"，生主之神位于方格中央（相当于人体的肚脐部位），在他四周围绕着日月诸神。这一理念体现在具体的城市规划上便表示为印度马都拉市中心，城市中心是一座庙宇，并以几条环形主街包围着主庙，几处不规则的放射状柱子排列在庙宇与环路之间，反映了节日的仪式顺序（图2）。

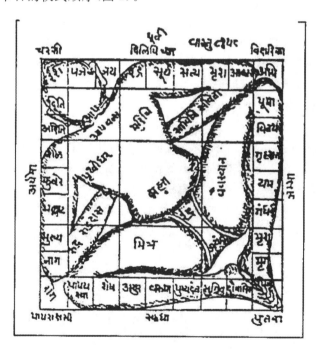

图1　印度模型城市概念图 vastu-purusa-mandala

2.2　西方精密秩序理念下的宇宙模式理论

中国传统宇宙观下的宇宙模式理论几乎影响了大部分东南亚城市的布局方式，然而，在受

图 2　印度马都拉市中心平面图

西方文明影响较深的城市,受这一思想影响甚微,进而自发地产生了具有秩序性和精密性的宇宙模式理论。这一类型的宇宙模式理论通过对神话的描绘来解释城市的由来,并在城市运作出现错误时,将其作为解释。在这一模式下,城市往往具有其"应有的样子",若遵循这些规则,则会增强居民的力量,给人们以荣耀感、安全感、归属感。因此也可以将这种理论称作为可操作的、完整的且具有一定标准的城市理论。

遵循一类型的宇宙模式理论的城市具有其特定营建法则,大体包括:①轴线的行进与序列;②围合体及其防御性开口;③上升支配下降,或大体量支配小体量;④以宗教圣殿为中心;⑤主导坐向根据其与太阳和季节关系的不同而具有不同的意义(北方寒冷,南方温暖,东方是生与始,西方是亡与衰);⑥方格网形态的使用是为了秩序的建立;⑦通过等级来组织社会结构;⑧使用对称的手法表达中轴的极性和二元性;⑨设在战略地点处的地标在视觉上可以控制更广大的区域;⑩利用自然中的山、穴和水。这些特定的准则通过组织性特点而得到了特色强化,如城市中定期举办的宗教仪式、社会阶层高低的分类方式、市民的区域化服饰与行为等。

这种空间与仪式把人们聚集起来并不断巩固以及约束其行为,对其心理产生了极大的影响,进而引发人们对文明产生集体感、骄傲感、自豪感及安全感,所以一旦发生灾难,人们往往会归咎于城市形态布局上的疏忽,并借神话鬼怪之说来描绘灾难为何而来及如何解决。而这类宇宙模式理论也成为了人们选址、改善和修正城市的标准。

3　中国宇宙模式城市形态营建意象探析

在对城市形态的研究中,城市意象常成为主要切入点。早在三十多年前,城市意象便已成为获取与城市设计和城市规划相关的社会数据的常用方法之一[5]。城市意象主要指周围环境对居民产生影响,从而使居民产生对周围环境的直接或间接的经验认识,是人脑中的"主观环境"空间。城市意象的相关研究也常被应用于城市形象的设计中。这类过程又与文化地理学(cultural geography)中环境感应学派(enviroment perception school of thought)观点相呼应,他们认为人所做的选择取决于其所认识的环境而非客观存在的环境,强调人脑印象对人类文化景观演替、更迭的作用[6]。在近代,这类观点又逐渐演变为城市居民集体对城市印象的一种集中体现,即集体记忆概念,该概念最早由法国社会学家莫里斯·哈布瓦赫(Maurice Halbwachs)提出,他认为群体自身具有记忆的能力,在一个社会中有多少群体和机构,就有多少集体记忆。将城市记忆应用到城市空间设计中,便产生了一类空间化的、物质的、有象征性的记忆空间或景观[7]。

正如上文所说,宇宙模式理论下的中国古代城市形态便具有以上几种理论色彩。由封建礼教引导下聚集起来的城市居民,因自上而下的意识形态所约束的行为活动,由内心自发而出的神灵、宗教崇拜,这体现了中国古代城市模式中人们的心理作用大于物质作用。

凯文·林奇对这类形态的中国历史城市进行描述时,仅举了北京这一个例子,可事实上这类城市的数量庞大。早在公元前两千多年,王权与神权便已深深地体现在都城布局与营建中。《墨子·明鬼下》记载:"且惟昔者虞夏商周三代之圣王,其始建国营都日,必择国之正坛,置以为宗庙,必择木之修茂者,立以为菆位。"当时,营建都城首先需建立宗庙、设坛,以有场所举行立国法典等,后又有商王的卜卦问天、地、祖先诸神,以取得行政之命之举[8],这充分体现了神权与政权的结合,以及"天人合一"理念在城市营建方面的反应。随着该理念的发展,这一意识形态逐渐从上至下影响着人们,大到都城营建的寻龙、察砂、观水等地理五诀,小到居民营宅的相宅、卜宅,逐渐延伸成了一套成熟的、带有神秘色彩的城市营建体系,进而形成了富有中华传统文化特色的人居环境营建智慧。本文以唐长安城的城市形态为例进行探察。

3.1 中国古代城市形态及营建意象——以唐长安城为例

唐代是我国封建社会的鼎盛时期,当时长安城的规模及形制均达到了世界级的宏大与繁华。唐长安城的都城规划基本上按《周礼·考工记》中所规制的内容严格执行(图3)。西汉建国之初,便利用了秦代宫殿的基址修建了都城,同时利用未央宫、长乐宫等建筑,与宗庙建筑共同形成南北轴线。汉惠帝时期,在长安城修建了西北方向的西市、东市。东西二市夹横门大街而建,进一步强调南北轴线(图4)。《三辅黄图》引《庙记》云:"长安有九市,各方二百六十六步。六市在道西,三市在道东"。据近代考古研究可得知,西市东西长约550米,南北长约450米,该南北大街是当时交通最为繁忙的街道,也是街市的雏形。

唐长安城的规划思想离不开人与自然和谐相处的传统自然观。天地思想是古人心目中象天法地思想的基础[9]。《吕氏春秋·审分览·慎势》记载:"古之王者,择天下之中而立国,择国之中而立宫,择宫之中而立庙。"对于北半球的城市,天象的变化呈现出以北天极和紫宫为中心的"斗转星移"。在此基础上,其与天子和天子所居之处产生了方位和意义上的联系,具体可分为北斗崇拜、地中说、求地中法几类。北斗崇拜主要体现了北斗星宿于建筑选址的作用,包括分野、崇拜、帝车与厌胜、升仙几部分。地中说即以"建木之下"为"地中",在周公测景台的建设中,便利用此理念,以北纬地区日影长度为标准,选取合适地理位置。求地中法包括圭表测影求地中与五表测地中,通过影子的影长来确定时节,并将该技术应用于大型都城的选址[10]。《考工

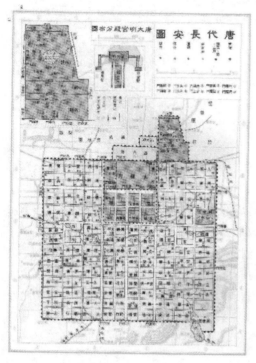

图3 唐长安城平面图

图4 汉长安城南北轴线

记》《九章算术》等都对该方法进行了描述。

"形胜"与"风水"是对唐长安城规划影响最大的两种思想[12]。"形胜"理论影响了唐长安城的选址,长安城地势险峻,地理位置非常优越,这也是唐太宗到唐玄宗时期国势强盛的重要原因。除此之外长安城水源丰富、河流纵横,为城市农田灌溉、交通运输、气候调控等提供了有利条件[13]。"风水"学说也对城市选址有重要作用,唐代出现了袁天纲、李淳风、杨筠松等风水大师,在他们看来,唐长安城"有风水之美",杨筠松说"关中原是微垣",又说"长安落在垣宿中,盖中干之尊也。"

3.2 唐长安城城市形态传播与影响

唐代的都城规划对其他城市也产生了巨大影响。以日本平安京为例(图5),从平面图可以看到,平安京的城市形态是中轴线与网格的布局。隋唐鼎盛时期,日本正处于巩固奴隶制的阶段,日本的统治阶级极力吸取隋唐文化、模拟中国的制度,这种学习和模仿,绝大多数是通过"遣唐使"这一留学生群体来实现的。

平安京位于大和盆地北方,地势北高南低,三面环山,体现了"藏风聚气"的风水思想。受唐长安城城市规划影响,平安京利用中轴线,将城区分成两部分管理,仿照唐长安城朱雀大街布局,甚至京都的中轴线街道也叫朱雀大路。而京都"平安宫"所处位置也与唐长安城宫城位置相似,均位于北边。不同的是,平安京宫城为皇城与宫城的结合体,而长安城的皇城与宫城是相对独立的。除此之外,平安京的建筑形制也是模仿隋唐长安城最为直接的体现。

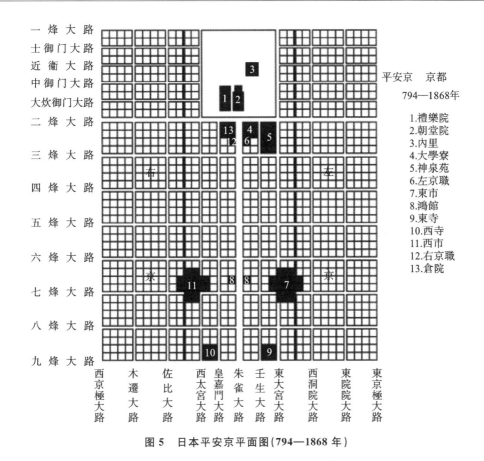

图 5 日本平安京平面图(794—1868 年)

4 结 论

在我国,封建社会制度下所创造的营城模式主要是为统治阶级所服务,其内涵包括神权、王权以及宗教等意识形态。稳定保守的社会结构与封闭性的城市空间格局,形成了宇宙模式这一颇具中国历史城市特点的理论。我国古代有关城市形态的思想综合了军事防御、自然利用、审美欣赏等方面,是古代先民在不断实践中的积累与总结所得。

在当代社会,即使摆脱了这类封建思想,人们还是会在潜意识里受到宇宙模式城市形态的影响,例如城市的中轴线设计、大型城市边界以及关口的设置、居民行为的地域性等。肃穆的纪念碑塔、高耸的写字楼等也体现出自上而下的地标性建筑上升支配的特点。而这类象征着权力的形态在当今已转化为人们对空间的安全感、稳定感以及自豪感,城市作为人群集聚的场所,已成为居民的荣耀与情感所在。

宇宙模式城市形态随着历史发展逐渐摒弃了封建迷信部分,然而其剩余价值仍影响着现今的城市规划。但正如凯文·林奇在书中所表明的态度,各类城市形态理论均存在自身的缺陷,因此如何选取适宜的城市规划方法,解决城市规划的难点,进而从根本上建立城市环境与人类活动的关联,古代城市人居环境的规划营建智慧或许会给我们提供答案。

参考文献

[1] 凯文·林奇.城市形态[M].林庆怡,陈朝晖,邓华,译.北京:华夏出版社,2001.
[2] 姚圣,田银生,陈锦棠.城市形态区域化理论及其在遗产保护中的作用[J].城市规划,2013(11):47-53,66.
[3] 杨勤.城市形态的"模式"研究[D].长沙:中南大学,2007.
[4] 杨柳.风水思想与古代山水城市营建研究[D].重庆:重庆大学,2005.
[5] 顾朝林.城市意象研究及其在城市规划中的应用[J].城市规划,2001(3):70-73,77.
[6] 张晶.论文化地理学的基本理论与主要内容[J].人文地理,1997(1):43-47.
[7] 李凡.从地理学视角看城市历史文化景观集体记忆的研究[J].人文地理,2010(4):60-66.
[8] 高崇文.从夏商周都城建制谈集权制的产生[J].中原文化研究,2018,6(3):12-19.
[9] 艾定增.古代城市模式对现代城市规划的影响——城市空间结构的跨文化研究[J].城市规划,1987(3):44-48.
[10] 徐斌.秦咸阳——汉长安象天法地规划思想与方法研究[D].北京:清华大学,2014.
[11] 秦建明,张在明,杨政.陕西发现以汉长安城为中心的西汉南北向超长建筑基线[J].文物,1995(3):4-15.
[12] 赵安启.唐长安城选址和建设思想简论[J].西安建筑科技大学学报(自然科学版),2007(5):667-672.
[13] 王振州,王细芳.唐长安城选址思想研究[J].西安建筑科技大学学报(社会科学版),2007(3):39-42.

中国本土宗教与山地空间的耦合度分析

吴佳丽[1]

摘要：在"文化自信"旗帜被高举的现代社会，单纯的物质条件已经无法满足人们对美好生活的需求，人们对精神层面上的需求愈发凸显，宗教文化因其独特的魅力和精髓而逐渐引起重视，山水与宗教的联系也日趋密切，并且日益融入中国的文化血脉。传统宗教地理研究缺乏空间性与宏观性把控，多数学者从人类学与社会学的视角出发，且多注重局部宗教地理学的研究，对宗教地理整体性研究较少，地理学的理论代入甚少。本文借助大数据时代的便利性、地理信息系统运用的普遍性以及POI兴趣点数据的优异性与获取便捷性，结合传统宗教相关文献阅读、田野调查等研究方式，将海量云数据与传统的宗教文化研究方法相结合，研究中国本土宗教的空间分布规律。

关键词：宗教地理；山地空间；POI数据；耦合分析；宗教场所

Abstract: In the modern society where "cultural self-confidence" is held high, simple material conditions can no longer meet the needs of life, and people's spiritual needs are increasingly prominent. Religious culture plays an important role because of its unique charm and essence, and the relationship between mountains and rivers and religion is becoming closer and closer, and it has increasingly entered the cultural vein of China. Traditional religious geography research lacks spatial and macro control. Most scholars pay more attention to part of religious geography research from the perspective of anthropology and sociology, but less attention to the overall study of religious geography and the introduction of geography theory. Based on the convenience of the era of big data, the universality of the application of geographic information system, and the excellent and convenient access of POI interest point data, this paper combines massive cloud data with traditional religious culture research methods to study the spatial distribution of local religions in China.

Key words: religious geography; mountain space; POI data; coupling analysis; religious sites

宗教是人类社会发展到一定阶段的历史产物。作为社会意识形态之一，宗教思想与哲学、科学文化、艺术、法律、道德等有密切关系，它作为人类文明的一部分对人类的发展有很大影响。许多宗教经过历代的发展、补充和修正形成了一套极完善的组织系统、典章制度和生活方式。占统治地位的宗教，也是一种社会制度，一种思想体系，一种生活方式，它有力地影响着人们的衣食住行、生老病死和婚姻制度。在聚落建筑、服饰等文化景观上也表现出独特的风格。宗教信仰相同的信徒凝聚成为社会力量，在空间上有自己的集合地址。因此，从地理角度研究宗教是一个重要课题。

---

[1] 吴佳丽，三峡大学土木与建筑学院，学生。地址：黑龙江省齐齐哈尔市龙江县龙江镇龙景综合楼。Email:2685451329@qq.com。Tel:18249524279。

1 研究概述

1.1 研究背景

自党的十八届三中全会召开以来,"文化建设"与"文化自信"相关词汇被提起的频率越来越高,习近平总书记曾在多个场合提到文化自信,由此传递出他的文化理念和文化观。宗教作为文化的一种载体,它的发展在一定程度上可以反映出一个民族文明的发展与蜕变。一个国家的思想文化是其灵魂所在,珍惜与弘扬本民族思想文化势在必行。如今,全球化趋势势不可挡,外来文化对中国传统文化造成了巨大的冲击,我国对宗教文化保护的力度也在逐渐增强。

我国对各宗教发展始终秉承信仰自由的态度,但宗教必须在宪法、法律法规的允许范围内发展。各宗教一律平等,无高低贵贱之分,宗教与国家政权相分离,国家保护一切在宪法、法律法规允许范围内的正常宗教活动,宗教社会活动不受外国势力的掌握和支配。正是由于这些规定存在,我国境内宗教活动始终保持平稳的发展。

1.2 研究目的

中国的优秀传统文化一直延续至今,其中一部分以宗教为载体进行传承,如体现在风格迥异的宗教建筑中。将宗教的精华思想与现代文明结合运用于经济发展中,有助于国家文明的发展。基于以上现状,本文的研究目的有以下两点。

(1) 国内各类宗教建筑数量众多,但空间分布不均。作为民族化景观的一种体现,经历史长河的洗礼,许多宗教建筑已经残败不堪。如今,政府和社会各界正积极修缮和复建各历史时期惨遭损毁的宗教建筑。但在执行过程中对其空间分布情况缺少整体认识,因而迫切需要进一步研究宗教建筑的整体状况。目前尚未有针对福州市宗教建筑在地理空间上分布的研究。因此,本文借助地理信息系统,对国内宗教建筑空间分布及其驱动因素进行分析探讨,以期为政府修缮宗教建筑、管理宗教事务、传承民族文明提供客观的数据支撑。

(2) 宗教建筑是宗教文明的载体之一,蕴含着重要的宗教文化资源。人们集中于特定的宗教建筑场所,从事宗教活动,这不仅丰富了日常生活,同时潜移默化中传递着宗教文化。因此,许多地方政府开始对宗教建筑进行保护,使其文化价值得以保存,经过保护和修缮的宗教建筑作为旅游景点重新回到了人们的日常生活中,使得原本神秘的宗教建筑逐渐被越来越多人所熟知。

2 宗教与山水的演进及发展

2.1 宗教史发展概述

人类早期的原始宗教,是从"人有灵魂"观念开始的。原始人在做梦时梦到死去的亲人,或梦到自己的活动,便觉得自我可以脱离肉体而独立活动,于是就产生了"灵魂"的观念。他们用"灵魂永生"的观念来摆脱对死亡的恐惧,以此来解答他们最迷惑的"死往何方"的问题。由于当时自然条件的险恶与生产力水平的低下,人们无法理解自然界,也无法控制自然界,因此人们也想用"灵魂"的观念来解释自然界的各种现象,希望大自然也有自己的"灵魂",能够保护他们,供给他们衣食。这便产生了"万物有灵"的观念,并由此产生了图腾崇拜和保护神崇拜。在《山海经》里,我们可以看到祖先们对天神、地神、海神、湖神、山神等的崇拜,他们把山林水泽作为一种自然神顶礼膜拜,而不是作为美的对象来看待。

进入封建社会以后,人类已经进入文明阶段。这时候,山水在人们的眼中已有了观赏价值,人们在自然面前不再是服从与畏惧,而开始从自然山水中获得愉悦,并且把山水与美好的本质联系起来,把山水作为一种独立的观赏对象来对待。

2.2 宗教与山水的结合

从历史发展来看,宗教与山水的结合十分紧密。山水为宗教的立足与发展提供了自然条件,宗教徒栖居于山水之间又促进了山水美的发现。那么到底是什么原因使得宗教和山水会那么自然而紧密地结合在一起呢?

自然山水美的发现与整个社会的文化发展进程是分不开的,也是跟作为"类"的主体的"人"的文化发展进程是分不开的。正如普列汉诺夫所说,自然界对我们的影响是随着我们对自然界的态度的改变而改变的,而我们对自然界的态度是由我们的(即社会的)文化发展进程所决定的。在社会发展的不同时代,人对自然界有不同的认识,因为人是用各种不同的观点来观察自然界的。

在人类的野蛮时期,人类与自然的关系是对立的,人类把自然看作一种完全异己的力量。自然在人类的眼中具有一种神秘性,人类屈从于它,无条件地崇拜它。随着人类社会实践的深入,人类在改造自然的过程中掌握了自然的一部分规律以后,才开始以实用的观点来对待自然。

随着人类对自然的逐步改造,人类的"那些能感受人的快乐和确证自己是属于人的本质力量的感觉",即"感受音乐的耳朵,感受形式美的眼睛"以及内在的情感才丰富、复杂和细致起来。也只有在人类的感官具有一定的丰富性后,人类才对自然山水的形式美变得敏感起来,人类的内在情感形式的复杂性和细腻性会与自然山水的形式相对应,也正是在这种时候,人类的感觉器官才成为完全意义上的文化器官。

商周以后,掌握文化的是从事礼仪的祭司以及上层贵族的"士"(知识分子),文化在他们的手里得到了充分的发展。由于当时阶级对立的加深,享受文化教育的权利也相对集中在贵族阶层。因此,完全意义上文化器官的形成最先是在知识分子身上体现出来的,他们的文化程度越高,便越能推动文化的发展。而最先从事宗教事业的人,往往是那些被称为"智者"的知识分子。

宗教的推行与传播,也是最先在统治阶级上层进行,之后才普及到民间的。从社会文化的发展进程看,宗教与山水的结合是文化发展的必然结果,也是主体的"人"发展成为完全文化意义上的"人"的必然结果。宗教徒栖身山水,也正是主体的"人"在追求与大自然的协调一致、"天人合一"境界的过程中的一个阶段和环节,代表了主体的"人"的发展历史。

3 研究区概况和数据来源

3.1 研究区概况

空间结构是指内部各空间实体要素之间分布和组合关系的具体表现形式,可以反映空间的发展方向。兴趣点(point of interest, POI)记录了电子地图上地理实体的名称、坐标等信息,具有更新速度快、数据量大、定位精度高等特点,已被广泛应用于城市功能区识别等方面的研究。

本文基于 ArcGIS 10.2 平台,探索宗教空间分布特征,利用中国范围内的丘陵山地数据与中国各个城市宗教场所的 POI 数据耦合关系对青岛市的城市空间结构进行分析,以期为宗教与山水资源空间结构的研究提供参考。

3.2 数据来源

根据中国科学院资源环境科学与数据中心提供的信息,中国地形地貌大致分为平原、台地、丘陵与山地,对山地进行细化可分为小起伏山地、中起伏山地、大起伏山地和极大起伏山地,本次研究只选取山地与丘陵(表1)进行计算。

表1 中国山地分类及面积

类型	面积/km²
极大起伏山地	4.2043
大起伏山地	75.6166
中起伏山地	149.1901
小起伏山地	128.934
丘陵	140.815
总计	498.76

根据规划云 POI 搜索查询,得到中国宗教场所(包括道观、佛寺、民间信仰庙宇等)共 4362 处(表2),并按照坐标匹配地理空间。

表2 中国各省份宗教 POI 点数

省份	POI点数	省份	POI点数	省份	POI点数	省份	POI点数
浙江	532	北京	129	重庆	87	内蒙古	17
江苏	420	辽宁	126	江西	79	西藏	15
台湾	353	湖南	125	上海	77	黑龙江	15
广东	345	山西	123	香港	74	澳门	9
河南	307	甘肃	111	广西	44	青海	8
福建	284	河北	109	贵州	35	新疆	5
四川	240	云南	108	吉林	22	宁夏	5
山东	172	安徽	105	天津	18	海南	5
陕西	167	湖北	91	总计		4362	

4 研究方法

4.1 核密度分析

核密度分析可以计算出点、线要素的测量值在一定邻域范围内的单位密度,从而直观地表现出地理事件在某一范围内发生的概率,能够表现离散数据的聚集特征,是一种重要的地理空间聚类分析方法。核密度计算公式如式(1)所示。

$$f(S) = \sum_{i=1}^{n} \frac{1}{h^2} k\left[\frac{s-c_i}{h}\right] \quad (1)$$

式中:$f(S)$ 表示空间中某一位置 s 处核密度计算函数;h 表示距离阈值(带宽);k 表示空间的权重函数;$s-c_i$ 表示某一位置 s 到另一位置的距离。

4.2 变量归一化处理

归一化处理可以将范围不同的数据控制到同一范围内,有助于数据之间的比较。利用离差标准化法对POI数据核密度进行归一化处理,将核密度范围映射至夜间灯光值范围。计算公式如式(2)所示。

$$x^* = X_{max} \frac{x - x_{min}}{x_{max} - x_{min}} \quad (2)$$

式中:x^* 表示标准化后的核密度值;X_{max} 表示宗教场所数据最大DN值;x 表示核密度值;x_{max} 和 x_{min} 和分别代表POI核密度的最大值和最小值。

4.3 数据网格化

数据网格化是将在空间上分布不均匀的数据,根据空间拓扑关系归算成规则网格中代表数据的方法,可以把点数据转化为二维平面数据,有助于对不同数据进行比较分析。本文根据研究范围,建立能够覆盖研究范围的渔网,并将矢量化后的夜间灯光数据与POI数据链接至渔网网格。

4.4 双因素组合制图

双因素组合制图是一种通过不同颜色直观地表示两个变量之间的耦合关系的可视化方法,该方法被广泛应用于人口变化等方面的研究。本文将山地与丘陵数据与POI核密度进行双因素组合制图。

5 结果与分析

5.1 总体分析

将山地与丘陵分布数据、POI核密度值分别与研究范围裁剪后的渔网进行叠加分析,为了直观地反映出两类数据的空间耦合关系,对POI核密度值进行归一化处理,使POI核密度值范围与山地、丘陵范围保持一致,再利用1.5倍标准差分级方法,把两类数据耦合结果划分为高、较高、中、较低、低 5 个等级,采用双因素制图法进行对耦合关系进行可视化表达,得到中国山地分布与宗教场所 POI 空间耦合关系图。

5.2 修正分析

由中国山地分布与宗教场所 POI 空间耦合关系图可知,中国山地分布与宗教场所 POI 数据耦合关系受山脉分布的影响较大,高耦合关系的区域主要分布在山地较为集中的区域,如四川、云南、贵州等;较高耦合关系的区域呈放射状分布在高耦合关系的区域的外围,如甘肃、广西、黑龙江等;中耦合关系区域为较高耦合关系区域向外扩的部分,如西藏、内蒙古、上海等;其余的零散区域为较低和低耦合关系区域,主要是以平原和盆地地形为主的地区。

因为最终的耦合关系分布与 POI 分布形成较大误差,故将较为偏远、海拔较高、人口较少及 POI 数据较少的省份去掉,即将西藏、新疆、内蒙古、海南排除在计算范围外进行二次计算,得到修正版中国山地分布与宗教场所 POI 空间耦合关系图。

由修正版中国山地分布与宗教场所 POI 空间耦合关系图可知,修正后的数据与之前相比更具有合理性,高耦合关系的区域主要分布在人口相对密集的区域,如浙江、江西、陕西、福建等,较高、中、较低、低耦合关系的区域呈环状分布在高耦合关系区域的外围。

6 结　语

宗教在城市的形成、发展和演变过程中,对城市发展产生了深远的影响,国际上有关宗教信仰地理的研究从宗教神学的实证开始,目前已进入宗教社会解构研究阶段,国内宗教地理研究则注重实证分析。1911 年,著名的地理环境论者爱伦·丘吉尔·辛普尔的《地理环境的影响》($Influences\ of\ Geographic\ Evninrment$)一书指出地理环境可影响人类的精神气质,而这种影响可通过人类的宗教活动反映出来。

本文对山地与中国本土宗教分布的耦合关系进行分析,主要结论如下。

(1) 自然山水影响着宗教的传播、发展与分布。

通过宏观空间分析可知,我国本土宗教点位均集中分布于华中及沿海区域,且以东部沿海最为显著。省域间的宗教密度差距较大,热点区集中出现在东部沿海(广东、江苏)一带。

由分析结果可见,宗教场所在选址时趋向于海拔低、坡度小的地区。在影响宗教空间格局的自然因素中,海拔、坡度与地形的分布呈显著相关性;在人文因素中,宗教场所的空间分布与人口密度呈显著相关性。

自然地理环境是宗教发展的基本物质条件。"天下名山僧占多"反映了自然山水环境对佛教发展的重要作用。本土宗教教徒总是希望到远离尘世、僻静优美的地方建立栖身的场所,以便摆脱世俗杂念,专心修行以获正果。而那些高山老林不仅具备上述特点,还具有令人难以接近的神秘感。因而名山、名水汇集的地方会逐渐成为宗教圣地。

(2) 宗教对自然山水的反作用。

自然地理环境和宗教的关系是双向的。宗教起源山水的自然压迫,其的重要功能之一就是协调人和自然的关系,因而宗教必然影响人们改变自然地理环境的程度。

宗教常把自然的力量神圣化,通过灌输对自然的畏惧思想,在某种程度上抑制了人们利用自然的贪婪冲动。这种宗教观念客观上起到了保护自然的作用,也在一定程度上影响了人们改造自然的主观能动性。

参考文献

[1] 景天星.近百年的中国佛教地理研究[J].宗教学研究,2017(2):101-109.
[2] 蒋述卓.宗教与山水结合的历史文化考察[J].文艺研究,1986(5):65-71.
[3] 张法.中国之美:一个核心、七大方面和四种类型[J].甘肃社会科学,2022(2):83-91.
[4] 王默.多元信仰文化与族际互动[D].兰州:兰州大学,2017.
[5] 向宁.中国数字人文宗教研究的转型[J].西南民族大学学报(人文社会科学版),2023,44(2):86-92.
[6] 艾少伟,张楠楠,李洪彬,等.地方情景、集体协商与宗教空间的生产——以散杂居回族清真寺重建为例[J].青海民族研究,2018,29(3):188-195.

中国传统村落与县域新型城镇化协同发展研究
——基于第六批中国传统村落的初探

崔彦权[1] 郭莎莎

摘要：中国传统村落作为城乡文化遗产的重要组成部分，传承了中国悠久的农耕文明史，凝结了历史的记忆，对推进生态文明建设具有重要价值。县域作为我国行政区划的基本单元，在国家政治、经济、文化和社会等方面发挥着承上启下的关键作用，研究县域中国传统村落与新型城镇化协同互动关系对推动传统村落集中连片保护利用及新型城镇化高质量发展具有重要意义。本文以宁安市为研究对象，构建中国传统村落指数和县域新型城镇化指数，采用解耦模型实证分析宁安市下辖的8个第六批中国传统村落与县域新型城镇化的协同性，得出以下结论。①宁安市中国传统村落整体呈现出依山傍水、水村交融的选址理念，格局保存程度较好，历史文化遗存保护与传承有待加强，人居环境和特色产业发展尚处于初级阶段。②宁安市人口城镇化水平增速较缓，经济城镇化、土地城镇化和社会城镇化水平显著提升。2020年，宁安市城镇化率为38.28%，仍处于较低水平；经济实力稳步提升，工业结构调整升级加快，文化旅游、健康养老等现代服务业呈较快发展态势。③宁安市中国传统村落与县域新型城镇化处于强解耦状态，亟须从文化遗产保护、生态文旅产业集群培育、传统村落社区生活圈营造、全龄友好社区和零碳乡村建设、传统村落立法等方面加强对传统村落保护利用，提高二者协同性。县域统筹推进中国传统村落集中连片保护利用将成为破解县域新型城镇化困境的重要途径之一。本文尝试构建中国传统村落与县域新型城镇化协同发展的分析框架，以期为新时期国土空间规划体系下的区域城乡文化遗产体系构建提供理论支撑。

关键词：文化遗产；中国传统村落；县域新型城镇化；协同发展；城乡关系

Abstract: As an important part of the cultural heritage of urban and rural areas, Chinese traditional villages have inherited the long history of China's farming civilization, condensed the memory of history, and are of great value in promoting the construction of ecological civilization. Counties play a key role in national politics, economy, culture and society. The study of the synergistic and interactive relationship between traditional Chinese villages and new urbanization in counties is of great significance in promoting the concentrated and continuous protection and utilization of traditional villages as well as the high-quality development of new urbanization. Taking Ning'an city as the research object, Chinese traditional village index and the county new urbanization index were constructed, and the decoupling model was adopted to analyze the synergy between the eight sixth batch of Chinese

---

1 崔彦权，中国建筑科学研究院有限公司，空间规划所副所长，城乡规划工程师，研究方向为国土空间规划与城乡文化遗产。地址：北京市北三环东路30号。Email：HITcyq@163.com。Tel：15010315467。

traditional villages in Ning'an city and the new urbanization of Ning'an city. The results shows that: ①Chinese traditional villages in Ning'an city present a siting concept based on mountains and water, with a relatively good degree of pattern preservation, the protection and inheritance of historical and cultural relics need to be strengthened, and the development of human habitat and special industries is still in the primary stage. ② The city's population urbanization level is growing at a slower pace, while the level of economic urbanization, land urbanization and social urbanization is rising significantly. In 2020, the city's urbanization rate is 38.28%, which is still at a relatively low stage; the economic strength is steadily improving, the industrial structural adjustment and upgrading is accelerating, and the modern service industries such cultural tourism and health care and elderly care are developing at a relatively fast pace. ③Chinese traditional villages are in a state of strong decoupling from the county's new urbanization in Ning'an city. Therefore, there is an urgent need to work on the protection of cultural heritage, the cultivation of ecological, cultural and tourism industry clusters, the creation of community living circles, the construction of all-age friendly communities and zero-carbon villages, and the legislation of traditional villages in order to improve the synergy between the Chinese traditional villages and the county's new urbanization. Coordinating the promotion of the concentrated and continuous protection and utilization of Chinese traditional villages on the county scale will become one of the important ways to crack the dilemma of new urbanization in the county. An attempt is made to construct an analytical framework for the synergistic development of Chinese traditional villages and new urbanization in counties, with a view to providing theoretical support for the construction of regional urban and rural cultural heritage systems under the system of territorial spatial planning in the new era.

Key words: cultural heritage; Chinese traditional village; new urbanization in counties; coordinated development; urban-rural relations

1 引　言

传统村落是指形成年代较早，选址格局、传统建筑和非物质文化遗产丰富、独特、保存完整且具有较高科学文化价值的村落，是传承中华农耕文明的有形载体。2012年，住房和城乡建设部等七部委联合启动传统村落调查保护工作，目前已有六批共8155个村落列入中国传统村落名录，形成了迄今为止世界上规模最大、保存最完整的农耕文明遗产群。面对如此庞大的遗产群，如何发挥其集聚优势，对其进行更为科学合理的保护与利用成为当今城市发展亟待解决的重点问题。为此，住房和城乡建设部和财政部于2020年启动传统村落集中连片保护利用示范市申报工作，并于2022年启动传统村落集中连片保护利用示范县申报工作，标志着传统村落保护利用模式开始由点状保护向片区统筹保护转变。以人文地理、建筑学、文化遗产学、城乡规划学等多学科学者为主体的研究人员，就传统村落概念内涵与价值认定、空间格局演变特征、现实困境、保护利用路径和动力机制等方面开展了深入的研究，取得了重要的研究进展，传统村落化零为整、串点成线、实施整体活态保护利用的理念与方法受到越来越多的关注。

随着城镇化进程的不断推进,城镇的生产生活方式逐渐向农村蔓延,一些传统村落遭到"建设性"破坏,给传统村落保护带来了较大压力。2022年5月,中共中央办公厅、国务院办公厅印发《关于推进以县城为重要载体的城镇化建设的意见》,明确了县城建设的工作要求与发展目标。同年6月,《国家新型城镇化规划(2021—2035年)》将党的十九届五中全会提出的"推进以县城为重要载体的城镇化建设"作为推进新型城镇化的新着力点。新型城镇化的主阵地由城市群向县城转移,以县域为基本单元推进城乡融合发展成为促进新型城镇化高质量发展的重要途径。

县域作为我国最基本的行政区域之一,是连接城市与乡村的关键一环。但受限于县域基础资源条件,目前县域的城镇化发展面临人气不足、设施落后、产业乏力等问题。中国传统村落文化资源富集、政策优势显著,保护与利用好这类村庄或将为县域城镇化发展注入新活力。探索如何实现中国传统村落与县域新型城镇化的协调发展具有重要的学术意义与现实意义。目前,对传统村落与新型城镇化相关关系的研究主要集中在新型城镇化背景下传统村落保护利用的路径选择方面,对二者协同关系分析框架及指标体系构建的研究较少。

宁安市地处祖国东北边陲,是牡丹江市下辖的县级市,拥有莺歌岭文化、渤海文化、宁古塔流人文化及红色文化等众多文化资源,民族风情浓郁,历史底蕴深厚。全市拥有9个中国传统村落,是全省传统村落富集地之一,其中,哈达村、英山村、勤劳村、响水村、瀑布村、上官地村、小朱家村、明星村共8个村落于2022年被列入第六批中国传统村落。本文以宁安市这8个第六批中国传统村落为例,尝试构建中国传统村落与县域新型城镇化协同发展的分析框架,并从中国传统村落和县域新型城镇化两个系统出发,构建协同评价指标体系,以期为二者协同发展的理论研究和政策实践提供经验借鉴。

2 中国传统村落与县域新型城镇化协同发展分析框架

传统村落承载着丰富的历史信息和文化景观,在村落形态方面具有审美价值和营建智慧,在生活文化方面具有传承价值。目前,传统村落集中连片保护利用以县域为基本单元,在国家层面开展了两批示范县试点。推进传统村落集中连片保护利用涉及人口、产业、土地、资金等多个方面,具体措施包括传承文化遗产,创新传统建筑保护和活化利用方式,改善村落人居环境,挖掘利用特色资源发展新业态,破解农村房屋流转、建房用地、金融融资政策机制障碍,完善人才、就业配套支持政策等。城镇化是一个多维、动态的复杂过程,其进程与经济基础、产业结构、社会转型、资源环境等密切相关。在推进以县城为重要载体的新型城镇化建设的背景下,县域成为中国城镇化发展的重要层级,其主要任务包括培育发展特色优势产业、完善基础设施和公共服务配套、加强历史文化和生态保护、推进城乡要素平等交换、促进城乡融合发展与乡村振兴等。中国传统村落集中连片保护利用与县域新型城镇化均以县级行政区为基本单元,在空间上具有一致性。在主要任务上,二者相互促进、互为补充。一方面,中国传统村落集中连片保护利用涉及特色产业培育和人居环境提升,这与县域新型城镇化的建设目标一致。另一方面,县域新型城镇化强调加强历史文化保护和推进县城基础设施向乡村延伸、公共服务向乡村覆盖,对保护传统村落历史文化资源、延续传统村落历史文脉以及改善传统村落人居环境具有正向促进作用。因此,可通过中国传统村落与县域新型城镇化的协同发展,形成发展合力,最大限度地带动当地社会经济发展。中国传统村落与县域新型城镇化协同发展分析框架如图1所示。

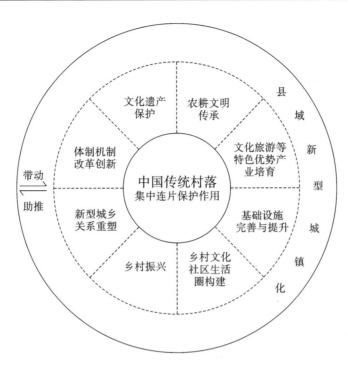

图 1 中国传统村落与县域新型城镇化的协同发展分析框架

3 研究方法与数据来源

3.1 数据来源及预处理

本文以宁安市为研究对象,研究时间范围为 2010—2020 年。传统村落相关数据来源于宁安市住房和城乡建设局、自然资源和规划局等部门。县域新型城镇化相关数据来源于第六、第七次全国人口普查数据,国土调查成果共享应用服务平台以及《宁安市国民经济和社会发展第十四个五年规划纲要》《宁安市产业振兴发展第十四个五年规划》《宁安市人口发展现状分析报告》。同时,为避免指标体系中各指标量纲不同的影响,采用极差法对数据进行标准化处理,计算公式如式(1)所示。

$$x'_{ij} = \frac{x_{ij} - x_{j\min}}{x_{j\max} - x_{j\min}} \times 100 \tag{1}$$

式中:x_{ij} 为第 j 个指标第 i 年的数值;x'_{ij} 为数据 x_{ij} 标准化处理结果;$x_{j\max}$ 和 $x_{j\min}$ 分别为第 j 个指标中的最大值和最小值。

3.2 研究方法

3.2.1 中国传统村落指数构建

本文从保护和利用两个维度衡量中国传统村落发展情况。其中,保护维度基于住房和城乡建设部等四部委联合发布的《传统村落评价认定指标体系(试行)》和《第六批传统村落调查推荐表》,并结合研究区域实际,从选址和格局、文化遗产保护传承两方面构建;利用维度主要从人居环境提升、特色产业培育两方面衡量传统村落的活化利用程度。最终构建出中国传统村落指数(Chinese traditional villages index,CTVI)模型,以全面测度研究区域内中国传统村落的发展水平(表1)。中国传统村落指数值越高,表明传统村落发展水平越高,反之表明传统村落发展水平越低。为便于计算,按均等权重处理各中国传统村落指标。具体模型公式如式(2)和式(3)所示。

$$\text{CVTI} = \frac{\text{SPI}+\text{CHI}+\text{REI}+\text{CII}}{4} \quad (2)$$

$$\text{SPI} = \frac{\sum_{j=1}^{n}\text{SPI}'_{ij}}{n}; \text{CHI} = \frac{\sum_{j=1}^{n}\text{CHI}'_{ij}}{n}; \text{REI} = \frac{\sum_{j=1}^{n}\text{REI}'_{ij}}{n}; \text{CII} = \frac{\sum_{j=1}^{n}\text{CII}'_{ij}}{n} \quad (3)$$

式中:CVTI 为中国传统村落指数;SPI、CHI、REI、CII 分别代表选址和格局指数、文化遗产保护传承指数、人居环境提升指数、特色产业培育指数;SPI'_{ij}、CHI'_{ij}、REI'_{ij}、CII'_{ij} 分别代表选址格局、文化遗产、人居环境、特色产业数据经极差法标准化处理后的标准值;n 为中国传统村落指标个数。

3.2.2 县域新型城镇化指数构建

城镇化是涉及人口增长、经济发展、土地扩张和社会生活水平提高的多维过程。参考郭莎莎等人的研究成果,本文从人口城镇化、经济城镇化、土地城镇化、社会城镇化四个维度构建县域新型城镇化指数(county new urbanization index,CNUI)模型,表征县域新型城镇化水平(表1)。县域新型城镇化指数越大,表示县域新型城镇化水平越高,反之水平越低。为方便计算,所有指标均按等权重处理,具体模型公式如式(4)和式(5)所示。

$$\text{CNUI} = \frac{\text{UPI}+\text{UEI}+\text{ULI}+\text{USI}}{4} \quad (4)$$

$$\text{UPI} = \frac{\sum_{j=1}^{n}\text{UPI}'_{ij}}{n}; \text{UEI} = \frac{\sum_{j=1}^{n}\text{UEI}'_{ij}}{n}; \text{ULI} = \frac{\sum_{j=1}^{n}\text{ULI}'_{ij}}{n}; \text{USI} = \frac{\sum_{j=1}^{n}\text{USI}'_{ij}}{n} \quad (5)$$

式中:CNUI 为县域新型城镇化指数;UPI、UEI、ULI、USI 分别为县域人口城镇化指数、县域经济城镇化指数、县域土地城镇化指数、县域社会城镇化指数;UPI'_{ij}、UEI'_{ij}、ULI'_{ij}、USI'_{ij} 分别为县域人口城镇化、经济城镇化、土地城镇化和社会城镇化数据经极差法标准化处理后的标准值;n 为县域新型城镇化指标个数。

表1 中国传统村落与县域新型城镇化评价指标体系

指 数	分 指 数	具 体 指 标
中国传统村落指数(CTVI)	选址和格局指数(SPI)	现存历史环境要素种类(SPI_1)
		村落传统格局保存程度(SPI_2)
	文化遗产保护传承指数(CHI)	文化遗产数量(CHI_1)
		文化遗产展示馆、博览馆数量(CHI_2)
	人居环境提升指数(REI)	基本公共服务设施步行15分钟可达率(REI_1)
		农村生活垃圾无害化处理率(REI_2)
		常住人口总数(REI_3)
	特色产业培育指数(CII)	文旅及相关产业增加值(CII_1)
		游客接待数量(CII_2)
		低、零碳景区建设规模(CII_3)

续表

指　　数	分　指　数	具　体　指　标
县域新型城镇化指数（CNUI）	县域人口城镇化指数（UPI）	城镇人口占总人口比重（UPI_1）
		第二、第三产业从业人员占总从业人员比重（UPI_2）
	县域经济城镇化指数（UEI）	地区生产总值（UEI_1）
		第二、第三产业生产总值（UEI_2）
	县域土地城镇化指数（ULI）	建成区总面积（ULI_1）
		城市道路总面积（ULI_2）
	县域社会城镇化指数（USI）	社会消费品零售总额（USI_1）
		全社会固定资产投资总额（USI_2）

3.2.3 协同性测度

经济学意义上的解耦理论最早由经济合作与发展组织（OECD）提出，用以形容打破环境破坏与经济财富增长之间联系的过程。Tapio 在此基础上引入了弹性系数，并将解耦划分为 8 种状态。本文在构建中国传统村落指数和县域新型城镇化指数的基础上，应用解耦模型测度中国传统村落与县域新型城镇化的协同发展程度，具体公式如式（6）所示。并对中国传统村落与县域新型城镇化的耦合与解耦状态进行细分（图2）。

$$\varepsilon_{t_k} = \frac{\Delta \text{CVTI}_{t_k}}{\Delta \text{CNUI}_{t_k}} = \frac{(\text{CVTI}_{t_{ks}} - \text{CVTI}_{t_{ke}})/\text{CVTI}_{t_{ks}}}{(\text{CNUI}_{t_{ks}} - \text{CNUI}_{t_{ke}})/\text{CNUI}_{t_{ks}}} \quad (k=1,2,3,\cdots,n) \tag{6}$$

式中：ε_{t_k} 为第 t_k 时期的解耦状态；ΔCVTI_{t_k} 为第 t_k 时期研究区中国传统村落指数的变化率；$\text{CVTI}_{t_{ks}}$、$\text{CVTI}_{t_{ke}}$ 分别为第 t_k 时期初和末的中国传统村落指数；ΔCNUI_{t_k} 为第 t_k 时期研究区县域新型城镇化指数的变化率；$\text{CNUI}_{t_{ks}}$、$\text{CNUI}_{t_{ke}}$ 分别为第 t_k 时期初和末的县域新型城镇化指数。

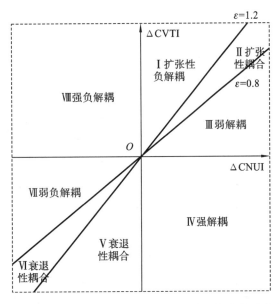

图 2　中国传统村落与县域新型城镇化的耦合与解耦程度判断标准

4 中国传统村落与县域新型城镇化协同发展分析

4.1 中国传统村落特征分析

宁安市中国传统村落是宁安文化的核心空间载体,具有宝贵价值。市域内的 8 个第六批中国传统村落(后简称"8 村")形成年代以清代和民国时期为主,拥有 2 处文物保护单位及 27 处未定级不可移动文物,包括省级文物保护单位 1 处(上官地古桥址)、县(市)级文物保护单位 1 处(玄武湖);拥有非物质文化遗产 2 项,包括省级非物质文化遗产 1 项(响水水稻种植技艺)和市级非物质文化遗产 1 项(卢城稻渤海国水稻祭祀习俗),是中国农耕文明的活态标本。8 村选址格局蕴含深刻的哲学观念和传统智慧,整体呈现出"依山傍水、水村交融"的选址理念(图 3)。村落内建筑类型以汉族住宅和朝鲜族住宅为主,具有鲜明的地方特色。朝鲜族民居建筑类型包括泥坯砌筑的茅草屋和砖砌的现代建筑两种,汉族住宅主街多为黑白灰三段式立面,并点缀唐风壁画。茅草屋是朝鲜族建筑的典型代表,哈达村和瀑布村数量最多,分别为 17 栋和 15 栋,其他各村传统建筑数量较少(表 2)。

表 2 宁安市中国传统村落基本情况统计表

村落名称	村落形成年代	选址格局	历史文化资源			历史环境要素		人口与产业情况		
			文物保护单位/处	未定级不可移动文物/处	传统风貌建筑/栋	古树名木/棵	古井/处	户籍人口/人	常住人口/人	主导产业
明星村	清代	坐山朝水	0	0	0	20	0	1252	150	种植业(大米、盆栽式桃、鸡心果、玫瑰)
勤劳村	民国时期	水源丰沛,择水而居	0	0	1	12	2	852	316	种植业(水稻、玉米、土豆)
英山村	民国时期	四面环山,有广阔的耕作腹地	0	2	1	52	0	1078	412	种植业(松茸、大米、中药材)、黄牛养殖、果酒加工
哈达村	民国时期	水村交融	0	5	17	20	0	795	245	种植业、鱼类养殖
上官地村	清代	背山靠水	2	5	0	20	0	894	420	种植业、旅游业
响水村	清代	依水就势,集中布局	0	6	3	20	0	981	500	种植业(水稻)
小朱家村	清代	三面环水	0	7	0	0	0	450	420	种植业、特色种植养殖、旅游业
瀑布村	中华人民共和国成立以后	三面环水	0	2	15	0	1	512	120	种植业、旅游业

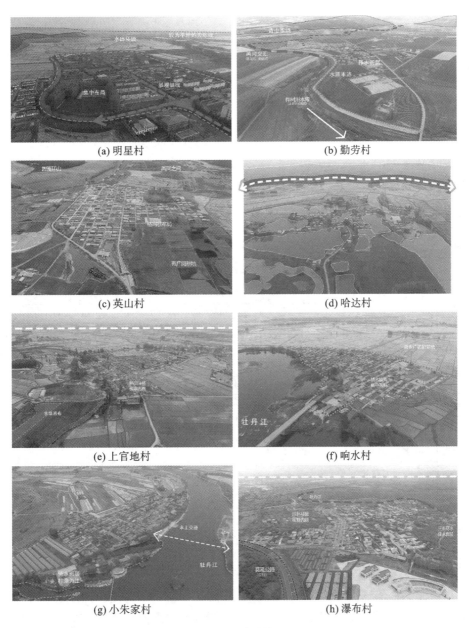

图3 8村选址格局

8村常住人口2583人,仅占全市乡村人口的1.3%,远低于户籍人口(6814人),人口吸引力不足,且面临老年化、空心化问题。8村产业以种植业为主,旅游业发展初具规模,已开发玄武湖、小朱家村2处3A级旅游景区,拥有1处全国乡村旅游示范村(小朱家村)和1处省乡村旅游示范村(上官地村)。小朱家村已形成集精品农业、休闲观光、养生度假为一体的文化旅游产业链,年接待游客15万余人次,年营业额超过6000万元,村民收入显著提升。上官地村联合上京村、龙泉村,以村集体入股经营形式打造集休闲旅游、现代农业观光和特色民宿为一体的玄武湖农业公园项目,并创建亲近稻田·稻作主题公园和体现满族风格、朝鲜族风格、现代风格、传统风格等不同民俗风情的24家民宿,有效提升了全村经济发展水平。

4.2 县域新型城镇化特征分析

2010—2020年,宁安市人口城镇化水平增速较缓,经济城镇化、土地城镇化和社会城镇化水平显著提升。2010年,常住人口城镇化率仅为29.37%,处于城镇化发展的初级阶段,此后常住人口城镇化率缓慢增长,到2020年常住人口城镇化率达到38.28%,年均增长0.89个百分点,但显著低于黑龙江省(65.61%)、牡丹江市(54.17%)平均水平。2015—2020年,地区生产总值从96.7亿元增加到116.6亿元,年均增长3.8%;社会固定资产投资年均增长2.6%;社会消费品零售总额从41.8亿元增长到57.9亿元,年均增长6.7%。工业结构调整升级步入快车道,主导产业、优势产业、新兴产业等形成的产业体系初具雏形,项目建设稳步推进,项目数量和投资额均居牡丹江市前列;旅游业总收入达36亿元,文化旅游、健康养老等现代服务业呈较快发展态势,较好地拉动了宁安市经济增长,提升了就业率(表3)。

表3 宁安市县域新型城镇化基本情况统计表

类别	指标	2010年	2015年	2020年	年均增长/%
人口基本情况	常住人口/万人	43.75	—	32.21	−3.02
	城镇人口/万人	12.85	—	12.33	−0.41
	常住人口城镇化率/(%)	29.37	—	38.28	0.89
	60岁及以上人口比重/(%)	14.51	—	26.58	1.21
	抚养比/%	27.5	—	41.2	1.37
经济发展情况	地区生产总值/亿元	—	96.7	116.6	3.8
	人均生产总值/元	—	22694	28683	4.8
	社会固定资产投资/(%)	—	10.9	12.4	2.6
	工业增加值/亿元	—	5.9	6.8	2.8
	社会消费品零售总额/亿元	—	41.8	57.9	6.7
	城镇等级失业率/(%)	—	—	4	—

4.3 协同发展特征分析

从人口特征上看,宁安市8村常住人口呈下降趋势,而县域人口城镇化指数呈上升趋势,二者呈强解耦状态,表明现阶段县域新型城镇化对中国传统村落的发展影响较小。由于研究期间中国传统村落指数处于下降趋势,因此其与县域新型城镇化指数未达到扩张性耦合的状态,这就需要从中国传统村落集中连片保护利用入手,研究提高传统村落保护利用水平的相关举措,以实现传统村落与县域新型城镇化的协同发展。

5 中国传统村落与县域新型城镇化协同发展规划策略

5.1 加强历史文化遗产保护,构建数智平台

加强历史文化遗产保护,按照"修旧如旧"原则,高标准完成古桥梁、古街巷、古民居的保护修缮工作,推进重点项目和基本建设项目的文物勘察和考古发掘工作,切实保留传统村落历史

风貌。深入挖掘并保护好非物质文化遗产,健全非物质文化遗产保护体系,对于符合条件的项目申报、认定为非物质文化遗产代表性项目,丰富宁安市非物质文化遗产保护名录,打造渤海唐文化引领地及民族风情美好生活向往目的地。同时,发挥科技创新引领作用,运用云计算、大数据、"互联网+"等现代信息技术和面向5G的数字化展示手段,系统完整保存传统村落相关信息,打造数字村史博物馆等数智平台,推动互联网创新成果与传统村落保护、传承、创新、发展深度融合。

5.2 培育生态文旅产业集群,激发乡村活力

依托山地森林、碧湖丹江、火山熔岩、冰雪温泉、湿地丹霞、四季天象、飞鸟走兽和草药山珍等自然资源以及莺歌岭文化、渤海文化、宁古塔流人文化、驿站文化、响水稻作文化及红色文化等历史文化资源优势,重点开发自然观光游、历史文化游、休闲康养游、田园体验游四大旅游产品谱系,深入挖掘以响水稻米为超级IP的多元产业资源新价值,谋划以小朱家村、明星村为重要节点的精品旅游线路,开发镜泊温泉小镇等候鸟式避暑养老项目,创新亲子研学旅游项目,延长生态文旅产业链(图4)。

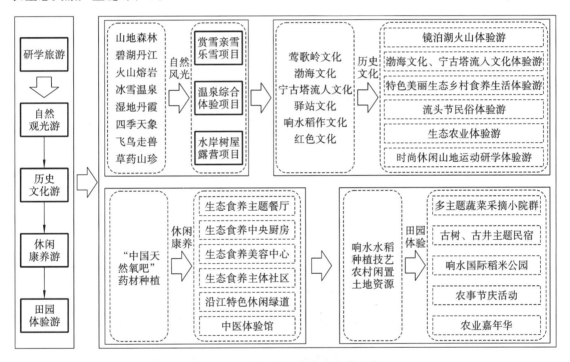

图4 宁安市生态文旅产业集群图谱

5.3 打造传统村落社区生活圈,改善人居环境

依据自然资源部2021年发布的《社区生活圈规划技术指南》,应以中国传统村落为载体,结合周边乡镇,共同构建文化特色鲜明的高品质乡村社区生活圈。从文化遗产保护传承视角出发,通过增补供水、供气、供热、通信、环卫等市政基础设施以及建立紧密型县域医疗卫生共同体、发展城乡教育联合体、发展乡村普惠型养老服务和互助型养老服务、改善乡村文化体育设施等措施,推进城乡基础设施一体化和城乡基本公共服务均等化,提升乡村人居环境品质,打造新型城乡关系,助推县域新型城镇化高质量发展。

5.4 探索全龄友好社区建设,构筑幸福家园

树立全龄、全域、全生命周期友好理念,让发展成果惠及全体居民。完善儿童全面发展的制度体系,加强儿童健康保障和医疗保障,支持发展普惠性托育服务,丰富儿童文体服务设施,推进传统村落公共空间适儿化改造,持续净化网络环境,让儿童健康成长。积极应对人口老龄化问题,加快推进居家社区机构相协调、医养康养相结合的养老服务体系建设,规划建设以中医药为特色,集医疗、保健、养老、康复于一体的健康养老服务中心,利用"互联网+"发展智慧养老服务,推动居家养老服务智能信息平台建设,推进传统村落适老化改造,健全老龄工作的公众参与机制,让老年人舒心长寿。完善传统村落无障碍设施,增设无障碍公共交通,强化无障碍社会服务,让特殊人群的生活更便利。

5.5 构建零碳传统村落标准,倡导绿色生活

制定《零碳中国传统村落建设标准》,创新"低碳+旅游"的碳旅融合产业发展模式,增加光伏发电等绿色能源"零碳"基础设施供给,推广无动力游乐设备等低碳公共服务设施,探索传统村落"零碳"发展新路径,持续倡导绿色用能等零碳生活方式,着力打造绿色低碳的传统村落新样板,助推宁安市国家生态文明建设示范区建设迈上新台阶。

5.6 加快传统村落相关立法,完善制度保障

由于缺少法律依据,一些传统村落出现了乱建乱搭、材料多样、色调杂乱、风貌各异的新建建筑,以及古树被砍伐等问题,破坏了村落的传统风貌和自然风貌。国家以及有立法权的地方政府要适时通过地方立法推进传统村落保护步入法治轨道,从制度层面规范传统村落保护与利用的方式,以提高全社会保护传统村落的意识,留住乡亲,护住乡土,记住乡愁。

6 结论与讨论

本文以宁安市为研究对象,探索东北高寒地区中国传统村落与县域新型城镇化协同发展的分析框架,并将中国传统村落和县域新型城镇化看作两个相对独立的系统,借助解耦模型实证分析宁安市下辖的8个第六批中国传统村落与县域新型城镇化的协同发展趋势,尝试探索区域城乡文化遗产保护背景下的新型城镇化路径。主要结论如下。

(1) 宁安市中国传统村落选址格局蕴含深刻的哲学观念和传统智慧,整体呈现出依山傍水、水村交融的选址理念,村落格局保存程度较好;现存文物保护单位和非物质文化遗产较少,传统建筑质量较差,古树、古井等历史环境要素较少,对历史文化遗存的保护与传承有待加强;人居环境和特色产业发展尚处于初级阶段,但整体发展态势较好。

(2) 2010—2020年,宁安市人口城镇化水平增速较缓,经济城镇化、土地城镇化和社会城镇化水平显著提升。2020年,宁安市城镇化率为38.28%,显著低于黑龙江省、牡丹江市平均水平。宁安市经济实力稳步提升,工业结构调整升级加快,文化旅游、健康养老等现代服务业呈较快发展态势,社会消费品零售总额和全社会固定资产投资逐年向好,就业率显著提高。

(3) 从人口特征上看,宁安市8个第六批中国传统村落常住人口呈下降态势,而县域人口城镇化指数呈上升态势,二者呈强解耦状态,表明现阶段县域新型城镇化对中国传统村落的发

展的影响较小。由于研究期间中国传统村落指数处于下降趋势,因此其与县域新型城镇化指数未达到扩张性耦合的状态,亟须从文化遗产保护、生态文旅产业集群培育、传统村落社区生活圈营造、全龄友好社区和零碳乡村建设、传统村落立法等方面加强对传统村落保护利用,提高二者的协同性。

宁安市作为迄今为止黑龙江省唯一一个传统村落集中连片保护利用示范县,具有先行先试的政策优势,未来应以区域统筹推进传统村落保护利用为重点,带动全市广大乡村地区实现整体振兴,进而助力县域新型城镇化建设。随着以县城为重要载体的新型城镇化建设目标的提出,城镇化的主阵地转向县城,我国更加强调大、中、小城市和小城镇协调发展及以县域为基本单元推进城乡融合发展,因此,县域新型城镇化与传统村落发展相辅相成,探索一条高质量、可持续的城乡文化遗产共生之路势在必行。《宁安市国土空间总体规划(2021—2035年)》提出"农业兴市、工业立市、文旅强市"的发展战略,而传统村落的创造性转化和创新性发展是文旅强市的重要基础之一。应转变发展理念,在传统重视经济增长的基础上,将城乡文化遗产保护传承作为新时期县域新型城镇化发展的核心动力,构建新发展理念下城乡文化遗产共生新格局。本文仅对近年来宁安市中国传统村落和县域新型城镇化的发展趋势以及二者在人口方面的耦合关系做了初步探索,未来将在指标选取和阈值确定等方面完善相关研究。

参考文献

[1] 荣玥芳,刘洋.乡村振兴背景下传统村落保护与发展策略研究——以界岭口村为例[J].北京建筑大学学报,2020,36(1):8.

[2] 孙九霞.传统村落:理论内涵与发展路径[J].旅游学刊,2017,32(1):1-3.

[3] 胡燕,陈晟,曹玮等.传统村落的概念和文化内涵[J].城市发展研究,2014,21(1):10-13.

[4] TANG C, YANG Y, LIU Y, et. al. Comprehensive evaluation of the cultural inheritance level of tourism-oriented traditional villages: The example of Beijing [J]. Tourism Management Perspectives,2023(48):101166.

[5] 陶伟,陈红叶,林杰勇.句法视角下广州传统村落空间形态及认知研究[J].地理学报,2013,68(2):209-218.

[6] 康璟瑶,章锦河,胡欢,等.中国传统村落空间分布特征分析[J].地理科学进展,2016,35(7):839-850.

[7] LI X, YANG Q, LYU X, et. al. Multidimensional framework for analyzing the distribution patterns of traditional villages in the karst landscape regions of China[J]. Ecological Informatics,2023(77):102184.

[8] 冯骥才.传统村落的困境与出路——兼谈传统村落是另一类文化遗产[J].民间文化论坛,2013(1):7-12.

[9] 刘馨秋,王思明.中国传统村落保护的困境与出路[J].中国农史,2015,34(4):99-110.

[10] 刘天曌,刘沛林,王良健.新型城镇化背景下的古村镇保护与旅游发展路径选择——以萱洲古镇为例[J].地理研究,2019,38(1):133-145.

[11] 林琳,田嘉铄,钟志平,等.文化景观基因视角下传统村落保护与发展——以黔东北土家族村落为例[J].热带地理,2018,38(3):413-423.

[12] 陈晓华,吴仕嫱.区域传统村落网络化保护发展格局、机制及引导策略——以安徽省绩溪

县为例[J].安徽农业大学学报,2023,50(3):473-483.

[13] 陈彬,王巧玲.传统村落集中连片保护利用的实施路径[J].中国土地,2022(5):43-45.

[14] CHEN L,ZHONG Q,LI Z. Analysis of spatial characteristics and influence mechanism of human settlement suitability in traditional villages based on multi-scale geographically weighted regression model:A case study of Hunan province[J]. Ecological Indicators,2023(154):110828.

[15] WANG D,ZHU Y,ZHAO M,et. al. Multi-dimensional hollowing characteristics of traditional villages and its influence mechanism based on the micro-scale:A case study of Dongcun Village in Suzhou,China[J]. Land Use Policy,2021(101):105146.

[16] CHEN X,XIE W,LI H. The spatial evolution process, characteristics and driving factors of traditional villages from the perspective of the cultural ecosystem:A case study of Chengkan Village[J]. Habitat International,2020(104):102250.

[17] 陈明星,叶超.深入推进新型城镇化与城乡融合发展的思考与建议[J].国家治理,2020(32):42-45.

[18] 陈小卉,汤海孺,武廷海,等.县域城镇化的地方实践与创新[J].城市规划,2016,40(1):107-112.

[19] CHEN M,YE C,LU D,et al. Cognition and construction of the theoretical connotations of new urbanization with Chinese characteristics[J]. Journal of Geographical Sciences,2019(29):1681-1698.

[20] 郭莎莎,陈明星,刘慧.城镇化与资源环境的耦合过程与解耦分析——以北京为例[J].地理研究,2018,37(8):1599-1608.

[21] 施德浩.家庭再叙事与教育资本化——微观视角下县域城镇化兴起的家庭、制度与空间[J].城市规划,2022,46(7):55-67.

[22] 喻乐,李志刚,刘达."创业回流"主导的县域城镇化及其特征分析——以湖北三地为例[J].城市规划,2023,47(6):43-50.

[23] 蒋宇阳.从"半工半耕"到"半工伴读"——教育驱动下的县域城镇化新特征[J].城市规划,2020,44(1):35-43+71.

[24] 刘彦随,杨忍,林元城.中国县域城镇化格局演化与优化路径[J].地理学报,2022,77(12):2937-2953.

[25] 黄庭晚,张大玉.中国传统村落遴选指标与价值评价演变研究[J].城市规划,2022,46(10):72-77.

[26] TAPIO P. Towards a theory of decoupling:degrees of decoupling in the EU and the case of road traffic in Finland between 1970 and 2001. Transport Policy,2008,12(2):137-151.